愛 知

〈 収録内容 〉

便利な DL コンテンツは右の QR コードから

解答用紙　過去年度　リスニング ⇒

※データのダウンロードは 2025 年 3 月末日まで。
※データへのアクセスには、右記のパスワードの入力が必要となります。 ⇒ 234259

〈 各教科の平均点 〉

	数学		英語		理科		社会		国語	
2023年度	15.2		12.7		12.3		11.5		14.8	
	15.2		12.8		12.5		11.7		14.9	
	A	B	A	B	A	B	A	B	A	B
2022年度	11.3	12.0	12.1	11.8	11.1	9.9	12.7	13.7	13.8	14.9
	11.7	13.2	12.4	13.0	11.6	11.0	13.0	14.8	14.3	16.4
2021年度	11.6	12.1	12.2	11.8	11.6	11.0	12.0	11.8	14.9	14.1
	12.5	12.9	13.0	12.7	12.5	11.9	13.0	12.6	16.1	15.2
2020年度	10.8	9.7	10.9	10.8	10.0	10.7	12.8	12.4	14.1	14.2
	11.5	10.1	11.5	11.4	10.7	11.3	13.4	13.0	14.7	14.7
2019年度	12.7	12.0	11.0	11.2	8.5	9.6	12.0	12.6	13.6	13.5
	13.1	12.4	11.7	11.5	9.1	10.1	12.5	13.0	14.1	13.8

※各22点満点。※上段=受検者、下段=合格者。
※最新年度は、本書発行の時点で公表されていないため未掲載。

本書の特長

POINT 1　解答は全問を掲載、解説は全問に対応！

POINT 2　英語の長文は全訳を掲載！

POINT 3　リスニング音声の台本、英文の和訳を完全掲載！

POINT 4　出題傾向が一目でわかる「年度別出題分類表」は、約 10 年分を掲載！

実戦力がつく入試過去問題集

▶ 問題 ……………　実際の入試問題を見やすく再編集。

▶ 解答用紙 ……　実戦対応仕様で収録。

▶ 解答解説 ……　重要事項が太字で示された、詳しくわかりやすい解説。
※採点に便利な配点も掲載。

合格への対策、実力錬成のための内容が充実

▶ 各科目の出題傾向の分析、最新年度の出題状況の確認で、入試対策を強化！

▶ その他、志願状況、公立高校難易度一覧など、学習意欲を高める要素が満載！

解答用紙ダウンロード	解答用紙はプリントアウトしてご利用いただけます。弊社ＨＰの商品詳細ページよりダウンロードしてください。トビラのＱＲコードからアクセス可。
リスニング音声ダウンロード	英語のリスニング問題については、弊社オリジナル作成により音声を再現。弊社ＨＰの商品詳細ページで全収録年度分を配信対応しております。トビラのＱＲコードからアクセス可。
famima PRINT	原本とほぼ同じサイズの解答用紙は、全国のファミリーマートに設置しているマルチコピー機のファミマプリントで購入いただけます。※一部の店舗で取り扱いがない場合がございます。詳細はファミマプリント（http://fp.famima.com/）をご確認ください。
UD FONT	見やすく読みまちがえにくいユニバーサルデザインフォントを採用しています。

～2025年度愛知県公立高校入試の日程（予定）～

☆推薦選抜・特色選抜

入学願書提出	1／27 ～ 2／3
↓	
面接	2／6
↓	
特別検査（実施する場合）	2／6（一部の学科では2／7に特別検査）
↓	
合格発表	2／10

☆一般選抜

入学願書提出	2／7 ～ 2／17
↓	
志願変更	2／18
↓	
学力検査	2／26
↓	
面接（実施する場合）	Aグループ　2／27 Bグループ　2／28
↓	
特別検査（実施する場合）	Aグループ　2／27 Bグループ　2／28
↓	
合格発表	3／11

※募集および選抜に関する最新の情報は愛知県教育委員会のホームページなどで必ずご確認ください。

2024年度/愛知県公立高校入学者一般選抜志願状況（全日制）

●Aグループ

学校名	群	学科名	募集人員	第1志望	第2志望	志願総数	最終倍率
旭丘	尾張1	普通	324	538	3	541	1.67
	—	美術	28	84	1	85	3.04
明和	尾張2	普通	284	496	4	500	1.76
	—	音楽	20	14	2	16	0.80
緑丘	—	総合	150	156	94	250	1.67
愛知商業	—	グローバルビジネス					
		会計ビジネス	123	226	65	291	2.37
		ITビジネス					
惟信	尾張1	普通	225	132	303	435	1.93
松蔭	尾張共	普通	307	366	482	848	2.76
昭和	尾張1	普通	319	558	161	719	2.25
熱田	尾張1	普通	270	499	265	764	2.83
名古屋南	尾張2	普通	300	209	535	744	2.48
名古屋工科	—	IT工学					
		機械					
		電気	218	106	265	371	1.70
		エネルギーシステム					
		エネルギー化学					
瀬戸西	尾張2	普通	266	235	93	328	1.23
瀬戸北総合	—	総合	202	117	127	244	1.21
春日井	尾張2	普通	251	309	258	567	2.26
春日井西	尾張2	普通	248	129	217	346	1.40
高蔵寺	尾張2	普通	271	232	228	460	1.70
春日井工科	—	ロボット工学					
		機械	183	124	145	269	1.47
		電気					
		電子工学					
豊明	尾張1	普通	170	154	210	364	2.14
日進西	尾張1	普通	261	205	274	479	1.84
長久手	尾張2	普通	267	306	154	460	1.72
犬山総合	—	総合	106	85	147	232	2.19
江南	尾張1	普通	271	334	103	437	1.61
小牧	尾張1	普通	227	205	369	574	2.53
新川	尾張2	普通	260	255	272	527	2.03
一宮	尾張2	普通	288	479	3	482	1.67
	—	ファッション創造	20	18	5	23	1.15
一宮北	尾張共	普通	213	75	220	295	1.38
一宮南	尾張1	普通	269	333	86	419	1.56
一宮工科	—	IT工学					
		機械	110	99	69	168	1.53
		電気					
		建築デザイン	56	58	26	84	1.50
		都市工学					
一宮起工科	—	ロボット工学					
		機械	106	85	44	129	1.22
		電子工学					
		環境科学	67	52	13	65	0.97
		デザイン					
一宮商業	—	地域ビジネス	132	106	115	221	1.67
		ITビジネス					
津島	尾張共	普通	306	283	373	656	2.14
津島北	尾張2	普通	77	26	111	137	1.78
	—	地域ビジネス	90	33	54	87	0.97
		総合ビジネス					
稲沢緑風館	尾張共	普通	115	48	105	153	1.33
	—	園芸	25	18	12	30	1.20
		農業土木	33	23	11	34	1.03
		環境デザイン	30	22	8	30	1.00
		生活科学	29	15	19	34	1.17
海翔	—	福祉	33	11	14	25	0.76
半田東	尾張1	普通	202	128	135	263	1.30

学校名	群	学科名	募集人員	第1志望	第2志望	志願総数	最終倍率
半田農業	—	農業科学	51	36	32	68	1.33
		施設園芸	32	29	18	47	1.47
		食品科学	28	13	20	33	1.18
		生活科学	23	35	14	49	2.13
半田商業	—	地域ビジネス	163	107	196	303	1.86
		ITビジネス					
常滑	尾張共	普通	210	112	179	291	1.39
	—	セラミックアーツ	55	52	43	95	1.73
		クリエイティブデザイン					
東海南	尾張2	普通	272	297	226	523	1.92
大府	尾張2	普通	197	291	182	473	2.40
	—	生活文化	32	62	26	88	2.75
内海	尾張共	普通	71	31	47	78	1.10
豊田東	—	総合	120	123	31	154	1.28
衣台	三河	普通	166	86	193	279	1.68
豊田北	三河	普通	302	297	357	654	2.17
豊田南	三河	普通	307	274	302	576	1.88
加茂丘	三河	普通	78	18	33	51	0.65
足助	三河	普通	61	17	45	62	1.02
豊田工科	—	IT工学					
		機械	116	130	100	230	1.98
		自動車					
		電子工学					
岡崎	三河	普通	359	537	0	537	1.50
岡崎西	三河	普通	309	214	405	619	2.00
岩津	三河	普通	108	52	112	164	1.52
	—	生活デザイン	66	32	15	47	0.71
		調理国際	20	29	7	36	1.80
岡崎商業	—	グローバルビジネス					
		会計ビジネス	152	147	87	234	1.54
		ITビジネス					
碧南工科	—	機械	124	71	153	224	1.81
		電子工学					
		建築デザイン	46	33	30	63	1.37
		環境科学					
刈谷	三河	普通	351	702	5	707	2.01
安城	三河	普通	192	264	369	633	3.30
	—	生活文化	42	38	33	71	1.69
安城農林	—	農業	49	38	35	73	1.49
		園芸					
		フラワーサイエンス	23	25	17	42	1.83
		食品科学	22	14	14	28	1.27
		動物科学	17	35	22	57	3.35
		森林環境	28	17	20	37	1.32
西尾東	三河	普通	264	158	263	421	1.59
一色	三河	普通	140	73	200	273	1.95
	—	生活デザイン	31	19	33	52	1.68
知立	—	総合	119	145	118	263	2.21
高浜	三河	普通	174	74	155	229	1.32
	—	福祉	21	14	7	21	1.00
豊丘	三河	普通	170	122	368	490	2.88
	—	生活文化	40	54	9	63	1.58
豊橋南	三河	普通	180	189	141	330	1.83
	—	生活デザイン	20	18	13	31	1.55
豊橋工科	—	ロボット工学					
		機械	100	145	47	192	1.92
		電気					
		建築デザイン	42	39	10	49	1.17
		都市工学					

学校名	群	学科名	募集人員	第1志望	第2志望	志願総数	最終倍率
豊橋商業	—	グローバルビジネス 会計ビジネス ITビジネス	113	205	41	246	2.18
福江	三河	普通	50	6	73	79	1.58
国府	三河	普通	238	255	297	552	2.32
	—	総合ビジネス	24	12	37	49	2.04
御津あおば	三河	普通	38	4	56	60	1.58
宝陵	—	衛生看護	21	19	5	24	1.14
		福祉	26	11	14	25	0.96
蒲郡	—	総合	120	108	155	263	2.19
新城有教館作手	—	人と自然	36	6	29	35	0.97
市立向陽	尾張2	普通	286	605	32	637	2.23
		国際科学	28	50	1	51	1.82

学校名	群	学科名	募集人員	第1志望	第2志望	志願総数	最終倍率
市立緑	尾張1	普通	307	375	224	599	1.95
市立山田	尾張2	普通	273	333	213	546	2.00
市立名東	尾張1	普通	270	424	382	806	2.99
	—	国際英語	22	36	50	86	3.91
市立西陵	—	総合	118	168	110	278	2.36
市立若宮商業	—	未来ビジネス	68	81	85	166	2.44
	—	電子機械	23	24	36	60	2.61
		情報	20	43	38	81	4.05
		建築システム	20	18	14	32	1.60
		都市システム	20	21	18	39	1.95
		インテリア	20	18	12	30	1.50
		デザイン	20	52	4	56	2.80
		グラフィックアーツ	20	31	5	36	1.80

●Bグループ

学校名	群	学科名	募集人員	第1志望	第2志望	志願総数	最終倍率
千種	尾張2	普通	248	357	248	605	2.44
	—	国際教養	54	113	26	139	2.57
守山	尾張2	普通	146	70	113	183	1.25
愛知総合工科	—	理工 機械加工 機械制御 電気 電子情報 建設 デザイン工学	266	439	153	592	2.23
瑞陵	尾張2	普通	241	367	420	787	3.27
	—	食物	22	33	6	39	1.77
	—	理数	22	26	36	62	2.82
名古屋西	尾張1	普通	306	477	486	963	3.15
中村	尾張1	普通	288	327	407	734	2.55
南陽	—	総合	159	132	92	224	1.41
鳴海	尾張1	普通	288	324	434	758	2.63
天白	尾張1	普通	340	380	518	898	2.64
中川青和	—	キャリアビジネス	149	104	78	182	1.22
瀬戸	尾張2	普通	170	81	270	351	2.06
瀬戸工科	—	ロボット工学 機械 新素材工学	90	63	56	119	1.32
		工芸デザイン	50	39	31	70	1.40
春日井東	尾張共	普通	149	62	154	216	1.45
春日井南	尾張2	普通	289	329	381	710	2.46
春日井泉	—	地域ビジネス ITビジネス	103	80	86	166	1.61
		生活文化	15	17	19	36	2.40
旭野	尾張2	普通	306	491	101	592	1.93
日進	尾張1	普通	114	84	60	144	1.26
東郷	尾張1	普通	205	106	228	334	1.63
犬山	尾張共	普通	198	128	236	364	1.84
	—	総合ビジネス	14	14	28	42	3.00
尾北	尾張1	普通	192	252	190	442	2.30
	—	国際教養	17	19	8	27	1.59
古知野	—	地域ビジネス ITビジネス	116	66	80	146	1.26
		生活文化	19	22	15	37	1.95
		福祉	20	20	6	26	1.30
小牧南	尾張共	普通	262	170	199	369	1.41

学校名	群	学科名	募集人員	第1志望	第2志望	志願総数	最終倍率
小牧工科	—	機械 航空産業 自動車 電気	98	79	102	181	1.85
		環境科学 情報デザイン	59	40	28	68	1.15
岩倉総合	—	総合	161	174	85	259	1.61
西春	尾張2	普通	256	196	288	484	1.89
丹羽	尾張1	普通	249	196	85	281	1.13
一宮西	尾張1	普通	256	317	10	327	1.28
一宮興道	尾張2	普通	256	379	110	489	1.91
木曽川	尾張共	普通	136	158	124	282	2.07
	—	総合ビジネス	37	56	27	83	2.24
津島東	尾張2	普通	174	128	225	353	2.03
杏和	—	総合	130	108	86	194	1.49
佐屋	—	園芸科学 生物生産	51	26	18	44	0.86
		生活文化 ライフコーディネート	57	29	18	47	0.82
愛西工科	—	ロボット工学 機械 電子工学	142	51	116	167	1.18
		建築デザイン	30	7	23	30	1.00
美和	尾張共	普通	122	152	100	252	2.07
五条	尾張2	普通	291	208	101	309	1.06
半田	尾張1	普通	277	338	74	412	1.49
半田工科	—	ロボット工学 機械 電気	99	118	59	177	1.79
		建築デザイン 都市工学	64	53	37	90	1.41
横須賀	尾張2	普通	264	309	48	357	1.35
東海樟風	—	総合情報	108	149	83	232	2.15
大府東	尾張共	普通	192	97	261	358	1.86
桃陵	—	ヒューマンケア	23	9	16	25	1.09
		衛生看護	20	32	1	33	1.65
知多翔洋	—	総合	130	140	110	250	1.92
阿久比	尾張共	普通	227	136	332	468	2.06
東浦	尾張共	普通	161	121	170	291	1.81
武豊	尾張共	普通	112	38	96	134	1.20
豊田西	三河	普通	282	366	214	580	2.06
豊田	三河	普通	237	188	365	553	2.33
豊野	三河	普通	221	199	171	370	1.67

学校名	群	学科名	募集人員	第1志望	第2志望	志願総数	最終倍率
松平	三河	普通	82	57	54	111	1.35
	—	ライフコーディネート	26	16	11	27	1.04
猿投農林	—	農業	26	43	7	50	1.92
		林産工芸	17	31	7	38	2.24
		環境デザイン	16	18	5	23	1.44
		生活科学	16	18	13	31	1.94
三好	三河	普通	128	184	46	230	1.80
	—	スポーツ科学	36	68	13	81	2.25
岡崎北	三河	普通	275	334	246	580	2.11
	—	理数	29	38	21	59	2.03
岡崎東	—	総合	120	139	134	273	2.28
岡崎工科	—	機械					
		機械デザイン	98	67	53	120	1.22
		電気					
		都市工学	26	24	11	35	1.35
		環境科学	57	46	44	90	1.58
		情報デザイン					
幸田	三河	普通	190	124	109	233	1.23
碧南	三河	普通	189	259	132	391	2.07
	—	総合ビジネス	33	65	24	89	2.70
刈谷北	三河	普通	282	337	365	702	2.49
	—	国際探究	21	50	12	62	2.95
刈谷工科	—	ＩＴ工学					
		機械	128	154	125	279	2.18
		自動車					
		電気					
安城東	三河	普通	288	334	81	415	1.44
安城南	三河	普通	254	256	287	543	2.14
西尾	三河	普通	291	319	168	487	1.67
鶴城丘	—	総合	120	142	47	189	1.58
吉良	三河	普通	138	93	121	214	1.55
	—	生活文化	68	35	40	75	1.10
知立東	三河	普通	299	377	57	434	1.45
時習館	三河	普通	280	400	84	484	1.73
豊橋東	三河	普通	272	387	8	395	1.45
豊橋西	—	総合	118	41	199	240	2.03

学校名	群	学科名	募集人員	第1志望	第2志望	志願総数	最終倍率
成章	三河	普通	136	65	125	190	1.40
	—	総合ビジネス	20	18	15	33	1.65
		生活文化	21	13	12	25	1.19
渥美農業	—	農業	32	35	12	47	1.47
		施設園芸					
		食品科学	11	17	5	22	2.00
		生活科学	26	12	11	23	0.88
小坂井	三河	普通	224	131	293	424	1.89
豊川工科	—	ロボット工学					
		機械	149	97	115	212	1.42
		電気					
		情報デザイン					
蒲郡東	三河	普通	128	105	76	181	1.41
三谷水産	—	海洋科学	20	32	4	36	1.80
		情報通信	21	13	12	25	1.19
		海洋資源	20	35	5	40	2.00
		水産食品	17	9	12	21	1.24
新城有教館	—	総合（文理系）	60	36	23	59	0.98
		総合（専門系）	30	38	20	58	1.93
田口	三河	普通	35	2	1	3	0.09
	—	林業	34	4	1	5	0.15
市立菊里	尾張1	普通	288	572	396	968	3.36
	—	音楽	21	5	9	14	0.67
市立桜台	尾張2	普通	267	489	260	749	2.81
	—	ファッション文化	26	26	9	35	1.35
市立北	尾張2	普通	212	261	161	422	1.99
市立富田	尾張1	普通	236	245	106	351	1.49
市立名古屋商業	—	オフィスビジネス					
		グローバルビジネス	116	78	176	254	2.19
		ＩＴビジネス					
市立工業	—	機械	26	29	7	36	1.38
		電子機械	20	29	6	35	1.75
		自動車	20	32	10	42	2.10
		電気	20	27	5	32	1.60
		情報技術	21	30	16	46	2.19
		環境技術	31	31	9	40	1.29

①「尾張1」は尾張第1群，「尾張2」は尾張第2群，「尾張共」は尾張1・2群共通校を示しています。
②募集人員は，先に実施した連携型選抜及び推薦選抜等の合格者を差し引いた人数です。
②一括募集については募集人員を「 ｝ 」の記号で一括して示してあります。

愛知県公立高校難易度一覧

目安となる偏差値	公立高校名
71 ~ 70	旭丘，岡崎
	一宮，刈谷，時習館，市名古屋市立向陽(国際科学)，明和
69 ~ 67	
	千種，市名古屋市立菊里，市名古屋市立向陽
	瑞陵(普／理数)
66 ~ 64	一宮西，豊田西，半田
	岡崎北(理数)
	岡崎北，五条，千種(国際教養)，市名古屋市立桜台，西春
63 ~ 61	旭野，豊橋東，市名古屋市立名東，西尾
	刈谷北(国際探究)，昭和，天白，横須賀
	春日井，江南，市名古屋市立名東(国際英語)
60 ~ 58	一宮興道，刈谷北，松蔭，知立東，名古屋南，豊丘
	国府，津島，豊田北，豊橋南
	旭丘(美術)，安城東，一宮南，高蔵寺
57 ~ 55	岡崎西，名古屋西
	熱田，小坂井，新川，成章，豊田南
	小牧南，東海南，明和(音楽)
54 ~ 51	安城，大府，春日井南，木曽川，長久手，市名古屋市立菊里(音楽)，西尾東，日進西，半田東
	阿久比，津島東，桃陵(衛生看護)，中村，市名古屋市立北，市名古屋市立緑
	岡崎東(総合)，尾北(国際教養)
	常滑，豊田，豊田東(総合)，市名古屋市立西陵(総合)，丹羽，尾北
50 ~ 47	一宮(ファッション創造)，瑞陵(食物)，市名古屋市立桜台(ファッション文化)
	愛知商業(グローバルビジネス・会計ビジネス・ITビジネス)，鶴城丘(総合)，春日井東，蒲郡東，国府(総合ビジネス)，瀬戸西，東郷，豊橋西，市名古屋市立工芸(電子機械／情報／建築システム／都市システム／インテリア／デザイン／グラフィックアーツ)，市名古屋市立山田
	一宮北，岩倉総合(総合)，大府東，岡崎商業(グローバルビジネス・会計ビジネス・ITビジネス)，成章(総合ビジネス)，豊橋商業(グローバルビジネス・会計ビジネス・ITビジネス)，市名古屋市立富田，市名古屋市立名古屋商業(オフィスビジネス・グローバルビジネス・ITビジネス)，碧南，美和
	愛知総合工科(理工・機械加工・機械制御・電気・電子情報・建設・デザイン工学)，小牧，津島北，豊明，鳴海，御津あおば
46 ~ 43	安城南，春日井西，知多翔洋(総合)，知立(総合)，桃陵(ヒューマンケア)，豊野
	惟信，一宮工科(IT工学・機械・電気／建築デザイン・都市工学)，一宮商業(地域ビジネス・ITビジネス)，犬山，木曽川(総合ビジネス)，杏和(総合)，東海樟風(総合情報)，豊橋工科(ロボット工学・機械・電気)，市名古屋市立工業(自動車)
	成章(生活文化)，豊田工科(IT工学・機械・自動車・電子工学)，豊橋南(生活デザイン)，市名古屋市立工業(情報技術)，豊丘(生活文化)
	蒲郡(総合)，吉良，幸田，瀬戸，武豊，津島北(地域ビジネス・ITビジネス)，豊橋工科(建築デザイン・都市工学)，中川青和(キャリアビジネス)，市名古屋市立若宮商業(未来ビジネス)，半田商業(地域ビジネス・ITビジネス)，碧南工科(機械・電子工学／建築デザイン・環境科学)
42 ~ 37	安城(生活文化)，一宮起工科(ロボット工学・機械・電子工学／環境科学・デザイン)，稲沢緑風館，岩津(調理国際)，刈谷工科(IT工学・機械・自動車・電気)，古知野(地域ビジネス・ITビジネス)，猿投農林(農業／林産工芸／環境デザイン／生活科学)，常滑(セラミックアーツ・クリエイティブデザイン)，市名古屋市立工業(機械／電子機械／電気／環境技術)，福江，碧南(総合ビジネス)，宝陵(衛生看護)，緑丘(総合)，三好
	愛西工科(ロボット工学・機械・電子工学／建築デザイン)，安城農林(農業・園芸／フラワーサイエンス／食品科学／動物科学／森林環境)，一色，稲沢緑風館(園芸／農業土木／環境デザイン／生活科学)，大府(生活文化)，岡崎工科(機械・機械デザイン・電気／都市工学／環境科学・情報デザイン)，春日井泉(地域ビジネス・ITビジネス／生活文化)，古知野(生活文化・福祉)，瀬戸北総合(総合)，豊川工科(ロボット工学・機械・電気・情報デザイン)，名古屋工科(IT工学・機械・電気・エネルギーシステム・エネルギー化学)，南陽(総合)
	足助，岩津(普・生活デザイン)，海翔(福祉)，春日井工科(ロボット工学・機械・電気・電子工学)，小牧工科(機械・航空産業・自動車・電気／環境科学・情報デザイン)，衣台，佐屋(園芸科学・生物生産／生活文化・ライフコーディネート)，新城有教館(総合〔専門系〕)，高浜(普／福祉)，田口，半田工科(ロボット工学・機械・電気／建築デザイン・都市工学)，東浦，松平，三好(スポーツ科学)，守山
	渥美農業(食品科学)，内海，加茂丘，吉良(生活文化)，新城有教館(総合〔文理系〕)，瀬戸工科(ロボット工学／機械／新素材工学／工芸デザイン)，日進，半田農業(農業科学／施設園芸／食品科学／生活科学)，宝陵(福祉)，松平(ライフコーディネート)
	渥美農業(農業・施設園芸／生活科学)，一色(生活デザイン)，三谷水産(海洋科学／情報通信／海洋資源／水産食品)
	新城有教館[作手校舎](人と自然)，田口(林業)

＊(　)内は学科・コースを示します。特に示していないものは普通科(普通・一般コース)，または全学科(全コース)を表します。また，市は市立を表します。

＊データが不足している高校，または学科・コースなどにつきましては掲載していない場合があります。

＊公立高校の入学者は，「学力検査の得点」のほかに，「調査書点」や「面接点」などが大きく加味されて選抜されます。上記の内容は想定した目安ですので，ご注意ください。

＊公立高校入学者の選抜方法や制度は変更される場合があります。また，統廃合による閉校や学校名の変更，学科の変更などが行われる場合もあります。教育委員会などの関係機関が発表する最新の情報を確認してください。

数学 ●●●• 出題傾向の分析と合格への対策 •●●●

出題傾向とその内容

〈最新年度の出題状況〉

2023年の入試から新制度になり，これまでのAグループ，Bグループが廃止され，1種になった。また，解答用紙はマークシート方式になった。本年度の出題数は，大問3題，小問19問と，例年通りであった。問題のレベルは基本を重視した上で，数学的な思考力・応用力を問うものとなっている。

出題内容は，大問1が数・式の計算，平方根，式の値，二次方程式，不等式，比例関数，ヒストグラムと箱ひげ図を題材とした資料の散らばり・代表値，線分の長さなど計算力を試す基本的な小問群，大問2は数の性質を題材とした確率，図形と関数・グラフの融合問題，関数とグラフの問題，大問3は角度の計量，相似の性質や円の性質，三平方の定理を利用して線分の長さ・面積・体積を計量する図形の総合問題となっている。

また，近年出題されるようになった問題で，空欄をうめて証明を完成させる問題とグラフの作成がある。難問は出題されていないが思考力を要し，時間をとられる問題もあり，45分は短く感じられるかもしれない。全体の時間配分には注意したい。

〈出題傾向〉

ここ数年，大問3～4題，小問20問前後という問題構成が定着している。

大問1は基本的な数学能力を問う小問群であり，数の性質，数・式の計算，文字式の立式，因数分解，平方根，方程式の計算等から出題されている。大問2以降では，大問1よりも応用力が要求される小問群が出題されているが，教科書を中心とした学校の教材を確実に身につけることで十分に対処できる内容である。主に，方程式の応用，一次関数，関数$y=ax^2$，比例関数，関数とグラフ，グラフの作成，証明問題，動点問題，確率，図形と関数・グラフの融合問題等から出題されている。また，総合問題として，平面図形，空間図形を題材とした角度，線分の長さ，面積，体積等の計量問題が出題されている。

来年度の予想と対策

出題形式は，ほとんど変わっていないため，来年度も同様の出題量・範囲・レベルとなるだろう。

大問1，大問2では基礎力が問われるため，教科書を中心に基本を確実に身につけることが大切である。大問3，大問4では，図形の性質や定理を幅広く理解していないと解けないので，まんべんなく学習したい。出題範囲は広いので，苦手な単元は早めに克服しておこう。基礎的な計算問題は数多くこなし，ケアレスミスのないように，速く完答できる力を養おう。あとは入試問題集などで，標準的な数量の問題，図形問題を解き，応用力をつけよう。特に図形の問題は，多少難度の高いものまで解き，数学的視点・思考力を養う必要がある。短い時間でも，確実に得点できるように，日々努力しよう。

⇨**学習のポイント**

- 授業や学校の教材を中心に全分野の基礎力をまんべんなく身につけよう。
- 過去問や問題集を使って図形と関数・グラフの融合問題や図形の計量問題への対策を立てよう。

年度別出題内容の分析表　数学

出題内容			27年	28年	29年	30年	2019年	2020年	2021年	2022年	2023年	2024年
数と式		数の性質	B					B	B	AB	○	○
		数・式の計算	AB	AB	AB	AB	AB	AB	AB	AB	○	○
		因数分解	A	B	A	B		A	B	B		
		平方根	AB	AB	AB	AB	AB	AB	AB	AB	○	○
方程式・不等式		一次方程式	AB	AB	AB	AB	B	AB	A	AB		○
		二次方程式	AB	AB	AB	AB	AB	AB	AB	AB	○	○
		不等式	B				A	B		B		○
		方程式の応用	AB	AB	B	AB	AB	AB	A	A		○
関数		一次関数	AB	AB	AB	AB	AB	AB	AB	AB	○	○
		関数 $y=ax^2$	AB	AB	AB	AB	AB	AB	AB	AB	○	○
		比例関数						AB	A	A		○
		関数とグラフ	AB	AB	AB	AB	AB	AB	AB	AB	○	○
		グラフの作成	AB	AB	AB	AB	AB	AB	AB	AB		
図形	平面図形	角度	AB	AB	AB	AB	AB	AB	AB	AB	○	○
		合同・相似	AB	AB	AB	AB	AB	AB	AB	AB	○	○
		三平方の定理	AB	AB	AB	AB	AB	AB	AB	A	○	○
		円の性質	B	A	B	AB	AB	AB	AB	AB	○	○
	空間図形	合同・相似			AB	B						
		三平方の定理	A	A		A		A		B		
		切断										
	計量	長さ	AB	AB	AB	AB	AB	AB	AB	AB	○	○
		面積	AB	AB	AB	AB	AB	AB	AB	AB	○	○
		体積	AB	B	AB	AB	AB	AB	AB	AB	○	○
		証明	AB	A	B		A				○	
		作図										
		動点	A	A	B	AB					○	
データの活用		場合の数								A		
		確率	AB	AB	AB	AB	AB	AB	AB	B	○	○
		資料の散らばり・代表値(箱ひげ図を含む)	AB	A	AB	B	AB	AB	AB	AB	○	○
		標本調査		B		A						
融合問題		図形と関数・グラフ	AB	B	A	AB		AB	AB	B		○
		図形と確率										
		関数・グラフと確率		B								
		その他										
その他							A					

英語　出題傾向の分析と合格への対策

出題傾向とその内容

〈最新年度の出題状況〉

本年度の大問構成は2題の聞き取り検査と，図と短文1題，会話文2題，長文1題による4題の筆記検査となっていた。

リスニング問題は，短い会話文についての質問に答える問題とスピーチを聞き，その内容に関する英語の質問に答える形式である。

筆記試験の大問1は，短い会話文を読み語句を補充する問題であった。大問2はグラフと発表の文を読み，語句補充と並べ換えをする問題であった。

長文・会話問題は，語句の問題，空所補充・選択問題，内容真偽に関する問題となっている。

理解力を重視した出題であったと言えるだろう。

〈出題傾向〉

リスニングは大問1題のみだが，まとまった量の文が放送されることがある。

長文では例年説明文が出題されるのが特徴である。図や資料を読み取ったり，表を完成させたりする問題も出題されている。会話文・長文ともに，文法力を問うもの(並べ換え，接続詞など)と，理解力を問うもの(内容真偽など)の双方が出される。

来年度の予想と対策

本県では，教科書で学習した単語はすべて出題される可能性があるということを留意しよう。やや特殊と思われる単語でも，教科書で習ってさえいれば問われることがありえる。学校での学習をおろそかにしないこと。

また，文法知識も必要とされるため，基本的な構文はすべて頭に入れるぐらいのつもりで，日頃の学習を心がけよう。とくに，不定詞・動名詞，助動詞，受け身・分詞・比較・関係代名詞などは要注意だ。

読解問題も軽視してはいけない。まず，説明文タイプの英文に多く触れておくこと。また，会話表現が多く用いられる。これもやはり，教科書で学んだものはしっかりと頭に入れておいてほしい。

聞き取り検査への準備としては，普段からTV，ラジオなどを利用して英語を耳に慣らしておくこと。また，内容理解のポイントは，メモを取りながら聞くことである。

⇨学習のポイント

・教科書中心の学習を心がける。単語，会話表現，構文などを定着させよう。
・聞き取り・読解ともに，まとまった内容の英文を理解することに慣れておこう。

年度別出題内容の分析表　英語

出題内容			27年	28年	29年	30年	2019年	2020年	2021年	2022年	2023年	2024年
設問形式	リスニング	絵・図・表・グラフなどを用いた問題										
		適文の挿入										
		英語の質問に答える問題	AB	AB	AB	A	AB	AB	AB	AB	○	○
		英語によるメモ・要約文の完成										
		日本語で答える問題										
		書き取り										
	語い	単語の発音										
		文の区切り・強勢										
		語句の問題									○	○
	読解	語句補充・選択（読解）	AB	AB	AB	AB	AB	AB	AB	AB	○	○
		文の挿入・文の並べ換え	AB	AB	AB	AB	AB	AB	AB	AB		
		語句の解釈・指示語										
		英問英答（選択・記述）		A								
		日本語で答える問題										
		内容真偽	A	AB	AB	AB	AB	AB	AB	AB	○	○
		絵・図・表・グラフなどを用いた問題	AB								○	○
		広告・メール・メモ・手紙・要約文などを用いた問題	AB	AB	AB	AB	AB	AB			○	○
	文法	語句補充・選択（文法）		B								
		語形変化	A	AB	AB	AB	AB	AB	AB	AB		
		語句の並べ換え	B	AB	AB	AB	AB	AB	AB	AB	○	○
		言い換え・書き換え										
		英文和訳										
		和文英訳										
		自由・条件英作文	AB	AB	AB	AB	AB	AB	AB	AB		
文法事項		現在・過去・未来と進行形		B	AB	B	AB	A	AB	AB	○	○
		助動詞	AB	A	AB	AB	AB	AB	AB	B		
		名詞・冠詞・代名詞				B	AB	A				○
		形容詞・副詞			A	B	AB	AB	A	AB		
		不定詞	AB	AB	AB	AB	AB	A	A	B	○	○
		動名詞		AB	A	AB			B			
		文の構造（目的語と補語）				B	B	B				
		比較	A	A	AB	AB	B	A		B		○
		受け身	AB	AB	AB	AB		AB	A	A		
		現在完了		AB	A	B	AB					
		付加疑問文										
		間接疑問文	B	B		AB		B		A	○	
		前置詞		A	A	AB	A	B	A	AB	○	○
		接続詞		A	AB	AB	AB	AB		B	○	
		分詞の形容詞的用法	A	B	AB	AB	A					
		関係代名詞		AB	B	AB		B	B			
		感嘆文									○	
		仮定法										○

―愛知県公立高校―

理科

出題傾向の分析と合格への対策

出題傾向とその内容

〈最新年度の出題状況〉

大問1と大問6は小問である。大問2の生物は，意識して起こす反応で信号が伝わる経路，ヒトの音の刺激に対する反応では実験計画の出題があった。大問3の化学は，塩化銅0.95 gが分解する電流の大きさと電流を流す時間は3つの実験データのグラフから求める問題であり，電気分解が進んだうすい塩酸を中性にするうすい水酸化ナトリウム水溶液の体積は，規則性を見つけグラフを作成して解く問題であり，科学の方法を駆使する能力が試された。大問4の物理は，てんびんを使用した実験で浮力の計算，浮力とアルキメデスの原理から水に浮かぶ物体の体積の考察があった。大問5の地学は，火山の形と造岩鉱物・火成岩のつくりで，冷え方のちがいによる結晶のでき方のモデル実験の考察があった。データを分析し判断して課題を解決する科学的思考力を試す探究の過程重視の問題であった。

〈出題傾向〉

小問集合は，ほとんど大問での出題がなかった物理・化学・生物・地学の各分野で必須な単元からの単独問題である。大問は，各々の領域について，一つのテーマについて，いくつかの実験や観察から調べていき，データ(資料)をもとに考察し結論を得て総合的に活用して解く問題である。探究の道すじについての出題や，実験計画・対照実験の出題もあった。解答方法がマークシート式になったが，教科書掲載の実験・観察・観測データから，自ら規則性を見出し，活用できる力が試された。

物理的領域　大問は，6年はてんびん使用の浮力，アルキメデスの原理から水に浮かぶ物体の体積，5年は斜面を下る台車の運動，運動エネルギー・力学的エネルギー保存，4年はフレミングの左手の法則・レンツの法則・オームの法則，動滑車とばねばかりによる実験と仕事の原理，3年はストローとアルミ箔等の静電気の実験，真空放電，電熱線による水の温度上昇実験であった。

化学的領域　大問は，6年は塩化銅の電気分解，塩酸の電気分解と中和実験，水の電気分解，5年は石灰石と塩酸の反応，$NaHCO_3$の熱分解，4年はMgと中和実験に伴う水溶液の反応，$NaHCO_3$とAg_2Oの熱分解，3年はMgとCuの燃焼，溶解度，再結晶で，毎年質量比の考察がある。

生物的領域　大問は，6年は刺激に対する意識してのヒトの反応の実験と実験計画，5年は対照実験で蒸散をする場所の特定，顕微鏡操作，双子葉類，4年は顕性形質丸形種子の遺伝子の特定方法，光合成と呼吸の対照実験，3年は葉のつくりと蒸散実験，だ液の消化実験と分子の分解であった。

地学的領域　大問は，6年は火山の形と造岩鉱物・火成岩のつくり，5年は寒冷前線の通過・空気中の水蒸気量の考察・乾湿計，4年は柱状図の考察と地層の深さの図解，透明半球と棒の影での太陽の日周運動，3年は梅雨前線の図解，湿度と露点，緊急地震速報からS波到着までの時間であった。

来年度の予想と対策

実験・観察操作，実験・観察や資料の考察と記述・計算・グラフ化・作図などの思考力・判断力・表現力を試す問題が予想される。複数単元の総合問題や，教科書の発展応用問題も予想される。

教科書を丁寧に復習し，基礎的な用語は正しく理解し押さえておこう。実験・観察や実習では，仮説，目的，方法，結果，考察等の探究の過程で「なぜか」を意識して，積極的に参加しよう。実験・観察結果は図や表，グラフ化など分かり易く表現し，記録しよう。考察は結果に基づいて自分で文章を書く習慣を身につけよう。資料を科学的に分析・判断し，総合的に考察する力を身につけよう。

⇨**学習のポイント**

- 読解力と考察力を要する問題があるので，過去問題を多く解き，45分間の時間配分を考えよう。
- 教科書は図，表，応用発展，資料が全てテスト範囲。確かな基礎・基本と応用問題への挑戦！！

年度別出題内容の分析表 理科

※□は大問の中心となった単元

分野	学年	出題内容	27年	28年	29年	30年	2019年	2020年	2021年	2022年	2023年	2024年
第一分野	第1学年	身のまわりの物質とその性質		A		A		B		A	○	○
		気体の発生とその性質	B	A	[B]		B	A		AB	○	
		水溶液	A				AB		[B]	A		○
		状態変化		B		B		B			○	
		力のはたらき(2力のつり合いを含む)		B		A				B		
		光と音	[B]	A	B	B	B	A		AB		
	第2学年	物質の成り立ち	A				AB	B		[B]	○	○
		化学変化，酸化と還元，発熱・吸熱反応		A	AB	A		AB	A			
		化学変化と物質の質量	A[B]	[A]	[A]	[A]	[A]	[A][B]	[A]	AB	★	★
		電流(電力，熱量，静電気，放電，放射線を含む)	A	A	A	A[B]	A	[B]	[A][B]	A	○	○
		電流と磁界		[A]	[A]		[A]			[A]		
	第3学年	水溶液とイオン，原子の成り立ちとイオン	B	B	A	B	B	B				○
		酸・アルカリとイオン，中和と塩	[A]B	B	B	[B]	[B]	A	B	[A]		○
		化学変化と電池，金属イオン		[B]	A				A	B		
		力のつり合いと合成・分解(水圧，浮力を含む)	AB	[B]	B			[A]			○	★
		力と物体の運動(慣性の法則を含む)	[A]	B	[B]		B	B			★	
		力学的エネルギー，仕事とエネルギー	AB	B	B	[A]	[B]	B	AB	[B]	○	○
		エネルギーとその変換，エネルギー資源										
第二分野	第1学年	生物の観察と分類のしかた										
		植物の特徴と分類			A		A	B	A	AB	○	
		動物の特徴と分類	[A]					B				
		身近な地形や地層，岩石の観察					B					
		火山活動と火成岩	A			A	B	B				★
		地震と地球内部のはたらき		[A]		[B]		[B]	[B]	B		
		地層の重なりと過去の様子			[B]	A	[B]			[A]		
	第2学年	生物と細胞(顕微鏡観察のしかたを含む)				B		A			○	
		植物の体のつくりとはたらき	B	B	[A]	[A]B	B		[A]	A[B]	★	
		動物の体のつくりとはたらき		A[B]	[B]	B	A[B]	[B]	[B]	AB		★
		気象要素の観測，大気圧と圧力	AB		A	A	A	A	A		○	
		天気の変化	[A]		A	[A]	A	A	A		★	
		日本の気象	B	[B]				[A]	[A]	A		
	第3学年	生物の成長と生殖		[A]		A[B]	A		A		○	○
		遺伝の規則性と遺伝子	A		A		[A]		B	[A]		
		生物の種類の多様性と進化	A									
		天体の動きと地球の自転・公転	[B]	B	AB	B	[A]	A	B	[B]	○	
		太陽系と恒星，月や金星の運動と見え方		A	[A]		B	B	A			○
		自然界のつり合い	[B]		B			[A]				
自然の環境調査と環境保全，自然災害						B			B			
科学技術の発展，様々な物質とその利用												
探究の過程を重視した出題			AB	AB	AB	AB	AB	AB	AB	AB	○	○

—愛知県公立高校—

社会 出題傾向の分析と合格への対策

出題傾向とその内容

〈最新年度の出題状況〉

本年度の出題数は大問6題，小問は21問である。小問のうち6問は枝問に分かれている。解答形式は，全てマークシート方式の記号選択である。また，大問は，日本地理1題，世界地理1題，歴史2題，公民2題である。小問数は各分野のバランスがほぼとれており，内容的には，基本事項の理解を求めるものが中心となっている。大問のうち4題は，生徒のレポートを題材としている。

地理的分野では，略地図・表・雨温図・写真などを用いた問題で，諸地域の地形や気候や産業，あるいは世界の国々と日本との関係を問う問題が出題されている。

歴史的分野では，説明文・写真・表・略地図などを用いて，時代の流れや基本用語の理解を確認する問題が多く出題されている。日本史と世界史の関連問題も出題されている。

公民的分野では，グラフ・表・会話文等を用い，基礎事項を正しく理解しているかを問うものなど，幅広い範囲から出題されている。

〈出題傾向〉

地理的分野では，略地図・統計資料・グラフなどを読み取らせることで，基本知識の定着度を確認している。

歴史的分野では，通史という形で出題することにより，各時代の特徴をきちんと把握しているかを確認している。

公民的分野では，憲法・基本的人権・民主主義・経済一般・国の政治の仕組みなど，今日の日本社会に対する理解の程度を問うている。基礎知識を幅広く問う内容となっている。

来年度の予想と対策

解答用紙がマークシート方式であることに注意しながら，過去問題集に取り組み，学習を進めよう。

地理的分野では，日本と世界の諸地域の特色を，地形・気候・産業・各国のくらしなどについて，しっかりと整理しよう。地図で国や都道府県・都市の位置を確認し，教科書のグラフなどの資料を併せて確認しておくことが必要である。

歴史的分野では，時代の流れや重要事項の年代を覚えておきたい。特に，政治史・外交史・文化史を把握することがポイントである。重要地名や重要事項に関わることは，歴史地図や資料集で確認しておこう。

公民的分野では，政治・経済の基礎的な学習事項の理解だけでなく，日頃から新聞やテレビのニュースなどを通じて，時事問題や国際問題にも関心を持つようにしよう。

⇨学習のポイント

- 地理では，各種の地図を読みとる力や，複数の統計資料を分析する力をつけよう！
- 歴史では，教科書で大きな時代の流れをつかみ，日本史と世界史の関連にも目を配ろう！
- 公民では，政治・経済一般・地方自治・国際社会の基礎を整理し，解答力をつけよう！

年度別出題内容の分析表　社会

出題内容			27年	28年	29年	30年	2019年	2020年	2021年	2022年	2023年	2024年
地理的分野	日本	地形図の見方			A	A	B	B			○	
		日本の国土・地形・気候	AB	AB	B	B	AB	AB	AB	AB	○	○
		人口・都市	AB	A	A	B	AB	A	AB	AB	○	
		農林水産業	B	B	AB	B	AB	AB	AB	B	○	
		工業		AB	B		AB	AB	AB	B		
		交通・通信						A	B		○	○
		資源・エネルギー										○
		貿易	B			AB		B	A			
	世界	人々のくらし・宗教	AB	A	AB	A		A	B	A	○	○
		地形・気候	AB	B	AB	A	B	B	AB	AB	○	○
		人口・都市	B	B		AB	B	AB	AB	A	○	○
		産業		A	A		A	A	A	A	○	○
		交通・貿易	A	A	A	B	A	A	A			
		資源・エネルギー				A			B	B		
	地理総合											
歴史的分野	日本史―時代別	旧石器時代から弥生時代	A	B			B		A			
		古墳時代から平安時代	AB	AB	AB	AB	AB	AB	B	AB	○	○
		鎌倉・室町時代	AB	AB	AB	AB	AB		A	AB	○	○
		安土桃山・江戸時代	AB	AB	AB	AB	AB	AB	B	AB	○	○
		明治時代から現代	AB	AB	AB	AB	AB	AB	AB	AB	○	○
	日本史―テーマ別	政治・法律	AB	AB	AB	AB	AB	AB	AB	AB	○	○
		経済・社会・技術	AB	A		AB	AB	AB	AB	AB	○	○
		文化・宗教・教育	AB	A	AB	AB	B	AB	AB	AB	○	○
		外交	AB	AB	AB	A	AB	B	AB	A	○	○
	世界史	政治・社会・経済史	B	A	A	B	AB	AB	AB	B	○	○
		文化史	A						A	B		○
		世界史総合								A		
	歴史総合											
公民的分野	憲法・基本的人権		A		AB	B	A		B		○	○
	国の政治の仕組み・裁判		A	AB	A	AB	B	AB	AB		○	○
	民主主義										○	○
	地方自治		B	B			A		A			
	国民生活・社会保障			B	B			A	A			
	経済一般		A	AB	B	A	B	AB	AB	AB	○	○
	財政・消費生活		A	AB	B	A	B	AB	AB	AB	○	○
	公害・環境問題		B			B	A			B		○
	国際社会との関わり		AB	B	AB	B	B			A		
時事問題												
その他			A				A	A				

国語 出題傾向の分析と合格への対策

出題傾向とその内容

〈最新年度の出題状況〉

大問が4題，小問数は18問であった。第1問は，論説文の読解。内容理解を主とする問題であった。第2問の知識問題は，漢字の読み書きと意味，四字熟語を問うものであった。第3問は，小説文読解。心情の読み取りや内容理解とともに空欄に慣用句を補充する問題が出題された。第4問は，漢文の読解。内容理解が中心であった。

〈出題傾向〉

現代文読解2題，知識問題1題，古文または漢文読解が1題という構成。

現代文は，論説文が1題，随筆または小説が1題となることが多い。内容吟味，文脈把握，脱文・脱語補充などが出題される。

知識問題は，漢字が必ず出題される。読み書きのほか，四字熟語など，語句の知識も必要である。

古文または漢文は，部分的に現代語訳がつき，内容の把握や大意などを問う，読解力重視の出題であると言える。また，漢文は書き下し文で出題される。

来年度の予想と対策

昨年度から解答用紙がマークシート方式となった。現代文のジャンルについては，論説文は必出と言えるが，もう1題は随筆・小説どちらの可能性もある。また，古文・漢文についても，どちらの出題も考えられる。

文章はいずれもそれほど難解な内容ではないので，基礎的な学力を確実に身につける学習をしておくとよい。教科書と授業内容をきちんと理解したうえで，要点を整理し，基本的なレベルの問題演習をくり返すとよいだろう。

古文や漢文についても同様で，基礎的な知識を身につけること，本文と現代語訳を対照させる読み方を習得することが大切である。

漢字や熟語についても，教科書に出てきたものを徹底的に復習しておこう。

⇨学習のポイント

- 多くの読解問題に取り組み，読解力を身につけよう。
- 漢字や熟語は，中学までに学習するものを確実に覚えるように。

年度別出題内容の分析表　国語

		出題内容	27年	28年	29年	30年	2019年	2020年	2021年	2022年	2023年	2024年
内容の分類	読解	主題・表題			A	AB	AB	AB	AB	AB	○	
		大意・要旨	AB	AB	AB	AB	AB	AB	AB	AB	○	
		情景・心情	AB	AB			B		AB	A	○	○
		内容吟味	AB	AB	AB	AB	AB	AB	AB	AB	○	○
		文脈把握	AB	B	B	AB	AB	AB	AB	AB	○	○
		段落・文章構成		B	AB	AB	B	AB	AB	AB	○	
		指示語の問題	B	B	AB	B						○
		接続語の問題	B	AB	AB	AB	AB	AB	AB	AB	○	
		脱文・脱語補充	AB	A	AB	A	A	AB	AB	AB	○	○
	漢字・語句	漢字の読み書き	AB	AB	AB	AB	AB	AB	AB	AB	○	○
		筆順・画数・部首										
		語句の意味	B	AB								○
		同義語・対義語										
		熟語	AB		A	AB	AB	AB	A	AB	○	○
		ことわざ・慣用句・四字熟語		A	A			AB	AB			
		仮名遣い										
	表現	短文作成										
		作文(自由・課題)										
		その他	A									
	文法	文と文節										
		品詞・用法				B						
		敬語・その他										
	古文の口語訳		AB	AB	A	A	A	A	AB	AB	○	
	表現技法・形式									B		
	文学史											
	書写											
問題文の種類	散文	論説文・説明文	AB	AB	AB	AB	AB	AB	AB	AB	○	○
		記録文・実用文										
		小説・物語・伝記	B	B			B		B	A	○	○
		随筆・紀行・日記	A	A	AB		A	AB	A			
	韻文	詩										
		和歌(短歌)										
		俳句・川柳										
	古文		B	A	A	AB	AB	AB	A	B		
	漢文・漢詩		A	B	B	A		A	B	A	○	○
	会話・議論・発表											
	聞き取り											

愛知県公立高等学校

2024年度

★★★★★★★★★★★★★★★★★★★★★★

入　試　問　題

●くわしい解説……43ページ

＜数学＞

時間　45分　　満点　22点

1　次の(1)から(10)までの問いに答えなさい。

(1)　$4\times(-3)-(-6)\div 3$ を計算した結果として正しいものを，次の**ア**から**エ**までの中から一つ選びなさい。

ア　-14　　**イ**　-10　　**ウ**　-2　　**エ**　4

(2)　$\dfrac{-2x+1}{4}-\dfrac{x-3}{3}$ を計算した結果として正しいものを，次の**ア**から**エ**までの中から一つ選びなさい。

ア　$-10x+15$　　**イ**　$\dfrac{-10x-9}{12}$　　**ウ**　$\dfrac{-10x+15}{12}$　　**エ**　$\dfrac{-5x+5}{2}$

(3)　$(6a^2b-12ab^2)\div\dfrac{2}{3}ab$ を計算した結果として正しいものを，次の**ア**から**エ**までの中から一つ選びなさい。

ア　$-9ab$　　**イ**　$4a-8b$　　**ウ**　$9a-2b$　　**エ**　$9a-18b$

(4)　$x=\sqrt{3}+\sqrt{2}$，$y=\sqrt{3}-\sqrt{2}$ のとき，x^2+xy-y^2 の値として正しいものを，次の**ア**から**エ**までの中から一つ選びなさい。

ア　1　　**イ**　11　　**ウ**　$4\sqrt{6}+1$　　**エ**　$4\sqrt{6}+11$

(5)　方程式 $(x+3)^2-11=5(x+2)$ の解として正しいものを，次の**ア**から**エ**までの中から一つ選びなさい。

ア　$x=-4,\ -3$　　**イ**　$x=-4,\ 3$　　**ウ**　$x=-3,\ 4$　　**エ**　$x=3,\ 4$

(6)　1個 a g のトマト3個，1本 b g のきゅうり2本をあわせた重さが900 g より軽いという関係を表している不等式を，次の**ア**から**エ**までの中から一つ選びなさい。

ア　$3a+2b\leqq 900$　　**イ**　$3a+2b<900$

ウ　$3a+2b\geqq 900$　　**エ**　$3a+2b>900$

(7)　y が x に反比例し，$x=4$ のとき $y=3$ である関数のグラフ上の点で，x 座標と y 座標がともに整数であり，x 座標が y 座標よりも小さい点は何個あるか，次の**ア**から**エ**までの中から一つ選びなさい。

ア　1個　　**イ**　2個　　**ウ**　3個　　**エ**　6個

(8)　平方根について正しく述べたものを，次のページの**ア**から**カ**までの中から二つ選びなさい。ただし，マーク欄は1行につき一つだけ塗りつぶすこと。

ア　64の平方根は±8である。　　**イ**　$\sqrt{16}$は±4である。

ウ　$\sqrt{(-6)^2}$は−6である。　　**エ**　$\sqrt{16}-\sqrt{9}$は$\sqrt{7}$である。

オ　$\sqrt{3}\times 5$は$\sqrt{15}$である。　　**カ**　$\sqrt{21}\div\sqrt{7}$は$\sqrt{3}$である。

(9)　図は，小学校6年生40人のソフトボール投げの記録を整理し，ヒストグラムで表したものである。

この記録を箱ひげ図で表したとき，最も適当な図を，次の**ア**から**エ**までの中から選びなさい。

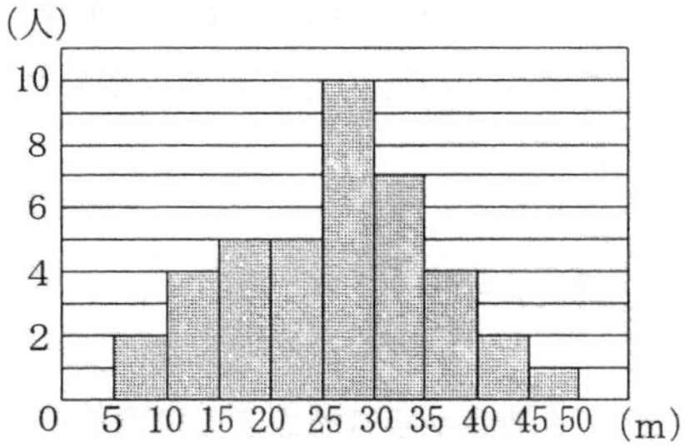

ア

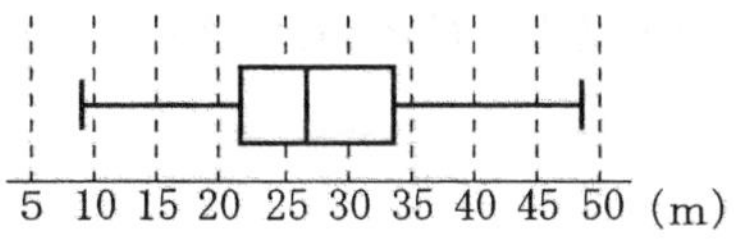

イ

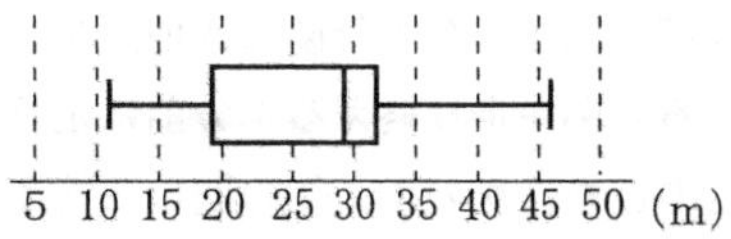

ウ

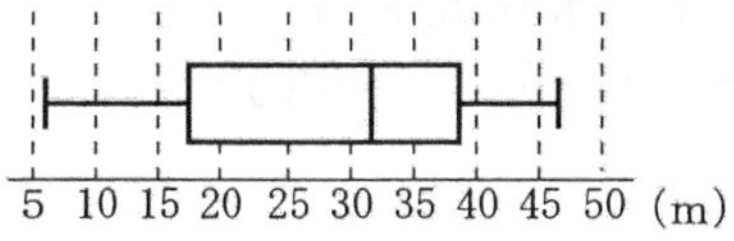

エ

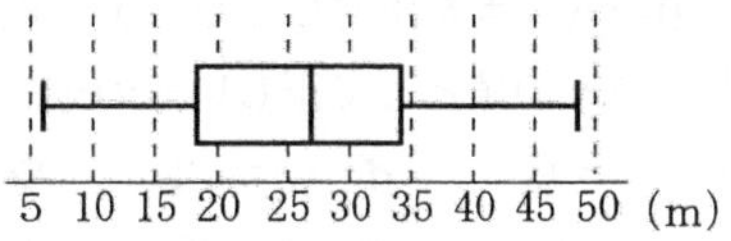

(10)　図で，四角形ABCDは平行四辺形，Eは辺DC上の点でDE：EC＝2：3である。また，Fは線分ACとEBとの交点，Gは辺BC上の点で，AB // FGである。

AB＝10cmのとき，線分FGの長さは何cmか，次の**ア**から**エ**までの中から一つ選びなさい。

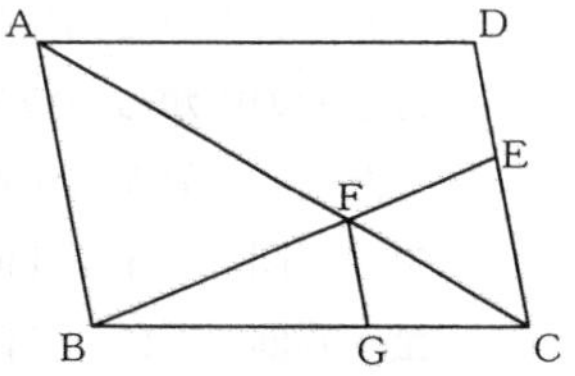

ア　3cm　　**イ**　$\frac{18}{5}$cm　　**ウ**　$\frac{15}{4}$cm　　**エ**　4cm

2　次の(1)から(3)までの問いに答えなさい。

(1)　数字2，3，4，5，6，7を書いたカードが1枚ずつある。この6枚のカードをよくきって，1枚ずつ2回続けて取り出す。1回目に取り出したカードに書かれている数をaとし，2回目に取り出したカードに書かれている数をbとする。

このとき，次の①から⑤までのことがらのうち，起こる確率が等しいことがらの組み合わせとして正しいものを，下の**ア**から**コ**までの中から一つ選びなさい。

①　$a+b$が偶数　　②　$a-b$が正の数　　③　abが奇数

④　aがbの約数　　⑤　aとbがともに素数

ア　①，②　　**イ**　①，③　　**ウ**　①，④　　**エ**　①，⑤　　**オ**　②，③

カ　②，④　　**キ**　②，⑤　　**ク**　③，④　　**ケ**　③，⑤　　**コ**　④，⑤

(2) 図で，Oは原点，A，Bは関数 $y = ax^2$（a は定数，$a > 0$）のグラフ上の点で，x 座標はそれぞれ 2，－3 である。

また，Cは y 軸上の点で，y 座標は $\frac{21}{2}$ であり，Dは線分BAと y 軸との交点である。

△CBDの面積が△DOAの面積の 2 倍であるとき，a の値として正しいものを，次の**ア**から**オ**までの中から一つ選びなさい。

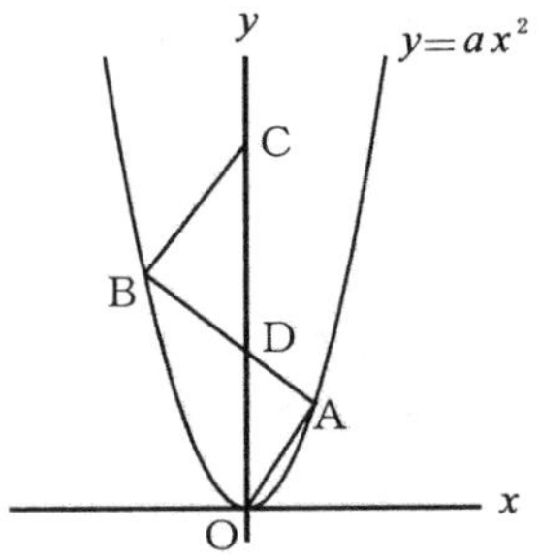

ア　$a = \frac{7}{12}$　　**イ**　$a = \frac{7}{10}$　　**ウ**　$a = \frac{3}{4}$　　**エ**　$a = \frac{7}{9}$　　**オ**　$a = \frac{7}{8}$

(3) A地点からB地点までは直線の道で結ばれており，その距離は600mである。

弟は，A地点を出発し，A地点とB地点の間を毎分120mの速さで 2 往復走った。兄は，弟がA地点を出発した 1 分後にA地点を出発し，A地点とB地点の間を一定の速さで 3 往復走ったところ，弟が走り終える 1 分前に走り終えた。

このとき，次の①，②の問いに答えなさい。

なお，下の図を必要に応じて使ってもよい。

① 弟がA地点を出発してから x 分後の，A地点と弟の間の距離を y mとするとき，$x = 6$ のときの y の値として正しいものを，次の**ア**から**カ**までの中から一つ選びなさい。

ア　$y = 0$　　**イ**　$y = 120$　　**ウ**　$y = 240$

エ　$y = 360$　　**オ**　$y = 480$　　**カ**　$y = 600$

② 兄がA地点を出発してから走り終えるまでに，兄と弟がすれ違うのは何回か，次の**ア**から**カ**までの中から一つ選びなさい。

ただし，兄が弟を追い抜く場合は含めないものとする。

ア　3回　　**イ**　4回　　**ウ**　5回

エ　6回　　**オ**　7回　　**カ**　8回

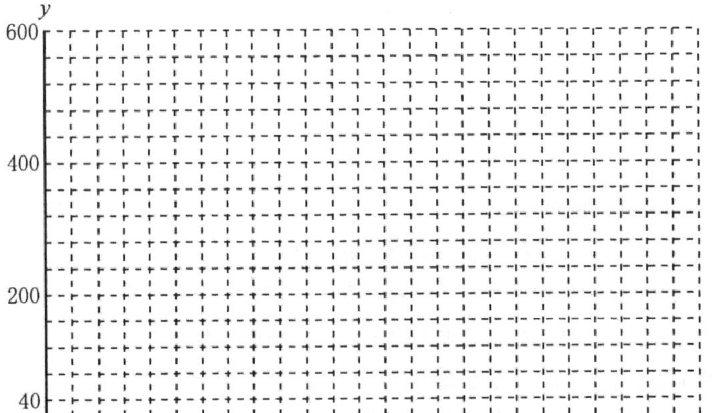

3　次の(1)から(3)までの文章中の [アイ] などに入る数字をそれぞれ答えなさい。
解答方法については，表紙の裏にある**【解答上の注意】**に従うこと。
ただし，分数は，それ以上約分できない形で，また，根号の中は，最も簡単な数で答えること。

(1)　図で，△ABCはAB＝ACの二等辺三角形，Dは辺AC上の点で，AC⊥DBである。また，Eは直線DB上の点，Fは点Eを通り，直線BCに平行な直線と辺ABとの交点である。
∠FEB＝21°のとき，∠ABDの大きさは [アイ] 度である。

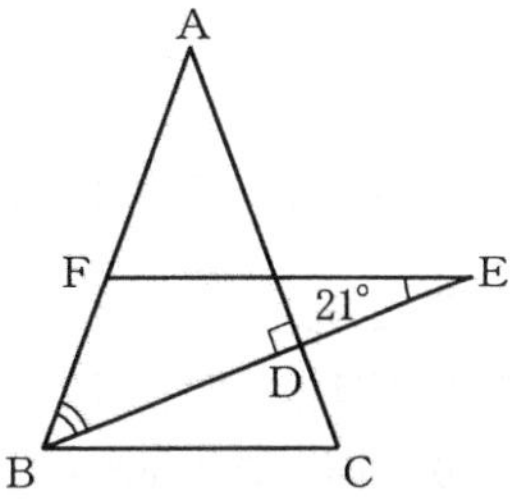

(2)　図で，四角形ABCDは正方形，Eは辺DCの中点，Fは線分EBの中点，Gは辺AD上の点で，∠GAF＝∠GFEである。また，Hは線分EB上の点で，∠GHE＝90°である。
AB＝4cmのとき，
①　線分EFの長さは$\sqrt{ア}$cmである。
②　線分HFの長さは線分EBの長さの$\dfrac{イ}{ウ}$倍である。

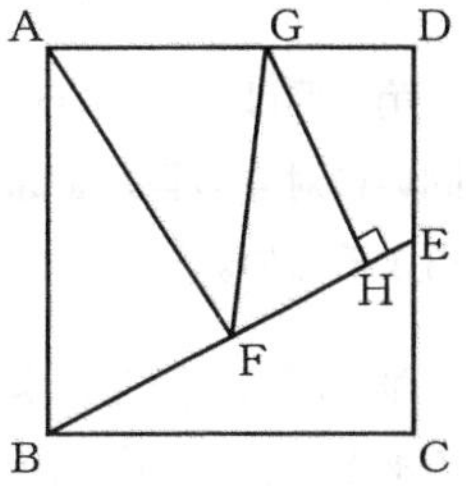

(3)　図で，CはABを直径とする半円Oの周上の点で，CA＝CBであり，Dは弧CB上の点で，DA：DB＝3：1である。また，Eは線分CBとDAとの交点である。
CA＝6cmのとき，
①　△DABの面積は$\dfrac{アイ}{ウ}$$cm^2$である。
②　△EABを，線分ABを回転の軸として1回転させてできる立体の体積は $エ\sqrt{オ}\pi$ cm^3である。
ただし，πは円周率である。

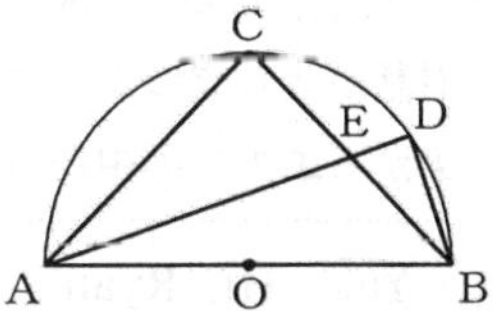

＜英語＞

時間 50分 満点 22点

外国語（英語）聞き取り検査

指示に従って，聞き取り検査の問題に答えなさい。

「答え方」

問題は第１問と第２問の二つに分かれています。

第１問，第２問ともに，問いに対する答えとして正しいものはマーク欄の「正《せい》」の文字を，誤っているものはマーク欄の「誤《ご》」の文字を，それぞれ塗りつぶしなさい。正しいものは，各問いについて一つしかありません。

第１問は，１番から３番までの三つあります。それぞれについて，対話と，対話についての問い，問いに対する答えを聞きます。そのあと，もう一度，繰り返します。必要があれば，メモをとってもよろしい。

第２問は，英語によるスピーチと，スピーチについての問い，問いに対する答えを聞きます。そのあと，もう一度，繰り返します。問いは二つあります。必要があれば，メモをとってもよろしい。

外国語（英語）筆記検査

1 日曜日の朝，勇樹（Yuki）が日本に留学中のライアン（Ryan）と電話で話しています。次の対話が成り立つように，下線部(1)から(3)までのそれぞれにあてはまる最も適当なものを，あとの**ア**から**エ**までの中から選びなさい。

Yuki: Hi, Ryan. This is Yuki.
Ryan: Oh! Hello, Yuki. What's up?
Yuki: Do you have any plans for this afternoon?
Ryan: Well, if it were sunny today, ＿＿(1)＿＿. Actually, you know, it has been raining since last night. So, I have nothing to do all day.
Yuki: I see. I'm planning to ＿＿(2)＿＿ with our friend, Kota. Do you want to join us?
Ryan: I'd like to, but I don't know where it is.
Yuki: Don't worry, Ryan. Please come to my house at 1 p.m. Let's go there together!
Ryan: Thank you, Yuki. Well, how about Kota?
Yuki: Ah, ＿＿(3)＿＿. So, we'll wait for you here.
Ryan: OK. See you then.

(1) **ア** I will go hiking in the countryside
イ I will not go hiking in the countryside

ウ　I would go hiking in the countryside
エ　I would not go hiking in the countryside
(2)　ア　stay home to play video games
イ　go to the theater to watch a movie
ウ　go hiking in the countryside
エ　visit your house
(3)　ア　he's very busy today, so he can't come
イ　he doesn't know my house
ウ　he's now in the countryside for hiking
エ　he's already at my house

2　ある生徒が，クラスで調査を行い，その結果を［Graph1］と［Graph2］にまとめて，［発表の内容］のとおり，英語の授業で発表しました。あとの(1)，(2)の問いに答えなさい。

[Graph 1]

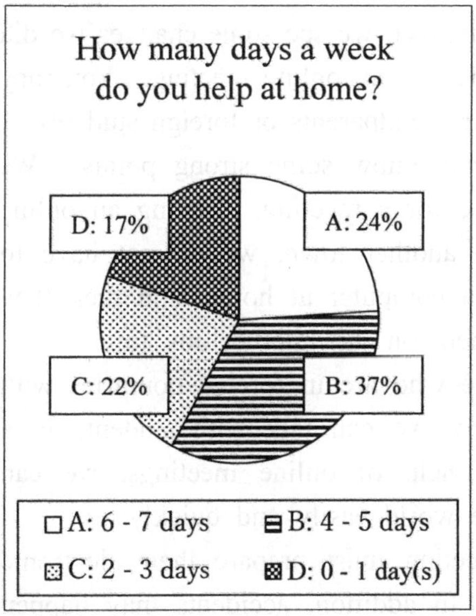

[Graph 2]

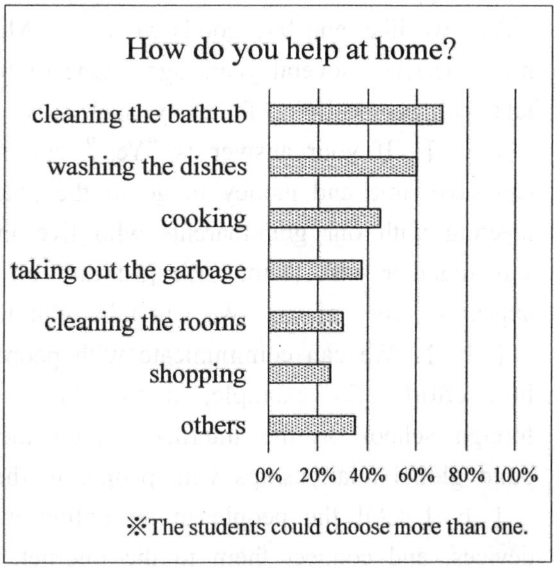

[発表の内容]

I'll make a presentation about helping at home.
First, according to Graph 1, more than 60% of us help our families ___①___ a week at home. And 17% of us help our families a day or don't help at all.
Second, look at Graph 2, please. About 70% of us ___②___. And I'm a little surprised to know that ___③___ the rooms.
Please feel free to ask me if you have questions. Thank you.

(1)　下線部①，②にあてはまる組み合わせとして最も適当なものを，次のページのアからエまでの中から選びなさい。

ア ① 6 days or more ② clean the bathtub
イ ① 6 days or more ② take out the garbage
ウ ① 4 days or more ② clean the bathtub
エ ① 4 days or more ② take out the garbage

(2) 下線部③にあてはまるように，次のアからキまでの中から六つ選んで正しく並べ替えるとき，1番目，3番目，5番目にくるものをそれぞれ選びなさい。

ア than　イ cleaning　ウ shopping　エ cooking
オ common　カ is　キ more

3 次の文章を読んで，あとの(1)から(5)までの問いに答えなさい。

Thanks to the progress of information technology, our daily lives are getting more convenient than before. Now we cannot imagine life (A) this technology. On the internet, we can get information we need, watch a variety of videos we like, and buy goods we want. Moreover, we see some changes we did not experience several years ago. One of them is an online meeting. You may talk with people living far away, such as your grandparents or foreign students.

【 a 】 If your answer is "Yes," you may know some strong points. We can save time and money to go to the place for a meeting. During an online meeting with our grandparents who live in another town, we do not have to stay together with them. We just turn on a computer at home, and then they appear in front of us. We can talk with them on the internet any time.

【 b 】 We can communicate with people who are in foreign countries with little effort. For example, in our classroom, we can talk with students in a foreign school on the internet. With the help of online meetings, we can build global relationships with people in the world easily and quickly.

【 c 】 All the people in an online meeting must prepare their electronic devices, and connect them to the internet. In addition, accidents may happen while we have an online meeting. For example, our online meeting suddenly stops by the trouble of the internet. So, our traditional face-to-face meetings still have strong points.

Which type of meetings is better for us? It is difficult to answer this question, because online meetings and face-to-face meetings have different strong points. Therefore, when we try to meet someone, we need to think about the situation of the person and we should choose an online meeting or a face-to-face meeting by their strong points. In the near future, we will have more effective and impressive meetings than now.

(注) meeting 会うこと　face-to-face 対面で

(1) 文章中の（A）にあてはまる最も適当なものを，次のアからエまでの中から選びなさい。

ア across　イ until　ウ around　エ without

(2) 次のアからウまでの英文を，文章中の【a】から【c】までのそれぞれにあてはめて文章が成り立つようにするとき，【c】にあてはまる最も適当なものを選びなさい。

ア On the other hand, online meetings have weak points, too.

イ Online meetings have another strong point.

ウ Have you ever tried online meetings?

(3) 文章中では，オンラインで会うことについてどのように述べられているか。最も適当なものを，次のアからエまでの中から選びなさい。

ア Online meetings will be less effective than face-to-face meetings.

イ Online meetings and face-to-face meetings have the same strong points.

ウ Online meetings appeared thanks to the progress of information technology.

エ Online meetings have a longer history than face-to-face meetings.

(4) 次のアからエまでの中から，その内容が文章中に書かれていることと一致するものを一つ選びなさい。

ア The internet will be necessary for face-to-face meetings, too.

イ Face-to-face meetings are disappearing because of online meetings.

ウ Our meetings will be more effective and impressive than now.

エ Face-to-face meetings may damage our health if they are too long.

(5) 次の［メモ］は，この文章を読んだ生徒がオンラインで会うことと対面で会うことについて，英語で発表するために作成したものの一部です。【①】，【②】のそれぞれにあてはまる最も適当なものを，次のページのアからエまでの中から選びなさい。

［メモ］

○【 ① 】

Online meetings

・We turn on a computer at home and then other people appear in front of us.

Face-to-face meetings

・We stay together in the same place during the meeting.

○【 ② 】

Online meetings

・We can save time and money to go to the place for a meeting.

・We can communicate with people in foreign countries with little effort.

Face-to-face meetings

・We don't need electronic devices.

・We don't have to worry about the trouble of the internet.

○ Closing

・We can choose an online meeting or a face-to-face meeting by their strong points.

①　ア　History　　イ　Features　　ウ　Reasons　　エ　Questions
②　ア　Strong points　　イ　Near future　　ウ　Accidents　　エ　Challenges

4　アメリカに留学中の早紀（Saki）が，月曜日の授業後に，同じクラスのアリア（Aria）と話しています。次の対話文を読んで，あとの⑴から⑷までの問いに答えなさい。

Saki: We're going to visit the history museum this Saturday. How should we go?
Aria: ＿①＿ don't we go by bike? It takes about an hour, but we can enjoy seeing a lot of beautiful flowers through the park.
Saki: (A), but it's tough for me. How about going by train?
Aria: If we take a train, we need 20 minutes to get there.
Saki: Sounds good. How much is the train fare?
Aria: Let me see.... It's four dollars. So you need to pay eight dollars to go there and come back. And I'm sure that we can get seats on the train.
Saki: That's nice, but it's a little expensive for me. Aria, can we take a bus?
Aria: Yes. The bus fare is just half of the train fare. But the bus is usually more crowded than the train.
Saki: Oh, I see. How long does it take by bus?
Aria: About 30 minutes. The bus stops just in front of the history museum.
Saki: That's also nice. Aria, please let me decide how to go there.
Aria: OK. You may decide it.
Saki: Thank you. Please give me some ＿②＿ to think about it.
Aria: Of course, please let me know by Friday. And Saki, on the evening of that day, my parents are planning to have dinner with us at a restaurant.
Saki: Wow. It's so amazing!

⑴　対話文中の下線部①，②にあてはまる最も適当なものを，それぞれ次のアからエまでの中から選びなさい。
①　ア　What　　イ　Why　　ウ　When　　エ　Where
②　ア　time　　イ　money　　ウ　information　　エ　people

⑵　対話文中の（A）にあてはまる最も適当なものを，次のアからエまでの中から選びなさい。
ア　I see what you mean　　イ　My bike has a problem
ウ　I'm sorry I can't　　エ　I want to go there by car

⑶　早紀は，アリアから聞いた話を次の表のようにまとめました。表の中の【X】から【Z】までのそれぞれに，次のページのアからエまでをあてはめるとき，【Z】にあてはまる最も適当なものを選びなさい。ただし，いずれにもあてはまらないものが一つある。

Transportation	Bike	Train	Bus
Time	60 min.	20 min.	30 min.
Fare	No fare	$ 8 (round-trip)	$ 4 (round-trip)
Note	【 X 】	【 Y 】	【 Z 】

ア　It's probably not so crowded.
イ　We have beautiful views on the way.
ウ　It's easy to have dinner at the restaurant.
エ　We don't need to walk a lot from the stop.

(4)　アリアは，土曜日の晩に食事を予定しているレストランのウェブページを見ています。次の各表はその一部です。それぞれから読み取れることを正しく表しているものを，あとのアからカまでの中から二つ選びなさい。ただし，マーク欄は１行につき一つだけ塗りつぶすこと。

Open Hours

LUNCH	From Monday to Friday	11:00 a.m. — 2:00 p.m.
	Saturday and Sunday	11:00 a.m. — 2:30 p.m.
DINNER	From Monday to Thursday	6:00 p.m. — 9:00 p.m.
	From Friday to Sunday	5:30 p.m. — 10:00 p.m.

Menu

	Fried chicken	Curry and rice	Spaghetti	Grilled fish	Steak
LUNCH	$ 10	$ 12	$ 13	$ 16	$ 20
DINNER	$ 12	$ 14	$ 15	$ 18	$ 22

※All meals come with soup, seasonal vegetables, and coffee or tea.

ア　The dinner on Wednesday begins at 5:30 p.m. and ends at 10:00 p.m.
イ　The restaurant which Aria will visit opens for lunch at the same time every day.
ウ　On Saturday evening, Aria cannot enter the restaurant before 6:00 p.m.
エ　If Aria wants to have a fried chicken for dinner, she needs to pay 10 dollars.
オ　The price of grilled fish for lunch is higher than the price of spaghetti for dinner.
カ　If Aria has a steak, she receives soup, a salad, ice cream, and coffee or tea.

＜理科＞

時間 45分 満点 22点

1 次の(1), (2)の問いに答えなさい。

(1) 電子の流れについて調べるため，次の〔実験〕を行った。

〔実験〕 ① 真空放電管（クルックス管）を用意し，電極Aと電極Bの間に大きな電圧を加えたところ，図1のように蛍光板に光るすじが見えた。

② 次に，電極Aと電極Bの間に大きな電圧を加えたまま，電極Cと電極Dの間に電圧を加え，真空放電管のようすを観察した。

図1

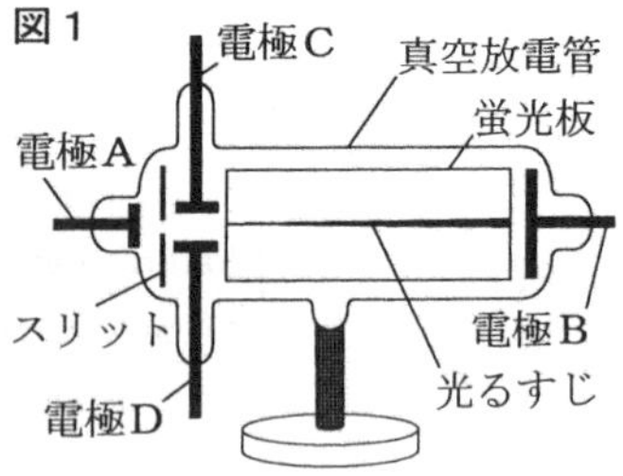

次の文章は，このときの真空放電管のようすについて述べたものである。文章中の（Ⅰ）と（Ⅱ）のそれぞれにあてはまる語句の組み合わせとして最も適当なものを，下のアからエまでの中から選びなさい。

> 〔実験〕の①で，蛍光板に光るすじが見えたのは，電極Aと電極Bの間に（ Ⅰ ）となるように電圧を加えたときである。
> 〔実験〕の②で，電極Cが陽極（＋《プラス》極），電極Dが陰極（−《マイナス》極）となるように電圧を加えたところ，光るすじは図1の（ Ⅱ ）に曲がって見えた。

ア Ⅰ：電極Aが陽極（＋極），電極Bが陰極（−極） Ⅱ：上向き
イ Ⅰ：電極Aが陽極（＋極），電極Bが陰極（−極） Ⅱ：下向き
ウ Ⅰ：電極Aが陰極（−極），電極Bが陽極（＋極） Ⅱ：上向き
エ Ⅰ：電極Aが陰極（−極），電極Bが陽極（＋極） Ⅱ：下向き

(2) 3種類の白色の物質A，B，Cの性質を調べるため，次の〔実験1〕と〔実験2〕を行った。

〔実験1〕 同じ量の水が入った3本の試験管を用意し，その試験管を用いて，物質A，B，Cをそれぞれ別の試験管に少量ずつ入れ，よくふって，そのようすを調べた。

〔実験2〕 物質A，B，Cをそれぞれ別のアルミニウムはくでおおった燃焼さじにとり，図2のようにガスバーナーで加熱して，そのようすを調べた。

図2

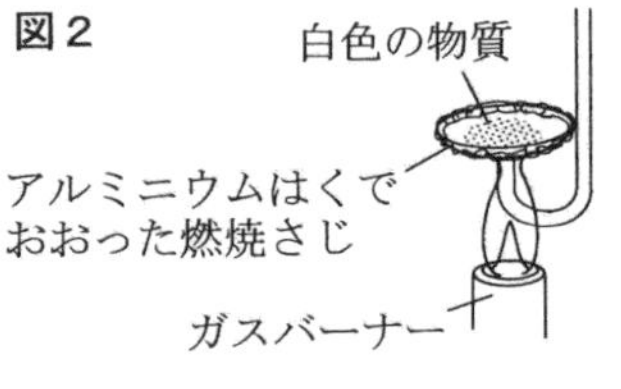

表は，〔実験1〕と〔実験2〕の結果をまとめたものである。ただし，物質A，B，Cは，砂糖，食塩，デンプンのいずれかである。

表

	物質A	物質B	物質C
〔実験1〕	とけて透明になった。	とけて透明になった。	とけずに白くにごった。
〔実験2〕	黒くこげた。	こげなかった。	黒くこげた。

物質A，B，Cはそれぞれ何か。物質A，B，Cの組み合わせとして最も適当なものを，次のアからカまでの中から選びなさい。

ア　A：砂糖　　B：食塩　　C：デンプン
イ　A：砂糖　　B：デンプン　　C：食塩
ウ　A：食塩　　B：砂糖　　C：デンプン
エ　A：食塩　　B：デンプン　　C：砂糖
オ　A：デンプン　　B：砂糖　　C：食塩
カ　A：デンプン　　B：食塩　　C：砂糖

2　刺激に対するヒトの反応について調べるため，次の〔実験1〕と〔実験2〕を行った。

〔実験1〕①　**図1**のように，Aさんは右手でものさしの上端をつかみ，Bさんはものさしにふれないように0の目盛りの位置に左手の指をそえた。
②　Aさんは合図をせずにものさしをはなした。
③　Bさんはものさしが落ちはじめるのを見たらすぐに，左手の高さを変えずにものさしをつかみ，ものさしが落下した距離を測定した。
④　①から③までを，さらに4回繰り返した。

図1

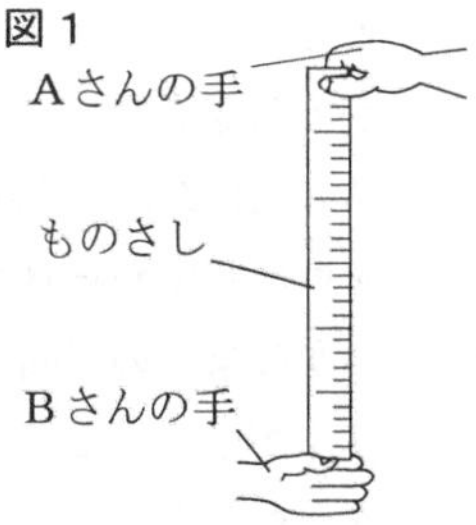

〔実験2〕①　**図1**のように，Aさんは右手でものさしの上端をつかみ，Bさんはものさしにふれないように0の目盛りの位置に左手の指をそえた。
②　Bさんは目を閉じた。
③　Aさんは左手で，Bさんは右手で互いに手をつなぎ，Aさんはものさしをはなす瞬間に，Bさんの手を強くにぎった。
④　Bさんは手を強くにぎられたらすぐに，左手の高さを変えずにものさしをつかみ，ものさしが落下した距離を測定した。
⑤　①から④までを，さらに4回繰り返した。

表は，〔実験1〕と〔実験2〕の結果をまとめたものである。

表

		1回目	2回目	3回目	4回目	5回目
〔実験1〕	ものさしが落下した距離〔cm〕	18.2	17.4	18.0	17.8	17.6
〔実験2〕	ものさしが落下した距離〔cm〕	24.6	24.4	24.0	24.2	24.3

次の(1)から(4)までの問いに答えなさい。

(1)　**図2**は，ヒトの目の断面を模式的に表したものである。**図2**のX，Yのうち，〔実験1〕で，Bさんがものさしの落下を光の刺激として受け取ったとき，目に入った光の刺激を受け取って光が像を結んだ部分と，その部分の名称の組み合わせとして最も適当なものを，次の**ア**から**カ**までの中から選びなさい。

図2

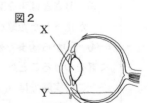

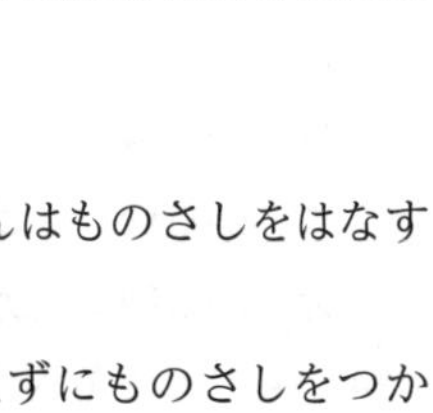

ア　X，網膜　　**イ**　X，レンズ　　**ウ**　X，ひとみ
エ　Y，網膜　　**オ**　Y，レンズ　　**カ**　Y，ひとみ

(2) 〔実験２〕では，Ｂさんが右手の皮ふで刺激を受け取り，左手の筋肉を動かしてものさしをつかんだ。このときの信号が伝わる経路を表したものとして最も適当なものを，次の**ア**から**エ**までの中から選びなさい。

ア 右手の皮ふ → せきずい → 左手の筋肉

イ 右手の皮ふ → 脳 → せきずい → 左手の筋肉

ウ 右手の皮ふ → せきずい → 脳 → 左手の筋肉

エ 右手の皮ふ → せきずい → 脳 → せきずい → 左手の筋肉

(3) **図３**は，ものさしが落下した距離とものさしが落ちはじめてからの時間の関係をグラフに表したものである。〔実験１〕でＡさんがものさしをはなしてからＢさんがものさしをつかむまでの時間と，〔実験２〕でＡさんがものさしをはなしてからＢさんがものさしをつかむまでの時間の差はおよそ何秒か。最も適当なものを，次の**ア**から**カ**までの中から選びなさい。

ア 0.01秒　**イ** 0.03秒
ウ 0.05秒　**エ** 0.07秒
オ 0.09秒　**カ** 0.11秒

図３

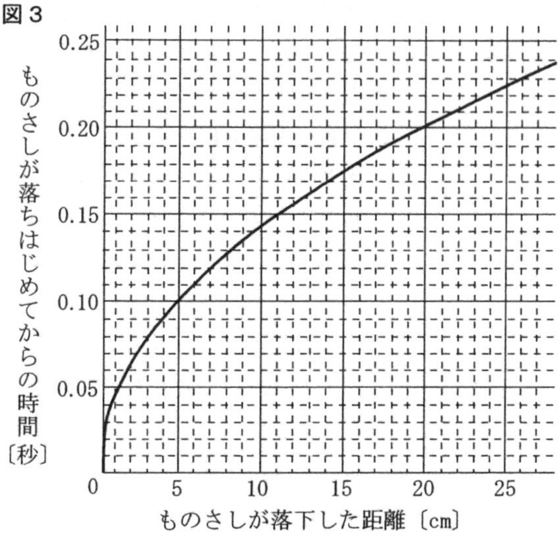

(4) ＡさんとＢさんは，ヒトの音の刺激に対する反応についても調べるため，さらに実験を行うことにした。次の文章は二人が作成した実験計画の一部である。計画が適切なものとなるように，（Ⅰ）と（Ⅱ）にあてはまる語句として最も適当なものを，（Ⅰ）には次のページの**a**から**e**までの中から，（Ⅱ）には次のページの**ア**から**ウ**までの中からそれぞれ選びなさい。

＜実験の手順＞
① Ａさんは右手でものさしの上端をつかみ，Ｂさんはものさしにふれないように０の目盛りの位置に左手の指をそえる。
② Ａさんはものさしをはなす瞬間に，Ｂさんに向けて「あっ」と声を出す。
③ Ｂさんは声を聞いたらすぐに，左手の高さを変えずにものさしをつかみ，ものさしが落下した距離を測定する。
④ ①から③までを，さらに４回繰り返す。
＜気をつけること＞
この実験では（　Ⅰ　）。
＜結果の整理＞
ものさしが落下した距離と**図３**のグラフから（　Ⅱ　）がわかる。

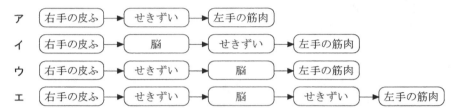

a　Aさんは目を閉じている必要がある
b　Bさんは目を閉じている必要がある
c　Aさんはものさしを見ている必要がある
d　Bさんはものさしを見ている必要がある
e　AさんとBさんは手をつないでいる必要がある

ア　Aさんが声を出してから，音の刺激がBさんの脳に伝わるまでの時間
イ　Aさんが声を出してから，Bさんがものさしをつかむまでの時間
ウ　Aさんの声による音の刺激がBさんの脳に伝わってから，Bさんがものさしをつかむまでの時間

3　水溶液を電気分解したときの変化について調べるため，次の〔実験1〕から〔実験3〕までを行った。

〔実験1〕①　炭素棒A，Bを用意し，それぞれの質量を測定した。

②　図1のように，塩化銅水溶液の入ったビーカーに，発泡ポリスチレンの板に取り付けた炭素棒Aと炭素棒Bを入れ，炭素棒Aが陰極（－極）に，炭素棒Bが陽極（＋極）になるように導線で電源装置と電流計を接続した。

③　電源装置のスイッチを入れ，電流の大きさを0.8Aにして25分間電気分解を行ったところ，一方の炭素棒に赤色（赤茶色）の物質が付着し，もう一方の炭素棒からは気体が発生した。

④　赤色（赤茶色）の物質が付着した炭素棒を取り出し，その炭素棒の質量を測定した。

⑤　①，④で測定した炭素棒の質量から，付着した赤色（赤茶色）の物質の質量を計算した。

⑥　電流を流す時間をさまざまに変えて，①から⑤までと同じことを行った。

⑦　電流の大きさを1.2A，2.0Aに変えて，それぞれ①から⑥までと同じことを行った。

図1

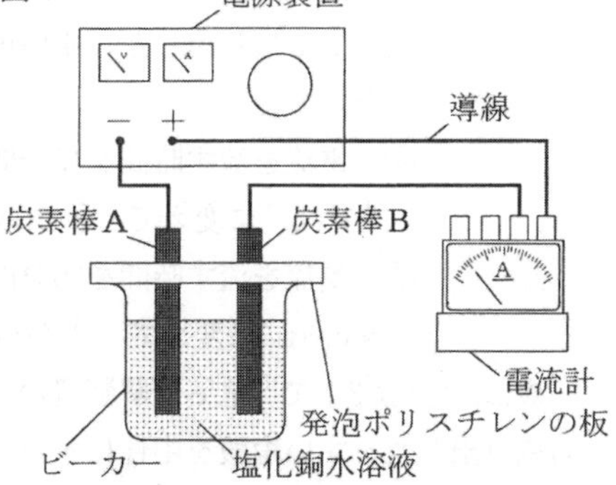

〔実験1〕の③で得られた赤色（赤茶色）の物質を調べたところ，銅であることがわかった。図2は，〔実験1〕で電流の大きさを0.8A，1.2A，2.0Aにしたときの，電流を流した時間と，炭素棒に付着した銅の質量の関係を，それぞれグラフに表したものである。

図2

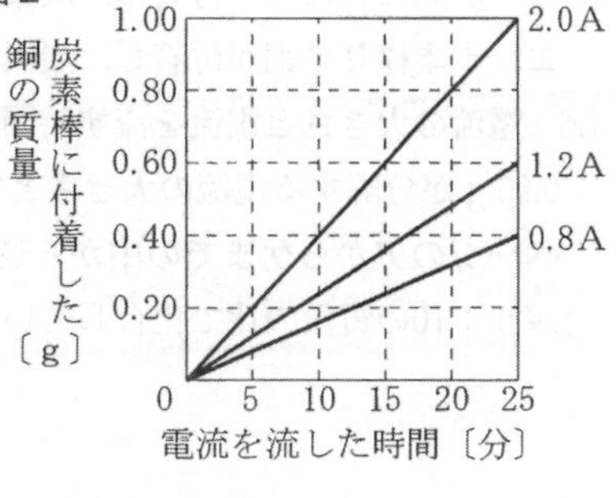

〔実験２〕 ①　**図３**のように，電気分解装置にうすい水酸化ナトリウム水溶液を満たし，電極Ｃが陰極（－極）に，電極Ｄが陽極（＋極）になるように導線で電源装置を接続した。

②　電源装置のスイッチを入れて電気分解装置に電流を流し，電極Ｃ，Ｄ付近から発生した気体をそれぞれ集めた。

図３

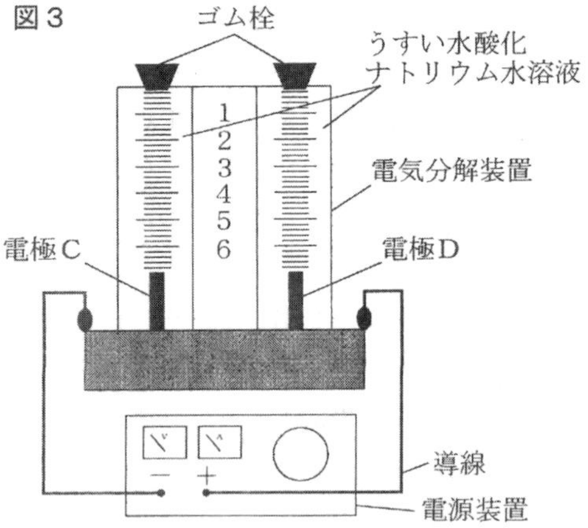

〔実験３〕 ①　〔実験２〕と同じ電気分解装置にうすい塩酸を満たし，導線で電源装置と接続した。

②　電気分解装置に10分間電流を流した後，電気分解装置からうすい塩酸4.0cm³を取り出した。

③　②で取り出したうすい塩酸に，うすい水酸化ナトリウム水溶液を加えて中性にした。

④　電流を流す時間を15分間に，また，電気分解装置から取り出すうすい塩酸の体積を8.0cm³に変えて，①から③までと同じことを行った。

⑤　電流を流す時間を20分間に，また，電気分解装置から取り出すうすい塩酸の体積を6.0cm³に変えて，①から③までと同じことを行った。

表は，〔実験３〕で，電気分解装置から取り出したうすい塩酸を中性にするために加えたうすい水酸化ナトリウム水溶液の体積をまとめたものである。

表

電流を流す時間〔分〕	電気分解装置から取り出したうすい塩酸の体積〔cm³〕	加えたうすい水酸化ナトリウム水溶液の体積〔cm³〕
10	4.0	5.0
15	8.0	9.0
20	6.0	6.0

次の(1)から(4)までの問いに答えなさい。

(1)　〔実験１〕の③で，付着した銅と発生した気体について説明した文として最も適当なものを，次の**ア**から**エ**までの中から選びなさい。

ア　炭素棒Ａに銅が付着し，炭素棒Ｂ付近からは水素が発生した。

イ　炭素棒Ａに銅が付着し，炭素棒Ｂ付近からは塩素が発生した。

ウ　炭素棒Ｂに銅が付着し，炭素棒Ａ付近からは水素が発生した。

エ　炭素棒Ｂに銅が付着し，炭素棒Ａ付近からは塩素が発生した。

(2)　電流の大きさと電流を流す時間をさまざまに変えて，〔実験１〕と同じことを行った。塩化銅0.95ｇが分解する電流の大きさと電流を流す時間の組み合わせとして最も適当なものを，次のページの**ア**から**ケ**までの中から選びなさい。ただし，〔実験１〕に用いた塩化銅は，銅と塩素が９：10の質量の比で化合しているものとする。

ア　1.0A，5分　　イ　1.0A，15分　　ウ　1.0A，25分
エ　1.5A，5分　　オ　1.5A，15分　　カ　1.5A，25分
キ　2.0A，5分　　ク　2.0A，15分　　ケ　2.0A，25分

(3)〔実験２〕の②で，電極D付近から発生した気体の体積が2.0cm³であったとき，電極C付近から発生した気体とその体積について述べた文として最も適当なものを，次のアからカまでの中から選びなさい。

ア　電極C付近から発生した気体は水素で，その体積は1.0cm³である。
イ　電極C付近から発生した気体は水素で，その体積は2.0cm³である。
ウ　電極C付近から発生した気体は水素で，その体積は4.0cm³である。
エ　電極C付近から発生した気体は酸素で，その体積は1.0cm³である。
オ　電極C付近から発生した気体は酸素で，その体積は2.0cm³である。
カ　電極C付近から発生した気体は酸素で，その体積は4.0cm³である。

(4)〔実験３〕で用いた電流を流す前のうすい塩酸10.0cm³を中性にするために必要なうすい水酸化ナトリウム水溶液の体積は何cm³か。最も適当なものを，次のアからクまでの中から選びなさい。

ア　2.5cm³　　イ　5.0cm³　　ウ　7.5cm³　　エ　10.0cm³
オ　12.5cm³　　カ　15.0cm³　　キ　17.5cm³　　ク　20.0cm³

4　物体が水から受ける力について調べるため，次の〔実験１〕から〔実験３〕までを行った。ただし，糸の質量は無視できるものとする。

〔実験１〕　①　重さ12.0Nの直方体である物体Aの上面に糸を取り付け，ばねばかりにつるした。
②　ビーカーを用意し，ビーカーに水を入れた。
③　図１のように，ばねばかりにつるした物体Aの底面が水平になるようにして，底面を水面の位置に合わせた。
④　次に，物体Aをビーカーにふれないように，底面と水面が平行な状態を保って，図２のように水面から底面までの深さが6.0cmとなる位置まで沈めながら，ばねばかりの示す値を測定した。

図１
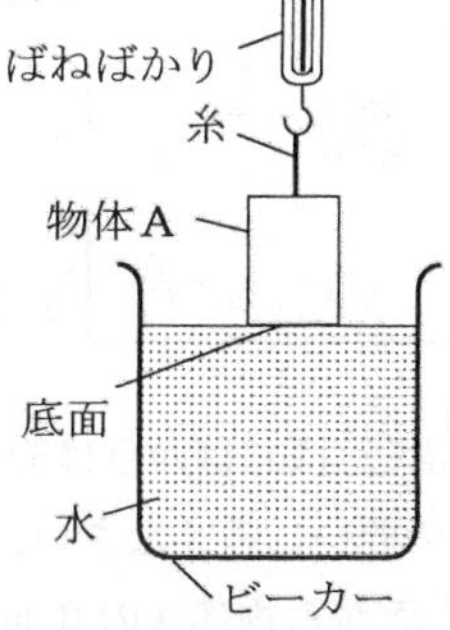

図２
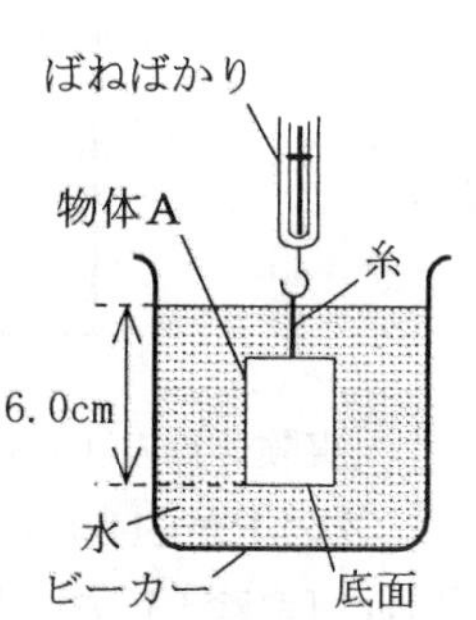

表は，〔実験１〕の結果をまとめたものである。

表

水面から物体Aの底面までの深さ〔cm〕	1.0	2.0	3.0	4.0	5.0	6.0
ばねばかりが示す値〔N〕	10.0	8.0	6.0	4.0	2.2	2.2

〔実験２〕 ① 質量の無視できる長さ24cmの棒，物体Ｂ，〔実験１〕と同じ物体Ａを用意した。

② 棒の一端に物体Ａを，他端に物体Ｂを糸で取り付けた。

③ **図３**のように，物体Ａをつるした端から16cmの点で棒を糸でつるし，棒が水平になるように手で支えた。

④ 棒を支えている手を静かにはなし，棒のようすを観察した。

⑤ 棒をつるす糸の位置をかえた。

⑥ **図４**のように，ビーカーに水を入れ，物体Ａを2.0cmだけビーカーの水に沈め，棒が水平になるように手で支えた。

⑦ 棒を支えている手を静かにはなし，棒のようすを観察した。

図３

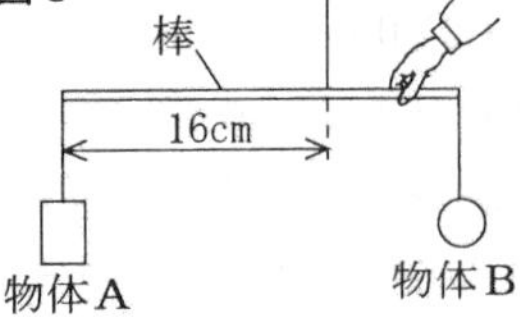

図４

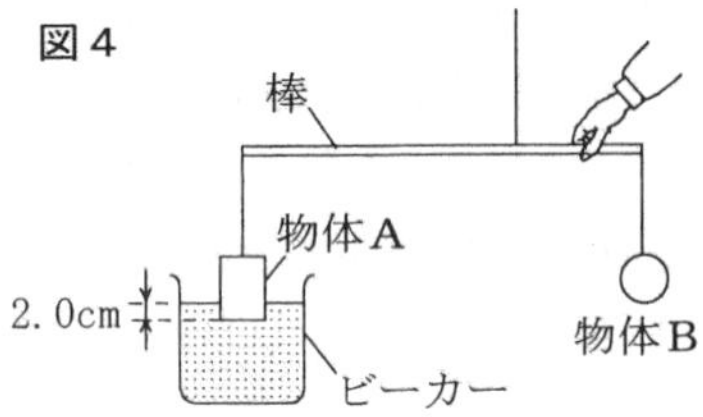

〔実験２〕の④の結果，棒は水平のまま静止した。

〔実験２〕の⑦の結果，棒は水平のまま静止した。

〔実験３〕 ① 重さ17.0Nの物体Ｃを用意し，**図５**のように，水そうの水に浮かべた。

② 水そう，水，定滑車，糸，ばねばかりを用いて，**図６**のような装置をつくった。

③ 物体Ｃが水中で静止するようにばねばかりを引き上げて，ばねばかりの示す値を記録した。

図５

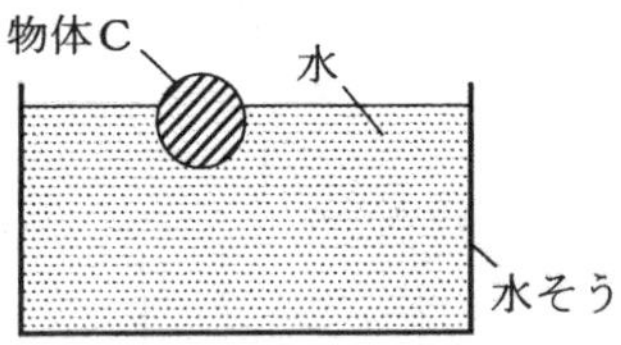

図６

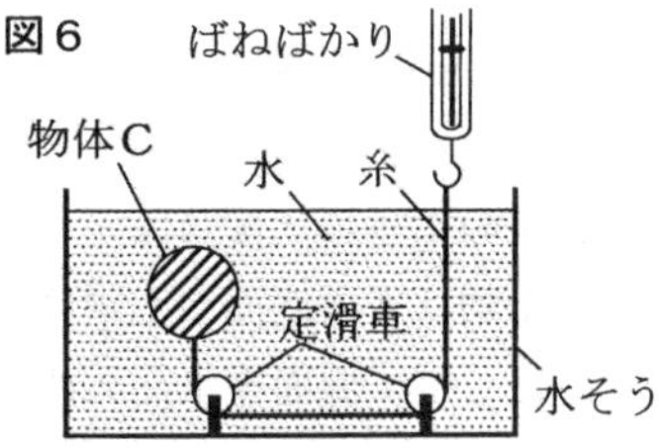

〔実験３〕の③の結果，ばねばかりは3.0Nを示した。

次の(1)から(4)までの問いに答えなさい。

(1) 〔実験１〕で，水面から物体Ａの底面までの深さが4.0cmになったとき，物体Ａにはたらく浮力はどちら向きか。また，浮力の大きさは何Ｎか。その組み合わせとして最も適当なものを，次の**ア**から**エ**までの中から選びなさい。

ア 上向き，4.0N **イ** 上向き，8.0N **ウ** 下向き，4.0N **エ** 下向き，8.0N

(2) 次の文章は，水圧と浮力について述べたものである。文章中の（Ⅰ）から（Ⅲ）までにあてはまるものとして最も適当なものを，あとの**ア**から**キ**までの中からそれぞれ選びなさい。なお，文章中の２か所の（Ⅰ）には同じものがあてはまる。

〔実験１〕のように，物体を水中に入れると，物体は水圧を受ける。一般に，水圧の大きさと水面からの深さの間には，水圧は（　Ⅰ　）という関係がある。このため，物体の一部が水から出ている間は，浮力と深さの間には，浮力は（　Ⅰ　）という関係が成り立つ。

その後，物体全体が水中に入ると，浮力は直方体の底面と上面に加わる力の差によって生じるため，浮力は（　Ⅱ　）。

これらのことから，〔実験１〕に用いた物体Aの高さは（　Ⅲ　）であると考えられる。

ア　深いほど大きい　　イ　深いほど小さい　　ウ　深さに関係なく一定である

エ　4.5cm　　オ　4.7cm　　カ　4.9cm　　キ　5.1cm

(3)〔実験２〕の⑦で棒が水平で静止したとき，棒を糸でつるしていた点は，物体Aをつるした端から何cmのところか。最も適当なものを，次のアからコまでの中から選びなさい。

ア　11cm　　イ　12cm　　ウ　13cm　　エ　14cm　　オ　15cm

カ　16cm　　キ　17cm　　ク　18cm　　ケ　19cm　　コ　20cm

(4)〔実験３〕の結果から，図５のように物体Cが水に浮かんで静止しているとき，物体Cの水面より上にある部分の体積は，物体C全体の何％か。最も適当なものを，次のアからクまでの中から選びなさい。

ア　3.0%　　イ　5.7%　　ウ　10%　　エ　14%

オ　15%　　カ　17%　　キ　20%　　ク　25%

5　火山の形と火成岩の性質の関係を調べるため，次の〔観察１〕から〔観察３〕までと〔実験〕を行った。

〔観察１〕　いろいろな火山を観察し，火山の形でA「傾斜がゆるやかな形」，B「円すい形」，C「おわんをふせた形（ドーム形）」の３種類に分類した。

図１は，AからCまでの火山の形を模式的に表したものである。

図１

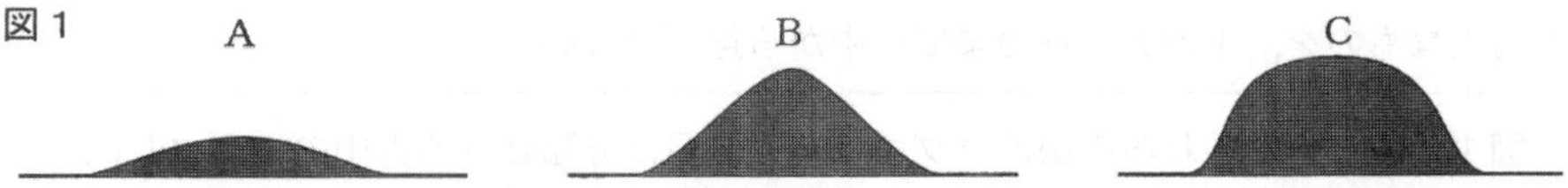

〔観察２〕　①〔観察１〕でA，B，Cに分類した火山の中から一つずつ選んで，それぞれの火山から火成岩を１種類採集した。

②　①で採集した火成岩に含まれる無色鉱物および有色鉱物の割合と，有色鉱物の種類を調べた。

表１は，〔観察２〕の①で採集した３種類の火成岩について，無色鉱物と有色鉱物の割合と，最も多く含まれる有色鉱物をまとめたものである。なお，３種類の火成岩を無色鉱物の割合の大きい順にあ，い，うとした。

表１

火成岩	無色鉱物の割合〔%〕	有色鉱物の割合〔%〕	最も多く含まれる有色鉱物
あ	90.0	10.0	黒雲母
い	80.0	20.0	角セン石
う	60.0	40.0	輝石

〔観察３〕　①〔観察１〕でCに分類したある火山から，さらにいくつかの火成岩を採集した。

②　①で採集した火成岩の一面を磨き，ルーペで観察した。

〔観察3〕では，図2のDのようなつくりをもつ火成岩と，Eのようなつくりをもつ火成岩が観察された。

図2
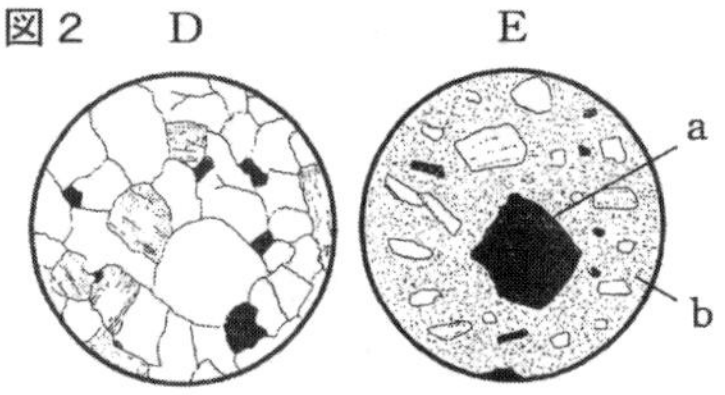

〔実験〕　①　同じ大きさのペトリ皿W，X，Y，Zを用意した。

②　水100 gにミョウバン50 gをすべてとかして60℃ の水溶液をつくり，60℃ にあたためたペトリ皿W，Xに半分ずつ入れた。

③　水100 gにミョウバン30 gをすべてとかして60℃ の水溶液をつくり，60℃ にあたためたペトリ皿Y，Zに半分ずつ入れた。

④　②，③のペトリ皿W，X，Y，Zを，表2のように条件を変えて冷やし，冷やしはじめてから60分後のミョウバンの結晶のようすを観察した。

表2

	条件
ペトリ皿 W、Y	60℃の湯の入った水そうに浮かべ、小さな結晶が十数個できた後、氷水の入った水そうに浮かべて放置する。
ペトリ皿 X、Z	60℃の湯の入った水そうに浮かべて放置する。

表3は，〔実験〕で観察されたミョウバンの結晶のようすをまとめたものである。

表3

	ミョウバンの結晶のようす
ペトリ皿 W、Y	やや大きな結晶と、そのまわりをうめる小さな結晶ができた。
ペトリ皿 X、Z	同じくらいの大きさの、大きな結晶ができた。

次の(1)から(4)までの問いに答えなさい。

(1)　次の文章は，〔観察1〕でAに分類される火山のマグマと，〔観察2〕で調べた火成岩について述べたものである。文章中の（Ⅰ）と（Ⅱ）のそれぞれにあてはまる語の組み合わせとして最も適当なものを，下のアからカまでの中から選びなさい。

> 図1のAに分類される火山のマグマは，B，Cに分類される火山のマグマと比べ，ねばりけが（　Ⅰ　）。ねばりけの強さにより火成岩の色が異なることがわかっており，〔観察2〕でAに分類される火山から採集された火成岩に最も多く含まれる有色鉱物は（　Ⅱ　）である。

ア　Ⅰ：強い　Ⅱ：黒雲母　　**イ**　Ⅰ：強い　Ⅱ：角セン石　　**ウ**　Ⅰ：強い　Ⅱ：輝石
エ　Ⅰ：弱い　Ⅱ：黒雲母　　**オ**　Ⅰ：弱い　Ⅱ：角セン石　　**カ**　Ⅰ：弱い　Ⅱ：輝石

(2)　次の文章は，〔観察3〕で観察された火成岩のうちのEのつくりについて述べたものである。文章中の（Ⅰ）から（Ⅲ）までのそれぞれにあてはまる語の組み合わせとして最も適当なものを，次のページのアからエまでの中から選びなさい。

> 図2のEはaのような大きな鉱物の結晶のまわりを，bのようなごく小さな鉱物の集まりやガラス質のものが取り囲んでいる。このようなつくりを（　Ⅰ　）といい，aのような大きな鉱物の結晶を（　Ⅱ　），bのようなガラス質の部分を（　Ⅲ　）という。

ア　Ⅰ：斑状組織　Ⅱ：斑晶　Ⅲ：石基　　**イ**　Ⅰ：斑状組織　Ⅱ：石基　Ⅲ：斑晶
ウ　Ⅰ：等粒状組織　Ⅱ：斑晶　Ⅲ：石基　　**エ**　Ⅰ：等粒状組織　Ⅱ：石基　Ⅲ：斑晶

(3)　次の文章は，〔実験〕について述べたものである。文章中の（Ⅰ）と（Ⅱ）にあてはまるものの組み合わせとして最も適当なものを，下の**ア**から**カ**までの中から選びなさい。なお，**図3**は，100 g の水にとけるミョウバンの質量と水の温度の関係を示したものである。

図3

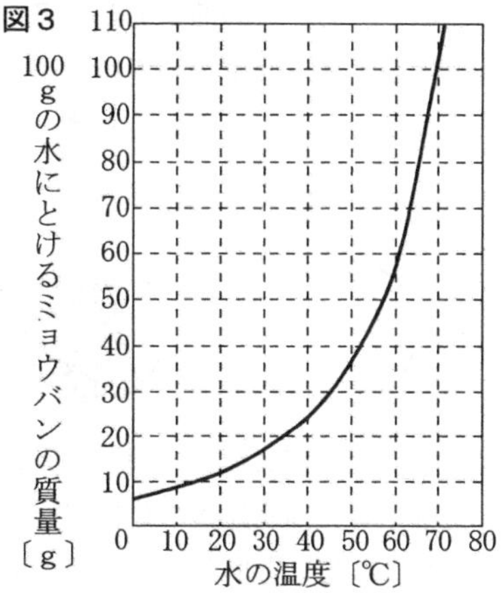

> 〔実験〕で，ペトリ皿XとZを比べると，結晶がはじめて出てくるときの水溶液の温度は，ペトリ皿（　Ⅰ　）の方が高かった。
> また，〔実験〕で「結晶のつくりや大きさの違いが，冷え方の違いによるものである」ことを調べるためには，ペトリ皿Wと（　Ⅱ　）の結果を比べればよい。

ア　Ⅰ：X　Ⅱ：X　　**イ**　Ⅰ：X　Ⅱ：Y
ウ　Ⅰ：X　Ⅱ：Z　　**エ**　Ⅰ：Z　Ⅱ：X
オ　Ⅰ：Z　Ⅱ：Y　　**カ**　Ⅰ：Z　Ⅱ：Z

(4)　次の文章は，〔実験〕からわかることと，〔観察3〕で観察した火成岩が火山のどこでできたかについて考察したものである。文章中の（Ⅰ）から（Ⅲ）までにあてはまる語句の組み合わせとして最も適当なものを，下の**ア**から**ク**までの中から選びなさい。
なお，文章中の3か所の（Ⅰ），2か所の（Ⅱ）には同じ語があてはまる。

> 〔実験〕の結果，物質が（　Ⅰ　）冷えることにより，大きさが同じくらいの大きな結晶が得られると考えられる。
> このことから，〔観察3〕のDとEのうち，マグマが（　Ⅰ　）冷えてできた火成岩は（　Ⅱ　）だと考えられる。一般的に，地表付近に比べ，地下の深いところの方がマグマが（　Ⅰ　）冷えるため，（　Ⅱ　）は火山の（　Ⅲ　）でできたと考えられる。

ア　Ⅰ：ゆっくり　Ⅱ：D　Ⅲ：地表付近
イ　Ⅰ：ゆっくり　Ⅱ：D　Ⅲ：地下の深いところ
ウ　Ⅰ：ゆっくり　Ⅱ：E　Ⅲ：地表付近
エ　Ⅰ：ゆっくり　Ⅱ：E　Ⅲ：地下の深いところ
オ　Ⅰ：急速に　Ⅱ：D　Ⅲ：地表付近
カ　Ⅰ：急速に　Ⅱ：D　Ⅲ：地下の深いところ
キ　Ⅰ：急速に　Ⅱ：E　Ⅲ：地表付近
ク　Ⅰ：急速に　Ⅱ：E　Ⅲ：地下の深いところ

6　次の(1)，(2)の問いに答えなさい。

(1)　**図1**は，ある日に愛知県から肉眼で見か月のようすを示している。このときの，月の地点Xから見た地球のようすとして最も適当なものを，次の**ア**から**オ**までの中から選びなさい。また，この3日後に月から見た地球のようすとして最も適当なものを，下の**A**から**C**までの中から選びなさい。

ただし，次の**ア**から**オ**までは，肉眼で見たときのように示してある。

図1

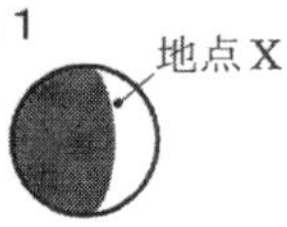

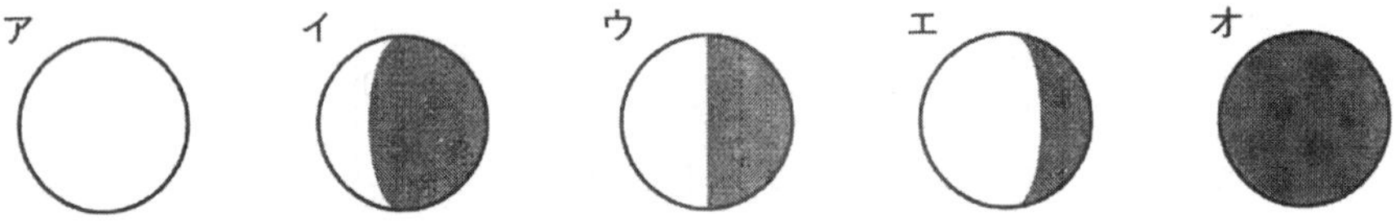

A　3日前と比べて満ちて見える。

B　3日前と比べて欠けて見える。

C　3日前と同じように見える。

(2)　植物の細胞の成長のようすを調べるため，次の〔観察〕を行った。

〔観察〕　①　**図2**のように根が伸長したタマネギから根を1本切り取り，約60℃にあたためたうすい塩酸に1分間入れた後，水で洗った。

②　**図3**のように，①で切り取った根を先端から1㎜ずつ切り，根の先端に近いものから順に切片A，B，C，D，E，F，G，H，I，Jとし，それぞれを別のスライドガラスにのせ，酢酸オルセイン液を1滴ずつ落とした。

③　数分後，②のそれぞれのスライドガラスにカバーガラスをかけ，その上にろ紙をかぶせ，指で押しつぶして，プレパラートを作成した。

④　③のそれぞれのプレパラートを，顕微鏡を同じ倍率にして観察し，視野の中に観察できた細胞を数えた。

図2

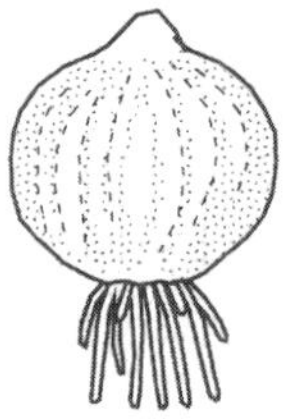

図3

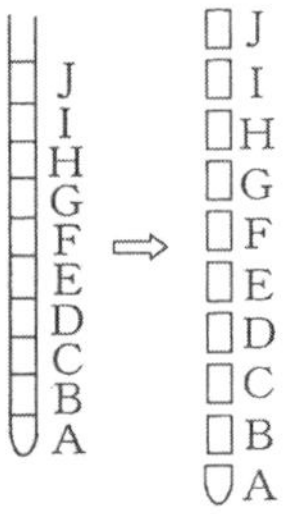

〔観察〕の結果，切片ごとに顕微鏡の視野の中に観察できた細胞の数を表したものとして最も適当なものを，次の**ア**から**エ**までの中から選びなさい。

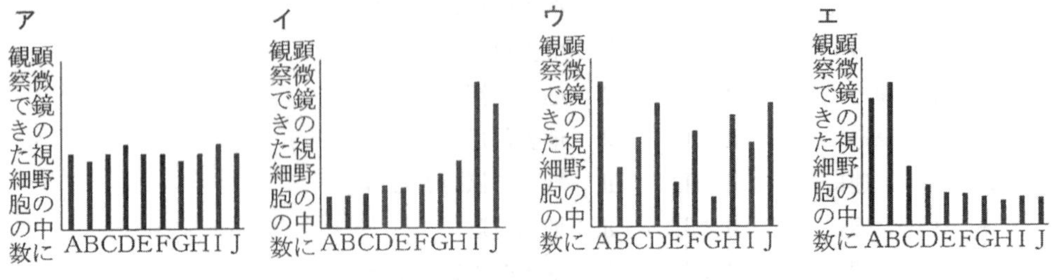

＜社会＞

時間　45分　　満点　22点

1　次のⅠの表，Ⅲの写真は生徒が文化財についての発表を行うために用意したものの一部であり，Ⅱは略地図である。あとの(1)から(3)までの問いに答えなさい。

Ⅰ　表

種類	具体例
有形文化財	東大寺の大仏
	中尊寺金色堂
無形文化財	能楽
	歌舞伎

（文化庁ウェブページをもとに作成）

Ⅱ　略地図

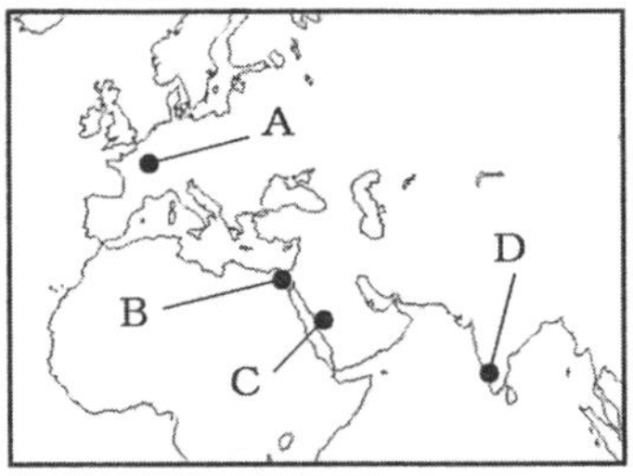

Ⅲ　写真

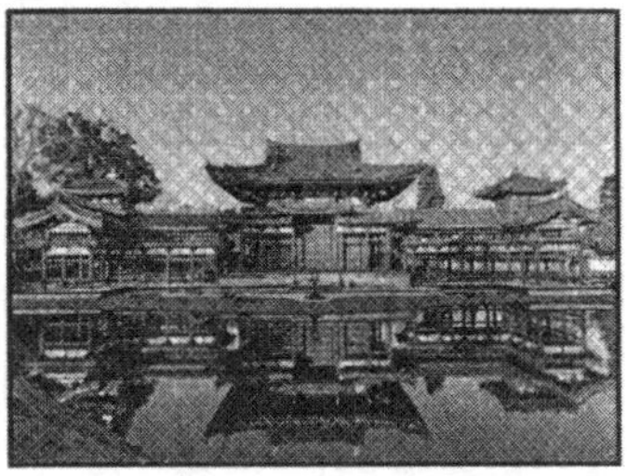

(1)　Ⅰの表中にある東大寺の大仏がはじめてつくられた年代以前に世界で起こったできごととして最も適当なものを，次のアからエまでの中から選びなさい。また，そのできごとに関連する場所として最も適当なものを，Ⅱの略地図中のAからDまでの中から選びなさい。

ア　バスコ＝ダ＝ガマがインド航路をひらく　　イ　ルイ14世がベルサイユ宮殿を建てる

ウ　スエズ運河が開通する　　エ　ムハンマドがイスラム教をおこす

(2)　次の文章は，Ⅰの表について調べる際に作成したメモである。文章中の（①），（②），（③）にあてはまることばの組み合わせとして最も適当なものを，下のアからクまでの中から選びなさい。

> 中尊寺金色堂は，（　①　）に本拠を置いた奥州藤原《ふじわら》氏によって建てられた，極楽浄土の世界を表現した建造物である。また，（　②　）によって大成された能楽（能）は，村や寺社などで行われてきた猿楽などが起源であり，歌舞伎は，17世紀に（　③　）が京都で始め，人気を集めたかぶき踊りが起源である。

	ア	イ	ウ	エ	オ	カ	キ	ク
①	大宰府	大宰府	大宰府	大宰府	平　泉	平　泉	平　泉	平　泉
②	観阿弥《かんあみ》と世阿弥《ぜあみ》	観阿弥と世阿弥	最澄《さいちょう》と空海《くうかい》	最澄と空海	観阿弥と世阿弥	観阿弥と世阿弥	最澄と空海	最澄と空海
③	出雲《いずも》の阿国《おくに》（出雲阿国）	菱川師宣《ひしかわもろのぶ》	出雲の阿国（出雲阿国）	菱川師宣	出雲の阿国（出雲阿国）	菱川師宣	出雲の阿国（出雲阿国）	菱川師宣

(3)　Ⅲの写真の建築物が建てられた年代と最も近い年代の日本のできごとについて述べた文を，次のアからエまでの中から選びなさい。

ア　源頼朝《みなもとのよりとも》が征夷大将軍に任じられ，鎌倉に幕府を開いた。

イ　幕府は朝廷の監視を強化するため，京都に六波羅探題を設置した。

ウ　白河天皇《しらかわてんのう》が上皇となり，摂政や関白の力を抑えて院政を始めた。

エ　唐にならって，律と令からなる大宝律令がつくられた。

2　次のⅠからⅤまでの資料は，2024年に発行される予定の紙幣に描かれる３人の人物を題材に，生徒がまとめたレポートの一部である。次のページの(1)から(4)までの問いに答えなさい。
なお，Ⅲの資料中のX，Y，Zは，アメリカ，イギリス，フランスのいずれかである。

Ⅰ　３人の人物の概略

【千円札】
北里柴三郎《きたさとしばさぶろう》（1852～1931）
・細菌学の分野で成果をあげるなど、①医学の発展に貢献

【五千円札】
津田梅子《つだうめこ》（1864～1929）
・②岩倉《いわくら》使節団に同行
・帰国後、女性の社会的地位の向上に尽力

【一万円札】
渋沢栄一《しぶさわえいいち》（1840～1931）
・多くの会社の設立に関わるなど、④近代産業の発展に寄与

Ⅱ　解体新書と蘭学の発展

左は解体新書の扉絵です。この本は、ヨーロッパの解剖書の正確さに驚いた（　A　）らが、その解剖書を翻訳して出版したものです。

解体新書が出版される50年ほど前に、（　B　）ため、ヨーロッパの学問を研究する蘭学が発達しはじめました。

Ⅲ　岩倉使節団が訪れたおもな国とその記録

（　X　）	この地はヨーロッパの文化を取り入れている。ここに住んでいる人は移住してきたといっても、実はヨーロッパでも、最も自主・自治のたくましい精神をもつ人が集まってきている。
（　Y　）	国民の精神は世界貿易に集中している。船を五大洋に派遣し、世界各地から原料を買って自国に運び、それを石炭と鉄の力を借りて工業製品とし、再び各国に輸出している。
（　Z　）	ヨーロッパの最も開けた部分の中央に位置し、あらゆる商品が集まる中心であり、文明進展の要である。肥沃な土地でたいへん念入りに農耕を行っているので、農産物は豊富である。
③ドイツ	行政権は皇帝ならびに執政にある。執政にはビスマルクが任じられている。皇帝は外交権ならびに連邦の名のもとに交戦権をもつ。

（「特命全権大使　米欧回覧実記」をもとに作成）

Ⅳ　略年表

年	紡績業に関するできごと
1883	渋沢栄一らの尽力で、大阪紡績会社が開業する
1891	綿糸の国内生産量が輸入量を上回る
1897	綿糸の輸出量が輸入量をはじめて上回る
1900ごろ	綿糸が生糸とならび、日本のおもな輸出品となる

（「近現代日本経済史要覧」などをもとに作成）

Ⅴ　大阪紡績会社の工場のようす

(1)　Ⅱの資料は，生徒がⅠの資料中の①医学についてまとめたものの一部である。Ⅱの資料の（A）にあてはまる人名として最も適当なものを，次のアからエまでの中から選びなさい。また，(B)にあてはまることばとして最も適当なものを，次のaからdまでの中から選びなさい。

ア　本居宣長《もとおりのりなが》　イ　野口英世《のぐちひでよ》　ウ　杉田玄白《すぎたげんぱく》　エ　中江兆民《なかえちょうみん》

a　徳川家康《とくがわいえやす》が，海外への渡航を許可する朱印状を与えた
b　徳川吉宗《とくがわよしむね》が，ヨーロッパの書物の輸入制限を緩和した
c　ペリーが来航し，日米和親条約が結ばれた
d　イエズス会の宣教師が来日し，キリスト教を広めた

(2)　Ⅲの資料は，生徒がⅠの資料中の②岩倉使節団が訪れたおもな国についてまとめたものの一部である。（X），（Y）にあてはまる国名の組み合わせとして最も適当なものを，次のアからカまでの中から選びなさい。

ア　X：アメリカ　Y：イギリス　　イ　X：アメリカ　Y：フランス
ウ　X：イギリス　Y：アメリカ　　エ　X：イギリス　Y：フランス
オ　X：フランス　Y：アメリカ　　カ　X：フランス　Y：イギリス

(3)　Ⅲの資料中の③ドイツのようすについて，次の文中の（　）にあてはまる文として最も適当なものを，下のアからエまでの中から選びなさい。

岩倉使節団が訪れたころのドイツは，(　　)。

ア　独立戦争をおこし，権力の集中を防ぐために司法・立法・行政の三権分立を取り入れた憲法を制定していた
イ　都市の民衆や農民らが革命をおこし，自由・平等・国民主権などをうたった人権宣言を出していた
ウ　君主権の強い憲法を制定し，軍事力を強化するとともに工業化による急速な経済発展を実現していた
エ　議会を尊重する新しい国王を迎える一方で，国王は議会の承認がなければ法律の停止や新たな課税ができないことなどを定めていた

(4)　Ⅳ，Ⅴの資料は，生徒がⅠの資料中の④近代産業の発展についてまとめたものの一部である。Ⅳ，Ⅴの資料から読み取ることのできる文として最も適当なものを，次のアからエまでの中から選びなさい。

ア　1891年の綿糸の輸出量は輸入量より多くなかったことがわかる。
イ　1897年の綿糸の国内生産量は生糸の国内生産量を上回っていたことがわかる。
ウ　日本の軽工業において工場制手工業が始まったことがわかる。
エ　工場法が施行されたことにより労働環境が改善されたことがわかる。

3　次のページのⅠからⅤまでの資料は，生徒が修学旅行で訪れる予定の長崎県を調べるために作成したものの一部である。あとの(1)から(4)までの問いに答えなさい。

なお，Ⅲの表中のA，B，C，Dは大分県，鹿児島県，福岡県，宮崎県のいずれかである。

Ⅰ　長崎県、徳島県、石川県の面積等

県名	面　積 (㎢)	海岸線 距　離 (km)	島の数	県庁所在地の 1月の平均 降雪日数 (日)
長崎県	4 131	W	971	Y
徳島県	4 147	X	88	7.2
石川県	4 186	583	110	Z

(注) 島の数は、周囲が0.1km以上のものとし、埋め立て地は除いている。

(「理科年表　2023」をもとに作成)

Ⅱ　略地図

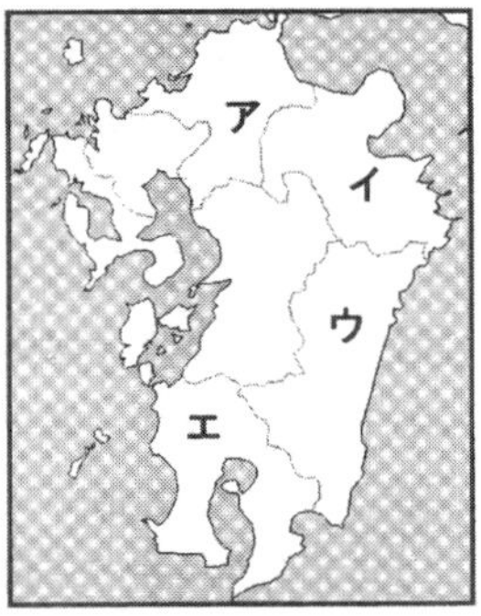

Ⅲ　5県の豚の飼育頭数等

県名	豚の飼育頭数 (千頭)	きゅうりの生産量 (千ｔ)	製造品出荷額 (十億円)	地熱発電量 (百万kWh)
A	80	10	9 912	−
B	148	3	4 299	823
長崎県	201	7	1 719	−
C	797	61	1 635	−
D	1 234	11	1 994	376

(注) 表中の「−」は全くない、もしくは定義上該当の数値がないことを示している。

(「データブック　オブ・ザ・ワールド　2023年版」などをもとに作成)

Ⅳ　長崎県内の写真

P

Q

Ⅴ　地図記号

(1)　Ⅰの表中のW，X，Y，Zにあてはまる数字の組み合わせとして最も適当なものを，次のアからエまでの中から選びなさい。

ア　W：392　X：4196　Y：22.7　Z：7.0
イ　W：392　X：4196　Y：7.0　Z：22.7
ウ　W：4196　X：392　Y：22.7　Z：7.0
エ　W：4196　X：392　Y：7.0　Z：22.7

(2)　Ⅱの略地図中のアからエまでの中から，Ⅲの表のBの位置として最も適当なものを選びなさい。

(3)　次のページの文章は，生徒がⅣの写真について作成したレポートの一部である。文章中の（①）にあてはまることばとして最も適当なものを，あとのアからウまでの中から選びなさい。また，（②）にあてはまることばとして最も適当なものを，あとのaからcまでの中から選びなさい。

Pは修学旅行で訪れる予定地の一つである，佐世保湾の外側から平戸までの約25kmの海域に広がる九十九島の写真です。この海域には（　①　）リアス海岸と島々が織りなす美しい自然景観が広がっています。Qは，長崎市内で運行されている路面電車の写真です。この写真の車両は，（　②　）床面を低くして，入口の段差を小さくしています。このような車両を活用した交通システムはLRTと呼ばれ，人と環境にやさしい公共交通として再評価されています。

ア　流れてきた土砂が扇形にたまった　　**イ**　奥行きのある湾と岬が連続する

ウ　風で運ばれた砂が積もってできた

a　二酸化炭素排出量を抑えるために　　b　バリアフリー化を進めるために

c　安価な運賃で運行するために

(4)　次の文章は，長崎県の災害について調べていた生徒と先生の会話の一部である。また，下の**ア**から**ウ**までの略地図は，地理院地図に示されている自然災害伝承碑のうち，それぞれ洪水，津波，火山災害のいずれかの自然災害伝承碑の位置を「●」で示したものである。津波の自然災害伝承碑と火山災害の自然災害伝承碑の位置を示した略地図として最も適当なものを，下の**ア**から**ウ**までの中からそれぞれ選びなさい。

生徒：雲仙岳の周辺を地理院地図で調べると，Ⅴの地図記号がありました。

先生：自然災害伝承碑の地図記号ですね。自然災害伝承碑には，過去に発生した自然災害に関して，その地点における災害のようすや被害の状況などが記載されています。

生徒：そうなのですね。さまざまな種類の自然災害がありますが，共通してこの地図記号を使っているのでしょうか。

先生：どの種類の自然災害にも共通の地図記号を使っています。雲仙岳では，1990年代に噴火に伴う火砕流で犠牲者が出たほか，江戸時代には山の一部が崩壊して，有明海になだれ込み，津波が発生しました。その津波は島原半島だけでなく，対岸にも達し，多くの人が犠牲になりました。また，洪水の被害は，河川沿いで数多く発生しています。これらの災害を伝承するため，各地に自然災害伝承碑が設けられているのです。

ア

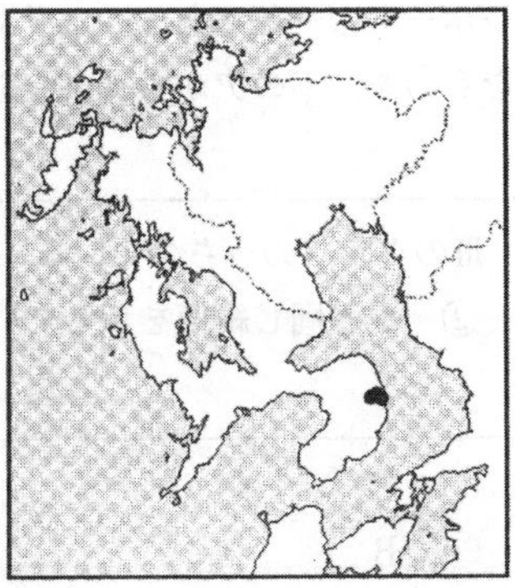

イ

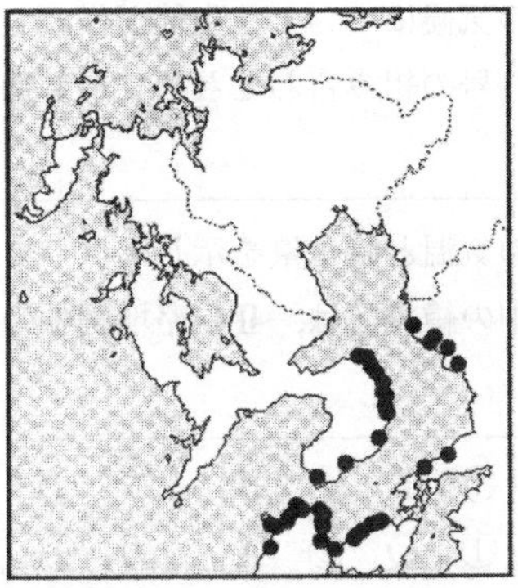

ウ

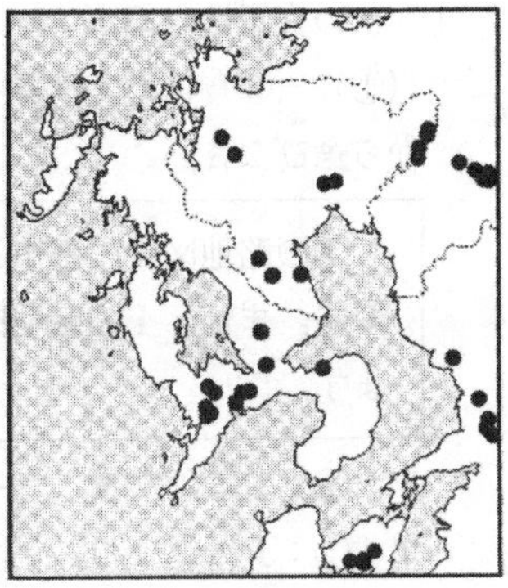

4　次のⅠからⅣまでの資料は，生徒が世界各地の気候や地形，さまざまな国のようすについてレポートを作成するために用意したものの一部である。あとの(1)から(3)までの問いに答えなさい。

なお，Ⅰの略地図中の都市XとYは，緯線Zとほぼ同じ緯度上に位置しており，Ⅱの略地図中のA，B，C，Dは緯線を示している。また，ⅢのP，Qのグラフは，Ⅰの略地図中の都市X，Yのいずれかのものである。

Ⅰ　略地図

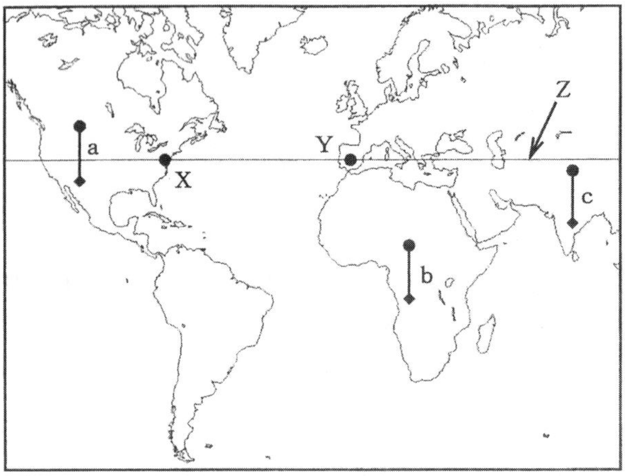

Ⅱ　略地図

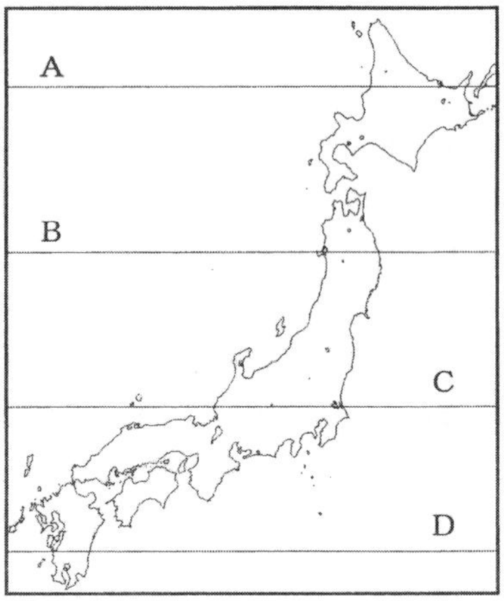

Ⅲ　2都市の月別平均気温と月別降水量

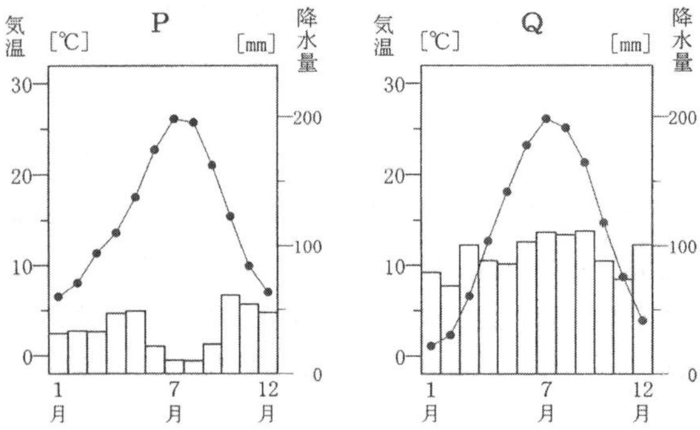

（「理科年表　2023」などをもとに作成）

Ⅳ　写真

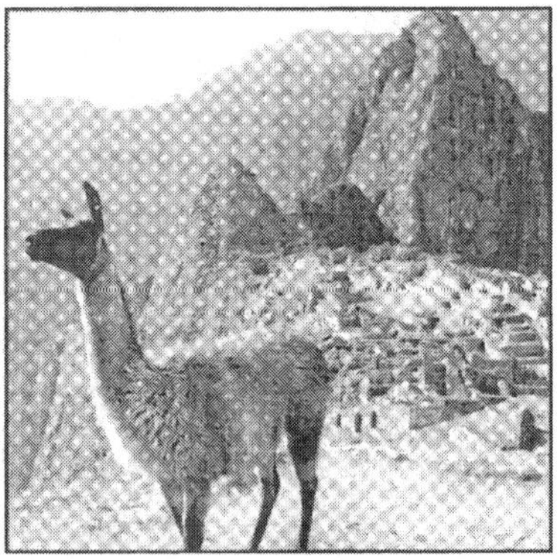

(1)　次の文章は，都市X，Yの気候について，生徒が作成したレポートの一部である。文章中の（①），（②）にあてはまる符号の組み合わせとして最も適当なものを，下のアからクまでの中から選びなさい。

> Ⅰの略地図中の都市Xの気温と降水量を示したグラフは，Ⅲのグラフのうちの（　①　）です。また，Ⅰの略地図中の緯線Zは，Ⅱの略地図中の（　②　）と同じ緯度を示しています。

ア　①：P　②：A　　**イ**　①：P　②：B　　**ウ**　①：P　②：C
エ　①：P　②：D　　**オ**　①：Q　②：A　　**カ**　①：Q　②：B
キ　①：Q　②：C　　**ク**　①：Q　②：D

(2)　次のア，イ，ウは，Ⅰの略地図中のa，b，cのいずれかの地形断面図である。aとcの地形断面図として最も適当なものを，次のアからウまでの中からそれぞれ選びなさい。

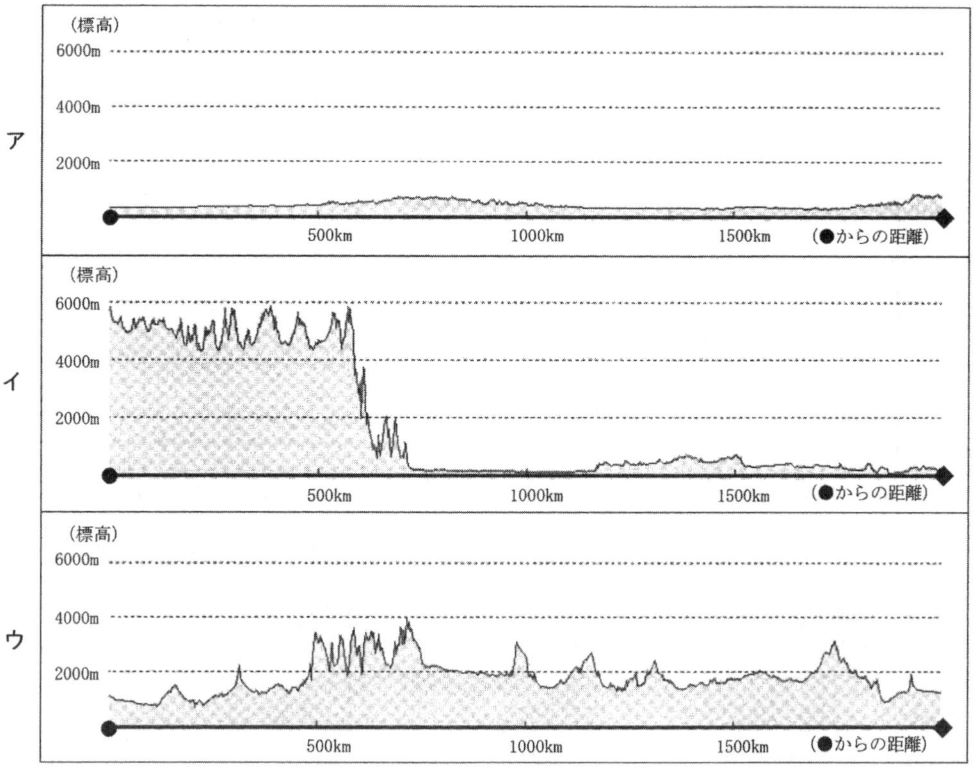

(3)　次の表は，生徒がイギリス，韓国，タイ，バングラデシュ，ペルーおよび日本の首都の人口等をまとめたものである。また，下の文は，日本以外の5国のうちのいずれかのようすを説明するために作成したメモの一部である。この文で説明されている国として最も適当なものを，表中のアからオまでの中から選びなさい。

国名	首都の人口(千人)	首都の年平均気温(℃)	首都と北極点のおよその距離(km)	国内の第一次産業従事者割合(%)	国内で最も信者が多い宗教
ア	8 787	11.8	4 300	1.0	キリスト教
イ	8 795	29.1	8 500	31.4	仏　教
ウ	8 906	25.8	7 250	37.9	イスラム教
日本	9 092	15.8	6 050	3.2	神　道
エ	9 814	12.9	5 850	5.4	キリスト教
オ	10 039	19.6	11 350	33.7	キリスト教

(「データブック　オブ・ザ・ワールド　2023年版」などをもとに作成)

国土の中の標高の高い地域では，木が少なく，ジャガイモなどの栽培や，Ⅳの写真に写っている家畜などの放牧を行っています。

5 次のⅠからⅣまでの資料は，生徒が消費生活についてのレポートを作成するために用意したものの一部である。あとの(1)から(4)までの問いに答えなさい。

なお，Ⅲ，Ⅳの表中のＰ，Ｑ，Ｒは，それぞれ同じ業種があてはまり，個人経営の飲食店，コンビニエンスストア，ホテルのいずれかである。

Ⅰ　消費者物価指数の前年比

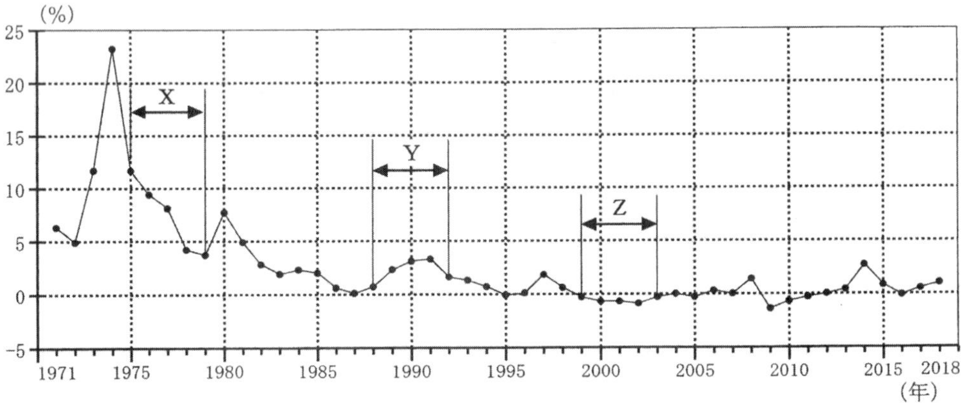

(「数字でみる　日本の100年　改訂第７版」をもとに作成)

Ⅱ　おもな販売購入形態別の消費生活相談に占める高齢者の年齢区分別の割合等

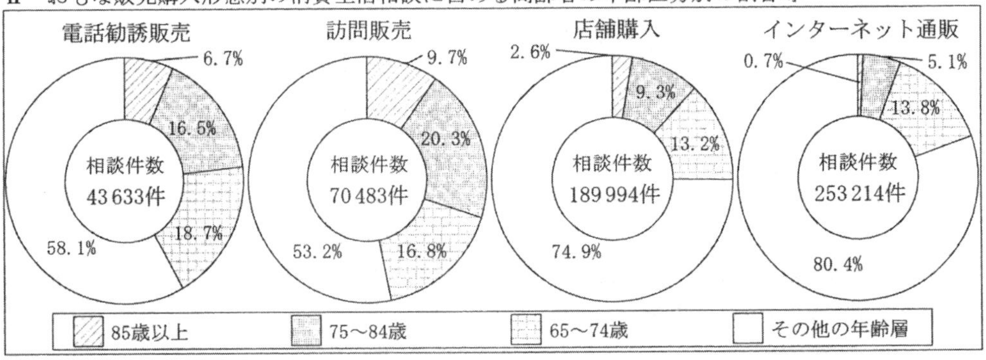

(注) その他の年齢層には、不明・無回答を含む。

(消費者庁「令和５年版　消費者白書」をもとに作成)

Ⅲ　業種別でキャッシュレス決済が利用可能かのイメージを回答した人数の割合（%）

イメージ ＼ 業種	Ｐ	Ｑ	Ｒ
必ず使える	4	57	38
まあ使える	15	24	27
どちらともいえない	42	15	26
やや使える	29	2	4
全く使えない	10	3	4

Ⅳ　業種別で最もよく使う支払い手段と回答した人数の割合（%）

支払い手段 ＼ 業種	Ｐ	Ｑ	Ｒ
クレジットカード	16	19	65
電子マネー	2	15	1
コード決済	7	28	4
現金	73	35	27
その他	2	3	3

(注１) キャッシュレス決済とは、紙幣や硬貨などの現金を使用せずにお金を支払うこと。例えば、クレジットカード、電子マネー、コード決済（スマートフォン決済）などを利用する場合がある。

(注２) 四捨五入の関係で、合計が100にならない場合がある。

(Ⅲ、Ⅳともに経済産業省「消費者実態調査の分析結果（2023年）」をもとに作成)

(1)　次の文章は，Ｉのグラフについての生徒と先生の会話の一部である。文章中の（①），（②）にあてはまることばや符号として最も適当なものを，下の**ア**から**カ**までの中からそれぞれ選びなさい。

先生：最近，物価の上昇が話題になっていますが，消費者物価指数の前年比の高低についてまとめたＩのグラフを見てみましょう。1974年はどうしてこんなに高い値なのでしょうか。
生徒：これは（　①　）の影響だと思います。
先生：そのとおりです。また，このグラフには物価が下がり続けている期間もありますね。
生徒：例えば（　②　）の期間ですね。
先生：そのとおりです。この期間には，ある全国チェーンのハンバーガーショップでハンバーガーが税抜き59円で販売された時もあり，話題になりました。

ア　朝鮮戦争　　**イ**　石油危機　　**ウ**　東京オリンピック開催
エ　X　　**オ**　Y　　**カ**　Z

(2)　Ⅱの資料から読み取ることができる内容をまとめた文として正しいものを，次の**ア**から**エ**までの中から一つ選びなさい。

ア　すべての販売購入形態において，「65～74歳」，「75～84歳」，「85歳以上」と年齢層が上がるにつれ，相談件数の割合は低くなっている。
イ　「訪問販売」と「インターネット通販」とを比較すると，「65～74歳」の相談件数の割合が高いのは，「インターネット通販」である。
ウ　「75～84歳」の相談件数の割合が最も高いのは「訪問販売」であるが，この年齢層の「訪問販売」における相談件数は，「電話勧誘販売」より少ない。
エ　「その他の年齢層」において，すべての販売購入形態の中で「インターネット通販」の相談件数が最も多くなっている。

(3)　次の文章は，消費者問題について生徒が発表した際のメモの一部である。文章中の（③），（④）にあてはまることばの組み合わせとして最も適当なものを，下の**ア**から**エ**までの中から選びなさい。

私たちの消費生活は，契約によって成り立っています。例えば，売買の契約は（　③　）時点で成立し，売る側と買う側ともに権利と義務が発生します。また，買う側である消費者を守るために，製造物責任法（ＰＬ法）が制定されました。この法律では，（　④　）場合の生産者の責任について定められています。

ア　③：お互いが合意した　　④：製品の欠陥によって消費者が損害をこうむった
イ　③：お互いが合意した　　④：強引なセールスによって契約が行われた
ウ　③：一方がその意思を表示した　　④：製品の欠陥によって消費者が損害をこうむった
エ　③：一方がその意思を表示した　　④：強引なセールスによって契約が行われた

(4)　次のページの文章は，Ⅲ，Ⅳの表をもとに生徒が発表した際のメモの一部である。文章中の（⑤）にあてはまることばとして最も適当なものを，あとの**ア**から**エ**までの中から選びなさい。

「個人経営の飲食店」は，他の2つの業種と比べてキャッシュレス決済が使えないというイメージをもつ人と，現金を最もよく使うと回答した人の割合が高い。「コンビニエンスストア」については，「ホテル」に比べて，キャッシュレス決済を「必ず使える」というイメージをもつ人の割合が高いが，支払い手段として（　⑤　）を最もよく使うと回答した人の割合は，「ホテル」より低い。

ア　クレジットカード　　**イ**　電子マネー　　**ウ**　コード決済　　**エ**　現金

6　国民の権利に関するあとの(1)から(3)までの問いに答えなさい。

法の支配とは，（　①　）ことで国民の自由や権利を守ろうとする考え方です。
日本国憲法は，国民の権利を保障する国の基本法です。そのため，憲法の改正にあたっては，各議院の（　②　）の3分の2以上の賛成で国会が憲法改正を発議し，満（　③　）歳以上の国民による国民投票において，有効投票の過半数の賛成を得なければならないという厳しい条件がつけられています。

(1)　文章中の（①），（②），（③）にあてはまることばの組み合わせとして最も適当なものを，次の**ア**から**ク**までの中から選びなさい。

ア　①：国家に立法権をゆだねる　②：総議員　③：18
イ　①：国家に立法権をゆだねる　②：総議員　③：20
ウ　①：国家に立法権をゆだねる　②：出席議員　③：18
エ　①：国家に立法権をゆだねる　②：出席議員　③：20
オ　①：権力を法で制限する　②：総議員　③：18
カ　①：権力を法で制限する　②：総議員　③：20
キ　①：権力を法で制限する　②：出席議員　③：18
ク　①：権力を法で制限する　②：出席議員　③：20

(2)　次のA，Bのカードは，基本的人権に関して争った二つの裁判の結果について生徒がまとめたものである。それぞれの裁判で，守られるべきであると判断された権利は何か。カードと守られるべきであると判断された権利の組み合わせとして最も適当なものを，下の**ア**から**エ**までの中から選びなさい。

A

女性のみ離婚後6か月たたないと再婚できないと定めた民法の規定について，裁判所は憲法に違反すると判断した。

B

小説のモデルとなった人物が，名誉を侵害されたと訴えたことに対し，裁判所は出版差し止めを命じた。

ア　A：社会権　B：自由権
イ　A：社会権　B：プライバシーの権利
ウ　A：平等権　B：自由権
エ　A：平等権　B：プライバシーの権利

(3) 基本的人権に関する法律について述べた文として誤っているものを，次の**ア**から**エ**までの中から一つ選びなさい。

ア　男女雇用機会均等法は，労働者の募集および採用について，その性別にかかわりなく，均等な機会を与えなければならないと定めている。

イ　教育基本法は，すべて国民は，ひとしく，その能力に応じた教育を受ける機会が与えられなければならないと定めている。

ウ　情報公開法は，「知る権利」を守るために，行政機関に対して原則として情報公開を義務づけている。

エ　公害対策基本法は，大規模な開発を行う場合には，自然にどのような影響があるかを調査する環境アセスメントの実施を義務づけている。

し、惟《た》だ人の召《まね》く所のみ。』と。然らば《だから》其の身を陥《おとしい》るる者は、皆、財利を貪冒《たんぼう》するが為《た》めなり。③夫《か》の魚鳥と、何を以《もっ》て異ならんや。卿等《けいら》《お前たち》、宜《よろ》しく此《こ》の語を思ひ、用《もっ》て鑑誡《かんかい》《戒め》と為《な》すべし。」と。

（『貞観政要《じょうがんせいよう》』による）

（注）○太宗＝唐の第二代皇帝の李世民《りせいみん》のこと。

(一) ①当《まさ》に須《すべか》らく忠正を履《ふ》み、公清を踏むべし　とあるが、このことばによって太宗が言いたいこととして最も適当なものを、次の**ア**から**エ**までの中から選びなさい。

ア　主君と家臣の信頼関係を大切にし、社会の安定を図るべきである。
イ　人民のために働くべきであり、高位高官を目指すべきではない。
ウ　国が豊かになるには、役人が清貧の生活に甘んじる必要がある。
エ　まじめで正しい行いをし、清廉潔白な生き方でなければならない。

(二) ②禍福は門無し、惟《た》だ人の召《まね》く所のみ　の説明として最も適当なものを、次の**ア**から**エ**までの中から選びなさい。

ア　家臣がどれだけ幸せであるかは、仕える主君によるということ
イ　幸せになるか不幸になるかは、その人の行動しだいということ
ウ　幸せな人生を送れるかどうかは、家柄とは関係がないということ
エ　安易に人の誘いに乗ることは、不幸を招く原因になるということ

(三) ③夫《か》の魚鳥と、何を以《もっ》て異ならんや　とあるが、このように述べる理由として最も適当なものを、次の**ア**から**エ**までの中から選びなさい。

ア　動物の世界と同じように人間の世界も弱肉強食であるから。
イ　自分が欲するものへの執着によって身を滅ぼしているから。
ウ　どれだけ努力をしても自分より強い者には逆らえないから。
エ　慎重になりすぎると獲物を逃してしまうことになるから。

(四) 次の**ア**から**エ**までの中から、その内容がこの文章に書かれていることと一致するものを一つ選びなさい。

ア　太宗は鳥と魚を対比させながら家臣としてのあるべき姿を説いた。
イ　太宗は自然界の道理を例にとって家臣に理想の主従関係を示した。
ウ　太宗はたとえ話を用いて家臣に長く富や地位を守る方法を語った。
エ　太宗は家臣との結束を強めるために昔の失敗談を語って聞かせた。

むものを二つ選びなさい。ただし、マーク欄は一行につき一つだけ塗りつぶすこと。

ア　（Aさん）　綿引先生には、それとなく生徒たちのことを気遣い、見守っているような優しさと思いやりがあります。だからこそ、部員たちが先生に本心をぶつけることができるのだと思います。

イ　（Bさん）　凛久は、綿引先生には転校や家庭の事情といった個人的なことを打ち明け、相談することができていたようです。綿引先生も、姉に対する凛久の思いを理解した上で、部活動の指導をしているのだと思います。

ウ　（Cさん）　晴菜先輩には、自分の思いを遠慮せずにはっきりと伝えられる強さがあるように思います。でも、凛久が転校することを聞いて動揺し混乱している亜紗の気持ちには、気付くことができていないようです。

エ　（Dさん）　亜紗は、後輩たちが先生に頼らずに自分たちで考え、県外の仲間と協力してナスミス式望遠鏡のお披露目会を開こうとしていることを聞いて、自分が気付いていなかったたくましさを感じているようです。

オ　（Eさん）　深野と広瀬は、とてもいいコンビだと思います。スターキャッチコンテストの望遠鏡作りを完全に一年生に任せ、上級生は手を出さなかったことで、チームワークと自立心が養われたのだと思います。

(五)　この文章の表現の特徴として適当なものを、次の**ア**から**オ**までの中から二つ選びなさい。ただし、マーク欄は一行につき一つだけ塗りつぶすこと。

ア　会話文に加えて地の文によっても亜紗の内面が細かく描写され、凛久の転校を聞いた後の亜紗の動揺がありありと書かれている。

イ　回想場面を挿入して過去の出来事を描写することにより、人間の心理が時間の流れの中で変化することが示されている。

ウ　各登場人物が凛久との思い出を語ることで、凛久のために何かをしたいという思いが次第に形になっていく様子が描かれている。

エ　亜紗、晴菜、先生が会話をする場面では「――」や「……」を多用することで、三人のもどかしい気持ちが表現されている。

オ　昼休みの教室の場面は一年生の深野と広瀬が会話をリードする形で進み、二人の息がよく合っている様子が描かれている。

四

次の漢文（書き下し文）を読んで、あとの(一)から(四)までの問いに答えなさい。（本文の……の左側は現代語訳です。）

太宗《たいそう》、侍臣《そばに控える家臣》に謂《い》ひて曰《い》はく《ことには》、「古人云《い》ふ、『鳥、林に棲《す》むも、猶《な》ほ《それでもなお》其《そ》の高からざらんことを恐れ、復《ま》た木末《さらに高い木の枝》に巣くふ。魚、泉に蔵《かく》るるも、猶ほ其の深からざらんことを恐れ、復た其の下に窟穴す《水中の洞穴に住んでいる》。然《しか》れども《それにもかかわらず》人の獲《う》る所と為《な》る者は、皆、餌を貪るに由《よ》るが故なり。』と。今、人臣、任を受けて、高位に居《お》り、厚禄《こうろく》を食《は》む《多額の報酬を得ている》。①当《まさ》に、須《すべから》く忠正を履《ふ》み、公清を踏むべし。則《すなは》ち《そうすれば》災害無く、長く富貴を守らん。古人云ふ、『②禍福は門無話したんです。凛久先輩が年内で転校しちゃうこと。現地に来るのは無理かもしれないけど、ナスミス式望遠鏡ができたら、そのお披露目にはみんなのこともオンラインで招待したいって。そしたら――」

「ひばり森の天音ちゃんから、スターキャッチや観測会もいいけど、年内なら、一緒にできるか検討してほしいことがあるから、今度またオンライン会議をしませんかって誘われたんです。また、全チームで」目を見開いた。わかったからだ。この子たちも、亜紗と同じ気持ちだったのだと。

（辻村《つじむら》深月《みづき》『この夏の星を見る』による）

（注）○ 1～8は段落符号である。
○ 安堵《あんど》＝安心すること。
○ ナスミス式望遠鏡＝十九世紀にイギリスのジェームス・ナスミスが発明した天体望遠鏡。どの方向を観測しても、観測者が目の高さを変えずにのぞき込むことができる特徴があり、車椅子に乗ったまま使用できる。
○ 野呂《のろ》さん＝ＳＨＩＮＯＳＥの社員。
○ スターキャッチ＝スターキャッチコンテスト。夏休みに亜紗たちが主催して行った、自作の天体望遠鏡で星を捉えることを競う大会。長崎県の五島列島の高校生チームと東京都渋谷区のひばり森中学校のチームなどがオンラインで参加した。

(一) ①亜紗はぶんぶんと首を振った　とあるが、このときの亜紗の心情として適当なものを、次の**ア**から**オ**までの中から三つ選びなさい。ただし、マーク欄は一行につき一つだけ塗りつぶすこと。

ア　転校することについて凛久が自分に相談してくれなかったことを、悔しく思っている。

イ　凛久が家族の事情を話せないのは当然だと思いながらも、うそをつかれたことに傷ついている。

ウ　凛久との関係の悪化を晴菜先輩や綿引先生から心配されていることに、堪えられなくなっている。

エ　凛久が抱えている事情に気付けなかった鈍感な自分に対し、情けなく思っている。

オ　自分の感情を制御できなくなっているところに慰めの言葉をかけられ、一層感情が高ぶっている。

(二) 第六段落における亜紗の心情の説明として最も適当なものを、次の**ア**から**エ**までの中から選びなさい。

ア　後輩が教室まで訪ねてくることは初めてだったので驚いたが、他の部員に聞かれたくない相談なのかもしれないと思い、二人の話を一言も聞き漏らすまいと緊張しながら聞いている。

イ　晴菜先輩が卒業したあとの天文部の活動に不安を抱いていたが、県外の仲間が今後の活動に協力してくれそうだと後輩たちから聞き、ほっとしている。

ウ　初めは後輩たちの来訪の意図が分からなかったが、年内にもう一度スターキャッチコンテストのようなことができないかを一年生だけで県外の仲間と相談していたと知り、驚いている。

エ　凛久が年末に転校することを知ってからは教室でも塞ぎ込んでいたが、後輩たちが自分を励ますために訪ねてきてくれたので、努めて明るくふるまおうとしている。

(三) ［②］にあてはまる最も適当なことばを、次の**ア**から**エ**までの中から選びなさい。

ア　口をつぐむ　　**イ**　息をのむ

ウ　耳をそばだてる　　**エ**　目を覆う

(四) 次のページの**ア**から**オ**は、この文章を読んだ生徒五人が、意見を述べ合ったものである。その内容が本文に書かれていないことを含生が謝る必要なんてないはずなのにそう言われると、いよいよ気持ちのやり場がなくなって①亜紗はぶんぶんと首を振った。

5　「ナスミス式望遠鏡のフレームはどうだった？　野呂《のろ》さんにも会ってきたんだろ」綿引先生が二人に尋ねる。話題を変えたわけじゃなくて、きっと凛久の件の延長だ。こくんとうなずく亜紗の横から、晴菜先輩が補足する。「フレーム、微調整は必要ですけど、すごくきれいで、やっぱりSHINOSEさんにお願いできてよかったです。これで、たぶん間に合う」「そうか、よかった」間に合う、よかった、という言葉が、これまでは晴菜先輩の卒業を指していたけれど、今は違う。綿引先生が言った。「あとは、ここからまたコロナの状況がひどくならないといいけど。観測会、無事にできたら、凛久にも思い出になる」思い出、という言葉を聞いて、強烈に湧き起こる感覚があった。思い出は――確かにそうかもしれない。だけど、まだそんなふうになってほしくなかった。亜紗は、ここにいるのに。ここに全部残していってしまうような言い方、やめてほしい。「先生」「うん？」動揺と混乱と、激しいショックの中で、亜紗は聞いてしまう。答えを知りたくて。「凛久のために、私たち、何ができますか？」（中略）

6　昼休み、会話自粛がすっかり定着した食事を終えた時間帯、亜紗の教室に天文部の一年生たちが訪ねてきた。背の高い深野《ふかの》と、小柄な広瀬《ひろせ》のコンビが教室の入り口に立ち、こちらに向けて手を振っているのが見えた時、亜紗は驚いた。後輩が訪ねてくるなんて、他の部の子同士では見たことがある光景だけど、自分には縁のないことだと思っていたからだ。急いで廊下に出ていくと、二人がぺこりと頭を下げた。「亜紗先輩、すみません」「今、大丈夫でしたか？」「うん。どうしたの？　何かあった？」「私たち、亜紗先輩に相談があって」話なら部活の時でもいいのに――と思っていると、思いがけず、二人の目が気遣うように自分を見ていた。広瀬が言う。「私たち――、年内にもう一度、スターキャッチみたいなことできないかなって、実は、相談してたんです。五島《ごとう》チームとか、渋谷《しぶや》の中学生たちに」「えっ……！」思わず亜紗の口から声が出る。二人の顔をまじまじと見てしまう。

7　「どうやって？　ひょっとして綿引先生に頼んだり――」「あ、違います違います。私たち、コンテストの準備してる合間にいろいろ話しながら連絡先交換してて。私は、五島の円華《まどか》さんと。私も中学まで吹奏楽やってたから、なんか仲良くなれそうだなって」「私は、ひばり森中の天音《あまね》ちゃんとショートメッセージつながってます。好きなアニメの推しがかぶってたんで」いつの間に――と絶句する。スターキャッチコンテストの望遠鏡作りは、亜紗たち上級生はあくまでお手伝いで、確かに一年生が中心だった。二人が作業している横でナスミス式望遠鏡の製作に集中している時間帯も確かにあったけれど――一年生の二人を前に、亜紗は、ああ――と思う。最初からこの子たちに相談すればよかったのか。一年生たちのたくましさがあまりにまぶしい。〔　②　〕亜紗の前で、深野の方が、「あ、で、ですね」と平然と続けた。「また、一緒に何かできたらいいねって気持ちは、みんなもあるみたいです。来年またスターキャッチコンテストができればいいって話にもなってたんですけど、五島チームとか、今年で卒業の人たちも多いし、来年の夏はもうみんなバラバラだから、やるなら受験が落ち着いた三月とかなのかなって話してて」

8　そこで、深野と広瀬が顔を見合わせる。二人で話した後なのだろう。小さくうなずき合った後で、深野が続けた。「だから、私たちもとのアからエまでの中から選びなさい。

彼は何が起こっても泰然〔　A　〕としている。

ア　篤実　　イ　虚心　　ウ　自若　　エ　余裕

三　次の文章を読んで、あとの㈠から㈤までの問いに答えなさい。

〔本文にいたるまでのあらすじ〕

茨城県立砂浦第三高校二年生の亜紗《あさ》と凛久《りく》、三年生の晴菜《はるな》が所属する天文部では、望遠鏡の製作に取り組んでいる。部品を発注した会社（ＳＨＩＮＯＳＥ）を三人で訪問した帰りの電車の中で、亜紗と晴菜は凛久から十二月末に転校することを伝えられた。亜紗と晴菜は学校に寄り、部顧問の綿引《わたびき》先生のもとを訪れた。

〔本文〕

1　「そうか。ようやくみんなに言ったか、凛久は」凛久の転校や家庭の事情を、綿引先生は知っていた。それを知って、亜紗の体に入っていた力がするすると抜けていく。自分は話してもらえなかった、相談してもらえなかった、という思いは依然として強くある。だけど、その時亜紗が抱いた感情には、わずかに安堵《あんど》が混じっていた。よかった、と思う。凛久、綿引先生には話せていたんだ。

2　「先生、教えてください」「何、晴菜」「凛久くんのお姉さんは車椅子を使っているんですか」その言葉に――はっとする。車椅子、ナスミス式望遠鏡。凛久が見つけたという海外の老人ホームの観測会の記事と、それを作りたいから綿引先生のいるこの学校に来たという入学動機。晴菜先輩が続ける。「下半身にまひがあると聞いたので、ひょっとしたら、と思って」「うん。凛久がナスミス式望遠鏡を作りたい理由には、それもあったみたいだね」綿引先生がゆっくりと椅子から立ち上がる。自分たちを――とりわけ、亜紗をまっすぐ見つめて、続ける。「凛久のお姉さんには、ぼくも一度、実は挨拶したことがあるんだよ。去年、花井《はない》さんの講演会に行った時に、車椅子専用スペースに、凛久とお姉さんがいるのを見かけて、ちょっとだけ、挨拶した」

3　そうだったんだ、と思う。凛久のお姉さんの話を、一度だけ、そういえば亜紗も聞いたことがあった。去年、まだいろんなイベントができた頃、宇宙飛行士の花井うみかさんの講演会があった際、凛久は亜紗たちと一緒に行かず、お姉さんと行った。お姉さんも星や宇宙が好きで、本当はお母さんと行く予定だったけれど、お母さんの都合が悪くなったので、凛久が一緒に行ったのだと。だけど、亜紗は凛久の姿を見つけられなかったし、あの日、会場に車椅子の人たち向けのスペースがあったことも、まったく気づいていなかった。さっき車内で聞いたばかりの、凛久の声を思い出す。――ナスミス式望遠鏡が無事に完成したら、その観測会に、うちの姉ちゃん、呼んでもいいですか？　綿引先生にも、前から、それ、相談してて。

4　「……悔しい」亜紗の口から、声がもれた。凛久、あいつ――、と思う。本人を前にしたら、次もまた、言えないかもしれない。だけど、今の正直な気持ちが止まらなくなる。「なんで、何も言ってくれなかったんだろう。悔しい。悔しいし、すごく……」亜紗は、気づけなかった。凛久が何も言えなくて当然だ、と思う。亜紗ちゃん、と晴菜先輩が呼んで、こちらを見ている気配がする。これ以上話すと涙が出てきそうで、そんなの、嫌だ、と強く思った。悔しいし、情けないけど、泣くなんて、そんなの、凛久にもきっと失礼だ。「凛久はあいつ、ためこむタイプだからなぁ。亜紗、ごめんな」先められてきたと筆者は述べています。

イ　（Bさん）　そのような、便利だが理解できない不透明な領域の増大とともに、科学技術がやがて何でも解決してくれるという過剰な期待を人々が抱くようになる危険性を筆者は指摘しています。

ウ　（Cさん）　私たちは、科学技術のおかげで便利で快適な生活を送ることができていますが、筆者が述べているように、電気製品をはじめ、コンピュータや自動車などの身近な機械がどのようなしくみで動いているかはよく分かりません。改めて考えてみると、ちょっと怖い気もします。

エ　（Dさん）　要するに、科学的な知というのは、実証的な手続きによってとりあえず真であると認められた仮説にすぎないということを自覚することが、合理的な態度であると言えそうです。

オ　（Eさん）　確かに、科学技術の中身を自分では理解しないまま信じることは、便利さや効率性を簡単に手に入れられる点では合理的ですが、その合理性は本来科学がもっている合理性とは違い、不透明さをもったものです。

カ　（Fさん）　しかし、その場合の合理性は、仮説と検証を通じて確かめられる法則性によって世界を理解しようとする科学の合理性とは、根本的に異なっているように思います。

(六)　この文章の論の進め方の特徴として適当なものを、次の**ア**から**カ**までの中から二つ選びなさい。ただし、マーク欄は一行につき一つだけ塗りつぶすこと。

ア　対立する二つの考えを示してそれぞれの考えがもつ欠点を明らかにし、いずれとも異なる独自の主張を展開している。

イ　複数の具体例について説明し、それらの共通点を取り出して自分の主張につなげている。

ウ　中心となる問題を提起したのち、個人的な体験談をくわしく紹介しながら問題の本質に迫っている。

エ　自分の主張を述べたのち、具体例を交えながら自説に対するくわしい説明を行っている。

オ　問いを立ててそれに対する答えを述べ、さらに想定される反論に答えることを繰り返している。

カ　自分の主張を述べる直前に逆接の接続詞を置くなど、接続詞を効果的に用いている。

二

次の(一)から(三)までの問いに答えなさい。

(一)　次の文中の傍線部①、②に用いる漢字として正しいものを、それぞれあとの**ア**から**エ**までの中から一つ選びなさい。

指導力を発揮して事態を①シュウ②シュウする。

①　**ア**　秀　**イ**　修　**ウ**　収　**エ**　衆

②　**ア**　愁　**イ**　拾　**ウ**　集　**エ**　蹴

(二)　次の文中の傍線部と同じ意味で用いられている漢字として正しいものを、あとの**ア**から**エ**までの中から一つ選びなさい。

彼は著しい成長を遂げている。

ア　著者　**イ**　名著　**ウ**　著述　**エ**　顕著

(三)　次のページの文中の［A］にあてはまる最も適当なことばを、あ

（注） ○ [1]～[7]は段落符号である。
○ 古典力学・相対性理論＝いずれも科学の理論。
○ 形質＝生物の形態的な要素や特徴。
○ 明証性＝明らかであること。
○ 規準＝規範や標準とするもの。

(一) ①こうした手続き の説明として最も適当なものを、次の**ア**から**エ**までの中から選びなさい。

ア ある仮説と合致する事実が存在する一方で、その仮説を否定する事実は存在しないことが実験や観察によって明らかになること

イ ある仮説が確実に正しいことを、実験や観察によってすでに証明されている理論と矛盾しないように説明すること

ウ ある仮説の真偽を実験や観察によって確かめ、その仮説と合致する事実が否定する事実よりも多いことを確認すること

エ ある仮説を支持する事実が実験や観察によって見いだされるだけでなく、世界中の科学者によって支持されるようになること

(二) [A]、[B]にあてはまることばの組み合わせとして最も適当なものを、次の**ア**から**エ**までの中から選びなさい。

ア [A] 実証可能な [B] 不確実な
イ [A] 不確かな [B] 確実な
ウ [A] 究極の [B] さしあたりの
エ [A] 相対的な [B] 絶対的な

(三) ②合理的であることは、必ずしも科学的である必要はない とあるが、筆者がこのように述べる理由として最も適当なものを、次の**ア**から**エ**までの中から選びなさい。

ア 合理的であるとは行為や状態が公平であることであり、実証性や反証可能性に基づく科学的な知識がなくても、公平であるかどうかの判断は道徳的に可能であるから。

イ 合理的であるとは理にかなっていることであるが、科学以外にもさまざまな理が存在しており、どの理に従ったとしてもそれぞれに合理的であると言えるから。

ウ 合理的であるとは理に合うという意味であり、科学的には正しくない知識に基づいていたとしても、大多数の人々にとって納得できるものであればよいから。

エ 合理的であるとは効率的であるという意味でもあるため、科学の実証的な手続きによらず、最小のコストで最大の効果を上げている場合も合理的であると言えるから。

(四) 次の一文が本文から抜いてある。この一文が入る最も適当な箇所を、あとの**ア**から**エ**までの中から選びなさい。

> このとき、私たちは科学とその合理性を自らの判断において信じているのではない。

ア 本文中の〈1〉 **イ** 本文中の〈2〉
ウ 本文中の〈3〉 **エ** 本文中の〈4〉

(五) 次に示す会話は、この文章を読んだ生徒六人が意見交換をしたものであるが、会話文の順序が入れ替えてある。筋道がとおる会話文とするために**ア**から**カ**までを並べ替えるとき、二番目、四番目、六番目にくるものをそれぞれ選びなさい。

> **ア** （Aさん） 現代の科学技術文明においては、そのように専門的な科学や技術の内容が理解できないことを個々の人々が甘受し、科学や技術の研究と応用は専門家集団にゆだねることで、社会の合理性が高

切な行為や状態が選ばれていることが、行為者にもそれを観察する人びとにも納得できるということなのだ。（中略）

5　現代の社会で合理的とか合理化と呼ばれているのは、主として科学的な知識やその応用である科学技術によって、ある目的に対する最も効率的な手段や方法を選択するような合理性とその追求である。〈1〉現代の技術文明は、こうしたさまざまな合理性の中で、科学的な知識にもとづく合理性を追求し、それを社会の中で応用することによって発展してきた。企業の経営、職場の管理、商品の開発などでも、科学的な合理性と効率の追求は最も大きな規準の一つである。新しい科学技術を応用した商品は性能を向上させ、最新の技術や知識を利用した生産体制や業務システムは効率を高め、コストの削減を可能にし、利潤の増大をもたらすのだ。日常の暮らしの中にも、科学化と合理化はさまざまな形で入り込んでいる。〈2〉さまざまな電気製品やガス製品は、炊事、洗濯、掃除などの家事の合理化を進めてきた。住宅の間取りやキッチンのレイアウト、家庭電気製品や家事用品のデザインでは、最新の人間工学が応用され、無駄なく機能的な生活が設計される。どこかに行きたいと思えば、インターネットの路線検索等で、最も速いルートや最も安価なルートを調べ、そこから最も合理的な経路を選ぶこともできる。

6　〈3〉だがしかし、そうした科学化され、合理化された生活を営む個々人は、いわゆる専門家も含めて、特定領域の科学的成果を自らの手で検討したり、判断したりすることなどできない。もちろん私たちは、算数、数学、理科などの学習を通じて世界に対する科学的な理解の基礎を学んだことになっており、高度な科学技術もそうした基礎の延長線上にあるらしいということを知っているけれども、では具体的にそれらがどのような延長線の上にあるのかを説明することはできないことのほうが多いだろう。この机の上のパソコンが、台所のあの電子レンジが、なぜ、どのようにして動くのかを私は知らないが、それらを使えばある目的を容易に達成できるということは知っている。科学技術の高度化によって社会の合理性を高めるためには、その研究と応用を特定の専門家や機関にゆだねることが合理的であり、それゆえ個々の人びとはそうした専門化した科学や技術を理解できないことを甘受するのが合理的なのだ。〈4〉私たちは、特定の分野を担当する専門家集団や、彼らが設計・運営する技術やシステムの科学性と合理性を、理解はしていないけれども信じているのだ。科学技術文明を生きる個々の人びとにとっての合理性とは、そうした専門家集団や彼らの設計・運営する技術やシステムを信頼することが理にかなっているという合理性である。

7　科学技術の発展と社会への応用、浸透は、便利だが理解できない領域を増大させる。通常の暮らしの中で、私たちはこの「わからなさ」の領域に目を向けることは普通ない。だが、いったんそこに目を向けるなら、現代の社会が個々の人びとにとっては見通すことのできない不透明さをもった科学と技術の上に立っていることがわかるだろう。世界を透明で合理的なまなざしの下に理解し、操作することを可能にしてきた科学と技術は、専門家ではない個々人にとっては不透明だけれども役に立つ、まるで魔術のような領域を広げていったのである。こうした不透明さの中で、そもそもは仮説、つまり仮の説明にすぎず、実証的な手続きによって確認できないことについては「わからなさ」を甘受しなくてはならない科学とその応用である技術が、来るべき将来にはいずれすべてを説明し、解決することができる究極の真理であるかのように受けとられたり、語られたりすることになる。

（若林幹夫《わかばやしみきお》『社会学入門一歩前』による）

〈国語〉

時間 四五分 満点 二二点

一 次の文章を読んで、あとの㈠から㈥までの問いに答えなさい。

1 科学とは何だろう? それは、単に確実な知識のことではない。仮説と検証によって確かめられた法則性によって世界を理解することが、科学という知の特徴である。古典力学も、相対性理論も、進化論も、遺伝子理論も、物の運動や生物の多様性、形質の遺伝などの観察可能な事実や出来事を説明するために、論理整合的に――ようするに筋道立てて――作られた仮説、つまり仮の説明である。こうした仮説は、それらと合致する事実があり、そしてそれらを否定する事実が見いだされないかぎりで、さしあたり真なる理論として認められる。科学的な理論はこうした実証性――それを支持する事実があること――と反証可能性――その真偽が実験や観察によって証明されること――をもたなくてはならないとされる。①こうした手続きによって科学、とりわけ自然科学は確実な知識としての明証性をもつものとされるのだ。

2 だがしかし、そうであるとすれば、ようするに科学とは「すべてを知ることができる知」なのではなく、「実証的な手続きによって知りうるものだけを知る」ような知なのだということになる。科学的な知は、実証的な手続きによって真であるととりあえず認められる仮説以外は、「(まだ)わからない」として判断を保留しなくてはならない。そしてまた、どんな理論も仮説である以上、つねに「とりあえず」で「今のところ」のものにすぎず、それに反する事実によっていつ否定されないともかぎらない。科学的な知は〔 A 〕真理などけっして指し示さない。それが提示するのは、いつ否定されてもかまわない〔 B 〕真理なのだ。(中略)

3 ところで、科学的であることと合理的であることとは、いつも一致するわけではない。科学的であるとは、世界に対する知識や探求、働きかけが、科学を特徴づける実証性や反証可能性にもとづくようになるということだ。それに対して②合理的であることは、必ずしも科学的である必要はない。現代の日本語では合理的という言葉や合理化という言葉は、「効率的」や「効率化」という言葉とほぼ同じ意味で使われることが多い。だが合理的という言葉には、もっと広範かつ複雑なニュアンスがある。合理的であるとは、文字どおりには「理に合っている」ということだ。だが、「理」と言ってもいろいろある。与えられた目的に対して最小のコストで最大の効果を上げることが理にかなっていると考える人もいれば、たとえ効率は悪くても道徳的な正しさや倫理性といった価値観に即した行為や状態を選択することが理にかなっていると考える人もいる。

4 たとえばスポーツの試合で、対戦相手がどこかをけがしているとしよう。競技に際しての目標は勝利することだ。そして、より確実に勝利するためには、競技のルールに違反しないかぎりで相手の負傷を利用し、ときにそれを痛めつけるような攻撃を仕掛けることが理にかなっていよう。だがしかし、そのように相手の弱みを利用することはルール違反でなくともフェアではないと考えるならば、それは理にかなってはいないという判断もありうる。この場合には、相手の弱みを攻めないこと、ときにはそれによって自ら敗北してしまうことが、合理的であるということになる。このように、ある行為や状態が合理的であるかどうかは、どのような理を規準とするかで違ってくる。合理的な行為や状態とは、ある理の規準に関して適

2024年度

解　答　と　解　説

《2024年度の配点は解答用紙集に掲載してあります。》

＜数学解答＞

1　(1) イ　(2) ウ　(3) エ　(4) ウ　(5) イ　(6) イ　(7) エ
(8) ア，カ　(9) エ　(10) ウ

2　(1) エ　(2) ウ　(3) ① オ　② イ

3　(1) 48度　(2) ① $\sqrt{5}$ cm　② $\frac{3}{8}$倍　(3) ① $\frac{54}{5}$cm^2　② $9\sqrt{2}\,\pi$ cm^3

＜数学解説＞

1　**(数・式の計算，平方根，式の値，二次方程式，不等式，比例関数，資料の散らばり・代表値，線分の長さ)**

(1)　**四則をふくむ式の計算の順序は，乗法・除法→加法・減法**となる。$4\times(-3)-(-6)\div3=(-12)-(-2)=(-12)+(+2)=-(12-2)=-10$

(2)　分母を4と3の**最小公倍数**の12に通分して，$\frac{-2x+1}{4}-\frac{x-3}{3}=\frac{3(-2x+1)}{12}-\frac{4(x-3)}{12}=\frac{3(-2x+1)-4(x-3)}{12}=\frac{-6x+3-4x+12}{12}=\frac{-6x-4x+3+12}{12}=\frac{-10x+15}{12}$

(3)　**分配法則**を用いて，$(6a^2b-12ab^2)\div\frac{2}{3}ab=(6a^2b-12ab^2)\times\frac{3}{2ab}=6a^2b\times\frac{3}{2ab}-12ab^2\times\frac{3}{2ab}=9a-18b$

(4)　$x=\sqrt{3}+\sqrt{2}$，$y=\sqrt{3}-\sqrt{2}$のとき，$x^2+xy-y^2=x^2-y^2+xy=(x+y)(x-y)+xy=\{(\sqrt{3}+\sqrt{2})+(\sqrt{3}-\sqrt{2})\}\{(\sqrt{3}+\sqrt{2})-(\sqrt{3}-\sqrt{2})\}+(\sqrt{3}+\sqrt{2})(\sqrt{3}-\sqrt{2})=2\sqrt{3}\times2\sqrt{2}+(\sqrt{3})^2-(\sqrt{2})^2=4\sqrt{6}+3-2=4\sqrt{6}+1$

(5)　$(x+3)^2-11=5(x+2)$　$x^2+6x+9-11=5x+10$　$x^2+6x-2-5x-10=0$　$x^2+x-12=0$　たして$+1$，かけて-12になる2つの数は，$(+4)+(-3)=+1$，$(+4)\times(-3)=-12$より，$+4$と-3だから，$x^2+x-12=\{x+(+4)\}\{x+(-3)\}=(x+4)(x-3)=0$　$x=-4$，3

(6)　1個agのトマト3個の重さ$3a$gと，1個bgのきゅうり2本の重さ$2b$gをあわせた重さ$(3a+2b)$gが900gより軽いとき，この数量の関係は**不等式**$3a+2b<900$で表される。

(7)　**yはxに反比例する**から，xとyの関係は$y=\frac{a}{x}$と表せる。$x=4$のとき$y=3$だから，$3=\frac{a}{4}$　$a=3\times4=12$　このときのxとyの関係は$y=\frac{12}{x}$と表せる。$y=\frac{12}{x}$より，$xy=12$だから，x座標とy座標がともに整数である点は，xとyの値の積が12になるような整数x，yの値の組を考えればよい。このような(x, y)の組は，$(-1, -12)$，$(-2, -6)$，$(-3, -4)$，$(-4, -3)$，$(-6, -2)$，$(-12, -1)$，$(1, 12)$，$(2, 6)$，$(3, 4)$，$(4, 3)$，$(6, 2)$，$(12, 1)$の12個あり，このうち，x座標がy座標よりも小さい点は，～～を付けた6個である。

(8)　ア　正の数aの**平方根**のうち，正の方を$\sqrt{a}$，負の方を$-\sqrt{a}$，両方合わせて$\pm\sqrt{a}$と表すから，64の平方根は$\pm\sqrt{64}=\pm\sqrt{8^2}=\pm8$である。正しい。　イ　$\sqrt{16}$は16の平方根のうち，正の平方根を表すから，$\sqrt{16}=\sqrt{4^2}=+4$である。正しくない。　ウ　イと同様にして，$\sqrt{(-6)^2}=\sqrt{6^2}=+6$

である。正しくない。　エ　$\sqrt{16}-\sqrt{9}=\sqrt{4^2}-\sqrt{3^2}=4-3=1$である。正しくない。　オ　$\sqrt{3}\times5=5\sqrt{3}$である。正しくない。　カ　$\sqrt{21}\div\sqrt{7}=\sqrt{21\div7}=\sqrt{3}$である。正しい。

(9)　**箱ひげ図**とは，右図のように，**最小値，第1四分位数，第2四分位数(中央値)，第3四分位数，最大値**を箱と線(ひげ)を用いて1つの図に表したものである。問題の**ヒストグラム**より，最小値は5m以上10m未満の**階級**，最大値は45m以上50m未満の階級に含まれる。また，**四分位数**とは，全てのデータを小さい順に並べて4つに等しく分けたときの3つの区切りの値を表し，小さい方から第1四分位数，第2四分位数，第3四分位数というから，第1四分位数の含まれている階級は，小さい方から10番目と11番目の生徒が含まれている15m以上20m未満の階級，第2四分位数の含まれている階級は，小さい方から20番目と21番目の生徒が含まれている25m以上30m未満の階級，第3四分位数の含まれている階級は，大きい方から10番目と11番目の生徒が含まれている30m以上35m未満の階級である。以上より，最も適当な箱ひげ図はエである。

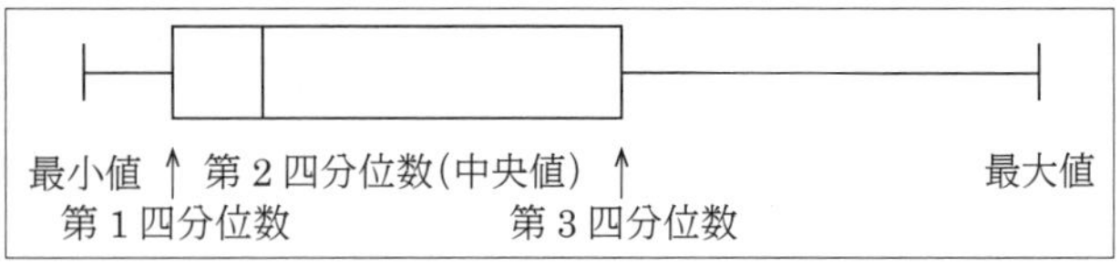

(10)　AB//ECより，**平行線と線分の比についての定理**を用いて，AF：FC＝AB：EC＝DC：EC＝(2＋3)：3＝5：3　AB//FGより，平行線と線分の比についての定理を用いて，FG：AB＝FC：AC＝3：(5＋3)＝3：8　$\mathrm{FG}=\mathrm{AB}\times\frac{3}{8}=10\times\frac{3}{8}=\frac{15}{4}$(cm)

2　(確率，図形と関数・グラフ，関数とグラフ)

(1)　1回目のカードの取り出し方は，6枚のカードから1枚を取り出す6通り。そのそれぞれの取り出し方に対して，2回目のカードの取り出し方は，残った5枚のカードから1枚を取り出す5通りずつあるから，全てのカードの取り出し方は$6\times5=30$(通り)。　①　$a+b$が**偶数**となるのは，偶数＋偶数か**奇数**＋奇数の場合で，$(a,\ b)=(2,\ 4)$，(2，6)，(3，5)，(3，7)，(4，2)，(4，6)，(5，3)，(5，7)，(6，2)，(6，4)，(7，3)，(7，5)の12通りで，その確率は$\frac{12}{30}=\frac{2}{5}$
②　$a-b$が正の数となるのは，$a>b$の場合で，$(a,\ b)=(3,\ 2)$，(4，2)，(4，3)，(5，2)，(5，3)，(5，4)，(6，2)，(6，3)，(6，4)，(6，5)，(7，2)，(7，3)，(7，4)，(7，5)，(7，6)の15通りで，その確率は$\frac{15}{30}=\frac{1}{2}$　③　abが奇数となるのは，奇数×奇数の場合で，$(a,\ b)=(3,\ 5)$，(3，7)，(5，3)，(5，7)，(7，3)，(7，5)の6通りで，その確率は$\frac{6}{30}=\frac{1}{5}$　④　aがbの**約数**となるのは，bがaの**倍数**となる場合で，$(a,\ b)=(2,\ 4)$，(2，6)，(3，6)の3通りで，その確率は$\frac{3}{30}=\frac{1}{10}$　⑤　aとbがともに**素数**となるのは，aとbが2，3，5，7のいずれかの場合で，$(a,\ b)=(2,\ 3)$，(2，5)，(2，7)，(3，2)，(3，5)，(3，7)，(5，2)，(5，3)，(5，7)，(7，2)，(7，3)，(7，5)の12通りで，その確率は$\frac{12}{30}=\frac{2}{5}$

(2)　点A，Bは$y=ax^2$上にあるから，そのy座標はそれぞれ$y=a\times2^2=4a$，$y=a\times(-3)^2=9a$　よって，A$(2,\ 4a)$，B$(-3,\ 9a)$　これより，直線ABの傾きは$\frac{4a-9a}{2-(-3)}=-a$だから，直線ABの式を$y=-ax+b$とおく。直線ABは点Aを通るから，$4a=-a\times2+b$　$b=6a$　よって，点Dの座標はD$(0,\ 6a)$…①　と表される。これより，$\triangle\mathrm{CBD}=\frac{1}{2}\times\mathrm{CD}\times$(点Bと$y$軸との距離)$=\frac{1}{2}\times\left(\frac{21}{2}-6a\right)\times3=-9a+\frac{63}{4}$，$\triangle\mathrm{DOA}=\frac{1}{2}\times\mathrm{DO}\times$(点Aと$y$軸との距離)$=\frac{1}{2}\times(6a-0)\times2=6a$であり，問題の条件から$\triangle\mathrm{CBD}=2\triangle\mathrm{DOA}$であるから，$-9a+\frac{63}{4}=12a$　これを解いて，$a=\frac{3}{4}$である。

(3)　弟がA地点からB地点までの片道を走るのにかかる時間は，600(m)÷毎分120(m)＝5(分)であり，A地点とB地点の間を2往復したから，2往復するのに5(分)×4＝20(分)かかり，弟のグラフは右下図の実線のようになる。また，兄は，弟がA地点を出発した1分後にA地点を出発し，A地点とB地点の間を3往復走ったところ，弟が走り終える1分前に走り終えたから，3往復するのに20(分)－1(分)－1(分)＝18(分)かかり，兄のグラフは下図の破線のようになる。

① x＝6，つまり，弟がA地点を出発してから6分後は，下図のグラフより，B地点からA地点に向かって出発して6－5＝1(分後)だから，このときのA地点と弟の間の距離はy＝600(m)－毎分120(m)×1(分)＝480mである。

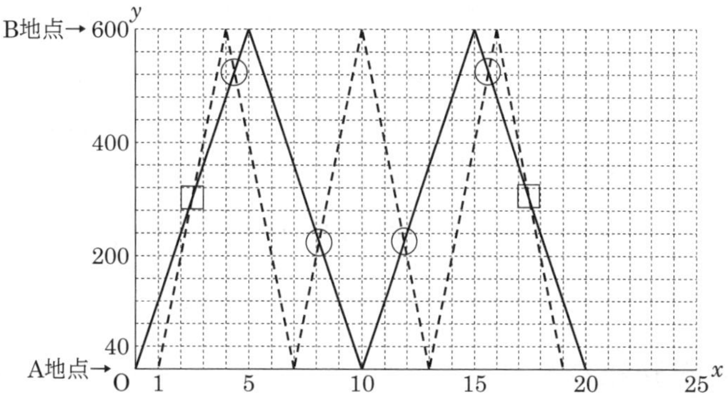

② 右図に，兄と弟がすれ違う地点を○印で，兄が弟を追い抜く地点を□印で示した。これより，兄がA地点を出発してから走り終えるまでに，兄と弟がすれ違うのは4回ある。

3 (角度，線分の長さ，面積，体積)

(1)　辺ACと線分FEとの交点をGとする。△DEGの**内角と外角の関係**から，∠DGE＝∠BDG－∠DEG＝90°－21°＝69°　△ABCはAB＝ACの二等辺三角形であることと，FE//BCより**平行線の錯角は等しい**ことから，∠ABC＝∠ACB＝∠DGE＝69°　∠DBC＝∠DEG＝21°　以上より，∠ABD＝∠ABC－∠DBC＝69°－21°＝48°である。

(2)　①　△BCEに**三平方の定理**を用いて，EB＝$\sqrt{\mathrm{BC}^2+\mathrm{EC}^2}=\sqrt{\mathrm{BC}^2+\left(\dfrac{\mathrm{DC}}{2}\right)^2}=\sqrt{4^2+\left(\dfrac{4}{2}\right)^2}=$ $2\sqrt{5}$(cm)　よって，EF＝$\dfrac{\mathrm{EB}}{2}=\dfrac{2\sqrt{5}}{2}=\sqrt{5}$(cm)である。

② 右図のように，直線ADと直線BEの交点をIとする。DI//BCより，平行線と線分の比についての定理を用いると，ID：BC＝EI：EB＝DE：CE＝1：1より，ID＝BC＝4(cm)，EI＝EB＝$2\sqrt{5}$(cm)　△AFIと△FGIで，仮定より∠FAI＝∠GFI，共通な角より∠AIF＝∠FIGだから，△AFI∽△FGIであり，**相似比**はAI：FI＝(AD＋ID)：(EF＋EI)＝(4＋4)：($\sqrt{5}$＋$2\sqrt{5}$)＝8：$3\sqrt{5}$だから，GI＝FI×$\dfrac{3\sqrt{5}}{8}$＝$3\sqrt{5}$×$\dfrac{3\sqrt{5}}{8}$＝$\dfrac{45}{8}$(cm)　△GHIと△EDIで，∠GHI＝∠EDI＝90°，共通な角より∠GIH＝∠EIDだから，△GHI∽△EDIであり，相似比はGI：EI＝$\dfrac{45}{8}$：$2\sqrt{5}$＝45：$16\sqrt{5}$だから，IH＝ID×$\dfrac{45}{16\sqrt{5}}$＝4×$\dfrac{45}{16\sqrt{5}}$＝$\dfrac{9\sqrt{5}}{4}$(cm)

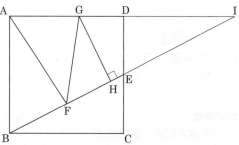

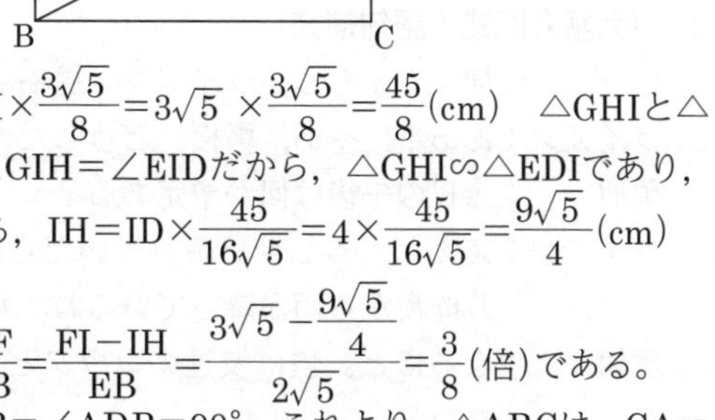

以上より，線分HFの長さは線分EBの長さの$\dfrac{\mathrm{HF}}{\mathrm{EB}}=\dfrac{\mathrm{FI}-\mathrm{IH}}{\mathrm{EB}}=\dfrac{3\sqrt{5}-\dfrac{9\sqrt{5}}{4}}{2\sqrt{5}}=\dfrac{3}{8}$(倍)である。

(3)　①　**直径に対する円周角は90°**だから，∠ACB＝∠ADB＝90°　これより，△ABCは，CA＝CBの**直角二等辺三角形であり，3辺の比は1：1：$\sqrt{2}$**だから，AB＝CA×$\sqrt{2}$＝$6\sqrt{2}$(cm)

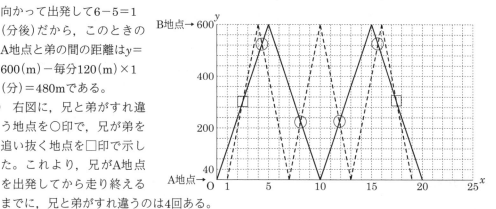

問題の条件のDA：DB＝3：1より，正の数xを用いてDA＝$3x$(cm)，DB＝x(cm)と表すことができる。△ABDに三平方の定理を用いて，$DA^2+DB^2=AB^2$　$(3x)^2+x^2=(6\sqrt{2})^2$　$10x^2=72$　$x^2=\frac{72}{10}$　よって，$\triangle DAB=\frac{1}{2}\times DA\times DB=\frac{1}{2}\times 3x\times x=\frac{3}{2}x^2=\frac{3}{2}\times\frac{72}{10}=\frac{54}{5}$(cm²)である。

② 点Eから線分ABへ垂線EHを引く。△ABDと△AEHで，∠ADB＝∠AHE＝90°，共通な角より∠BAD＝∠EAHだから，△ABD∽△AEHであり，HA：HE＝DA：DB＝3：1…㋐　また，△BEHは，∠BHE＝90°，∠EBH＝45°より，直角二等辺三角形だから，HE＝HB…㋑　㋐，㋑より，HA：HE＝HA：HB＝3：1　$HE=HB=AB\times\frac{HB}{AB}=AB\times\frac{HB}{HA+HB}=6\sqrt{2}\times\frac{1}{3+1}=\frac{3\sqrt{2}}{2}$(cm)　以上より，△EABを，線分ABを回転の軸として1回転させてできる立体の体積は，底面の半径がHE，高さがHAの円錐の体積と，底面の半径がHE，高さがHBの円錐の体積をあわせたものだから，$\frac{1}{3}\times(\pi\times HE^2)\times HA+\frac{1}{3}\times(\pi\times HE^2)\times HB=\frac{1}{3}\times(\pi\times HE^2)\times(HA+HB)=\frac{1}{3}\times(\pi\times HE^2)\times AB=\frac{1}{3}\times\left\{\pi\times\left(\frac{3\sqrt{2}}{2}\right)^2\right\}\times 6\sqrt{2}=9\sqrt{2}\pi$ (cm³)である。

<英語解答>

聞き取り検査

第1問　1番　a 正　b 誤　c 誤　d 誤　2番　a 誤　b 誤　c 誤　d 正
　3番　a 誤　b 正　c 誤　d 誤
第2問　問1　a 誤　b 誤　c 誤　d 正　問2　a 誤　b 誤　c 正　d 誤

筆記検査

1　(1)　ウ　(2)　イ　(3)　エ
2　(1)　ウ　(2)　1番目　エ　3番目　キ　5番目　ア
3　(1)　エ　(2)　ア　(3)　ウ　(4)　ウ　(5)　①　イ　②　ア
4　(1)　①　イ　②　ア　(2)　ア　(3)　エ　(4)　イ，オ

<英語解説>

聞き取り検査(リスニング)

放送台本の和訳は，49ページに掲載。

筆記検査

1　(会話文問題：語句補充)

(全訳)　勇樹：もしもし，ライアン。勇樹です。
ライアン：ああ！　やあ，勇樹。どうしたの？
勇樹　：今日の午後は何か予定ある？
ライアン：ええと，もし今日晴れていたら(1)地方にハイキングへ行くんだけど。実際知っての通り昨夜から雨が降っているね。だから一日何もすることがないよ。
勇樹　：なるほど。僕は友達のコウタと(2)映画を見に映画館へ行くつもりなんだ。一緒に行かない？
ライアン：行きたいけど，どこにあるかわからないんだ。

勇樹　　：心配ないよ，ライアン。午後1時に僕の家に来て。一緒に行こう！
ライアン：ありがとう，勇樹。えーっと，コウタは？
勇樹　　：ああ，(3)彼はもう僕の家にいるよ。だから僕らはここで君を待ってるよ。
ライアン：オーケー。じゃああとでね。

(1)　現実と違うことを言いたいときは**<If ＋主語＋動詞の過去形～，主語＋助動詞の過去形…>**の仮定法で表現する。ここでは if it were ～で「(現実は晴れていなかったが)もし晴れていたら」と仮定している。I would go ～で「ハイキングに行ったのに」と晴れていたらする予定だったことを述べている。

(2)　続く二人の会話でライアンはその場所がわかないから，勇樹の家に来てから一緒に行くと話しているので，イがふさわしい。

(3)　直後の発話 we'll wait～で we「私たち」と言っているからコウタと勇樹は一緒にいることが考えられるのでエがふさわしい。

2 (語句補充，語句の並べ換え問題：比較)

[発表の内容](全訳)

家での手伝いについてのプレゼンテーションをします。

まず，グラフ1によると私たちの60％より多くが家で週に①4日以上家族を手伝っています。そして17％が週に1回手伝うか全く手伝っていませんでした。

次に，グラフ2を見てください。私たちの70％より多くが②お風呂を掃除しています。そして③料理が部屋を掃除することよりも普通だと知って少し驚きました。

もし質問があったら遠慮なく聞いてください。ありがとうございました。

(1)　①　選択肢は4日か6日以上なので，グラフ1より60％を超えて日数が当てはまるものを考えるとAとBを足したものだとわかる。　②　グラフ2で70％くらいのものはお風呂掃除しかない。

(2)　(And I'm a little surprised to know that)cooking is more common than cleaning(the rooms.)選択肢に**比較<more ＋形容詞＋ than ～>「～より(形容詞)だ」**の表現があるので何を比べているのかを考える。選択肢には cooking とshopping と cleaning があるので，グラフ2からどれがより common「普通な，よくある」かを確認する。また cleaning は下線部直後の the rooms とつなげて「部屋の掃除をすること」となるのがわかる。

3 (長文読解問題・説明文：語句の問題，内容真偽，語句補充)

(全訳)　情報技術の進歩のおかげて，私たちの日々の生活は以前よりも便利になってきています。今私たちはこの技術A(のない)生活を想像することができません。インターネットでは必要な情報を得たり，好きな様々な動画を見たり，欲しいものを買ったりすることができます。さらに，何年か前には経験しなかったような変化を見ることができます。そのうちの1つはオンラインで会うことです。祖父母や海外の生徒たちのような遠くに住んでいる人たちと話すことがあるかもしれません。

a【今までオンラインで会ったことがありますか？】もしあなたの答えが「はい」なら，長所をいくつか知っているかもしれません。会うための場所に行く時間とお金を節約することができます。他の町に住んでいる祖父母とオンラインで会う間，彼らと一緒に滞在する必要はありません。ただ家のコンピュータをつけると私たちの前に彼らが現れるのです。私たちは彼らとインターネットでいつでも話すことができます。

b【オンラインで会うことにはもう一つの長所があります。】ほとんどの労力がいらずに外国の生徒たちと話すことができます。例えば，教室で，インターネットで外国の学校の生徒たちと話すことができます。オンラインで会うことの助けがあれば，世界の人たちと簡単にそして速くグローバルな関係を築くことができます。

c【一方で，オンラインで会うことには弱点もあります。】オンラインで会う全ての人が電子機器を準備して，インターネットに接続しなくてはなりません。さらに，オンラインで会っているときにアクシデントが起こるかもしれません。例えば，インターネットのトラブルによってオンラインで会うことが突然止まります。それなので，私たちの伝統的な対面で会うことにはまだ長所があるのです。

あなたにとってはどちらの会う方法がよりよいですか。オンラインで会うことと対面で会うことは異なる長所があるのでこの質問に答えることは難しいです。したがって，誰かに会うときはその人の状況について考える必要があり，長所によってオンラインで会うか対面かを選ぶべきです。近い将来，今よりもっと効果的で印象的な会い方が出てくるでしょう。

(1) エ **without** ～「～なしに」，across「～を横切って」，until「～まで」，around「～の周りに」

(2) 第2，3段落はオンラインで会うことの長所について述べているが，第4段落では弱点を挙げているのでアがふさわしい。

(3) ア 「オンラインで会うことは対面で会うことよりも効果的ではなくなるだろう」(×) 第4，5段落参照。 イ 「オンラインで会うことと対面で会うことには同じ長所がある」(×) 第5段落第1，2文参照。 ウ 「オンラインで会うことは情報技術の進歩のおかげで現れた」(○) 第1段落参照。 エ 「オンラインで会うことは対面の会い方よりも長い歴史がある」(×) 第1段落第4文以降参照。

(4) ア 「インターネットは対面で会うときにも必要である」(×) 第4段段落参照。 イ 「オンラインで会うことが原因で対面で会うことはなくなってきている」(×) 第4，5段落参照。
ウ 「私たちが会う方法は今よりももっと効率的で印象的になるだろう」(○) 第5段落最終文参照。 エ 「対面で会うことは，それが長すぎると私たちの健康にダメージを与えるかもしれない」(×) そのような記述はない。

(5) ①はオンラインで会うことについての説明になっているのでイ「特徴，特色」がふさわしい。②はそれぞれのいい点についてあげているのでア「長所」がふさわしい。

4 (会話文問題：語句補充，内容真偽)

(全訳) 早紀：この土曜日に歴史博物館に行くよね。どうやって行こうか？

アリア：自転車でいくのは①どう？ 大体1時間くらいかかるけど公園を通ってたくさんのきれいな花を見て楽しめるよ。

早紀 ：A(あなたの言いたいことはわかる)けど私にはきついな。電車で行くのはどう？

アリア：電車に乗るならそこまで20分必要ね。

早紀 ：いいね。電車賃はいくら？

アリア：ええと…。4ドル。だから行って帰って来るのに8ドル払う必要があるね。そして電車ではきっと座れる。

早紀 ：いいね，でも私にはちょっと高いな。アリア，バスは乗れる？

アリア：うん。バス賃は電車賃の半分。でもバスはいつも電車より混んでるよ。

早紀 ：ああ，そうなのね。バスだとどれくらいかかる？

アリア：約30分。バスはちょうど歴史博物館の前に止まるよ。

早紀　：それもいいね。アリア，どうやって行くか私に決めさせて。

アリア：オーケー。決めていいよ。

早紀　：ありがとう。ちょっと考える②時間をちょうだい。

アリア：もちろん，金曜日までに教えてね。そして早紀，その日の夜は私の両親がレストランで一緒に夕食を食べる予定だよ。

早紀　：わあ。すてきだね！

(1)　①　**Why don't we ～?**「(一緒に)～しませんか」という提案の表現。　②　<time to ＋動詞の原形～>「～する時間」

(2)　アリアの自転車で行くという提案に対して，きついから電車はどうだろうかと言っている内容なので，イ「自転車に問題がある」エ「車で行きたい」は合わない。ウ「すみませんが，できません」は空欄直後にbut「でも」と続いているので合わない。アがふさわしい。

(3)　バスについてはアリアが4，5つ目の発話で述べている。　エ　「バス停から歩く必要はない」がふさわしい。　ア　「多分そんなに混んでいない」は3，4つ目のアリアの発話から電車の話とわかるので【Y】に入る。　イ　「途中できれいな景色が見られる」は1つ目のアリアの発話から自転車の話とわかるので【X】に入る。　ウ　「レストランで夕食を食べるのは簡単だ」は7つ目のアリアの発話にレストランの話があるが簡単だとは言っていない。

(4)　ア　「水曜日の夕食は午後5時半に始まり午後10時に終わる」(×)　Open Hours「営業時間」を見ると月曜日から木曜日は午後6時ら9時とある。　イ　「アリアが訪れるレストランは毎日同じ時間にランチのためにオープンする」(○)　営業時間を見るとランチは毎日午前11時にオープンしている。　ウ　「土曜日の夜，アリアは午後6時の前はレストランに入れない」(×)　営業時間によると金曜日から日曜日は午後5時半にオープンしている。　エ　「もしアリアが夕食にフライドチキンを食べたかったら10ドル払う必要がある」(×)　メニューによると夕食のフライドチキンは12ドルである。　オ　「ランチの焼き魚の値段は夕食のスパゲティの値段よりも高い」(○)　メニューによるとランチの焼き魚は16ドル，夕食のスパゲティは15ドルである。

カ　「もしアリアがステーキを食べたら，スープとサラダ，アイスクリームと，コーヒーか紅茶がついてくる」(×)　欄外の※印に「全ての料理はスープと季節の野菜とコーヒーか紅茶がついてきます」とある。

2024年度英語　聞き取り検査

〔放送台本〕

これから英語の聞き取り検査を行います。

それでは，聞き取り検査の説明をします。問題は第1問と第2問の二つに分かれています。第1問，第2問ともに，問いに対する答えとして正しいものはマーク欄の「正」の文字を，誤っているものはマーク欄の「誤」の文字を，それぞれ塗りつぶしなさい。正しいものは，各問いについて一つしかありません。

(第1問)　第1問は，1番から3番までの三つあります。それぞれについて，対話と，対話についての問い，問いに対する答えを聞きます。そのあと，もう一度，繰り返します。必要があれば，メモをとってもよろしい。それでは，聞きます。

(第1問)

1番 Clerk: Good evening. Is there anything I can do for you?
Man: Well, I don't have a reservation, but do you have a room for tonight?
Clerk: Just a moment, please.
Question: Where are they talking?
a They are talking at a hotel.
b They are talking at home.
c They are talking in a classroom.
d They are talking at a station.

2番 Dave: Jane, your performance was really awesome!
Jane: Thanks, Dave. I'm glad to hear that.
Dave: When did you start playing the piano?
Question: What will Jane say next?
a I don't have a piano.
b Every day after school.
c You can play the piano, too.
d About 10 years ago.

3番 Mom: Oh, we don't have enough milk for tomorrow. Can you buy some, John?
John: No, mom. I don't want to. I'm watching TV now, and I must do my homework.
Mom: Then, do your homework first.
Question: What is true about this conversation?
a John wants to buy some milk.
b John has not finished his homework yet.
c John has just drunk all the milk.
d John is helping his mother in the kitchen.

〔英文の訳〕

1番 フロント：こんばんは。何かお力になれることはありますでしょうか？
男性　　：ええと，予約をしていないんですが，今晩一部屋ありますか？
フロント：少々お待ちください。
質問　　：彼らはどこで話していますか？
a 彼らはホテルで話している。 — 正
b 彼らは家で話している。 — 誤
c 彼らは教室で話している。 — 誤
d 彼らは駅で話している。 — 誤

2番 デイブ　：ジェイン，君の演奏は本当に素晴らしかったです！
ジェイン：ありがとう，デイブ。それを聞いて嬉しいです。
デイブ　：いつピアノを弾き始めたんですか？
質問　　：次にジェインは何というでしょうか？

a 私はピアノを持っていません。 — 誤
b 放課後毎日。 — 誤
c あなたもピアノを弾くことができます。 — 誤
d 約10年です。 — 正

3番 母　：ああ，明日の牛乳が足りないわ。ジョン，買いに行ってくれる？
ジョン：いや，お母さん。行きたくないよ。今テレビを見ていて，宿題をしないといけないんだ。
母　：じゃあ，先に宿題をしなさい。
質問　：この会話について正しいのはどれですか？
a ジョンは牛乳を買いたい。 — 誤
b ジョンはまだ宿題を終えていない。 — 正
c ジョンは今ちょうど全ての牛乳を飲んだところだ。 — 誤
d ジョンはキッチンで母親を手伝っている。 — 誤

〔放送台本〕

（第2問） 第2問は，英語によるスピーチと，スピーチについての問い，問いに対する答えを聞きます。そのあと，もう一度，繰り返します。問いは二つあります。必要があれば，メモをとってもよろしい。それでは，聞きます。

（第2問）

Hello, everyone. I'm Shota. Today, I want to share my memory of my host father in the U.S. One day, he and I went to a beautiful river and enjoyed fishing. Actually, I caught nothing, but he got a lot of fish. Then, he taught me how to cook the fish and I tried it. It was difficult, but so exciting because it was my first time cooking fish outside. I'll never forget that delicious meal.

問1 What is true about this speech?
a Shota's host father did not know how to cook fish.
b Shota went to the river with his friends.
c Shota's host father did not catch fish at all.
d Shota enjoyed cooking the fish outside.

問2 What is the best title of this speech?
a The bad experience by the river
b The best fish in the river
c My special time by the river
d How to cook by the river

〔英文の訳〕

みなさん，こんにちは。私はショウタです。今日はアメリカのホストファザーとの思い出を皆さんと分かち合いたいと思います。ある日，彼と私は美しい川へ行き釣りを楽しみました。実は私は何も釣れませんでしたが，彼はたくさんの魚を釣りました。そして彼は魚の料理の仕方を教えてくれて，私は試してみました。難しかったですが，外で魚料理をするのはそれが初めてだったのでとてもワク

ワクしました。そのおいしい料理のことを決して忘れないでしょう。

問1　このスピ―チについて正しいのはどれですか？

a　ショウタのホストファザ―は魚の料理の仕方を知らなかった。　―　誤

b　ショウタは友達と川へ行った。　―　誤

c　ショウタのホストファザ―は魚を一匹も釣らなかった。　―　誤

d　ショウタは外で魚を料理して楽しんだ。　―　正

問2　このスピ―チのタイトルで一番いいのでは何ですか？

a　川での悪い経験。　―　誤

b　川の最高の魚。　―　誤

c　川での素晴らしい時間。　―　正

d　川での料理の仕方。　―　誤

＜理科解答＞

1　(1)　ウ　(2)　ア

2　(1)　エ　(2)　エ　(3)　イ　(4)　Ⅰ　b　Ⅱ　イ

3　(1)　イ　(2)　オ　(3)　ウ　(4)　カ

4　(1)　イ　(2)　Ⅰ　ア　Ⅱ　ウ　Ⅲ　カ　(3)　ク　(4)　オ

5　(1)　カ　(2)　ア　(3)　ア　(4)　イ

6　(1)　ある日　エ　3日後　B　(2)　エ

＜理科解説＞

1 (小問集合－電流：真空放電，身のまわりの物質とその性質：有機物と無機物)

(1)　蛍光板に光るすじが見えたのは，電極Aと電極Bの間に，**電極Aが陰極(－極)で，電極Bが陽極(＋極)**となるように電圧を加えたときである。これは陰極(－極)から－の電気をもつ電子が出て陽極(＋極)に向かっているからである。電極Aと電極Bの間に大きな電圧を加えたまま，電極Cが陽極(＋極)で，電極Dが陰極(－極)となるように電圧を加えたところ，光るすじは図1の**上向きに曲がって**見えた。これは**陰極(－極)から－の電気をもつ電子が出て電極Cの陽極(＋極)に引かれて曲がる**からである。

(2)　物質Aは，**水にとけ**，熱すると**黒くこげる**ことから，炭素をふくむ**有機物**であるため，**砂糖**である。物質Bは，水にとけ，熱しても**こげない**ことから，**無機物**の**食塩**である。物質Cは，**水にとけない**が，熱すると**黒くこげる**ことから，炭素をふくむ**有機物**であるため，**デンプン**である。

2 (動物の体のつくりとはたらき：刺激に対するヒトの反応の実験・グラフの活用・実験計画)

(1)　〔実験1〕で，Bさんがものさしの落下を光の刺激として受け取ったとき，目に入った**光の刺激を受け取って光が像を結んだ部分はY**であり，その名称は**網膜**である。

(2)　〔実験2〕で，Bさんが右手の皮ふで刺激を受け取り，左手の筋肉を動かしてものさしをつかむときの信号が伝わる経路は，**意識して起こす反応**であるため，**右手の皮ふ→せきずい→脳→せきずい→左手の筋肉**，である。

(3)　〔実験1〕で，ものさしが落下した距離の5回の**実験の平均値**は，17.8〔cm〕であり，**図3のグラフ**から，ものさしが落ちはじめてからの時間は約0.19秒である。〔実験1〕とは実験方法を変えた〔実験2〕で，ものさしが落下した距離の5回の実験の平均値は，24.3〔cm〕であり，図3のグラフから，ものさしが落ちはじめてからの時間は約0.22秒である。よって，**約0.22(秒) − 約0.19(秒) ≒ 0.03(秒)**，より，Aさんがものさしものさしをはなしてから Bさんがものさしをつかむまでの時間は，実験2のほうが約0.03秒多くかかった。

(4)　条件統一のため，Bさんは，Aさんからの**「あっ」という音の刺激のみ受ける必要がある**ため，**Bさんは目を閉じている必要がある**。そのことにより、ものさしが落下した距離と図3のグラフから，**Aさんが声を出してから，Bさんがものさしをつかむまでの時間**がわかる。

3　**(化学変化と物質の質量・水溶液とイオン：塩化銅の電気分解・塩酸の電気分解，酸・アルカリとイオン，中和と塩，物質の成り立ち：水の電気分解)**

(1)　〔実験1〕は**塩化銅の電気分解**である。塩化銅の水溶液中での電離をイオンの化学式を使って表すと，$CuCl_2 \rightarrow Cu^{2+} + 2Cl^-$，である。塩化銅水溶液に電流が流れると，**銅イオンは陰極から電子を2個受けとり，銅原子**になって，$Cu^{2+} + 2e^- \rightarrow Cu$，により，**陰極**の炭素棒Aの表面に赤色の**銅が付着**する。一方，**塩化物イオンCl^-は陽極に電子を1個与えて塩素原子Cl**になる。その塩素原子が2個結びついて**塩素分子Cl_2**ができ，**陽極**である炭素棒B付近から，**塩素が発生**する。

(2)　〔実験1〕で用いた塩化銅は，**銅と塩素が9：10の質量比で化合**しているため，**塩化銅0.95gに含まれる銅の質量をxg**とすると，0.95〔g〕：x〔g〕＝19：9，x〔g〕＝**0.45〔g〕**，である。図2から電流を25分流した場合，2.0Aのとき炭素棒に付着した銅の質量は1.00gであり，1.2Aのときは炭素棒に付着した銅の質量は0.60gであるため，**電流を流す時間を一定にしたとき，電流の大きさと炭素棒に付着した銅の質量は比例する**ことが分かる。**電流を15分間流した場合**，炭素棒に付着した**銅の質量が0.45g**になる**電流の大きさをyA**とすると，2.0〔A〕：y〔A〕＝0.60〔g〕：0.45〔g〕，y〔A〕＝**1.5〔A〕**，である。**塩化銅0.95gが分解する電流の大きさは1.5A，電流を流す時間は15分間である。**

(3)　〔実験2〕は水の電気分解である。水の電気分解の化学反応式は，$2H_2O \rightarrow 2H_2 + O_2$，であるため，**陰極(−極)**である電極C付近から発生する気体は**水素H_2**であり，**陽極(＋極)**である電極D付近から発生する気体は**酸素O_2**である。水の電気分解により発生する**水素と酸素の体積比は，2：1**であるため，陽極Dから発生した酸素の体積が$2.0cm^3$のとき陰極Cから発生した**水素の体積は$4.0cm^3$**である。

(4)　うすい塩酸に電流を流すと**電気分解**が起き，$2HCl \rightarrow H_2 + Cl_2$，により，水素と塩素が発生するため，**電流を流す時間が長くなると塩酸の濃度は一定の割合で減少**する。よって，**それを中和して中性にするためのうすい水酸化ナトリウム水溶液の体積も一定の割合で減少**する。電気分解装置から取り出す**うすい塩酸の体積を$4.0cm^3$**として，**電流を流す時間と**中和して中性にするために**加えたうすい水酸化ナトリウム水溶液の体積との関係をグラフ化する**。電流を流した時間をx軸，加えたうすい水酸化ナトリウム水溶液の体積をy軸として，電流を流す前のうすい塩酸$4.0cm^3$を中性にするために必要なうすい水酸化ナトリウムの体積をycm^3とすると，表のデータから，座標は，(0分，ycm^3)(10分，$5.0cm^3$)(15分，$4.5cm^3$)(20分，$4.0cm^3$)，である。**グラフ上の3点を通る直線とy軸との交点**をもとめると，**その座標は，(0分，$6.0cm^3$)**である。**電流を流す前の塩酸$4.0cm^3$を中性にするために必要なうすい水酸化ナトリウム水溶液は$6.0cm^3$**であるため，電流を流す前の**うすい塩酸$10.0cm^3$**を中性にするために必要な**うすい水酸化ナトリウム水溶液は，$15.0cm^3$**である。

4 **(力のつり合いと合成・分解：浮力・アルキメデスの原理，仕事とエネルギー：てんびんによる2つの物体のつり合い，定滑車)**

(1)　物体Aにはたらく**浮力は上向き**であり，水面から物体Aの底面までの**深さが4.0cm**になったときの浮力の大きさは，表より，12.0〔N〕－4.0〔N〕＝**8.0〔N〕**である。

(2)　一般に，水圧の大きさと水面からの深さの間には，**水圧は(Ⅰ)深いほど大きい**という関係がある。このため，**物体の一部が水から出ている間は**，浮力と深さの間には，**浮力は深いほど大きい**という関係が成り立つ。その後，**物体全体が水中に入ると**，浮力は直方体の底面と上面に加わる力の差によって生じるため，**浮力は(Ⅱ)深さに関係なく一定である**。これらのことから，［実験1］に用いた物体Aの高さをxcmとすると，水面から物体Aの底面までの深さがxcmのとき，浮力と水面から物体Aの底面までの深さは比例するから，**問(1)より，8.0〔N〕：(12.0〔N〕－2.2〔N〕)＝4.0〔cm〕：x〔cm〕**である。よって，x〔cm〕＝4.9〔cm〕であるから**物体Aの高さは(Ⅲ)4.9cm**である。(水面から物体Aの底面までの深さが5.0cmと6.0cmの場合は，ばねばかりが示す値が同じであるため，浮力が一定であり，物体A全体が水に入っている。)

(3)　物体が力を受けて，支点のまわりに回転するとき，物体を回転させるはたらきの大きさを**力のモーメント**という。この問題では，棒と糸を使って物体Aと物体Bをつるして**つり合わせる**とき，**左まわりのモーメント**(＝加えた力の大きさ×支点から力点までの長さ)＝**右まわりのモーメント**(加えた力の大きさ×支点から力点までの長さ)であるため，図3のとき，物体Bの重さをxNとすると，**12.0〔N〕×16〔cm〕＝x〔N〕×(24〔cm〕－16〔cm〕)**，より，**物体Bの重さは24.0N**である。図4で棒を糸でつるしていた点(支点)は，物体Aをつるした端からycmのところとすると，**8〔N〕×y〔cm〕＝24.0〔N〕×(24〔cm〕－y〔cm〕)**，より，**支点は，物体Aをつるした端から18cmのところ**である。

(4)　図6の物体Cの全体が**水中で静止している状態**のとき物体Cにはたらいている力は，**(物体にかかる重力17.0N＋ばねばかりと糸が下向きに引く力3.0N)と浮力とがつり合っている**。よって，物体Cが水中で静止するときの**浮力は20.0N**である。図5のとき，物体Cは水そうの**水に浮かんでいる**ので，このときの**浮力は物体Cの重さ17.0N**に等しい。**物体にはたらく浮力の大きさは，その物体の水中部分の体積と同じ体積の水にはたらく重力の大きさに等しい(アルキメデスの原理)**。よって，水1Nは水約100gにかかる重力であるため，水1gを約1cm^{3}として計算すると，図5のとき，物体Cの**水中の部分の体積が物体C全体の体積にしめる割合＝1700〔cm^3〕÷2000〔cm^3〕×100＝85(%)**，である。よって，このときの物体Cの**水面より上にある部分の体積は**，物体C全体の**15%**である。

5 **(火山活動と火成岩：火山の形とマグマ・火成岩・鉱物，水溶液：溶解度曲線・冷え方のちがいによる結晶のでき方を調べるモデル実験，対照実験)**

(1)　図1のAに分類される**傾斜がゆるやかな形の火山のマグマは**，BやCに分類される火山のマグマと比べ**ねばりけが弱く**，マグマが冷えて固まった火成岩が**有色鉱物を含む割合は**，BやCよりも**大きい**のが特徴である。よって，〔観察2〕で採集した火成岩は，表1の**「う」**であり，最も多く含まれる有色鉱物は**輝石**である。

(2)　図2のEはaのような大きな鉱物の結晶のまわりを，bのようなごく小さい鉱物のあつまりやガラス質のものがとり囲んでいる。このようなつくりを**斑状組織**といい，aのような大きな鉱物の結晶を**斑晶**，bのようなガラス質の部分を**石基**という。

(3)　(Ⅰ)　図3より，水100gにミョウバン50gをとかした**Xが飽和するのは約57℃**，であり，水100gにミョウバン30gをとかした**Zが飽和するのは約45℃**であるため，**結晶がはじめて出てくる**

ときの水溶液の温度はXの方が高い。　(Ⅱ)〔実験〕で「結晶のつくりや大きさの違いが，冷え方の違いによるものであることを調べるためには，**水溶液の濃度が同じで冷やし方が違うものが対照実験になる**のでペトリ皿**Wと比べるのはX**である。

(4)　表2と表3から，物質が，**ゆっくり冷える**ことにより，**大きさが同じくらいの大きな結晶**が得られると考えられる。このことから，〔観察3〕のDとEのうち，**マグマがゆっくり冷えてできた火成岩は図2のD**であると考えられる。一般的に，地表付近に比べ，地下の深いところの方がマグマがゆっくり冷えるため，**Dは火山の地下の深いところでできた**と考えられる。

6　**(小問集合－太陽系と恒星：月の動きと月からの地球の見え方，生物の成長と生殖：タマネギの根の顕微鏡観察)**

(1)　月が地球を公転しているときの模式図をかく。太陽光が右からさしこむ図で北極の真上から見たとき地球の左半分が影になる。**月が図1の三日月のときの地点Xから地球を見ると，**右の約三分の一が欠けて**エのように見える。**この3日後に月の地点Xから地球を見ると，月は**反時計回りに3日分(約36°)だけ移動して地球の影の部分が多く見えるようになる**ので，地球は3日前と比べてより**大きく欠けて見える。**

(2)　**根冠**という**根の先端より少し上の部分に生長点**があり，その付近では**細胞分裂がさかん**に行われ，**細胞は小さくて数が多いため，顕微鏡の視野に入ってくる細胞の数は最も多い。細胞分裂後，**それらの細胞が**体積を大きくすることで長くのびていく**ため，上にいくにつれて，一つ一つの細胞が大きくなるため，**顕微鏡の視野に入ってくる細胞の数は減少し，**細胞分裂して半分の大きさになった細胞がもとの細胞の大きさにもどると，**視野に入る数は，ほぼ変化しなくなる**ため，**グラフはエ**が正しい。

＜社会解答＞

1　(1)　できごと　エ　　場所　C　　(2)　オ　　(3)　ウ

2　(1)　A　ウ　　B　b　　(2)　ア　　(3)　ウ　　(4)　ア

3　(1)　エ　　(2)　イ　　(3)　①　イ　　②　b　　(4)　津波　イ　　火山災害　ア

4　(1)　カ　　(2)　a　ウ　　c　イ　　(3)　オ

5　(1)　①　イ　　②　カ　　(2)　エ　　(3)　ア　　(4)　ア

6　(1)　オ　　(2)　エ　　(3)　エ

＜社会解説＞

1　**(歴史的分野―日本史時代別－古墳時代から平安時代・鎌倉時代から室町時代・安土桃山時代から江戸時代，―日本史テーマ別－文化史・政治史・法律史，―世界史－政治史・社会史・文化史)**

(1)　(できごと)　ア　**バスコ＝ダ＝ガマ**は，ポルトガル人の航海者・探検家であり，ポルトガル王の命を受けて，**東回り航路**をとり，アフリカ大陸の南端の**喜望峰**を回って，1498年に**インドに到達**した。これにより，大量の**こしょう**がヨーロッパにもたらされるようになった。　イ　ベルサイユ宮殿は，1682年に，**フランス王ルイ14世**により建てられた。　ウ　**スエズ運河**は，1859年にフランス人レセップスによって建設が開始され，10年後の1869年に開通した。これによりアジアへの最短航路が実現した。　エ　**ムハンマド**がヒラー洞窟で神の啓示を受け，**メッカ**の地でイスラム教の布教活動を始めたのは，610年のことである。**東大寺**の**大仏**の**開眼供養**は，652年に行われている。東大寺の大仏の開眼供養より前のできごとは，エである。 (場所) **イスラム教**の聖地とされるメッカは，サウジアラビアにあり，地図上のCである。

(2) ① 12世紀に**平泉**を本拠地とし，豊富だった金や馬等を利用して，勢力を築き上げた**奥州藤原氏**は，**中尊寺金色堂**を建立した。勢力を誇っていた奥州藤原氏は，1189年に**源頼朝**によって滅ぼされた。 ② **観阿弥・世阿弥**父子が田楽・猿楽を融合発展させて**能**を大成したのは，室町時代前期の**北山文化**の時代である。 ③ 安土桃山時代の末期に登場した**出雲阿国**(いずものおくに)のかぶき踊りから発展し，やがて男だけの演劇である**歌舞伎**として大成して，江戸の人々の娯楽となったのが歌舞伎である。正しい組み合わせは，オである。

(3) Ⅲの写真は，**平等院鳳凰堂**であり，1053年に建立された。 ア 1185年に実質的に幕府を開いていた源頼朝が**征夷大将軍**となったのは，1192年である。 イ **鎌倉幕府**が京都に**六波羅探題**を置いたのは，**承久の乱**直後の1221年である。 ウ **白河天皇**が**上皇**となり，**院政**を開始したのは，1068年である。 エ **大宝律令**が制定されたのは，701年のことである。したがって，鳳凰堂が建立された年代と，最も近いのはウである。

2 (歴史的分野―日本史時代別－安土桃山時代から江戸時代・明治時代から現代，―日本史テーマ別－政治史・経済史・外交史・文化史，―世界史－政治史)

(1) A ア **本居宣長**は江戸後期の**国学者**である。著作に**『古事記伝』**等がある。 イ **野口英世**は昭和初期にアフリカのガーナで**黄熱病**の原因究明の研究をした医師である。 エ **中江兆民**は明治時代の**自由民権運動**の活動家であり，著作にはルソーの『民約論』の翻訳である**『民約訳解』**等がある。ア・イ・エのどれも別の人物であり，正しいのは，ウの杉田玄白である。 ウ 杉田玄白は，前野良沢とともに『ターヘル・アナトミア』を翻訳し，**『解体新書』**を出版した。

B bが正しい。江戸幕府の八代将軍徳川吉宗は，享保の改革の中で，洋書輸入の制度を緩和し，それにより，『ターヘル・アナトミア』等の書物が輸入された。

(2) Xの文章は，ヨーロッパから移住して来た人々との趣旨から，**アメリカ合州国**であることがわかる。Yの文章は，産業革命に言及しており，世界に先がけて**産業革命**を成し遂げた**イギリス**であることがわかる。正しい組み合わせは，アである。

(3) ア **独立戦争**を起こし，**三権分立**を取り入れた憲法を制定していたのは，18世紀末のアメリカである。 イ 都市の民衆や農民らが革命をおこし，**人権宣言**を出していたのは，18世紀末のフランスである。 エ 議会を尊重する新しい国王を迎えたのは，**名誉革命**を成し遂げたイギリスである。ア・イ・エのどれも別の国の説明であり，ドイツの説明として正しいのは，ウである。ウの文は主として，**鉄血宰相**と呼ばれた**ビスマルク**が主導した19世紀のドイツの説明をしている。

(4) イ 1897年の**綿糸**の国内生産量は，生糸とほぼ並ぶようになっていた。 ウ **資本家**が，道具などの生産手段をそろえた工場に人を雇って集め，賃金を払って，**分業**で製品を生産させるのが，**工場制手工業**のしくみである。工場制手工業は，**マニュファクチュア**ともいい，江戸後期に成立した形態である。 エ 1911年に，長年の懸案であった**工場法**が成立した。12歳未満の者を就業させることを禁止するなどの内容があったが，施行は5年後の1916年となった。イ・ウ・エのどれも資料を正しく読み取っていない。 ア **日清戦争**前には，綿糸の輸出量は，綿糸の輸入量よりも多くなかった。正しいのは，アである。なお，その後には，**産業革命**を経て機械化が進み，綿糸の国内生産量が増え，綿糸の輸出割合が輸入割合を上回っている。

3 (地理的分野―日本地理－地形・気候・エネルギー・交通)

(1) この3県のうち，島が最も多く，したがって海岸線が最も長いのは，長崎県であり，石川県と長崎県を比べると，年間降水量の多い方が，日本海側に位置する石川県である。正しい組み合わせは，エである。

(2) 初めに，ア～エの県の位置を確定する。アは福岡県，イは大分県，ウは宮崎県，エは鹿児島県である。国内最大の**地熱発電所**は，大分県の**八丁原発電所**であり，総発電量では，大分県が全国最大である。正答は，イである。

(3) ① 起伏の多い山地が，海面上昇や地盤沈下によって海に沈みこんで形成された，海岸線が複雑に入り組んで，多数の島や奥行きのある湾が見られる地形を**リアス海岸**という。佐世保湾の外側付近は，ほとんどがこのリアス海岸である。 ② 長崎市内を走る路面電車は床面が低く，入り口の段差が小さくなっているが，これは障害者や高齢者が生活していく際の障害を取り除き，誰もが暮らしやすい社会環境を整備するという，**バリアフリー**の考え方からつくられたものである。

(4) 〔津波〕 自然災害伝承碑が海岸沿いにまとまっているのは，**津波災害**が過去に起こったためである。正答は，イである。 〔火山災害〕 長崎県の雲仙岳は**活火山**であり，過去に多くの**火山災害**が繰り返し起こっている。正答は，アである。

4 (地理的分野―世界地理－人口・人々のくらし・宗教・産業・気候・地形)

(1) ① まず，X・Yの都市を確定する。Xはニューヨーク，Yはマドリードである。スペインのマドリードは，イタリアなどと同じく，冬は気温10度前後で，一定量の雨が降り，夏は気温が30度近く，雨がほとんど降らない。**地中海性気候**の特徴である。雨温図のPである。ニューヨークは，**温暖湿潤気候**である。夏は高温多湿で，7月・8月は30度以上の真夏日が続く。冬は降水量が多く，気温は0度近くまで下がる日もある。雨温図のQである。 ② 緯線Zは，Ⅰの略地図では，北緯40度線であり，Ⅱの略地図では，Bの緯線となる。日本では，秋田県・岩手県を通過する。(1)の正しい組み合わせは，カである。

(2) a **ロッキー山脈**は北米西部を南北に縦走する山脈であり，最高峰はアメリカ合衆国南部ロッキーのエルバート山(標高4,399m)である。ウの断面図が適当である。 c インド北方にそびえるのが，**ヒマラヤ山脈**である。最高峰は**エベレスト**(標高8,848m)である。イの断面図が適当である。

(3) 写真は，**ペルー**など南米の高地に暮らす人びとが放牧している**アルパカ**である。ペルーの標高2,000m～3,000mの地域ではトウモロコシが，標高3,000mを超える地域ではジャガイモが栽培されている。それよりも高い場所では作物が育たず，標高4,000mを超える地域では，**リャマ**・アルパカなどが放牧されている。文が説明するのは，ペルーである。表中では，第一次産業従事者の割合が多い3国が，イ・ウ・オである。この中で，キリスト教信者が最も多いのは，植民地であったペルーである。正答は，オである。

5 (公民的分野―経済一般・消費生活)

(1) ① 1973年に**第4次中東戦争**が勃発し，OPEC諸国は原油の値上げを決定し，いわゆる**石油危機**が起こった。日本では**狂乱物価**といわれるほど物価が上昇した。正答は，イである。なお，**朝鮮戦争**は1950年に起こり，**東京オリンピック**は1964年に開催されたもので，両者とも時期が異なる。 ② 日本経済は，2000年10月に景気の山を越え，**景気後退**の**局面**に入った。その後，2001年には，生産は大幅に減少するとともに，**失業率**も最高水準を更新し，景気は悪化を続けた。この時期は，グラフではZで示されている。正答は，カである。

(2) ア **「店舗購入」**においては，年齢層が上がるにつれ，消費生活相談の件数の割合は高くなっている。 イ **「訪問販売」**と**「インターネット通販」**とを比較すると，「66歳～74歳」の消費生活相談件数の割合が高いのは，「訪問販売」の方である。 ウ 「75歳～84歳」の年齢層の「訪問販売」における消費生活相談件数は，**「電話勧誘」**よりも多い。ア・イ・ウのどれも誤りを含んでおり，正しいのは，エである。

(3) ③ **売買**の場合，「売る」という意思表示と，これに呼応する「買う」という意思表示の二つが一致することにより合意がなされ，**契約**が成立する。 ④ **消費者**が製品の欠陥により損害(生命・身体・財産への損害)を被った場合，消費者の故意・過失の有無を問わず，製造者が**損害賠償**の責任を負うとする考え方を示した法律が，1995年に施行された**製造物責任法**である。PL法(Product Liability法)ともいう。正しい組み合わせは，アである。

(4) 説明文からPが個人経営の飲食店，Qがコンビニエンスストア，Rがホテルである。Ⅲ・Ⅳのグラフを読み取り，上の文章をよく読むと，実際の支払いにおいて，コンビニエンスストアでの支払いは，ホテルに比べて，クレジットカードを最もよく使うと回答した人が多い。正答は，アである。

6 (公民的分野―民主主義・国の政治の仕組み・憲法・基本的人権・公害・環境問題)

(1) ① **法の支配**とは，国民の代表が制定した法によって国王や政府の権力が制限され，それにより，国民の人権は保障されることである。 ② **日本国憲法**はその第96条において以下のように定めている。「この**憲法の改正**は，各議院の**総議員の三分の二以上**の賛成で，**国会**が，これを発議し，国民に提案してその承認を経なければならない。この承認には，特別の**国民投票**(中略)において，その**過半数の賛成**を必要とする。」 ③ 日本における**成年年齢**は，20歳とされてきたが，2007年に「日本国憲法の改正手続に関する法律(**憲法改正国民投票法**)」が公布され，**満18歳以上**の者が国民投票に参加できるようになった。正しい組み合わせは，オである。

(2) 日本国憲法第14条に「すべて国民は，**法の下に平等**であつて，**人種**，**信条**，**性別**，**社会的身分又は門地**により，政治的，経済的又は社会的関係において，差別されない。」と規定されている。これを「法の下の平等」といい，Aのカードの場合は，性別により**平等権**が侵害されたことになる。Bのカードは，**プライバシーの権利**である。憲法には条文はないが，**新しい人権**の一つとして定着してきた。もとは人がその私生活や私事をみだりに他人の目にさらされない権利を指したが，現在では，名前・住所・生年月日などの**個人情報**を守る権利としても考えられるようになってきた。正しい組み合わせは，エである。

(3) **公害対策基本法**は，1960年代の高度経済成長に伴って公害が深刻化し，1967年に制定された。公害防止の責務を明らかにし，公害防止対策を目的として定められた法律である。**環境アセスメント**は，事業者が大規模な事業を行う前に，環境に与える影響について調査・予測・評価を行い，開発許可の権限を持った**地方自治体**に提出する制度である。

<国語解答>

一 (一) ア (二) ウ (三) イ (四) エ (五) (二番目) ア (四番目) オ (六番目) エ (六) エ，カ

二 (一) ① ウ ② イ (二) エ (三) ウ

三 (一) ア，エ，オ　(二) ウ　(三) イ　(四) ウ，オ　(五) ア，オ
四 (一) エ　(二) イ　(三) イ　(四) ウ

＜国語解説＞

一 (論説文－内容吟味，文脈把握，指示語の問題，脱文・脱語補充)

(一)　傍線部①の前の文の内容から，科学的な理論は「**それを支持する事実があること**」と「**その真偽が実験や観察によって証明されること**」を必要としていることが読み取れるので，このことを説明したアが正解。本文は，イの「すでに証明されている理論」との関係には触れていない。ウは，「合致する事実」が「否定する事実」より多いだけでは不十分。エの「世界中の科学者」による支持は，ここでは求められていない。

(二)　空欄Aは，科学的な知が指し示さない真理である。第2段落の前半に，科学は「すべてを知ることができる知」ではないとあるので，「すべて」に通じるウ「**究極の**」が入る。一方，空欄Bは，科学的な知が指し示す真理である。「どんな理論も……つねに『とりあえず』で『今のところ』のものにすぎず」とあることから，「とりあえず」と似た意味のウ「**さしあたりの**」が入る。したがって，両方を満たすウが正解となる。

(三)　第3段落後半の「**合理的**であるとは，……『**理に合っている**』ということだ。だが，『**理**』**と言ってもいろいろある。**」と一致するイが正解。アは，「合理的＝公平」という説明が誤り。ウの「大多数の人によって納得できるものであればよい」や，エの「合理的＝効率的」という考え方は，すべての人にとって「合理的」な考え方とは言えないので不適当である。

(四)　一文の「**信じているのではない**」という表現に注目して，私たちが何によって科学とその合理性を信じているのかについて書いてある部分を探すと，〈4〉の後に「私たちは……専門家集団や……技術やシステムの科学性と合理性を**信じている**のだ」とある。したがって，エが正解。

(五)　アの「**そのように**専門的な科学や技術の内容が理解できないこと」は，ウの「身近な機械がどのようなしくみで動いているかはよく分かりません」ということを指しているので，アはウの後になる。イの「**そのような**，便利だが理解できない不透明な領域」は，オの「理解しないまま信じることは，……合理的ですが，……不透明さを持ったものです。」の後になる。エの「**要するに**」は，それまでの内容をまとめるときに用いる語句である。オの「**確かに**」は，カの「その場合の合理性は，科学の合理性とは異なる」ということが正しいと判断していることを示す。「**しかし**」で始まるカは前の生徒に反論する内容であり，「**その**場合の合理性」はアの「社会の合理性」を指していると考えられる。以上より，会話文の順序は**ウ→ア→カ→オ→イ→エ**となる。順序を並べ替えたら，初めから終わりまで通して読み，意味が通ることを確認すること。

(六)　この文章では，「科学的な知」について対立する二つの考えを示しているが，「欠点」や「いずれとも異なる」主張は展開していないので，アは誤り。具体例の「共通点」を示して主張につなげているとは言えないので，イは不適当。ウの「個人的な体験談」は，本文に書かれていない。「『理』といってもいろいろある」という**主張**を述べたのちにスポーツの試合の**具体例**を挙げているので，エの説明は正しい。「問い」は冒頭にはあるが，問いや反論と答えの繰り返しで論を進めているとは言えないので，オは不適当。「**だがしかし**，……科学とは『すべてを知ることができる知』なのではなく……」「**だが**，『理』といってもいろいろある」など，**接続詞を効果的に用いている**ので，カは正しい。以上より，エとカが適当である。

二 (知識－漢字の読み書き，語句の意味，熟語)

(一)　混乱した状態をうまくまとめることという意味なので，**「収拾」**が正しい。「集める」という意味の「収集」と混同しないように注意する。

(二)　「著しい」は**「明らか」**という意味であり，これと同じ意味で用いられているのはエ**「顕著」**である。他の選択肢の「著」は，書き記すという意味である。

(三)　**「泰然自若」**は，落ち着いて動じない様子を表す四字熟語である。

三　**(小説－情景・心情，内容吟味，脱文・脱語補充)**

(一)　傍線部①の亜紗の心情は，第4段落に「悔しいし，情けない」「いよいよ気持ちのやり場がなくなって」と表現されている。**「何も言ってくれなかった」悔しさ**について説明したア，**「気づけなかった」情けなさ**について説明したエ，**晴菜先輩や先生に気遣われてかえって気持ちを押さえられなくなっている様子**を説明したオが正解となる。イは「うそをつかれた」が誤り。凜久は黙っていただけでうそはついていない。ウは「凜久との関係の悪化」が本文の内容と合わないので，不適当である。

(二)　「えっ……！」から，亜紗の驚きを読み取る。亜紗は，後輩たちが自分の教室に訪ねてきたことにも驚いたが，それ以上に**1年生たちが県外の五島チームや渋谷の中学生たちとの連絡手段を持ち，相談していた**ことに驚いたのである。正解はウ。アの「緊張」は，この場面からは読み取れない。イは「晴菜先輩が卒業したあとの天文部の活動」と県外の仲間の協力を結びつけている点が不適当。エは，亜紗が「つとめて明るくふるまおうとしている」が本文と合わない。

(三)　選択肢の慣用句の意味は，ア「口をつぐむ」＝黙る，イ「息をのむ」＝驚きや緊張で一瞬息をするのを忘れる，ウ「耳をそばだてる」＝注意して聞く，エ「目を覆う」＝じっと見るのに耐えられない，である。空欄②の場面では，亜紗が「一年生たちのたくましさ」に驚いているので，イ**「息をのむ」**が入る。

(四)　アは，綿引先生が亜紗に謝ったことや，亜紗が綿引先生の前で「正直な気持ち」を爆発させていたことが，第4段落に書かれている。イは，凜久が綿引先生に転校や家庭の事情を話していたことなどが，第2段落の内容と一致する。ウの**「晴菜先輩」の「強さ」**は，本文には書かれていない。エの後輩たちの計画や，亜紗が後輩たちに「たくましさ」を感じたことは，第6段落以降に書かれている。オの「上級生は手を出さなかった」は，第7段落に**「亜紗たち上級生」が「お手伝い」した**と書かれていることと矛盾する。以上より，ウとオを選ぶ。

(五)　アは，**亜紗の内面は「……悔しい」などの会話文でも「悔しいし，情けないけど」などの地の文でも描写されており，亜紗の動揺が示されている**ので，適当な選択肢である。イは，「人間の心理が時間の流れの中で変化する」にあたる内容が本文にない。ウは，「各登場人物が凜久との思い出を語る」が不適当。エは，「三人のもどかしい気持ち」が誤り。「――」や「……」は，亜紗の気持ちを表現している。オは，第6段落以降で**深野と広瀬がたたみかけるように会話を進めている**様子の説明として適当である。

四　**(漢文―内容吟味)**

〈口語訳〉　太宗がそばに控える家臣に言うことには，「昔の人は言った，『鳥は林に住んでいるが，それでもなおその高くないことを恐れて，さらに高い木の枝に巣をかける。魚は，泉に隠れているが，それでもなおその深くないことを恐れて，さらに(見つかりにくい)水中の洞穴に住んでいる。それにもかかわらず人に捕まえられる者は，皆，餌を貪るためである。』と。今，人の家臣が任務を受けて高い位にいて，多額の報酬を得ている。まじめで正しい行いをし，清廉潔白な生き方をするべきだ。そうすれば災いがなく，長く富や地位を守れるだろう。昔の人は言った，『禍や幸福に家柄はない，ただその人の行動が招くだけだ。』と。だからその身を滅ぼす者は，皆，財産や利益を貪るためなのだ。あの魚や鳥と異なるだろうか(，いや，同じだ)。お前たちは，よくこのことを考えて，戒めとするべきである。」と。

(一)「当に……べし」「須く……べし」は「**……しなければならない**」という意味。「忠正」は**忠実で正しい**こと，「公清」は**正しく清らか**であることなので，この内容と合致するエが正解。アの「社会の安定」やウの「国が豊かになる」は，本文にない内容である。イは，「高位高官を目指すべきではない」に対応する内容が傍線部①にないので不適当である。

(二) 傍線部②の「禍福」は**災いと幸せ**で，それを決めるのは「門」ではなく「人」だとしている。「惟……のみ」は限定・強調を表す句法なので，内容として重要なのは後半で，「人」は**その人の行動**ということだから，イが正解。アの「仕える主君による」は，「門」が決め手になるということなので誤り。ウは，傍線部②後半「惟だ人の召く所のみ」の内容を反映していないので不十分。エの「人の誘いに乗る」は「人の召く」の誤読である。

(三) 傍線部③は，「魚や鳥と同じだ」という意味。**魚や鳥が餌を貪って人に捕まるのと，人が財産や利益を貪って身を滅ぼすことが同じ**ということなので，イが正解となる。他の選択肢は，「貪る」に言及していないので，不適当である。

(四) アは，鳥と魚を「対比」しているという説明が誤り。イは，「主従関係」が不適当。この文章で示されているのは，家臣に清廉潔白であれということである。ウは，太宗が**鳥や魚のたとえ話**を用いて清廉潔白であれば「**災害無く，長く富貴を守らん**」と言っていることと一致するので，これが正解。エの「失敗談」は，本文にない内容である。

MEMO

大切なことはメモしておこうネ！

愛知県公立高等学校

2023年度

入 試 問 題

●くわしい解説……43ページ

＜数学＞　時間　45分　　満点　22点

1　次の(1)から(10)までの問いに答えなさい。

(1)　$6-(-4)\div 2$　を計算した結果として正しいものを，次の**ア**から**エ**までの中から一つ選びなさい。

ア　1　　**イ**　4　　**ウ**　5　　**エ**　8

(2)　$\dfrac{3x-2}{6}-\dfrac{2x-3}{9}$　を計算した結果として正しいものを，次の**ア**から**エ**までの中から一つ選びなさい。

ア　$\dfrac{5x-12}{18}$　　**イ**　$\dfrac{13x-12}{18}$　　**ウ**　$\dfrac{5}{18}x$　　**エ**　$-\dfrac{2}{3}$

(3)　$6x^2\div(-3xy)^2\times 27xy^2$　を計算した結果として正しいものを，次の**ア**から**エ**までの中から一つ選びなさい。

ア　$-54x^2y$　　**イ**　$-18xy$　　**ウ**　$18x$　　**エ**　$54x^2y^2$

(4)　$(\sqrt{5}-\sqrt{2})(\sqrt{20}+\sqrt{8})$　を計算した結果として正しいものを，次の**ア**から**エ**までの中から一つ選びなさい。

ア　6　　**イ**　$4\sqrt{5}$　　**ウ**　$2\sqrt{21}$　　**エ**　14

(5)　方程式 $(x-3)^2=-x+15$　の解として正しいものを，次の**ア**から**エ**までの中から一つ選びなさい。

ア　$x=-6,\ 1$　　**イ**　$x=-3,\ -2$　　**ウ**　$x=-1,\ 6$　　**エ**　$x=2,\ 3$

(6)　次の**ア**から**エ**までの中から，y が x の一次関数となるものを一つ選びなさい。

ア　面積が100cm^2で，たての長さが x cmである長方形の横の長さ y cm

イ　1辺の長さが x cmである正三角形の周の長さ y cm

ウ　半径が x cmである円の面積 y cm^2

エ　1辺の長さが x cmである立方体の体積 y cm^3

(7)　1が書かれているカードが2枚，2が書かれているカードが1枚，3が書かれているカードが1枚入っている箱から，1枚ずつ続けて3枚のカードを取り出す。

1枚目を百の位，2枚目を十の位，3枚目を一の位として，3けたの整数をつくるとき，この整数が213以上となる確率として正しいものを，次の**ア**から**エ**までの中から一つ選びなさい。

ア　$\dfrac{7}{24}$　　**イ**　$\dfrac{1}{3}$　　**ウ**　$\dfrac{5}{12}$　　**エ**　$\dfrac{1}{2}$

(8) n がどんな整数であっても，式の値が必ず奇数となるものを，次の**ア**から**エ**までの中から一つ選びなさい。

ア　$n-2$　　**イ**　$4n+5$　　**ウ**　$3n$　　**エ**　n^2-1

(9) x の値が 1 から 3 まで増加するときの変化の割合が，関数 $y=2x^2$ と同じ関数を，次の**ア**から**エ**までの中から一つ選びなさい。

ア　$y=2x+1$　　**イ**　$y=3x-1$　　**ウ**　$y=5x-4$　　**エ**　$y=8x+6$

(10) 空間内の平面について正しく述べたものを，次の**ア**から**エ**までの中から全て選びなさい。

ア　異なる 2 点をふくむ平面は 1 つしかない。

イ　交わる 2 直線をふくむ平面は 1 つしかない。

ウ　平行な 2 直線をふくむ平面は 1 つしかない。

エ　同じ直線上にある 3 点をふくむ平面は 1 つしかない。

2　次の(1)から(3)までの問いに答えなさい。

(1) 図は，ある中学校のＡ組32人とＢ組32人のハンドボール投げの記録を，箱ひげ図で表したものである。

この箱ひげ図から分かることについて，正しく述べたものを，次の**ア**から**オ**までの中から二つ選びなさい。

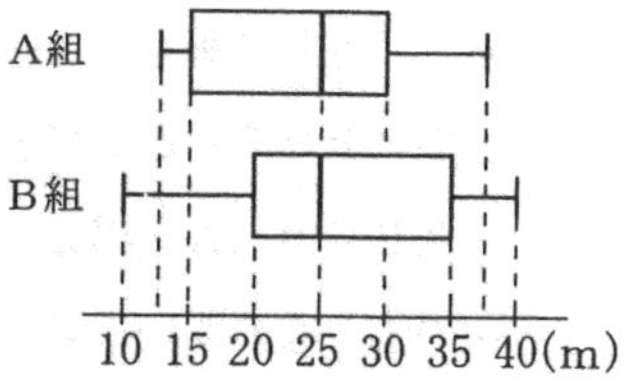

ア　Ａ組とＢ組は，範囲がともに同じ値である。

イ　Ａ組とＢ組は，四分位範囲がともに同じ値である。

ウ　Ａ組とＢ組は，中央値がともに同じ値である。

エ　35m以上の記録を出した人数は，Ｂ組よりＡ組の方が多い。

オ　25m以上の記録を出した人数は，Ａ組，Ｂ組ともに同じである。

(2) 図で，四角形ABCDは平行四辺形であり，Ｅは辺BC上の点で，AB＝AEである。

このとき，△ABCと△EADが合同であることを，次のように証明したい。

（Ⅰ），（Ⅱ）にあてはまる最も適当なものを，次のページの**ア**から**コ**までの中からそれぞれ選びなさい。

なお，２か所の（Ⅰ），（Ⅱ）には，それぞれ同じものがあてはまる。

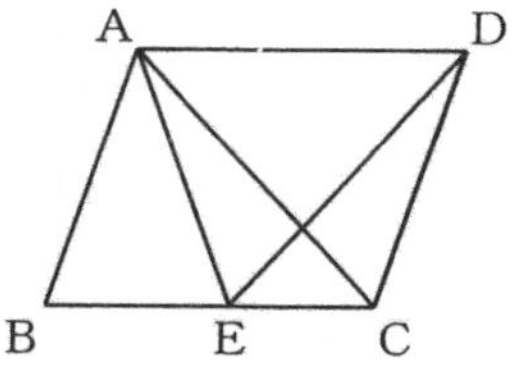

（証明）　△ABCと△EADで，

仮定より，　AB＝EA　……　①

平行四辺形の向かい合う辺は等しいから，　BC＝AD　……　②

二等辺三角形の底角は等しいから，　∠ABC＝（　Ⅰ　）　……　③

平行線の錯角は等しいから，　（　Ⅰ　）＝（　Ⅱ　）　……　④

③，④より，　∠ABC＝（　Ⅱ　）　……　⑤

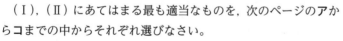

①，②，⑤から２組の辺とその間の角が，それぞれ等しいから，
△ABC≡△EAD

ア　∠ACD　　イ　∠ACE　　ウ　∠ADC　　エ　∠ADE　　オ　∠AEB
カ　∠AEC　　キ　∠EAC　　ク　∠EAD　　ケ　∠ECD　　コ　∠EDC

(3)　図で，四角形ABCDはAD∥BC，∠ABC＝90°，AD＝４㎝，BC＝６㎝の台形である。点P，Qはそれぞれ頂点A，Cを同時に出発し，点Pは毎秒１㎝の速さで辺AD上を，点Qは毎秒２㎝の速さで辺CB上をくり返し往復する。

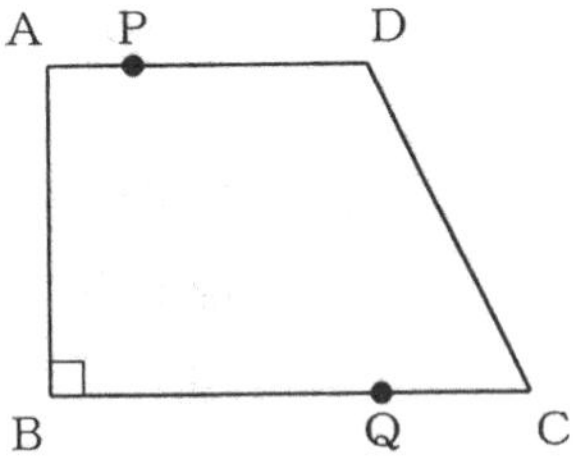

　点Pが頂点Aを出発してから x 秒後のAPの長さを y ㎝とするとき，次の①，②の問いに答えなさい。
　ただし，点Pが頂点Aと一致するときは $y=0$ とする。
　なお，下の図を必要に応じて使ってもよい。

①　$x=6$ のときの y の値として正しいものを，次のアからオまでの中から一つ選びなさい。
ア　$y=0$　　イ　$y=1$　　ウ　$y=2$　　エ　$y=3$　　オ　$y=4$

②　点P，Qがそれぞれ頂点A，Cを同時に出発してから12秒後までに，AB∥PQとなるときは何回あるか，次のアからオまでの中から一つ選びなさい。
ア　１回　　イ　２回　　ウ　３回　　エ　４回　　オ　５回

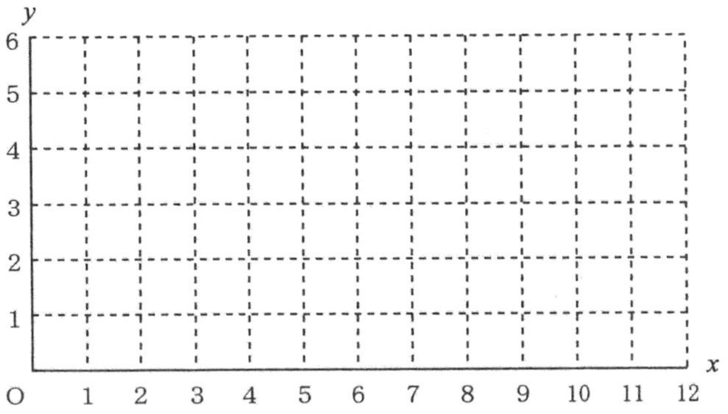

3　次の(1)から(3)までの文章中の アイ などに入る数字をそれぞれ答えなさい。
解答方法については，表紙の裏にある【解答上の注意】に従うこと。

(1)　図で，A，B，C，Dは円Oの周上の点で，AO∥BCである。
∠AOB＝48° のとき，∠ADCの大きさは アイ 度である。

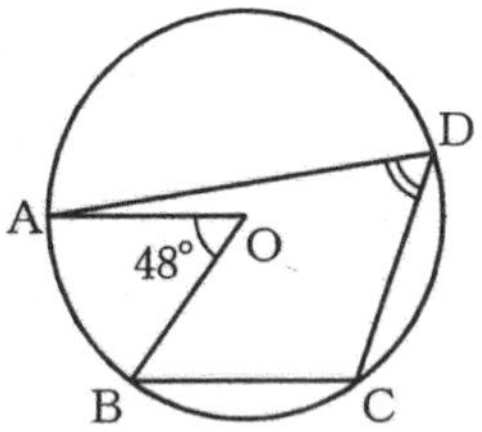

(2)　図で，四角形ABCDは長方形で，Eは辺ABの中点である。また，Fは辺AD上の点で，FE∥DBであり，G，Hはそれぞれ線分FCとDE，DBとの交点である。

AB＝6㎝，AD＝10㎝のとき，

①　線分FEの長さは $\sqrt{\boxed{\text{アイ}}}$ ㎝である。

②　△DGHの面積は $\boxed{\text{ウ}}$ ㎠である。

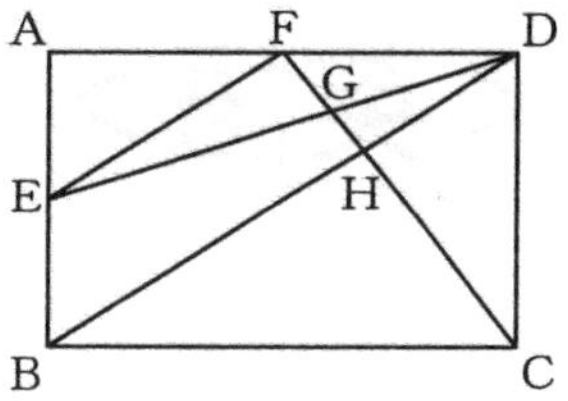

(3)　図で，立体ABCDEFGHは底面が台形の四角柱で，AB∥DCである。

AB＝3㎝，AE＝7㎝，CB＝DA＝5㎝，DC＝9㎝のとき，

①　台形ABCDの面積は $\boxed{\text{アイ}}$ ㎠である。

②　立体ABEFGHの体積は $\boxed{\text{ウエ}}$ ㎤である。

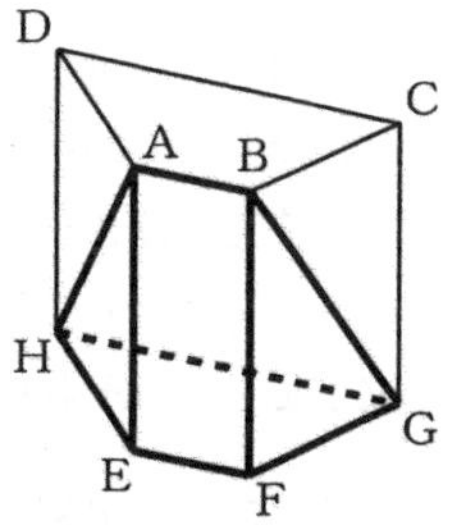

＜英語＞

時間 50分 満点 22点

外国語（英語）聞き取り検査

指示に従って，聞き取り検査の問題に答えなさい。

「答え方」

問題は第１問と第２問の二つに分かれています。

第１問は，１番から３番までの三つあります。それぞれについて，最初に対話を聞き，続いて，対話についての問いと，それに対する答えを聞きます。そのあと，もう一度，対話と問い，それに対する答えを聞きます。必要があればメモをとってもよろしい。

問いの答えとして正しいものはマーク欄の「正《せい》」の文字を，誤っているものはマーク欄の「誤《ご》」の文字を，それぞれ塗りつぶしなさい。正しいものは，各問いについて一つしかありません。

第２問では，最初に英語によるスピーチを聞きます。続いて，スピーチについての問いと，それに対する答えを聞きます。問いは問１と問２の二つあります。そのあと，もう一度，スピーチと問い，それに対する答えを聞きます。必要があればメモをとってもよろしい。

問いの答えとして正しいものはマーク欄の「正《せい》」の文字を，誤っているものはマーク欄の「誤《ご》」の文字を，それぞれ塗りつぶしなさい。正しいものは，各問いについて一つしかありません。

外国語（英語）筆記検査

1 日本に留学中のジェームズ（James）と麻美（Asami）が教室で話しています。次の対話が成り立つように，下線部(1)から(3)までのそれぞれにあてはまる最も適当なものを，次のページの**ア**から**エ**までの中から選びなさい。

James: What are you reading?
Asami: I'm reading ＿＿(1)＿＿ about a good behavior of high school students.
James: I see. What does it say?
Asami: Well, it says a blind person was taking a walk near the school gate with his guide dog one morning, and some students riding bikes ＿＿(2)＿＿.
James: What was the good behavior?
Asami: Please listen to me a little more. The students found him and his dog, stopped riding their bikes and began to walk so that he could continue walking safely.
James: Wow, so kind! ＿＿(3)＿＿! I'm sure the students enjoyed the day.

（注） gate 門 guide dog 盲導犬

(1) ア a recipe book　　イ an English dictionary
ウ a weather report　　エ a newspaper article

(2) ア were about to say “Good morning” in the classroom
イ were closing their way near the gate
ウ were about to pass in front of them at the gate
エ were listening to music near the gate

(3) ア What a kind dog　　イ What a wonderful morning
ウ What a new high school　　エ What a nice bike

2　オーストラリアに留学中のある生徒が，次の［**天気予報**］を見て，［**週末の予定**］をホストファミリーに伝えようとしています。あとの(1)，(2)の問いに答えなさい。

［**天気予報**］

Saturday, 25 March

Time	6	9	12	15	18	21
Weather						

Sunday, 26 March

Time	6	9	12	15	18	21
Weather						

［**週末の予定**］

______①______ I was planning to go to the Blue Mountains with my friends on Saturday, ______②______ and decided to go there on Sunday.　On Saturday, it’ll be rainy, so I’m going to watch DVDs at home.　Also, I’m going to walk our dog on ______③______, because I’ll be busy the next day.

(1) 下線部①，②にあてはまる語句の組み合わせとして最も適当なものを，次の**ア**から**エ**までの中から選びなさい。

ア ① Though　　② we changed our plan
イ ① Though　　② we took our umbrellas
ウ ① Because　　② we changed our plan
エ ① Because　　② we took our umbrellas

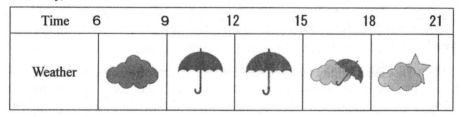

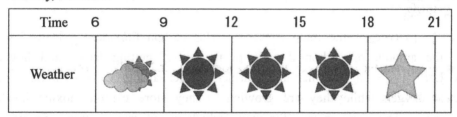

(2) 下線部③にあてはまるように，次のアからキまでの語句の中から，六つを選んで正しく並べ替えるとき，1番目，3番目，5番目にくるものをそれぞれ選びなさい。

ア rain　イ it　ウ before　エ to
オ starts　カ Saturday morning　キ Sunday morning

3 次の文章を読んで，あとの(1)から(5)までの問いに答えなさい。

For many people living in Japan, it is easy to get water. But have you (A) where water comes from? It comes from forests, and they are about two-thirds of Japan's land. Forests release water and we use it for industry, agriculture, our daily lives, and so on. Forests and water are related to each other.

【 a 】 They are a facility that stores rainwater and water from rivers and releases water any time. Forests have the same role. Rainwater goes into the ground under the forests and turns into clean water through the ground. The ground keeps the water as groundwater and it goes out into the rivers slowly.

【 b 】 There are many trees in forests, and the roots of the trees go down into the ground. In case of rain, they absorb rainwater and hold the ground tightly. Without forests, there would be more landslides in Japan when it rains.

【 c 】 One of the main causes of it is carbon dioxide. Scientists say that the amount of carbon dioxide in the air is getting larger and larger. The Earth is getting warmer and warmer. Trees absorb carbon dioxide and release oxygen while they are growing. They store carbon dioxide inside for years. The same is true for wood which is cut from a tree. So using even a piece of wood is important to protect the environment.

Could you imagine your life without forests? If there were no forests, you would have to worry about more landslides and environmental problems in the future. It would be more difficult to get water. Forests release water for your daily life. You should remember that many forests are protected by forestry. Forestry keeps the forests safe by repeating the cycle, such as growing, cutting, using and planting trees again, in 50-100 years. Forestry is a sustainable industry.

(注) agriculture 農業　groundwater 地下水　root 根　absorb ～ ～を吸収する
cause 原因　forestry 林業　repeat a cycle 循環を繰り返す
grow ～ ～を育てる　plant ～ ～を植える

(1)　文章中の（A）にあてはまる最も適当な語を，次のアからエまでの中から選びなさい。

ア　had　　イ　finished　　ウ　wondered　　エ　been

(2)　次のアからウまでの英文を，文章中の【a】から【c】までのそれぞれにあてはめて文章が成り立つようにするとき，【b】にあてはまる最も適当なものを選びなさい。

ア　Forests keep the land safe.

イ　Forests are like dams.

ウ　Forests stop global warming.

(3)　文章中では，森林についてどのように述べられているか。最も適当なものを，次のアからエまでの中から選びなさい。

ア　About two-thirds of Japanese forests are related to each other.

イ　Thanks to forests, rainwater turns into water for our daily lives.

ウ　Forests on the Earth release more and more carbon dioxide.

エ　In forests, water you need in daily life is protected by forestry.

(4)　次のアからエまでの中から，その内容が文章中に書かれていることと一致するものを一つ選びなさい。

ア　The trees in the forest make the water for companies, fields and towns.

イ　Rainwater in the dam goes into the ground under the forest.

ウ　In case of rain, the land with no trees can cause more landslides.

エ　Forestry keeps growing cutting, using and planting the woods again in one year.

(5)　次の［メモ］は，この文章を読んだ生徒が森林などについて調べ，授業のまとめの活動として英語で発表するために作成したものの一部です。下線部①，②のそれぞれにあてはまる最も適当なことばを，あとのアからエまでの中から選びなさい。なお，２か所ある下線部①，②には，それぞれ同じことばがあてはまる。

［メモ］

○ 日本の森林
　・人工林･･･森林の約４割，人が使うために育てている森林
　・天然林･･･森林の約６割，自然に落ちた種などが成長してできた森林
○ 木の使用
　・木製品･･･原材料が＿①＿をたくわえており，使用することが＿②＿につながる。
　・木造建築物･･･建設後，何年も＿①＿を閉じ込めておくことができる第２の森林
○ 意見
　・木づかい（＝「木を使う」という気づかい）の心が，＿②＿につながる。

①　ア　二酸化炭素　　イ　酸素　　ウ　地下水　　エ　雨水

②　ア　労働災害の防止　　イ　水質汚染の防止

　　ウ　土砂災害の防止　　エ　地球温暖化の防止

4　月曜日の朝，教室でロンドンからの留学生であるデイビッド（David）が太一（Taichi）と話しています。次の対話文を読んで，あとの(1)から(4)までの問いに答えなさい。

David: Hi, Taichi, how was your weekend?
Taichi: I went ＿①＿ a public bath with my family yesterday.
David: A public bath? What's that?
Taichi: Well, it's a large bath facility for public use. There're many types of baths, restaurants and a place to read magazines or comic books in the same building.
David: Wow, you and your family spent a lot of time there, didn't you?
Taichi: Yes, we ate dinner after ＿②＿ baths.
David: You had a nice weekend. （ A ）, I was bored because I had nothing to do. Oh, I remember my family trip to Bath last summer.
Taichi: Your family trip to Bath?
David: Yes, Bath is one of the most popular places for tourists in the U.K. It's about 160 kilometers west of London. I've heard only Bath in the U.K. has hot springs. We had a wonderful time there.
Taichi: I see! My story on the weekend ＿③＿ you of the family trip, right?
David: Exactly! I learned that Bath had many types of baths about 2,000 years ago.
Taichi: Oh, Bath has a long history. I want to know more about it. Well, David, shall we go to the nearest *Bath* by bike next Saturday?
David: Sure! I want to experience Japanese *Bath*, too!

（注）Bath　バース（イギリスの都市の名前）

(1)　対話文中の下線部①から③までにあてはまる最も適当な語を，それぞれ次のアからエまでの中から選びなさい。

①　ア　on　　イ　by　　ウ　to　　エ　up
②　ア　using　　イ　brushing　　ウ　washing　　エ　taking
③　ア　found　　イ　reminded　　ウ　was　　エ　bought

(2)　対話文中の（A）にあてはまる最も適当な語句を，次のアからエまでの中から選びなさい。

ア　From my point of view　　イ　Therefore
ウ　On the other hand　　エ　In my opinion

(3)　デイビッドは，授業で日本のふろについて発表するために，太一から聞いた話と自分が知っていることを次のページの表のようにまとめました。【X】にあてはまる最も適当なものを，あとのアからエまでの中から選びなさい。

ア　no information, so I'll ask Taichi on Saturday.
イ　no information, so I'll eat lunch with Taichi on Saturday.
ウ　no information, so I'll give Taichi information on Saturday.

エ　no information, so I'll take baths with Taichi on Saturday.

	A public bath in Japan	Bath in the U.K.
Visitors	families and friends	tourists from the U.K. and overseas
History	【　X　】	about 2,000 years
Other facilities	a restaurant a place for reading	a museum a restaurant

(4)　太一は，インターネットでバースにある博物館のウェブページを検索しました。次の各表はその一部です。それぞれから読み取れることを正しく表している英文を，あとのアからカまでの中から二つ選びなさい。

Opening Times

Dates: 1 March 2023 - 31 October 2023 Monday-Sunday 9:00 - 18:00
Dates: 1 November 2023 - 31 December 2023 Monday-Sunday 9:30 - 17:00
Dates: 1 January 2024 - 29 February 2024 Monday-Sunday 9:30 - 18:00

※ Closed on 25 December and 26 December.

Tickets & prices <December 2023>

Ticket type	Weekend	Weekday
Adult (19+)	£20.00	£17.50
Student (19+)	£19.00	£16.50
Senior (65+)	£19.00	£16.50
Child (6-18)	£12.50	£10.00

※ Visitors can buy tickets until 31 December 2023.

(注)　£　ポンド(イギリスの通貨単位)

ア　If Taichi goes to the museum in August, he can stay there for the longest time.

イ　Visitors can enter the museum at 9:00 a.m. in December.

ウ　It is exciting for Taichi to visit the museum on 25 December.

エ　The ticket price on weekdays of the museum will be higher than that on weekends.

オ　Visitors who are 16 years old will pay £12.50 or £10.00 to enter the museum.

カ　In December, all visitors who are over 19 years old need to pay £19.00 on weekends.

＜理科＞ 時間 45分 満点 22点

1 次の(1)，(2)の問いに答えなさい。

(1) 日本のある地点において，ある日の午後７時に北の空を観察したところ，恒星Ｘと北極星が図のように観察できた。同じ地点で毎日午後７時に恒星Ｘを観察したところ，恒星Ｘの位置は少しずつ変化した。次の文章は，１か月後の恒星Ｘの位置について説明したものである。文章中の（Ⅰ）と（Ⅱ）のそれぞれにあてはまる語の組み合わせとして最も適当なものを，下の**ア**から**ク**までの中から選びなさい。

図

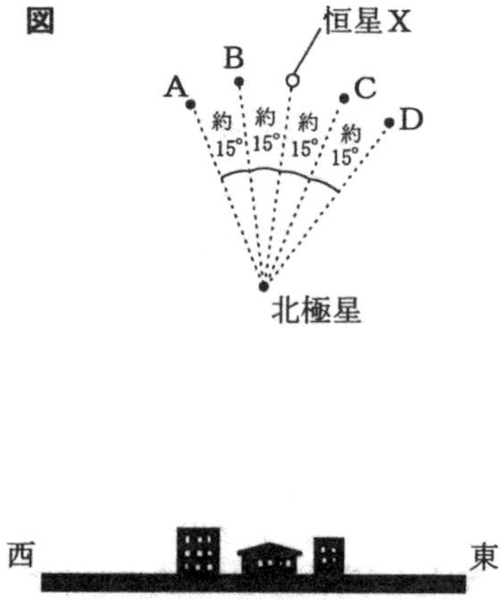

> １か月後の午後７時に恒星Ｘは，（ Ⅰ ）の位置に見えた。同じ時刻に観測したとき，恒星の見られる位置が少しずつ移動するのは，地球が（ Ⅱ ）しているからである。

ア Ⅰ Ａ，Ⅱ 公転　**イ** Ⅰ Ａ，Ⅱ 自転　**ウ** Ⅰ Ｂ，Ⅱ 公転
エ Ⅰ Ｂ，Ⅱ 自転　**オ** Ⅰ Ｃ，Ⅱ 公転　**カ** Ⅰ Ｃ，Ⅱ 自転
キ Ⅰ Ｄ，Ⅱ 公転　**ク** Ⅰ Ｄ，Ⅱ 自転

(2) 物質の状態変化について説明した次の文章について，（Ⅰ）と（Ⅱ）のそれぞれにあてはまる語の組み合わせとして最も適当なものを，下の**ア**から**エ**までの中から選びなさい。

> 多くの物質は温度を下げていくと，気体から液体，そして固体へと状態が変わる。一般的に，物質の温度が下がることによって，物質の（ Ⅰ ）が減少し，密度は大きくなる。
> このような物質の例として，エタノールがあげられる。エタノールの液体の中に，温度を下げて固体にしたエタノールを入れると，固体のエタノールは（ Ⅱ ）。

ア Ⅰ 質量，Ⅱ 浮く　**イ** Ⅰ 質量，Ⅱ 沈む
ウ Ⅰ 体積，Ⅱ 浮く　**エ** Ⅰ 体積，Ⅱ 沈む

2 アジサイの根，茎，葉のつくりとそのはたらきを調べるため，次の〔観察〕と〔実験〕を行った。

〔観察〕 ① アジサイの葉の裏側から表皮をはがして，プレパラートをつくった。
② 10倍の接眼レンズと10倍の対物レンズをとりつけた顕微鏡を用いて，①のプレパラートを観察した。

〔実験〕 ① アジサイの葉と茎で行われている蒸散の量を調べるため，葉の数と大きさ，茎の長さと太さをそろえ，からだ全体から蒸散する水の量が同じになるようにした３本のアジサイＡ，Ｂ，Ｃと，同じ形で同じ大きさの３本のメスシリンダーを用意した。

② アジサイAは，全ての葉の表側だけにワセリンを塗り，アジサイBは，全ての葉の裏側だけにワセリンを塗った。また，アジサイCは，ワセリンをどこにも塗らなかった。

③ 図のように，アジサイA，B，Cを，水が同量入ったメスシリンダーにそれぞれ入れ，水面に油をたらした。

④ その後，3本のメスシリンダーを明るく風通しのよい場所に置き，一定の時間が経過した後の水の減少量を調べた。

表は，〔実験〕の結果をまとめたものである。

なお，ワセリンは，水や水蒸気を通さないものとし，葉の表側と裏側に塗ったワセリンは，塗らなかった部分の蒸散に影響を与えないものとする。また，メスシリンダー内の水の減少量は，アジサイの蒸散量と等しいものとする。

図

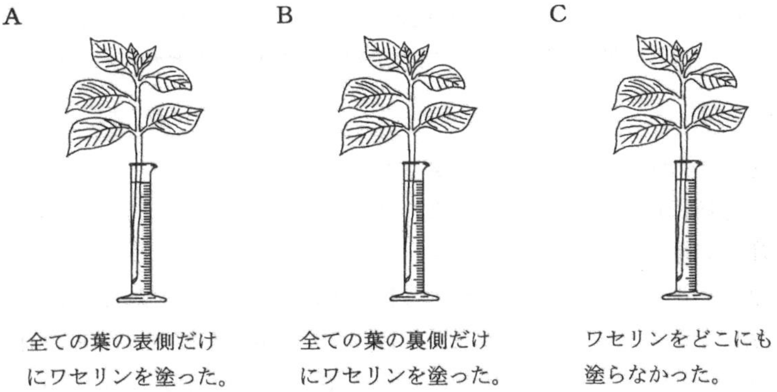
A
B
C
全ての葉の表側だけにワセリンを塗った。
全ての葉の裏側だけにワセリンを塗った。
ワセリンをどこにも塗らなかった。

表

アジサイ	水の減少量〔cm^3〕
A	26.2
B	20.2
C	36.2

次の(1)から(4)までの問いに答えなさい。

(1) アジサイは双子葉類の植物である。双子葉類の茎の断面と根のつくりの特徴を表した図としてそれぞれ正しいものはどれか。最も適当な組み合わせを，下のアからエまでの中から選びなさい。

【茎の断面】

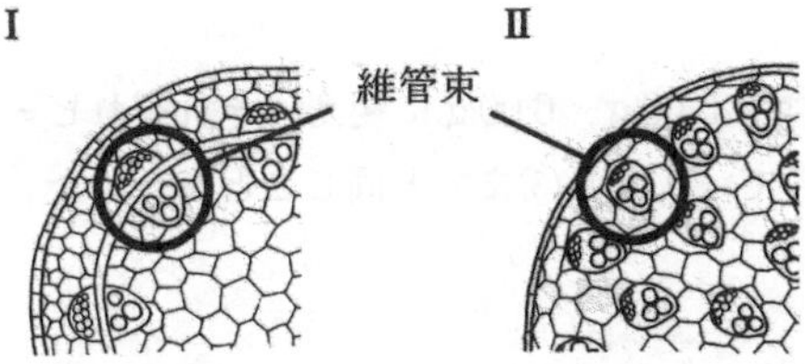
Ⅰ
Ⅱ
維管束

【根のつくり】

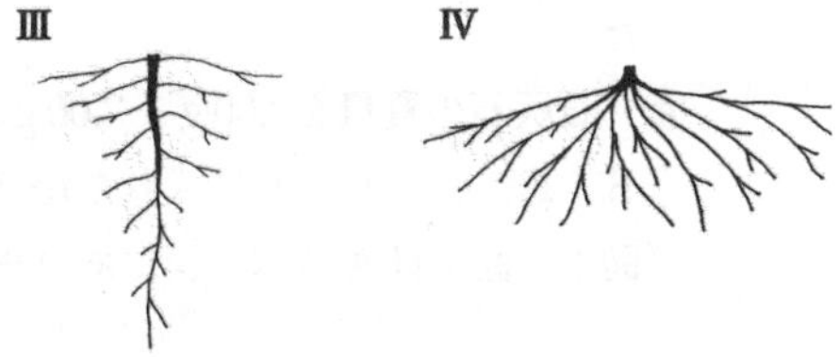
Ⅲ
Ⅳ

ア　Ⅰ，Ⅲ　　イ　Ⅰ，Ⅳ　　ウ　Ⅱ，Ⅲ　　エ　Ⅱ，Ⅳ

⑵ ［観察］の②では気孔が観察できた。その後，接眼レンズの倍率はかえずに，対物レンズだけを40倍にかえて顕微鏡で観察した。次の文は，このときの視野の中に見える気孔の数と，視野の明るさについて述べたものである。文中の（Ⅰ）と（Ⅱ）のそれぞれにあてはまる語の組み合わせとして最も適当なものを，下の**ア**から**カ**までの中から選びなさい。

［観察］の②のときと比べて，視野の中に見える気孔の数は（　Ⅰ　），視野の明るさは（　Ⅱ　）。

ア　Ⅰ　増え，Ⅱ　明るくなる　　**イ**　Ⅰ　増え，Ⅱ　暗くなる
ウ　Ⅰ　増え，Ⅱ　変わらない　　**エ**　Ⅰ　減り，Ⅱ　明るくなる
オ　Ⅰ　減り，Ⅱ　暗くなる　　**カ**　Ⅰ　減り，Ⅱ　変わらない

⑶ 次の文章は，［実験］の結果について述べたものである。文章中の（Ⅰ）と（Ⅱ）にあてはまる語句として最も適当なものを，下の**ア**から**カ**までの中からそれぞれ選びなさい。

［実験］の結果では，葉の表側よりも裏側からの蒸散量が多いことが，（　Ⅰ　）ことからわかる。また，葉以外の部分からも蒸散が起こっていることが，（　Ⅱ　）ことからわかる。

ア　Aの水の減少量が，Bの水の減少量より大きい
イ　Bの水の減少量が，Cの水の減少量より小さい
ウ　Cの水の減少量が，Aの水の減少量より大きい
エ　Aの水の減少量が，Cの水の減少量からBの水の減少量を引いたものより大きい
オ　Bの水の減少量が，Aの水の減少量からBの水の減少量を引いたものより小さい
カ　Cの水の減少量が，Aの水の減少量からBの水の減少量を引いたものより大きい

⑷ ［実験］で，葉の裏側から蒸散した量は，葉の表側から蒸散した量の何倍か。最も適当なものを，次の**ア**から**ク**までの中から選びなさい。

ア　0.6倍　**イ**　0.8倍　**ウ**　1.1倍　**エ**　1.3倍
オ　1.4倍　**カ**　1.6倍　**キ**　1.8倍　**ク**　2.1倍

3　塩酸の反応について調べるため，次の［実験］を行った。

［実験］①　**図1**のように，石灰石（炭酸カルシウム）1.00gをビーカーAに，塩酸15cm³を別のビーカーに入れ，電子てんびんで全体の質量を測定した。

②　次に，①のビーカーAに，①の塩酸15cm³を全て入れて混ぜ合わせると，気体が発生した。

③　気体が発生しなくなってから，**図2**のように，電子てんびんで全体の質量を測定した。

④　石灰石の質量を2.00g，3.00g，4.00g，5.00g，6.00gに変え，それぞれビーカーB，C，D，E，Fに入れた場合について，①から③までと同じことを行った。

（**図1・図2**は次のページにあります。）

図1

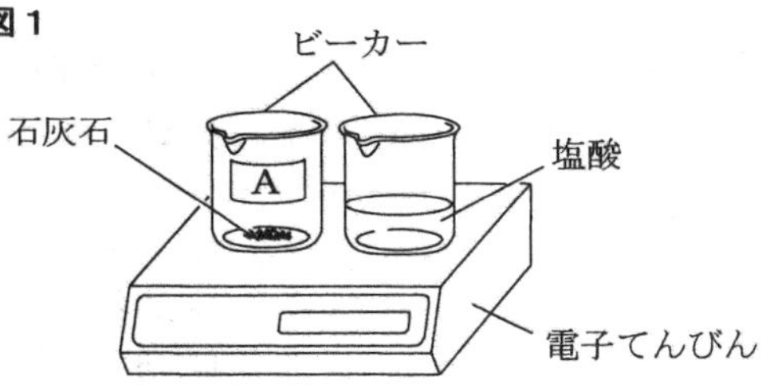

図2

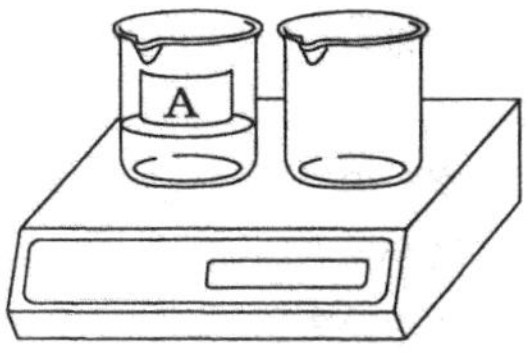

表は，〔実験〕の結果をまとめたものである。

表

ビーカー	A	B	C	D	E	F
石灰石の質量〔g〕	1.00	2.00	3.00	4.00	5.00	6.00
反応前の全体の質量〔g〕	75.00	76.00	77.00	78.00	79.00	80.00
反応後の全体の質量〔g〕	74.56	75.12	75.90	76.90	77.90	78.90

あとの(1)から(4)までの問いに答えなさい。

(1) 〔実験〕の反応で発生した気体と同じ気体を発生させる方法として最も適当なものを，次の**ア**から**エ**までの中から選びなさい。

ア　亜鉛にうすい塩酸を加える。

イ　塩化アンモニウムと水酸化カルシウムを混ぜて加熱する。

ウ　塩化銅水溶液を電気分解する。

エ　炭酸水素ナトリウムを加熱する。

(2) 〔実験〕の結果をもとに，質量保存の法則を利用して，発生した気体の質量を求めることができる。次の文は，化学変化の前後で物質全体の質量が変化しないことを説明したものである。文中の（Ⅰ）と（Ⅱ）のそれぞれにあてはまる語句の組み合わせとして最も適当なものを，下の**ア**から**カ**までの中から選びなさい。

> 化学変化の前後で，原子の（　Ⅰ　）は変化するが，原子の（　Ⅱ　）は変化しない。

ア　Ⅰ　組み合わせ，　Ⅱ　体積　　　　**イ**　Ⅰ　組み合わせ，　Ⅱ　種類と数

ウ　Ⅰ　体積，　Ⅱ　組み合わせ　　　　**エ**　Ⅰ　体積，　Ⅱ　種類と数

オ　Ⅰ　種類と数，　Ⅱ　組み合わせ　　　　**カ**　Ⅰ　種類と数，　Ⅱ　体積

(3) 〔実験〕で，石灰石の質量が5.00 gのとき，ビーカーEに，石灰石の一部が反応せずに残っていた。

図3のように，反応後のビーカーEに，反応後のビーカーAの水溶液を混ぜ合わせると，気体が発生した。十分に反応して気体が発生しなくなった後も，ビーカーEには，石灰石の一部が残っていた。このとき残った石灰石を全て反応させるためには，〔実験〕で用いた塩酸を，ビーカーEにさらに少なくとも何cm^3加えればよいか。最も適当なものを，次の**ア**から**カ**までの中から選びなさい。

図3

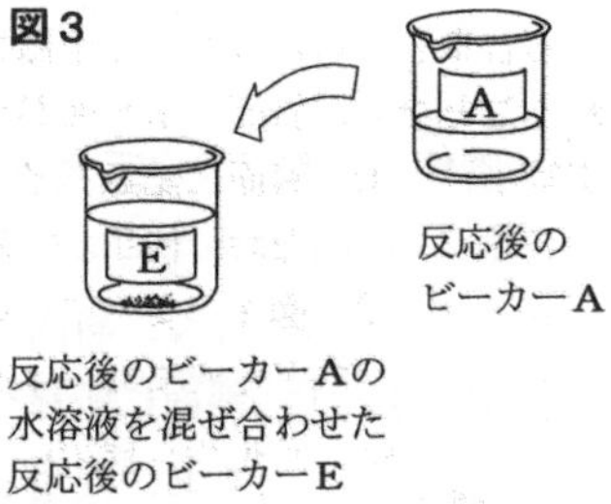

ア　2 cm^3　　**イ**　3 cm^3　　**ウ**　4 cm^3　　**エ**　5 cm^3　　**オ**　6 cm^3　　**カ**　7 cm^3

(4) 〔実験〕で用いた塩酸の２倍の濃さの塩酸を準備し，その塩酸15cm³を用いて〔実験〕と同じことを行った。次の文は，２倍の濃さの塩酸を用いたときの，反応する石灰石の質量と発生した気体の質量について説明したものである。文中の（Ⅰ）と（Ⅱ）のそれぞれにあてはまる語句の組み合わせとして最も適当なものを，下の**ア**から**エ**までの中から選びなさい。また，このときのグラフとして最も適当なものを，あとのａからｄまでの中から選びなさい。

〔実験〕で用いた塩酸の２倍の濃さの塩酸15cm³と過不足なくちょうど反応する石灰石の質量は，〔実験〕で用いたもとの濃さの塩酸15cm³と反応した石灰石の質量に対して（　Ⅰ　），また，２倍の濃さの塩酸を用いたときに，反応した石灰石1.00ｇあたりで発生する気体の質量は，もとの濃さのときに対して（　Ⅱ　）。

ア　Ⅰ　変わらず，　Ⅱ　変わらない　　**イ**　Ⅰ　変わらず，　Ⅱ　２倍となる
ウ　Ⅰ　２倍となり，Ⅱ　変わらない　　**エ**　Ⅰ　２倍となり，Ⅱ　２倍となる

ａ

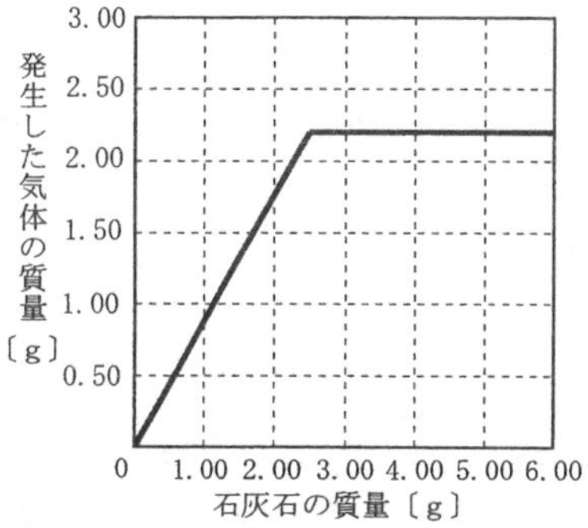

ｂ

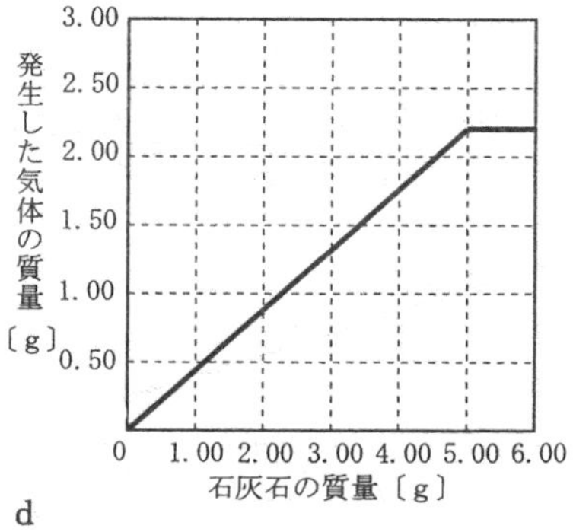

ｃ

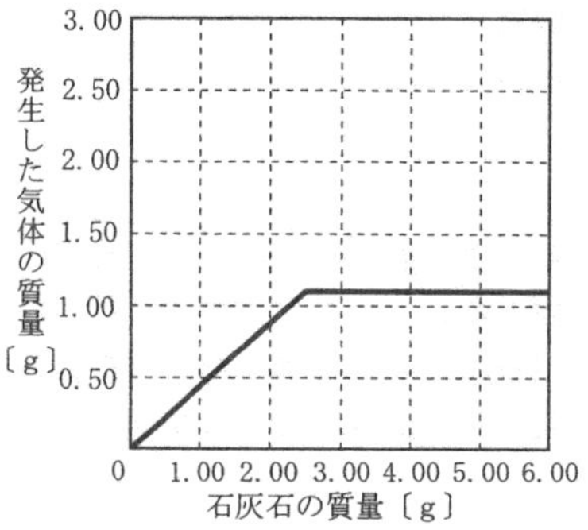

ｄ

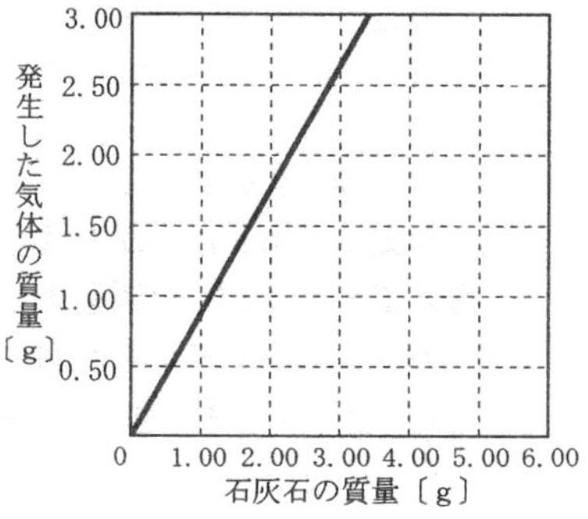

4　物体の運動について調べるため，次の〔実験１〕から〔実験３〕までを行った。ただし，実験に用いる台車と小球にはたらく摩擦力や空気の抵抗は無視でき，小球は運動している間，レールから離れることなく，斜面と水平面がつながる点をなめらかに通過するものとする。

〔実験１〕　①　斜面に記録タイマーを固定し，紙テープを通した。
なお，使用した記録タイマーは，１秒間に60回，点を打つことができる。
②　次のページの図１のように，斜面に置いた台車が動かないように手で支えながら，①の紙テープがたるまないように台車に固定した。
③　台車から静かに手をはなし，斜面上の台車の運動を紙テープに記録した。

図１

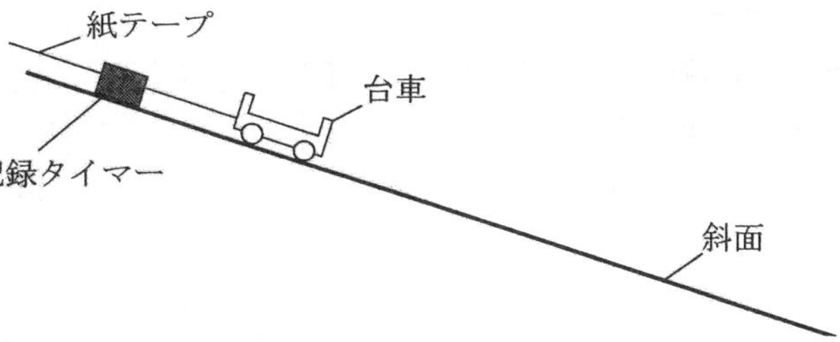

〔実験１〕で用いた紙テープで，図２のように打点の重なっていない点を選び，線Oを引いた。また，図３のように，〔実験１〕で用いた紙テープに，線Oから６打点ごとに線を引き，線Oに近い線から順に線A，B，C，D，E，Fとした。ただし，図３では，記録された打点は省略してある。

図２

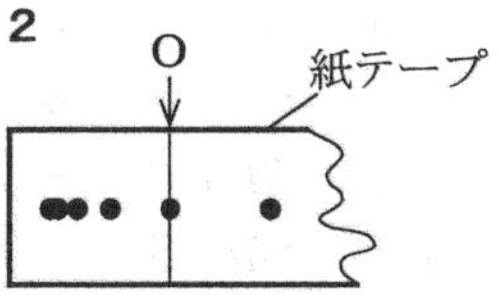

図３

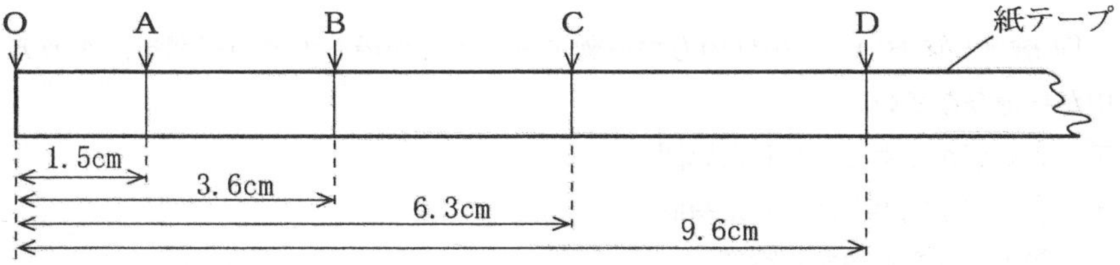

〔実験２〕　①　図４のように，斜面と水平面がつながっているレールをつくった。なお，点ｂと点ｄは同じ高さである。

図４

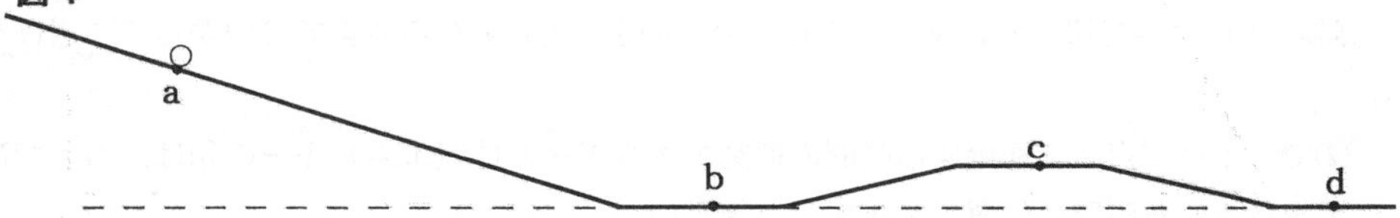

②　斜面上の点ａに質量200ｇの小球を置き，小球を支えていた手を静かにはなした。その後，小球がレールの上を移動する運動を観察した。

③　質量100ｇの小球にかえて，②と同じことを行った。

〔実験３〕　①　〔実験２〕のレールと，質量200ｇの小球を用意した。

②　斜面上の点ａに小球を置き，小球を支えていた手を静かにはなした。その後，小球が点ｂ，ｃ，ｄを通過する瞬間の速さを測定した。

③　斜面上の点ａに小球を置き，小球を斜面に沿って上向きに勢いをつけて押し出した。その後，小球が最高点に達してから斜面を下り，点ｂ，ｃ，ｄを通過する瞬間の速さを測定した。

あとの(1)から(4)までの問いに答えなさい。

(1)　〔実験１〕で，紙テープの線Cから線Dの間に記録された区間での台車の平均の速さは何cm／秒か。最も適当なものを，次のアからコまでの中から選びなさい。

ア　2.1cm/秒　　**イ**　2.4cm/秒　　**ウ**　3.3cm/秒　　**エ**　6.3cm/秒　　**オ**　9.6cm/秒
カ　21cm/秒　　**キ**　24cm/秒　　**ク**　33cm/秒　　**ケ**　63cm/秒　　**コ**　96cm/秒

⑵ ［実験１］で，紙テープの線Ｏと線Ｆの間の距離は何㎝か。最も適当なものを，次の**ア**から**コ**までの中から選びなさい。

なお，必要であれば，右のグラフ用紙を用いてよい。

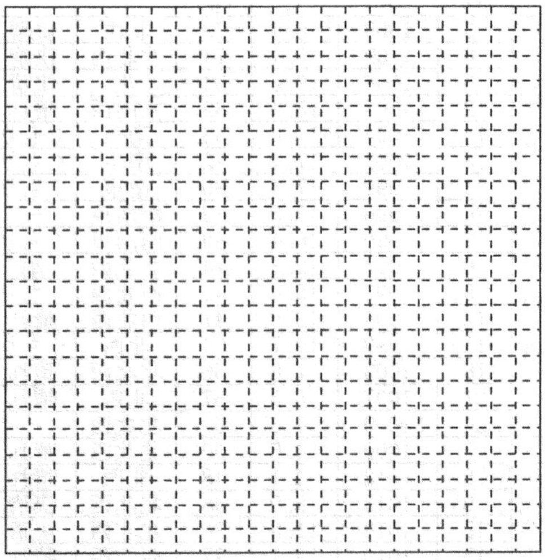

ア　3.9㎝　　**イ**　4.5㎝
ウ　5.1㎝　　**エ**　11.4㎝
オ　13.5㎝　　**カ**　18.0㎝
キ　21.0㎝　　**ク**　23.1㎝
ケ　34.5㎝　　**コ**　52.5㎝

⑶ ［実験２］において，小球のもつ運動エネルギーが最も大きい瞬間を，次の**ア**から**カ**までの中から選びなさい。

ア　②で点ａで手をはなした瞬間
イ　③で点ａで手をはなした瞬間
ウ　②で点ｂを通過する瞬間
エ　③で点ｂを通過する瞬間
オ　②で点ｃを通過する瞬間
カ　③で点ｃを通過する瞬間

⑷ ［実験３］について説明した文として正しいものを，次の**ア**から**カ**までの中から二つ選びなさい。

ア　②で，小球が点ｃを通過する瞬間の運動エネルギーと位置エネルギーの和は，点ａで静かに手をはなした瞬間の位置エネルギーと等しい。
イ　②で，小球が点ａから点ｄに移動する間で，最も位置エネルギーが大きくなるのは，小球が点ｂを通過する瞬間である。
ウ　③で，小球が点ａから点ｂに移動する間に，力学的エネルギーは減少する。
エ　②と③で，点ｄを通過する瞬間の小球の速さを比較すると，②の方が速い。
オ　②と③で，点ｄを通過する瞬間の小球の速さを比較すると，③の方が速い。
カ　②と③で，点ｄを通過する瞬間の小球の速さを比較すると，同じ速さである。

5　日本のある地点Ｐにおいて，ある年の３月20日の３時から，３時間ごとに３日間にわたり，気圧，気温，湿度，風向及び天気を観測した。**表１**は，その観測記録をまとめたものである。**表２**は，乾湿計用湿度表の一部を，**表３**は，それぞれの気温に対する飽和水蒸気量［g/m^3］を示したものである。

あとの⑴から⑷までの問いに答えなさい。

（**表１**～**表３**は次のページにあります。）

表１

日	時刻〔時〕	気圧〔hPa〕	気温〔℃〕	湿度〔%〕	風向	天気
20日	3	1009	6.4	69	北西	快晴
	6	1009	5.4	74	北北西	快晴
	9	1008	10.0	54	北	快晴
	12	1007	18.4	39	南南西	晴れ
	15	1004	19.0	54	南東	くもり
	18	1002	17.4	72	南東	くもり
	21	999	17.4	80	南東	くもり
	24	996	17.5	79	南南東	―
21日	3	990	16.4	80	南南東	くもり
	6	993	12.3	74	北北西	雨
	9	995	13.0	45	西北西	くもり
	12	998	12.6	47	西北西	晴れ
	15	999	10.7	54	北西	くもり
	18	1003	7.8	56	北北西	晴れ
	21	1007	5.5	67	北西	晴れ
	24	1009	4.6	63	北北西	―
22日	3	1009	4.5	50	北北西	晴れ
	6	1012	4.1	48	北西	晴れ
	9	1013	8.9	38	北北西	快晴
	12	1012	11.8	26	北北西	快晴
	15	1010	12.1	27	西北西	晴れ
	18	1011	10.9	31	西北西	くもり
	21	1011	10.1	38	北北西	くもり
	24	1010	9.9	39	東北東	―

（３月20日から３月22日までの24時の天気は，観測記録がないため示していない。）

表２

乾球の温度〔℃〕	乾球と湿球の温度の差〔℃〕					
	2.5	3.0	3.5	4.0	4.5	5.0
19	76	72	67	63	59	54
18	75	71	66	62	57	53
17	75	70	65	61	56	51
16	74	69	64	59	55	50
15	73	68	63	58	53	48
14	72	67	62	57	51	46
13	71	66	60	55	50	45
12	70	65	59	53	48	43
11	69	63	57	52	46	40
10	68	62	56	50	44	38
9	67	60	54	48	42	36
8	65	59	52	46	39	33
7	64	57	50	43	37	30
6	62	55	48	41	34	27
5	61	53	46	38	31	24
4	59	51	43	35	28	20

表３

気温〔℃〕	飽和水蒸気量〔g/m^3〕	気温〔℃〕	飽和水蒸気量〔g/m^3〕
−2	4.2	11	10.0
−1	4.5	12	10.7
0	4.8	13	11.4
1	5.2	14	12.1
2	5.6	15	12.8
3	5.9	16	13.6
4	6.4	17	14.5
5	6.8	18	15.4
6	7.3	19	16.3
7	7.8	20	17.3
8	8.3	21	18.3
9	8.8	22	19.4
10	9.4	23	20.6
		24	21.8

(1)　３月22日６時の天気を表す天気記号はどれか。最も適当なものを，次の**ア**から**エ**までの中から選びなさい。

ア 　**イ** 　**ウ** 　**エ** 

(2)　３月20日６時から21日21時までの間に地点Ｐを前線が２回通過した。これらの前線が通過した後，地点Ｐの風向は大きく変わった。地点Ｐを通過した前線について説明した文として最も適当なものを，あとの**ア**から**エ**までの中から選びなさい。

ア　３月20日の６時から12時までの間に通過した前線は寒冷前線で，その前線が通過した後に風向は北寄りから南寄りに変わった。

イ　３月20日の６時から12時までの間に通過した前線は温暖前線で，その前線が通過した後に風向は東寄りから西寄りに変わった。

ウ　3月21日の3時から9時までの間に通過した前線は寒冷前線で，その前線が通過した後に風向は南寄りから北寄りに変わった。

エ　3月21日の3時から9時までの間に通過した前線は温暖前線で，その前線が通過した後に風向は西寄りから東寄りに変わった。

(3)　湿度は，乾湿計の乾球及び湿球の示す温度と，**表2**の乾湿計用湿度表を用いて求めることができる。3月21日9時の乾球と湿球の示す温度はそれぞれ何℃か。乾球の示す温度，湿球の示す温度の順に左から並べたものとして最も適当なものを，次の**ア**から**ケ**までの中から選びなさい。

ア　8℃，　8℃　　**イ**　8℃，　13℃　　**ウ**　8℃，　18℃
エ　13℃，　8℃　　**オ**　13℃，　13℃　　**カ**　13℃，　18℃
キ　18℃，　8℃　　**ク**　18℃，　13℃　　**ケ**　18℃，　18℃

(4)　**表1**の3月20日9時を時刻A，3月20日15時を時刻B，3月21日15時を時刻Cとする。時刻A，B，Cでは，いずれも湿度が同じ値となっている。次の文章は，時刻A，B，Cの空気の露点について説明したものである。文章中の（Ⅰ）には下のⅠの**ア**から**ウ**までの中から，（Ⅱ）には下のⅡの**ア**から**エ**までの中から，（Ⅲ）には下のⅢの**ア**から**ウ**までの中から，それぞれ最も適当なものを選びなさい。

> 時刻A，B，Cの空気について，それぞれの露点を調べてみると，露点が最も高いのは，時刻（　Ⅰ　）のときであり，そのときの露点は（　Ⅱ　）である。（　Ⅰ　）の空気の露点が最も高い理由は，同じ湿度ならば（　Ⅲ　）ためである。

Ⅰ　**ア**　A　　**イ**　B　　**ウ**　C
Ⅱ　**ア**　－1℃　　**イ**　1℃　　**ウ**　7℃　　**エ**　9℃
Ⅲ　**ア**　気温の高い空気の方がより多くの水蒸気を含んでいる
　　イ　気温の低い空気の方がより多くの水蒸気を含んでいる
　　ウ　気温に関わらず空気が含んでいる水蒸気の量は変化しない

6　次の(1)，(2)の問いに答えなさい。

(1)　**図**は，ある動物の雌と雄のからだの細胞に含まれる染色体のようすを，それぞれ模式的に表したものである。次の文中の（Ⅰ）と（Ⅱ）のそれぞれにあてはまる染色体のようすを模式的に表したものとして最も適当なものを，下の**ア**から**カ**までの中から選びなさい。

図

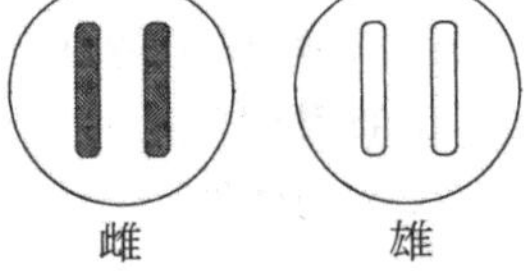

> 染色体のようすを模式的に表すと，この動物の雄の生殖細胞は（　Ⅰ　）であり，雌と雄の生殖細胞が受精してできた受精卵は（　Ⅱ　）である。

ア　　**イ**　　**ウ**　　**エ**　　**オ**　　**カ**

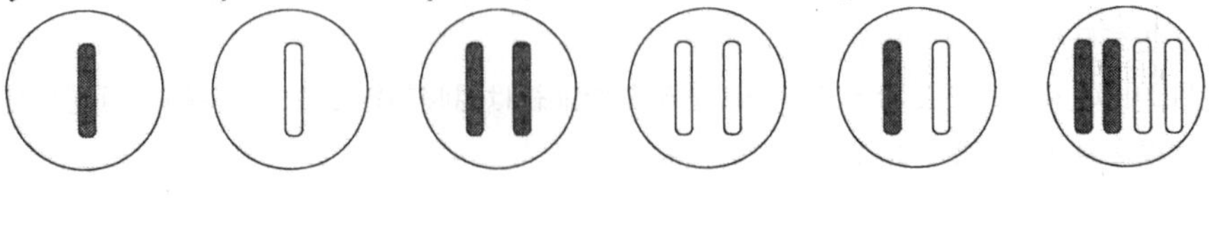

(2)　抵抗の値が異なる２本の電熱線Ａと電熱線Ｂを用いて次の〔実験〕を行った。

〔実験〕　①　電熱線Ａ，電源装置，電流計及び電圧計を用いて**図１**のような回路をつくり，スイッチを入れてから，電圧の大きさをさまざまな値に変えて，電流計と電圧計の示す値をそれぞれ記録した。

②　①の電熱線Ａを電熱線Ｂに取りかえて①と同じことを行った。

③　次に，**図２**のように，電熱線Ａと電熱線Ｂを並列に接続し，スイッチを入れてから電圧計の示す値が3.0Ｖになるように電源装置を調節し，電流計の示す値を記録した。

④　さらに，**図３**のように，電熱線Ａと電熱線Ｂを直列に接続し，スイッチを入れてから電圧計の示す値が3.0Ｖになるように電源装置を調節し，電流計の示す値を記録した。

図１

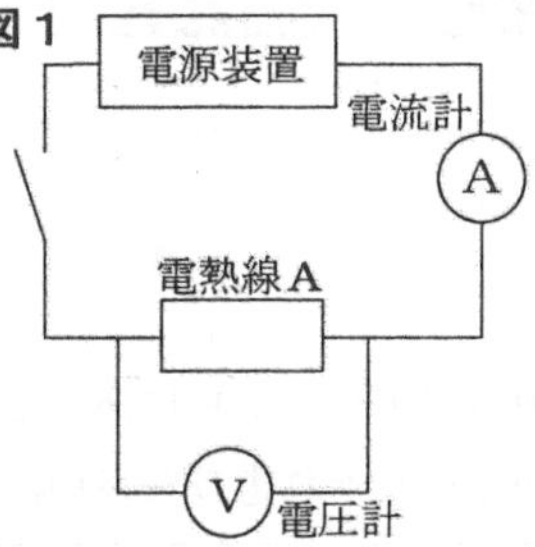

図２

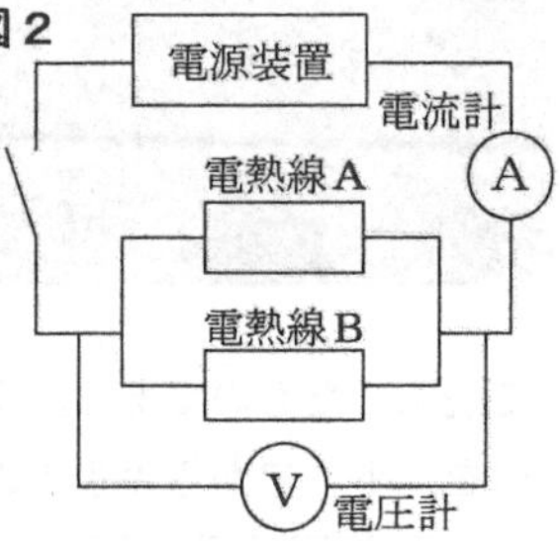

図３

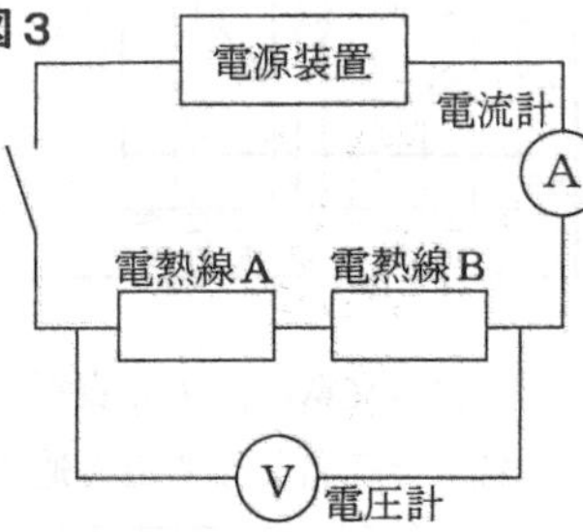

図４は，〔実験〕の①，②で得られた結果をもとに，横軸に電圧計が示す値を，縦軸に電流計が示す値をとり，その関係をグラフに表したものである。

〔実験〕の③で電流計が示す値は，〔実験〕の④で電流計が示す値の何倍か。最も適当なものを，次の**ア**から**コ**までの中から選びなさい。

ア　0.5倍　　**イ**　1.0倍　　**ウ**　1.5倍　　**エ**　2.0倍
オ　2.5倍　　**カ**　3.0倍　　**キ**　3.5倍　　**ク**　4.0倍
ケ　4.5倍　　**コ**　5.0倍

図４

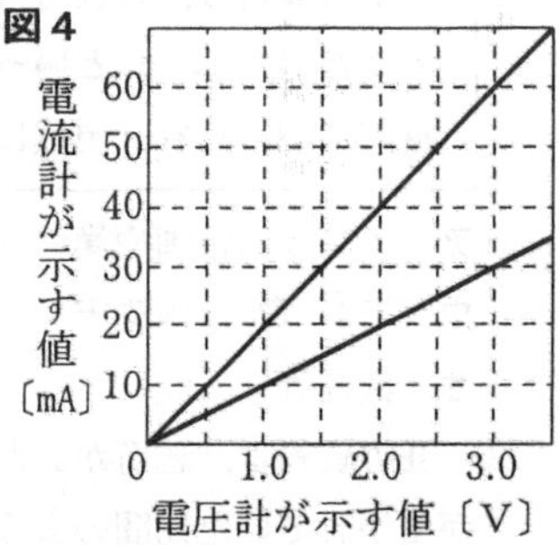

＜社会＞　時間 45分　満点 22点

1　次のⅠ，Ⅱ，Ⅲの資料は，生徒が日本の都市の歴史についてレポートを作成するために用意したものの一部である。あとの(1)から(3)までの問いに答えなさい。

Ⅰ

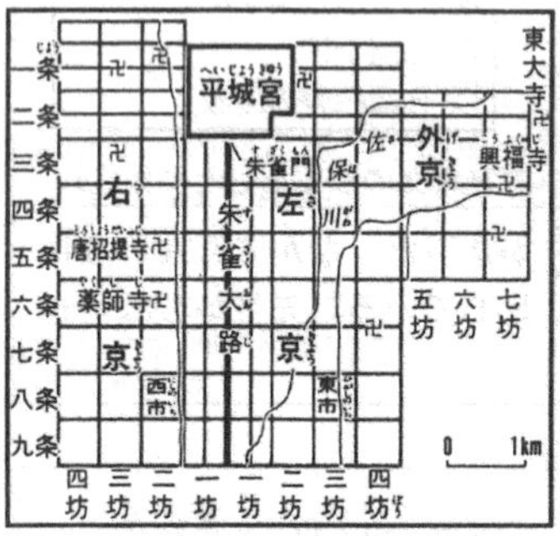

Ⅱ

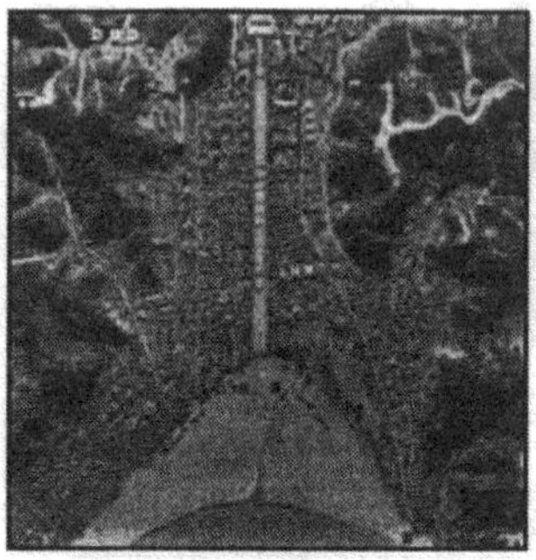

Ⅲ

(1)　次の文章は，Ⅰの資料について説明したものである。文章中の（①），（②）にあてはまる国名や寺院名として最も適当なものを，下の**ア**から**キ**までの中からそれぞれ選びなさい。

> Ⅰの資料は，奈良時代の都の略地図である。この都には，当時シルクロードで結びついていた（　①　）といった国々の物品が集まった。こうした物品の一部は（　②　）の正倉院に納められ，現代に伝えられている。

ア　イスラム帝国や漢　　**イ**　イスラム帝国や唐

ウ　モンゴル帝国や宋　　**エ**　モンゴル帝国や明

オ　興福寺　　**カ**　唐招提寺　　**キ**　東大寺

(2)　Ⅱの資料は，幕府がおかれていた，ある都市を復元した模型の写真である。この都市に幕府がおかれていた期間のようすについて述べた文として最も適当なものを，次の**ア**から**エ**までの中から選びなさい。

ア　城を中心に武士や町人の居住地が配置され，100万人以上の人が住んでいた。

イ　有力な商工業者たちによる自治が行われ，南蛮貿易などの交易で栄えていた。

ウ　日蓮宗の開祖となった人物が布教活動を行い，信者を増やしていた。

エ　真言宗の開祖となった人物が寺院を与えられ，貴族の信仰を集めていた。

(3)　次の文章は，Ⅲの資料について説明したものである。文章中の（③），（④）にあてはまる国名の組み合わせとして最も適当なものを，次のページの**ア**から**エ**までの中から選びなさい。

なお，文章中の2か所の（③）には同じ国名があてはまる。

> Ⅲの資料は，江戸時代，（　③　）商船で来航した商人との交易が行われていた人工の島を描いたものである。（　③　）は，アジアとの交易で繁栄したが，19世紀になると，18世紀末の革命に際して人権宣言を発表した（　④　）の支配を受ける時期もあった。

ア ③ 中国　④ フランス　イ ③ 中国　④ アメリカ
ウ ③ オランダ　④ フランス　エ ③ オランダ　④ アメリカ

2 次のⅠからⅤまでの資料は，生徒が日本における新聞の歴史について探究活動を行った際の記録の一部である。あとの(1)から(4)までの問いに答えなさい。

Ⅰ

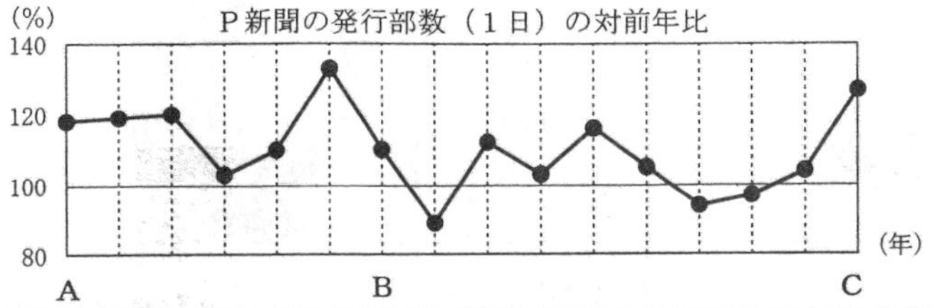

○グラフ中のA，B，Cそれぞれの年のできごと

A 大日本帝国憲法の発布
B 三国干渉
C 日露戦争の開戦

（P新聞の社史をもとに作成）

上のグラフ中のAからCまでの期間は，日本では［　①　］があった。なかでもAからBまでの期間には議会政治が始まり，P新聞の発行部数は（　②　）している。先生からは「他の新聞の発行部数も調べるとよい」とのアドバイスを受けた。

Ⅱ

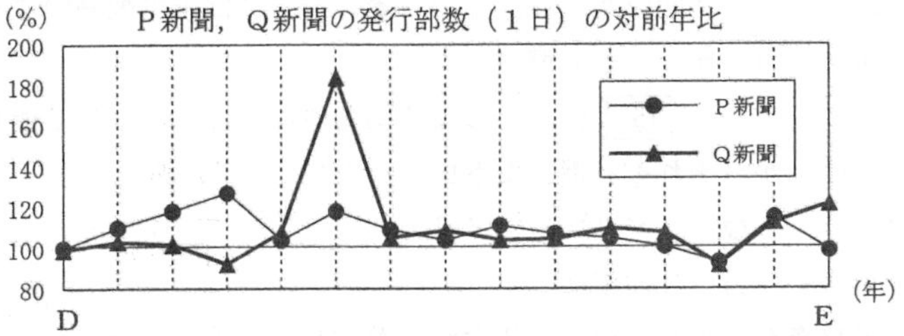

○グラフ中のD，Eそれぞれの年のできごと

D 五・四運動
E 日本が国際連盟を脱退

（P新聞，Q新聞それぞれの社史をもとに作成）

日本は，五・四運動では（　③　）の人々の反発を受け，関東軍による（　④　）では国際連盟による調査を受けた。また，上のグラフ中のDからEまでの期間には，［　⑤　］。この期間にはQ新聞が関東大震災の翌年に発行部数を大きく伸ばしたが，両新聞の発行部数は前年を下回る年もあった。

Ⅲ

敗戦前の新聞の見出しは，右の記事のように，右から読むことに気付いた。そこで，「敗戦前は見出しを右から読むことに統一していたが，敗戦以降は，左から読むことに統一したのではないか」という仮説を立てた。

（Ⅳ・Ⅴは次のページにあります。）

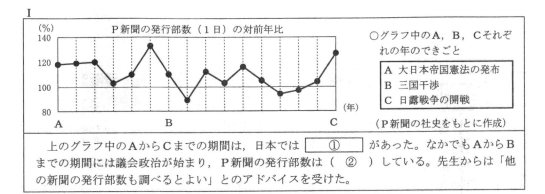

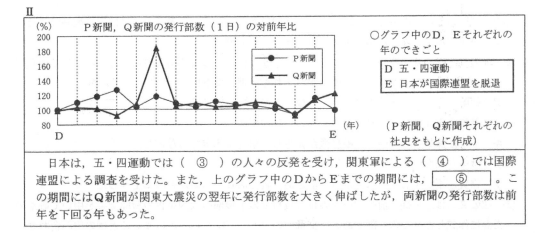

Ⅳ

北鮮、韓國に宣戰布告
開城西方を制圧
東海岸にも上陸
京城近郊飛行場を爆撃

Ⅴ

司法記念日
けふ陪審法實施
聖上　裁判所行幸
法廷及び諸種の參考資料を
具さに御覧あらせらる

(1)　前のページのⅠの資料中の［①］，（②）にあてはまる文やことばとして最も適当なものを，次のアからカまでの中からそれぞれ選びなさい。

ア　近代化が急がれた時期にあたる。その背景の一つには欧米の帝国主義の動き

イ　中央集権化が進められた時期にあたる。その背景の一つには中国で成立した統一国家の影響

ウ　国民の間に「中流意識」が広がった時期にあたる。その背景の一つには家電製品の普及

エ　毎年増加　　**オ**　毎年減少　　**カ**　年によって増減

(2)　前のページのⅡの資料中の（③），（④），［⑤］にあてはまる国名やことば，文として最も適当なものを，次のアからケまでの中からそれぞれ選びなさい。

ア　朝鮮　　**イ**　中国　　**ウ**　イギリスやアメリカ

エ　義和団事件　　**オ**　満州事変　　**カ**　大逆事件

キ　不況が深刻となる中，金融恐慌が発生し，銀行が休業するなどした

ク　戦争が長期化する中，中学生も勤労動員の対象となった

ケ　物資が不足する中，海外からの引きあげ者もあり，物価が急激に上昇した

(3)　次の文章は，生徒が前のページのⅢの資料中の下線部の仮説をⅣの新聞記事を用いて確かめた際に作成したメモの一部である。文章中の（⑥），（⑦）にあてはまることばの組み合わせとして最も適当なものを，下のアからカまでの中から選びなさい。

> Ⅳの新聞記事にある戦争は（　⑥　）の対立を背景にして始まった。見出しを読む方向から考えて，仮説が正しいとすれば，この記事が新聞に掲載されたのは（　⑦　）であり，仮説は正しくないことがわかった。

ア　⑥　社会（共産）主義陣営と資本主義陣営　　⑦　敗戦前となるが，実際には敗戦以降

イ　⑥　社会（共産）主義陣営と資本主義陣営　　⑦　敗戦以降となるが，実際には敗戦前

ウ　⑥　朝鮮半島を巡る日本とロシア　　⑦　敗戦前となるが，実際には敗戦以降

エ　⑥　朝鮮半島を巡る日本とロシア　　⑦　敗戦以降となるが，実際には敗戦前

オ　⑥　この地域における宗教間　　⑦　敗戦前となるが，実際には敗戦以降

カ　⑥　この地域における宗教間　　⑦　敗戦以降となるが，実際には敗戦前

(4) 次の文章は，生徒が23ページのⅢの資料中の下線部の仮説を確かめる際にみつけた前のページのⅤの新聞記事について述べたものの一部である。文章中の（⑧），（⑨）にあてはまることばの組み合わせとして最も適当なものを，下の**ア**から**エ**までの中から選びなさい。

> 「陪審《ばいしん》法」は，現在の裁判員制度と同様に国民が（　⑧　）することを目的としてつくられた。この法律が実際に実施された年代から，Ⅴの新聞記事は仮説を否定するものであることがわかる。この法律が実施された年代には，選挙権は一定の年齢に達した（　⑨　）に与えられており，この法律でも陪審員（現在の裁判員）をつとめる者の資格の一つとして，同じような規定があった。

ア　⑧　裁判を傍聴　　⑨　国民のうち男性のみ
イ　⑧　裁判を傍聴　　⑨　全ての国民
ウ　⑧　司法に参加　　⑨　国民のうち男性のみ
エ　⑧　司法に参加　　⑨　全ての国民

3　次のⅠからⅣまでの資料は，生徒が各都道府県の今後の課題などについてグループで学習した際に用いたものの一部である。あとの(1)から(3)までの問いに答えなさい。

なお，Ⅱの資料中のAからDまでは，秋田県，神奈川県，千葉県，鳥取県のいずれかであり，P，Qは，人口に占める65歳以上の割合，有業者に占める第三次産業の割合のいずれかである。

Ⅰ　全都道府県の市町村の減少割合と人口

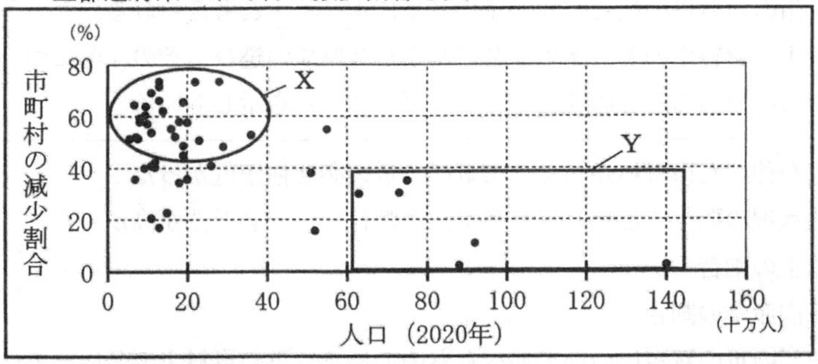

（総務省統計局ウェブページなどをもとに作成）

（注）「市町村の減少割合」＝（「1999年の市町村数」－「2010年の市町村数」）÷「1999年の市町村数」

Ⅱ　４県の人口等

県名	P (%)	Q (%)	人口 (十万人)	米の産出額 (億円)	海面養殖業収穫量（t）
A	37.2	66.6	9.6	1 126	166
B	32.1	69.3	5.5	151	1 335
C	27.9	77.6	62.8	689	5 702
D	25.3	78.1	92.4	33	946
全国	28.4	72.5			

（「データでみる県勢　2022年版」をもとに作成）

Ⅲ　鳥取県の取組の一部

ＳＤＧｓのゴール（アイコン）	ＳＤＧｓのゴール達成のため向上を目指す指標
Z	製造品出荷額等　就職決定者数 有給休暇取得率　観光入込客数

（注）「観光入込客数」は，日常生活圏以外の場所へ旅行し，そこでの滞在が報酬を得ることを目的としない者の人数を示している。

（「鳥取県令和新時代創生戦略」をもとに作成）

Ⅳ　ハザードマップ（津波）

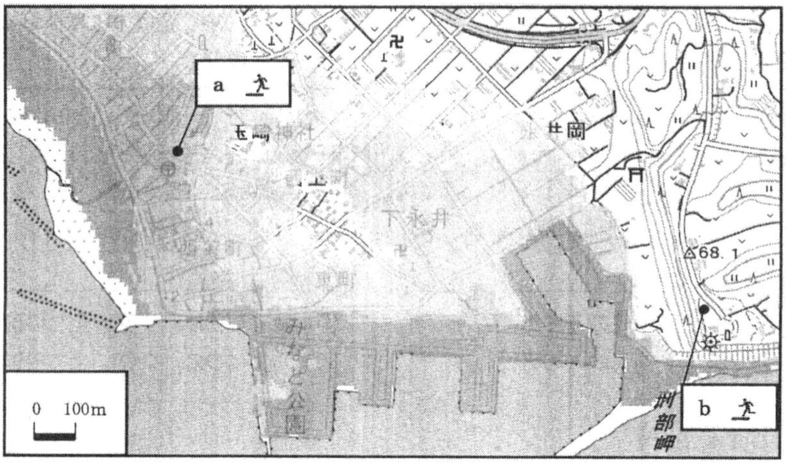

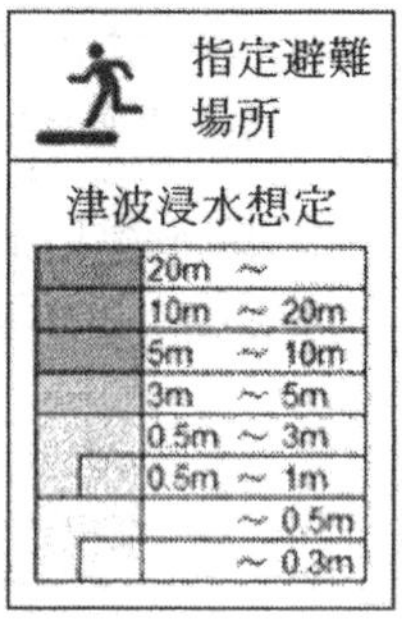

（国土交通省ハザードマップポータルサイトをもとに作成）

(1)　次の文章は前のページのⅠ，Ⅱの資料について述べたものである。文章中の ① ，（②）にあてはまる文やことばとして最も適当なものを，下の**ア**から**エ**までの中からそれぞれ選びなさい。

> Ⅰの資料では，全都道府県の2020年現在の人口と，市町村の減少割合を「●」で示している。X（丸で囲んだ範囲）に含まれる都道府県では，Y（四角で囲んだ範囲）に含まれる都道府県に比べて，市町村合併の進んだ2000年代までに ① と考えられる。
> また，Ⅱの資料は，Ⅰの資料中のX，Yのそれぞれから2県ずつ選び，その4県について，人口等を比較したものである。Ⅱの資料中のPは（　②　）を示している。

ア　人口が増加し，税収が伸びた市町村が多く，市町村合併の必要性が低かった
イ　人口が減少し，財政状況の悪化する市町村が多く，市町村合併の必要性が高かった
ウ　人口に占める65歳以上の割合
エ　有業者に占める第三次産業の割合

(2)　次の文章は，前のページのⅢの資料について述べたものである。Ⅲの資料中のZにあてはまるアイコンと，文章中の（③）にあてはまることばの組み合わせとして最も適当なものを，次のページの表の**ア**から**エ**までの中から，また，文章中の（④）にあてはまる符号として最も適当なものを，Ⅱの資料中のAからDまでの中からそれぞれ選びなさい。

> 鳥取県は，Ⅲの資料のような取組により，持続可能な地域社会の実現を目指しており，資料中の指標の一つを向上させるための具体的な手立てとして，（　③　）を推進するなどしている。なお，鳥取県は，Ⅱの資料中の（　④　）にあたる。

		ア	イ	ウ	エ
組み合わせ	Z（アイコン）	8 働きがいも 経済成長も	8 働きがいも 経済成長も	12 つくる責任 つかう責任	12 つくる責任 つかう責任
	③	エコツーリズム	工場の海外移転	エコツーリズム	工場の海外移転

(3) 次の文章は，前のページのⅣの資料について述べたものである。文章中の（⑤）にあてはまる符号として最も適当なものを，25ページのⅡの資料中のAからDまでの中から，また，文章中の（⑥），（⑦）にあてはまることばの組み合わせとして最も適当なものを，下の**ア**から**カ**までの中からそれぞれ選びなさい。

> Ⅳの資料は，Ⅱの資料中の4県のうち，（ ⑤ ）にある市のハザードマップの一部である。この市は県庁所在地の東方に位置し，太平洋に面している。Ⅳの資料中の塗りつぶされた部分は，津波による浸水想定地域を示しており，aの地点では（ ⑥ ）が，bの地点では（ ⑦ ）が市の指定避難場所となっている。

ア ⑥ 津波避難タワー
　⑦ 想定される津波の高さより標高が高い高台

イ ⑥ 津波避難タワー
　⑦ 海岸までの最短距離が1km以上の施設

ウ ⑥ 想定される津波の高さより標高が高い高台
　⑦ 津波避難タワー

エ ⑥ 想定される津波の高さより標高が高い高台
　⑦ 海岸までの最短距離が1km以上の施設

オ ⑥ 海岸までの最短距離が1km以上の施設
　⑦ 津波避難タワー

カ ⑥ 海岸までの最短距離が1km以上の施設
　⑦ 想定される津波の高さより標高が高い高台

4 次のページのⅠ，Ⅱ，Ⅲの資料は，生徒がアジア，アフリカ，北アメリカ，ヨーロッパの4州の水資源の利用状況等についてまとめたものの一部である。あとの(1)から(4)までの問いに答えなさい。

なお，Ⅰの資料中のA，B，Cはアジア，アフリカ，北アメリカのいずれかであり，Ⅲの資料中のD，E，Fは米，大豆，バターのいずれかである。またⅠ，Ⅱの資料中のX，Yには，それぞれ同じことばがあてはまり，生活用水，農業用水のいずれかである。

Ⅰ　4州の世界の6州に占める面積，人口の割合と州内における分野別水使用量の割合

州名	世界の6州に占める割合（%）		州内における分野別水使用量の割合（%）		
	面積	人口	X	工業用水	Y
ヨーロッパ	17	10	30	47	23
A	17	8	44	42	14
B	22	16	79	7	14
C	24	60	82	9	9

（注）「生活用水」は家庭用水（飲料水，調理，洗濯，風呂，掃除，水洗トイレ等）と都市活動用水（飲食店等の営業用水や公衆トイレ等に用いる公共用水，消火用水等）の合計を示している。

（国土交通省「令和3年版 日本の水資源」などをもとに作成）

Ⅱ　アフリカ，ヨーロッパの2州における一人あたり年間分野別水使用量

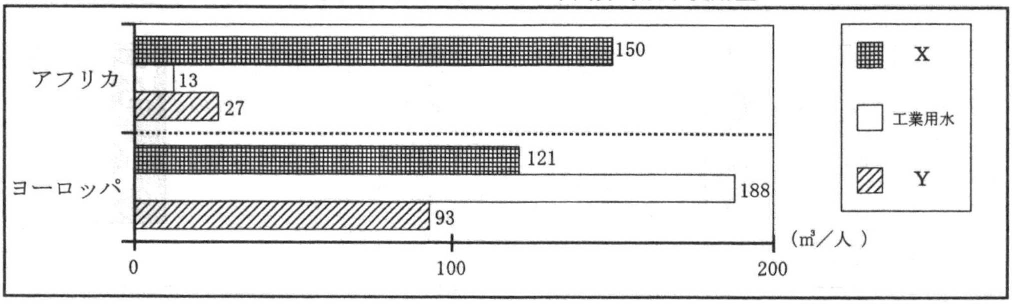

（国土交通省「令和3年版 日本の水資源」などをもとに作成）

Ⅲ　農産物別の生産に必要な水の量等

農産物名	生産に必要な水の量（㎥/t）	日本における自給率（%）	日本の輸入量全体に占める割合（%）			
			アジア	アフリカ	北アメリカ	ヨーロッパ
D	3 700	97	53	0	47	0
E	2 500	6	1	0	85	0
F	13 200	95	0	0	2	37

（注）「生産に必要な水の量」は「バーチャルウォーター」とよばれ，輸入国が，その輸入産品を自国で1 t生産したと仮定した場合に推定される水の必要量（㎥）を示している。

（「日本国勢図会　2022/23年版」などをもとに作成）

(1)　Ⅰの資料中のA，Bの州名の組み合わせとして最も適当なものを，次のアからカまでの中から選びなさい。

ア　A　アジア　　　B　アフリカ
イ　A　アジア　　　B　北アメリカ
ウ　A　アフリカ　　B　アジア
エ　A　アフリカ　　B　北アメリカ
オ　A　北アメリカ　B　アジア
カ　A　北アメリカ　B　アフリカ

(2) 次の文章は，生徒が前のページのⅡの資料を用いて作成したレポートの一部である。文章中の（　）にあてはまることばとして最も適当なものを，下の**ア**から**エ**までの中から選びなさい。

> アフリカとヨーロッパの２州を比較すると，アフリカの方が一人あたりの（　　）ことからヨーロッパに比べて衛生施設が整備されていない国が多いと考えられる。

ア　生活用水の使用量が多い
イ　生活用水の使用量が少ない
ウ　農業用水の使用量が多い
エ　農業用水の使用量が少ない

(3) 次の文章は，生徒が前のページのⅢの資料について発表するために作成したメモの一部である。文章中の（①），（②）にあてはまることばの組み合わせとして最も適当なものを，下の**ア**から**エ**までの中から選びなさい。

> 畜産物の生産には家畜の飼料として農作物が必要である。農作物の栽培にも水が必要なことから，Ⅲの資料中の農産物ではバターの生産に必要な水の量が最も（　①　）なっていると考えられる。また，北アメリカで干ばつや地下水の枯渇など，水資源に関する問題が生じた場合，（　②　）の方が日本での供給に影響が出る可能性が高いと考えられる。

ア　①　多く　　　②　米よりも大豆
イ　①　多く　　　②　大豆よりも米
ウ　①　少なく　　②　米よりも大豆
エ　①　少なく　　②　大豆よりも米

(4) 次の**ア**から**エ**までは，４州それぞれの水に関連する風景の写真と，その写真についての説明文である。**ア**から**エ**までに示された風景が位置する場所を日本との時差の小さい順に並べたとき，２番目になるものを選びなさい。

ア	イ	ウ	エ

ヒマラヤ山脈を源流とする大河のほとりに位置するヒンドゥー教の聖地で，多くの信者が巡礼で訪れる。	本初子午線の西側，イベリア半島に位置する宮殿で，宮殿内には大量の水が引き込まれている。	大陸の西部に位置する峡谷で，ロッキー山脈を源流とするコロラド川の侵食作用により形成された。	大陸の東部，赤道直下に位置する世界第３位の面積をもつ湖で，ナイル川の水源となっている。

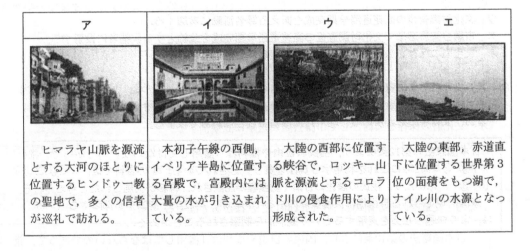

5　社会資本の整備に関するⅠからⅢまでの資料をみて，あとの(1)から(6)までの問いに答えなさい。

Ⅰ　生徒が地域の高速道路建設についてまとめたレポートの一部

徳島県と香川県を結ぶ高速道路の建設に際し，切り崩す予定であった丘陵で鳴門板野古墳群が発見された。古墳群の中の前方後円墳は，この地域に（　①　）時期につくられたものと考えられる。

高速道路は右の地図のように建設され，当初の予定よりも工事期間は延びたが，公正と効率の観点からみると，［　②　］に配慮したものとなった。

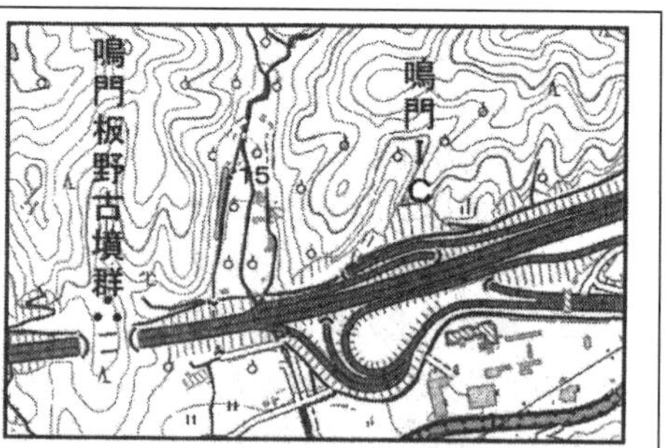

（国土地理院　地理院地図により作成）

また，鳴門ICから徳島・香川県境までの区間では，高速道路の建設に伴って496人の住民が用地の提供に応じ，180戸が移転することとなった。

(1)　Ⅰの資料中の（①），［②］にあてはまることばとして最も適当なものを，次の**ア**から**ク**までの中からそれぞれ選びなさい。

ア　多賀城がおかれた　　**イ**　国風文化の影響が及んだ

ウ　大宰府がおかれた　　**エ**　大和政権の影響が及んだ

オ　古墳群の下にトンネルを建設し，文化財を保存することで，公正の観点

カ　古墳群の下にトンネルを建設し，道路本体の建設費を抑えることで，効率の観点

キ　鳴門ICを古墳群の西側に設置し，文化財を保存することで，公正の観点

ク　鳴門ICを古墳群の西側に設置し，道路本体の建設費を抑えることで，効率の観点

(2)　Ⅰの資料のような，高速道路の建設に伴って文化財が発見されるというケースに際して，15歳の生徒がとる行動として法律の上で認められていないものを，次の**ア**から**オ**までの中から全て選びなさい。

ア　文化財の価値を知ってもらうためにボランティアガイドをつとめる。

イ　文化財の保存を求める請願書を市議会に提出する。

ウ　文化財調査後の高速道路早期完成を訴える署名活動に参加する。

エ　市議会議員選挙で文化財調査後の高速道路早期完成を公約とする候補者に投票する。

オ　文化財の保存を公約として市議会議員選挙に立候補する。

(3)　次の文章は，Ⅰの資料に関連して述べたものである。文章中の（③）から（⑤）までにあてはまることばとして最も適当なものを，次のページの**ア**から**キ**までの中からそれぞれ選びなさい。

なお，文章中の2か所の（③）には同じことばがあてはまる。

日本国憲法の第12条により，国民の自由や権利は「濫用してはならないのであって，常に（　③　）のためにこれを利用する責任を負う」とされている。Ⅰの資料では，（　④　）が（　③　）にあたり，住民の居住の自由や財産権が制限され，移転が実施されたと考え

られる。

憲法に規定される自由権は人権保障の中心であるが，第22条や第29条が保障する（　⑤　）は，より快適な社会を実現するという観点から制限されることがある。

ア　公共の福祉　　イ　法の下の平等　　ウ　鳴門板野古墳群の調査

エ　高速道路の建設　　オ　身体の自由　　カ　経済活動の自由

キ　精神の自由

Ⅱ　生徒が社会資本の整備に関する今後の課題についてまとめたレポートの一部

表１　建設後50年以上経過する道路施設の割合（％）

	2020年３月	2030年３月	2040年３月
橋	30	55	75
トンネル	22	36	53

（国土交通省「インフラ長寿命化計画」（令和３年）をもとに作成）

図１　「予防保全」への転換

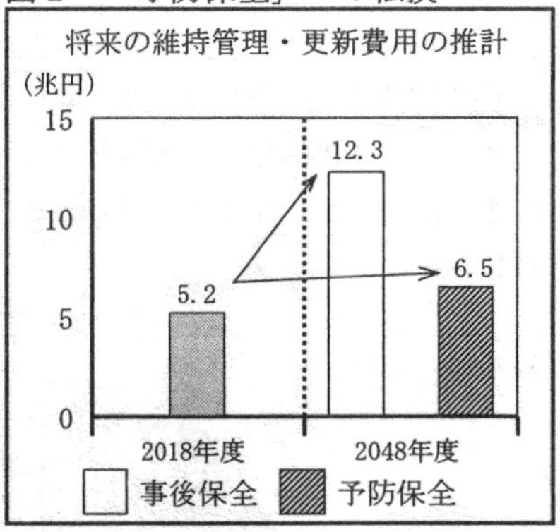

道路などの社会資本について，今後の維持管理・更新を「事後保全」により行った場合，30年後，その費用は約2.4倍増加。「予防保全」に転換した場合，約1.3倍増加。

（注）○更新　＝　施設を作り直すこと。
　　　○事後保全　＝　施設に不具合が生じてから補修などの対策を講じること。
　　　○予防保全　＝　施設に不具合が生じる前に補修などの対策を講じること。

（国土交通省「予防保全型のインフラ老朽化対策の推進」（令和２年）をもとに作成）

表２　道路の維持，補修の考え方

選択肢	％
補修するよりも積極的に作り直す	21.1
傷みが大きくなったら補修し，必要に応じて作り直す	5.3
傷みが小さいうちに予防的に補修し，長持ちさせる	41.1
施設の集約や撤去を進める	25.0
その他・無回答	7.5

表３　力を入れてほしい道路分野（複数回答）

順位	選択肢	％
1	災害に備えた対策	64.0
2	狭い道路や急カーブの改良	51.3
3	歩道の整備	39.1
⋮	⋮	⋮
9	清掃や修繕などの維持管理の充実	28.0
⋮	⋮	⋮
17	特になし・その他・無回答	4.4

（表２，表３とも内閣府「令和３年度 道路に関する世論調査」をもとに作成）

表１をみると，現在15歳の私たちが30歳を超えるころには，道路施設の老朽化が進むことがわかる。また，そのころには，現在よりも［　⑥　］ことが予測されていることから国は図１の見出しのような方針を示している。

世論調査の結果，この方針に示された考え方は，表２で［　⑦　］に力を入れてほしいと思っている人が多いことがわかる。

(4) 前のページのⅡの資料中の ⑥ ， ⑦ にあてはまることばとして最も適当なものを，次のアからキまでの中からそれぞれ選びなさい。

ア　電気自動車が増加し，住宅への充電設備の設置が進む
イ　少子高齢化が進んで労働人口が減少し，税収が減る
ウ　第一次産業に従事する人が減り，食料自給率が低下する
エ　最も多くの人に支持されていることがわかるが，表3では，道路の維持管理よりもそれ以外
オ　最も多くの人に支持されていることがわかり，表3でも，道路の災害対策よりも維持管理
カ　7割以上の人に支持されていることがわかるが，表3では，道路の維持管理よりもそれ以外
キ　7割以上の人に支持されていることがわかり，表3でも，道路の災害対策よりも維持管理

(5) 次の文章は，生徒が道路の維持管理について，下の図2をもとに作成したレポートの一部である。文章中の（⑧），（⑨）にあてはまることばの組み合わせとして最も適当なものを，あとのアからエまでの中から選びなさい。
なお，文章中の2か所の（⑧）には同じことばがあてはまる。

> 『岡山道路パトロール隊』は，道路の維持管理という社会課題について，工業高校生が学校での学びを生かして（　⑧　）するものである。下の図中の「（　⑨　）」は，多くの場合，行政機関が担《にな》うが，道路の維持管理をはじめ，全ての社会課題を行政機関だけで解決することは難しい。これからの社会を支えるためには，私たちも，社会の一員であることを自覚して，積極的に（　⑧　）することが大切である。

図2

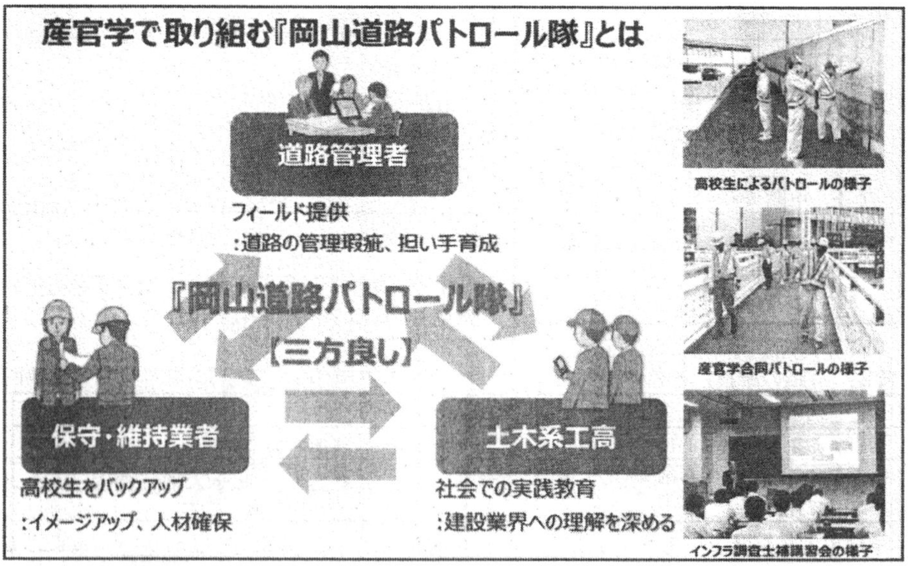

（注）管理瑕疵《かし》＝本来行うべき管理が十分にできていないこと。
（国土交通省「第5回インフラメンテナンス大賞（令和3年）」より抜粋）

ア　⑧　社会に参画　⑨　保守・維持業者　　イ　⑧　社会に参画　⑨　道路管理者
ウ　⑧　利潤を追求　⑨　保守・維持業者　　エ　⑧　利潤を追求　⑨　道路管理者

Ⅲ 生徒が公共事業の意義についてまとめたレポートの一部

> 国や地方公共団体が道路などの社会資本を整備する事業のことを公共事業という。不景気のときには，国や地方公共団体は，（ ⑩ ）ことを目的として公共事業関係の予算額を増やし，景気の回復を図ろうとすることがある。世界恐慌の際に（ ⑪ ）の中にも，こうした試みがみられる。

(6) Ⅲの資料中の（⑩），（⑪）にあてはまることばの組み合わせとして最も適当なものを，次の**ア**から**エ**までの中から選びなさい。

ア ⑩ 各銀行の国債を買う ⑪ アメリカのとったニューディール政策
イ ⑩ 各銀行の国債を買う ⑪ イギリスのとったブロック経済
ウ ⑩ 企業の仕事を増やす ⑪ アメリカのとったニューディール政策
エ ⑩ 企業の仕事を増やす ⑪ イギリスのとったブロック経済

ア　害虫による被害をまぬがれた県の中で、魯恭が治める県だけは穀物が実らなかったこと
イ　魯恭が治める県には害虫が侵入せず、穀物の被害が生じなかったこと
ウ　害虫が発生したことにより、魯恭が治める県でも多くの人々が飢餓に苦しんだこと
エ　多くの県が害虫の対策に取り組む中、魯恭が治める県が最も早く駆除に成功したこと

(四)　次の**ア**から**エ**までの中から、その内容がこの文章に書かれていることと一致するものを一つ選びなさい。
ア　袁安は視察に向かった先で魯恭に出会えたことを喜んだ。
イ　袁安は魯恭が治める県が自然の豊かな土地であることに驚いた。
ウ　肥親は子供からひなを守ろうとした親鳥の姿を見て感動した。
エ　肥親は魯恭の善政が県全体に及んでいることに感心した。

㈥　この文章の表現の特徴として適当なものを、次のアからオまでの中から二つ選びなさい。

ア　作者からの登場人物への評価を挿入することにより、場面全体に奥行きをもたらしている。

イ　擬態語を随所に用いることにより、登場人物の心情が理解しやすい描写となっている。

ウ　専門的な用語を平易なことばに言い換えることにより、全体を通してわかりやすい印象を与えている。

エ　登場人物の一人が語り手となることにより、読者がその人物の心情を追体験できるようになっている。

オ　隠喩を効果的に用いることにより、登場人物の心情が直感的に理解できるようになっている。

四　次の漢文（書き下し文）を読んで、あとの㈠から㈣までの問いに答えなさい。（本文の - - - の左側は現代語訳です。）

後漢《ごかん》の魯《ろ》恭《きよう》字《あざな》は仲康《ちゆうかう》、扶風平陵《ふふうへいりよう》（扶風平陵の出身である）の人なり。粛宗《しゆくそう》の時、中牟《ちゆうぼう》の令（中牟県の長官）に拝せらる。①専ら徳化を以《もつ》て理《をさ》むることを為《な》し、刑罰に任ぜず。郡国に螟《めい》ありて稼《か》を傷《そこな》ふ（地方に害虫が発生して田畑の穀物を荒らした）。犬牙《けんが》の縁界も中牟に入らず（県境が複雑に入り組んだ場所でも害虫は中牟県内に入らなかった）。河南の尹袁《ゐんゑん》（河南郡の長官であった）安之《あんこれ》をア聞き、②其《そ》の実ならざるを疑ひ、仁恕《じんじよ》の掾《えん》肥親《ひしん》（仁恕という役職にあった肥親に）をして往《ゆ》いて之を廉《ただ》さしむ（中牟を視察させた）。恭阡陌《せんぱく》（あぜ道）をイ随行し、倶《とも》に桑下《さうか》に座す。雉《きじ》有り過ぎて（キジが目の前を通り過ぎて）其の傍《かたは》らにウ止まる。傍らに童児有り。親エ曰《い》はく、「児何ぞ之を捕らざる。」（坊やはどうしてキジを捕まえないのかね）と。児オ言ふ、「雉方《まさ》に雛《ひな》を将《ひき》ゐる。」（キジがひなを連れているからです）と。親、瞿然《くぜん》として起《た》ち（驚いて立ち上がり）、恭と訣《わか》れて（別れる際に）カ曰はく、「来たる所以《ゆゑん》の者は（理由は）、君の政迹《せいせき》を察せんと欲するのみ（あなたの治政を視察しようと思ったからです）。今虫境を犯さず、化鳥獣に及び、竪子《じゆし》に仁心有り（子供にも思いやりの心が備わっています）。三の異なり。」と。府（郡の役所）に還《かへ》り状を以て安に白《まを》す（報告した）。（『蒙求《もうぎゆう》』による）

（注）○　魯恭《ろきよう》・袁安《ゑんあん》・肥親《ひしん》＝いずれも中国古代の王朝である後漢の家臣。

○　字《あざな》＝中国で、男子が成年後、実名のほかにつける別名。

○　粛宗《しゆくそう》＝後漢の皇帝。

㈠　①専ら徳化を以《もつ》て理《をさ》むることを為《な》し、刑罰に任ぜず　とあるが、その説明として最も適当なものを、次のアからエまでの中から選びなさい。

ア　徳の高い人間ではなく、法律の専門家を重んじているということ

イ　人民の徳が高まらないため、刑罰に頼っているということ

ウ　刑罰に頼らず、徳による教えで世を治めているということ

エ　世の安定よりも、自分の徳を高めることを優先しているということ

㈡　波線部アからカまでの中から、主語が同じものを全て選びなさい。

㈢　②其《そ》の実ならざるを疑ひ　とあるが、何を疑っているのか。その内容として最も適当なものを、次のページのアからエまでの中から選びなさい。

分を認めてくれたことをうれしく感じた。しかし、「僕」と話す父親の親しげな様子に、その感情は憎しみへと変化した。

エ　父親に対して不愉快な気持ちを抱いていたが、気象研究の無意味さを指摘して父親をやり込めたことで心が晴れた。しかし、幼い頃の失敗を持ち出されて、その感情は恥ずかしさへと変化した。

(四)　③「わからないひとだよ、きみのお父さんは」という発言に込められた「僕」の心情として最も適当なものを、次の**ア**から**エ**までの中から選びなさい。

ア　空や雲が大好きだった和也が、実は今でも父親を慕っていることをほほえましく思いつつ、息子に対して素直になれない藤巻先生の思いを代弁しようと思っている。

イ　和也の絵を見たいと言っていたのに、絵を持ってきた和也を無視する藤巻先生の真意が理解できず、自分も和也と同じ気持ちであることを示そうと思っている。

ウ　藤巻先生は気象研究にしか興味がなさそうに見えるが、実は和也の将来を考えており、単純には理解できない魅力をもった人物であることを伝えようと思っている。

エ　幼い頃の和也が空や雲に強い関心をもっていたにもかかわらず、気象学の道を歩ませようとしない藤巻先生に疑問を感じ、所属する研究室を変わろうと思っている。

(五)　次の**ア**から**オ**は、この文章を読んだ生徒五人が、登場人物について、意見を述べ合ったものである。その内容が本文に書かれていることに近いものを二つ選びなさい。

ア　（Aさん）　和也の父親である藤巻先生のユニークな人柄が大変興味深く描かれていると感じます。先生は、気象のしくみを知りたいという純粋な好奇心の持ち主として描かれており、だからこそ、わからないからおもしろいという先生のことばには説得力を感じます。

イ　（Bさん）　先生の奥さんは、夫である先生に理解があるのでしょう。先生が和也の気持ちに気づいていないときも、いつものことだと冷静に対応しています。本文に描かれた場面でも、先生が自分の研究分野について一方的に話をするのを当然のことのように受け入れています。

ウ　（Cさん）　和也は対照的な考え方をもつ両親の下で複雑な思いを抱いています。ふだんは陽気で活発な性格ですが、両親に対しては反抗的で、皮肉っぽい言動が目立ちます。時折、甘えた態度は示しますが、いらいらした気持ちを解消することはできていないように見えます。

エ　（Dさん）　先生は、和也の気持ちに気がつかないときがあるようですね。悪気があるわけではなく、ひとつのことに集中すると他のことに気がまわらないようです。先生はそのことを自覚して反省しているようですが、和也には自分が悪かったという思いを伝えきれていません。

オ　（Eさん）　和也に対する先生の態度にはもどかしいところがあります。また、息子から見たら先生はよくわからない人なのでしょう。母親も二人のことを心配しているものの、間をうまく取りもてていないようです。家族とはいえ、人と人との関係は難しいものです。

て見たよ。いつも家ではたいくつなんだろうね。おれたちじゃ話し相手になれないもんね」うつむいた和也を、僕はまじまじと見た。

[5]「親父にはついていけないよ。さっきの話じゃないけど、なにを考えてるんだか、おれにはちっともわかんない」僕は小さく息を吸って、口を開いた。「僕にもわからないよ。きみのお父さんが、なにを考えているのか」和也が探るように目をすがめた。僕は机に放り出されたスケッチブックを手にとった。「僕が家庭教師を頼まれたとき、なんて言われたと思う?」和也は答えない。身じろぎもしない。「学校の成績をそう気にすることもないんじゃないか、ってお父さんはおっしゃった。得意なことを好きにやらせるほうが、本人のためになるだろうってね」色あせた表紙をめくってみる。ページ全体が青いクレヨンで丹念に塗りつぶされている。白いさざ波のような模様は、巻《けん》積雲《せきうん》だろう。「よく覚えてるよ。意外だったから」次のページも、そのまた次も、空の絵だった。一枚ごとに、空の色も雲のかたちも違う。確かに力作ぞろいだ。「藤巻先生はとても熱心な研究者だ。もしも僕だったら、息子も自分と同じように、学問の道に進ませようとするだろうね。本人が望もうが、望むまいが」僕は手をとめた。開いたページには、今の季節におなじみのもくもくと不穏にふくらんだ積雲が、繊細な陰翳《いんえい》までつけて描かれている。

③「わからないひとだよ、きみのお父さんは」わからないことだらけだよ、この世界は——まさに先ほど先生自身が口にした言葉を、僕は思い返していた。だからこそ、おもしろい。

（瀧《たき》羽《わ》麻《あさ》子《こ》『博士の長靴』による）

（注）○ [1]～[5]は段落符号である。
○ 眉根＝眉の鼻に近い方の端。
○ 納戸《なんど》＝物置部屋。
○ 超音波風速温度計＝超音波を利用して風速と温度を測定するもの。
○ せきを切る＝抑えられていたものが一気にあふれ出る。
○ きびすを返す＝引き返す。後戻りする。
○ 目をすがめる＝片目を細くして見る。
○ 巻積雲《けんせきうん》＝空の高いところに浮かぶ、まだら状の雲。うろこ雲。
○ 陰翳《いんえい》＝薄暗いかげ。

(一) 〔A〕、〔B〕にあてはまる最も適当なことばを、次のアからカまでの中からそれぞれ選びなさい。

ア　いたずらに　イ　いぶかしげに　ウ　うっかりと
エ　こっそりと　オ　しなやかに　カ　とっくりと

(二) ①自分から水を向けた　とあるが、その説明として最も適当なものを、次のアからエまでの中から選びなさい。

ア　「僕」が和也の絵を見たいと奥さんに申し出たということ
イ　「僕」が藤巻先生と二人で和室に残ったということ
ウ　「僕」が藤巻先生に借りている本の話をしたということ
エ　「僕」が奥さんと和也の姿を目で追ったということ

(三) ②無言で部屋を出ていった　とあるが、和也がこのような行動をとるまでの心情の説明として最も適当なものを、あとのアからエまでの中から選びなさい。

ア　父親に対してわだかまりを抱いていたが、父親が自分を認める発言をしたことをきっかけに心が浮き立った。しかし、絵を持ってきた際の父親の反応に傷つき、その感情は失望へと変化した。
イ　父親に対して卑屈になっていたが、父親が自分を評価していたことを知って自尊心が回復した。しかし、父親の発言が本心ではなかったことがわかり、その感情は落胆へと変化した。
ウ　父親に対して尊敬する気持ちを伝えられずにいたが、父親が自たらしい。よちよち歩きで追いかけていっては、並んで空を見上げていたそうだ。熱視線の先に、なにかとてつもなくおもしろいものが浮かんでいるはずだと思ったのだろう。「お父さんのまねをして、こう腰に手をあてて、あごをそらしてね。今にも後ろにひっくり返りそうで、見ているわたしはひやひやしちゃって」奥さんは身ぶりをまじえて説明した。本人は覚えていないようで、首をかしげている。「それで、後で空の絵を描くんですよ。お父さんに見せるんだ、って言って。親ばかかもしれないですけど、けっこうな力作で……そうだ、先生にも見ていただいたら？」「親ばかだって。子どもの落書きだもん」照れくさげに首を振った和也の横から、藤巻先生も口添えした。「いや、わたしもひさしぶりに見たいね。あれはなかなかたいしたものだよ」「へえ、お父さんがほめてくれるなんて、珍しいこともあるもんだね」冗談めかしてまぜ返しつつ、和也はまんざらでもなさそうに立ちあがった。「あれ、どこにしまったっけ？」「あなたの部屋じゃない？　納戸《なんど》か、書斎の押し入れかもね」奥さんも後ろからついていき、僕は先生とふたりで和室に残された。

３　「先週貸していただいた本、もうじき読み終わりそうです。週明けにでもお返しします」なにげなく切り出したところ、先生は目を輝かせた。「あの超音波風速温度計は、実に画期的な発明だね」超音波風速温度計のもたらした貢献について、活用事例について、今後検討すべき改良点について、せきを切ったように語り出す。お絵描き帳が見あたらなかったのか、和也たちはなかなか帰ってこなかった。その間に、先生の話は加速度をつけて盛りあがった。ようやく戻ってきたふたりが和室の入口で顔を見あわせているのを、僕は視界の端にとらえた。①自分から水を向けた手前、話の腰を折るのもためらわれ、どうしたものかと弱っていると、スケッチブックを小脇に抱えた和也がこちらへずんずん近づいてきた。「お父さん」うん、と先生はおざなりな生返事をしたきり、見向きもしない。「例の、南西諸島の海上観測でも役に立ったらしい。船体の揺れによる影響をどこまで補正できるかが課題だな」「ねえ、あなた」奥さんも困惑顔で呼びかけた。と、先生がはっとしたように口をつぐんだ。僕は胸をなでおろした。たぶん奥さんも、それに和也も。「ああ、スミ。悪いが、紙と鉛筆を持ってきてくれるかい」先生は言った。和也がきびすを返し、②無言で部屋を出ていった。

４　おろおろしている奥さんにかわって、自室にひっこんでしまった和也を呼びにいく役目を僕が引き受けたのは、少なからず責任を感じたからだ。父親に絵をほめられたときに和也が浮かべた表情を、僕は見逃していなかった。雲間から一条の光が差すような、笑顔だった。いつだって陽気で快活で、いっそ軽薄な感じさえする子だけれど、あんな笑みははじめて見た。「花火をしよう」ドアを開けた和也に、僕は言った。「おれはいい。先生がつきあってあげれば？　そのほうが親父《おやじ》も喜ぶんじゃない？」和也はけだるげに首を振った。険しい目つきも、ふてくされたような皮肉っぽい口ぶりも、ふだんの和也らしくない。僕は部屋に入り、後ろ手にドアを閉めた。「まあ、そうかっかするなよ」藤巻先生に悪気はない。話に夢中になって、他のことをつかのま忘れてしまっていただけで、息子を傷つけるつもりはさらさらなかったに違いない。「様子を見てきます」と僕が席を立ったときも、なにが起きたのかふに落ちない様子できょとんとしていた。「別にしてない」和也は投げやりに言い捨てる。「昔から知ってるもの。あのひとは、おれのことなんか興味がない」腕組みして壁にもたれ、暗い目つきで僕を見据えた。「でも、おれも先生みたいに頭がよかったら、違ったのかな」「え？」「親父があんなに楽しそうにしてるの、はじめ

ア　本文も参考文も、自然の猛威から人々の生活をいかにして守るかということが共通のテーマになっている。
イ　本文も参考文も、人工的なものはできるだけ排除して自然を後世に残そうという考えが柱になっている。
ウ　「庭」も「沈下橋」も、自然のもつ荒々しさを受け入れて環境を整えながら生きる暮らしを象徴している。
エ　「沈下橋」は「庭」とは異なり、自然の猛威から逃れようとすることのむなしさが表現されている。
オ　「庭」と同様に「沈下橋」は、自然との共生を図りつつデザイン性を高めることを意図して作られている。

二　次の㈠から㈢までの問いに答えなさい。

㈠　次の文中の傍線部①、②に用いる漢字として正しいものを、それぞれあとのアからエまでの中から一つ選びなさい。

①ヒ②ヨクな大地が広がる。

①　ア　肥　イ　被　ウ　非　エ　比
②　ア　浴　イ　翼　ウ　翌　エ　沃

㈡　次の文中の傍線部と同じ意味で用いられている漢字として正しいものを、あとのアからエまでの中から一つ選びなさい。

厳かな雰囲気の中で卒業式が行われた。

ア　厳選　イ　厳粛　ウ　厳禁　エ　厳守

㈢　次の文中の（A）にあてはまる最も適当なことばを、あとのアからエまでの中から選びなさい。

科学技術は（　A　）の発展を続けている。

ア　東奔西走　イ　不易流行　ウ　一触即発　エ　日進月歩

三　次の文章を読んで、あとの㈠から㈥までの問いに答えなさい。

〔本文にいたるまでのあらすじ〕

気象学者である藤巻《ふじまき》先生の研究室に所属している大学三年生の「僕」は、先生の息子で中学三年生の和也《かずや》の家庭教師をしている。一九七五年の夏のある日、「僕」は藤巻先生の奥さん（スミ）の招きにより、藤巻家で一緒に食事をとることになった。

〔本文〕

1　「ねえ、お父さんたちは天気の研究をしてるんでしょ」和也が箸を置き、父親と僕を見比べた。「被害が出ないように防げないわけ？」

「それは難しい」藤巻先生は即座に答えた。「気象は人間の力ではコントロールできない。雨や風を弱めることはできないし、雷も竜巻もとめられない」「じゃあ、なんのために研究してるの？」和也が（　A　）眉根を寄せた。「知りたいからだよ。気象のしくみを」「知っても、どうにもできないのに？」「どうにもできなくても、知りたい」

（中略）「やっぱり、おれにはよくわかんないや」「わからないことだらけだよ、この世界は」先生がひとりごとのように言った。「だからこそ、おもしろい」

2　一時はどうなることかとはらはらしたけれど、それ以降は和也が父親につっかかることもなく、食事は和やかに進んだ。うなぎをたいらげた後、デザートにはすいかが出た。話していたのは主に、奥さんと和也だった。僕の学生生活についていくつか質問を受け、和也が幼かった時分の思い出話も聞いた。中でも印象的だったのは、絵の話である。朝起きたらまず空を観察するというのが、藤巻先生の長年の日課だという。晴れていれば庭に出て、雨の日には窓越しに、（　B　）眺める。そんな父親の姿に、幼い和也はおおいに好奇心をくすぐられら暮らしており、そのバランスを整える営みが掃除である。また、日本の庭は、人為と自然がせめぎ合う「ほどほどの心地よさ」を探し当てることを本質としている。だから、日本の庭は、人為と自然のバランスを整える掃除という営みを、技芸に仕上げたものであると言うこともできる。

ア　本文にある具体例や比喩を省略して端的に記している。
イ　掃除の本質を述べた部分を本文から適切に抜き出している。
ウ　接続語を使用することで論理の構造を明確にしている。
エ　掃除と日本の庭に共通している点を的確に述べている。
オ　日本の庭が技芸に仕上げられた理由を簡潔にまとめている。

(四)　次の**ア**から**エ**までの中から、その内容がこの文章に書かれていることと一致するものを一つ選びなさい。
ア　環境に現れた危機の予兆に接した私たちは、地球という資源の限界に気づき、持続可能な社会について考えるようになった。
イ　掃除という営みと切り離せない日本の庭は、日本的な他者への思いやりを表現しており、海外でも高く評価されている。
ウ　環境問題を解決するためには、文化や文明の力を最大限に引き出し、人為と自然のバランスを回復させる必要がある。
エ　日本の空港で居心地の良さを感じるのは、床が隅々まで磨きあげられ、シミひとつない新しさが保たれているからである。

(五)　次のページの**ア**から**オ**までは、本文と次の参考文を踏まえて筆者の考えをまとめたものである。その内容が本文と参考文に書かれた筆者の考えに近いものを一つ選びなさい。

（参考文）

四万十《しまんと》川《がわ》は、高知県西部を流れる清流である。もちろん川もきれいだが、そこにある人々の暮らしと一体になった風景に、しみじみと考えさせられるものがある。特に注目したいのは「沈下橋」と呼ばれる橋である。

日本は台風の国であるが、高知はその玄関口のような場所で、自然の猛威から逃れるすべはなく、それを受け止めるべく暮らしの環境を整えてきた。四万十川は増水すると激しい濁流に変貌するのであるが、興味深いことに沈下橋は増水するとあっさり水面下に沈んでしまう。橋には水流の抵抗となる欄干がなく、橋の断面は飛行機の翼のような形をしているので、水に潜ってしまうことによって破壊から逃れる、という構造になっている。

この沈下橋が、上流から下流まで、つまり短い橋からとても長い橋まで六十あまりある。その土地の人たちの暮らしの必要から必然的に生まれてきた橋であるからいわば環境デザインである。

最近は、しっかりとした橋脚を持ち、ずっと高いところに架橋され、増水にもびくともしない「抜水橋」がいくつかできたが、残念ながら便利さと引き換えに、四万十川と沈下橋がおりなす風景を壊しているというほかない。確かに、増水のたびに水に沈んで通れなくなる橋は不便かもしれないが、自然の脅威を肌で感じつつも、川と近い距離で水に親しみつつ生きる暮らしに、四万十川流域の人々が心地よさや誇りを持っているのだとしたら、この景観を守っていくことの方が豊かと言えるだろう。

（原研哉《はらけんや》『低空飛行――この国のかたちへ』による）

（注）○ 欄干＝人が落ちないよう橋の両縁に設けられた柵状のもの。手すり。

草木も刈りすぎず程よく茂るに任せる。まるで、打ち寄せる波が砂浜をあらう渚《なぎさ》のように、人為と自然がせめぎ合う「ほどほどの心地よさ」を探し当てること、それが庭の本質である。庭は美的な作為であり創作物と思われているかもしれないが、自然に対するあらゆる人為は、いわば「しでかし」に過ぎない。しかし、そのしでかされた庭に愛着を覚え、これを慈しむ人々が現れて、程よく落ち葉を掃き、苔《こけ》を整え、樹々の枝葉を剪定《せんてい》し、守り続けた結果として「庭」は完成していくのだ。当然、長い時間が必要だが、歳月のみが庭を作るわけではない。やはり「人為と自然の波打ち際」が管理され続けることが必須である。

5　大上段に振りかぶって「地球温暖化対策」とか「持続可能な社会」を考えるのも重要なことだと思うが、歴史の中、文化の中に蓄積され、すでに人に内在しているはずの知恵や感受性に気づいてみることも同じくらい重要なのではないか。海外の旅を終えて日本の国際空港に降り立つときに、いつも感じることは、とてもよく掃除されていることである。空港の建築は、どこも質素で味気ないが、掃除は行き届いている。床にシミひとつないというような真新しさではなく、仮にシミができても、丹念に回復を試みた痕跡を感じる。そういう配慮が隅々に行き届いている空気感がある。おそらく、日本のラグジュアリーの要点には掃除がある。ただ単に、磨きあげるのではなく、自然や草木といったものに心を添わせつつ、生きている者としての張りを感じていること。石や木、しっくいや畳といった素材に気持ちを通わせつつ、その自然な様相を味わい楽しむ感覚が掃除であり、そういう営みの中に日本のラグジュアリーは宿るのかもしれない。

（原研哉《はらけんや》『低空飛行――この国のかたちへ』による）

（注）○ 1～5は段落符号である。
○ 安寧＝穏やかで平和であること。
○ 殺伐＝すさんでいるさま。
○ 反芻《はんすう》＝ここでは、一つのことを繰り返し思い、考えること。
○ モスク＝イスラム教の礼拝堂。
○ 数珠《じゅず》つなぎ＝多くのものをひとつなぎにすること。
○ 蔓延《まんえん》＝広がること。
○ 蹂躙《じゅうりん》＝踏みにじること。
○ 止揚＝対立する二つのものを高い段階で統一すること。
○ 拮抗《きっこう》＝ほぼ同じ力で互いに張り合うこと。
○ 剪定《せんてい》＝枝の一部を切り取って整えること。
○ ラグジュアリー＝ここでは、空間から感じられる心地よさのこと。
○ しっくい＝日本建築の壁や天井などに使用される塗料の一つ。

(一)　〔A〕にあてはまることばとして最も適当なものを、次のアからエまでの中から選びなさい。

ア　しかし　イ　それとも　ウ　つまり　エ　なぜなら

(二)　①人が本来持っているはずの自然や環境への感受性 とあるが、その説明として最も適当なものを、次のアからエまでの中から選びなさい。

ア　自然や環境が絶えず変化していくという事実に気づく力
イ　人の活動が自然や環境に負荷をかけていることを感じ取る力
ウ　自然や環境が変化していく姿を数世代先まで予測する力
エ　人の活動が自然や環境に与えている負荷をすぐに取り除く力

(三)　次の文章は、ある生徒が第三段落と第四段落の内容をまとめたものである。この文章に対する評価として適当でないものを、次のページのアからオまでの中から二つ選びなさい。

> 人間は、自然をほどほどに受け入れつつ、適度に排除しなが

〈国語〉

時間　四五分　　満点　二二点

一　次の文章を読んで、あとの、㈠から㈤までの問いに答えなさい。

1　人はなぜ掃除をするのだろうか。生きて活動するということは、環境に負荷をかけることだと、人はたぶん本能的に自覚している。だとしたら、負荷を生まないように、自分たちが生きるために恵まれたこの自然を汚さないように活動すればよさそうなものだが、人の想像力あるいは知力は、負荷をかけ続けた果ての地球を想像したり、数世代先の子孫の安寧に配慮したりすることには至らなかった。今日、僕らは眼前に現れた危機、（　A　）浜に打ち寄せ海洋に堆積する大量のプラスチックゴミ、気候変動によるゲリラ豪雨や巨大台風、極点の氷や氷河の解氷による潮位の変化など、近づきつつある危機の予兆をまのあたりにして、地球という資源の限界に気づき、「持続可能性」などという殺伐とした言葉を口にするようになった。文明は急ブレーキを踏み、大慌てでハンドルを切ろうとしている。確かに必要な反省であり対処であるから、これに異を唱えるつもりはない。しかし、いきなり「地球」という大テーマを口にする前に、①人が本来持っているはずの自然や環境への感受性を反芻《はんすう》してはどうだろうか。

2　さしあたっては「掃除」である。人は掃除をする生き物だ。掃除は誰に教わることなく、あらゆる文化・文明においてそれぞれの方法で行われてきた。ある仕事で、世界中の掃除の情景を映像として集めたことがある。オペラハウスの客席の掃除、バイオリン奏者の楽器清掃、教会の窓拭き、公園の落ち葉除去、モスク周辺の街路掃き、イランの絨毯《じゅうたん》掃除、万里の長城の掃き掃除、奈良の東大寺で毎年行われる大仏のお身拭い……。集めた映像を数秒ずつ数珠《じゅず》つなぎに編集して眺めると、不思議と胸が熱くなる。人類は掃除をする生き物なのであるが、なぜ人は掃除をするのか。ここに何か未来へのヒントがあるように思えてならない。

3　少し観察してみると、掃除とは、人為と自然のバランスを整える営みであることがわかる。未墾の大地を、自分たちに都合よく整え、都市や環境を構築する動物は人間だけだ。だから自然に対して人がなした環境を「人工」という。人工は心地がいいはずだが、プラスチックやコンクリートのように自然を侵食する素材が蔓延《まんえん》してくると、人は自然を恋しがるようになる。「人工」は巨大なゴミなのではないかと気づき始めるのである。一方、自然はといえば、放っておくとほこりや落ち葉が降り積もり、草木は奔放に生い茂る。自然は人を保護するためにあるわけではない。放っておくと荒ぶる姿となって、人の営みを蹂躙《じゅうりん》する。人が住まなくなった民家の床や畳の隙間からは、またたく間に草が芽を出し、生い茂り、数年のうちに草木に飲み込まれてしまう。緑を大切に、などという言葉ももはや出ないほど、緑は猛威をふるうのだ。だから人間は、自然をほどほどに受け入れつつ、適度に排除しながら暮らしてきた。おそらくはこれが掃除であり、そのバランスこそ掃除の本質であろう。

4　こんな風に掃除のことを考えているうちに、「庭」に思いが至った。庭、特に日本の庭は、「掃除」すなわち自然と人為の止揚、つまりその拮抗《きっこう》とバランスを表現し続けているものではないかと思ったのである。掃除はもちろん日本だけのものではないが、お茶を飲んだり、花を立てたりという行為を茶の湯だの生け花だのに仕立てるのが得意な日本人である。住居まわりの環境を整える「掃除」という営みを「庭」という技芸に仕上げたのかもしれない。落ち葉は掃きすぎず、

2023年度

解答と解説

《2023年度の配点は解答用紙集に掲載してあります。》

＜数学解答＞

1　(1)　エ　(2)　ウ　(3)　ウ　(4)　ア　(5)　ウ　(6)　イ　(7)　ウ
(8)　イ　(9)　エ　(10)　イ，ウ

2　(1)　イ，ウ　(2)　(Ⅰ)　オ　(Ⅱ)　ク　(3)　①　ウ　②　エ

3　(1)　66度　(2)　①　$\sqrt{34}$cm　②　2cm^2　(3)　①　24cm^2　②　70cm^3

＜数学解説＞

1　**(数・式の計算，平方根，二次方程式，一次関数，確率，数の性質，式による証明，関数$y=ax^2$，空間内の平面)**

(1)　**四則をふくむ式の計算の順序は，乗法・除法→加法・減法**となる。$6-(-4)\div 2=6-(-2)=6+(+2)=6+2=8$

(2)　分母を6と9の**最小公倍数**の18に通分して，$\frac{3x-2}{6}-\frac{2x-3}{9}=\frac{3(3x-2)}{18}-\frac{2(2x-3)}{18}=\frac{3(3x-2)-2(2x-3)}{18}=\frac{9x-6-4x+6}{18}=\frac{9x-4x-6+6}{18}=\frac{5}{18}x$

(3)　$(-3xy)^2=(-3xy)\times(-3xy)=9x^2y^2$だから，$6x^2\div(-3xy)^2\times 27xy^2=6x^2\div 9x^2y^2\times 27xy^2=6x^2\times\frac{1}{9x^2y^2}\times 27xy^2=\frac{6x^2\times 27xy^2}{9x^2y^2}=18x$

(4)　$\sqrt{20}=\sqrt{2^2\times 5}=2\sqrt{5}$，$\sqrt{8}=\sqrt{2^3}=\sqrt{2^2\times 2}=2\sqrt{2}$だから，**乗法公式$(a+b)(a-b)=a^2-b^2$**を用いると，$(\sqrt{5}-\sqrt{2})(\sqrt{20}+\sqrt{8})=(\sqrt{5}-\sqrt{2})(2\sqrt{5}+2\sqrt{2})=2(\sqrt{5}-\sqrt{2})(\sqrt{5}+\sqrt{2})=2\{(\sqrt{5})^2-(\sqrt{2})^2\}=2(5-2)=6$

(5)　**乗法公式$(a-b)^2=a^2-2ab+b^2$**より，$(x-3)^2=x^2-2\times x\times 3+3^2=x^2-6x+9$だから，問題の方程式は，$x^2-6x+9=-x+15$　整理して，$x^2-5x-6=0$　たして-5，かけて-6になる2つの数は，$(+1)+(-6)=-5$，$(+1)\times(-6)=-6$より，$+1$と-6だから，$x^2-5x-6=\{x+(+1)\}\{x+(-6)\}=(x+1)(x-6)=0$　$x=-1$，6

(6)　**yがxの1次関数となるとき，定数a，bを用いて$y=ax+b$と表される。**　ア　面積が100cm^{2}で，たての長さが$x$cmである長方形の横の長さ$y$cmは，$x\times y=100$より，$y=\frac{100}{x}$だから，yがxの1次関数とはならない。　イ　1辺の長さが$x$cmである正三角形の周の長さ$y$cmは，$y=x\times 3=3x=3x+0$だから，yがxの1次関数となる。　ウ　半径が$x$cmである円の面積$y$cm^{2}は，$y=\pi\times x^2=\pi x^2$だから，yがxの1次関数とはならない。　エ　1辺の長さが$x$cmである立方体の体積$y$cm^{3}は，$y=x\times x\times x=x^3$だから，yがxの1次関数とはならない。

(7)　1が書かれている2枚のカードを1A，1Bと区別すると，3枚のカードの取り出し方と，それぞれの場合につくられる3桁の整数は，次ページの図の**樹形図**に示す24通りである。これより，つくられる24個の3桁の整数のうち，213以上となるのは☆印を付けた10個だから，求める確率は$\frac{10}{24}=\frac{5}{12}$

(8)　ア　例えば，$n=4$のとき，$n-2=4-2=2$で**偶数**となり，必ずしも**奇数**とはならない。

イ　$4n+5=4n+4+1=2(2n+2)+1=2\times$(整数)$+1=$奇数　より，必ず奇数となる。
ウ　例えば，$n=2$のとき，$3n=3\times2=6$で偶数となり，必ずしも奇数とはならない。
エ　例えば，$n=3$のとき，$n^2-1=3^2-1=8$で偶数となり，必ずしも奇数とはならない。

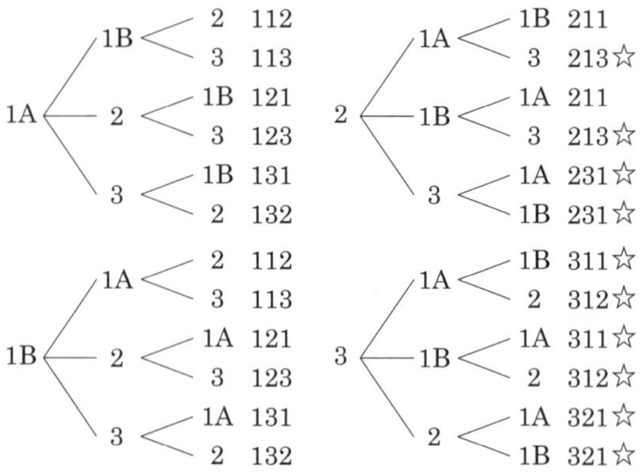

(9)　関数$y=2x^2$について，$x=1$のとき$y=2\times1^2=2$，$x=3$のとき$y=2\times3^2=18$だから，xの値が1から3まで増加するときの**変化の割合**は$\frac{18-2}{3-1}=8$　**一次関数$y=ax+b$では，変化の割合は一定で，xの係数aに等しい。**以上より，xの値が1から3まで増加するときの変化の割合が，関数$y=2x^2$と同じ関数は，エの$y=8x+6$である。

(10)　図1のように，異なる2点A，Bをふくむ平面はいくつもあり1つには決まらないから，直線ABをふくむ平面や，同じ直線上にある3点をふくむ平面は1つには決まらない。これに対して，**1つの直線ABとその直線上にない1点Cをふくむ平面は1つに決まる。**このことから，同じ直線上にない3点をふくむ平面は1つに決まることがわかる。また，図2，3のように，交わる2直線をふくむ平面や，平行な2直線をふくむ平面も1つに決まる。

図1

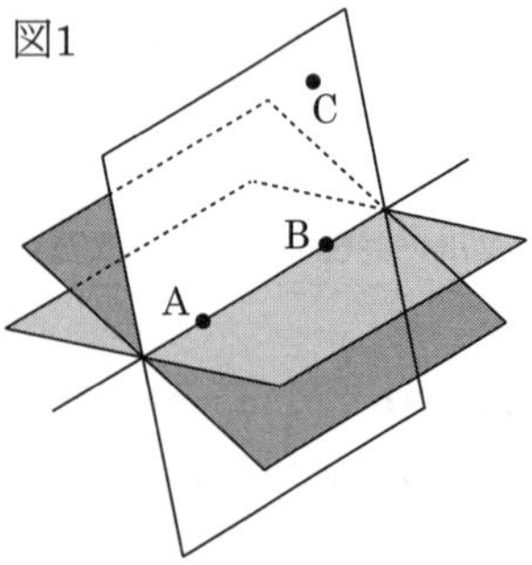

図2

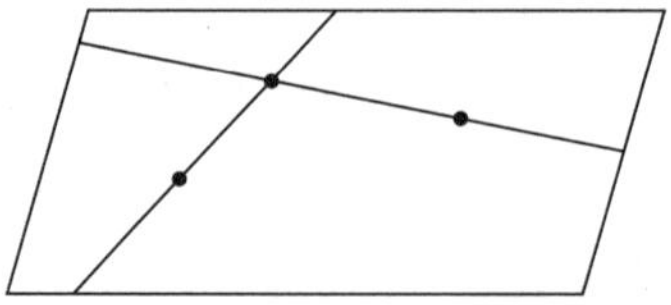

交わる2直線

図3

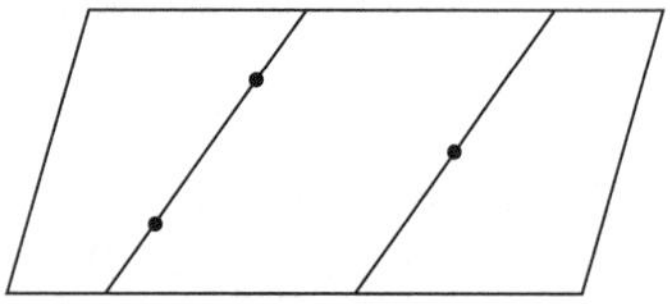

平行な2直線

2　**(資料の散らばり・代表値，合同の証明，関数とグラフ，動点)**

(1)　ア　**範囲**は，資料の最大の値と最小の値の差。**箱ひげ図**においては，範囲はひげの端から端までの長さだから，明らかにB組の範囲の方が大きい。正しくない。　イ　箱ひげ図の箱の横の長さを**四分位範囲**といい，**第3四分位数**から**第1四分位数**を引いた値で求められる。これより，A組の四分位範囲は$30-15=15$(m)，B組の四分位範囲は$35-20=15$(m)で，ともに同じ値である。正しい。　ウ　箱ひげ図において，**第2四分位数(中央値)**は箱の中の仕切りの線で表される。これより，A組の中央値は25m，B組の中央値も25mで，ともに同じ値である。正しい。　エ　A組もB組も生徒の人数は32人だから，第3四分位数は記録の大きい方から8番目と9番目の平均値。これより，A組の第3四分位数は30mであることより，35m以上の記録を出した人数は8人以下。また，B組の第3四分位数は35mであることより，35m以上の記録を出した人数は8人以上。B組よりA組の方が多いとはいえない。正しくない。　オ　第2四分位数(中央値)は記録の小さい方から16番目と17番目の平均値。これより，A組もB組も第2四分位数が25mであることより，25m以上の記録を出した人数はどちらの組も16人以上だが，同じであるとはいえない。正しくない。

(2)　2つの三角形の合同は，「3組の辺がそれぞれ等しい」か，「2組の辺とその間の角がそれぞれ等しい」か，「1組の辺とその両端の角がそれぞれ等しい」ときにいえる。本証明は，「2組の辺とその間の角がそれぞれ等しい」をいうことで証明する。仮定より，AB＝EA…①　**平行四辺形の向かい合う辺は等しい**から，BC＝AD…②　①より，△ABEは二等辺三角形で，**二等辺三角形の底角は等しい**から，∠ABC＝∠AEB…③　AD//BCより，**平行線の錯角は等しい**から，∠AEB＝∠EAD…④　③，④より，∠ABC＝∠EAD…⑤　①，②，⑤から，2組の辺とその間の角がそれぞれ等しい。

(3)　①　点Pが頂点Aを出発してからx秒後のAPの長さ$y$cmについて，xとyの関係をグラフに表すと右図の実線のようになる。これより，$x=6$のとき，$y=2$である。

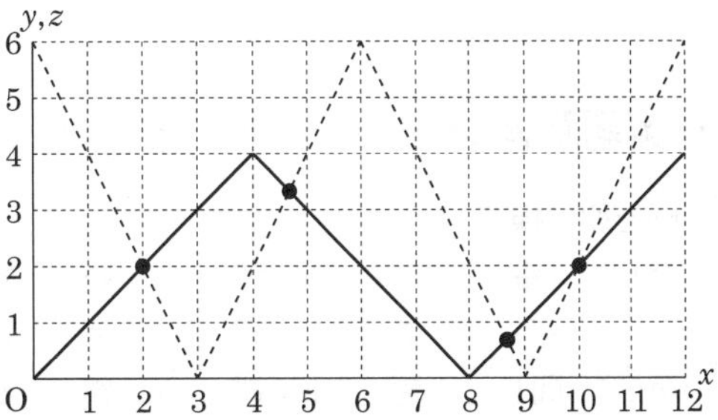

②　点Qが頂点Cを出発してからx秒後のBQの長さを$z$cmとして，xとzの関係を①のグラフに書き加えると，右図の破線のようになる。AB//PQとなるとき，四角形ABQPは長方形となり，AP＝BQ，つまり$y=z$となる。これは，図のAPの長さのグラフとBQの長さのグラフの交点の位置(●印)である。よって，点P，Qがそれぞれ頂点A，Cを同時に出発してから12秒後までに，AB//PQとなるときは4回ある。

3 (角度，線分の長さ，面積，体積)

(1)　AO//BCより，平行線の錯角は等しいから，∠OBC＝∠AOB＝48°　△OBCがOB＝OCの二等辺三角形であることと，その内角の和が180°であることから，∠BOC＝180°−2∠OBC＝180°−2×48°＝84°　$\overset{\frown}{AC}$に対する**中心角と円周角の関係**から，$\angle ADC=\frac{1}{2}\angle AOC=\frac{1}{2}(\angle AOB+\angle BOC)=\frac{1}{2}(48°+84°)=66°$

(2)　①　△ABDで**三平方の定理**より，$DB=\sqrt{AB^2+AD^2}=\sqrt{6^2+10^2}=2\sqrt{34}$(cm)　FE//DBより，**平行線と線分の比についての定理**を用いると，FE：DB＝AE：AB＝1：(1＋1)＝1：2　$FE=DB\times\frac{1}{2}=2\sqrt{34}\times\frac{1}{2}=\sqrt{34}$(cm)

②　FE//DBより，平行線と線分の比についての定理を用いて，AF：FD＝AE：EB＝1：1　$FD=\frac{AD}{2}=\frac{10}{2}=5$(cm)　FD//BCより，平行線と線分の比についての定理を用いて，FH：HC＝DH：HB＝FD：BC＝5：10…㋐　$DH=DB\times\frac{5}{5+10}=2\sqrt{34}\times\frac{5}{5+10}=\frac{2\sqrt{34}}{3}$(cm)　FE//DHより，平行線と線分の比についての定理を用いて，$FG:GH=FE:DH=\sqrt{34}:\frac{2\sqrt{34}}{3}=3:2$…㋑　㋐，㋑より，FG：GH：HC＝3：2：10　△DGHと△DCFで，**高さが等しい三角形の面積比は，底辺の長さの比に等しい**から，$\triangle DGH=\triangle DCF\times\frac{GH}{FC}=\left(\frac{1}{2}\times FD\times CD\right)\times\frac{GH}{FG+GH+HC}=\left(\frac{1}{2}\times5\times6\right)\times\frac{2}{3+2+10}=2(cm^2)$

(3)　①　2点A，Bから辺DCへそれぞれ垂線AI，BJを引く。台形ABCDは**線対称な図形**であるから，$DI=CJ=\frac{DC-AB}{2}=\frac{9-3}{2}=3$(cm)　△ADIに三平方の定理を用いると，$AI=\sqrt{DA^2-DI^2}=\sqrt{5^2-3^2}=4$(cm)　よって，台形ABCDの面積は，$\frac{1}{2}\times(AB+DC)\times AI=\frac{1}{2}\times(3+9)\times4=24(cm^2)$

②　①と同様にして，2点E，Fから辺HGへそれぞれ垂線EK，FLを引くと，①より，HK＝

DI＝3(cm)，GL＝CJ＝3(cm)，EK＝AI＝4(cm)　立体ABEFGHは，底面が△AEKで高さがHKの三角錐と，底面が△AEKで高さがKLの三角柱と，底面が△BFLで高さがGLの三角錐に分けられる。三角錐H－AEKと三角錐G－BFLが合同な三角錐であることを考慮すると，(立体ABEFGHの体積)＝(三角錐H－AEKの体積)＋(三角柱AEK－BFLの体積)＋(三角錐G－BFLの体積)＝(三角錐H－AEKの体積)×2＋(三角柱AEK－BFLの体積)＝$\left\{\frac{1}{3}\times\left(\frac{1}{2}\times EK\times AE\right)\times HK\right\}\times 2+\left(\frac{1}{2}\times EK\times AE\right)\times KL=\left\{\frac{1}{3}\times\left(\frac{1}{2}\times 4\times 7\right)\times 3\right\}\times 2+\left(\frac{1}{2}\times 4\times 7\right)\times 3=70(cm^3)$

＜英語解答＞

聞き取り検査

第1問　1番　a 誤　b 誤　c 誤　d 正　2番　a 誤　b 正　c 誤　d 誤
3番　a 誤　b 正　c 誤　d 誤

第2問　問1　a 誤　b 誤　c 誤　d 正　問2　a 誤　b 誤　c 正　d 誤

筆記検査

1　(1)　エ　(2)　ウ　(3)　イ
2　(1)　ア　(2)　1番目　カ　3番目　イ　5番目　エ
3　(1)　ウ　(2)　ア　(3)　イ　(4)　ウ　(5)　①　ア　②　エ
4　(1)　①　ウ　②　エ　③　イ　(2)　ウ　(3)　ア　(4)　ア，オ

＜英語解説＞

聞き取り検査(リスニング)

放送台本の和訳は，49ページに掲載。

筆記検査

1　(会話文問題：語句補充)

(全訳)　ジェームス：何を読んでいるの？
麻美　　　：高校生のいいふるまいについての(1)新聞記事を読んでいるの。
ジェームス：なるほど。何て書いてあるの？
麻美　　　：えっと，ある朝盲目の人がガイド犬と一緒に学校の門のそばを歩いていて，そして自転車に乗っている生徒たちが(2)門のところで彼らの前を通り過ぎるところだったの。
ジェームス：何がいいふるまいなの？
麻美　　　：もう少し聞いて。その生徒たちは彼と犬を見て，自転車に乗るのをやめて歩き始めたから，彼は安全に歩き続けることができたのよ。
ジェームス：わあ，とても優しいね！　(3)なんてすばらしい朝なんだ！　きっとその生徒たちはその日を楽しんだに違いないよ。

(1)　直後に書かれている内容から，ア「レシピ本」イ「英語辞書」ウ「天気予報」は合わない。

(2)　3つ目の麻美の発話から生徒たちが門の前で何をしたのかを考える。ア「教室で『おはよう』というところだった」，イ「門のそばで彼らの道をふさいでいた」，エ「門のそばで音楽を聴いていた」は内容に合わない。**be about to に動詞の原形**を続けて「～するところである、～し

ようとしている」。

(3)　麻美はある朝の高校生のいいふるまいについて話しているのでウがふさわしい。<What ＋(a[an])＋形容詞＋名詞＋主語＋動詞！>の語順で「なんて～な(名詞)でしょう！」という感嘆文になる。ここでは It was a wonderful morning.「それは素晴らしい朝でした」が<What a wonderful morning it was!>「なんてすばらしい朝なんでしょう！」となるが，最後の主語と動詞は省略することができる。

2 (語句補充，文の並べ換え問題：接続詞，過去形，接続詞)

(1)　though「～だけれども」because「～なので」第2文目に「土曜日は雨になるから家でDVDを見るつもりだ」とあるので，ア「土曜日に友達とブルーマウンテンに行く予定だったけれども，私たちは予定を変えて日曜日にそこへ行くことに決めました」がふさわしい。

(2)　(Also, I'm going to walk our dog on) Saturday morning before it starts to rain,(because I'll be busy the next day.)「また，次の日は忙しいので土曜日の朝雨が降る前に犬の散歩に行くつもりです」語群に before「～の前に」, rain「雨が降る」, starts「始まる」とあるので「雨が降り始める前に」と考える。start to に動詞の原形を続けて「～し始める」の意味。天気予報を見ると土曜日の午前中が降る前とわかるので不要な語はキとなる。

3 (長文読解問題・説明文：語句の問題，語句補充，内容真偽)

(全訳)　日本に住んでいる多くの人たちにとって水を得ることは簡単です。しかし水が一体どこから来るのか$_A$(考えた)ことはありますか？　それは森林からやって来ており，日本の土地の約3分の2が森林です。森林は水を放ち，私たちはそれを産業，農業，日々の生活などに使っています。森林と水はお互いに関連し合っています。

a【森林はダムのようなものです。】それはいつでも雨水や川の水を貯め，放出する施設です。森林は同じ役割を持っています。雨水は森林の下の地面へと入り，その地面を通してきれいな水になります。その地面はその水を地下水として保ち，ゆっくり川へと出ていきます。

b【森林は土地を安全に保ちます。】森林にはたくさんの木があり，その木の根が土の中に伸びていきます。雨の時はそれが雨水を吸収して地面を固く支えます。森林がなければ雨の時に日本で山崩れがもっと起きるでしょう。

c【森林は地球温暖化を止めます。】その主な原因の一つは二酸化炭素です。科学者が言うには空気中の二酸化炭素量はますます増えてきているのです。地球はますます暖かくなってきています。木は成長しながら二酸化炭素を吸収して酸素を放出しているのです。木は何年も中に二酸化炭素を蓄えています。同じことが木から切られた材木にも言えます。それなので一片の材木を使うことでさえも環境を守るためには重要なのです。

森林のない生活を想像できますか？　もし森林がなければ将来山崩れや環境問題についてもっと心配しなくてはならないでしょう。水を得るのはもっと困難でしょう。森林はあなたの日々の生活のために水を放出します。多くの森林は林業によって守られていることを覚えておくべきです。林業は，50～100年の中で育て，切り，使い，そして木をまた植えるという循環を繰り返すことで森林を安全に保っています。林業は持続可能な産業なのです。

(1)　**<Have[Has]＋主語＋動詞の過去分詞形～？>**で**「～したことがありますか」**という経験の意味を表すことができる。ここでは続く文が「水がどこから来るのか」とあるのでwonderedに疑問詞を続けて「～だろうかと思う」の意味と考える。

(2)　【b】続く文には根があることで森の地面が強くなることが述べられているのでアがふさわし

い。

(3) ア 「日本の森林の約3分の2はお互いに関係しあっている」(×) 第1段落第3文参照。 イ 「森林のおかげで雨水は私たちの日々の生活のための水に変わる」(○) 第2段落第4文参照。 ウ 「地球の森林はますます多くの二酸化炭素を排出している」(×) 第4段落参照。 エ 「森林では日々の生活で必要とする水は林業によって守られている」(×) 第5段落第4文以降参照。

(4) ア 「森林の木々が企業や畑や町のための水を作る」(×) 第1，2段落参照。 イ 「ダムの雨水は森林の地面に入っていく」(×) 第2段落参照。 ウ 「雨の時，木のない土地はより多くの山崩れを引き起こす」(○) 第3段落参照。 エ 「林業は1年の中で木を育て，切り，使い，そしてまた植えるということを続けている」(×) 第5段第6文落参照。

(5) ①・② 第4段落参照。

4 (会話文問題：語句補充，内容真偽)

(全訳) デイビッド：やあ，太一，週末はどうだった？

太一：昨日家族と銭湯①へ行ったよ。

デイビッド：銭湯？ 何それ？

太一：えっとね，公共用の大きなお風呂の施設だよ。同じ建物のなかにたくさんの種類のお風呂と，レストラン，雑誌や漫画を読める場所があるんだ。

デイビッド：わあ，きみときみの家族はそこで長い時間を過ごしたんだね？

太一：うん，お風呂に②入ったあと夕飯を食べたよ。

デイビッド：いい週末だったんだね。A(それに対して)僕は何もすることがなくて退屈だった。ああ，この前の夏のバースへの家族旅行を思い出したよ。

太一：バースへの家族旅行？

デイビッド：うん，バースはイギリスで観光客に最も人気の場所の一つだよ。ロンドンから160km西にあるんだ。イギリスではバースのみに温泉があると聞いてるよ。そこでいい時間を過ごしたんだ。

太一：なるほど！ 僕の週末の話がきみに家族旅行を③思い出させたんだね？

デイビッド：その通り！ バースには約2000年前にたくさんの種類のお風呂があったって知ったんだ。

太一：ああ，バースには長い歴史があるんだね。もっとそれについて知りたいな。えっと，デイビッド，次の土曜日に一番近いお風呂に行かない？

デイビッド：もちろん！ 僕は日本のお風呂も経験したいよ！

(1) ① go to に場所を続けて「～へ行く」。 ② お風呂に「入る」の表現には take を使う。 ③ **<remind +人+ of ～>**「人に～を気づかせる，思い出させる」

(2) 空欄前は太一が良い週末をすごしたこと，空欄直後はディビッドが退屈だったことが述べられており反対の内容となっている。**on the other hand**「これに対して，他方で」がふさわしい。ア「私の見解では」イ「したがって」エ「私の意見では」

(3) 日本のお風呂の history「歴史」については会話の中では述べられていないので，ア「情報なしなので，土曜日に太一に聞く」がふさわしい。

(4) ア 「もし太一が8月に博物館へ行くならば，彼は一番長い時間そこに滞在できる」(○) 表の Opening Times「開館時間」欄の一番上を見ると「2023年3月1日～10月31日，月～金，9時～18時」とある。他の期間は開館時間がやや短い。 イ 「来訪者は12月は9時に博物館に入れる」(×) 開館時間2段目を見ると9時半開館となっている。 ウ 「太一が12月25日に博物館を訪れるのはワクワクすることだ」(×)　開館時間の欄外に「12月25，26日は閉館」とある。また表には太一の感情は書かれていない。　エ 「博物館の平日のチケット代は週末よりも高い」(×)　チケット欄を見ると平日の方が安い。　オ 「16歳の来訪者は博物館に入るために12.5ポンドか10ポンド払う」(○)　チケット欄によると16歳は一番下の child「子ども」の料金になる。カ 「12月は19歳以上の全ての来訪者は週末に19ポンド払う必要がある」(×)　チケット欄19歳以上は一番上の Adult「大人」とStudent「学生」があり，大人の週末料金は20ポンドである。

2023年度英語　聞き取り検査

〔放送台本〕

第1問は，1番から3番までの三つあります。それぞれについて，最初に対話を聞き，続いて，対話についての問いと，それに対する答えを聞きます。そのあと，もう一度，対話と問い，それに対する答えを聞きます。必要があればメモをとってもよろしい。

問いの答えとして正しいものはマーク欄の「正」の文字を，誤っているものはマーク欄の「誤」の文字を，それぞれ塗りつぶしなさい。正しいものは，各問いについて一つしかありません。それでは，聞きます。

(第1問)

1番　Clerk:　Welcome to The Mall ABC. May I help you?
Woman:　Yes, please. I want to buy a new soccer ball. Where can I find one?
Clerk:　Certainly. You can find one at the sports shop. It's on the second floor. The stairs by that cafe will take you to the shop soon.
Question: Where are they talking?
a　They are in a soccer stadium.
b　They are in a sports shop.
c　They are in a cafe.
d　They are in a shopping mall.

2番　Woman:　Hello. This is Midori Station.
Mike:　Hello. This is Mike Brown. I think I lost my watch in the station yesterday.
Woman: Oh, that's too bad. What is it like?
Question: What will Mike say next?
a　Shall I help you find it?
b　It's blue and round.
c　No. It sounds interesting.
d　Yes. It's my favorite watch.

3番　Ms. Green: Good morning, Mr. Baker.
Mr. Baker: Good morning, Ms. Green. I borrowed these two books

from your library and finished reading them in two days. Can I borrow another?

Ms. Green: Of course. You can borrow ten books.

Question: What is true about this conversation?

a They have finished reading all of the books that can be borrowed.
b They are talking about the number of books that can be borrowed.
c Ms. Green needs to return her books to borrow other books.
d Mr. Baker will finish reading books in two days.

〔英文の訳〕

1番 店員：ABCモールへようこそ。おうかがいしましょうか？
女性：はい，お願いします。新しいサッカーボールを買いたいんです。どこにありますか？
店員：かしこまりました。スポーツショップで見つけられます。2階です。あのカフェのそばの階段からそのお店へすぐに行けます。
質問：彼らはどこで話していますか？
a 彼らはサッカースタジアムにいる。― 誤
b 彼らはスポーツショップにいる。― 誤
c 彼らはカフェにいる。― 誤
d 彼らはショッピングモールにいる。― 正

2番 女性 ：もしもし。ミドリ駅です。
マイク：もしもし。マイク・ブラウンです。昨日駅で時計をなくしてしまったと思うのですが。
女性 ：ああ，それはお気の毒に。それはどんな時計ですか？
質問：マイクは次に何と言いますか？
a 見つけるのを手伝いましょうか？― 誤
b 青くて丸いです。― 正
c いいえ。面白そうです。― 誤
d はい。それは私のお気に入りの時計です。― 誤

3番 グリーンさん：おはようございます，ベイカーさん。
ベイカーさん：おはようございます，グリーンさん。あなたの図書館からこの2冊の本をお借りして，2日で読み終わりました。もう一冊借りてもいいですか？
グリーンさん：もちろんです。10冊借りられます。
質問：この会話について正しいのはどれですか？
a 彼らは借りることのできる本を全て読み終えてしまった。― 誤
b 彼らは借りることのできる本の冊数について話している。― 正
c グリーンさんは他の本を借りるために本を返さないといけない。― 誤
d ベイカーさんは2日で本を読み終えるだろう。― 誤

〔放送台本〕

第2問では，最初に，英語によるスピーチを聞きます。続いて，スピーチについての問いと，それに対する答えを聞きます。問いは問1と問2の二つあります。そのあと，もう一度，スピーチと問い，それに対する答えを聞きます。必要があればメモをとってもよろしい。問いの答えとして正しいものはマーク欄の「正」の文字を，誤っているものはマーク欄の「誤」の文字を，それぞれ塗りつぶしな

さい。正しいものは，各問いについて一つしかありません。それでは，聞きます。

（第2問）

Hello, I'm Kota. About five years ago, I began to study English at school. At that time, I was too shy to speak English. Last month, an old man asked me the way to City Hall in English. At first I felt nervous, but I was very satisfied when I could show the way. Then I decided to study English harder. Thank you.

問1　What happened last month?

a　Kota went to school with the old man.
b　Kota asked the way to City Hall in English.
c　Kota began to study English for the first time.
d　Kota showed the old man the way to City Hall.

問2　What is the best title of this speech?

a　Why I was shy at school
b　My English about five years ago
c　Why I study English hard
d　The way to study English

〔英文の訳〕

こんにちは，私はコウタです。約5年前，私は学校で英語を学び始めました。その時私は恥ずかしくて英語を話すことができませんでした。先月，お年寄りの男性が英語で市民ホールへの行き方を私にたずねてきました。最初私は不安に思いましたが，道を伝えられたときとても満足しました。そしてもっと一生懸命英語を勉強することに決めました。ありがとうございました。

問1　先月何がありましたか？

a　コウタはお年寄りの男性と学校へ行った。―　誤
b　コウタは英語で市民ホールへの行き方を聞いた。―　誤
c　コウタは初めて英語を勉強し始めた。―　誤
d　コウタはお年寄りの男性に市民ホールへの行き方を伝えた。―　正

問2　このスピーチのタイトルで一番良いのは何ですか？

a　なぜ私が学校でシャイなのか。―　誤
b　約5年前の私の英語。―　誤
c　なぜ私が英語を一生懸命勉強するのか。―　正
d　英語を勉強する方法。―　誤

<理科解答>

1　(1)　ア　(2)　エ
2　(1)　ア　(2)　オ　(3)　Ⅰ　ア　Ⅱ　エ　(4)　カ
3　(1)　エ　(2)　イ　(3)　オ　(4)　説明文　ウ　グラフ　b
4　(1)　ク　(2)　カ　(3)　ウ　(4)　ア，オ

5 (1) イ　(2) ウ　(3) エ　(4) Ⅰ イ　Ⅱ エ　Ⅲ ア
6 (1) Ⅰ イ　Ⅱ オ　(2) ケ

＜理科解説＞

1 (小問集合－天体の動きと地球の自転・公転：星の年周運動，状態変化，身のまわりの物質とその性質：密度，力のつり合いと合成・分解：浮力)

(1)　ある日の午後7時に北の空に見えた恒星Xは，**1か月後の同じ時刻には地球の公転によって西に約30°移動して見える**。このような，地球の公転による星の見かけの動きを，星の年周運動という。

(2)　**状態変化では**，物質の状態や体積は変化するが，粒子の数そのものは変化しないので，**質量は変化しない**。一般的に，物質の**温度が下がる**ことによって，粒子の運動がおだやかになるため，**物質の体積が減少し，密度は大きくなる**。このような物質の例として，エタノールがあげられる。エタノールの液体の中に，温度を下げて固体にしたエタノールを入れると，**エタノールの場合は，固体の方が液体より密度が大きいので，固体のエタノールは沈む**。

2 (植物の体のつくりとはたらき：対照実験による蒸散が行われる場所の特定・気孔，植物の特徴と分類：双子葉類のつくり，生物と細胞：顕微鏡観察のしかた)

(1)　**双子葉類**の茎のつくりは**維管束が輪のように並んでいる**ため，図はⅠであり，双子葉類の根のつくりは主根とそこから枝分かれする細い側根であるため，図はⅢである。

(2)　顕微鏡における拡大倍率＝接眼レンズの倍率×対物レンズの倍率，であるため，〔観察〕②の拡大倍率は10×10＝100より，100倍である。対物レンズだけを40倍に変えたときの倍率は10×40＝400より，400倍である。**低倍率から高倍率に変わった場合は，視野がせまくなる**ため，視野中に見える気孔の数は減り，**視野の明るさは暗くなる**。

(3)　**図Aは**，全ての葉の表側だけにワセリンを塗ったので，**蒸散は葉の裏側の気孔と茎の気孔**で行われる。**図Bは**，全ての葉の裏側だけにワセリンを塗ったので，**蒸散は葉の表側の気孔と茎の気孔**で行われる。**図Cは**，ワセリンをどこにも塗らなかったので，**蒸散は葉の表側の気孔と葉の裏側の気孔と茎の気孔**で行われる。よって，**葉の表側よりも裏側からの蒸散量が多いことは**，アのAの水の減少量が，Bの水の減少量より大きいことからわかる。また，**葉以外の部分からも蒸散が起こっていると考察できる理由は，Cの水の減少量－Bの水の減少量**＝葉の表側の気孔と葉の裏側の気孔と茎の気孔で行われた蒸散量－葉の表側の気孔と茎の気孔で行われた蒸散量＝**葉の裏側の気孔で行われた蒸散量**＝36.2〔cm^3〕－20.2〔cm^3〕＝**16.2〔cm^3〕**である。**図Aのすべての葉の表側だけにワセリンを塗った場合の水の減少量は26.2cm^3であり，葉の裏側の気孔からの蒸散量より10cm^3多いため**である。なお，10cm^3は茎の気孔からの蒸散量である。

(4)　表より，葉の裏側からの蒸散量＝アジサイC－アジサイB＝36.2〔cm^3〕－20.6〔cm^3〕＝15.6〔cm^3〕であり，葉の表側からの蒸散量＝アジサイC－アジサイA＝36.2〔cm^3〕－26.2〔cm^3〕＝10.0〔cm^3〕である。よって，(葉の裏側から蒸散した量)÷(葉の表側から蒸散した量)≒1.6により，約1.6倍である。

3 (化学変化と物質の質量：質量保存の法則・化学変化に関係する物質の質量の比・応用問題の計算とグラフの考察，気体の発生とその性質，物質の成り立ち：炭酸水素ナトリウムの熱分解)

(1)　**石灰石(炭酸カルシウム)と塩酸**との化学変化によって，発生する気体は**二酸化炭素**であるる。亜鉛にうすい塩酸を加えたとき発生する気体は水素，塩化アンモニウムと水酸化カルシウムとの反応で発生する気体はアンモニア，塩化銅水溶液の電気分解で発生する気体は塩素，**炭酸水素ナトリウムの熱分解**で発生する気体は，$2NaHCO_3 \rightarrow Na_2CO_3 + H_2O + CO_2$，より**二酸化炭素**である。

(2)　物質が化学変化するとき，**質量保存の法則**が成り立つのは，化学変化の前後で物質をつくる原子の組み合わせは変わるが，反応に関係する物質の原子の種類と数は変わらないからである。

(3)　石灰石1.00gがすべて塩酸15cm^{3}と反応したとき，表より，発生する気体の質量〔g〕＝75.00〔g〕－74.56〔g〕＝0.44〔g〕，である。**塩酸15cm^{3}と過不足なく反応する石灰石の質量をxgとすると，そのとき発生する二酸化炭素の質量は1.1gである。**よって，1〔g〕：x〔g〕＝0.44〔g〕:1.1〔g〕，**x〔g〕＝2.5〔g〕**，である。反応後のビーカーEに反応後のビーカーAの水溶液を混ぜ合わせると，ビーカーEには1.00〔g〕＋5.00〔g〕＝**6.00(g)の石灰石**に，15〔cm^3〕×2＝30〔cm^3〕の塩酸を加えたことになり，**塩酸30cm^{3}と過不足なく反応する石灰石の質量〔g〕**＝2.50〔g〕×2＝**5.00〔g〕**，であることから，**1.00gの石灰石が未反応**である。塩酸15cm^{3}と過不足なく反応する石灰石の質量は2.5gであることから，**未反応の石灰石1.00gをすべて反応させるための塩酸の体積は**，15〔cm^3〕÷2.5＝6〔cm^3〕，より，**6cm^3**である。

(4)　〔実験〕で用いた塩酸15cm^{3}と過不足なく反応する石灰石の質量は2.5gであった。**2倍の濃さの塩酸15cm^{3}と過不足なく反応する石灰石の質量は2倍の5.0g**である。また，2倍の濃さの塩酸を用いたときに，反応した石灰石1.00gあたりで発生する気体の質量は，もとの濃さのときに対して変わらない。なぜならば，もとの濃さでの実験で，**ビーカーAでは，石灰石1.00gが塩酸に対して全て反応し，未反応の塩酸が残った状態**であり，発生した二酸化炭素の質量が0.44gであった。**濃さが2倍になっても，未反応の塩酸の質量が増えるだけ**である。**グラフは**，2倍の濃さの塩酸15cm^{3}と過不足なく反応する**石灰石の質量は2倍の5.0g**であり，そのとき発生する**二酸化炭素の質量は**，0.44g×5＝2.20(g)，より，**2.20g**である。よって，bである。

4　**(力と物体の運動：記録タイマーによる斜面を下りる台車の運動の実験，力学的エネルギー：運動エネルギー・力学的エネルギーの保存)**

(1)　記録タイマーは，1秒間に60回，点を打つため，**6打点は0.1秒**である。よって，線Cから線Dの間の台車の平均の速さ〔cm/秒〕＝(9.6〔cm〕－6.3〔cm〕)÷0.1〔秒〕＝33〔cm/秒〕である。

(2)　問1と同様に求めると，線Oから線Aの間の台車の平均の速さ〔cm/秒〕＝15〔cm/秒〕，線Aから線Bの間の台車の平均の速さ〔cm/秒〕＝21〔cm/秒〕，線Bから線Cの間の台車の平均の速さ〔cm/秒〕＝27〔cm/秒〕であり，**各区間における平均の速さの変化**を求めると，21〔cm/秒〕－15〔cm/秒〕＝27〔cm/秒〕－21〔cm/秒〕＝33〔cm/秒〕－27〔cm/秒〕**＝6〔cm/秒〕**であることから，**斜面上の台車にはたらく重力の斜面に平行な一定の分力が，台車の運動の向きにはたらき続けるので，速さが一定の割合で大きくなる運動になっていると考察できる。**以上から，**線Dと線Eの間の台車の平均の速さ〔cm/秒〕＝33〔cm/秒〕＋6〔cm/秒〕＝39〔cm/秒〕**であるため，**線Dから線Eの間の距離〔cm〕**＝39〔cm/秒〕×0.1〔秒〕＝**3.9〔cm〕**である。また，線Eと線Fの間の台車の平均の速さ〔cm/秒〕＝39〔cm/秒〕＋6〔cm/秒〕＝45〔cm/秒〕であるため，線Eと線Fの間の距離〔cm〕＝45〔cm/秒〕×0.1〔秒〕**＝4.5〔cm〕**である。よって，図3より線Oから線Dの間の距離が**9.6cm**であるため，線Oと線Fの間の距離〔cm〕＝9.6〔cm〕＋3.9〔cm〕＋4.5〔cm〕＝18.0〔cm〕である。

(別解)　**横軸には「時間」を，縦軸には「0.1秒間に台車が進んだ距離」をとる。**図3の測定値(0.1秒，1.5cm)，(0.2秒，2.1cm)，(0.3秒，2.7cm)，(0.4秒，3.3cm)を点(・)で記入し，各点(・)を結ぶ直線を引く。直線を延長し，0.5秒に対応する3.9cmを読み取り，0.6秒に対応する

4.5cmを読み取る。よって，線Oと線Fの間の距離〔cm〕＝9.6〔cm〕＋3.9〔cm〕＋4.5〔cm〕＝18.0〔cm〕である。

(3)　**運動エネルギーの大きさは，小球の質量が大きいほど大きい。また，小球の運動で力学的エネルギーは保存される。**a点における位置エネルギーは，斜面のレールの上を下りると，減少するとともに運動エネルギーは増加していき，一番低いb点で位置エネルギーはすべて運動エネルギーに変わる。よって，運動エネルギーが最も大きい瞬間は，③よりも質量が大きい②で質量200gの小球が点bを通過する瞬間である。

(4)　力学的エネルギー保存の法則により，②で，小球が点cを通過する瞬間の運動エネルギーと位置エネルギーの和は，点aで静かに手をはなした瞬間の位置エネルギーに等しい。よって，アが正しい。③は，斜面上の点aに小球を置き，**小球を斜面に沿って上向きに勢いをつけて押し出し，小球が最高点に達してから斜面を下っているので，小球が最高点のときの位置エネルギーは，点aのときの位置エネルギーより大きい。**一番低い点dで位置エネルギーはすべて運動エネルギーに変わる。よって，②と③で，点dを通過する瞬間の小球の速さを比較すると，③の方が速い。よって，オが正しい。

5　(天気の変化：寒冷前線・空気中の水蒸気量，気象要素の観測：乾湿計・天気記号)

(1)　表1の3月22日6時の天気は晴れであるため，天気記号はイの①である。

(2)　表1の3月21日の3時から9時までの間に通過した前線は，**寒冷前線**である。そのように判断した理由は，**通過時は短時間に強いにわか雨**が降ったと推察され，前線が通過した後に**風向が南寄りから北寄りに変わり，気温が急に下がっている**からである。

(3)　表1の3月21日9時の湿度は45％であり，気温は13℃である。表2より，乾湿計では，乾球が気温を示すので，**湿度が45％のとき，乾球と湿球の温度の差は5℃**である。よって，湿球の示度〔℃〕＝13〔℃〕－5〔℃〕＝8〔℃〕，である。

(4)　3月20日9時は気温が**10.0℃で湿度は54％**，3月20日15時は気温が**19.0℃で湿度は54％**，3月21日15時は気温が**10.7℃で湿度は54％**である。**露点が最も高いのは**，3つの時刻のうち気温が最も高い**3月20日15時**の観測データである。その理由は，露点は空気が冷やされて，含まれていた水蒸気が水滴に変わりはじめるときの温度である。表3より，**同じ湿度ならば，気温の高い空気の方が飽和水蒸気量が大きいため，より多くの水蒸気を含んでいるから**である。なお，(Ⅱ)**「3月20日15時は気温が19.0℃で湿度は54％」のときの露点をもとめる。**19.0℃のときの飽和水蒸気量は16.3〔g/m^3〕であるため，**実際に19.0℃の空気1m^{3}中に含まれていた水蒸気量**をx〔g/m^3〕とすると，$\frac{x\,[\mathrm{g/m^3}]}{16.3\,[\mathrm{g/m^3}]}\times 100=54$，$x$〔g/m^3〕≒**8.8〔g/m^3〕**である。**飽和水蒸気量が8.8〔g/m^3〕のときの露点は9℃である。**

6　(小問集合－：生物の成長と生殖：減数分裂・受精，電流：回路の電圧と電流と抵抗)

(1)　**生殖細胞がつくられるときは減数分裂が行われるため，染色体の数はもとの細胞の半分**になる。よって、この動物の雄の生殖細胞は図のイ，雌の生殖細胞は図のアであり，雌と雄の生殖細胞が受精してできた受精卵は図のオ，である。

(2)　図4の上の直線を電熱線Aを用いた場合とすると，**電熱線Aの抵抗R_A〔Ω〕**$=\frac{0.5\,[\mathrm{V}]}{0.01\,[\mathrm{A}]}=$**50〔Ω〕**である。図4の下の直線を電熱線Bを用いた場合とすると，**電熱線Bの抵抗R_B〔Ω〕**$=\frac{1.0\,[\mathrm{V}]}{0.01\,[\mathrm{A}]}=$**100〔Ω〕**である。**実験の③の図2並列回路の合成抵抗をR_3**とすると，$\frac{1}{R_3\,[\Omega]}=\frac{1}{R_A\,[\Omega]}+\frac{1}{R_B\,[\Omega]}$

$=\dfrac{1}{50[\Omega]}+\dfrac{1}{100[\Omega]}=\dfrac{3}{100[\Omega]}$である。**実験の④の図3直列回路の合成抵抗$R_4$〔Ω〕**$=R_A[\Omega]+R_B[\Omega]=50[\Omega]+100[\Omega]=$**150〔Ω〕**である。実験の③の図2の電流計が示す値I_3〔A〕$=\dfrac{3.0[V]}{R_3[\Omega]}=3.0[V]\times\dfrac{3}{100[\Omega]}=$**0.09〔A〕**であり，実験の④の図3の電流計が示す値I_4〔A〕$=\dfrac{3.0[V]}{R_4[\Omega]}=\dfrac{3.0[V]}{150[\Omega]}=$**0.02〔A〕**である。よって，実験の③の図2の電流計が示す値は0.09Aであり，実験の④の図3の電流計が示す値は0.02Aであるから，**実験の③の図2の電流計が示す値は，実験の④の図3の電流計が示す値の4.5倍**である。

＜社会解答＞

1　(1)　①　イ　②　キ　(2)　ウ　(3)　ウ
2　(1)　①　ア　②　エ　(2)　③　イ　④　オ　⑤　キ　(3)　ア　(4)　ウ
3　(1)　①　イ　②　ウ　(2)　Z　③　ア　④　B　(3)　⑤　C　⑥・⑦　ア
4　(1)　カ　(2)　イ　(3)　ア　(4)　エ
5　(1)　①　エ　②　オ　(2)　エ，オ　(3)　③　ア　④　エ　⑤　カ
　(4)　⑥　イ　⑦　エ　(5)　イ　(6)　ウ

＜社会解説＞

1　**(歴史的分野―日本史時代別－古墳時代から平安時代・鎌倉時代から室町時代・安土桃山時代から江戸時代，―日本史テーマ別－文化史・社会史・宗教史・外交史，―世界史－政治史・社会史)**

(1)　①　古代の中国と西洋を結んだ交易路が**シルクロード**である。中国は唐の時代であり，西アジアへは絹が，中国へは羊毛・金・銀などがもたらされた。Ⅰの資料の時代は8世紀であり，中国では**唐**が，西アジアでは**イスラム国**の**ササン朝ペルシャ**が勢力を誇っていた。　②　**東大寺**敷地内に存在する，**校倉造**(あぜくらづくり)の大規模な高床倉庫を**正倉院**という。**聖武天皇**・光明皇后ゆかりの品をはじめとする，天平時代を中心とした多数の美術工芸品を収蔵している。

(2)　Ⅱの資料の写真は，**鎌倉**を示している。ここに幕府が置かれていたのは鎌倉時代のことである。　ア　100万人以上が住んでいたのは，江戸時代の**江戸**の町である。　イ　有力な商工業者たちによる自治が行われたのは，安土桃山時代の和泉国の**堺**である。　エ　**真言宗**の開祖となった**空海**が，天皇から**東寺**という寺院を京に与えられたのは，平安時代初期のことである。ア・イ・エのどれも時代や説明が異なる。ウが正しい。　ウ　鎌倉に幕府が置かれている間に，**日蓮**は「**南無妙法蓮華経**」と**題目**を唱える**日蓮宗**を開き，多くの信者を獲得した。日蓮宗は幕府から迫害された。

(3)　③　Ⅲの資料は，江戸時代に長崎に築かれた出島である。出島に来航し，日本との貿易を行っていたのはオランダである。　④　1789年に民衆が革命を起こし，**人権宣言**を発表した国はフランスである。

2　**(歴史的分野―日本史時代別－明治時代から現代，―日本史テーマ別－政治史・外交史・経済史，―世界史－政治史)**

(1)　①　Aは**大日本帝国憲法**が発布された1889年であり，Cは**日露戦争**の開戦にあたる1904年で

ある。この間1880年代以降は，**欧米資本主義列強**による植民地や勢力圏拡大を目指す膨張政策である帝国主義の動きが顕著な時代である。それに対抗するために，日本でも「**富国強兵**」を掲げて近代化が急がれた。 ② 資料Ⅰのグラフでは，1889年から1904年の15年間のうち，P新聞の発行部数は，ほぼ毎年増加していると言える。

(2) ③ 1919年に中国の北京で起こった反帝国主義運動が，**五・四運動**である。学生デモを契機とし，反日運動として全国的規模に発展した。 ④ **関東軍**は，南満州鉄道の**柳条湖**で線路を爆破し，これをきっかけに中国の東北部にあたる満州で軍事行動を展開して，満州の大部分を占領した。これが1931年の**満州事変**である。**国際連盟**で日本に対して撤兵の勧告案が決議されたが，日本の全権松岡洋右は退席し，日本は1933年に国際連盟を**脱退**した。 ⑤ この時期には，**戦後恐慌・震災恐慌・金融恐慌・昭和恐慌**と恐慌が相次ぎ，日本経済は出口の見えない不況の中にあった。

(3) ⑥ 第二次世界大戦後，1948年に朝鮮で南に大韓民国，北に朝鮮民主主義共和国が成立した。Ⅳの新聞記事にある戦争は，この二国間で1950年に勃発した朝鮮戦争である。この二国間で戦争は始まったが，ソ連中心の社会主義陣営と，アメリカ中心の資本主義陣営との対立が背景にあり，それぞれ戦争を支援した。 ⑦ この記事は1950年の朝鮮戦争の開始を示しており，仮説が正しいとすれば，新聞に掲載されたのは1945年の敗戦前となるが，実際には敗戦以降である。

(4) ⑧ 1923年に**陪審員法**が成立し，国民が司法に参加することが可能となった。抽選を重ねて選ばれた12人の陪審員が一般人の立場で司法に参加し，犯罪事実の有無を答申する制度である。25歳以上の男子に陪審員の参加資格が与えられたが，女性にはその資格は与えられなかった。この制度が施行されたのは1928年である。 ⑨ 選挙権については，1925年の法改正で，直接国税による制限がなくなったため，25歳以上のすべての男子に選挙権が与えられた。

3 **(地理的分野―日本地理－人口・農林水産業・交通・地形・地形図の見方)**

(1) ① Xの〇で囲んだ範囲に含まれる都道府県では，市町村の減少割合が40％を超える都道府県が多い。こうした都道府県では，財政状況の悪化も見られ，**市町村合併**の必要性が高かったと見られる。 ② AからDのうち，人口が最も多いDが神奈川県である。最も**米の産出額**が多いAが秋田県である。また，この4県のうち，**高齢化**が進んでいるのは，秋田県・鳥取県の2県であり，Pは**65歳以上の人口**の割合を表すものである。

(2) ③ 自然などの**地域資源**を活かしながら，持続的にそれらを利用することを目指した観光のあり方を，**エコツーリズム**という。知床・富士山・西表島・屋久島・尾瀬など多くの地域で，積極的な取り組みがなされている。鳥取県でも観光来県者数を指標とし，**鳥取砂丘**などを中心としたエコツーリズムの動きを進めている。記号はアである。 ④ 鳥取県は，Ⅱの表中では人口に占める**65歳以上の割合**が秋田県に続いて高く，**第三次産業**の割合も，秋田県に続いて2番目に低いことから，B県である。

(3) ハザードマップについての問題である。 ⑤ 「太平洋に面している」との記述から，秋田県と鳥取県は除外される。残るのは，千葉県と神奈川県である。そして，**県庁所在地**の東方に市が存在するのは，千葉県である。 ⑥・⑦ b地点では，避難地点の高台の標高は，近くの**三角点△**の数字から判断すると，60m以上となる。つまり，b地点は「想定される津波の高さより標高が高い高台」である。よって，正解は，選択肢のアまたはカである。カは，a地点を「海岸までの最短距離が1km以上の施設」としているが，実際は1km以下であるので誤り。正解は，アである。a地点は海岸までの最短距離が短く，標高も高くないが，避難場所になっていることから，津波避難タワーがあるということが分かる。津波避難タワーは避難場所の一つであり，他には津波避難ビル等もある。

4 (地理的分野―世界地理－人口・人々のくらし・産業・都市・地形)

(1)　C州は人口が最多なため，アジア州だとわかる。残るA州とB州のうち，工業用水が40％以上を占めるのが北アメリカ州であり，**工業用水**が7％なのがアフリカ州である。最も適当な組み合わせは，カである。

(2)　アフリカで最も使用量の多いXは**農業用水**，ヨーロッパで最も使用量の多いYが生活用水である。アフリカで一人あたりの**生活用水**の使用量が少ないのは，衛生施設が整備されていないためだと考えられる。

(3)　畜産物の飼育には，**家畜**が飲む水の他に，飼料となる農作物の栽培にも水が必要となる。そのため，バターの生産には最も多くの水を要する。Fがバターである。次にDとEを比べてみる。日本の**自給率**がDは97％，Eは6％であるところから，Dが米だとわかる。したがって北アメリカで水資源に関する問題が生じた場合，日本での供給に影響が出る可能性が高いのは，Eの大豆である。正しい組み合わせは，アである。

(4)　日本の**標準時子午線**は東経135度であるから，それに最も近い東経の場所を選び，2番目に近い東経の場所を解答すればよい。イとウは，西半球に位置するから解答から除外される。　ア　ヒンドゥー教の聖地はインドのガンジス川流域にあり，日本との**時差**が最も小さい。　エ　ナイル川はアフリカ大陸の東部を流れる川である。日本との時差が2番目に小さいのは，エである。

5 (公民的分野―財政・民主主義・国の政治の仕組み・基本的人権・経済一般)

(1)　①　全国各地で**前方後円墳**がつくられたのは，**大和政権**の影響が各地に及んだ5世紀から6世紀である。　②　鳴門ICは古墳群の東側にあり，西側ではないので，キとクは除外される。残るオとカは，**効率**と**公正**の問題である。時間・費用・労力の面で無駄を省く考え方が「効率」である。道路本体の費用を抑えるのは，効率の考え方にあたる。手続き・機会や結果において公平を期す考え方が「公正」である。古墳群の下にトンネルを建設し，文化財を保護するのは，公正の観点である。

(2)　ア・イ・ウは，すべて15歳の生徒がとる行動として正しい。　エ　15歳では市議会議員選挙の**選挙権**はない。18歳からである。　オ　市議会議員選挙に**被選挙権**があるのは，25歳以上である。エとオは，法律では認められていない。正答は，エとオである。

(3)　③　**日本国憲法**第12条は「この憲法が国民に保障する**自由**及び**権利**は，国民の不断の努力によつて，これを保持しなければならない。又，国民は，これを濫用してはならないのであつて，常に**公共の福祉**のためにこれを利用する責任を負ふ。」と定めている。③にあてはまる語句は，公共の福祉である。　④　Ⅰの資料では，高速道路の建設が住民の交通の利便を向上させるという面で，公共の福祉にあたる。　⑤　日本国憲法第22条では「何人も，公共の福祉に反しない限り，居住，移転及び**職業選択の自由**を有する。」と規定し，**経済活動の自由**の一つとして，**居住の自由**が挙げられている。しかし，鳴門IC付近では公共の福祉が優先され，180戸が移転することになったのである。

(4)　⑥　⑥に入るのは，文脈から判断して，ア・イ・ウのどれかである。　ア　**電気自動車**の増加は，道路施設の保全とは関係がない。　ウ　**食料自給率**も道路施設の保全とは関係がない。道路施設の保全と関係があるのは，少子高齢化が今よりもさらに進んで労働人口が減少し，税収が減ることである。正答はイである。　⑦　表Ⅱを見ると，道路施設の予防保全の考え方を支持し，「道路の傷みが少ないうちに予防的に補修する」が41％で最も多い。正答は，エである。

(5)　図2を見ると，工業高校生がこれからの社会を支えるために，道路管理の分野で**社会参画**することが，道路管理者にとっても高校生にとっても有益であることがわかる。

(6)　**国や地方公共団体**は，社会資本を整備する**公共事業**を行っている。1929年に始まった**世界恐慌**の中，アメリカではルーズベルト大統領が打ち出した**ニューディール政策**が推し進められ，政府が公共事業を行い，企業の仕事を増やして雇用を創出するなど，積極的に経済に関わった。

＜国語解答＞

一　(一)　ウ　(二)　イ　(三)　オ　(四)　ア　(五)　ウ

二　(一)　①　ア　②　エ　(二)　イ　(三)　エ

三　(一)　A　イ　B　カ　(二)　ウ　(三)　ア　(四)　ウ　(五)　ア・オ
(六)　イ・エ

四　(一)　ウ　(二)　エ・カ　(三)　イ　(四)　エ

＜国語解説＞

一　(論説文―大意・要旨，内容吟味，文脈把握，段落・文章構成，接続語の問題)

(一)　〔A〕以降は，**眼前に現れた危機の内容が説明**されていく。したがって「つまり」が適切だ。

(二)　**「本来持っているはず」というのは「本能的に自覚している」と同義**である。したがって，本能的に自覚していること，すなわち「生きて活動するということは，環境に負荷をかけること」が，本来持っているはずの感受性の内容である。

(三)　「掃除」という営みが「日本の庭」という技芸に仕上がったと述べられているだけで，仕上げられた理由は述べられていない。

(四)　アの内容は[1]段落に述べられている。　イ「海外でも高く評価されている」とは書かれていない。　ウ「文化や文明の力を最大限に引き出」すのではなく，人に内在する知恵や感受性に目を向けることを重視している。　エ「シミひとつない」床が保たれているわけではない。

(五)　「庭」は，[3]段落「一方，自然……猛威をふるうのだ」とあるように，**自然の荒々しさを人がほどほどに受け入れつつ心地よさを求めた技芸**である。「沈下橋」は「増水のたびに……誇りを持っている」というように**自然の荒々しさを受け入れながら暮らす人の様子**が表れたものである。これらをふまえて選択肢を選べばよい。

二　(漢字の読み書き，熟語)

(一)　「肥沃」は作物の生育に向くように土地が肥えている様子。

(二)　「厳」は，①きびしい，②はげしい，③**おごそか，いかめしい**の意味がある。イ「厳粛」は③の意味。それ以外は①の意味である。

(三)　文脈から「日進月歩」が選べる。**休みなく目に見えて進歩すること。**ア「東奔西走」はあちこち忙しく駆けまわること。イ「不易流行」はいつまでも変化しない本質的なもののなかにも新しい変化を重ねているものを取り入れていくこと。ウ「一触即発」はちょっと触れれば，すぐ爆発しそうな危機に直面していること。

三　(小説―心情・情景，内容吟味・文脈把握，脱文・脱語補充)

(一)　〔A〕の後にある**「眉根を寄せ」というのは，腑に落ちないときの表情**だから，イ「いぶかしげ」が補える。**藤巻先生は観察のために空を見上げる**のだから〔B〕には「とっくりと」を補って納得がいくまで眺めている描写とするのが適切だ。

(二)「水を向ける」とは，**相手があることを話し出すように誘いかけること**だ。③段落の冒頭で，僕は「『先週貸して……お返しします』なにげなく切り出した」とあるので，ここで借りている本についての話題が持ち出されたことがわかる。

(三) 和也は研究のことばかり考えて自分(和也)に興味がない父親に対して**わだかまり**を抱いている。傍線②は，そんな父が幼い頃に和也が描いた絵を褒めたり見たいと言ってくれて喜びを感じたのもつかの間，スケッチブックを持ってきた和也に対しておざなりな返事しかせず，研究の話に熱くなっているという場面だ。和也の心情としては，**沸きたった喜びの感情が打ち砕かれて父への失望に変化した**ととらえられよう。　イ「父親の発言が本心ではなかった」わけではない。ウ　父親への尊敬の気持ちを持っているかは本文中からは読みとれない。　エ　自分の指摘で父をやり込めるということはしていないし，幼い頃の失敗というのも的外れ。

(四) 藤巻先生は，**息子の将来について，自分と同じ研究者にしたいとは思わず，得意なことを好きにやらせるほうが良い**と考えている。自分なら息子を本人の意志に関わらず研究者にするだろうと思っている僕にとっては，藤巻先生はわからないことがたくさんあって魅力的な人物なのだ。そのことを父親にわだかまりを抱く和也に伝えようとしたのだ。

(五) 藤巻先生は**純粋にわからないことを知りたいという気持ちで研究**している。わからないことだらけのこの世界をおもしろいとする言葉からは，研究者としての純粋な気持ちが読み取れるのでアは正しい。また，家族は**理解しあえていない父と息子，その間で上手く二人を取りなせない母**が描かれている。困惑した表情から母の戸惑いが伝わる。ここから**人間関係の難しさ**を指摘したオは適切だと言える。　イ　奥さんは，先生が研究の話ばかりすることにとまどっているので不適切。　ウ　和也は父には素直になれないが，両親に反抗しているわけではない。　エ　先生は自分が悪かったとは思っていない。

(六)「はらはら」「ずんずん」「きょとん」「まじまじ」といった**擬態語を用いて人物の動作が描かれ，その心情もよく伝わってくる**のでイは正しい。この文章は「僕」が語り手であり，読み手は「僕」に自分を重ねて読み進めることができるのでエは正しい。　ア「作者からの登場人物への評価」はない。　ウ「専門的な用語を平易なことばに言い換え」たものはない。オ隠喩は用いられていない。

四 (漢文―主題・表題，文脈把握，古文の口語訳)

【現代語訳】　後漢の魯恭は字を仲康といって，扶風平陵の出身である。粛宗の時，中牟県の長官についた。もっぱら徳による教えで世の中を治めており，刑罰に頼らなかった。地方に害虫が発生して田畑の穀物を荒らした。県境が複雑に入り組んだ場所でも害虫は中牟県には入らなかった。河南郡の長官であった尹袁安はこのことを聞いて，それが事実ではないと疑って，仁恕という役職にあった肥親に中牟を視察させた。魯恭はあぜ道を連れ添って歩き，一緒に桑の木の下で休んだ。キジが目の前を通り過ぎてその傍で立ち止まった。傍には子どもがいた。「坊やはどうしてキジを捕まえないのかね」と肥親はたずねた。子どもが言うことに，「キジがひなをつれているからです」と。肥親は驚いて立ち上がり，魯恭と別れる際に言うことに，「私がここに来た理由は，あなたの治政を視察しようと思ったからです。今，虫が県境をまたぐことなく，そのことは鳥獣類にも及び，子どもにも思いやりの心が備わっています。三つの奇跡です。」と。郡の役所に帰り，書状でこのことを袁安に報告した。

(一) **魯恭は徳を重んじ，刑罰には頼らない政治**をしていた。

(二) それぞれの主語は，ア　袁安，イ　魯恭，ウ　雉，エ　肥親，オ　児，カ　肥親である。

(三) 指示語「其」が示す該当箇所は「郡国に……中牟に入らず」である。この訳を参考にする。

(四) 肥親は，**思いやりの心が，虫・鳥獣・子どもにまで備わっていることに驚いた**。これをふまえて選択肢を選ぶ。

MEMO

大切なことはメモしておこうネ！

愛知県公立高等学校

2022年度

入 試 問 題

●くわしい解説……79ページ

＜数学＞

時間 45分 満点 22点

1 次の⑴から⑽までの問いに答えなさい。

⑴ $8+(-3)\times 2$ を計算しなさい。

⑵ $\dfrac{2x-3}{6}-\dfrac{3x-2}{9}$ を計算しなさい。

⑶ $5x^2\div(-4xy)^2\times 32xy^2$ を計算しなさい。

⑷ $(\sqrt{5}-\sqrt{3})(\sqrt{20}+\sqrt{12})$ を計算しなさい。

⑸ 方程式 $5(2-x)=(x-4)(x+2)$ を解きなさい。

⑹ 次の**ア**から**エ**までの中から，y が x に反比例するものを全て選んで，そのかな符号を書きなさい。

ア 1辺の長さが x cmである立方体の体積 y cm^3

イ 面積が35cm^{2}である長方形のたての長さ x cmと横の長さ y cm

ウ 1辺の長さが x cmである正方形の周の長さ y cm

エ 15kmの道のりを時速 x kmで進むときにかかる時間 y 時間

⑺ 6人の生徒が1か月間に読んだ本の冊数を少ない順に並べると，右のようになった。

6人の生徒が1か月間に読んだ本の冊数の平均値と中央値が同じとき，a の値を求めなさい。

（単位：冊）

1，3，5，a，10，12

⑻ A，Bは関数 $y=x^2$ のグラフ上の点で，x 座標がそれぞれ-3，6のとき，直線ABに平行で原点を通る直線の式を求めなさい。

⑼ 体積の等しい2つの円柱P，Qがあり，それぞれの底面の円の半径の比は3：5である。

このとき，円柱Qの高さは，円柱Pの高さの何倍か，求めなさい。

⑽ 図で，四角形ABCDはAD//BCの台形，Eは線分ACとDBとの交点である。

AD＝6cm，AE＝3cm，EC＝7cmのとき，BCの長さは何cmか，求めなさい。

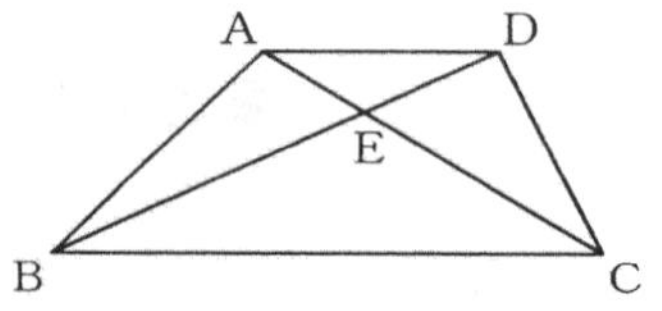

2　次の(1)から(3)までの問いに答えなさい。

(1)　図で，Oは原点，点A，B，C，Dの座標はそれぞれ（0，6），（－3，0），（6，0），（3，4）である。また，Eは x 軸上を動く点である。

△ABEの面積が四角形ABCDの面積の $\frac{1}{2}$ 倍となる場合が２通りある。このときの点Eの座標を２つとも求めなさい。

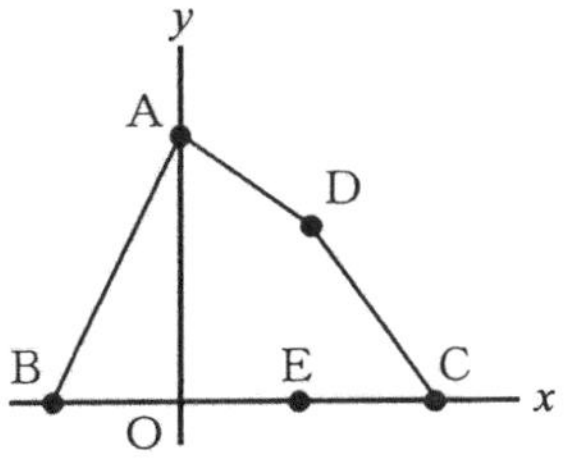

(2)　次の文章中の［ I ］にあてはまる式を書きなさい。また，［ II ］にあてはまる数を書きなさい。

１から９までの９個の数字から異なる３個の数字を選び，３けたの整数をつくるとき，つくることができる整数のうち，１番大きい数をA，１番小さい数をBとする。例えば，２，４，７を選んだときは，A＝742，B＝247となる。

A－B＝396となる３個の数字の選び方が全部で何通りあるかを，次のように考えた。

選んだ３個の数字を，a，b，c（$a > b > c$）とするとき，A－Bを a，b，c を使って表すと，［ I ］となる。この式を利用することにより，A－B＝396となる３個の数字の選び方は，全部で［ II ］通りであることがわかる。

(3)　A地点とB地点は直線の道で結ばれており，その距離は18㎞である。

６人がA地点からB地点まで移動するために，運転手を除いて３人が乗車できるタクシーを２台依頼したが，１台しか手配することができなかったので，次のような方法で移動することにした。

・６人を３人ずつ，第１組，第２組の２組に分ける。
・第１組はタクシーで，第２組は徒歩で，同時にA地点からB地点に向かって出発する。
・第１組は，A地点から15㎞離れたC地点でタクシーを降り，降りたらすぐに徒歩でB地点に向かって出発する。
・タクシーは，C地点で第１組を降ろしたらすぐに向きを変えて，A地点に向かって出発する。
・第２組は，C地点からきたタクシーと出会った地点ですぐにタクシーに乗り，タクシーはすぐに向きを変えてB地点に向かって出発する。

タクシーの速さは毎時36㎞，第１組，第２組ともに歩く速さは毎時４㎞とするとき，次の①，②の問いに答えなさい。

ただし，タクシーの乗り降りやタクシーが向きを変える時間は考えないものとする。

①　第１組がA地点を出発してから x 分後のA地点からの距離を y ㎞とするとき，A地点を出発してからB地点に到着するまでの x と y の関係を，次のページのグラフに表しなさい。

②　第２組がタクシーに乗ったのはA地点を出発してから何分後か，求めなさい。

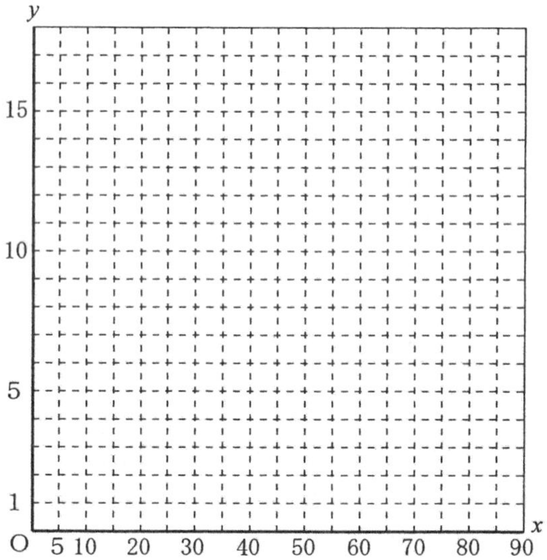

3　次の⑴から⑶までの問いに答えなさい。

ただし，答えは根号をつけたままでよい。

⑴　図で，A，B，C，Dは円周上の点で，線分ACは∠BADの二等分線である。また，Eは線分ACとBDとの交点である。

∠DEC＝86°，∠BCE＝21°のとき，∠ABEの大きさは何度か，求めなさい。

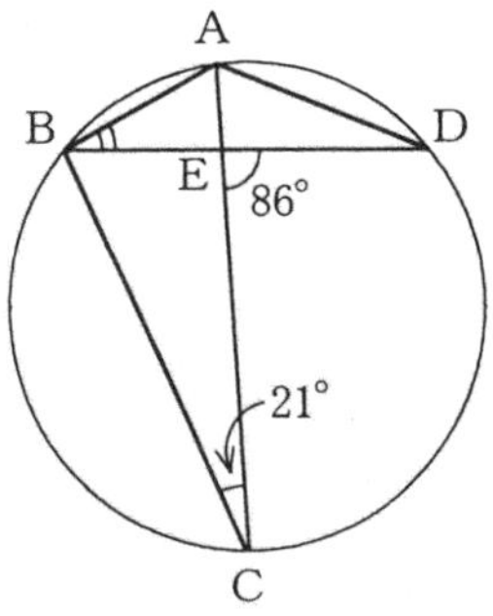

⑵　図で，四角形ABCDは長方形であり，Eは長方形ABCDの内部の点で，∠BAE＝45°である。

四角形ABCD，△ABE，△AEDの面積がそれぞれ80㎝^{2}，10㎝^{2}，16㎝^{2}のとき，次の①，②の問いに答えなさい。

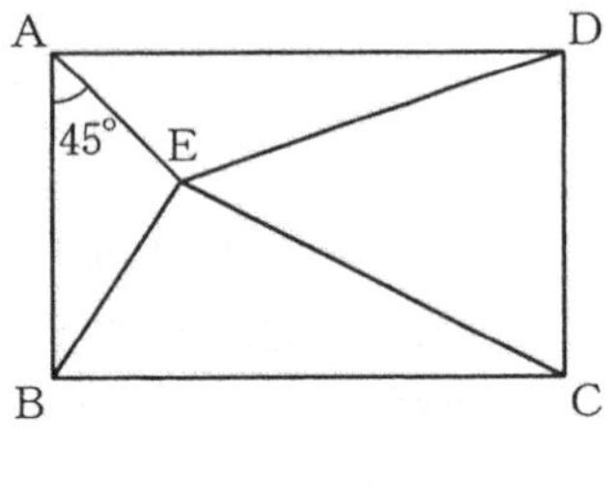

①　△DECの面積は何㎝^{2}か，求めなさい。

②　辺ABの長さは何㎝か，求めなさい。

⑶　図で，立体ＡＢＣＤＥは辺の長さが全て等しい正四角すいで，ＡＢ＝４㎝である。Ｆは辺ＢＣの中点であり，Ｇ，Ｈはそれぞれ辺ＡＣ，ＡＤ上を動く点である。

３つの線分ＥＨ，ＨＧ，ＧＦの長さの和が最も小さくなるとき，次の①，②の問いに答えなさい。

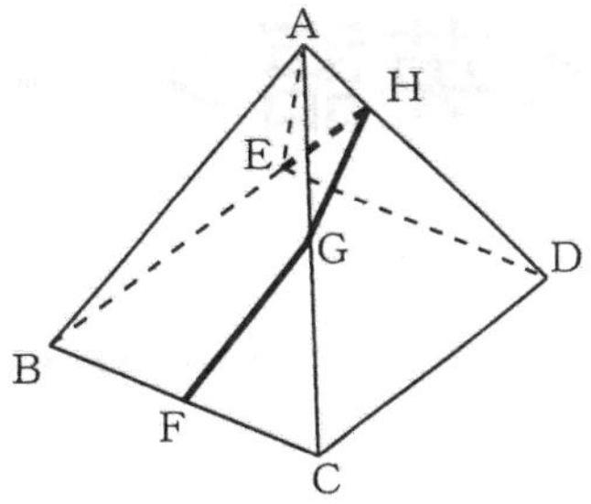

①　線分ＡＧの長さは何㎝か，求めなさい。

②　３つの線分ＥＨ，ＨＧ，ＧＦの長さの和は何㎝か，求めなさい。

＜英語＞

時間　（聞き取り検査）10分程度　（筆記検査）40分　満点　22点

聞き取り検査

指示に従って，聞き取り検査の問題に答えなさい。

「答え方」

問題は第１問と第２問の二つに分かれています。

第１問は，1番から３番までの三つあります。それぞれについて，最初に対話を聞き，続いて，対話についての問いと，問いに対する答え，ａ，ｂ，ｃ，ｄを聞きます。そのあと，もう一度，その対話，問い，問いに対する答えを聞きます。必要があればメモをとってもよろしい。

問いの答えとして正しいものは解答欄の「正《せい》」の文字を，誤っているものは解答欄の「誤《ご》」の文字を，それぞれ○《まる》でかこみなさい。正しいものは，各問いについて一つしかありません。

第２問では，最初に，英語による天気予報を聞きます。続いて，天気予報についての問いと，問いに対する答え，ａ，ｂ，ｃ，ｄを聞きます。問いは問１と問２の二つあります。そのあと，もう一度，天気予報，問い，問いに対する答えを聞きます。必要があればメモをとってもよろしい。

問いの答えとして正しいものは解答欄の「正《せい》」の文字を，誤っているものは解答欄の「誤《ご》」の文字を，それぞれ○《まる》でかこみなさい。正しいものは，各問いについて一つしかありません。

筆記検査

1　次のイラストを見て，あとの問いに答えなさい。

対話文（A:あなた，B:外国人）

A: Excuse me, 　①　 ?

B: Oh, yes, please. I'm looking for Asahi Station. Do you know the station?

A: Yes, 　②　 . I'll take you there.

B: Thank you. You're so kind!

（問い）　買い物に行く途中のあなたは，困っている様子の外国人を見かけ，手助けを申し出ました。

対話文の ① と ② に，それぞれ４語以上の英語を書き，対話を完成させなさい。

ただし，① にはＩ（私は，私が），② には way（道，道筋）を必ず使うこと。なお，下の語を参考にしてもよい。

＜語＞

助ける，助け　help　　～を知っている　know ～

2　数学のテストを終えた賢人（Kento）と留学生のナンシー（Nancy）が教室で話しています。二人の対話が成り立つように，下線部①から③までのそれぞれの（　）内に最も適当な語を入れて，英文を完成させなさい。ただし，（　）内に示されている文字で始まる語を解答すること。

Kento: Oh, no. I don't know what to do.

Nancy: ①Kento, you (l　　　) (s　　　) nervous.

Kento: Well, Nancy, the math test was very difficult. I'm disappointed in myself.

Nancy: You prepared for the test yesterday, didn't you?

Kento: No. ②I (m　　　) math for English (l　　　) night. So I studied English, not math.

Nancy: I see. You should forget the past, and do your best for tomorrow.

Kento: ③Thank you (f　　　) your (a　　　).

（注） be disappointed in ~　~にがっかりしている

3　次の文章を読んで，あとの(1)から(5)までの問いに答えなさい。

Japan is surrounded by the sea and people in Japan can see many kinds of fish and sea animals. However, it may be difficult for them to survive. In the world, about 8 million tons of plastic waste go into the sea every year. So, we should protect the sea for the future. This story is about [　①　] the way to solve it.

You may know Aichi is famous for making things, such as pottery and cars. But do you know that, in 2019, Aichi produced the most plastic products in Japan, about 12%? Plastic parts produced in Aichi are (A) in stationery, electronic devices, and so on. A lot of plastic products are around people in Japan. They are useful and support their daily lives.

Plastic products are convenient, but plastic waste is causing some problems in the sea. Plastic waste on roads moves into rivers, and then they carry the waste to the sea. ②So there【 in / is / our daily lives / from / plastic waste / a lot of 】the sea. Some people say that sea animals may eat the plastic waste and die. Other people say dangerous chemicals adhere to small pieces of plastic in the sea and fish may eat them. If we eat the fish, we may get sick. We should know plastic waste is a big problem not only for fish, but also for people.

Now many countries are trying hard to reduce plastic waste. One example is free plastic bags which people often use after shopping. In 2002, people in Bangladesh stopped using plastic bags for the first time in the world. In 2015, shops in the U.K. started selling a plastic bag for 5 pence. In 2018, people in more than 127 countries stopped using free plastic bags or any kind of plastic bags. In 2020, Japan started selling plastic bags instead of giving free plastic bags. In fact, Japan has reduced about three quarters of plastic bags for a year.

What should we do to reduce plastic waste? Aichi is running a campaign and trying to keep the sea clean. The campaign tells us that it is important to be interested in plastic pollution and take action. We should take our own bags for shopping instead of buying plastic bags after shopping.

The sea and the land are connected in nature. Our daily lives on the land influence many lives in the sea. Let's change our behavior as soon as possible. Taking action will make the sea cleaner.

（注）part　部品　　adhere to ～　～に付着する　　reduce ～　～を減らす　　free　無料の
Bangladesh　バングラデシュ　　for 5 pence　5ペンスで（ペンス：英国の貨幣単位）
pollution　汚染

(1) ① にあてはまる最も適当な英語を，次のアからエまでの中から一つ選んで，そのかな符号を書きなさい。

ア　the sea, plastic pollution and
イ　sea animals, Japanese people or
ウ　Asian countries, plastic waste and
エ　global warming, renewable energy or

(2) （Ａ）にあてはまる最も適当な語を，次の５語の中から選んで，正しい形にかえて書きなさい。

have　　live　　make　　save　　use

(3) 下線②のついた文が，本文の内容に合うように，【　】内の語句を正しい順序に並べかえなさい。

(4) 本文中では，ビニールぶくろについてどのように述べられているか。最も適当なものを，次のアからエまでの文の中から一つ選んで，そのかな符号を書きなさい。

ア　Fish and sea animals do not eat small pieces of plastic bags as food at all.
イ　Japanese people use plastic bags to reduce plastic waste and to keep the sea clean.
ウ　In 2002, people in Bangladesh started using plastic bags for the first time in the world.
エ　Many countries in the world have changed rules to reduce plastic bags since 2002.

(5) あとのアからカまでの文の中から，その内容が本文に書かれていることと一致するものを二つ選んで，そのかな符号を書きなさい。

ア　Every year, about 8 million tons of plastic waste come to Japan by the sea.
イ　About 12% of the people in Aichi have been making only pottery and cars since 2019.
ウ　People in Japan live their daily lives with a lot of convenient plastic products.
エ　Plastic waste in the sea influences sea animals, but it does not influence people at all.
オ　It is important for the people in the world to be interested in only plastic pollution.

カ The sea and our lives are connected, so changing our behavior makes the sea cleaner.

4 彩（Aya）と帰国を控えた留学生のボブ（Bob）が昼休みに教室で話しています。次の対話文を読んで，あとの(1)から(4)までの問いに答えなさい。

Aya: Hi, Bob. When will you go back to your hometown?

Bob: Hi, Aya. I'll go back to San Francisco next month.

Aya: 【 a 】

Bob: Wonderful! I have learned about Japan in our school since last year, so I often talk about it with my host family.

Aya: Please tell me more.

Bob: Well, I learned about QR codes in the class last week. So I talked about them with my host grandfather. I told him that the codes were made in Japan. ①Then he told me that he (　　) for a Japanese company which first invented the QR code in 1994.

Aya: Did he?

Bob: 【 b 】 When I went to a restaurant with my family, my mother sometimes scanned the code with her smartphone to pay the money after the meal. It was very convenient. The Japanese technology has supported our daily lives in America.

Aya: 【 c 】 Did you talk about anything else?

Bob: Yes, we talked about evacuation drills. I think it's another strong point of Japan. Japanese drills are different from American drills.

Aya: Is that so?

Bob: 【 d 】 Then fire alarms in the school make loud (A) suddenly, and let us know the drill has started.

Aya: I've heard that some schools in Japan have that kind of drill.

Bob: Great! During my stay here, I've known that many Japanese prepare for disasters, such as fires, earthquakes and heavy rain.

Aya: 【 e 】 My family has made an emergency kit and we keep it in the house.

Bob: Oh, have you? ②My host family knows how much food and water they should store, and they also know (　　) the local shelter is during a disaster. It's amazing!

Aya: Our family, too. It's important for everyone to prepare for an emergency.

Bob: I agree with you. After going back to America, I'll tell my family to store food and water in case of a disaster.

（注） QR code 二次元コードの一つ　scan ～ ～を読み取る　loud 大きい

(1) 次のページのアからオまでの英文を，対話文中の【a】から【e】までのそれぞれにあてはめて，対話の文として最も適当なものにするには，【b】と【d】にどれを入れたらよいか，そのかな符号を書きなさい。ただし，いずれも一度しか用いることができません。

ア Yes. The codes are also popular in San Francisco.

イ I see. Japan has a variety of disasters every year.

ウ Your stay in this school has passed quickly. How's Japanese school life?

エ Yes. On a fire drill day, students in my school don't know about it at all.

オ Sounds good. Technology is a strong point of Japan.

(2) 下線①，②のついた文が，対話の文として最も適当なものとなるように，それぞれの（ ）にあてはまる語を書きなさい。

(3) （A）にあてはまる最も適当な語を，次のアからエまでの中から選んで，そのかな符号を書きなさい。

ア voices　イ laughter　ウ sounds　エ songs

(4) 次の英文は，対話があった日の夜，彩が英語の授業で発表するために書き始めたスピーチ原稿の一部です。この原稿が対話文の内容に合うように，英文中の（X），（Y）にそれぞれあてはまる最も適当な語を書きなさい。

Strong points of Japan

Japan is so wonderful. One day, I learned a new fact when I talked with Bob, a student from America. He knew about QR codes in America and he learned, in the class, that they were created in Japan. A Japanese technology is spreading to another country, giving the people a convenient life and (X) their daily lives!

In addition, many Japanese are ready (Y) a disaster. Bob was surprised to know that many Japanese have stored some food and water in case of a disaster....

＜理科＞　時間　45分　満点　22点

1　次の⑴，⑵の問いに答えなさい。

⑴　**図**は，ヒトの心臓を模式的に示したものであり，次の文章は，ヒトの心臓のはたらきについて説明したものである。文章中の（①），（②）にあてはまる語として最も適当なものを，下の**ア**から**カ**までの中からそれぞれ選んで，そのかな符号を書きなさい。

図

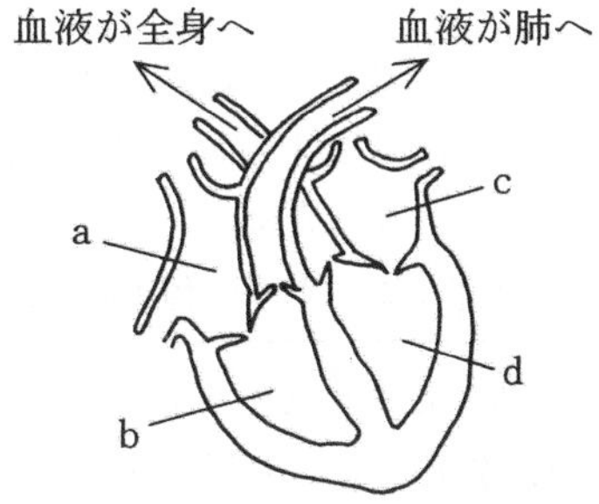

ヒトの心臓は周期的に収縮することで，血液を肺や全身の組織に送り出している。血液が心臓から押し出されるときには，**図**の（　①　）が収縮する。 また，全身を流れる血液には動脈血と静脈血があり，動脈血が流れているのは，**図**の（　②　）である。

ア　aとb　**イ**　aとc　**ウ**　aとd
エ　bとc　**オ**　bとd　**カ**　cとd

⑵　日本付近にはいくつかの気団があり，これらの気団は季節ごとに発達する。**図**は，代表的な日本付近の２つの気団を模式的に表したものである。

日本付近で発達する気団について説明した文章として最も適当なものを，次の**ア**から**エ**までの中から選んで，そのかな符号を書きなさい。

図

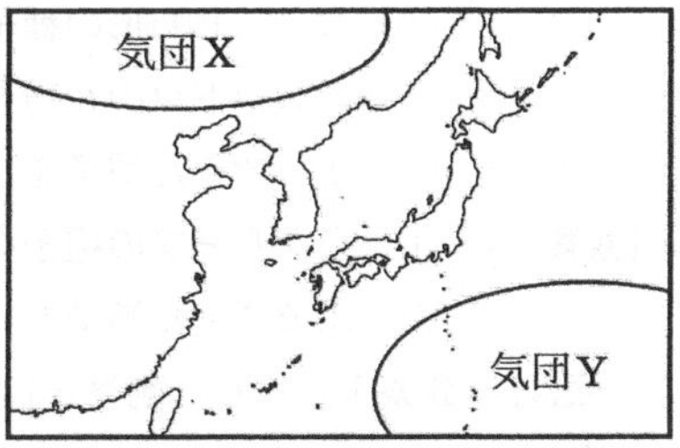

ア　日本付近では，夏になると**図**の気団Xが発達する。気団Xはあたたかくしめった空気のかたまりである。

イ　日本付近では，夏になると**図**の気団Yが発達する。気団Yはあたたかくかわいた空気のかたまりである。

ウ　日本付近では，冬になると**図**の気団Xが発達する。気団Xは冷たくかわいた空気のかたまりである。

エ　日本付近では，冬になると**図**の気団Yが発達する。気団Yは冷たくしめった空気のかたまりである。

2　太郎さんと花子さんは，エンドウの花のつくりと，種子の形の遺伝について調べた。次のページの【会話文】は，そのときの２人の会話である。また，**図１**は，エンドウの花の断面を模式的に示したものである。

図１

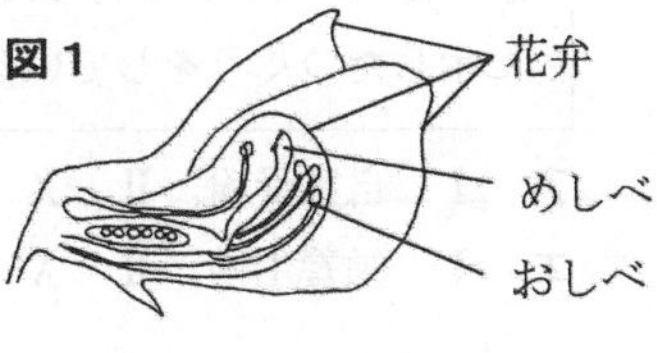

【会話文】

太郎：エンドウの$_X$おしべとめしべは，花弁に包まれていて観察することができないよ。
花子：そうね。花を分解して観察してみましょう。
太郎：$_Y$花弁が５枚にわかれていて，花弁の内側におしべとめしべがあり，$_Z$花弁の外側にがくがあるね。
花子：めしべに花粉がつくことで種子ができるんだったね。
太郎：エンドウの種子の形には丸形としわ形があり，1対の遺伝子によって形が決まると習ったよ。
花子：エンドウの種子の形がどのように遺伝するのか，調べてみましょう。

太郎さんと花子さんは，次の〔観察１〕から〔観察３〕までを行った。

〔観察１〕　①　丸形の種子をつくる純系のエンドウと，しわ形の種子をつくる純系のエンドウをそれぞれ自然の状態で受粉させた。

②　①で，丸形の種子をつくる純系のエンドウからできた種子をＡグループ，しわ形の種子をつくる純系のエンドウからできた種子をＢグループとして，種子の形を観察した。

〔観察２〕　①　丸形の種子をつくる純系のエンドウのめしべに，しわ形の種子をつくる純系のエンドウの花粉をつけた。

②　①でできた種子をＣグループとし，種子の形を観察した。

③　次に，しわ形の種子をつくる純系のエンドウのめしべに，丸形の種子をつくる純系のエンドウの花粉をつけた。

④　③でできた種子をＤグループとし，種子の形を観察した。

〔観察３〕　①　Ｄグループの種子をまいて育て，自然の状態で受粉させた。

②　①でできた種子をＥグループとし，種子の形を観察した。

表は，〔観察１〕から〔観察３〕までの結果をまとめたものである。

表

	〔観察１〕		〔観察２〕		〔観察３〕
	Ａグループ	Ｂグループ	Ｃグループ	Ｄグループ	Ｅグループ
種子の形	全て丸形	全てしわ形	全て丸形	全て丸形	丸形としわ形

あとの⑴から⑷までの問いに答えなさい。

⑴　次の文章は，〔観察１〕で，Ｂグループの種子が全てしわ形になった理由について説明したものである。文章中の（Ⅰ）と（Ⅱ）にあてはまる語の組み合わせとして最も適当なものを，下の**ア**から**カ**までの中から選んで，そのかな符号を書きなさい。

Ｂグループの種子が全てしわ形になったのは，エンドウは〔観察１〕のような自然の状態では（　Ⅰ　）を行うためである。これは，エンドウの花が【会話文】の下線部（　Ⅱ　）に示したつくりをしているためである。

ア　Ⅰ　自家受粉，Ⅱ　X　　　**イ**　Ⅰ　自家受粉，Ⅱ　Y　　　**ウ**　Ⅰ　自家受粉，Ⅱ　Z
エ　Ⅰ　栄養生殖，Ⅱ　X　　　**オ**　Ⅰ　栄養生殖，Ⅱ　Y　　　**カ**　Ⅰ　栄養生殖，Ⅱ　Z

⑵ **図２**は植物の分類を示したものであり，エンドウは離弁花類に分類される。なお，**図２**の（ａ）植物と（ｂ）植物は，被子植物と裸子植物のいずれかであり，（ｃ）類と（ｄ）類は双子葉類と単子葉類のいずれかである。（ｂ）と（ｄ）にあてはまる語は何か。また，（ｅ）類に分類される植物にはどのようなものがあるか。これらの組み合わせとして最も適当なものを，下の**ア**から**ク**までの中から選んで，そのかな符号を書きなさい。

図２

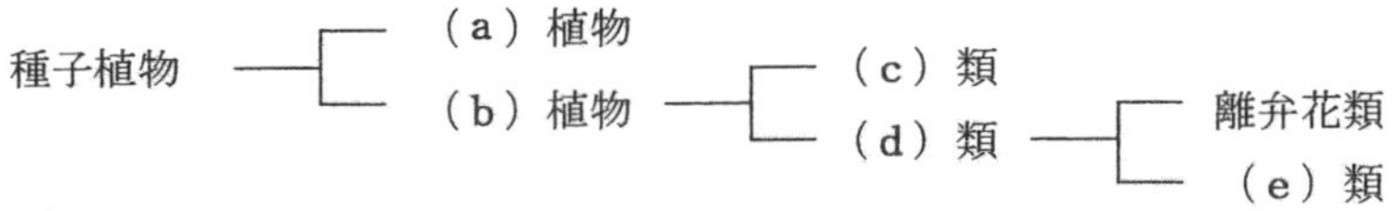

	ア	**イ**	**ウ**	**エ**	**オ**	**カ**	**キ**	**ク**
ｂ	被子	被子	被子	被子	裸子	裸子	裸子	裸子
ｄ	双子葉	双子葉	単子葉	単子葉	双子葉	双子葉	単子葉	単子葉
（ｅ）類の植物	アブラナ	ツツジ	アブラナ	ツツジ	アブラナ	ツツジ	アブラナ	ツツジ

⑶ **表**に示したＡグループ，Ｃグループ，Ｄグループの種子の形を決める遺伝子の組み合わせについて説明した文として最も適当なものを，次の**ア**から**エ**までの中から選んで，そのかな符号を書きなさい。

ア　Ａグループの種子の遺伝子の組み合わせは，Ｃグループと同じであり，Ｄグループとは異なる。

イ　Ａグループの種子の遺伝子の組み合わせは，Ｄグループと同じであり，Ｃグループとは異なる。

ウ　Ｃグループの種子の遺伝子の組み合わせは，Ｄグループと同じであり，Ａグループとは異なる。

エ　Ａグループの種子の遺伝子の組み合わせは，Ｃグループ，Ｄグループと同じである。

⑷ **表**のＥグループの丸形の種子のように，丸形の種子の中には遺伝子の組み合わせがわからないものがあり，この種子をＷとする。次の文章は，種子Ｗの遺伝子の組み合わせを特定するための方法について説明したものである。文章中の（Ⅰ）から（Ⅲ）までのそれぞれにあてはまる語の組み合わせとして最も適当なものを，次のページの**ア**から**カ**までの中から選んで，そのかな符号を書きなさい。

> 種子Ｗをまいて育てたエンドウのめしべに，（　Ⅰ　）の種子をまいて育てたエンドウの花粉をつけて得られた種子の形を調べることによって，種子Ｗの遺伝子の組み合わせを特定することができる。
>
> 種子の形を丸形にする遺伝子をＡ，しわ形にする遺伝子をａとすると，得られた種子が（　Ⅱ　）であれば，種子Ｗの遺伝子の組み合わせはＡＡであり，得られた種子が（　Ⅲ　）であれば，種子Ｗの遺伝子の組み合わせはＡａであることがわかる。

	Ⅰ	Ⅱ	Ⅲ
ア	丸形	全て丸形	丸形：しわ形＝３：１
イ	丸形	全て丸形	丸形：しわ形＝１：１
ウ	丸形	丸形：しわ形＝３：１	丸形：しわ形＝１：１
エ	しわ形	全て丸形	丸形：しわ形＝３：１
オ	しわ形	全て丸形	丸形：しわ形＝１：１
カ	しわ形	丸形：しわ形＝３：１	丸形：しわ形＝１：１

3　塩酸と水酸化ナトリウム水溶液を混ぜたときにできる水溶液の性質を調べるため，次の〔実験１〕と〔実験２〕を行った。

〔実験１〕　①　８個のビーカーA，B，C，D，E，F，G，Hを用意し，それぞれのビーカーに同じ濃さの塩酸を20cm^3ずつ入れた。

②　図１のように，①のそれぞれのビーカーに，同じ濃さの水酸化ナトリウム水溶液２cm^3，４cm^3，６cm^3，８cm^3，10cm^3，12cm^3，14cm^3，16cm^3を加えて，ガラス棒でよくかき混ぜた。

図１

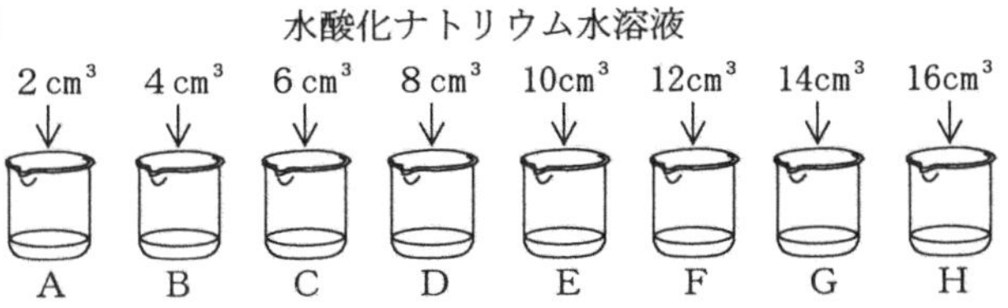

③　②のビーカーA，B，C，D，E，F，G，Hに，BTB溶液を数滴加えてからよくかき混ぜて，水溶液の色を観察した。

〔実験２〕　①　〔実験１〕の①，②と同じことを行った。

②　三角フラスコにマグネシウムリボン0.1gを入れた。

③　②の三角フラスコ，ゴム栓，ガラス管，ゴム管，水を入れた水そう，メスシリンダーを使い，発生する気体の体積を測定する装置を組み立てた。

④　図２のように，①のビーカーAの水溶液を全て三角フラスコ内に入れた直後，ゴム栓を閉じ，発生した気体Xを全てメスシリンダーに集め，その体積を測定した。

図２

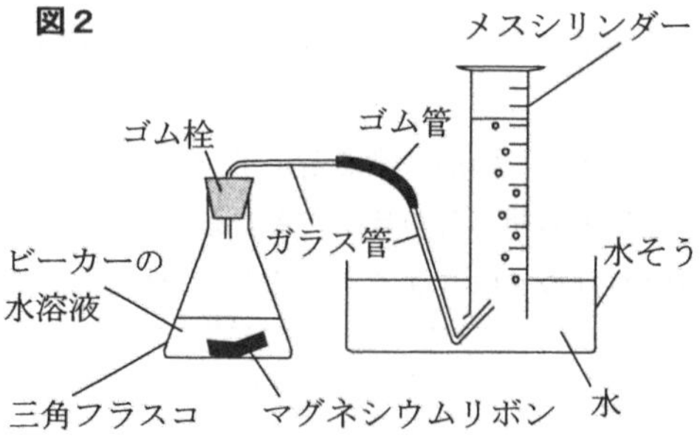

⑤　次に，④で三角フラスコ内に入れる水溶液をビーカーB，C，D，E，F，G，Hの水溶液にかえて，それぞれ②から④までと同じことを行った。

表１，**表２**は，それぞれ〔実験１〕，〔実験２〕の結果をまとめたものである。また，**図３**は，〔実験２〕の結果について，横軸に〔実験１〕で加えた水酸化ナトリウム水溶液の体積〔cm^3〕を，縦軸に発生した気体の体積〔cm^3〕をとり，その関係をグラフに表したものである。

表１

ビーカー	A	B	C	D	E	F	G	H
塩酸の体積〔cm^3〕	20	20	20	20	20	20	20	20
加えた水酸化ナトリウム水溶液の体積〔cm^3〕	2	4	6	8	10	12	14	16
ＢＴＢ溶液を加えたときの水溶液の色	黄	黄	黄	黄	黄	緑	青	青

表２

ビーカー	A	B	C	D	E	F	G	H
マグネシウムリボン〔g〕	0.1	0.1	0.1	0.1	0.1	0.1	0.1	0.1
発生した気体の体積〔cm^3〕	100	100	75	50	25	0	0	0

図３

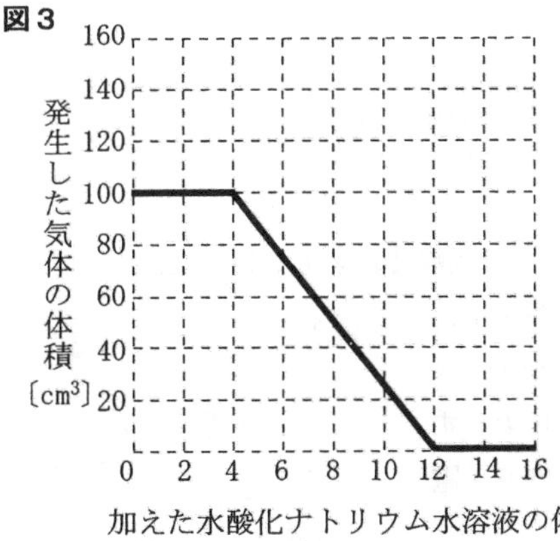

次の(1)から(4)までの問いに答えなさい。

(1)　〔実験１〕で起きている化学変化について説明した文として最も適当なものを，次の**ア**から**オ**までの中から選んで，そのかな符号を書きなさい。

ア　ビーカーA，B，C，D，Eだけで中和が起きている。

イ　ビーカーFだけで中和が起きている。

ウ　ビーカーG，Hだけで中和が起きている。

エ　AからHまでの全てのビーカーで中和が起きている。

オ　AからHまでの全てのビーカーで中和は起きていない。

(2)　〔実験２〕で用いた気体の集め方を何というか。その名称を漢字で書きなさい。

(3)　〔実験２〕で発生した気体Xの性質について説明した文として最も適当なものを，次の**ア**から**エ**までの中から選んで，そのかな符号を書きなさい。

ア　気体Xは特有の刺激臭をもち，水に非常に溶けやすく，その水溶液はアルカリ性を示す。

イ　気体Xは水に溶けやすく，水道水の消毒に用いられる。

ウ　気体Xを石灰水に通すと，石灰水が白くにごる。

エ　気体Xは非常に軽く，試験管に気体Xを集めて線香の火を近づけると，音をたてて燃える。

(4)　〔実験１〕で用いた水酸化ナトリウム水溶液の濃さを２倍にして，加える水酸化ナトリウム水溶液の体積を０cm^3から16cm^3までさまざまに変えて，〔実験２〕と同じことを行った。塩酸に加えた水酸化ナトリウム水溶液の体積と発生した気体の体積との関係はどのようになるか。横軸に加えた水酸化ナトリウム水溶液の体積〔cm³〕を，縦軸に発生した気体の体積〔cm³〕をとり，その関係を表すグラフを解答欄の**図４**に書きなさい。

ただし，発生した気体の体積が０cm³のときも，**図３**にならって実線で書くこと。

図４

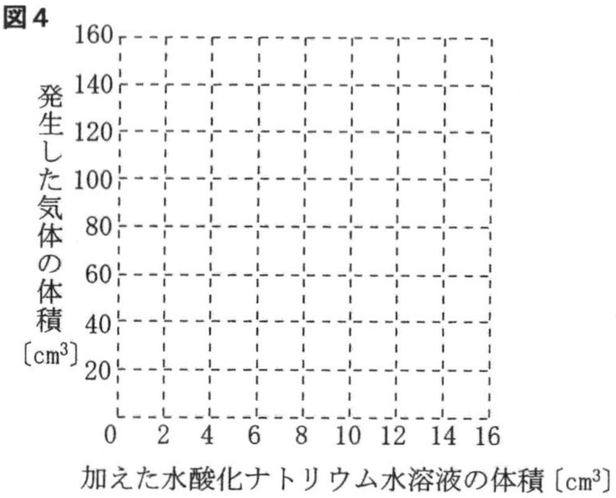

4　電流と磁界について調べるため，次の〔実験１〕から〔実験４〕までを行った。

〔実験１〕　①　**図１**のように，電熱線Aと電源装置，電流計，電圧計を導線を用いて接続した。電源装置のスイッチを入れ，電圧計の示す値が０Ｖから少しずつ大きくなるように電源装置を調節しながら，電圧と電流の関係を調べた。

②　①の電熱線Aを，別の電熱線Bにかえて，①と同じことを行った。

表は，〔実験１〕の電圧計と電流計が示す値を読み取った結果をまとめたものである。

図１

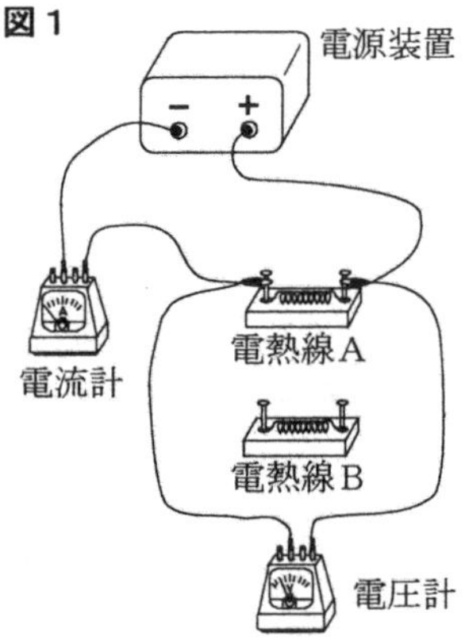

表

電圧〔V〕		0	1.0	2.0	3.0	4.0	5.0
電流〔mA〕	電熱線A	0	50	100	150	200	250
	電熱線B	0	20	40	60	80	100

〔実験２〕　①　**図２**のように，コイルをつり下げた木材をスタンドに固定し，コイルの一部が床に置いたU字型磁石のN極とS極の間を通るように，コイルの高さを調整した。次に，電源装置，コイル，電圧計と〔実験１〕と同じ電熱線Aを，端子x，yと導線を用いて接続した。

図２

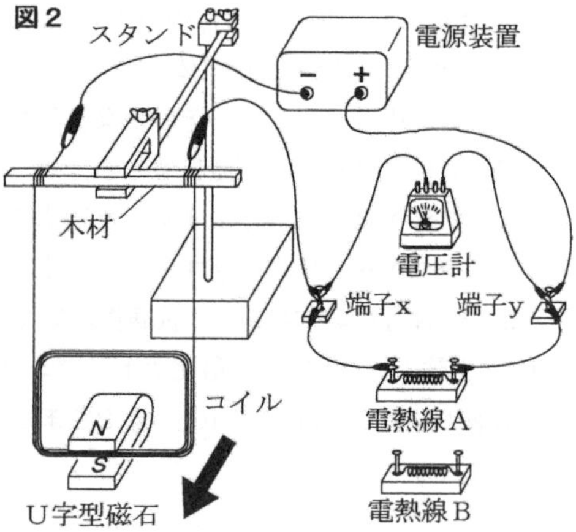

② 電源装置のスイッチを入れ，電圧計の示す値が5.0Vになるように電源装置を調節してコイルに電流を流し，そのときのコイルの動きを観察した。

［実験２］の結果，コイルは**図２**の矢印（ ➡ ）の向きに動いた。

［実験３］［実験１］の電熱線A，Bを２つずつ用意し，**図２**の実験装置の端子x，y間に，**図３**のⅠからⅥまでのように接続して，［実験２］の②と同じことを行った。
なお，**図３**の ─[A]─ は電熱線Aを， ─[B]─ は電熱線Bを表す。

図３

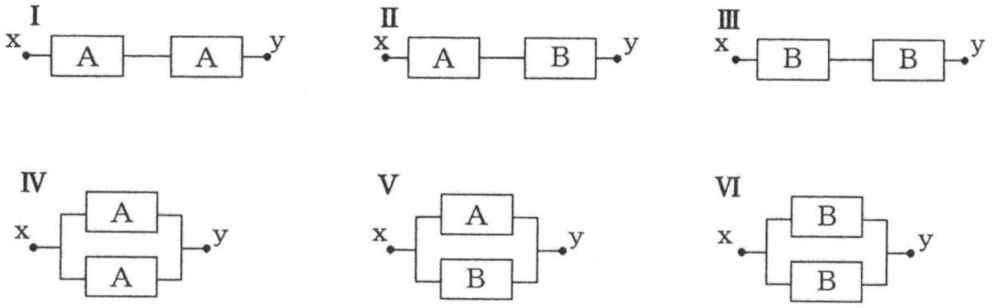

［実験４］① **図４**のように，コイルをつり下げた木材をスタンドに固定し，別のスタンドでコイルを固定した。次に，コイルと検流計を導線を用いて接続した。
② 棒磁石のS極をコイルに向け，**図４**の矢印の向きにコイルの直前まで近づけたときの，検流計の針の動きを調べた。

［実験４］の結果，検流計の針は＋《プラス》側に振れた。

次の(1)から(4)までの問いに答えなさい。

図４

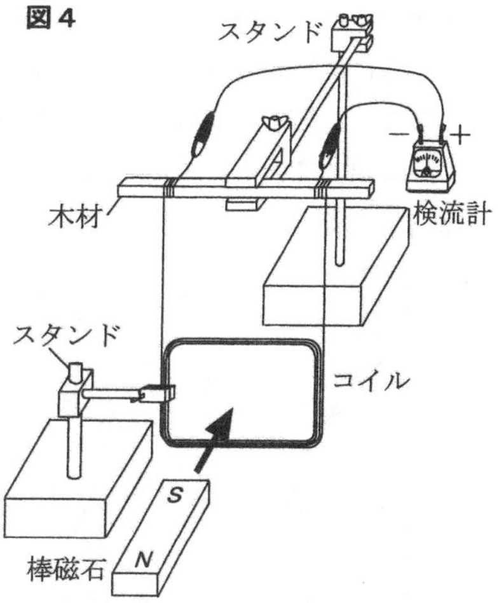

(1) ［実験１］で，電熱線Aの電気抵抗は何Ωか，整数で求めなさい。

(2) ［実験２］の後，電熱線Aを取り外して，［実験１］と同じ電熱線Bに交換し，U字型磁石のN極とS極を上下逆にして同じ位置に置いた。コイルに流れる電流の向きを［実験２］と逆にして，［実験２］の②と同じことを行った。このとき，コイルの動いた向きとコイルの動きの大きさについて説明した文として最も適当なものを，次の**ア**から**エ**までの中から選んで，そのかな符号を書きなさい。

ア コイルは［実験２］と同じ向きに，［実験２］よりも大きく動いた。
イ コイルは［実験２］と同じ向きに，［実験２］よりも小さく動いた。
ウ コイルは［実験２］と反対向きに，［実験２］よりも大きく動いた。
エ コイルは［実験２］と反対向きに，［実験２］よりも小さく動いた。

(3) ［実験３］で接続した**図３**の電熱線A，Bの組み合わせのうち，コイルの動きが［実験２］よりも大きくなるものはどれか。**図３**のⅠからⅥまでの中から全て選んで，その符号を書きなさい。

(4) ［実験４］の後，棒磁石のN極をコイルに向け，棒磁石を**図４**の矢印の向きに近づけて，コイルの直前で止めずに，そのままコイルを貫通させた。このときの，検流計の針の動きについて説明した文として最も適当なものを，次のアからエまでの中から選んで，そのかな符号を書きなさい。

ア　＋側に振れ，０に戻り，再び＋側に振れ，０に戻る。
イ　＋側に振れ，０に戻り，次に－《マイナス》側に振れ，０に戻る。
ウ　－側に振れ，０に戻り，次に＋側に振れ，０に戻る。
エ　－側に振れ，０に戻り，再び－側に振れ，０に戻る。

5　ある地域で，地表から深さ20mまでの地層を調査した。**図１**は，この地域の地形図を模式的に表したものであり，**図１**の線は等高線を，数値は標高を示している。また，地点A，B，Cは東西の直線上に，地点B，Dは南北の直線上に位置している。**図２**の柱状図Ⅰ，Ⅱ，Ⅲは，**図１**の地点A，B，Cのいずれかの地点における地層のようすを，柱状図Ⅳは，地点Dにおける地層のようすを模式的に表したものである。

また，柱状図ⅠからⅣまでに示されるそれぞれの地層を調べたところ，いくつかの生物の化石が発見された。柱状図ⅠのPの泥岩の層からは，ビカリアの化石が発見され，このビカリアの化石を含む泥岩の層は柱状図Ⅱ，Ⅲ，Ⅳに示される地層中にも存在していた。

ただし，**図１**の地域の地層は互いに平行に重なっており，南に向かって一定の割合で低くなるように傾いている。また，地層には上下の逆転や断層はないものとする。

図１

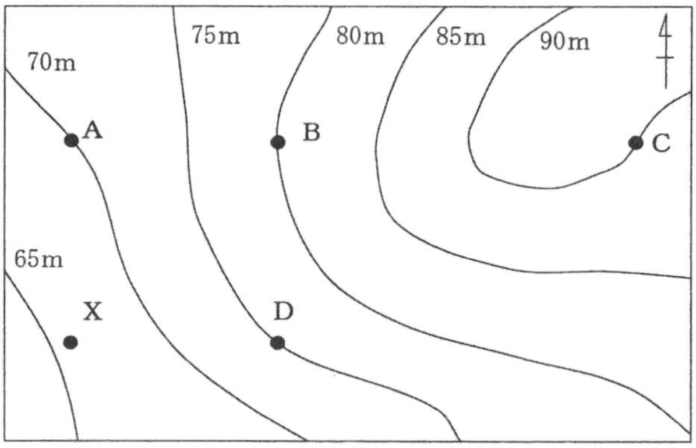

図２

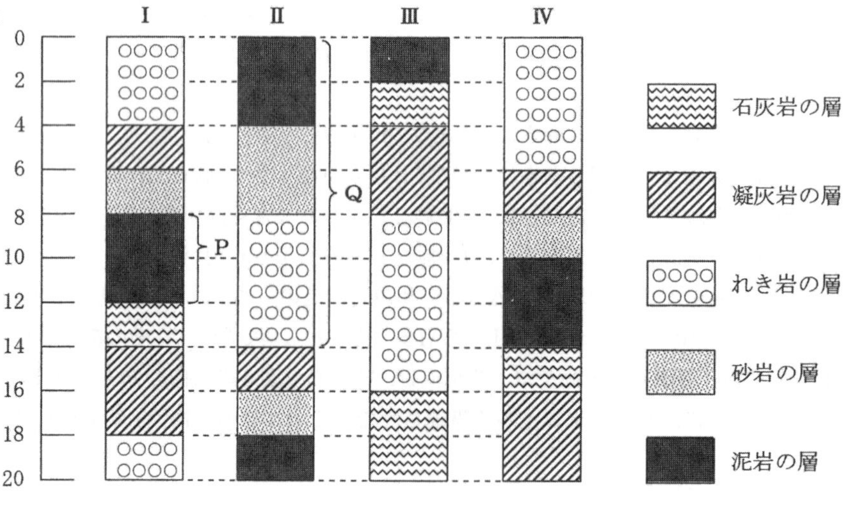

次の⑴から⑷までの問いに答えなさい。

⑴　**図2**の柱状図ⅡのQで示した部分は，れき岩，砂岩，泥岩の層が順に堆積しており，ここから発見された化石から，柱状図Ⅱの地点は過去に海底にあったと考えられる。次の文章は，柱状図ⅡのQで示した地層が堆積したときの環境の変化について説明したものである。文章中の（①）と（②）にあてはまる語の組み合わせとして最も適当なものを，下の**ア**から**エ**までの中から選んで，そのかな符号を書きなさい。

> 土砂が川の水によって運ばれるときには，粒の大きさが（　①　）ものほど遠くに運ばれて堆積する。このことから，柱状図Ⅱの地点は（　②　）へとしだいに環境が変化したと考えられる。

ア　①　小さい，②　沖合から海岸近く　　**イ**　①　小さい，②　海岸近くから沖合
ウ　①　大きい，②　沖合から海岸近く　　**エ**　①　大きい，②　海岸近くから沖合

⑵　**図2**の柱状図Ⅰに示されるPの泥岩の層からビカリアの化石が発見されたことから，この泥岩の層が堆積した年代を推定することができる。このような化石について説明した次の文章中の（①）から（③）までにあてはまる語の組み合わせとして最も適当なものを，下の**ア**から**ク**までの中から選んで，そのかな符号を書きなさい。

> ビカリアの化石のように，限られた時代にだけ栄え，（　①　）地域に生活していた生物の化石は，地層の堆積した年代を推定するのに役立つ。このような化石を（　②　）化石といい，ビカリアを含むPの泥岩の層は（　③　）に堆積したと考えられる。

ア　①　狭い，②　示相，③　新生代　　**イ**　①　狭い，②　示相，③　中生代
ウ　①　狭い，②　示準，③　新生代　　**エ**　①　狭い，②　示準，③　中生代
オ　①　広い，②　示相，③　新生代　　**カ**　①　広い，②　示相，③　中生代
キ　①　広い，②　示準，③　新生代　　**ク**　①　広い，②　示準，③　中生代

⑶　**図1**の地点A，B，Cにおける地層のようすを表している柱状図は，それぞれ**図2**のⅠ，Ⅱ，Ⅲのどれか。その組み合わせとして最も適当なものを，次の**ア**から**カ**までの中から選んで，そのかな符号を書きなさい。

	ア	イ	ウ	エ	オ	カ
地点A	Ⅰ	Ⅰ	Ⅱ	Ⅱ	Ⅲ	Ⅲ
地点B	Ⅱ	Ⅲ	Ⅰ	Ⅲ	Ⅰ	Ⅱ
地点C	Ⅲ	Ⅱ	Ⅲ	Ⅰ	Ⅱ	Ⅰ

⑷　**図1**の地点Xは，地点Aの真南かつ地点Dの真西に位置しており，標高は67mである。柱状図Ⅰに示されるビカリアの化石を含むPの泥岩の層は，地点Xでは地表からの深さが20mまでのどこにあるか。解答欄の**図3**に黒く塗りつぶして書きなさい。

図3

6　次の⑴，⑵の問いに答えなさい。

⑴　**図**のように，ビーカーに入れた水80cm^{3}にエタノールを加え，ガラス棒でよくかき混ぜて，質量パーセント濃度20％のエタノール水溶液をつくった。このとき加えたエタノールは何cm^{3}か，整数で求めなさい。

　ただし，溶質であるエタノールの密度は0.8 g/cm^3，溶媒である水の密度は1.0 g/cm^{3}とする。

図

⑵　弦をはじいたときの音の高さについて調べるため，次の〔実験１〕と〔実験２〕を行った。

〔実験１〕　①　**図**のように，定滑車を取り付けた台の点Aに弦Xの片方の端を固定し，２つの同じ三角柱の木片の上と定滑車を通しておもりをつるした。

　ただし，木片間の距離はL_1，おもりの質量はM_1とする。

図

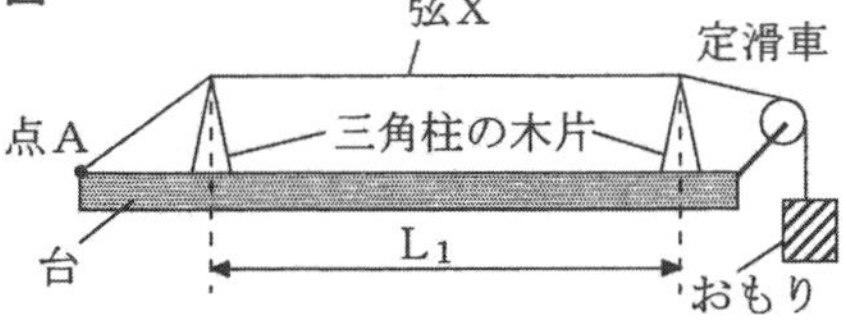

②　弦をはじいて，音の高さを調べた。

③　距離L_1とおもりの質量M_1をそのままにして，弦を弦Xより細い弦Yに取りかえ，弦をはじいて，音の高さを調べた。

〔実験１〕では，弦Yのほうが，音が高かった。

〔実験２〕〔実験１〕の装置を用いて，木片間の距離，弦の種類，おもりの質量をかえ，弦をはじいて，音の高さを調べた。

　表は，そのときの条件を〔実験１〕も含めて整理したものである。

　ただし，木片間の距離L_2はL_1より短く，おもりの質量M_2はM_1より小さいものとする。

表

<table>
<tr><th></th><th>木片間の距離</th><th>弦</th><th>おもりの質量</th></tr>
<tr><td>Ⅰ</td><td rowspan="3">L_1</td><td rowspan="2">X</td><td>M_2</td></tr>
<tr><td>Ⅱ</td><td rowspan="3">M_1</td></tr>
<tr><td>Ⅲ</td><td>Y</td></tr>
<tr><td>Ⅳ</td><td>L_2</td><td>X</td></tr>
</table>

　実験の結果，条件ⅠからⅣまでのうち，２つの条件で音の高さが同じであった。

　実験で発生する音の高さが同じになる２つの条件の組み合わせとして最も適当なものを，次の**ア**から**オ**までの中から選んで，そのかな符号を書きなさい。

ア　Ⅰ，Ⅱ　　**イ**　Ⅰ，Ⅲ　　**ウ**　Ⅰ，Ⅳ
エ　Ⅱ，Ⅲ　　**オ**　Ⅲ，Ⅳ

＜社会＞

時間　45分　　満点　22点

1　次のⅠ，Ⅱ，Ⅲの写真は，歴史的な遺構を示したものである。あとの(1)から(3)までの問いに答えなさい。

Ⅰ　多賀城跡

Ⅱ　一乗谷朝倉《あさくら》氏遺跡

Ⅲ　五稜郭

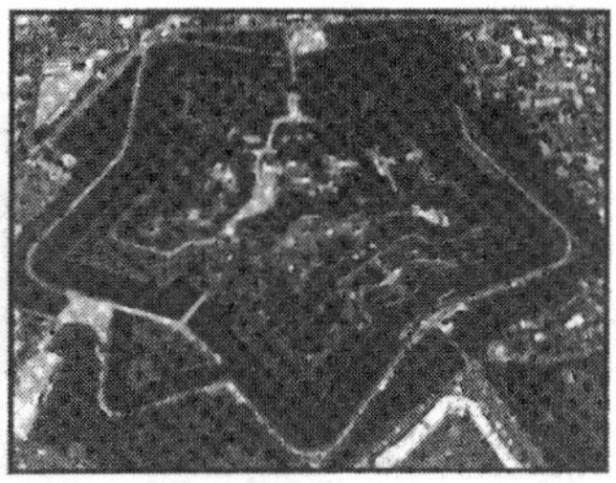

(1)　次の文章は，生徒がⅠについて調べる際に作成したメモである。文章中の（①），（②），（③）にあてはまることばの組み合わせとして最も適当なものを，下の**ア**から**ク**までの中から選んで，そのかな符号を書きなさい。

> 朝廷は，東北地方に住む人々を（　①　）とよび，東北地方を支配する拠点として多賀城などを築きました。9世紀初めに，（　②　）天皇は（　③　）を征夷大将軍に任命して東北地方に大軍を送り，朝廷の支配を広げました。

ア　①　蝦夷　②　桓武《かんむ》　③　源義家《みなもとのよしいえ》　　**イ**　①　蝦夷　②　桓武　③　坂上田村麻呂《さかのうえのたむらまろ》
ウ　①　蝦夷　②　聖武《しょうむ》　③　源義家　　**エ**　①　蝦夷　②　聖武　③　坂上田村麻呂
オ　①　南蛮人　②　桓武　③　源義家　　**カ**　①　南蛮人　②　桓武　③　坂上田村麻呂
キ　①　南蛮人　②　聖武　③　源義家　　**ク**　①　南蛮人　②　聖武　③　坂上田村麻呂

(2)　Ⅱの写真は，一乗谷の城下町の一部を復元（復原）したものである。この町が織田信長《おだのぶなが》によって焼き払われた後の世界のできごとについて述べた文として適当なものを，次の**ア**から**エ**までの中から全て選んで，そのかな符号を書きなさい。

ア　イギリスで名誉革命がおこり，「権利の章典（権利章典）」が定められた。
イ　朝鮮半島で李成桂《りせいけい》（イソンゲ）が高麗を滅ぼして，朝鮮という国を建てた。
ウ　コロンブスが，アメリカ大陸付近のカリブ海にある西インド諸島に到達した。
エ　インド人兵士の反乱をきっかけとしたインド大反乱が，イギリスによって鎮圧された。

(3)　次の文章は，Ⅲの写真について生徒が説明したものである。文章中の（④）にあてはまることばとして最も適当なものを，次のページの**ア**から**オ**までの中から選んで，そのかな符号を書きなさい。

なお，文章中の2か所の（④）には同じことばがあてはまる。

> 五稜郭は，（　④　）が開港した後，外国からの防衛などの目的で築かれた西洋式の城郭で，現在の（　④　）市にあります。約1年半に及ぶ旧幕府軍と新政府軍の戦いである

戊辰戦争の最後の戦いで，旧幕府軍はこの五稜郭に立てこもって戦いました。

ア　神戸　　イ　下田　　ウ　長崎　　エ　函館　　オ　横浜

2　次のⅠの略年表は，日本の金山，銀山，銅山に関するできごとを示したものであり，Ⅱの略地図中のA，B，C，Dは，それぞれⅠの略年表中の生野銀山，石見銀山，足尾銅山，佐渡金山のいずれかの位置を示したものである。あとの(1)から(4)までの問いに答えなさい。

Ⅰ　略年表

世紀	できごと
9	生野銀山が発見される
	↕ a
16	石見銀山が発見される
	↕ b
19	足尾銅山鉱毒事件が表面化する
	↕ c
20	佐渡金山が閉山する

Ⅱ　略地図

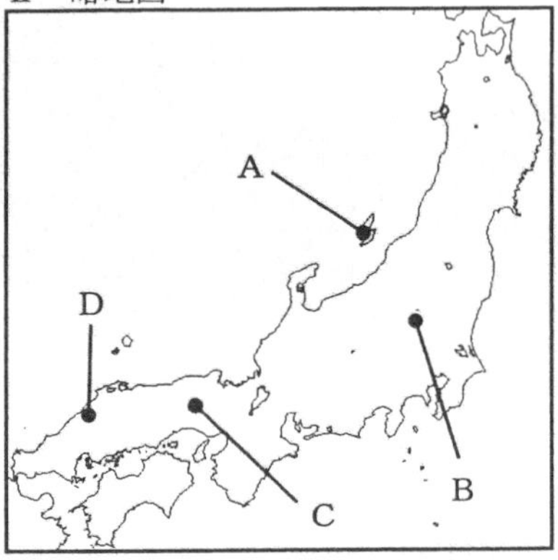

(1)　次のXの彫刻がつくられた時期とYの絵画が描かれた時期は，それぞれⅠの略年表中のa，b，cの期間のうちのどれか。その組み合わせとして最も適当なものを，下のアからカまでの中から選んで，そのかな符号を書きなさい。

X　東大寺南大門の金剛力士像

Y　見返り美人図

ア　X：a　Y：b　　イ　X：a　Y：c　　ウ　X：b　Y：a
エ　X：b　Y：c　　オ　X：c　Y：a　　カ　X：c　Y：b

(2)　次のアからエまでの文は，Ⅰの略年表中の足尾銅山鉱毒事件が表面化した時期のできごとについて述べたものである。これらの文に述べられたできごとを年代の古い順に並べたとき，2番目と3番目になるもののかな符号をそれぞれ書きなさい。

ア　近代的な内閣制度ができ，初代の内閣総理大臣に伊藤博文《いとうひろぶみ》が就任した。

イ　各地の自由民権運動の代表者が大阪に集まり，国会期成同盟を結成した。

ウ　衆議院議員の総選挙が初めて行われ，第1回帝国議会が開かれた。

エ　天皇が国民に与えるという形で，大日本帝国憲法が発布された。

(3)　石見銀山の位置として最も適当なものを，Ⅱの略地図中のAからDまでの中から選んで，その符号を書きなさい。また，次の文章は，石見銀山について生徒が調べてまとめたものの一部である。文章中の下線部の時期の日本のようすとして最も適当なものを，下のアからエまでの中から選んで，そのかな符号を書きなさい。

> 石見銀山は，1527年から本格的に採掘が始まったといわれています。1533年に銀の新しい精錬技術が導入されたことで，より効率的に銀を得られるようになり，日本を代表する銀山となりました。1923年には採掘を終了しましたが，2007年には石見銀山遺跡とその文化的景観が世界遺産に登録されました。

ア　都市では大商人が株仲間という同業者組織をつくり，大きな利益を上げていた。

イ　藤原《ふじわら》氏が他の貴族を退けて勢力を強め，摂政や関白の職につき，政治の実権を握っていた。

ウ　戦国大名たちは，城下町をつくったり，独自の分国法を定めるなどして，領国を支配した。

エ　法然《ほうねん》による浄土宗や，親鸞《しんらん》による浄土真宗など新しい仏教の教えが次々と生まれた。

(4)　次の文章は，開国後の日本のようすについて生徒がまとめたものの一部である。文章中の □ にあてはまることばを，下の語群から2語選んで用い，15字以下で書きなさい。また，（①），（②），（③）にあてはまることばの組み合わせとして最も適当なものを，あとのアからエまでの中から選んで，そのかな符号を書きなさい。

> 開国後に貿易が開始されると，日本では，イギリスなどからの安価な □ が打撃を受け，さまざまな生活用品も値上がりしました。また，金と銀の交換比率が，日本では1：5であったのに対し，外国では1：15であったことから，欧米の商人によってもたらされた（　①　）が日本で（　②　）に交換され，日本から（　③　）が外国に持ち出されました。

【語群】　生糸の輸入　　綿糸の輸入　　国内の生産地　　国外の消費地

ア　①　金貨　②　銀貨　③　金貨　　　イ　①　金貨　②　銀貨　③　銀貨

ウ　①　銀貨　②　金貨　③　金貨　　　エ　①　銀貨　②　金貨　③　銀貨

3　次のⅠの略地図は，近畿地方とその周辺を示したものであり，Ⅱのグラフは，3都市の月別降水量と月別平均気温を示したものである。また，Ⅲの表は，7府県の海岸線距離，国宝の建造物の件数，昼夜間人口比率を示したものである。次のページの(1)から(3)までの問いに答えなさい。

（Ⅰの略地図，Ⅱのグラフ，Ⅲの表は，次のページにあります。）

なお，Ⅱのグラフのa，b，cは，それぞれ明石市，新宮市，宮津市のいずれかである。また，Ⅲの表中のw，x，y，zは，それぞれ大阪府，京都府，奈良県，兵庫県のいずれかである。

Ⅰ　略地図

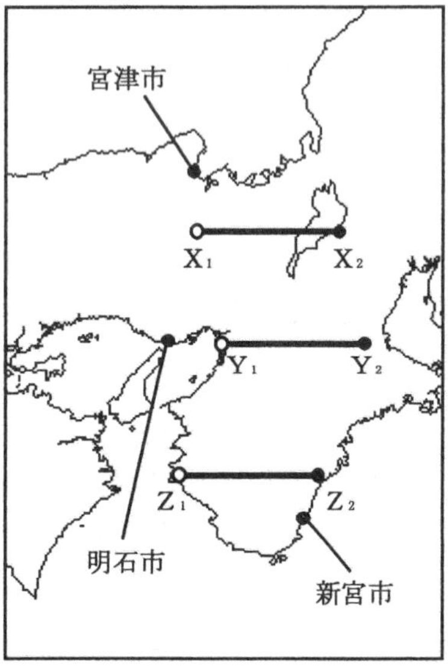

Ⅱ　3都市の月別降水量と月別平均気温

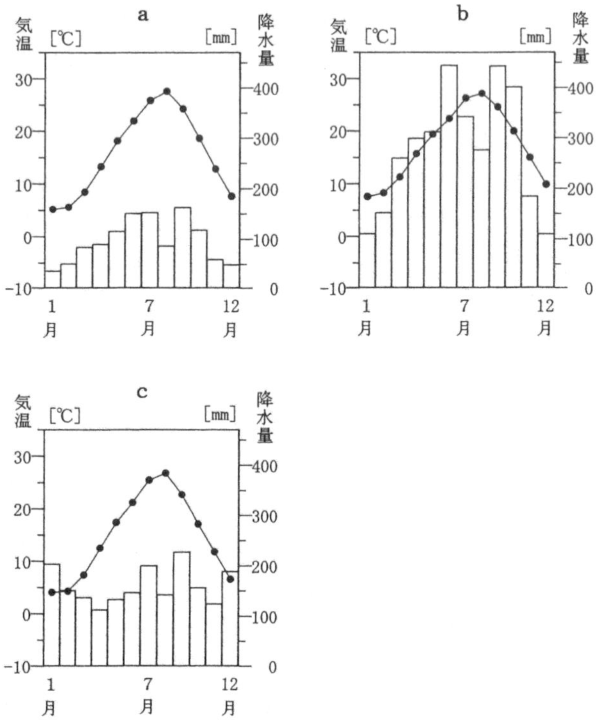

（気象庁ウェブページをもとに作成）

Ⅲ　7府県の海岸線距離，国宝の建造物の件数，昼夜間人口比率

府県名	海岸線距離(m)	国宝の建造物の件数	昼夜間人口比率
三重県	1 091 474	2	98.3
w	847 720	11	95.7
和歌山県	650 463	7	98.2
x	315 235	52	101.8
y	233 384	5	104.4
z	0	64	90.0
滋賀県	0	22	96.5

（注）昼夜間人口比率は，常住（夜間）人口100人あたりの昼間人口を示す。

（「理科年表　2021」などをもとに作成）

(1)　次のページのA，B，Cは，それぞれⅠの略地図中のX_1－X_2間，Y_1－Y_2間，Z_1－Z_2間のいずれかの地形断面図である。X_1－X_2間，Z_1－Z_2間の地形断面図の組み合わせとして最も適当なものを，次のページの**ア**から**カ**までの中から選んで，そのかな符号を書きなさい。なお，地形断面図は水平方向に対して垂直方向は拡大してあり，また，湖や河川などは水面の標高が断面図に示されている。

A

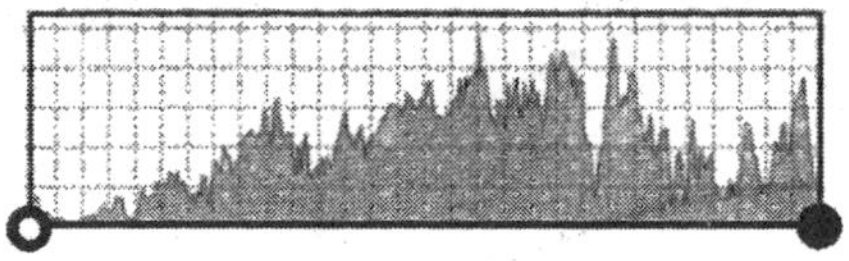

B

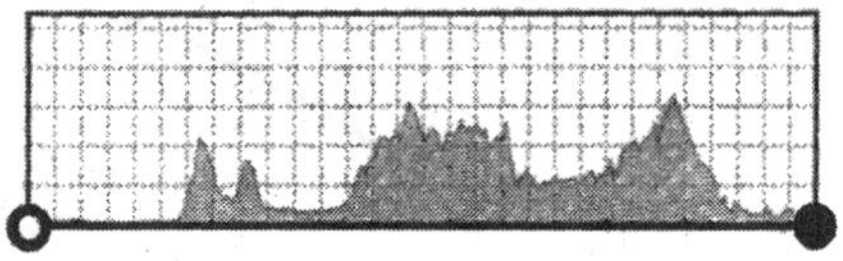

C

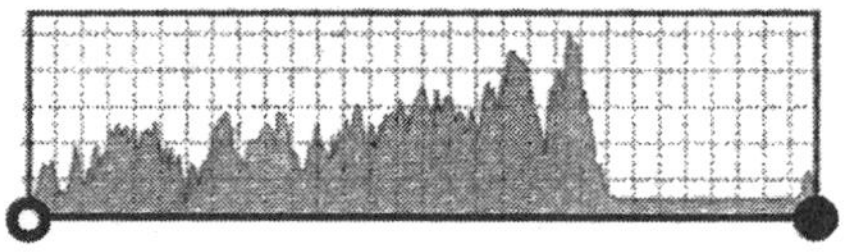

（国土地理院ウェブページにより作成）

ア　X_1-X_2間：A　Z_1-Z_2間：B　　イ　X_1-X_2間：A　Z_1-Z_2間：C
ウ　X_1-X_2間：B　Z_1-Z_2間：A　　エ　X_1-X_2間：B　Z_1-Z_2間：C
オ　X_1-X_2間：C　Z_1-Z_2間：A　　カ　X_1-X_2間：C　Z_1-Z_2間：B

⑵　Ⅰの略地図中の都市とⅡのグラフのａ，ｂ，ｃの組み合わせとして最も適当なものを，次のアからカまでの中から選んで，そのかな符号を書きなさい。

ア　明石市：ａ　新宮市：ｂ　宮津市：ｃ　　イ　明石市：ａ　新宮市：ｃ　宮津市：ｂ
ウ　明石市：ｂ　新宮市：ａ　宮津市：ｃ　　エ　明石市：ｂ　新宮市：ｃ　宮津市：ａ
オ　明石市：ｃ　新宮市：ａ　宮津市：ｂ　　カ　明石市：ｃ　新宮市：ｂ　宮津市：ａ

⑶　次の資料①，②は，Ⅲの表中のｗからｚまでのいずれかの府県について示したものである。資料①，②で示す府県として最も適当なものを，ｗからｚまでの中からそれぞれ選んで，その符号を書きなさい。

資料①

かつて「天下の台所」とよばれた商業の中心地がある。
また，上の写真に示した，1994年に開港し，24時間運用できる国際拠点空港がある。

資料②

かつて律令に基づく政治の中心として栄えた都市がある。
また，上の写真に示した，世界最古の木造建築物として知られている寺院がある。

4　次のページのⅠの略地図は，インドの首都デリーを中心に，中心からの距離と方位を正しく示したものであり，次のページのⅡの表は，牛の飼育頭数等を示したものである。また，Ⅲのグラフのａ，Ｂ，Ｃは，カカオ豆，コーヒー豆，茶のいずれかの州別生産量の割合を示したものである。あとの⑴から⑶までの問いに答えなさい。

なお，Ⅰの略地図中の破線Ｘは，デリーから10000㎞の距離を示しており，▒▒で示した3国は，インド，ケニア，中国のいずれかである。

Ⅰ　略地図

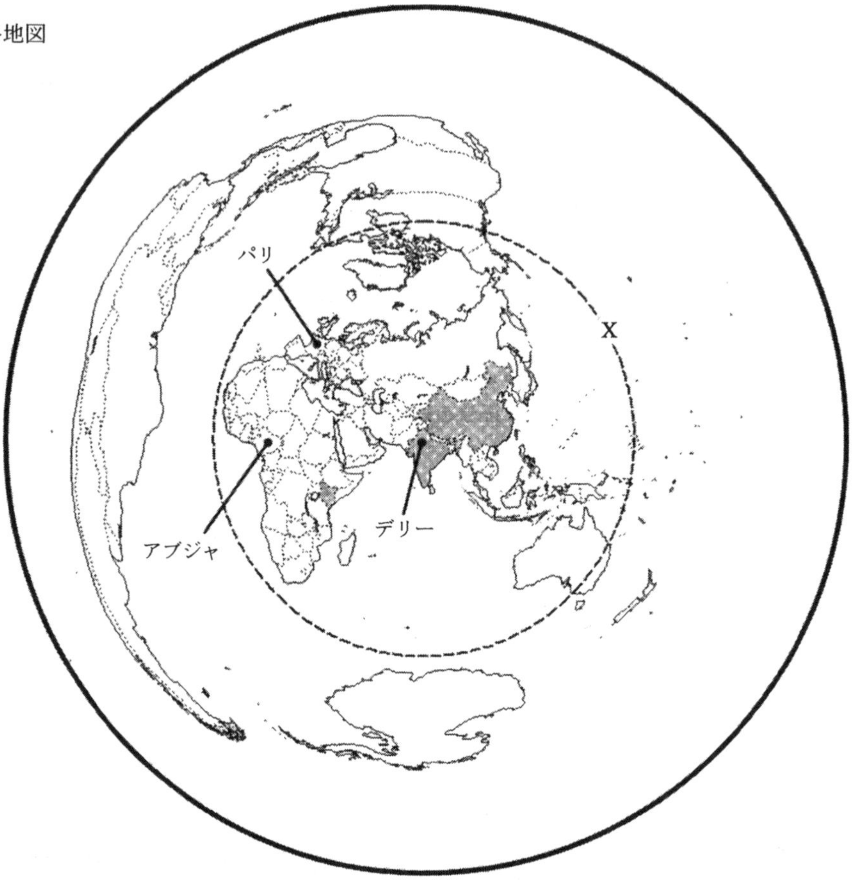

Ⅱ　牛の飼育頭数，豚の飼育頭数，牛肉の生産量，豚肉の生産量の上位６国

順位	牛の飼育頭数（万頭）		豚の飼育頭数（万頭）		牛肉の生産量（万ｔ）		豚肉の生産量（万ｔ）	
	国　名	頭数	国　名	頭数	国　名	生産量	国　名	生産量
1	ブラジル	21 352	中　国	44 159	アメリカ	1 222	中　国	5 404
2	インド	18 446	アメリカ	7 455	ブラジル	990	アメリカ	1 194
3	アメリカ	9 430	ブラジル	4 144	中　国	580	ドイツ	537
4	中　国	6 327	スペイン	3 080	アルゼンチン	307	スペイン	453
5	エチオピア	6 260	ベトナム	2 815	オーストラリア	222	ベトナム	382
6	アルゼンチン	5 393	ドイツ	2 645	メキシコ	198	ブラジル	379

（「データブック　オブ・ザ・ワールド　2021年版」をもとに作成）

Ⅲ　カカオ豆，コーヒー豆，茶の州別生産量の割合

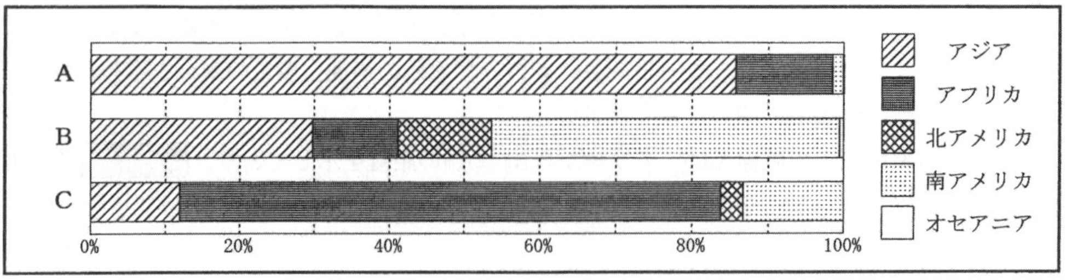

（「データブック　オブ・ザ・ワールド　2021年版」をもとに作成）

⑴　Ⅰの略地図から読み取ることができる内容として適当なものを，次の**ア**から**オ**までの中から全て選んで，そのかな符号を書きなさい。

ア　ナイジェリアの首都アブジャは，デリーから見てほぼ西の方位に位置する。
イ　デリーは，フランスの首都パリから見てほぼ南東の方位に位置する。
ウ　北アメリカ大陸の一部は，デリーから10000㎞以内に位置する。
エ　南極大陸の一部は，デリーから10000㎞以内に位置する。
オ　南アメリカ大陸の一部は，デリーから10000㎞以内に位置する。

⑵　次の文章は，生徒と先生がⅡの表をもとに，家畜の飼育頭数と肉の生産量について話し合った際の会話の一部である。文章中の（①），（②）にあてはまることばの組み合わせとして最も適当なものを，下の**ア**から**カ**までの中から選んで，そのかな符号を書きなさい。
なお，文章中の２か所の（　②　）には同じことばがあてはまる。

生徒：豚の飼育頭数と豚肉の生産量は，順位は異なるものの，上位６国は同じですね。それに対して，牛の飼育頭数２位のインドは，牛肉の生産量では上位６国に入っていません。どうしてなんですか。
先生：これは，宗教が大きく影響しています。インドでは，約80％の人々が（　①　）教を信仰しており，この宗教では牛は神聖な動物とされているため，牛肉を食べないのです。
生徒：そういえば，（　②　）教を信じる人々は豚肉を食べないですね。
先生：そうですね。（　②　）教徒の人口が多くその割合が高いインドネシアやパキスタンなどの国では，豚肉の生産量だけでなく，豚の飼育頭数も多くありません。

ア　①　イスラム　　②　キリスト　　**イ**　①　イスラム　　②　ヒンドゥー
ウ　①　キリスト　　②　イスラム　　**エ**　①　キリスト　　②　ヒンドゥー
オ　①　ヒンドゥー　②　イスラム　　**カ**　①　ヒンドゥー　②　キリスト

⑶　Ⅰの略地図中の　　　で示した３国は，カカオ豆，コーヒー豆，茶のいずれかの農作物の生産量で世界の１位から３位までを占めている。下の表は，その農作物の日本における都道府県別収穫量上位３県と収穫量を示している。この農作物をⅢのグラフの**A**から**C**までの中から選んで，その符号を書きなさい。

順位	県　名	収穫量(百ｔ)
1	鹿児島県	1 373
2	静岡県	1 293
3	三重県	286

（「データブック　オブ・ザ・ワールド　2021年版」をもとに作成）

5　次のページのⅠからⅣまでの資料は，生徒が日本の情報化のようすと労働問題についてのレポートを作成するために用意したものの一部である。あとの⑴から⑷までの問いに答えなさい。
なお，Ⅰの資料中のX，Y，Zは，スマートフォン，パソコン，タブレット型端末のいずれかである。

Ⅰ 主な情報通信機器を保有している世帯の割合

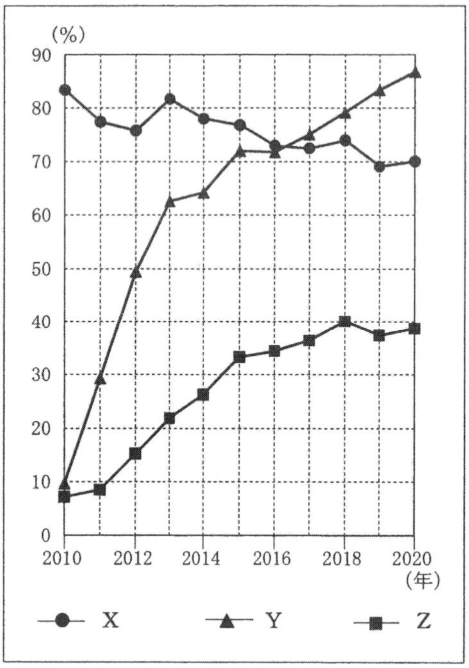

Ⅱ 年齢階層別インターネット利用機器の状況（令和２年）

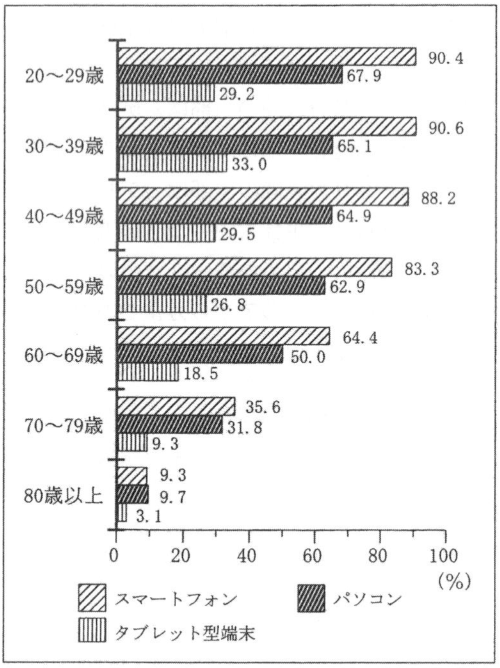

Ⅲ 年齢階層別インターネット利用状況 (%)

	20～29歳	30～39歳	40～49歳	50～59歳	60～69歳	70～79歳	80歳以上
平成28年	99.2	97.5	96.7	93.0	75.7	53.6	23.4
平成30年	98.7	97.9	96.7	93.0	76.6	51.0	21.5
令和２年	98.5	98.2	97.2	94.7	82.7	59.6	25.6

（注）数字は，年齢階層別のインターネット利用者の割合を示している。

（Ⅰ，Ⅱ，Ⅲは総務省「令和２年通信利用動向調査」などをもとに作成）

Ⅳ 労働に関連する法律の条文

第１条 ① 労働条件は，労働者が人たるに値する生活を営むための必要を充たすべきものでなければならない。

第２条 ① 労働条件は，労働者と使用者が，対等の立場において決定すべきものである。

(1) 次の文章は，生徒がⅠの資料をもとに，情報通信機器の保有状況について発表した際のメモの一部である。Ⅰの資料中のＹの情報通信機器と，文章中の（Ａ）にあてはまる数字の組み合わせとして最も適当なものを，次のページの**ア**から**カ**までの中から選んで，そのかな符号を書きなさい。

なお，文章中の２か所の（Ａ）には同じ数字があてはまる。

Ⅰの資料をみると，2010年には，スマートフォンを保有している世帯の割合とタブレット型端末を保有している世帯の割合は，ともに10％程度でした。その後，スマートフォンを保有している世帯の割合は増加し，2019年には（　A　）％を上回っています。一方，パソコンを保有している世帯の割合は，2014年以降（　A　）％を下回っています。

ア　Y　スマートフォン　A　40　　イ　Y　スマートフォン　A　80
ウ　Y　パソコン　A　40　　エ　Y　パソコン　A　80
オ　Y　タブレット型端末　A　40　　カ　Y　タブレット型端末　A　80

⑵　Ⅱ，Ⅲの資料から読み取ることができる内容をまとめた文として適当なものを，次のアからエまでの中から全て選んで，そのかな符号を書きなさい。

ア　Ⅱの資料から，グラフ中の全ての年代において，３つの利用機器のうち，最も割合が高いのは「パソコン」であり，最も割合が低いのは「タブレット型端末」である。

イ　Ⅱの資料から，グラフ中の年代のうち，「80歳以上」を除いた他の全ての年代において，「スマートフォン」の割合が最も高い。

ウ　Ⅲの資料から，「平成28年」，「平成30年」，「令和２年」のいずれの年においても，表中の60歳未満の全ての年代で，インターネット利用者の割合が90％を上回っている。

エ　Ⅲの資料から，表中の60歳以上の全ての年代において，「平成28年」から「平成30年」，「平成30年」から「令和２年」では，ともにインターネット利用者の割合が増加している。

⑶　Ⅳの資料に示されている労働に関連する法律の名称を漢字５字で書きなさい。また，この法律で定められている内容として最も適当なものを，次のアからエまでの中から選んで，そのかな符号を書きなさい。

ア　労働者が団結して労働組合を結成すること

イ　ストライキなどの団体行動を行うこと

ウ　不当労働行為を禁止すること

エ　労働時間は１日８時間，１週間で40時間以内とすること

⑷　現在の日本の労働や雇用について述べた文として最も適当なものを，次のアからエまでの中から選んで，そのかな符号を書きなさい。

ア　企業は，人件費をおさえるために，正規雇用労働者を増やし，アルバイトなどの非正規雇用労働者を減らす傾向にある。

イ　少子化による人口減少が続いており，深刻化する労働力人口の不足を解消するため，外国人労働者の受け入れを拡大していくためのしくみづくりが求められている。

ウ　諸外国の雇用状況を参考にして，労働者の能力や成果を賃金に反映させるしくみである年功序列賃金をとりいれる企業が増える傾向にある。

エ　非正規雇用労働者は，正規雇用労働者に比べて労働条件が不安定なため，賃金が高く設定されており，その賃金格差が問題になっている。

6　次のⅠの略年表は，20世紀のできごとを示したものであり，Ⅱの表は，主要国の政府開発援助の実績額，政府開発援助の実績額の国民総所得比，１人あたり国民総所得を示したものである。あとの⑴から⑶までの問いに答えなさい。　（Ⅰの略年表，Ⅱの表は，次のページにあります。）

⑴　国際連合が設立された年代を含む期間として最も適当なものを，Ⅰの略年表中のAからDまでの中から選んで，その符号を書きなさい。

Ⅰ　略年表

日露戦争が始まる
↕ A
第一次世界大戦が始まる
↕ B
第二次世界大戦が始まる
↕ C
朝鮮戦争が始まる
↕ D
ベトナム戦争が始まる

Ⅱ　主要国の政府開発援助の実績額等

国　名	実績額（億ドル）	実績額の国民総所得比（%）	1人あたり国民総所得（ドル）
アメリカ	346	0.16	63 704
ド イ ツ	238	0.60	48 843
イギリス	194	0.70	41 953
日　本	155	0.29	40 529
フランス	122	0.44	42 289
スウェーデン	54	0.99	56 632
オランダ	53	0.59	54 115

（注）実績額の国民総所得比は，政府開発援助の実績額が国民総所得に占める割合を示している。

（「世界国勢図会　2020/21年版」をもとに作成）

(2) 国際連合について述べた次のX，Y，Zの文について，正しい文を「正」，誤っている文を「誤」とするとき，それぞれの文の「正」，「誤」の組み合わせとして最も適当なものを，下の**ア**から**ク**までの中から選んで，そのかな符号を書きなさい。

X　国際連合の総会では，全ての加盟国が平等に1票をもち，世界のさまざまな問題について審議する。

Y　国際連合の安全保障理事会では，アメリカ，イタリア，フランス，ロシア，中国の5か国が常任理事国となっている。

Z　国際連合では，持続可能な開発を実現する取り組みを行っており，その一つとして，2015年に持続可能な開発目標（ＳＤＧｓ）を定めた。

ア　X：正　Y：正　Z：正　　**イ**　X：正　Y：正　Z：誤
ウ　X：正　Y：誤　Z：正　　**エ**　X：正　Y：誤　Z：誤
オ　X：誤　Y：正　Z：正　　**カ**　X：誤　Y：正　Z：誤
キ　X：誤　Y：誤　Z：正　　**ク**　X：誤　Y：誤　Z：誤

(3) Ⅱの表から読み取ることができる内容として最も適当なものを，次の**ア**から**エ**までの中から選んで，そのかな符号を書きなさい。

ア　表中の実績額の上位4国では，実績額が大きい国ほど国民総所得比が大きい。
イ　表中の7国のうち，ヨーロッパの各国の国民総所得比は，いずれも日本より大きい。
ウ　表中の実績額の上位4国では，1人あたり国民総所得が大きい国ほど実績額が小さい。
エ　表中の7国では，1人あたり国民総所得が大きい国ほど国民総所得比が大きい。

ることができるのかということ

イ　どのようにしたら刑罰を意識させずに厳しい法律を人々に受け入れさせることができるのかということ

ウ　どのようにしたら人々が争うことのない落ち着いた世の中にすることができるのかということ

エ　どのようにしたら人が見ていなくても自らの行動を律するよう人々を導くことができるのかということ

㈣　次の**ア**から**エ**までの中から、その内容がこの文章に書かれていることと一致するものを一つ選んで、そのかな符号を書きなさい。

ア　巫馬期は、宓子の政治の進め方に感心して自らの政治を改めた。

イ　宓子は、為政者にまごころがあれば民に伝わると考えていた。

ウ　孔子は、刑罰で民を支配する政治は間違っていると主張した。

エ　亶父の人々は、厳しい刑罰におびえながら生活をしていた。

するまでじっと待っています。創作のヒントは与えるものの、終始、美佐子を温かく見守るという姿勢を貫いています。

エ　（Dさん）　美佐子は、創作のヒントが得られると思って旅先の鎌倉の海岸を訪れたことにより、満足のいく文様を完成させることができました。彼女が全ての時間を文様の創作にささげてきた成果が実ったのだと思います。

オ　（Eさん）　美佐子の文様は、対照的なものが組み合わさった革新的なデザインで、着想を得た景色とともにその文様が目に浮かぶようです。師の松磐もその文様に、新しさだけでなく、高い次元の芸術性を見たのだと思います。

四　次の漢文（書き下し文）を読んで、あとの㈠から㈣までの問いに答えなさい。（本文の……の左側は現代語訳です。）

宓子《ふくし》、亶父《たんぽ》を治むること三年、而《しか》して（そして）巫馬期《ふばき》、絻衣短褐《べんいたんかつ》し（粗末な衣装を身につけ）、容貌を易《か》へ（変え）、往《ゆ》きて化を（（亶父の）変化の様子）①観《み》る。夜②漁する者の魚を得て之《これ》を釈《す》つる（逃がす）をア見、巫馬期問ひて曰《い》はく（尋ねて言うことには）、「凡《およ》そ子《し》の魚を為《な》す所は、得んと欲すればなり（そもそもあなたが漁をするのは、魚を手に入れたいからである）。今得て之を釈つるは何ぞや（どうしてか）。」と。漁する者、対《こた》へて（答えて）曰はく、「宓子は人の小魚（稚魚）を取るを欲せざるなり。得る所の者は小魚なり。是《ここ》を以《もつ》て（そこで）之をイ釈つ。」と。巫馬期、帰りて以て③孔子《こうし》に報じて曰はく、「宓子の徳至れり。人の闇行《あんかう》するに、厳刑の其《そ》の側《かたはら》に在ること有るがごとからしむ（人が夜にこっそり行動するときも、まるで厳しい刑がすぐ近くにあるかのように行動させている）。宓子、何を以て（どのようにして）此《ここ》に至れるか。」と。孔子曰はく、「丘《きう》、嘗《かつ》て之（以前宓子）にウ問ふに治を以てす（にどのように世を治めるのかを尋ねた）。エ言ひて曰はく、『此（こちら）に誠ある者は、彼に刑《あら》はる（あちらにあらわれます）。』と。宓子、必ず此《こ》の術を行ふならん（きっとこのやり方を実践したのであろう）。」と。

（『淮南子《えなんじ》』による）

（注）　○宓子《ふくし》、巫馬期《ふばき》＝ともに、孔子の弟子。
　　　○亶父《たんぽ》＝魯《ろ》の国の地名。
　　　○丘《きう》＝孔子の名。

㈠　波線部**ア**から**エ**までの中から、主語が①観《み》る　の主語と同じものを一つ選んで、そのかな符号を書きなさい。

㈡　②漁する者の魚を得て之《これ》を釈《す》つる　とあるが、漁師がこのような行動をとった理由として最も適当なものを、次の**ア**から**エ**までの中から選んで、そのかな符号を書きなさい。

ア　稚魚を捕まえているところを巫馬期に見られたから。
イ　稚魚を捕まえてもたいした利益にはならないから。
ウ　稚魚を捕まえることは宓子が望んでいないから。
エ　稚魚を捕まえることは法律で禁じられているから。

㈢　③孔子《こうし》に報じて　とあるが、報告とともに巫馬期が孔子に尋ねたことは何か。その内容として最も適当なものを、次の**ア**から**エ**までの中から選んで、そのかな符号を書きなさい。

ア　どのようにしたら経済活動を盛んにして人々の生活を豊かにす

なくなったとき、山という雄大な自然は現実から逃避できる場所として心のよりどころになっている。

イ　師の求める作品の水準は高く、文様を完成させる自信はもてないが、文様を完成させることができれば未登攀の岩壁を登ることができるような気がしている。

ウ　未知の世界に挑む難しさを思い、他人のまねをすることなく新しい文様を創作する行為と、誰も登ったことのないルートで岩壁を登る行為を重ね合わせている。

エ　新しい文様のヒントは意外な場所に埋もれており、常に探しながら行動していれば、山の景色の中から手がかりが得られる瞬間がくると確信している。

㈢　①怒った顔　とあるが、美佐子が提示した文様を見たときの松磬の心情として最も適当なものを、次の**ア**から**エ**までの中から選んで、そのかな符号を書きなさい。

ア　美佐子が書いた図案は、自分が教えた技術を生かしながらもそれを超越するものであったため、妬みを感じている。

イ　美佐子が書いた図案は、予想をはるかに上まわる独創的で優れたものであったため、衝撃を覚えている。

ウ　美佐子が書いた図案は、屈輪文様の伝統を無視したかなり斬新なものであったため、不満を感じている。

エ　美佐子が書いた図案は、師の自分を試そうとする意図が感じられるものであったため、腹立たしさを覚えている。

㈣　②松磬の顔に複雑な色が動いた　とあるが、その説明として最も適当なものを、次の**ア**から**エ**までの中から選んで、そのかな符号を書きなさい。

ア　弟子が自分を越えてさらに高みへと成長していくことは、師としてかけがえのない喜びではあるが、一方で自分がかかわれることはもうないと感じている。

イ　弟子が金牌をとることができれば、師として誇らしいことだが、一方で伝統を重んじる世界で弟子の文様は評価されない可能性があることを恐れている。

ウ　弟子が自分の望んだとおりに成長を遂げ、師として大変満足しているが、一方で弟子が今後も同じ水準の作品を彫り続けることができるか心配している。

エ　弟子がこれから鎌倉彫を変えていくことは間違いなく、師として心から期待しているが、一方で鎌倉彫の伝統が受け継がれないのではないかという思いがある。

㈤　次の**ア**から**オ**は、この文章を読んだ生徒五人が、意見を述べ合ったものである。その内容が本文に書かれていないことを含むものを二つ選んで、そのかな符号を書きなさい。

ア　（Aさん）　美佐子は真面目でひたむきな、妥協を許さない性格だと思います。自分の気持ちをことばにして表すことはありませんが、師の松磬から与えられた難しい課題に対して、粘り強く取り組む芯の強さを感じます。

イ　（Bさん）　文様の案がなかなか定まらない美佐子は、趣味の岩壁登攀をこのまま続けるべきか葛藤したのではないでしょうか。難しい岩壁に一心に向き合うことが、かえってつらい現実を思い出させることになるからです。

ウ　（Cさん）　師の松磬は美佐子の新しい発想を求めようとする性格をよく理解しており、自主性を重んじ、完成台風がやって来た。海水浴場はきれいになった。台風が去った朝、海岸をチビをつれて走った。犬を解き放し、砂浜を力いっぱい走ると汗が出た。彼女は砂浜に腰をおろして海の向こうに目をやった。巻雲が浮かんでいた。が、谷川岳の頂で見たものとは違って、その先端がカールしてはいなかった。波が高かった。台風の余波が白い牙を出して、おしよせていた。その三角波の波頭が岸近くになって巻き崩れるように落ちていくのを見て、彼女は一つのヒントを得た。巻雲のカールと波のカールを合一した文様はできないだろうかという着想だった。それを紙に書いてみたくなった。その朝は鎌倉山へかけ登る予定だったが、それをやめて、最短距離を走り帰って二階の机に向かった。

7　彼女は三時間ほど遅れて松磬堂の仕事場へ行った。お早うございます、の挨拶のあとに彼女は、「これでよろしいでしょうか」と言って文様を書いた紙を師の前に置いた。彼女がお早うございます以外の言葉を使ったのが珍しかったので、松磬は彼女の顔を見てから文様を書いた紙を手もとに引きよせた。それは雲と波とが和合する図であった。雲は明らかに巻雲を示すもので、繊細な巻雲の渦が次々とからまり合うように連なっている下に、明らかに怒濤《どとう》の波頭を思わせるような雄大な渦が立ち並んでいた。静と動とを屈輪文様で描いたともいえたし、雲と波との戯《たわむ》れを神秘的に象徴化したともいえた。新しい観点から発した屈輪文様で、過去の形式を脱しながら屈輪文様としての基礎的作法を忘れてはいなかった。松磬は言葉を失ったようであった。とっさに言葉は出なかったが、感動は彼の表情を①怒った顔にしていた。「これは金牌《きんぱい》ものだ」とひとこと言った。毎年、秋遅くになって鎌倉彫の新作展覧会があった。優等賞には金牌が贈られた。金牌は一つの場合も二つの場合もあったが、多くは既に巨匠と呼ばれている人のために用意されていた。松磬も金牌受賞者の一人だった。まれには若い人がその賞を受けて一躍巨匠の中に加わることがあった。「これは金牌もの以上だ」と松磬はほめてから、「あとは彫るだけだ」と言った。②松磬の顔に複雑な色が動いた。

（新田次郎《にったじろう》『銀嶺《ぎんれい》の人』による）

（注）○1～7は段落符号である。
○巻雲《けんうん》＝高い空にほうきで掃いたようにかかる白雲。
○カール＝巻いていること。
○佐久間博《さくまひろし》＝美佐子の所属する山岳会の主宰者。
○ハーケン＝岩登りの際、岩の割れ目に打ち込んで手がかりや足がかりにする金具。
○卜《ぼく》する＝うらなう。
○内弟子＝師匠の家に住み込んで教えを受ける弟子。
○チビ＝美佐子の飼っている犬の名。
○怒濤《どとう》＝激しく荒れる大波。
○金牌《きんぱい》＝賞として与えられる金色の盾やメダル。

(一)　本文中の〈A〉、〈B〉にあてはまることばの組み合わせとして最も適当なものを、次の**ア**から**エ**までの中から選んで、そのかな符号を書きなさい。

ア　〈A〉沈んで　　〈B〉甘えて
イ　〈A〉沈んで　　〈B〉反発して
ウ　〈A〉張りつめて　〈B〉反発して
エ　〈A〉張りつめて　〈B〉甘えて

(二)　美佐子と「山」とのかかわりについて説明したものとして最も適当なものを、次の**ア**から**エ**までの中から選んで、そのかな符号を書きなさい。

ア　新しい文様を生み出すのは難しく、行き詰まってどうしようもきた。しかし彼女はそれだけでは物足りなかった。百ほども図案を書いたが一つとして師の前に自信をもって持ち出せるようなものはなかった。

2　谷川岳《たにがわだけ》にはウイークデーを利用して月に二度は出かけていった。パートナーはきまって佐久間博《さくまひろし》だった。谷川岳の岩壁を次々と登り、登るたびに新しい技術を身につけていた。その激しくてスピーディな佐久間の特訓を受けながらも、彼女は暇があれば目を空に投げていた。屈輪文様のヒントとなるべき、より以上図形的な雲を探し続けた。しかし、一の倉岳の頂上で見たような雲は二度と現れなかった。屈輪彫に一日も早くかかりたかった。しかし文様がきまらなくてはどうしようもなかった。あせればあせるほど屈輪文様は彼女から遠のいていくような気がした。（私にはその才能がないのかもしれない）そんなことをふと思った直後には、そのまま山へ直行したいほど山が恋しくなった。

3　佐久間の特訓を受けながら、彼女自身の内部では文様創作の特訓が続いていた。古来から伝えられている鎌倉彫の屈輪文様は余すことなく模写した。現代作家による屈輪文様もすべて研究し尽くした。それらの基礎的文様の上に彼女自身の文様を創作することがいかに難しいものかが日を経るに従って分かってくる。他人が登った岩壁にはハーケンや埋め込みボルトが打ち込んであるから、そのルートを追っていくかぎりそう難しいことではないが、未登攀の岩壁は想像もできないほどの苦労をしないと登ることができないのと比較して考えていた。彼女は岩壁登攀と屈輪文様の創作とを強いて結びつけて考えたくはなかったが、しかし岩壁登攀に熱中している彼女の中のもう一人の美佐子が岩壁登攀と同じように、屈輪文様に没頭していく姿を無視できなかった。

4　師の前での朝の挨拶がつらかった。その直後、「屈輪文様はきまりましたか」と師に聞かれたとき返事ができなかった。「まあいいさ、気に入ったものができるまで構想を練ることだ。他人のまねをやるより、すべて初めっから新しい発想でいくのもあなたらしい」と松磐は言った。彼女はその言葉に〈　B　〉いた。屈輪彫をやってみろと言われたときから、彼女はその作品に全力を集中しようと思った。それが成功するかどうかが、自分の将来を卜《ぼく》するもののように思われた。彼女は松磐堂の仕事場の机の前に座って牡丹《ぼたん》、椿《つばき》、薔薇《ばら》などのありきたりの文様を彫りながら屈輪文様をあれこれと頭に描いていた。「新しい文様はそう簡単にきまるものではない、なにかの折に、ふとそれが頭の中に浮かぶ。その浮かんでいる間に手早くそれを写し取るのだ」さよならの挨拶をするとき、松磐はこのようなことを言った。考え続けなさいと言われるとそれが重荷になった。彼女は帰宅すると、すぐ二階の仕事場に上がって、文様の創作に取りかかった。（中略）

5　彼女は内弟子ではなかったが、それに準ずるだけの技術をもっていたから、松磐堂に多量な注文があった場合はその仕事を手伝わねばならなかった。単純な文様の菓子皿だとか盆のようなものが多かった。下請け的な仕事だったが、それによってかなりの報酬を得ていた。山へ行く費用はもちろんのこと小遣い銭にも不自由はなかった。やろうとすればそういう仕事はいくらでもあったが、必要以上の仕事を持ち込んでくることはなかった。松磐に頼むと言われると徹夜をしてもその仕事をやった。仕事が丁寧で間違いがなく、出来上がりが立派だった。彼女は屈輪文様のことはしばらく頭の外に置こうと思った。それればかり考えているといよいよ溝に落ち込んでしまうからであった。

6　夏が終わった。鎌倉の海岸から海水浴客の姿が消えたころ続けて

(五) 次のアからエまでの中から、その内容がこの文章に書かれていることと一致するものを一つ選んで、そのかな符号を書きなさい。

ア 常識とされる考えを疑い、ものごとの真理や本質を捉えることができれば、独自の意見を創造する自由な精神を得たことになる。

イ 自分の認識を常に疑うことで、批判的精神を身につけることができる一方、自由な精神を失う可能性があることに留意すべきである。

ウ 自由な精神を得るためには、健全な批判精神をもつだけでなく、自分の認識は誤りではないかと常に省みることが重要である。

エ 無意識の世界では、人間の自由な精神は言葉を介さない方法によってものごとを認識し、他者と感動を共有することができる。

(六) この文章の論の進め方の特徴として最も適当なものを、次のアからオまでの中から選んで、そのかな符号を書きなさい。

ア 最初に結論を述べたあと、その根拠となる複数の具体例を示すことで、自らの主張をわかりやすく伝えようとしている。

イ 一般に認められている考えを紹介したのちに、自分の考えと共通する意見を提示し、続いて述べる自らの考えの妥当性を高めている。

ウ さまざまな研究分野の文章を引用した上で、自らの考えを述べ、想定される反論の問題点を示すことで説得力を強めている。

エ 中心となる問題を提起したのちに、自身の経験を交えたさまざまな例を挙げながら、自らの考えを掘り下げている。

オ はじめに仮説を立てたあと、身近な事例に基づいて検証を進めることで、自らの考えの客観性と確かさを明らかにしている。

二

次の(一)、(二)の問いに答えなさい。

(一) 次の①、②の文中の傍線部について、漢字はその読みをひらがなで書き、カタカナは漢字で書きなさい。

① 波間に小舟が漂っている。

② 過去十年間の留学生のゾウゲンを調べる。

(二) 次の文中の〔③〕にあてはまる最も適当なことばを、あとのアからエまでの中から選んで、そのかな符号を書きなさい。

彼のすばらしい演奏は、〔　③　〕にできるものではない。

ア 一朝一夕　　イ 一喜一憂　　ウ 一長一短　　エ 一進一退

三

次の文章を読んで、あとの(一)から(五)までの問いに答えなさい。

〔本文にいたるまでのあらすじ〕

松磬堂《しょうけいどう》に鎌倉彫（木器に彫刻を施して漆を塗った工芸品）の稽古に通う若林《わかばやし》美佐子《みさこ》は、岩壁登攀《とうはん》（ロッククライミング）にも熱中していた。美佐子の彫刻の腕は師の松磬も驚くほどに上達し、松磬は美佐子に屈輪彫《くりぼり》（鎌倉彫に好んで使われる技法で、高度な技術を要する）に挑戦するよう促している。

〔本文〕

1 若林美佐子の足は重かった。師の家が近づくにつれて彼女の気持ちもまた〔　A　〕いった。屈輪彫をやってみなさいと言われたのは六月だった。それから三か月もたっているのに、彫りに取りかかってはいなかった。文様がきまらないからだった。師の松磬はヒントが山にあるはずだと言った。確かにそのヒントは六月のある晴れた日のお昼ごろ、一《いち》の倉岳《くらだけ》の頂上において天から与えられた。青空いっぱいに浮かぶ巻雲《けんうん》とその末端のカールはそのまま、屈輪彫に生かすことがで

（注）○1～6は段落符号である。
○迎合＝自分の考えを曲げてでも、他人の意向や世の風潮に調子を合わせること。
○通俗的な＝誰にでもわかりやすいさま。
○封建主義の時代＝ここでは、主従関係を社会の基盤としていた時代のこと。
○共同体時代＝ここでは、人々が血縁関係や住む土地のつながりの中で暮らしていた時代のこと。
○媒介＝二つのものの間をとりもつもの。

㈠ （A）、（B）にあてはまることばの組み合わせとして最も適当なものを、次の**ア**から**エ**までの中から選んで、そのかな符号を書きなさい。

ア （A）それゆえ　（B）たとえば
イ （A）なぜなら　（B）たとえば
ウ （A）それゆえ　（B）そして
エ （A）なぜなら　（B）そして

㈡ ① にあてはまる最も適当なことばを、次の**ア**から**エ**までの中から選んで、そのかな符号を書きなさい。

ア 大局的な　**イ** 一方的な　**ウ** 楽観的な　**エ** 急進的な

㈢ ②人間の精神を不自由にしていく芽の具体例として適当でないものを、次の**ア**から**エ**までの中から一つ選んで、そのかな符号を書きなさい。

ア 子供の頃に覚えたダーウィンの進化論を真理だと思いこむこと
イ 封建主義時代という認識方法で共同体時代を悲惨なものと捉えること
ウ 新しい中世社会論や江戸時代論も一つの認識にすぎないと考えること
エ 欧米の社会を基準として非欧米地域を未開の地と認識すること

㈣ ③何ものからも自由になった精神自体があるわけではないのであろう とあるが、筆者はこのように考える理由を第六段落で詳しく述べている。それを要約して、六十字以上七十字以下で書きなさい。ただし、「思考」、「認識」、「考え方」という三つのことばを全て使って、「私たちの精神は、……」という書き出しで書き、「……可能性があるから。」で結ぶこと。三つのことばはどのような順序で使ってもよろしい。

（注意）・句読点も一字に数えて、一字分のマスを使うこと。
・文は、一文でも、二文以上でもよい。
・左の枠を、下書きに使ってもよい。ただし、解答は必ず解答用紙に書くこと。

私たちの精神は、

60

70

の世界が、実際にあると思いこんでしまう誤りをおかす。そして、ときどき私たちは、自分たちの認識の誤りを批判され、そのときはじめて、私たちが認識していたような事実は、存在していなかったのだと気づくのである。たとえば欧米の社会を基準にして世界をみていたときは、人々は非欧米地域には未開の地が広がっていると認識し、そこには事実として非文明的地帯があると思いこんでいた。ところが、このような世界観は、後に多くの人々の批判をあびるようになる。その批判を受けて、私たちは、かつて認識していたような未開の地域など存在せず、世界にはさまざまな文明が展開しているだけだ、ということに気づくようになった。といっても、それもまたひとつの認識である以上、批判されるときがくるかもしれないのである。このように考えていくと、たえず、ものごとを認識しながら生きている人間には、その認識という行為の中に、②人間の精神を不自由にしていく芽が生じているように私には感じられてならないのである。そして、だからこそ私は、人間にひそむ不自由な精神を、つねにみつめていたい。自分の認識は誤りではないかと、つねに思いつづける精神をもっていたい。それが、認識という行為をおこなっている人間の、とるべき態度ではないかと、思えるのである。（中略）

5　現実の中で生きている以上、現実にとらわれた精神をもちつづけている、それが私たちの姿である。とすると、自由な精神を得ようとして挑みつづけるところに、人間の精神の自由さはあるのであって、③何ものからも自由になった精神自体があるわけではないのであろう。その理由のひとつに、次のようなこともある。人間は、言葉を媒介にしてものごとを考えている。無意識の世界では、言葉を介さずに何かを感じたり、何となく安心したり、いらだったり、了解したりしているのに、意識化された世界では、人間の精神は言葉を用いて思考する。もっとはっきり述べれば、言葉が生まれたことによって、人間は意識的な思考をするようになったといってもよい。たとえば私たちは、自然保護という言葉が生まれたことによって、自然保護について考えるようになったのではなかったか。もちろんそのような言葉がなくても、自然が好きな人や、自然を大事なものと思う人たちはいただろう。しかし、自然を保護の対象として考える思考方法は、自然保護という言葉がなければ、多くの人のものに、なることはなかった。同じように、美しいという言葉がなければ、私たちはそれをみて何らかの感動を覚えても、それを美しいという概念で考えることはなかったであろうし、明治時代になって自然や愛という言葉が入ってくるまでは、日本には、自然や愛という言葉を用いた思考回路は存在していなかったのである。

6　ところが言葉を用いて思考する以上、どうしても私たちの精神は、その言葉を用いて、ものごとを認識するようになる。自然という言葉が日本に入ることによって、生物たちの世界を自然としてとらえはじめたように、人間の言葉は、言葉のもつ意味に支配されながらしか動かないのである。その言葉には、その時代がもたらした特有の意味がこめられている。たとえば近代国家が生まれなければ、今日私たちが使っているような意味での「国家」とか「国」という言葉は誕生しなかったはずなのに、現在の私たちは、近代国家成立以降の「国家」とか「国」という言葉にとらわれた、思考回路をもっているのである。とすると、言葉を用いて思考することによって、私たちの精神は、その言葉をつくりだした時代の考え方に支配されるのかもしれない。そして自由な精神をもとうとすれば、そのことに挑みつづけなければならないのかもしれないのである。

（内山節《うちやまたかし》『自由論――自然と人間のゆらぎの中で』による）

＜国語＞

時間　四五分　満点　二二点

一　次の文章を読んで、あとの㈠から㈥までの問いに答えなさい。

1　かつて私たちは、自由のためには批判的な精神をもつことが重要だ、という言葉をしばしば耳にしてきた。それは、たとえば権力や権威に屈してはいけないとか、多数派の意見に迎合するような態度をとってはならないとか、通俗的な見解はつねに疑ってみる必要があり、真理は多くの場合少数者のものであって、真理を追求するうえでの孤立を恐れてはならない、というようなものであった。それらは、自由な精神をもちつづけるための、最低限の条件であった。この健全な批判精神が、自由な精神を維持するためには必要だと、私たちは教わってきた。もちろん、その重要性を私も否定しない。だがそれだけで、自由な精神をもちつづけることができるのだろうかと問われれば、必ずしもそうもいえないのである。（中略）

2　以前の私は、子供の頃に覚えたダーウィンの進化論、簡単に述べれば、生物たちは環境に適応しながら進化をとげてきたという説を、真理だと思いこんできた。（　A　）、子供の頃に読んだその分野の本には、どれにもそう書いてあったからである。ところがある時期から、それもまたひとつの仮説にすぎないのだと思うようになった。ダーウィンの進化論が真理だとするだけの確実な証拠はないことを、知るようになったのである。今日の生物進化の理論には、主流をしめる修正ダーウィン理論、共生的進化の理論などいくつかの説があり、神が生物を創造したとする創造説も、アメリカなどでは結構根強いものがある。私は生物学者ではないから、自分でこの問題を研究することはない。その立場から述べれば、生物進化に関するすべての理論は、今日なお仮説以上のものではなく、何が真理かは確認されていないと考えておくことが、一番妥当なのである。ところが、にもかかわらず以前の私は、ダーウィンの進化論的な視点から、生物界をみていた。進化の遅れた生物、進んだ生物という観念も受け入れてきた。しかし、いまではそれは誤りだったのではないかと感じている。少なくとも、生物には遅れた生物も、進んだ生物も存在せず、それぞれの生物が大きな共生関係を結びながら、それぞれの世界を十分に生きているのだと思うようになった。（　B　）、そう考えるようになって、はじめて、十分に生きている生き物たちの、自由さがわかるようになった。

3　もっとも私は、どちらの説が正しいのかを、問うているのではないのである。ここで私が問題にしているのは、ひとつの認識方法を手にしたことで、その角度からしか、ものをみることができなくなってしまう、ということである。歴史の世界でも、かつて私たちは、封建主義の時代という認識方法を手にしてしまったために、共同体時代を、人間たちの悲惨な時代という視点からばかりみる習慣を身につけてしまった。この問題は今日、歴史社会学からの見直しが進められているけれど、こうして生まれてきた新しい中世社会論や、江戸時代論などを読むと、かつての封建社会論が、あまりにも ① 歴史のとらえ方だったことがわかる。このように考えていくと、私たちは、ひとつの認識方法を自分のものにしたことによって、かえって、ものごとを自由にみていく精神を失うことがある、と気づくのである。

4　私たちは、いろいろなものを認識しながら生きている。自然を認識し、社会を認識し、人間とは何かを認識しつづけている。しかしその結果、自然や社会や人間を、自由にみていく精神を失っているのかもしれない。そればかりか、認識することによって、認識したとおり

＜数学＞

時間　45分　　満点　22点

1　次の⑴から⑽までの問いに答えなさい。

⑴　$6 \div (-2) - (-7)$　を計算しなさい。

⑵　$2(6x - 8y) + 3(5y - 4x)$　を計算しなさい。

⑶　$(x + 5)(x - 2) - 3(x - 3)$　を因数分解しなさい。

⑷　$(\sqrt{5} + \sqrt{2})^2 - (\sqrt{5} - \sqrt{2})^2$　を計算しなさい。

⑸　方程式　$(2x + 1)^2 - 3x(x + 3) = 0$　を解きなさい。

⑹　消しゴムが y 個あり，生徒 x 人に3個ずつ配ったら余った。
この数量の関係を不等式に表しなさい。

⑺　箱の中に1から9までの数字が書かれた玉が1個ずつ入っている。中を見ないで，この箱の中から玉を1個取り出すとき，6の約数が書かれた玉が出る確率を求めなさい。

⑻　横の長さが8㎝，たての長さが6㎝の長方形のカードがある。
このカードと同じカードを同じ向きにすき間のないように並べて，なるべく小さな正方形をつくるとき，カードは何枚必要か，求めなさい。

⑼　Aは2点（-3，-8），（1，4）を通る直線上の点で，x 座標が3である。
このとき，点Aの y 座標を求めなさい。

⑽　次の**ア**から**エ**までの立体のうち，体積が最も大きいものはどれか，そのかな符号を答えなさい。

ア　1辺が1㎝の立方体
イ　底面の正方形の1辺が2㎝，高さが1㎝の正四角すい
ウ　底面の円の直径が2㎝，高さが1㎝の円すい
エ　底面の円の直径が1㎝，高さが1㎝の円柱

2　あとの⑴から⑶までの問いに答えなさい。

⑴　表は，ある工場で使われている，ねじを作る機械A，B，Cの性能を確かめるために，それぞれの機械によって1時間で作られたねじの一本あたりの重さを度数分布表にまと

重さ（g）	度数（個）		
	A	B	C
以上　未満			
4.4 ～ 4.8	4	3	5
4.8 ～ 5.2	114	144	188
5.2 ～ 5.6	2	3	7
計	120	150	200

めたものである。なお，この工場では，4.8 g 以上5.2 g 未満のねじを合格品としている。

表からわかることについて正しく述べたものを，次の**ア**から**ケ**までの中から全て選んで，そのかな符号を書きなさい。

ア　1時間あたりで，合格品を最も多く作ることができる機械は，Aである。
イ　1時間あたりで，合格品を最も多く作ることができる機械は，Bである。
ウ　1時間あたりで，合格品を最も多く作ることができる機械は，Cである。
エ　1時間あたりで，合格品を作る割合が最も高い機械は，Aである。
オ　1時間あたりで，合格品を作る割合が最も高い機械は，Bである。
カ　1時間あたりで，合格品を作る割合が最も高い機械は，Cである。
キ　1時間あたりで，作ったねじの重さの平均値が5.0 g より小さくなる機械は，Aである。
ク　1時間あたりで，作ったねじの重さの平均値が5.0 g より小さくなる機械は，Bである。
ケ　1時間あたりで，作ったねじの重さの平均値が5.0 g より小さくなる機械は，Cである。

⑵　図で，Oは原点，A，Bは関数 $y=\frac{1}{2}x^2$ のグラフ上の点で，x 座標はそれぞれ -2，4 である。また，C，Dは関数 $y=-\frac{1}{4}x^2$ のグラフ上の点で，点Cの x 座標は点Dの x 座標より大きい。

四角形ADCBが平行四辺形のとき，点Dの x 座標を求めなさい。

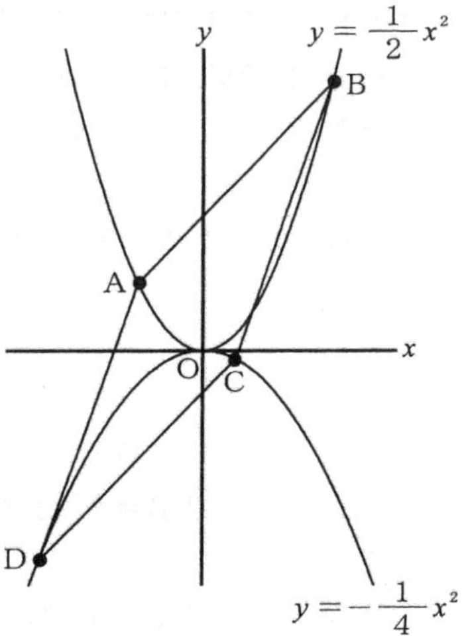

⑶　図は，荷物A，Bが矢印の方向にベルトコンベア上を，毎秒20㎝の速さで荷物検査機に向かって進んでいるところを，真上から見たものである。荷物検査機と荷物A，Bを真上から見た形は長方形で，荷物検査機の長さは100㎝である。

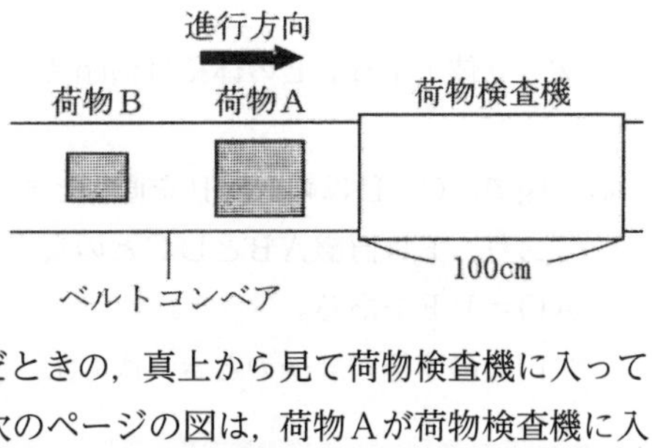

荷物Aが荷物検査機に入り始めてから x ㎝進んだときの，真上から見て荷物検査機に入って見えない荷物A，Bの面積の合計を y ㎠とする。次のページの図は，荷物Aが荷物検査機に入り始めてから，荷物Bが完全に荷物検査機に入るまでの x と y の関係をグラフに表したものである。

このとき，あとの①，②の問いに答えなさい。

①　荷物Bが荷物検査機に完全に入ってから，荷物Bが完全に荷物検査機を出るまでの x と y の関係を表すグラフを，解答用紙の図に書き入れなさい。

②　荷物検査機は，荷物が完全に荷物検査機に入っているときに，荷物の中身を検査できる。荷物Bの中身を検査できる時間は何秒間か，求めなさい。

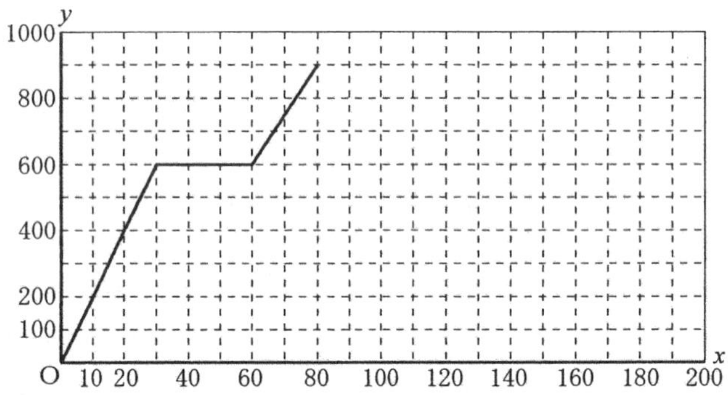

3　次の(1)から(3)までの問いに答えなさい。
ただし，答えは根号をつけたままでよい。

(1)　図で，四角形ＡＢＣＤは長方形，五角形ＥＦＧＨＩは正五角形であり，点Ｅ，Ｇはそれぞれ辺ＡＤ，ＢＣ上にある。

∠ＤＥＩ＝21°のとき，∠ＦＧＢの大きさは何度か，求めなさい。

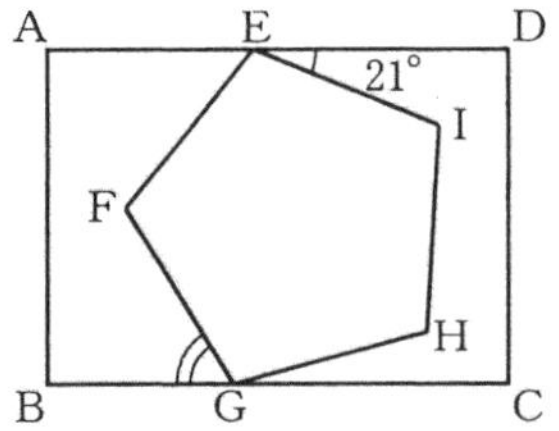

(2)　図で，立体ＡＢＣＤＥＦＧＨは立方体，Ｉは辺ＡＢ上の点で，ＡＩ：ＩＢ＝２：１であり，Ｊは辺ＣＧの中点である。

ＡＢ＝６cmのとき，次の①，②の問いに答えなさい。

①　線分ＩＪの長さは何cmか，求めなさい。

②　立体ＪＩＢＦＥの体積は何cm³か，求めなさい。

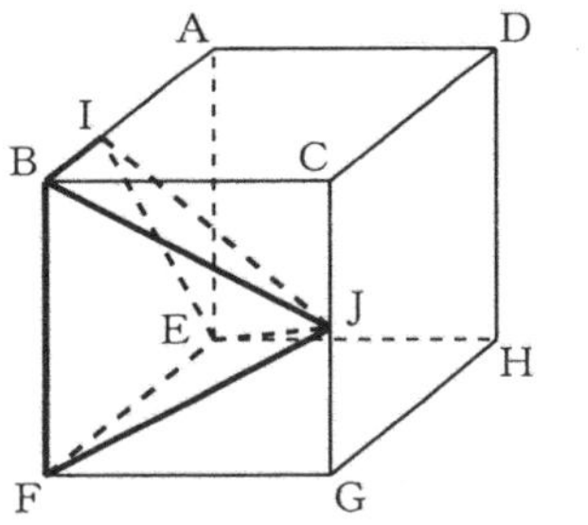

(3)　図で，Ｃ，Ｄは線分ＡＢを直径とする円Ｏの周上の点であり，Ｅは直線ＡＢとＤＣとの交点で，ＤＣ＝ＣＥ，ＡＯ＝ＢＥである。

円Ｏの半径が４cmのとき，次の①，②の問いに答えなさい。

①　△ＣＢＥの面積は，四角形ＡＢＣＤの面積の何倍か，求めなさい。

②　線分ＡＤの長さは何cmか，求めなさい。

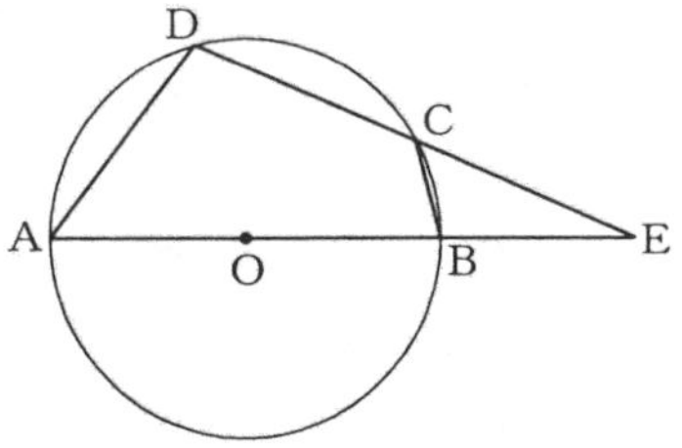

＜英語＞

時間　(聞き取り検査) 10分程度　(筆記検査) 40分　満点　22点

聞き取り検査

指示に従って，聞き取り検査の問題に答えなさい。

「答え方」

問題は第１問と第２問の二つに分かれています。

第１問は，１番から３番までの三つあります。それぞれについて，最初に対話を聞き，続いて，対話についての問いと，問いに対する答え，ａ，ｂ，ｃ，ｄを聞きます。そのあと，もう一度，その対話，問い，問いに対する答えを聞きます。必要があればメモをとってもよろしい。

問いの答えとして正しいものは解答欄の「正《せい》」の文字を，誤っているものは解答欄の「誤《ご》」の文字を，それぞれ○《まる》でかこみなさい。正しいものは，各問いについて一つしかありません。

第２問では，最初に，英語のスピーチを聞きます。続いて，スピーチについての問いと，問いに対する答え，ａ，ｂ，ｃ，ｄを聞きます。問いは問１と問２の二つあります。そのあと，もう一度，スピーチ，問い，問いに対する答えを聞きます。必要があればメモをとってもよろしい。

問いの答えとして正しいものは解答欄の「正《せい》」の文字を，誤っているものは解答欄の「誤《ご》」の文字を，それぞれ○《まる》でかこみなさい。正しいものは，各問いについて一つしかありません。

筆 記 検 査

1　次のイラストを見て，あとの問いに答えなさい。

対話文（A: 外国人の同級生，B:あなた）

A: What are you doing?

B: I ［　①　］.

A: Why?

B: Because ［　②　］. I'll go back to Japan tomorrow.

A: Oh, really?　I feel so sad, but I hope to see you again.

(問い)　２週間の海外研修の最終日に，あなたはこれまで使用していた机を掃除しています。そこに，親しくなった外国人の同級生がやって来て，あなたに話しかけてきました。**対話文**の ［①］ と ［②］ に，それぞれ4語以上の英語を書き，対話を完成させなさい。

ただし，［①］ には desk（机），［②］ には last（最後の）を必ず使うこと。なお，下の語を参考にしてもよい。

＜語＞

掃除する，きれいな　clean　　使う，使用　use

2 恵子（Keiko）と留学生のレオン（Leon）が話しています。二人の対話が成り立つように，下線部①から③までのそれぞれの（ ）内に最も適当な語を入れて，英文を完成させなさい。ただし，（ ）内に示されている文字で始まる語を解答すること。

Keiko: Hi, Leon. How are you enjoying your new life in Nagoya?

Leon: Hi, Keiko. It's great. I traveled a lot. ①<u>It's not (d　　) to travel (b　　) train.</u> I can find some train stations near my host family's house, so it's convenient.

Keiko: I see your point. How about your school life?

Leon: It's exciting because I have new classmates. ②<u>They often (h　　) me (l　　) Japanese.</u> Thanks to them, I understand many Japanese words and enjoy my life here.

Keiko: Sounds good. What do you think about our school uniform?

Leon: I like it and I think school uniforms save time. ③<u>We don't (h　　) to (c　　) clothes every morning!</u>

3 次の文章を読んで，あとの(1)から(5)までの問いに答えなさい。

The world is a very wonderful and interesting place that is full of nature. Plants and animals have important parts in the ecosystem. Even small insects have their own roles. Do you know that over 60% of all the known species on the earth are insects? That's true.

Many studies are (A) and scientists are getting worried about the results. According to a study in Germany, over 75% of flying insects have decreased. There are many reasons, such as air pollution, water pollution, ground pollution, a lot of chemicals to save plants, and so on.

Some insects are bad for us because they eat a lot of fruits and vegetables. However, others are useful for us. Actually, they pollinate most of the plants on the earth. If the number of insects decreases, the number of plants will decrease, too. Also, many of these insects are food for birds and other animals. What will these birds and animals do without food? They cannot survive. Insects are small, [　①　].

How can this problem be solved? Some people are working to solve this problem. ②<u>They say that this problem can be solved【 understand / insects / of / the importance / people / when 】.</u> Insects are necessary for humans. One example is a department store in Osaka, Japan. In 2020, it started to raise about 50,000 bees on top of the building. The bees search for flowers around the department store and collect pollen from flowers. The bees move from flower to flower when they collect pollen. This helps pollination. Thanks to the bees, some of the local plants can grow, and bees can make honey in their hives. The department store shows the customers the bees and sells the honey.

Their goal is to tell the local people about the importance of bees and the environment.

We have another good example. At a high school in a big city, students are also taking care of bees because they want to share the importance of bees with other people. The students learned the important relationships of human beings and nature. They made picture books. So children can learn the relationships from the books. More and more people are starting to understand the serious problem and scientists are working together to take action. Insects are useful for us. What can we do? We can learn from other examples, raise more insects, and increase plants. Now, let's continue helping each other to protect the environment!

（注） earth 地球　pollution 汚染　pollinate ～ ～に授粉する　raise ～ ～を育てる
bee ミツバチ　pollen 花粉　pollination 授粉　honey はちみつ
hive ミツバチの巣

(1) （A）にあてはまる最も適当な語を，次の５語の中から選んで，正しい形にかえて書きなさい。

progress　contact　imagine　drop　save

(2) ① にあてはまる最も適当な英語を，次のアからエまでの中から一つ選んで，そのかな符号を書きなさい。

ア and they have no influence on the environment
イ but the decreasing number of insects is a big problem
ウ so their number will increase next year
エ because it is difficult to research about them

(3) 下線②のついた文が，本文の内容に合うように，【　】内の語句を正しい順序に並べかえなさい。

(4) 本文中では，あるデパートの取組についてどのように述べられているか。最も適当なものを，次のアからエまでの文の中から一つ選んで，そのかな符号を書きなさい。

ア A department store in Osaka is growing a garden in a park.
イ A department store in Osaka is giving birds and animals food.
ウ A department store in Osaka is telling people about bees and the environment.
エ A department store in Osaka is telling people how to make pollen.

(5) 次のアからカまでの文の中から，その内容が本文に書かれていることと一致するものを二つ選んで，そのかな符号を書きなさい。

ア Over 60% of all the known species on the earth are insects.
イ A lot of chemicals are used on plants to save some kinds of insects.
ウ There is only one reason for the change of the insect population.
エ Insects are not important for the environment and for humans.
オ If the number of insects continues decreasing, plants and animals will also decrease.
カ Scientists are working together to understand the problems of insects.

4 高校に入学した智（Satoshi）と留学生のアマンダ（Amanda）が話しています。次の対話文を読んで，あとの(1)から(4)までの問いに答えなさい。

Satoshi: Hello, Amanda. I'm working on my report. Can I ask you some questions?

Amanda: 【 a 】

Satoshi: It's about smartphones.

Amanda: 【 b 】

Satoshi: Yes, smartphones are very popular today. Now, some high school students can use smartphones in the classroom. I think this topic is interesting. What do you think about it?

Amanda: Well, I think there are both good points and bad points.

Satoshi: 【 c 】

Amanda: These days, most high school students have a smartphone. They have easy access to the internet. ①If the students can use smartphones in the classroom, their school life is more convenient (　　) before.

Satoshi: I don't understand your point. Could you give me an example?

Amanda: Sure! For example, students can surf the internet and work on classroom activities more effectively. Sharing information with classmates and teachers is easy. Using the internet from your smartphones is the fastest.

Satoshi: 【 d 】

Amanda: Well, students can find and watch videos about a variety of topics. They can even use it as a calculator or for taking notes in the classroom. A smartphone can be useful for learning.

Satoshi: ②Well, what do you think about the (　　) points?

Amanda: I think that it's easy for students to lose focus when they use a smartphone. They play games and do various things that are not related to school work. If students cannot use their smartphone properly, there will be a lot of problems in the classroom. This situation will (A) other people uncomfortable.

Satoshi: 【 e 】 I understand what you think. We should know how to use smartphones properly.

Amanda: You're welcome. I'm glad to hear that.

（注） access アクセス（情報システムへの接続） effectively 効率よく calculator 計算機
notes メモ，覚え書き focus 集中 properly 適切に

(1) あとのアからオまでの英文を，対話文中の【a】から【e】までのそれぞれにあてはめて，対話の文として最も適当なものにするには，【b】と【d】にどれを入れたらよいか，そのかな符号を書きなさい。ただし，いずれも一度しか用いることができません。

ア I agree. I want to know about the good points first.

イ I understand. What else can students do with their smartphones?

ウ Of course. What is your report about?

エ Sounds exciting. I know a lot of people use smartphones in their daily lives.

オ Thank you for sharing your opinion. It helped me a lot.

(2) 下線①，②のついた文が，対話の文として最も適当なものとなるように，それぞれの（ ）にあてはまる語を書きなさい。

(3) （A）にあてはまる最も適当な語を，次のアからエまでの中から選んで，そのかな符号を書きなさい。

ア become　イ remove　ウ perform　エ make

(4) 次の英文は，この対話があった日の夜，智が英語の授業で発表するために書いたスピーチ原稿です。この原稿が対話文の内容に合うように，英文中の（X），（Y）にそれぞれあてはまる最も適当な語を書きなさい。

Using smartphones in high school

I want to talk about using smartphones in high school. Some high school students can use smartphones in their classroom. I'm interested in this topic. So, I decided to ask Amanda about her opinion.

According to her, there are both good points and bad points. Students can find more information from the internet. They can also (X) the information with their classmates and teachers easily. However, if they lose focus, they may start playing games.

I learned from her opinion. I think it is (Y) for us to use smartphones properly. Thank you.

＜理科＞　時間　45分　　満点　22点

1　次の⑴，⑵の問いに答えなさい。

⑴　地下のごく浅い場所で発生したある地震を地点A，Bで観測した。**表**は，震源から地点A，Bまでの距離をそれぞれ示したものである。

この地震では，地点Aにおける初期微動継続時間が10秒であり，地点Bでは午前９時23分33秒に初期微動がはじまった。地点Bで主要動がはじまる時刻は午前何時何分何秒か，求めなさい。

ただし，地点A，Bは同じ水平面上にあり，P波とS波は一定の速さで伝わるものとする。

表

地点	震源からの距離
A	80km
B	144km

⑵　**図**のように，垂直な壁に固定されている表面が平らな鏡がある。鏡の正面の位置Aにまっすぐに立ち，自分の姿を鏡にうつしたところ，鏡にうつって見えた範囲はひざから上のみであった。次の文章は，鏡の真下の点Oと位置Aの中点である位置Bにまっすぐに立ったときに，鏡にうつって見える範囲について説明したものである。文章中の（Ⅰ）には下の**ア**から**ウ**までの中から，（Ⅱ）には下の**エ**から**カ**までの中から，それぞれ最も適当なものを選んで，そのかな符号を書きなさい。

図

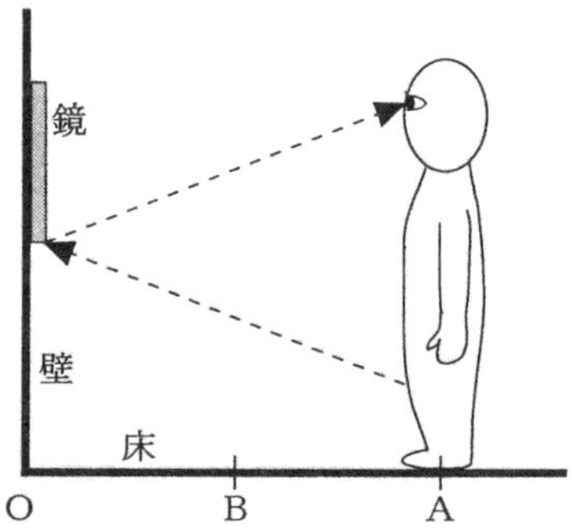

> 位置Aから位置Bまで鏡に近づき，鏡の正面にまっすぐに立ったとき，鏡にうつって見える範囲は位置Aに立ったときと比べて（　Ⅰ　）。この理由は，（　Ⅱ　）からである。

ア　広くなり，ひざの下まで見える
イ　狭くなり，ひざが見えなくなる
ウ　変わらず，ひざまで見える
エ　鏡に近づいたときも，光の反射角は入射角と等しい
オ　鏡に近づくと，鏡にうつる虚像が大きくなる
カ　鏡に近づくと，屈折により小さく見える

2　植物の光合成と呼吸について調べるため，あとの〔実験１〕と〔実験２〕を行った。

〔実験１〕　①　ふ入りの葉をもつアサガオを，暗所に１日置いた。
②　その後，図１のように，ふ入りの葉の一部分を紙とアルミニウムはくでおおい，光を十分に当てた。
③　②の葉から紙とアルミニウムはくを外し，葉を温めたエタノールに浸した後，水洗いした。

図１

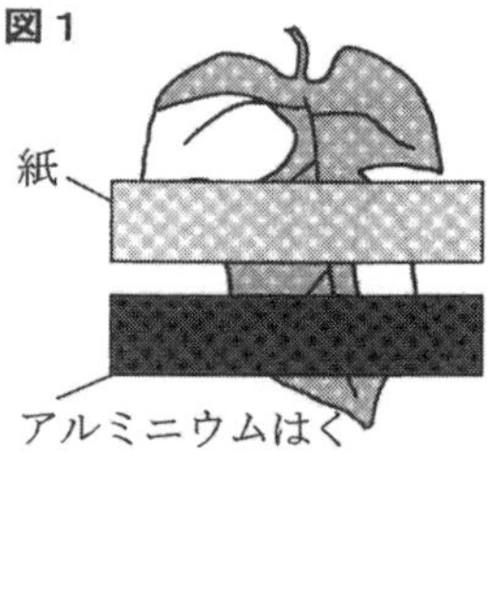

④　③の葉をヨウ素液に浸して，**図２**のＡからＦまでの葉の部分の色の変化を観察した。

なお，〔実験１〕で用いた紙は光をある程度通すが，アルミニウムはくは光を通さない。

図２

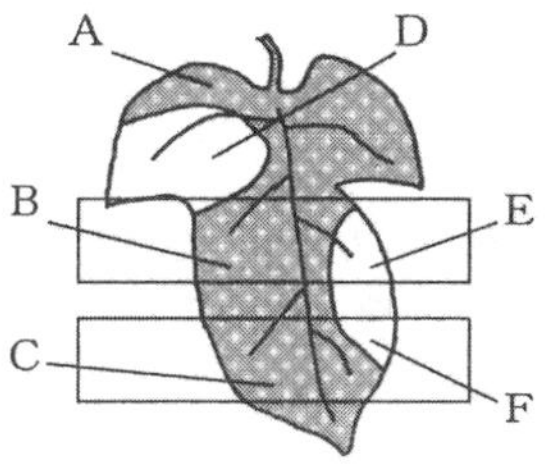

Ａ：緑色の部分
Ｂ：緑色の部分，紙あり
Ｃ：緑色の部分，アルミニウムはくあり
Ｄ：緑色ではない部分
Ｅ：緑色ではない部分，紙あり
Ｆ：緑色ではない部分，アルミニウムはくあり

表１は，〔実験１〕の結果をまとめたものである。

表１

部分	Ａ	Ｂ	Ｃ	Ｄ	Ｅ	Ｆ
色	青紫色	うすい青紫色	変化なし	変化なし	変化なし	変化なし

〔実験２〕①　ビーカーに入れた青色のＢＴＢ溶液に息を吹きこんで，溶液の色が緑色になるように調整した。

②　６本の試験管ⅠからⅥまでを用意し，①の緑色の溶液で満たした。

③　**図３**のように，試験管Ⅰ，Ⅱ，Ⅲには葉の数と大きさ，茎の長さと太さをそろえたオオカナダモを入れ，試験管Ⅳ，Ⅴ，Ⅵにはオオカナダモを入れずに，６本の試験管の口に栓をした。

図３

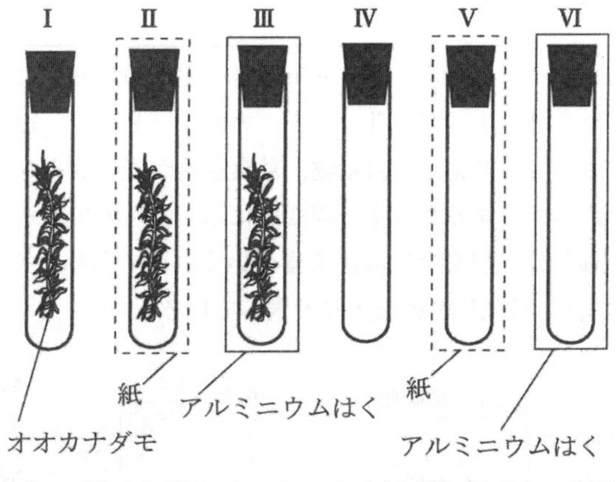

④　〔実験１〕で用いた紙とアルミニウムはくを用意し，試験管Ⅱ，Ⅴは紙で，試験管Ⅲ，Ⅵはアルミニウムはくで包んだ。

⑤　６本の試験管を温度が同じになるようにして，十分な光の当たる場所に一定の時間置いた後，試験管内の溶液の色を調べた。

表２は，〔実験２〕の結果をまとめたものである。

表２

試験管	Ⅰ	Ⅱ	Ⅲ	Ⅳ	Ⅴ	Ⅵ
溶液の色	青色	緑色	黄色	緑色	緑色	緑色

次の(1)から(4)までの問いに答えなさい。

図4

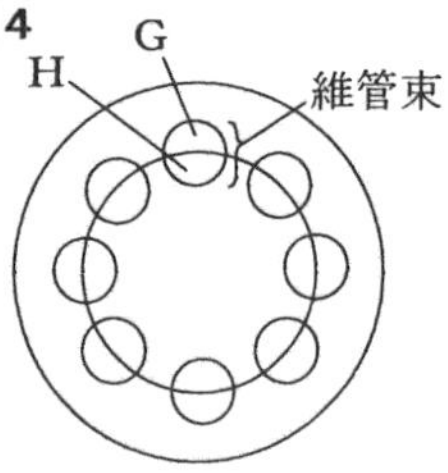

(1)　アサガオは双子葉類である。図4は，双子葉類の茎の断面を模式的に示したものである。光合成によってつくられたデンプンは水に溶けやすい物質になって植物の体の各部に運ばれるが，この物質を運ぶ管があるのは図4のGとHのどちらの部分か。また，その管の名称を漢字2字で答えなさい。

(2)　〔実験1〕の①で，アサガオを暗所に置いた理由として最も適当なものを，次の**ア**から**ウ**までの中から，また，③でエタノールに浸す理由として最も適当なものを，次の**エ**から**カ**までの中からそれぞれ選んで，そのかな符号を書きなさい。

ア　葉の中のデンプンをなくすため。
イ　葉の呼吸のはたらきを止めるため。
ウ　葉からの蒸散を止めるため。
エ　葉の色をより濃い緑色にして，色の変化を見やすくするため。
オ　葉を脱色して，色の変化を見やすくするため。
カ　葉の細胞内での化学変化を活発にして，色の変化を見やすくするため。

(3)　次の文章は，〔実験1〕の結果からわかることについて説明したものである。文章中の（ⅰ）と（ⅱ）にあてはまるものの組み合わせとして最も適当なものを，下の**ア**から**カ**までの中から選んで，そのかな符号を書きなさい。

> 図2の葉のAの部分と（　ⅰ　）の部分の実験結果の比較から，光合成に光が必要であることがわかる。また，葉のAの部分と（　ⅱ　）の部分の実験結果の比較から，光合成が葉緑体のある部分で行われることがわかる。

ア　ⅰ　C，ⅱ　D　　**イ**　ⅰ　C，ⅱ　F　　**ウ**　ⅰ　D，ⅱ　C
エ　ⅰ　D，ⅱ　F　　**オ**　ⅰ　F，ⅱ　C　　**カ**　ⅰ　F，ⅱ　D

(4)　図5は，自然界において，植物，肉食動物，草食動物が光合成や呼吸によって気体Xと気体Yを取り入れたり，出したりするようすを模式的に示したものである。

なお，気体Xと気体Yは，酸素と二酸化炭素のいずれかであり，矢印（）は気体Xの出入りを，矢印（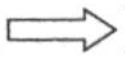）は気体Yの出入りを表している。

図5

〔実験2〕の試験管ⅡとⅢで，オオカナダモが行った気体Xと気体Yの出入りは，図5のaからdまでの矢印のどれにあたるか。それぞれの試験管について，あてはまるものの組み合わせとして最も適当なものを，次の**ア**から**ケ**までの中から選んで，そのかな符号を書きなさい。

	ア	イ	ウ	エ	オ	カ	キ	ク	ケ
Ⅱ	a，b，c，d	a，b，c，d	a，b，c，d	a，b	a，b	a，b	b，c	b，c	b，c
Ⅲ	a，b，c，d	a，b	b，c	a，b，c，d	a，b	b，c	a，b，c，d	a，b	b，c

3　炭酸水素ナトリウムと酸化銀を加熱したときの変化を調べるため，次の〔実験１〕から〔実験３〕までを行った。

〔実験１〕①　少量の炭酸水素ナトリウムを試験管Aに入れて，**図１**のような装置をつくり，ガスバーナーで十分に加熱した。

②　ガラス管の口から出てくる気体を試験管Bに集めた。

③　気体が発生しなくなってから，ガラス管を水から取り出し，ガスバーナーの火を止めた。

④　試験管Aが冷えてからゴム栓を外し，試験管Aの口の付近にできた液体に，青色の塩化コバルト紙をつけ，色の変化を観察した。

⑤　試験管A内に残った物質を水に溶かし，フェノールフタレイン溶液を数滴加えて，色の変化を観察した。

図１

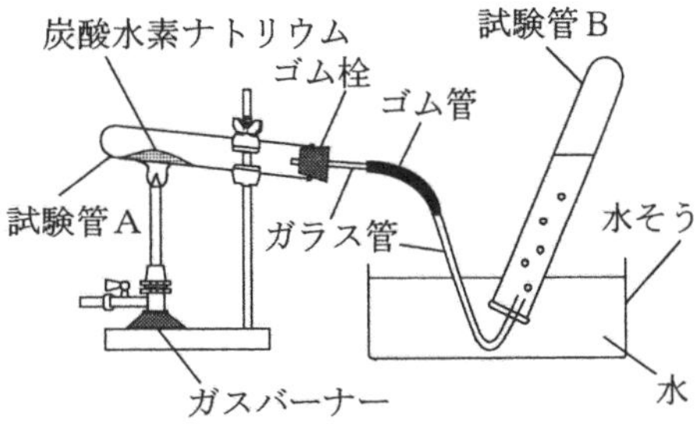

〔実験２〕①　酸化銀1.00ｇを試験管Cに入れて，**図２**のような装置をつくり，ガスバーナーで十分に加熱した。

②　ガラス管の口から出てくる気体を試験管Dに集めた。

③　気体が発生しなくなってから，ガラス管を水から取り出し，ガスバーナーの火を止めた。

④　試験管Cが冷えてからゴム栓を外し，試験管Cの中にある固体の物質の質量を測定した。

⑤　次に，酸化銀の質量を3.00ｇ，5.00ｇに変えて，①から④までと同じことを行った。

図２

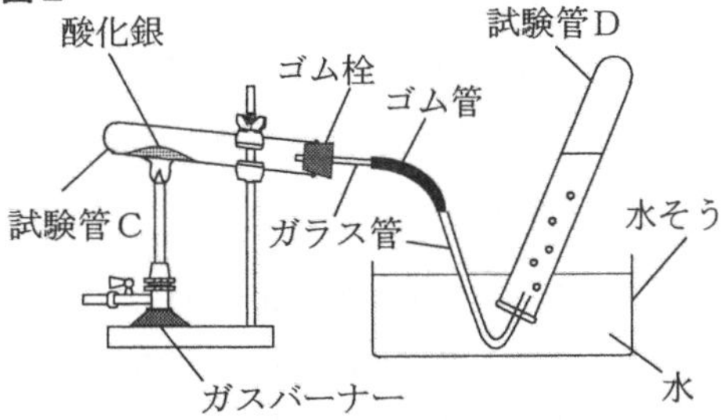

表は，〔実験２〕の結果をまとめたものである。

表

酸化銀の質量〔ｇ〕	1.00	3.00	5.00
反応後の試験管Cの中にある固体の物質の質量〔ｇ〕	0.93	2.79	4.65

〔実験３〕①　試験管Cを，酸化銀6.00ｇの入った試験管Eにかえて，**図２**のような装置をつくり，ガスバーナーで加熱した。

②　気体が発生している最中に，ガラス管を水から取り出し，ガスバーナーの火を止めた。

③　試験管Eが冷えてから，試験管Eの中にある固体の物質の質量を測定した。

あとの⑴から⑷までの問いに答えなさい。

⑴　〔実験１〕の①で，ガスバーナーに点火すると，炎が赤色（オレンジ色）であった。ガスの量

を変えずに，空気の量を調節して青色の炎にするときの，**図3**のガスバーナーの操作について説明した文として最も適当なものを，次の**ア**から**ク**までの中から選んで，そのかな符号を書きなさい。

図3

ア　空気の量が不足しているので，ねじgを動かさないで，ねじfをFの向きに回す。

イ　空気の量が不足しているので，ねじgを動かさないで，ねじfをGの向きに回す。

ウ　空気の量が不足しているので，ねじfを動かさないで，ねじgをFの向きに回す。

エ　空気の量が不足しているので，ねじfを動かさないで，ねじgをGの向きに回す。

オ　空気の量が多すぎるので，ねじgを動かさないで，ねじfをFの向きに回す。

カ　空気の量が多すぎるので，ねじgを動かさないで，ねじfをGの向きに回す。

キ　空気の量が多すぎるので，ねじfを動かさないで，ねじgをFの向きに回す。

ク　空気の量が多すぎるので，ねじfを動かさないで，ねじgをGの向きに回す。

(2)　次の文章は，〔実験1〕の結果について説明したものである。文章中の（Ⅰ）から（Ⅲ）までのそれぞれにあてはまる語の組み合わせとして最も適当なものを，下の**ア**から**ク**までの中から選んで，そのかな符号を書きなさい。

> 〔実験1〕の④の結果，塩化コバルト紙は赤色（桃色）に変わったため，試験管Aの口の付近にできた液体は（　Ⅰ　）であることがわかる。また，〔実験1〕の⑤の結果，（　Ⅱ　）に変わったので，試験管A内に残った物質を水に溶かすと（　Ⅲ　）を示すことがわかる。

ア　Ⅰ　エタノール，Ⅱ　青色，Ⅲ　酸性

イ　Ⅰ　エタノール，Ⅱ　青色，Ⅲ　アルカリ性

ウ　Ⅰ　エタノール，Ⅱ　赤色，Ⅲ　酸性

エ　Ⅰ　エタノール，Ⅱ　赤色，Ⅲ　アルカリ性

オ　Ⅰ　水，Ⅱ　青色，Ⅲ　酸性

カ　Ⅰ　水，Ⅱ　青色，Ⅲ　アルカリ性

キ　Ⅰ　水，Ⅱ　赤色，Ⅲ　酸性

ク　Ⅰ　水，Ⅱ　赤色，Ⅲ　アルカリ性

(3)　〔実験1〕で試験管Bに集めた気体と〔実験2〕で試験管Dに集めた気体について説明した文章として最も適当なものを，次の**ア**から**エ**までの中から選んで，そのかな符号を書きなさい。

ただし，〔実験1〕で集めた気体を**X**，〔実験2〕で集めた気体を**Y**とする。

ア　**X**と**Y**は同じ気体である。この気体は，石灰石にうすい塩酸を加えると発生する。

イ　**X**と**Y**は同じ気体である。この気体は，二酸化マンガンにうすい過酸化水素水（オキシドール）を加えると発生する。

ウ　**X**と**Y**は異なる気体である。**X**は，石灰石にうすい塩酸を加えると発生する。また，**Y**は，二酸化マンガンにうすい過酸化水素水（オキシドール）を加えると発生する。

エ　**X**と**Y**は異なる気体である。**X**は，二酸化マンガンにうすい過酸化水素水（オキシドール）を加えると発生する。また，**Y**は，石灰石にうすい塩酸を加えると発生する。

(4)　〔実験3〕の③で，試験管Eの中にある固体の物質の質量は5.86 gであった。この物質に含ま

れている酸素の質量は何gか。最も適当なものを，次の**ア**から**コ**までの中から選んで，そのかな符号を書きなさい。

ア　0.07g　　**イ**　0.12g　　**ウ**　0.14g　　**エ**　0.18g　　**オ**　0.21g
カ　0.24g　　**キ**　0.28g　　**ク**　0.32g　　**ケ**　0.35g　　**コ**　0.40g

4　おもりを持ち上げたときの滑車のはたらきについて調べるため，次の〔実験１〕から〔実験３〕までを行った。

ただし，ばねばかり，滑車及び糸の質量は無視できるものとし，滑車に摩擦力ははたらかないものとする。

〔実験１〕　①　**図１**のように，スタンドに定規を固定し，ばねばかりに糸のついたおもりを取り付けた。
②　糸にたるみがなく，ばねばかりの示す力の大きさが０Ｎとなる位置から，ゆっくりと一定の速さでばねばかりを24.0cm真上に引いた。このとき，ばねばかりを引いた距離とばねばかりの示す力の大きさとの関係を調べた。

図１

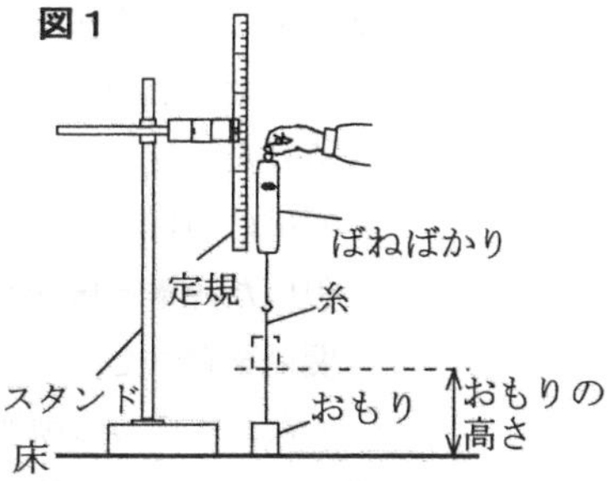

図２は，〔実験１〕の②の結果について，横軸にばねばかりを引いた距離〔cm〕を，縦軸にばねばかりの示す力の大きさ〔N〕をとり，その関係をグラフに表したものである。

図２

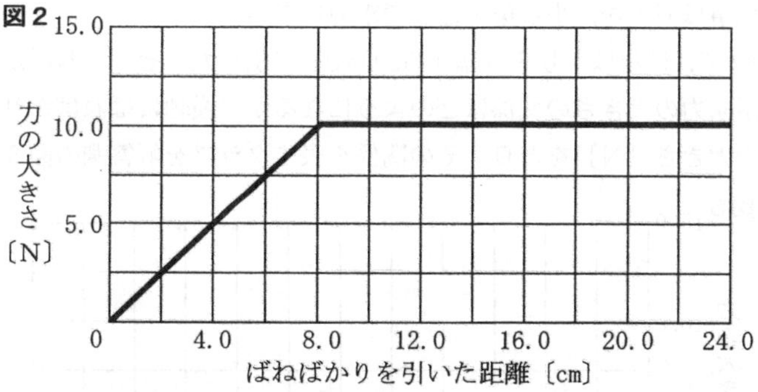

〔実験２〕　①　スタンド，定規，動滑車，定滑車，糸，ばねばかりと〔実験１〕で用いたおもりを用いて，**図３**のような装置をつくった。
②　糸にたるみがなく，ばねばかりの示す力の大きさが０Ｎとなる位置から，ゆっくりと一定の速さでばねばかりを24.0cm水平に引いた。このとき，ばねばかりを引いた距離とばねばかりの示す力の大きさとの関係を調べた。

図３

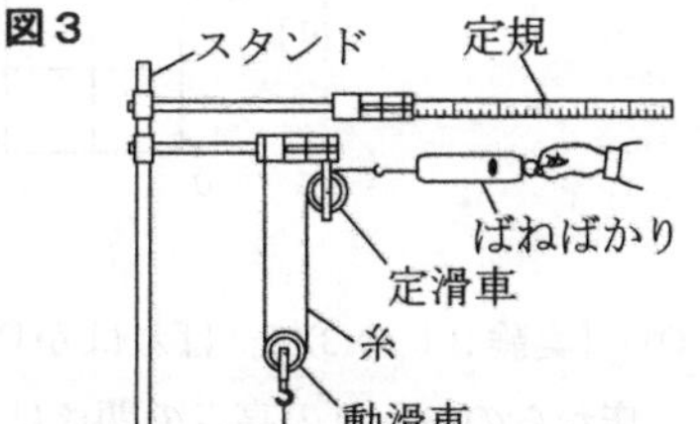

〔実験３〕　①　次のページの**図４**のように，２つの動滑車を棒で固定し，棒にフックを取り付け

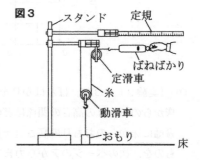

た。なお，棒とフックの質量は無視できるものとする。

図4

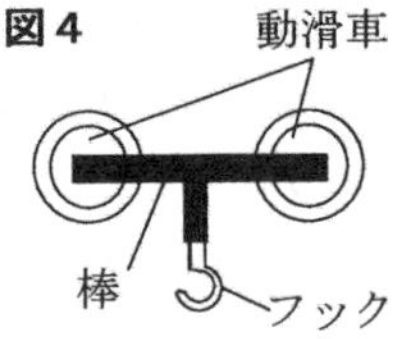

② スタンド，定規，定滑車，糸，ばねばかり，図4の動滑車，〔実験1〕で用いたおもりを用いて，図5のような装置をつくった。

③ 糸にたるみがなく，ばねばかりの示す力の大きさが0Nとなる位置から，ゆっくりと一定の速さでばねばかりを24.0cm水平に引いた。このとき，ばねばかりを引いた距離と床からのおもりの高さとの関係を調べた。

図5

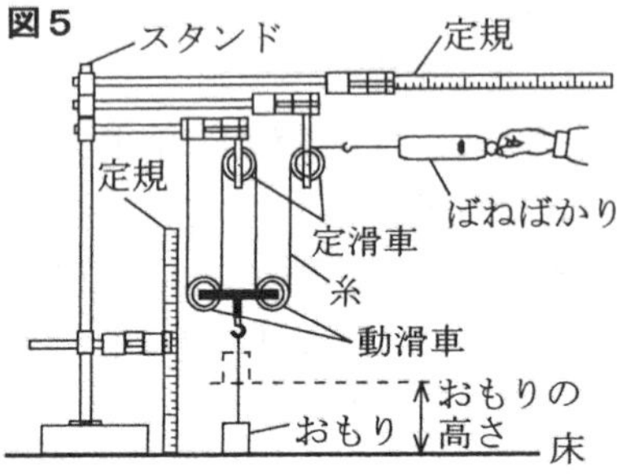

なお，2つの動滑車を固定した棒は常に水平を保ちながら動くものとする。

次の(1)から(4)までの問いに答えなさい。

(1) 〔実験1〕の②の途中で，ばねばかりを16.0cm真上に引いたとき，床からのおもりの高さは何cmか，小数第1位まで求めなさい。

(2) 〔実験1〕の②の途中で，おもりが床から離れた直後から，12.0cmの高さになるまで，おもりを引き上げた仕事は何Jか，小数第1位まで求めなさい。

(3) 〔実験2〕の②で，ばねばかりを0cmから24.0cmまで引いたとき，ばねばかりを引いた距離とばねばかりの示す力の大きさの関係はどのようになるか。横軸にばねばかりを引いた距離〔cm〕を，縦軸に力の大きさ〔N〕をとり，その関係を表すグラフを解答欄の図6に書きなさい。

図6

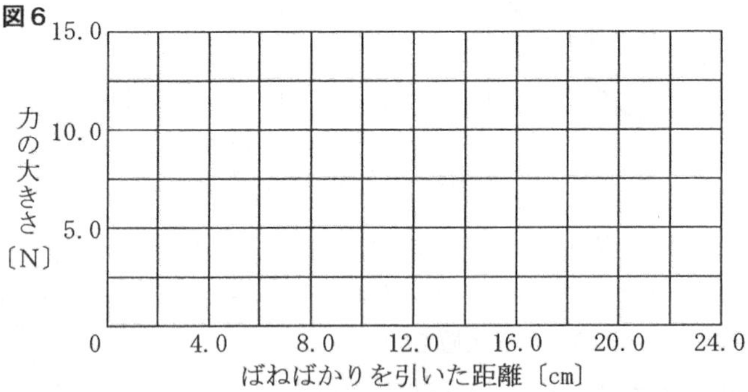

(4) 〔実験3〕の③で，ばねばかりを0cmから24.0cmまで引いたとき，ばねばかりを引いた距離と床からのおもりの高さの関係はどのようになるか。横軸にばねばかりを引いた距離〔cm〕を，縦軸に床からのおもりの高さ〔cm〕をとり，その関係をグラフに表したものとして最も適当なものを，次のページのアからカまでの中から選んで，そのかな符号を書きなさい。

ア

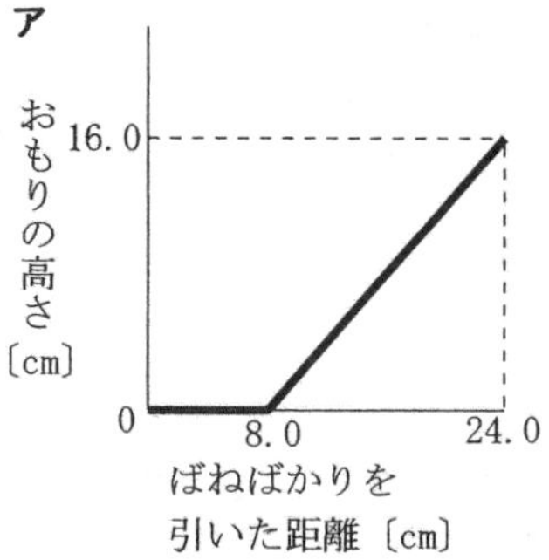

イ

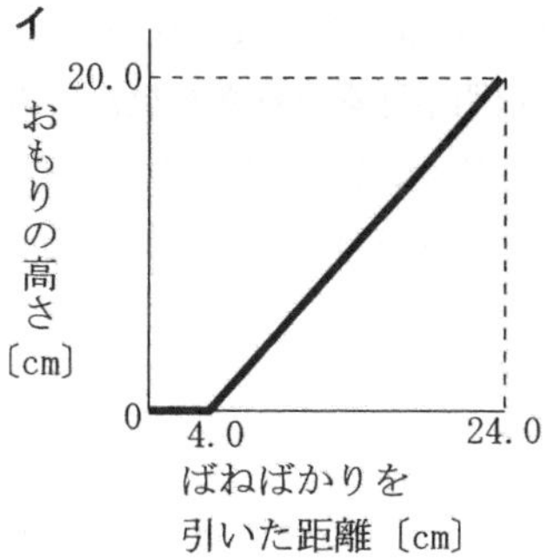

ウ

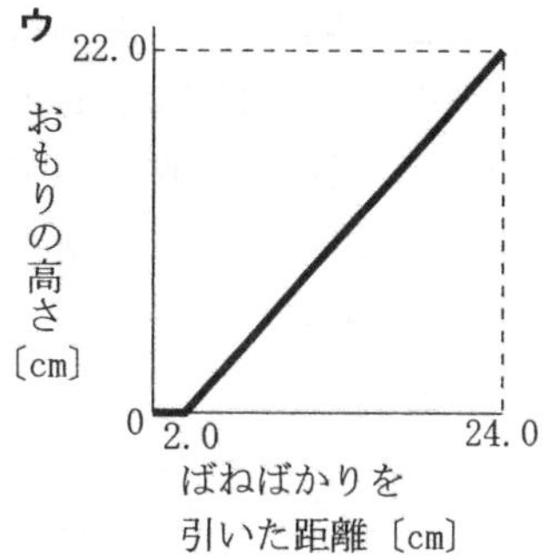

エ

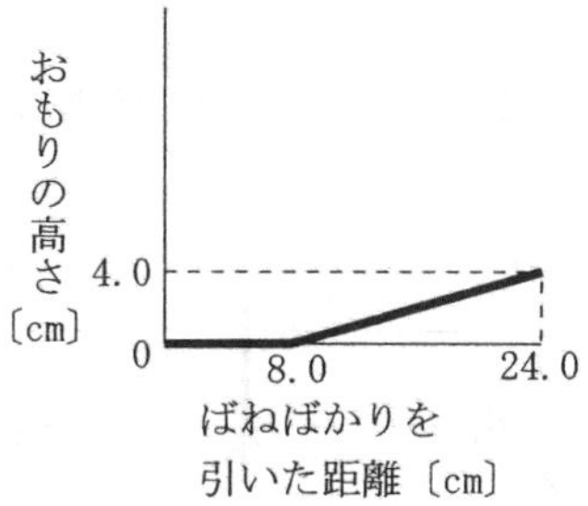

オ

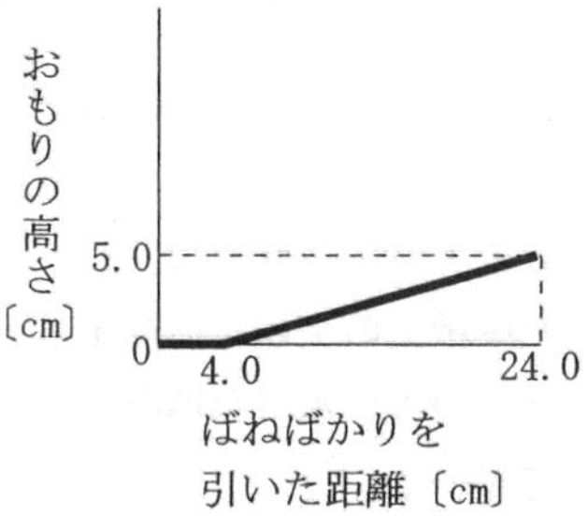

カ

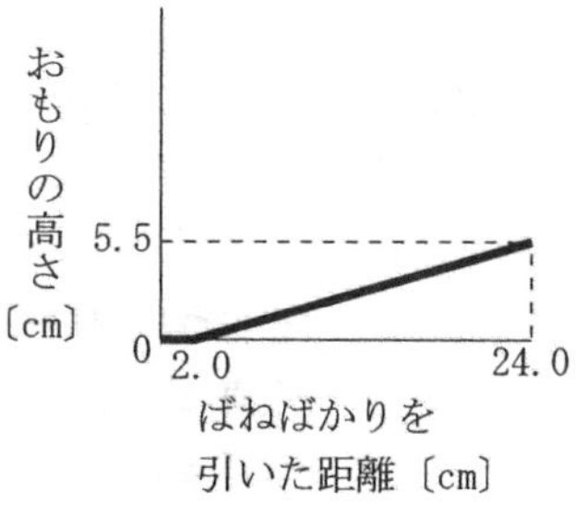

5　太陽の動きについて調べるため，日本のある地点Xで，次の〔観察1〕から〔観察3〕までを行った。

〔観察1〕　①　冬至の日に，図1のように，直角に交わるように線を引いた厚紙に透明半球を固定し，日当たりのよい水平な場所に東西南北を合わせて置いた。

図1

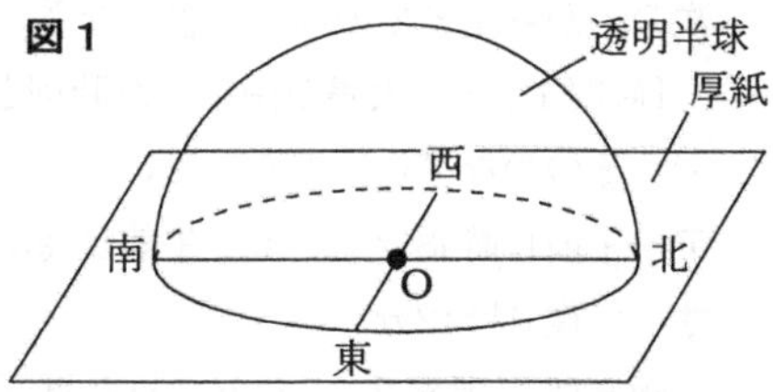

②　午前8時から午後4時までの1時間ごとに，サインペンの先端を透明半球の上で動かし，サインペンの先端の影が透明半球の中心Oと重なるようにして，透明半球上に点をつけ，太陽の位置を記録した。

③　②で記録した点をなめらかな線で結び，さらにその線を透明半球の縁まで伸ばした。このとき，図2のように，透明半球の縁まで伸ばした線の端をそれぞれ点P，点Qとした。

図2

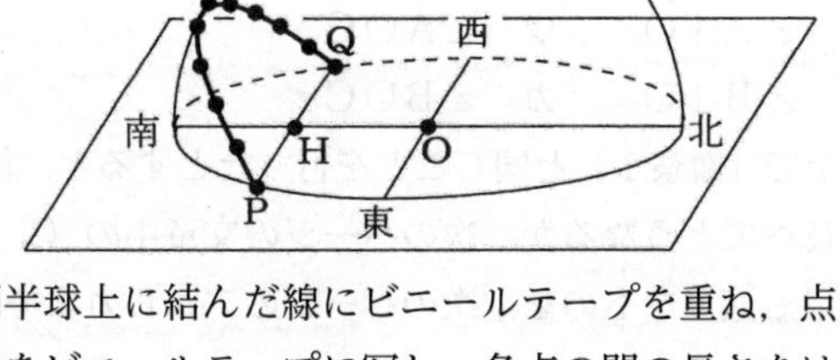

④　③で透明半球上に結んだ線にビニールテープを重ね，点P，点Q，②で記録した太陽の位置をビニールテープに写し，各点の間の長さをはかった。

図２の点Hは，点Oを通る南北の線と線分ＰＱとの交点である。また，図３は，図２の透明半球を真横から見たものであり，図４は，〔観察１〕の④の結果を示したものである。ただし，図３では，透明半球上に記録された太陽の位置を示す点は省略してある。

図３

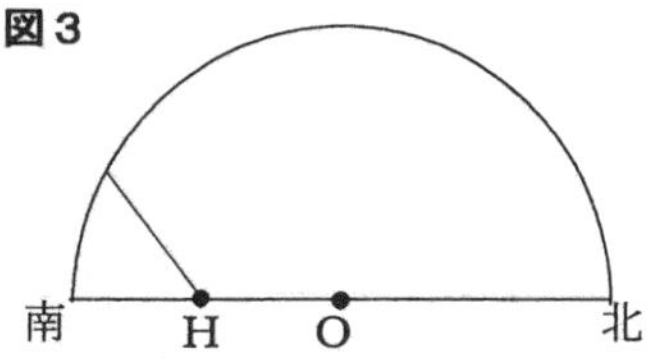

図４

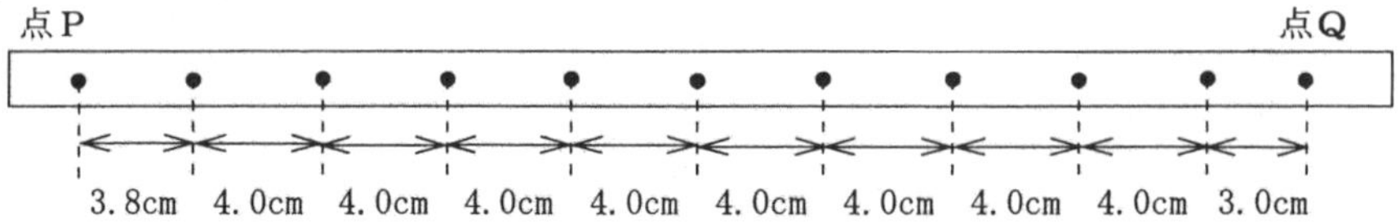

〔観察２〕〔観察１〕で用いた透明半球を使って，春分の日と夏至の日にそれぞれ〔観察１〕と同じことを行った。

〔観察３〕① 冬至の日に，図５のように，直角に交わるように線を引いた厚紙上の交点Rに棒を垂直に立て，日当たりのよい水平な場所に東西南北を合わせて置いた。

図５

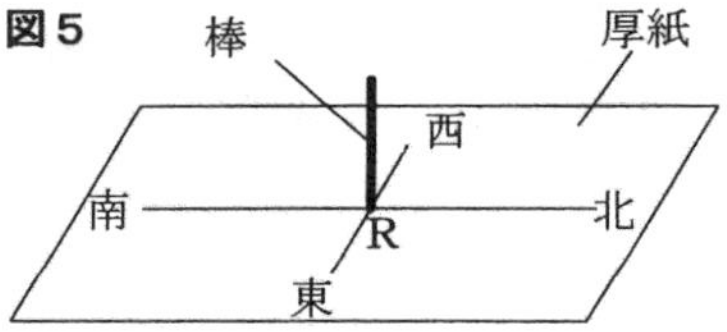

② 午前８時から午後４時までの１時間ごとに，棒の影の先端の位置を厚紙に記録して，なめらかな線で結んだ。

③ 夏至の日に，①，②と同じことを行った。

次の(1)から(4)までの問いに答えなさい。

(1) 〔観察１〕で，太陽が南中した時刻として最も適当なものを，次のアからオまでの中から選んで，そのかな符号を書きなさい。

ア　午前11時48分　　**イ**　午前11時54分　　**ウ**　正午　　**エ**　午後０時06分

オ　午後０時12分

(2) 図６は，〔観察２〕で春分の日と夏至の日に太陽の動きを記録した透明半球を真横から見たものであり，点Ａ，Ｂは，それぞれ春分の日と夏至の日のいずれかに太陽が南中した位置を示している。

夏至の日の太陽の南中高度はどのように表されるか。最も適当なものを，次のアからカまでの中から選んで，そのかな符号を書きなさい。

ただし，点Cは天頂を示しており，点Ｉは直線ＨＯ上の点である。

図６

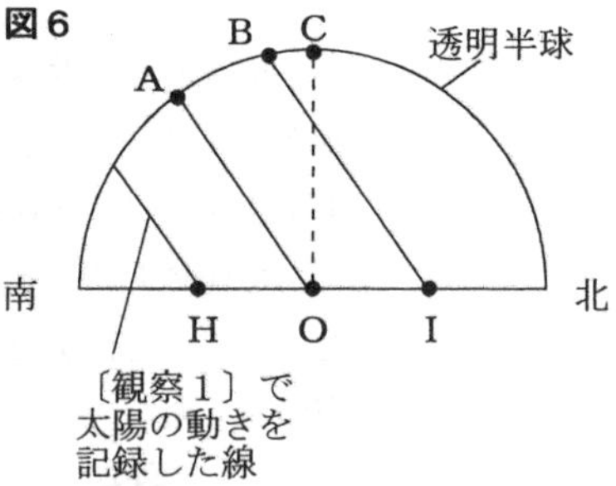

ア　∠ＡＯＨ　　**イ**　∠ＡＩＯ　　**ウ**　∠ＡＯＣ

エ　∠ＢＯＨ　　**オ**　∠ＢＩＯ　　**カ**　∠ＢＯＣ

(3) 春分の日に，赤道上で〔観察１〕と同じことを行ったとすると，〔観察２〕で春分の日に地点Xで観察した場合と比べてどうなるか。次のページの文章中の（ｉ），（ii）にあてはまる語句の組み合わせとして最も適当なものを，次のページのアからカまでの中から選んで，そのかな符号を書きなさい。

> 赤道上で観察した場合は，地点Xで観察した場合と比べると，日の出の方角は(　i　)，南中高度は高くなる。また，日の出から日の入りまでの時間は（　ii　)。

ア　i　北よりになり，ii　長くなる　**イ**　i　北よりになり，ii　変わらない
ウ　i　南よりになり，ii　長くなる　**エ**　i　南よりになり，ii　変わらない
オ　i　変わらず，　ii　長くなる　**カ**　i　変わらず，　ii　変わらない

(4)［観察３］で，冬至の日と夏至の日に記録して結んだ線を真上から見たものとして最も適当なものを，次の**ア**から**カ**までの中からそれぞれ選んで，そのかな符号を書きなさい。

ア
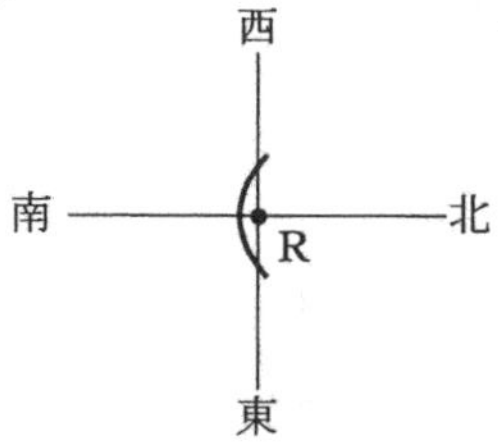

イ
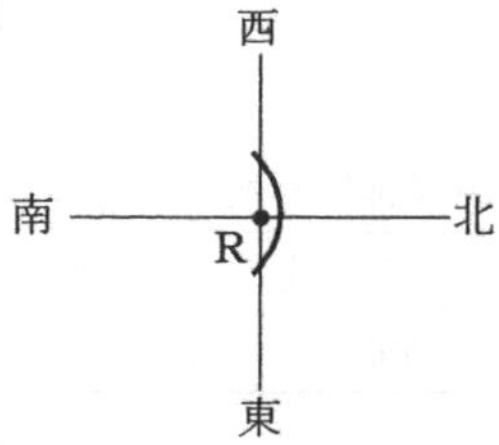

ウ
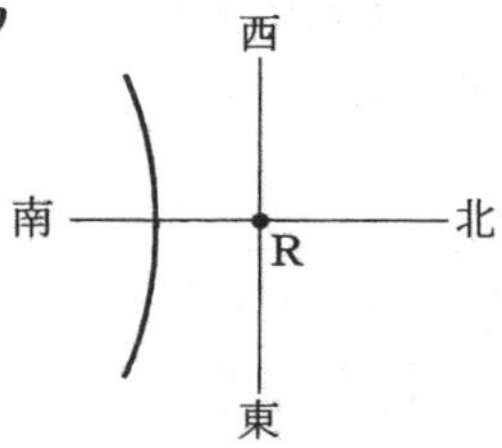

エ
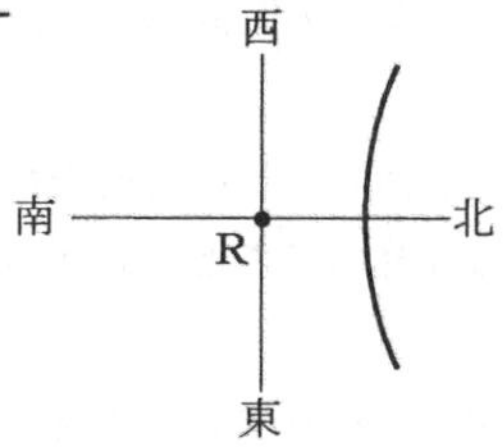

オ
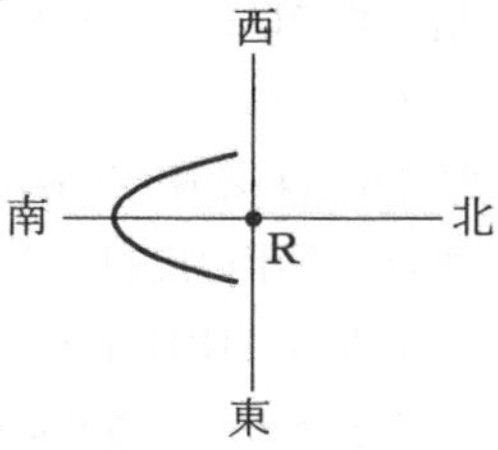

カ
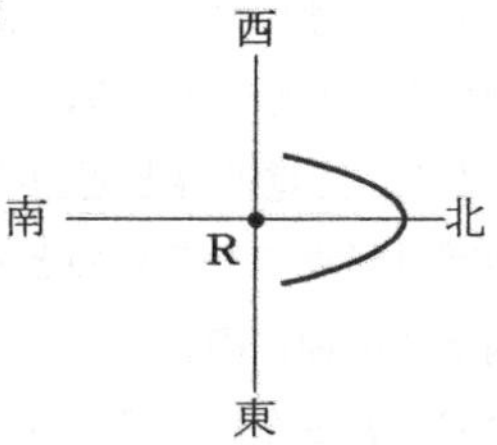

6　次の(1)，(2)の問いに答えなさい。

(1)　電池について調べるため，金属板A，金属板Bと水溶液の組み合わせをさまざまに変えて，**図**のような装置をつくった。**表**は，金属板A，金属板Bと水溶液の組み合わせをまとめたものである。**図**の装置の光電池用モーターが回る金属板と水溶液の組み合わせとして最も適当なものを，**表**の**ア**から**カ**までの中から選んで，そのかな符号を書きなさい。

図
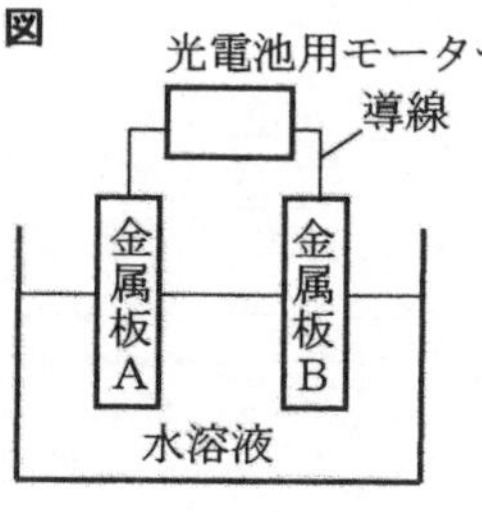

表

	金属板A	金属板B	水溶液
ア	亜鉛板	亜鉛板	砂糖水
イ	銅板	銅板	砂糖水
ウ	亜鉛板	銅板	砂糖水
エ	亜鉛板	亜鉛板	うすい塩酸
オ	銅板	銅板	うすい塩酸
カ	亜鉛板	銅板	うすい塩酸

(2)　ヒトの刺激に対する反応について調べるため，次の〔実験〕を行った。

〔実験〕①　次のページの**図**のように，16人が手をつないで輪をつくった。

②　Aさんは，左手にもったストップウォッチをスタートさせるのと同時に，右手でとなりの人の左手をにぎった。

図

③　左手をにぎられた人は，右手でとなりの人の左手をにぎることを順に行った。

④　16人目のBさんは，Aさんから右手でストップウォッチを受け取り，自分の左手をにぎられたらストップウォッチを止め，時間を記録した。

⑤　②から④までを，さらに２回繰り返した。

〔実験〕における３回の測定結果の平均は，4.9秒であった。

この〔実験〕において，左手の皮膚が刺激を受け取ってから右手の筋肉が反応するまでにかかる時間は，次のａからｃまでの時間の和であるとする。

a	左手の皮膚から脳まで，感覚神経を信号が伝わる時間
b	脳が，信号を受け取ってから命令を出すまでの時間
c	脳から右手の筋肉まで，運動神経を信号が伝わる時間

この〔実験〕において，脳が，信号を受け取ってから命令を出すまでの時間は，１人あたり何秒であったか，小数第１位まで求めなさい。

ただし，感覚神経と運動神経を信号が伝わる速さを60m/秒とし，信号を受けた筋肉が収縮する時間は無視できるものとする。また，左手の皮膚から脳までの神経の長さと，脳から右手の筋肉までの神経の長さは，それぞれ１人あたり0.8mとする。

なお，Aさんは，ストップウォッチをスタートさせるのと同時にとなりの人の手をにぎっているので，計算する際の人数には入れないこと。

＜社会＞

時間　45分　　満点　22点

1　次のⅠ，Ⅱ，Ⅲの資料には，歴史上の人物の絵や写真と，その人物が行ったことが示されている。あとの⑴から⑶までの問いに答えなさい。

Ⅰ

この人物は，アメリカ合衆国の大統領で，（　①　）中に奴隷解放宣言を出した。

Ⅱ

この人物は，国号を「元」と改め，（　②　）を滅ぼし，中国全土を支配した。

Ⅲ

この人物は，（　③　）の方針を批判して，ドイツで宗教改革を始めた。

⑴　Ⅰ，Ⅱ，Ⅲの資料中の（①），（②），（③）にあてはまることばの組み合わせとして最も適当なものを，次の**ア**から**ク**までの中から選んで，そのかな符号を書きなさい。

ア　①　南北戦争　②　宋（南宋）　③　ムハンマド
イ　①　南北戦争　②　宋（南宋）　③　ローマ教皇
ウ　①　南北戦争　②　明　③　ムハンマド
エ　①　南北戦争　②　明　③　ローマ教皇
オ　①　独立戦争　②　宋（南宋）　③　ムハンマド
カ　①　独立戦争　②　宋（南宋）　③　ローマ教皇
キ　①　独立戦争　②　明　③　ムハンマド
ク　①　独立戦争　②　明　③　ローマ教皇

⑵　Ⅱの資料で示されたできごとが起こった年代とほぼ同じ時期の日本のようすについて述べた文として最も適当なものを，次の**ア**から**エ**までの中から選んで，そのかな符号を書きなさい。

ア　山城国（現在の京都府南部）では，武士や農民らが団結して守護大名を追い出し，8年間にわたって自治を行った。

イ　町や村には多くの寺子屋が開かれ，読み・書き・そろばんなどの実用的な知識や技能を身につけた民衆が増えた。

ウ　幕府や荘園領主に反抗する悪党と呼ばれる者が現れたが，幕府は有効な対策をとることができず，幕府の力は次第に衰えていった。

エ　ものさしやますを統一して行われた太閤検地や，農民や寺社から武器を取り上げる刀狩が行われ，武士と農民の身分の区別が明確になった。

⑶　Ⅰ，Ⅱ，Ⅲの資料で示されたできごとを年代の古い順に並べたものとして最も適当なものを，次の**ア**から**カ**までの中から選んで，そのかな符号を書きなさい。

ア　Ⅰ→Ⅱ→Ⅲ　**イ**　Ⅰ→Ⅲ→Ⅱ　**ウ**　Ⅱ→Ⅰ→Ⅲ
エ　Ⅱ→Ⅲ→Ⅰ　**オ**　Ⅲ→Ⅰ→Ⅱ　**カ**　Ⅲ→Ⅱ→Ⅰ

2 次のⅠ，Ⅱ，Ⅲ，Ⅳ，Ⅴの資料は，生徒が日本社会についての発表を行うために用意したものの一部である。あとの(1)から(4)までの問いに答えなさい。

Ⅰ

Ⅱ

Ⅲ

Ⅳ

Ⅴ

(1) Ⅰの写真は，千利休《せんのりきゅう》がつくったと伝えられる茶室を示している。次のA，B，Cの日本のできごとのうち，千利休がわび茶の作法を完成させた時期よりも前のできごとを選び，それらを年代の古い順に並べたものとして最も適当なものを，次の**ア**から**シ**までの中から選んで，そのかな符号を書きなさい。

A	足利義政《あしかがよしまさ》によって，書院造の部屋である東求堂同仁斎がつくられた。
B	幕府の命令によって，オランダ人が長崎の出島に集められ，商館がつくられた。
C	奥州藤原《ふじわら》氏によって，金をふんだんに用いた中尊寺金色堂がつくられた。

ア A→B	**イ** A→C	**ウ** B→A	**エ** B→C
オ C→A	**カ** C→B	**キ** A→B→C	**ク** A→C→B
ケ B→A→C	**コ** B→C→A	**サ** C→A→B	**シ** C→B→A

(2) 次のページの文章は，生徒がⅡの絵について発表した際のメモの一部である。文章中の（①），②にあてはまることばと文の組み合わせとして最も適当なものを，次のページの**ア**

からカまでの中から選んで，そのかな符号を書きなさい。

なお，文章中の２か所の（①）には同じことばがあてはまる。

> この絵は，江戸時代に踊りから演劇としての形を整えて発達した（　①　）を楽しむ江戸の人々を描いたものです。こののちも，（　①　）は江戸幕府の取り締まりもありましたが，人気を保ちました。［　②　］明治時代にも流行し，現代に至るまでわが国の伝統的な芸能として親しまれています。

ア　①　歌舞伎
　　②　テレビや洗濯機などの家庭電化製品が普及し，休日に余暇を楽しむ余裕が生まれた

イ　①　歌舞伎
　　②　ラジオ放送が始まり，歌謡曲や野球中継などが人気を集めた

ウ　①　歌舞伎
　　②　中《なか》江《え》兆民《ちようみん》らが新聞や雑誌を通して，欧米の近代思想を社会に広めていった

エ　①　浄瑠璃
　　②　テレビや洗濯機などの家庭電化製品が普及し，休日に余暇を楽しむ余裕が生まれた

オ　①　浄瑠璃
　　②　ラジオ放送が始まり，歌謡曲や野球中継などが人気を集めた

カ　①　浄瑠璃
　　②　中江兆民らが新聞や雑誌を通して，欧米の近代思想を社会に広めていった

(3)　次の文章は，生徒がⅢの写真を用いて1930年代後半から1940年代半ばまでの戦時体制について発表した際のメモの一部である。文章中の［　　］にあてはまることばを，下の語群のことばを全て用いて，15字以上20字以下で書きなさい。

> 1938年，近衛《このえ》文麿《ふみまろ》内閣の下で国家総動員法が制定されました。この法律によって，政府は戦争のために，［　　］ことができるようになりました。

【語群】　動員　　議会　　労働力や物資

(4)　次の文章は，生徒がⅣの写真とⅤのポスターを用いて戦後の日本の改革について説明したものである。文章中の（③），（④），（⑤）にあてはまることばの組み合わせとして最も適当なものを，下のアからエまでの中から選んで，そのかな符号を書きなさい。

> Ⅳの写真は1947年ごろの小学校のようすを撮影したものです。（　③　）が制定され，小学校６年，中学校３年の９年間の義務教育が始まりました。
> また，Ⅴのポスターは農地改革を示したものです。農地改革は地主が持つ土地を（　④　）に解放する政策で，これによって（　⑤　）が大幅に増加することになりました。

ア　③　教育基本法　　④　小作人　　⑤　自作農
イ　③　教育基本法　　④　自作農　　⑤　小作人
ウ　③　教育勅語　　④　小作人　　⑤　自作農
エ　③　教育勅語　　④　自作農　　⑤　小作人

3　次のⅠの表は，日本の都道府県の中で面積が大きい5道県と面積が小さい5都府県の面積，島の数，都道府県庁所在地の1月の日照時間および2008年，2013年，2018年の海面漁業の漁業従事者数を示したものである。また，Ⅱの表は，4道県の水稲の作付面積，製造品出荷額等，第3次産業就業者の割合を示したものである。あとの(1)から(3)までの問いに答えなさい。

なお，Ⅰの表中のA，B，C，D，Eは，大阪府，香川県，長野県，新潟県，福島県のいずれかであり，Ⅱの表中のa，b，c，dは，岩手県，沖縄県，神奈川県，北海道のいずれかである。

Ⅰ　面積が大きい5道県と面積が小さい5都府県の面積等

都道府県名	面積（㎢）	島の数	都道府県庁所在地の1月の日照時間（時間）	海面漁業の漁業従事者数（人）		
				2008年	2013年	2018年
北海道	83 424	508	92.5	33 568	29 652	24 378
岩手県	15 275	286	116.9	9 948	6 289	6 327
A	13 784	13	132.0	1 743	343	1 080
B	13 562	—	127.2	—	—	—
C	12 584	92	58.2	3 211	2 579	1 954
神奈川県	2 416	27	186.4	2 496	2 273	1 848
沖縄県	2 281	363	94.2	3 929	3 731	3 686
東京都	2 194	330	184.5	1 243	972	896
D	1 905	—	142.6	1 089	1 036	870
E	1 877	112	141.2	3 218	2 484	1 913

（注1）島の数は，周囲が0.1km以上のものとし，埋め立て地は除いている。
（注2）表中の「—」は全くない，もしくはデータがないことを示している。
（注3）「海面漁業」とは，海で行われる漁業のことである。

（「理科年表　2021」などをもとに作成）

Ⅱ　4道県の水稲の作付面積等

道県名	水稲の作付面積（千ha）	製造品出荷額等（十億円）	第3次産業就業者の割合（%）
a	103	6 131	76.5
b	51	2 526	63.8
c	3	17 956	78.1
d	1	480	80.7

（「データブック　オブ・ザ・ワールド　2021年版」をもとに作成）

(1)　次の文章は，生徒がⅠの表中のAからEまでのいずれかの府県を説明するために作成したメモである。この文章の内容にあてはまる府県として最も適当なものを，Ⅰの表中のAからEまでの中から選んで，その符号を書きなさい。

> 伝統的工芸品としては，会津塗が有名です。1970年代以降，この地方に高速道路が整備されると，沿線の地域に工場が増えて，電気機械工業がさかんになりました。また，沿岸部の原子力発電所は，2011年の東日本大震災までは関東地方に多くの電力を供給していました。

(2)　次のアからエまでは，Ⅱの表中のａからｄまでの道県の略地図である。Ⅱの表中のｂとｃを表しているものを，アからエまでの中からそれぞれ選んで，そのかな符号を書きなさい。なお，アからエまでの略地図の縮尺は統一されていない。また，沖縄県については，本島のみを示しており，その他の道県については，離島を示していない。

ア　イ　ウ　エ

(3)　次の文章は，生徒が東京都などの都市部でみられる現象や災害について説明するためにまとめたものの一部である。文章中の（①），（②），（③）にあてはまることばの組み合わせとして最も適当なものを，下のアからクまでの中から選んで，そのかな符号を書きなさい。

東京都などの都市部では，地面が太陽で熱せられやすいアスファルトなどでおおわれていて，人々の活動によって熱い排気が出されるため，都市部の気温が周辺部よりも（　①　）なる（　②　）現象がみられます。また，近年，都市やその周辺では，夏の午後に突然降り出す激しい雷雨も増えていて，洪水などの被害が問題になっています。自然災害が発生したときに，どのような被害が起こるかを予測した（　③　）などを参考にして，予測される災害について理解を深め，対策を立てておく必要があります。

ア　①　高く　②　ドーナツ化　③　人口ピラミッド
イ　①　高く　②　ドーナツ化　③　ハザードマップ
ウ　①　高く　②　ヒートアイランド　③　人口ピラミッド
エ　①　高く　②　ヒートアイランド　③　ハザードマップ
オ　①　低く　②　ドーナツ化　③　人口ピラミッド
カ　①　低く　②　ドーナツ化　③　ハザードマップ
キ　①　低く　②　ヒートアイランド　③　人口ピラミッド
ク　①　低く　②　ヒートアイランド　③　ハザードマップ

4　次のⅠの略地図は，北アメリカ州と南アメリカ州を示したものであり，Ⅱの表は，とうもろこしと（Ｘ）の生産量上位５国とその生産量を示している。また，Ⅲのグラフは，４都市の月別降水量と月別平均気温を示したものである。あとの(1)から(3)までの問いに答えなさい。

なお，Ⅰの略地図は面積が正しく，緯線が赤道に平行で等間隔で表現される図法で描かれており，Ａ，Ｃは緯線を，Ｂは山脈を示している。また，Ⅰの略地図中のｗ，ｘ，ｙ，ｚおよびⅢのグラフのａ，ｂ，ｃ，ｄは，それぞれサンティアゴ，ニューヨーク，ブエノスアイレス，ロサンゼルスのいずれかである。

（Ⅰの略地図，Ⅱの表，Ⅲのグラフは，次のページにあります。）

Ⅰ　北アメリカ州と南アメリカ州の略地図

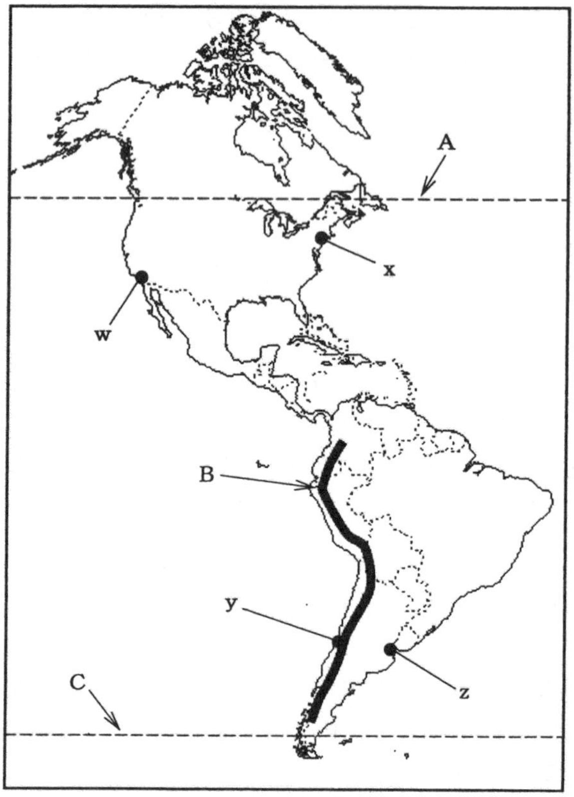

Ⅱ　とうもろこしと（　X　）の生産量上位５国とその生産量

	とうもろこし		（　X　）	
順位	国　名	生産量（万 t）	国　名	生産量（万 t）
1位	アメリカ	39 245	ブラジル	74 683
2位	中　国	25 717	インド	37 690
3位	ブラジル	8 229	中　国	10 810
4位	アルゼンチン	4 346	タ　イ	10 436
5位	ウクライナ	3 580	パキスタン	6 717

（「データブック　オブ・ザ・ワールド　2021年版」をもとに作成）

Ⅲ　４都市の月別降水量と月別平均気温

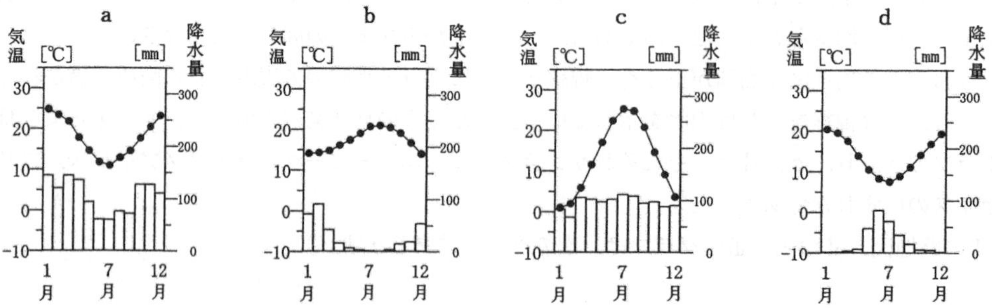

（「理科年表　2021」をもとに作成）

⑴　次の文章は，生徒がⅠの略地図について説明したメモの一部である。文章中の（①）にあてはまる最も適当なことばを，カタカナ４字で書きなさい。また，（②）にあてはまることばとして最も適当なものを，下のアからエまでの中から選んで，そのかな符号を書きなさい。

Aは北緯49度の緯線で，アメリカとカナダの国境の一部になっています。Bは（　①　）山脈を表しており，この山脈には6000m級の山々が連なり，高度によって異なる自然環境がみられます。南アメリカ大陸の南端付近を通るCは，（　②　）の緯線を表しています。

ア　南緯20度　　**イ**　南緯30度　　**ウ**　南緯40度　　**エ**　南緯50度

⑵　Ⅱの表のとうもろこしや（Ｘ）は，アメリカやブラジルなどで石油に代わるエネルギー源であるバイオ燃料（バイオエタノールなど）の原料として利用されている。（Ｘ）にあてはまる最も適当な農作物の名称を，ひらがなまたはカタカナ５字で書きなさい。

⑶　次の文章は，生徒がロサンゼルスについてまとめたものの一部である。ロサンゼルスの位置をⅠの略地図中のwからzまでの中から選んで，その符号を書きなさい。また，ロサンゼルスの月別降水量と月別平均気温を示したグラフとして最も適当なものを，Ⅲのaからdまでの中から選んで，その符号を書きなさい。

太平洋岸に位置するロサンゼルスは，年間を通して温暖で，比較的降水量が少なく，好天に恵まれていることが多いです。ロサンゼルス郊外のハリウッドは，映画産業の中心地となっていますが，このような気候が屋外での撮影に向いていたことも一つの理由だそうです。

5　次のⅠからⅣまでの資料は，生徒が企業についてのレポートを作成するために用意したものの一部である。あとの⑴から⑷までの問いに答えなさい。

なお，Ⅱ，Ⅲの資料中のＸ，Ｙ，Ｚには，それぞれ同じ項目があてはまり，飲食料品，機械器具，繊維・衣服等のいずれかである。　（ⅡからⅣの資料は次のページにあります。）

Ⅰ　業種別の企業数と従業者数における中小企業と大企業の割合

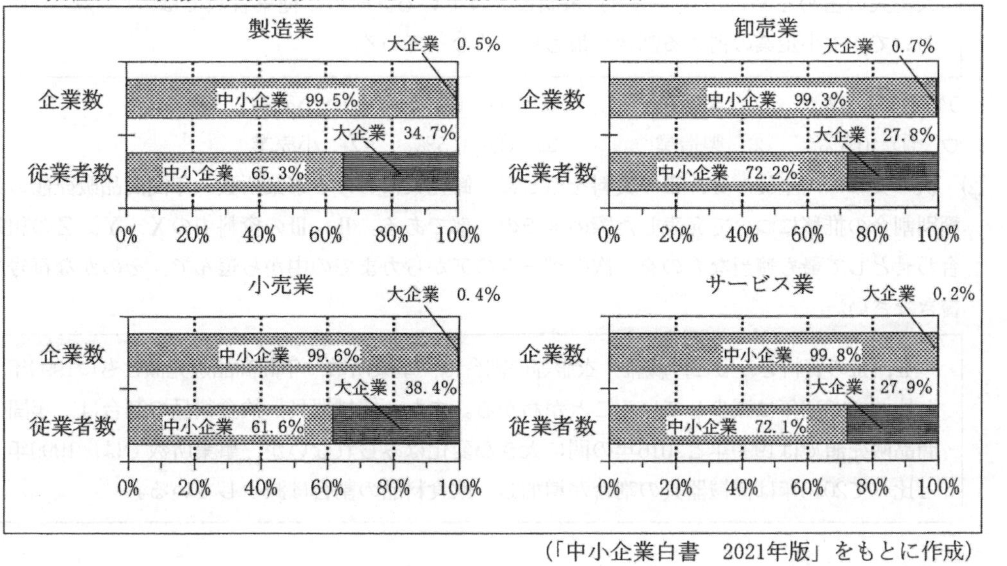

（「中小企業白書　2021年版」をもとに作成）

Ⅱ　卸売業における事業所数の業種別割合

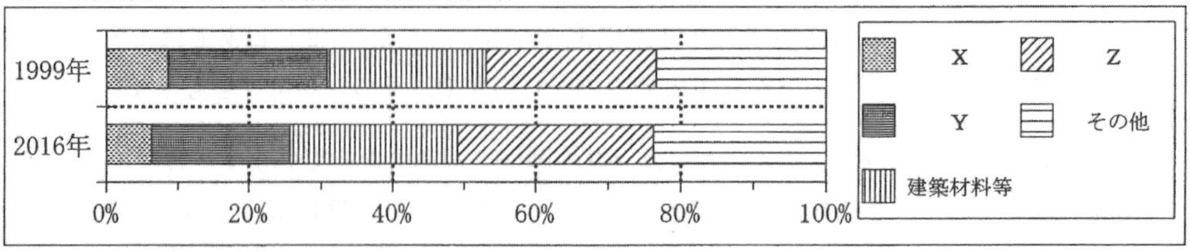

Ⅲ　卸売業における年間商品販売額の業種別割合

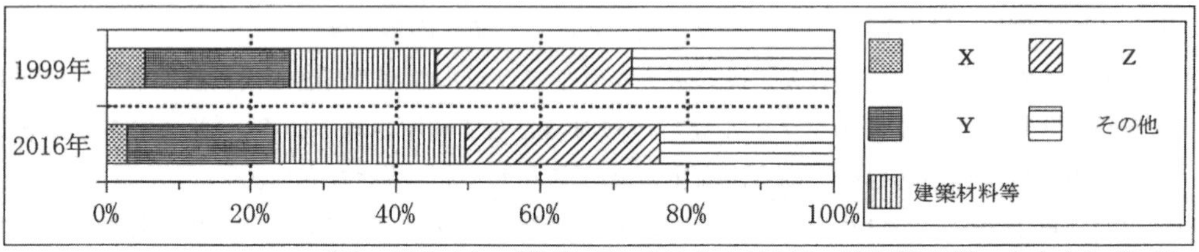

（Ⅱ，Ⅲともに「数字でみる日本の100年　改訂第７版」をもとに作成）

Ⅳ　労働に関する環境整備について

近年，企業における長時間労働やストレスの増大など，働き方の持続可能性に照らして懸念される状況がみられる中で，「『企業の（　　　）』（＝ＣＳＲ）」に関する取り組みが大きな潮流となっています。ＣＳＲとは，企業活動において，社会的公正や環境などへの配慮を組み込み，従業員，投資家，地域社会などの利害関係者に対して責任ある行動をとるとともに，説明責任を果たしていくことを求める考え方です。

（厚生労働省ウェブページをもとに作成）

⑴　次の文章は，生徒がⅠの資料をもとに作成したレポートの一部である。文章中の（①），（②）にあてはまることばの組み合わせとして最も適当なものを，下の**ア**から**エ**までの中から選んで，そのかな符号を書きなさい。

Ⅰの資料をみると，企業数では，製造業，卸売業，小売業，サービス業の全てにおいて，大企業の占める割合が（　①　）未満となっている。一方，従業者数では，（　②　）において，中小企業の占める割合が最も小さくなっている。

ア　①　1.0%　　②　製造業　　　**イ**　①　1.0%　　②　小売業
ウ　①　0.5%　　②　製造業　　　**エ**　①　0.5%　　②　小売業

⑵　次の文章は，生徒がⅡ，Ⅲの資料をもとに，卸売業における事業所数，年間商品販売額の業種別割合の推移について発表した際のメモの一部である。Ⅱ，Ⅲの資料中のＸ，Ｙ，Ｚの組み合わせとして最も適当なものを，次のページの**ア**から**カ**までの中から選んで，そのかな符号を書きなさい。

Ⅱ，Ⅲの資料をみると，繊維・衣服等の割合は，事業所数，年間商品販売額ともに1999年と比べて2016年は減少していることがわかる。また，機械器具，飲食料品の割合は，年間商品販売額では1999年と2016年の間に大きな変化はみられないが，事業所数では，1999年と比べて2016年は機械器具の割合が増加し，飲食料品の割合は減少している。

ア　X　飲食料品　Y　機械器具　Z　繊維・衣服等
イ　X　飲食料品　Y　繊維・衣服等　Z　機械器具
ウ　X　機械器具　Y　飲食料品　Z　繊維・衣服等
エ　X　機械器具　Y　繊維・衣服等　Z　飲食料品
オ　X　繊維・衣服等　Y　飲食料品　Z　機械器具
カ　X　繊維・衣服等　Y　機械器具　Z　飲食料品

(3)　Ⅳの資料中の（　）にあてはまる最も適当なことばを，漢字５字で書きなさい。

(4)　企業の活動や商品の価格について述べた次のX，Y，Zの文について，正しい文を「正」，誤っている文を「誤」とするとき，それぞれの文の「正」，「誤」の組み合わせとして最も適当なものを，下の**ア**から**ク**までの中から選んで，そのかな符号を書きなさい。

X　ある商品の価格が均衡価格よりも高い場合は，一般に，供給量よりも需要量の方が多くなり，品不足が生じる。
Y　企業が活動するのに必要な資金を，株式や債券などを発行して，貸し手から調達することを間接金融という。
Z　公正取引委員会は，寡占の状態にある企業が示し合わせて価格を引き上げることを禁止するなどして，企業に公正で自由な競争をうながしている。

ア　X：正　Y：正　Z：正　　イ　X：正　Y：正　Z：誤
ウ　X：正　Y：誤　Z：正　　エ　X：正　Y：誤　Z：誤
オ　X：誤　Y：正　Z：正　　カ　X：誤　Y：正　Z：誤
キ　X：誤　Y：誤　Z：正　　ク　X：誤　Y：誤　Z：誤

6　次の文章は，生徒が環境問題についてまとめたレポートの一部である。あとの(1)から(3)までの問いに答えなさい。

高度経済成長の時期の日本では，水質汚濁や大気汚染，騒音，振動，悪臭，土壌汚染，地盤沈下などによって，地域の住民の健康や生活が損なわれる公害が多く発生し，社会問題となりました。これを受けて，政府は1967年に公害対策基本法を制定し，1971年には環境庁を設置しました。さらに，1993年には公害対策基本法を発展させた形で（　X　）が制定され，地球温暖化の抑制や生態系保全，リサイクルなどへの取り組みが強化されています。現在，私たちはさまざまな地球規模の環境問題に直面していますが，これらの解決には国際的な協力が重要となっています。

(1)　次の文は，文章中の公害について，生徒が説明したメモの一部である。文中の（①），（②）にあてはまることばの組み合わせとして最も適当なものを，次のページの**ア**から**カ**までの中から選んで，そのかな符号を書きなさい。

熊本県で発生した（　①　）による水俣病，三重県の四日市市で発生した四日市ぜんそく，また，（　②　）県の神通川下流域で発生したイタイイタイ病は，いずれも四大公害病に含まれます。

ア	①	水質汚濁	②	富山	**イ**	①	水質汚濁	② 新潟
ウ	①	大気汚染	②	富山	**エ**	①	大気汚染	② 新潟
オ	①	地盤沈下	②	富山	**カ**	①	地盤沈下	② 新潟

(2)　文章中の（X）にあてはまる法律の名称を，漢字５字で書きなさい。

(3)　2020年以降の地球温暖化対策を定めたパリ協定の内容について述べた文として最も適当なものを，次の**ア**から**エ**までの中から選んで，そのかな符号を書きなさい。

ア　温室効果ガスの排出量が多い先進国に，排出量の削減を義務づけた。

イ　「かけがえのない地球」を合い言葉として，国際社会が協力することが決められた。

ウ　気候変動枠組条約などが結ばれ，その後も継続的な話し合いを行うことが決められた。

エ　発展途上国を含めた全ての参加国に，温室効果ガスの排出量削減を求めた。

ウ　当事者よりも第三者のほうが物事の是非を見極められること

エ　当事者よりも第三者のほうが物事を厳しく評価してしまうこと

(三)　③立ちかへつて思案をめぐらし見れば　の現代語訳として最も適当なものを、次のアからエまでの中から選んで、そのかな符号を書きなさい。

ア　これまでの行動を振り返ってよく反省してみると

イ　現在の視点から過去のことをあれこれ考えてみると

ウ　家に戻ってから対局をじっくり思い出してみると

エ　囲碁をした場所を訪れて様子をうかがってみると

(四)　次のアからエまでの中から、その内容がこの文章に書かれていることと一致するものを一つ選んで、そのかな符号を書きなさい。

ア　現在の出来事には過去の出来事と似ているところがあり、過去の失敗を知ると今やるべきことに思い至ることが多い。

イ　現在よりも過去のほうが善悪の判断基準がはっきりしていたため、歴史を学んだ人には適切に善悪を判断できる人が多い。

ウ　過去の出来事が複雑にからみ合って現在の出来事があるため、過去を学ぶことで今を深く理解することができる。

エ　過去の失敗に学ぶという点で歴史と囲碁には通じるものがあり、歴史を学んで得たことは囲碁に生かすことができる。

ア　本文と参考文のいずれにおいても、筆者が目指しているものは、工業化社会からの脱却である。人々は、コンクリートという強く大きな塊に頼ってきたが、世界と切り離され、幸せではないことに気づいた。今、大切なのは、小ささや「点・線・面」という物のあり方である。

イ　筆者は、「小さな建築」に必要な「小さな単位」として水のレンガを考案し、建築する試みを行った。さらに近年では、同じ「小さな単位」として小さな木のピースを用い、全体は大きくても目の前にあるのは小さな点や線という国立競技場の完成に至った。筆者のテーマ「コンクリートから木へ」が形になったといえる。

ウ　筆者は、二十世紀を工業化社会、二十一世紀をポスト工業化社会と捉え、その上で建築に用いる素材の違いに注目している。一度作ると簡単には壊せないコンクリートで作った建築よりも、パラパラとした開放感のある、木を素材とした建築が求められる社会が来ることを予想している。

エ　人間は、コンクリートによる「大きな建築」に閉じ込められた生活を幸福と錯覚していたことへの反省から「小さな建築」を目指すようになった。そこで筆者は、国立競技場に見られるように、全国から集めた木を用いて建築を作っている。これは自然への回帰と自然保護の両立を図ろうとする試みである。

オ　筆者は、「小さな建築」を建築全体の小ささと捉えるのではなく、何を用いて作るかを問題としている。本文では、身近な場所で利用されているものからヒントを得た水のレンガを考案し、建築に応用する過程が語られている。また参考文では、小さな木のピースを使って作り上げる建築が紹介されている。

四　次の古文を読んで、あとの㈠から㈣までの問いに答えなさい。
（本文の……の左側は現代語訳です。）

①いにしへより碁をうつに、当局の人（実際に囲碁をしている人）は闇《くら》く、傍《かたはら》、観《み》るの者は明らかなりといひ伝へて、俗にいへる②脇目百目《わきめひゃくもく》なれば、人のした事、過ぎ去りし事を、跡《あと》からその評判をつけ（あとからそのことについての論評を加え）、③立ちかへつて思案をめぐらし見れば、格別によき分別（考え）も出《い》づるものなり。前にいへるごとく、昔ありし事は、必ず今もそれに似たる事あるものなれば、古人のし損ないし事に気がついてあれば、今日する事の考へになる事多かるべし（多いだろう）。是《こ》れ史（歴史書）を学ぶの大利益《だいりやく》なり。人君の学文（君主の学問）には、史を読む事甚だ当用なる事（必要な）と知るべし。

（『不尽言《ふじんげん》』による）

（注）　○前にいへるごとく＝本文の前に「いにしへにありし事は、今日の上にちやうど似たる事多くあるものなれば」という記述がある。

㈠　①いにしへ　は歴史的かなづかいである。これを現代かなづかいになおして、ひらがなで書きなさい。

㈡　②脇目百目《わきめひゃくもく》　ということばの意味として最も適当なものを、次のアからエまでの中から選んで、そのかな符号を書きなさい。

ア　当事者よりも第三者のほうが物事を難しく捉えてしまうこと
イ　当事者よりも第三者のほうが物事の深みを感じられること

「水のレンガ」は、

70　80

(五) ③コンクリートでできた巣　ということばに込められた筆者の気持ちとして最も適当なものを、次のアからエまでの中から選んで、そのかな符号を書きなさい。

ア 感服　**イ** 皮肉　**ウ** 憧れ　**エ** 妬み

(六) あとの**ア**から**オ**までは、本文を読んだ生徒五人が、次の参考文も踏まえて、筆者の建築に対する考えをまとめたものである。その内容が本文及び参考文に書かれていない考えを含むものを一つ選んで、そのかな符号を書きなさい。

（参考文）

コンクリート建築は、無意識のうちにヴォリュームを指向し、ヴォリュームになりたがるのである。砂利と砂とセメントと水とをまぜた、ドロドロとした液体を乾燥させ、固めたものがコンクリートなので、そもそも塊＝ヴォリュームだからである。逆に、ひとつの塊（ヴォリューム）になることを拒否した、パラパラとした、さわやかな物のあり方が、点・線・面である。

「コンクリートから木へ」が生涯のテーマだと、僕はずっと考え続けてきた。二十世紀とは要約すれば工業化社会であり、コンクリートの時代であった。工業化社会は、コンクリートという素材によって、実際に建設されたし、同時にコンクリートという物質によって表象される社会であった。

その後、僕らが生きているポスト工業化の社会は、木という素材によって、さまざまな物たちが作られるべきであるし、木によって表象される社会になるであろう。それは僕の予測であると同時に、熱望である。だからこそ、二〇二〇年の東京オリンピック、パラリンピックのために建設された国立競技場は、全国から木を集めて、小さな木のピースを、ひとつずつ手で組み上げるようにして作り上げた。

そして、木を使うなら、可能な限り、ヴォリュームとして閉じることを避け、木独特の、パラパラとした開放感を作り出したいと考えた。一〇・五センチの幅しかない、点のように小さく、あるいは線のように細い寸法の杉の板で国立競技場の外壁は覆われた。全体は大きいが、僕らの目の前にあるのは、小さな点や線である。

（隈研吾『点・線・面』による）

（注）○表象＝象徴。イメージ。
○ポスト工業化の社会＝工業化社会の次に現れる社会。
○ピース＝断片。

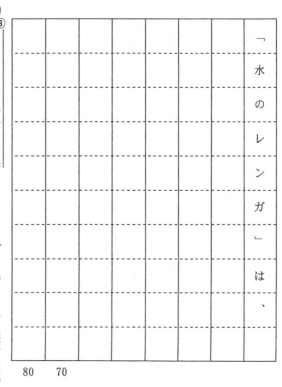

気楽なジョイントが、「小さな建築」にはふさわしい。

（隈研吾《くまけんご》『小さな建築』による）

（注）○[1]～[6]は段落符号である。
○リスボン大地震＝一七五五年十一月一日に発生した巨大地震。ポルトガルのリスボンを中心に大きな被害が生じた。
○ハコモノ建築＝ここでは、公共事業で建設された施設のこと。
○媒介＝二つのものの間をとりもつもの。
○舵《かじ》を切る＝ここでは、方針を転換する。
○ハンドル＝扱うこと。
○OS＝オペレーティング・システムの略。ここでは、建築の基本的な材料の意味で用いられている。
○バリケード＝ここでは、侵入を防ぐために設置する資材のこと。
○レゴブロック＝プラスチックの部品を組み合わせていろいろな造形をするレゴ社製の玩具。
○極致＝ここでは、それ以上は行き着くことができない状態のこと。
○ジョイント＝接合。
○孔＝くぼみ。

(一) ①「大きなシステム」の説明として最も適当なものを、次の**ア**から**エ**までの中から選んで、そのかな符号を書きなさい。

ア 近代以降、人間に自分の弱さや小ささを自覚させてきたものであるが、一方で人間のこれからの可能性を感じさせてくれたもの
イ 近代以降、人間が壮大な世界と自らをつなぐものとして求めてきたものであるが、逆に人間と世界を切り離すことになったもの
ウ 近代以降、人間は世界と自分をつなぐことの重要性を認識するようになり、その目的を達成するために人間が手作業で作ったもの
エ 近代以降、人間の弱さや小ささを痛感して開発されてきたものであり、建築をはじめあらゆる分野で人間を幸福にしてきたもの

(二) ②「小ささ」とは何かを考えなくてはいけない　とあるが、筆者が考える「小ささ」とはどのようなことか。その説明として最も適当なものを、次の**ア**から**エ**までの中から選んで、そのかな符号を書きなさい。

ア 小さくて非力な人間と同様に、弱々しくすぐに壊れてしまうこと
イ 身近で親しみやすいが、手を加えることは簡単にできないこと
ウ 全体の小ささではなく、単位として適切な大きさや重さであること
エ 人間の身体に合わせて、全体の大きさが縮小されているということ

(三) （A）、（B）にあてはまる最も適当なことばを、次の**ア**から**カ**までの中からそれぞれ選んで、そのかな符号を書きなさい。

ア しかも　**イ** やがて　**ウ** いかに　**エ** とうてい
オ ところが　**カ** あたかも

(四) 筆者は第四段落で、「水のレンガ」で建築を作ろうと思い立った理由について述べている。それを要約して、七十字以上八十字以下で書きなさい。ただし、「身体」、「合理的」という二つのことばを使って、「「水のレンガ」は、……」という書き出しで書くこと。二つのことばはどのような順序で使ってもよろしい。

（注意）・句読点も一字に数えて、一字分のマスを使うこと。
・文は、一文でも、二文以上でもよい。
・次のページの枠を、下書きに使ってもよい。ただし、解答は必ず解答用紙に書くこと。

単位が大きすぎたり、重すぎたりしたならば、小さい自分の非力な手には負えない。（中略）

④　建築史においても、そのような適切な単位サイズを探すことは、中心的テーマであった。特に手作業が中心で、機械を用いることが少なかった十九世紀以前の建築工事において、人間の身体がハンドルしやすいサイズの追求は、最も切実なテーマであった。大きすぎず、小さすぎずというサイズを求めた結果、レンガという、一人で、（　A　）片手で扱える普遍性の高い建築材料が、普及した。いわばレンガは十九世紀以前の西欧建築というシステムを根本で支えるOSであった。二十世紀にコンクリートと鉄という強力なOSが登場するまで、レンガの人気は絶大で、中国でも数多くのレンガ建築が作られた。レンガは洋の東西を超えた、開かれたOSだったのである。確かにレンガは身体がハンドルしやすい大きさ、重さであった。しかし、自由に重さを変えることができるレンガがあったらどんなに便利だろうか。ある日、道路工事の現場のポリタンクを見ていて、突然にひらめいた。このポリタンクに、水を出し入れして重さを調整するのである。まさに「重さの変わるレンガ」であった。水を抜いた軽い状態で工事現場に運びこみ、現場に設置してから水を入れて重くし、風でも飛ばないバリケードができ上がるのである。用が済んだら、水を抜いてしまえばいい。水が自由に道にばらまけるというのが、この工事用ポリタンクの賢いところである。その一瞬、工事用ポリタンクと同じ原理を用いて、「水のレンガ」で建築を作ろうと思い立った。まず、空のレンガを積んで壁を組み上げ、組み上げが終わったときに水を入れて重たくし、壁の上部は水なしで軽くすれば安定するという合理的で気楽な構造システムである。

⑤　最初に試みたのは、レゴブロックの形をそのまま拡大したレゴ式ポリタンクである。ポリタンクだから、蓋をつければ水の出し入れは簡単である。問題は、ブロック同士の「つなぎ方」である。単位となるブロック同士をどう結合させるかが、このような「積む」タイプの「小さな」建築の難関となる。本物のレンガなら、レンガとレンガの間に、セメントと砂をまぜてこねた、モルタルという接着剤をつめこむ。モルタルが固まるとレンガとレンガは、結合される。石もレンガも、昔からこのモルタルを使って固定されてきた。このやり方だと、確かに固まることは固まるのだが、やり直しがきかないという大きな欠点があった。壁の位置を変えたくなるなんていうことは、人間のきまぐれな生活の宿命で、しょっちゅう起こる。しかし、レンガで積んだ壁を壊してやり変えようと思っても、モルタルで固めてあるとそう簡単にはくずせない。

⑥　そもそもコンクリートの壁は、そのような取り返しのつかない存在の極致であった。世の中には、「取り返しがつかない」ことを「強さ」と取り違えて、③コンクリートでできた巣に依存するタイプの人たちもいる。しかし僕は逆に、その「取り返しがつかない」という強迫的時間感覚に耐えられなくて、もっと気楽に作っては壊せる「小さな建築」を探しているわけだから、レンガをモルタルでべたっと接着してしまっては、元も子もない。（　B　）レンガが素手でハンドルしやすい「かわいい」サイズでも、モルタルの接着力が障害となって、「小さい建築」とは呼べないのである。そこで思いついたのがレゴ式のジョイントであった。一つ一つのブロックに突出（凸）と孔（凹）がついていて、凸を凹にはめこめば、二つのブロックは接合されて、しっかりと固まるという仕掛けである。この要領でどんどん積んでいけば、簡単に壁ができる。壊したくなれば、凸凹をはずせば、もとのばらばらのブロックに戻るだけである。このような「取り返しのつく」

すい』ということばをどういう意味で使っていますか」と聞いたのです。私は「お年寄りや子どもが安心して暮らせること」と答えましたが、「公共の交通手段が整備されていること」であったり、「いろいろなお店がそろっていて便利なこと」であったりと、それぞれ異なっていました。

オ　それは、ホームルームでグループに分かれ、「私たちの住む街を暮らしやすくするために何ができるのか」をテーマに意見を述べ合ったときのことです。グループの中でそれぞれの考えを出し合いましたが、そこから議論は深まりませんでした。

二　次の㈠、㈡の問いに答えなさい。

㈠　次の①、②の文中の傍線部について、漢字はその読みをひらがなで書き、カタカナは漢字で書きなさい。

①　街路樹の枝が自転車の通行を妨げている。

②　読まなくなった本を整理し、棚にシュウノウした。

㈡　次の③の文中の傍線部に用いる漢字を、あとの**ア**から**エ**までの中から選んで、そのかな符号を書きなさい。

③　窓には、通風やサイ光の役割がある。

ア　済　**イ**　裁　**ウ**　催　**エ**　採

三　次の文章を読んで、あとの㈠から㈥までの問いに答えなさい。

1　一言でいえば、自分という弱くて小さな存在を、世界という途方もなく大きいものにしなやかにつなぐ方法を探すのが、この本の目的である。そもそも本来はすべてのテクノロジーが、世界と自分をつなぐためにスタートしたはずである。リスボン大地震（一七五五年）以降の近代テクノロジーは、その目標達成のために、①「大きなシステム」を組み上げようとした。リスボン大地震で自分の弱さをつきつけられた人間は、「強く合理的で、大きなもの」に頼ろうとした。（中略）空間の世界でいえば、超高層建築や巨大なハコモノ建築に代表される「大きな建築」を媒介にして、ちっぽけな人間と、壮大な世界との間をつなごうとしたわけである。一度、大きさに向かって舵《かじ》が切られたら、止まらなくなってしまったのである。

2　二十世紀前半の世界は、システムを大きくすることに血眼になっていた。しかし、二十世紀後半以降、「大きなシステム」「大きな建築」が人間を少しも幸せにしないということに、人々は少しずつ気づきはじめた。「大きなシステム」「大きな建築」は、人間を世界とつなぐどころか、むしろ人間と世界の間に割って入って、人間と世界とを切断し、人間をそのシステムの中に閉じ込めるということに、人々は気づきはじめたのである。（中略）

3　空間において、「小さな機械＝小さな建築」は、どんな形で、世界と人間を接続するのだろう。そのとき、まず②「小ささ」とは何かを考えなくてはいけない。「大きな建築」をただ縮小しても「小さな建築」にはならない。百メートルの高さのコンクリートでできた超高層建築を、十メートルに縮めたからといって、ここで見つけようとしている「小さな建築」とは呼べない。「小さな建築」とは僕らにとって、さまざまな意味で身近でとっつきやすく、気楽な存在でなければならない。そんな小さな、いいヤツ、かわいいヤツを探すときにまず考えなくてはいけないのは、自分が一人で取り扱うことのできる「小さな単位」を見つけることである。「小さな建築」とは、実は「小さな単位」のことなのである。全体の小ささではなく、単位の小ささである。

エ　多くの人が使っていることばの意味から曖昧さを除き、厳密に定義しなければことばの正しさを保つことはできない。

(二)　(A) にあてはまる最も適当なことばを、次のアからエまでの中から選んで、そのかな符号を書きなさい。

ア　のちのち　イ　ますます　ウ　すらすら　エ　せいぜい

(三)　②対象を捉えようとして向けた視線、その向きがことばの意味というものであろう　とあるが、このように筆者が考える理由として最も適当なものを、次のアからエまでの中から選んで、そのかな符号を書きなさい。

ア　ことばの意味とは特定の世界だけで通用する約束ではなく、どのような人が用いても変わらない厳密なものだと考えているから。

イ　ことばの意味とは使い方を限定した取り決めではなく、広がりがあって多くの人に共有されている捉え方であると考えているから。

ウ　ことばの意味とは曖昧なままで使用されるものではなく、使用される範囲は限定的で厳密なものであるべきだと考えているから。

エ　ことばの意味とは長い時間を経ても変わらないものではなく、使われる時と場面によってそのつど意味が異なると考えているから。

(四)　この文章中の波線部の説明として最も適当なものを、次のアからオまでの中から選んで、そのかな符号を書きなさい。

ア　第一段落の「楽天的」には、辞書の読者に対してことばの将来に明るい展望をもってほしいという期待が込められている。

イ　第三段落の「気づいては」には、たまにしかことばの変化や乱れに気づけない辞典の読者に対する残念な思いが込められている。

ウ　第四段落の「深い信仰心」には、ことばの意味を正確に記述する辞典に信頼を寄せてくれる読者への感謝が込められている。

エ　第五段落の「厳密屋さん」には、ことばの定義を徹底的に追究しようとしている人々の熱意に対する敬意が込められている。

オ　第八段落の「称して」には、厳密さを求めるためにことばの意味を限定する考え方に同意できない気持ちが込められている。

(五)　次の文章は、本文を読んだある生徒の感想をまとめたものであるが、文の順序が入れ替えてある。筋道が通る文章とするためにアからオまでを並べ替えるとき、二番目と四番目にくるものをそれぞれ選び、そのかな符号を書きなさい。

ア　この経験から、一つのことばが表す世界の幅広さを理解しました。ですから、クラスで話し合って合意を形成する際には、まずそれぞれがテーマ（ことば）から考えた意味を出し合ってことばの「はば」を確認し、クラスとしてどう捉えるかを決めることが大切ではないでしょうか。方向性を定めて共有できれば、そこからさまざまなアイデアが生まれてくると思います。

イ　筆者は「ことばには『はば』がある」と述べていますが、私にも、まさにこのことばの「はば」というものを実感した経験があります。

ウ　そこで私たちは、議論を深めるために「暮らしやすい」ということばの意味を限定し、共有することにしました。結局、私の考えた「お年寄りや子どもが安心して暮らせること」になりましたが、「はば」のあることばの意味を一つに限定して共有することで話し合いの方向性が定まり、さまざまな世代が交流できるイベントを考え、クラス全体に提案することができました。

エ　そのときグループの一人が、「そもそもみんなは『暮らしやもあります。一般の国語辞典はその自然言語の辞書なのです。一方、ことばを定義している辞書は専門分野の事典や用語集に見られます。先の「老人」について、普通の国語辞典は「年とった人。年寄り。」くらいしか書いてありません。何歳から、などという明確な取り決めは自然言語にはありません。それは、行政上の都合とか統計をとる便宜とかのために役所や法律が、例えば「老人福祉法」では六十五歳以上を老人とする、と決めただけのものであって、「老人」の意味ではありません。にもかかわらず、老人ということばの意味が曖昧だなどということはないのです。老人の語は、さまざまの場面でさまざまの対象（人）を指すことが可能ですが、その対象（人）をどう捉えようとしているか、それらに向けた視線の方向は共通で、多くの人々に共有されているのです。②対象を捉えようとして向けた視線、その向きがことばの意味というものであろうと思うのです。

[7]　「砂」は、『広辞苑《こうじえん》』によれば、「細かい岩石の粒の集合。主に各種鉱物の粒子から成る。通常、径二ミリメートル以下、十六分の一ミリメートル以上の粒子をいう。」とあります。岩石学ではこのように取り決めているのですが、それが「通常」かどうかは疑問です。そんな数字を知らなくても、物差しを持ち合わせていなくても、私たちは日常の場で即座に石か砂かを判別し、何の支障もなく会話することができます。投げるのは石、砂はまく。時として石にはつまずき、また砂をかむ思いもするでしょう。ことばが表す世界は思いのほか広くて、がちがちの定義では捉えきれないふくらみをもっているものです。

[8]　日常普通に使っている日本語なのに、ふと自信がもてなくなって、辞書で意味を確かめるということはあります。それに答えるのが辞書の仕事です。しかし、そこで辞書の記述が不満だとして、とたんに「正確」で「厳密」な定義の方向に向かってしまう方がおられるのが残念でなりません。「厳密」がことばとして正しいとは限らないのです。例えば、天気予報や新聞の報道では、「未明」を「午前零時から午前三時頃まで」と決めていますが、未明の語の本来の意味（まだ夜が明けきらない頃、明け方）に比してずいぶん早過ぎはしないでしょうか。厳密にいうためと称して、正しい意味を壊してしまってよいはずがありません。（中略）

[9]　ことばについて、こうなくてはならぬという一つだけの正解がないと同時に、絶対的な間違いということも非常に少ないものです。ことばはそんなやわなものではない。ある制約がありながらも、その中で自由にできる余地のことを、「遊び」とか「はば」とかいうことがあります。ことばには「はば」があるのです。

（増《ます》井《い》元《はじめ》『辞書の仕事』による）

（注）○[1]～[9]は段落符号である。
○逸脱＝それること。
○便宜＝都合のよいこと。
○『広辞苑《こうじえん》』＝国語辞典の一つ。

(一)　①ことばの正しさ　について、筆者の考えを説明したものとして最も適当なものを、次の**ア**から**エ**までの中から選んで、そのかな符号を書きなさい。

ア　社会の中で生きていることばは時代とともに必ず変化しているため、一つに限定された正しい意味というものはない。

イ　いつの時代でもどんな場面でも、一つの単語に対応した不変で普遍的な意味領域をもつことがことばの正しさである。

ウ　ことばの意味は時間とともにもとの意味から逸脱していくため、現時点で多くの人が用いていれば正しい意味となる。

＜国語＞

時間　四五分　　満点　二二点

一　次の文章を読んで、あとの㈠から㈤までの問いに答えなさい。

1　辞典の読者と辞典編集者とが行き違うことがあるとすれば、一番の理由は、おそらく、ことばの正しさについて、辞典読者が辞典編集者よりずっと楽天的だという点にあると思われます。

2　古典文学などに現れて以後まったく使われないようなことばでなく、現代社会の中で生きていることばであれば、今に至るまでに必ずなんらかの変化を受け、また今も変化し続けている――いささかでもことばを観察すれば、それは明らかです。その変化とは、もとの意味・用法からの逸脱です。それを「乱れ」と呼ぶのであれば、ことばはいつも乱れています。しかし、①ことばの正しさとはいつの時点での姿をいうのでしょうか。今の日本語は乱れているから、奈良時代のことばに戻れ、とおっしゃる方はいません。現在から見て少し過去のあたりの日本語を「正しい」として、そこからの変化を乱れとして嘆かれるのです。

3　ことばが絶えず変わっていることを、辞典編集者は仕事柄忘れることができません。しかし、辞典を使う方は時折それに気づいては、不快に思ったり怒ったりされるのです。変化することこそ通常のあり方であることばについて、辞典が忠実であろうとすれば、現時点でおおぜいが使っていることばをそのままに記述し、（　A　）変化してきた経過について言及する、といった姿勢をとるほかにはありますまい。

4　辞典を使われる方が「正しい日本語を」と言われる内容は、「変化」「乱れ」を抑えようということのほかに、実は、もう一つあるようです。それは、ことばの意味はいつも「正確」「厳密」であるべきだ、とすることです。正しいことば（単語）は、いつどんな場面においても、きちんとその単語に対応した普遍かつ不変の意味領域をもつべきだ、とでもいうような信仰です。そのような深い信仰心をもつ方は、辞典に「正しい日本語」というよりは「厳密な定義」を要求されるのです。「辞典はことばを定義するもの」とおっしゃる方もいますが、それは違います。国語辞典はことばの意味を記述しますが、定義はしません。

5　老人とは厳密には何歳からをいうのか、未明は何時から何時までか、岩と石と砂、あるいは湖と沼と池とはどう定義されるのか。そこを厳密にしたからといって、日々の生活が特に変わることもないという問題が大半ですが、気になると、きちんとしないではいられなくなるもののようです。電話でいきなり「夜中に日付が変わる瞬間は、今日の内に入るのか、翌日か（十二時か零時か）」などと聞かれると、とっさに何のことかととまどうのですが、辞典編集部にこうした問い合わせは少なからずあります。徹底的に厳密にしたいのであれば、すべて定義づけたことばだけで、その定義が通用する閉じた世界の中で生きるほかないのですが、厳密屋さんはそうしたことが可能だと思っておられるようなのです。

6　定義というのはある特定の世界の中での約束のことです。このことばはこういう時にこういう意味で使うことにしましょうという取り決めにほかなりません。私たちは時としてその世界の中で会話することもありますが、いつもはもっと広いのびのびとしたところで、特別に約束をしたこともないことばを使って、感じたり考えたり表現したりしています。そのことばを、人工言語に対して自然言語ということ

MEMO

大切なことはメモしておこうネ！

A

2022年度

解答と解説

《2022年度の配点は解答用紙集に掲載してあります。》

＜数学解答＞

1 (1) 2　(2) $-\frac{5}{18}$　(3) $10x$　(4) 4　(5) $x=-6,\ 3$　(6) イ，エ　(7) $a=8$　(8) $y=3x$　(9) $\frac{9}{25}$倍　(10) 14cm

2 (1) $(-8,\ 0)$，$(2,\ 0)$　(2) Ⅰ $99(a-c)$　Ⅱ 15　(3) ① 右図　② 45分後

3 (1) 29度　(2) ① 30cm²　② $5\sqrt{2}$ cm　(3) ① $\frac{4}{3}$cm　② $2\sqrt{13}$cm

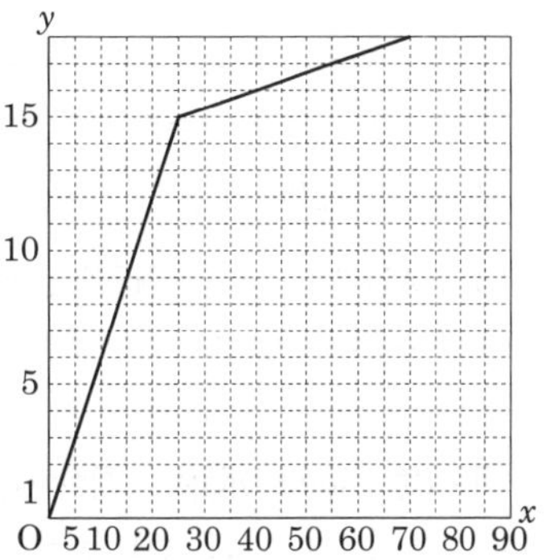

＜数学解説＞

1 (数・式の計算，平方根，二次方程式，比例関数，資料の散らばり・代表値，一次関数，関数$y=ax^2$，体積，線分の長さ)

(1) 四則をふくむ式の計算の順序は，乗法・除法→加法・減法となる。$8+(-3)\times2=8+(-6)=8-6=2$

(2) 分母を6と9の最小公倍数の18に通分して，$\frac{2x-3}{6}-\frac{3x-2}{9}=\frac{3(2x-3)-2(3x-2)}{18}=\frac{6x-6x-9+4}{18}=-\frac{5}{18}$

(3) $(-4xy)^2=(-4xy)\times(-4xy)=16x^2y^2$だから，$5x^2\div(-4xy)^2\times32xy^2=5x^2\div16x^2y^2\times32xy^2=5x^2\times\frac{1}{16x^2y^2}\times32xy^2=\frac{5x^2\times32xy^2}{16x^2y^2}=10x$

(4) $\sqrt{20}=\sqrt{2^2\times5}=2\sqrt{5}$，$\sqrt{12}=\sqrt{2^2\times3}=2\sqrt{3}$ だから，乗法公式$(a+b)(a-b)=a^2-b^2$を用いると，$(\sqrt{5}-\sqrt{3})(\sqrt{20}+\sqrt{12})=(\sqrt{5}-\sqrt{3})(2\sqrt{5}+2\sqrt{3})=2(\sqrt{5}-\sqrt{3})(\sqrt{5}+\sqrt{3})=2\{(\sqrt{5})^2-(\sqrt{3})^2\}=2(5-3)=4$

(5) 方程式$5(2-x)=(x-4)(x+2)$　両辺を展開して，$10-5x=x^2-2x-8$　整理して，$x^2+3x-18=0$　たして$+3$，かけて-18になる2つの数は，$(+6)+(-3)=+3$，$(+6)\times(-3)=-18$より，$+6$と-3だから$x^2+3x-18=\{x+(+6)\}\{x+(-3)\}=(x+6)(x-3)=0$　$x=-6$，$x=3$

(6) ア　1辺の長さが$x$cmである立方体の体積$y$cm³は，$y=x\times x\times x=x^3$だから，yはxに反比例しない。　イ　面積が35cm²である長方形のたての長さ$x$cmと横の長さ$y$cmは，$x\times y=35$より，$y=\frac{35}{x}$だから，**yはxに反比例する。**　ウ　1辺の長さが$x$cmである正方形の周の長さ$y$cmは，$y=x\times4=4x$だから，**yはxに比例する。**　エ　15kmの道のりを時速$x$kmで進むときにかかる時間y時間は，**(時間)$=\frac{\text{(道のり)}}{\text{(速さ)}}$**より$y=\frac{15}{x}$だから，$y$は$x$に反比例する。

(7) 6人の生徒が1か月間に読んだ本の冊数の**平均値**は，$\frac{1+3+5+a+10+12}{6}=\frac{a+31}{6}$(冊)…①

また，**中央値**は資料の値を大きさの順に並べたときの中央の値。生徒の人数は6人で偶数だから，6人の生徒が1か月間に読んだ本の冊数の中央値は，冊数の少ない方から3番目の5冊と4番目a冊の平均値$\frac{5+a}{2}$(冊)…②　①と②が同じとき，$\frac{a+31}{6}=\frac{5+a}{2}$　これを解いて，$a=8$

(8)　点A，Bは$y=x^2$上にあるから，そのy座標はそれぞれ$y=(-3)^2=9$，$y=6^2=36$　よって，A$(-3,\ 9)$，B$(6,\ 36)$　直線ABの傾きは$\frac{36-9}{6-(-3)}=3$　これに平行な直線の傾きも3だから，直線ABに平行で原点を通る直線の式は$y=3x$である。

(9)　円柱Pの底面積をS_1，高さをh_1，円柱Qの底面積をS_2，高さをh_2とする。円はすべて相似であり，**相似な図形では，面積比は相似比の2乗に等しい**ことと，円柱P，Qの底面の半径の比は3：5であることより，$S_1:S_2=3^2:5^2=9:25$　$\frac{S_1}{S_2}=\frac{9}{25}$　円柱P，Qの体積はそれぞれS_1h_1，S_2h_2と表され，問題の条件より，それぞれの体積は等しいから，$S_1h_1=S_2h_2$　以上より，円柱Qの高さは，円柱Pの高さの$\frac{h_1}{h_2}=\frac{S_1}{S_2}=\frac{9}{25}$(倍)である。

(10)　AD//BCより，**平行線と線分の比の定理**を用いると，AD：BC＝AE：EC＝3：7　BC＝$\frac{7}{3}$AD＝$\frac{7}{3}\times 6=14$(cm)

2 **(平行線と面積の関係，場合の数，方程式の応用，関数とグラフ，グラフの作成)**

(1)　右図のように，点Dを通り対角線ACに平行な直線とx軸との交点をFとすると，**平行線と面積の関係**より，△ADC＝△AFCであり，四角形ABCD＝△ABC＋△ADC＝△ABC＋△AFC＝△ABFとなる。これより，△ABEの面積が四角形ABCDの面積の$\frac{1}{2}$倍となるのは，△ABEの面積が△ABFの面積の$\frac{1}{2}$倍となるときである。これは，BE＝$\frac{1}{2}$BFとなるときであり，右図に示す点Bの左側と右側の2通りある。直線ACの傾きは$\frac{0-6}{6-0}=-1$だから，これに平行な直線DFの傾きも-1であり，$y=-x+b$と表される。これが点Dを通るから，$4=-3+b$　$b=7$　直線DFの式は$y=-x+7$…①である。これより，点Fのx座標は，①に$y=0$を代入して，$0=-x+7$　$x=7$　F$(7,\ 0)$　以上より，点Bの左側の点Eのx座標は，(点Bのx座標)$-\frac{\mathrm{BF}}{2}=(-3)-\frac{7-(-3)}{2}=-8$

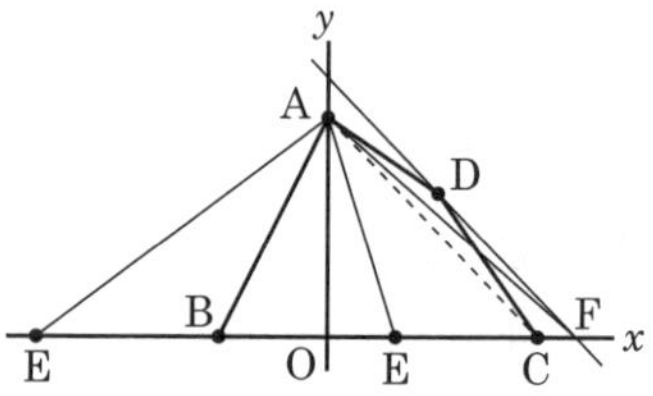

点Bの右側の点Eのx座標は，(点Bのx座標)$+\frac{\mathrm{BF}}{2}=(-3)+\frac{7-(-3)}{2}=2$　求める2つの点Eの座標は$(-8,\ 0)$と$(2,\ 0)$である。

(2)　選んだ3個の数字を，a，b，c $(a>b>c)$とするとき，1番大きい数Aは$100a+10b+c$と表され，1番小さい数Bは$100c+10b+a$と表されるから，A－Bをa，b，cを使って表すと，A－B＝$(100a+10b+c)-(100c+10b+a)=99a-99c=99(a-c)$…Ⅰ　となる。この式を利用することにより，A－B＝396となるのは，$99(a-c)=396$より，$a-c=4$のときであり，$(a,\ c)=(5,\ 1)$，$(6,\ 2)$，$(7,\ 3)$，$(8,\ 4)$，$(9,\ 5)$の5通りがある。そして，それぞれの場合のbは，$a>b>c$であることを考慮すると，$(a,\ c)=(5,\ 1)$のとき$b=2$，3，4，$(a,\ c)=(6,\ 2)$のとき$b=3$，4，5，$(a,\ c)=(7,\ 3)$のとき$b=4$，5，6，$(a,\ c)=(8,\ 4)$のとき$b=5$，6，7，$(a,\ c)=(9,\ 5)$のとき$b=6$，7，8のように3通りずつあるから，A－B＝396となる3個の数字の選び方は，全部で$3\times 5=15$通り…Ⅱ　であることがわかる。

(3)　①　**横軸が時間，縦軸が道のりのグラフでは，速さが一定の場合の時間と道のりの関係のグラフは直線になる。また，その直線の傾きは速さに等しい。**第1組がA地点を出発してから，15km離れたC地点に到着するまでにかかる時間は，(時間)＝(道のり)÷(速さ)より，15÷

$36=\frac{15}{36}$(時間)$=25$(分)　C地点を出発してから，$18-15=3$(km)離れたB地点に到着するまでにかかる時間は，$3\div4=\frac{3}{4}$(時間)$=45$(分)だから，B地点に到着するのはA地点を出発してから$25+45=70$(分後)である。以上より，第1組がA地点を出発してからB地点に到着するまでのxとyの関係を表すグラフは，点(0，0)，(25，15)，(70，18)を線分で結んだ折れ線のグラフとなる。

② C地点で第1組を降ろした後，A地点に向かって戻るタクシーのグラフと，A地点からB地点に向かって歩く第2組のグラフを，①のグラフに重ね合わせたものを右図に示す。このグラフの点Qで，第2組はタクシーに乗った。(毎時4km)$=\left(毎分\frac{4}{60}\text{km}\right)=\left(毎分\frac{1}{15}\text{km}\right)$より，直線OQの傾きは$\frac{1}{15}$だから，直線OQの式は$y=\frac{1}{15}x$…㋐　(毎時36km)$=\left(毎分\frac{36}{60}\text{km}\right)=\left(毎分\frac{3}{5}\text{km}\right)$より，直線PQの傾きは$-\frac{3}{5}$だから，直線PQの式を$y=-\frac{3}{5}x+c$とおいて，点P(25，15)を通ることから，$15=-\frac{3}{5}\times25+c$　$c=30$　直線PQの式は$y=-\frac{3}{5}x+30$…㋑　点Qの座標は㋐と㋑の連立方程式の解。これを解いて，$x=45$，$y=3$より，Q(45，3)　よって，第2組がタクシーに乗ったのはA地点を出発してから45分後である。

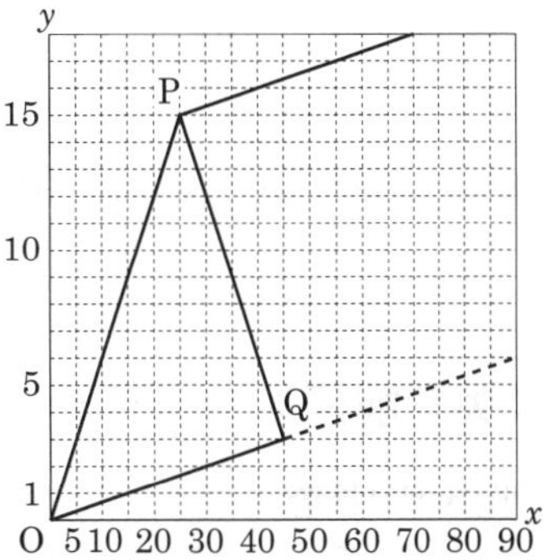

3 (角度，面積，線分の長さ，線分の長さの和)

(1) 弧ABに対する**円周角**の大きさは等しいから，$\angle BDA=\angle BCA=21(°)$　△ADEの**内角と外角の関係**から，$\angle DAE=\angle DEC-\angle BDA=86-21=65(°)$　仮定より，$\angle BAE=\angle DAE=65(°)$　**対頂角は等しい**から，$\angle AEB=\angle DEC=86(°)$　**△ABEの内角の和は180°**だから，$\angle ABE=180-\angle BAE-\angle AEB=180-65-86=29(°)$

(2) ① 点Eを通り，辺BCに平行な直線と辺AB，CDとの交点をそれぞれP，Qとする。また，点Eを通り，辺ABに平行な直線と辺AD，BCとの交点をそれぞれR，Sとする。平行線と面積の関係より，△ABE＝△ABS＝△DBS，△DEC＝△DSC　これより，△ABE＋△DEC＝△DBS＋△DSC＝△DBC$=\frac{1}{2}$(長方形ABCD)$=\frac{1}{2}\times80=40(\text{cm}^2)$　よって，△DEC$=40-$△ABE$=40-10=30(\text{cm}^2)$

② ①の結果より，△BEC＝長方形ABCD－△ABE－△AED－△DEC$=80-10-16-30=24(\text{cm}^2)$　△ABEと△DECに関して，底辺をそれぞれAB，CDと考えると，AB＝CDだから，面積の比は高さの比に等しい。つまり，AR：RD＝△ABE：△DEC＝10：30＝1：3　同様にして，AP：PB＝△AED：△BEC＝16：24＝2：3　AP$=x$(cm)とすると，△AEPは直角二等辺三角形だから，AR＝PE＝AP$=x$(cm)　よって，AB$=$AP$\times\frac{2+3}{2}=\frac{5}{2}x$(cm)，AD$=AR\times\frac{1+3}{1}=4x$(cm)　長方形ABCDの面積が$80\text{cm}^2$であることから，AB×AD$=\frac{5}{2}x\times4x=80$　$x^2=8$　$x>0$より$x=\sqrt{8}=2\sqrt{2}$　以上より，AB$=\frac{5}{2}\times2\sqrt{2}=5\sqrt{2}$(cm)

(3) ① △ABC，△ACD，△ADEの部分の展開図を右図に示す。ここで，△ABC，△ACD，△ADEは合同な正三角形である。3つの線分EH，HG，GFの長さの和

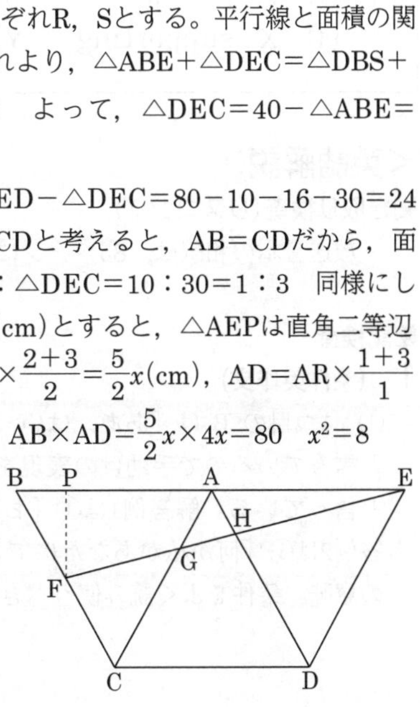

が最も小さくなるのは，前ページの図に示すように，点G，Hが線分EF上にあるときである。AH//BFより，平行線と線分の比の定理を用いて，AH：BF＝EA：EB＝1：(1＋1)＝1：2　$AH=\frac{1}{2}BF=\frac{1}{2}\times 2=1$(cm)　同様にして，AG//EDより，AG：DE＝AH：DH＝AH：(AD−AH)＝1：(4−1)＝1：3　$AG=\frac{1}{3}DE=\frac{1}{3}\times 4=\frac{4}{3}$(cm)

②　3つの線分EH，HG，GFの長さの和は，線分EFの長さに等しい。点Fから辺ABへ垂線FPを引くと，△BFPは30°，60°，90°の直角三角形で，3辺の比は$2:1:\sqrt{3}$だから，$BP=\frac{1}{2}BF=\frac{1}{2}\times 2=1$(cm)，$FP=\sqrt{3}BP=\sqrt{3}\times 1=\sqrt{3}$(cm)　△EFPに三平方の定理を用いると，$EF=\sqrt{EP^2+FP^2}=\sqrt{(BE-BP)^2+FP^2}=\sqrt{(8-1)^2+(\sqrt{3})^2}=2\sqrt{13}$(cm)

<英語解答>

聞き取り検査

第1問　1番　a 誤　b 誤　c 正　d 誤　2番　a 誤　b 誤　c 誤　d 正

3番　a 正　b 誤　c 誤　d 誤

第2問　問1　a 誤　b 正　c 誤　d 誤　問2　a 誤　b 誤　c 誤　d 正

筆記検査

1　(例1)　①　(Excuse me,) can I help you(?)　②　(Yes,) I know the way to the station(.)　(例2)　①　(Excuse me,) is there anything I can do for you(?)　②　(Yes,) but the way to the station is hard to explain(.)

2　①　(Kento, you) look so (nervous.)　②　(I) mistook (math for English) last (night.)　③　(Thank you) for (your) advice(.)

3　(1)　ア　(2)　used　(3)　is a lot of plastic waste from our daily lives in　(4)　エ　(5)　ウ，カ

4　(1)　b ア　d エ　(2)　①　worked　②　where　(3)　ウ　(4)　X supporting　Y for

<英語解説>

聞き取り検査(リスニング)

放送台本の和訳は，85ページに掲載。

筆記検査

1　(条件英作文)

①　1つ目のBは「ああ，はい，お願いします。アサヒ駅を探しています。駅を知っていますか」と言っているので手助けの表現を考える。　②　場所を聞かれて，直後に「そこへお連れします」と言っている。解答例1は①「お手伝いしましょうか？」②「私は駅への道を知っています」，解答例2は①「何か私があなたにできることはありますか」，②「でも駅への道は説明が難しいです」の意味。条件をよく読み使うべき語を忘れずに使うこと。

2 (会話文問題：過去，前置詞，形容詞)

(全訳) 賢人　　：ああ，もう。どうしていいかわからない。

ナンシー：①賢人，とても不安そうに見えるわよ。

賢人　　：ああ，ナンシー，数学のテストがとても難しかった。自分にがっかりしているんだ。

ナンシー：昨日試験勉強したんでしょ？

賢人　　：いや。②昨晩英語と数学を間違えたんだ。だから数学じゃなくて英語を勉強したんだ。

ナンシー：なるほど。過去は忘れて明日に最善を尽くした方がいいよ。

賢人　　：③アドバイスありがとう。

① 直前の賢人の発話から賢人が困っていることがわかる。look は「～に見える」の意味がある。so は形容詞，副詞の前について「とても」の意味を持つ。

② 直後の発話から科目を間違えたことがわかる。**mistake A for B**「A を B と間違える」

③ Thank you for ～は「～をありがとう」の意味。

3 (長文読解問題・説明文：語句補充，語形変化，語句並べ換え，内容真偽)

(全訳) 日本は海に囲まれており，日本にいる人たちは様々な種類の魚や海洋生物を見ることができます。しかし，彼らにとって生き残ることは難しいかもしれません。世界では毎年約8百万トンのプラスチックゴミが海に流れて行きます。それなので私たちは未来のために海を守るべきなのです。これは①海とプラスチック汚染，そしてその解決法についてのお話です。

愛知は陶器や車のようなものを作ることで有名だとご存知かもしれません。しかし2019年に愛知は約12%，日本で一番プラスチック製品を生産したことを知っていますか？　愛知で生産されたプラスチック部品は文房具や電子機器などにA(使われています)。日本にいる人たちの周りにはたくさんのプラスチック製品があります。それはとても役に立ち，日々の生活を支えてくれます。

プラスチック製品は便利ですが，プラスチックゴミは海でいくつかの問題を引き起こしています。道路にあるプラスチックゴミは川へ行き，そして川が海へそのゴミを運びます。②それなので海には私たちの日々の生活から出たプラスチックゴミがたくさんあります。海洋生物がそのプラスチックゴミを食べて死んでしまうかもしれないという人もいます。危険な化学物質が海のプラスチックの小さなかけらに付着していて，魚がそれを食べてしまうかもしれないと言う人もいます。もし私たちがその魚を食べたら病気になるかもしれません。プラスチックゴミは魚だけでなく人間にとっても大きな問題であると知るべきです。

今多くの国々がプラスチックゴミを減らそうと熱心に取り組んでいます。その1つの例が買い物のあとによく使われる無料のビニール袋です。2002年にバングラデシュの人たちは世界で初めてビニール袋を使うのをやめました。2015年にはイギリスのお店がビニール袋を1枚5ペンスで売り始めました。2018年は127ヵ国以上の国々で人々が無料のビニール袋またはいかなる種類のビニール袋を使うのをやめました。2020年，日本は無料のビニール袋を提供する代わりにビニール袋を売り始めました。実際日本は1年で約4分の3のビニール袋を減らしています。

プラスチックゴミを減らすために私たちは何をすべきでしょうか？愛知はキャンペーンを行っており，海をきれいに保つために取り組んでいます。そのキャンペーンはプラスチック汚染に興味を持ち，行動を起こすことが大切であると私たちに伝えています。私たちは買い物後にビニール袋を買う代わりにマイバッグを持って行くべきです。

海と陸は自然の中でつながっています。陸における私たちの日々の生活は海に住む多くの生物に影響を与えます。できるだけ早く私たちの態度を変えましょう。行動を起こすことが海をよりきれいにすることにつながるのです。

(1)　第1段落で海とプラスチックゴミの話をしており，その後の段落でもその内容について述べられているのでアがふさわしい。

(2)　**＜be ＋動詞の過去分詞形＞で「～される」**の意味をあらわす。

(3)　(So there)is a lot of plastic waste from our daily lives in(the sea.) There の文は＜There is ＋単数名詞＞で「～があります」の意味を表すことができる。 plastic waste は不可算名詞で単数扱い。 a lot of「たくさんの」は単数名詞にも複数名詞にも使うことができる。

(4)　第4段落を参照。　ア「魚と海洋動物はビニール袋の小さな破片をエサとして食べることは完全にない」(×)　イ「日本の人たちはプラスチックゴミを減らすためと海をきれいに保つためにビニール袋を使う」(×)　ウ「2002年バングラデシュの人たちは世界で初めてビニール袋を使い始めた」(×)　エ「2002年以来世界の多くの国がビニール袋を減らすためルールを変えている」(○)

(5)　ア「毎年約800万トンのプラスチックゴミが海から日本にやってくる」(×)　第1段落第3文参照。　イ「2019年以来愛知の人たちの約12％が陶器と車だけを作っている」(×)　第2段落1，2文を参照。　ウ「日本の人たちは日々の生活をたくさんの便利なプラスチック製品とともに生きている」(○)　第2段落最後の2文参照。　エ「海のプラスチックゴミは海洋動物に影響を与えるが，人には全く影響を与えない」(×)　第3段落最終文参照。　オ「世界の人々にとってプラスチック汚染だけに興味を持つのが大切だ」(×)　第5段落第3文参照。　カ「海と私たちの生活はつながっているので私たちの態度を変えることが海をよりきれいにする」(○)　第6段落参照。

4 (会話文問題：文挿入，語句補充)

(全訳)　彩　：こんにちは，ボブ。いつ地元に帰るの？

ボブ：やあ，彩。来月サンフランシスコへ帰るよ。

彩　：a【この学校の滞在はすぐに過ぎちゃったね。日本の学校生活はどう？】

ボブ：素晴らしいよ！　昨年から学校で日本について学んでるから，ホストファミリーとそこのとについてよく話をするんだよ。

彩　：もっと教えて。

ボブ：そうだな，先週授業でQRコードについて学んだんだ。だからホストファミリーのおじいさんとそのことについて話したよ。このコードは日本で作られたことを彼に言ったんだ。①そうしたら彼は1994年に初めてQRコードを発明した日本の会社で働いていたと話してくれたんだ。

彩　：そうなの？

ボブ：b【うん。そのコードはサンフランシスコでも人気なんだよ。】家族とレストランに行ったときに母が時々食後にお金を払うためにスマートフォンでそのコードを読み取っていたんだ。とても便利だよね。日本のテクノロジーはアメリカで私たちの日々の生活を支えてきているんだね。

彩　：c【いいね。テクノロジーは日本の強い点だね。】何か他のことについて話した？

ボブ：うん，避難訓練について話した。これはもう1つの日本の強い点だと思う。日本の訓練はアメリカの訓練と違うよ。

彩　：そうなの？

ボブ：d【うん。火事の訓練の日は僕の学校ではそのことについて生徒は何も知らないよ。】そして学校の火災警報が突然大きな音を出して，訓練が始まったことを知らせるんだよ。

彩　：日本の学校でもそういう訓練があるって聞いたことがある。

ボブ：いいね！　ここの滞在中多くの日本人は火事や地震，大雨などの災害に備えていると知ったよ。

彩　：e【そうね。日本は毎年様々な災害があるね。】私の家族は非常持ち出し袋を作って家に置いてあるよ。

ボブ：ああ，そうなの？　②僕のホストファミリーはどれくらいの水と食料を備蓄しておくべきか知っていて，災害時の地元の避難場所がどこかも知っているよ。すごいね！

彩　：私の家族もだよ。みんなが非常時に備えることが大事だね。

ボブ：同感だよ。アメリカに帰ったら災害があったときのために家族に食料と水を備蓄するように言うよ。

(1)　【b】　直前の質問に対する答え。直後にサンフランシスコでの例が挙げられている。　【d】　5つ目のボブの発話から避難訓練の話が続いている。

(2)　①　work for で「～に勤める」と表現できる。過去の文であることに注意する。　②　They also know と Where is the local shelter? の2文が1つになった間接疑問文。know などの動詞の後ろは**＜疑問詞＋主語＋動詞＞の語順**になる。

(3)　voice「声」，laughter「笑い，笑い声」，sound「音」，song「歌」火災報知機が鳴らすものとしてふさわしいのは音である。

(4)　(X)「日本のテクノロジーは別の国へ広がっていて，その国の人たちに便利な生活を与え，彼らの日々の生活を支えている！」4つ目のボブの発話参照。現在進行形＜be ＋動詞の ing 形＞の表現。　(Y)「更に，多くの日本人は災害に備えている」7つ目のボブの発話以降の会話を参照。ready for「～の準備ができている，覚悟ができている」

2022年度英語　聞き取り検査

〔放送台本〕

第1問は、1番から3番までの三つあります。それぞれについて，最初に対話を聞き，続いて，対話についての問いと，問いに対する答え，a，b，c，dを聞きます。そのあと，もう一度，その対話，問い，問いに対する答えを聞きます。必要があればメモをとってもよろしい。

問いの答えとして正しいものは解答欄の「正《せい》」の文字を，誤っているものは解答欄の「誤《ご》」の文字を，それぞれ○《まる》でかこみなさい。正しいものは，各問いについて一つしかありません。それでは，聞きます。

(第1問)

1番　Emily:　Thank you, Mike. I'll never forget your kindness.

Mike:　You're welcome, Emily. I'll keep in touch with you from here in London.

Emily:　I'll send you e-mails from New York.

Question:　What is true about this dialog?

a　Emily and Mike are sending e-mails now.

b　Emily is very kind to Mike in New York.

c　Emily and Mike will keep in touch.

d Mike will never forget Emily's kindness.

2番 Mr. Brown: Good morning, everyone. Who wants to give a speech today?

Keiko: Let me try, Mr. Brown!

Mr. Brown: OK, Keiko, please come to the blackboard.

Question: What is the scene of this dialog?

a Mr. Brown will give a speech.

b Mr. Brown and Keiko will make a speech together.

c Keiko's classmates will give a speech.

d Keiko will make a speech to everyone.

3番 Lucy: Dad, I'm planning to go to Midori City tomorrow.

Dad: What's your plan, Lucy?

Lucy: Jane and I will see a movie. Could you take us to the theater?

Question: What will the father say next?

a Sure. What time will the movie start?

b Of course. Let's meet Jane in front of the theater.

c No. I don't have much time today.

d No, thank you. How about you?

〔英文の訳〕

1番 エミリー：ありがとうございます，マイク。あなたの優しさを決して忘れません。

マイク　：どういたしまして，エミリー。ここロンドンから連絡をしますよ。

エミリー：私はニューヨークからEメールを送りますね。

質問：この対話について正しいものは何ですか。

a エミリーとマイクは今Eメールを送っている。— 誤

b エミリーはニューヨークでマイクにとても親切だった。— 誤

c エミリーとマイクは連絡を取り合う。— 正

d マイクはエミリーの優しさを決して忘れない。— 誤

2番 ブラウン先生：みなさん，おはようございます。今日スピーチをしたい人は誰ですか？

ケイコ　　　：私にやらせてください，ブラウン先生！

ブラウン先生：オーケー，ケイコ，黒板まで来てください。

質問：この対話のシーンは何ですか。

a ブラウン先生がスピーチをする。— 誤

b ブラウン先生とケイコが一緒にスピーチをする。— 誤

c ケイコのクラスメイトがスピーチをする。— 誤

d ケイコがみんなに対してスピーチをする。— 正

3番 ルーシー：お父さん，私は明日ミドリ市に行く予定なの。

父　　　：どんな予定があるの，ルーシー？

ルーシー：ジェインと私で映画を見るの。私たちを映画館へ連れて行ってくれる？

質問：父親が次に何と言いますか。

a もちろん。何時に映画が始まるの？ — 正

b もちろん。映画館の前でジェインと会おう。 — 誤

c　だめだ。今日は時間が十分にない。— 誤

d　いや，いらないよ。あなたはどう？ — 誤

〔放送台本〕

第2問では，最初に，英語による天気予報を聞きます。続いて，天気予報についての問いと，問いに対する答え，a，b，c，dを聞きます。問いは問1と問2の二つあります。そのあと，もう一度，天気予報，問い，問いに対する答えを聞きます。必要があればメモをとってもよろしい。

問いの答えとして正しいものは解答欄の「正《せい》」の文字を，誤っているものは解答欄の「誤《ご》」の文字を，それぞれ○《まる》でかこみなさい。正しいものは，各問いについて一つしかありません。それでは，聞きます。

（第2問）

Now we bring you tomorrow's weather information in Aichi. This week, it's getting warmer and spring is coming. Surprisingly, the swimming season has already started in Okinawa and the high will be 26 degrees Celsius. Then, in Aichi, we'll have cloudy skies in the morning. It'll rain in the afternoon. The high will be 12 degrees and the low will be 4.

問1　What season is it in Aichi?

a　It is between fall and winter.

b　It is between winter and spring.

c　It is after summer.

d　It is before winter.

問2　What will the weather be in Aichi tomorrow?

a　It will be warm and the high will be 26.

b　It will be cloudy, and later sunny.

c　It will be cold and the low will be 12.

d　It will be cloudy, then rainy later.

〔英文の訳〕

さて明日の愛知のお天気情報をお伝えします。今週はますます温かくなり，春がやってきます。驚くことに沖縄ではもう水泳の季節が始まっており，最高気温は26度でしょう。そして愛知では午前中は曇り空です。午後は雨が降るでしょう。最高気温は12度で最低気温は4度です。

問1　愛知の季節は何ですか。

a　秋と冬の間。— 誤

b　冬と春の間。— 正

c　夏のあと。— 誤

d　冬の前。— 誤

問2　明日の愛知の天気はどうですか。

a　暖かく，最高気温は26度。— 誤

b　曇って，のちに晴れる。— 誤

c　寒くて最低気温は12度。— 誤

d　曇りで後に雨が降る。— 正

＜理科解答＞

1　(1)　①　オ　　②　カ　　(2)　ウ

2　(1)　ア　　(2)　イ　　(3)　ウ　　(4)　オ

3　(1)　エ　　(2)　水上置換法

　(3)　エ　　(4)　右図1

4　(1)　20Ω　　(2)　イ　　(3)　Ⅳ，Ⅴ

　(4)　ウ

5　(1)　イ　　(2)　キ　　(3)　オ　　(4)　右図2

6　(1)　$25cm^3$　　(2)　オ

図1

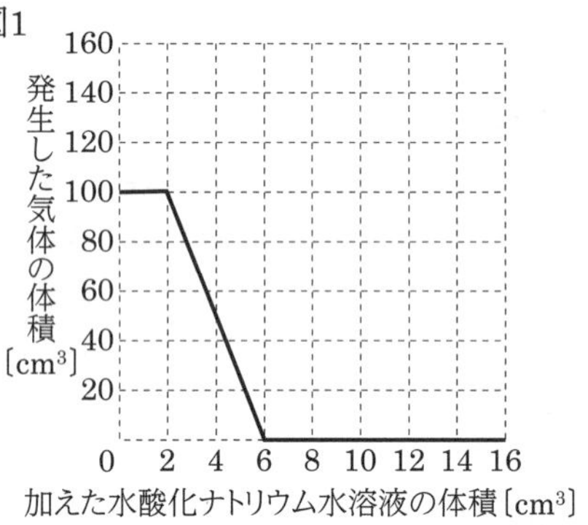

図2

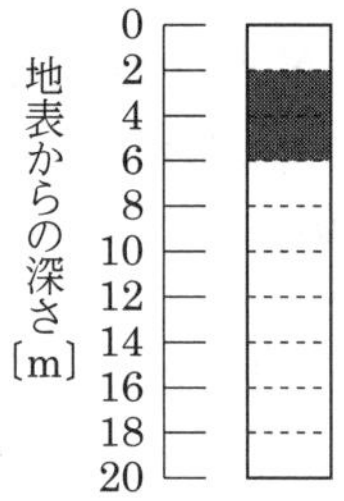

＜理科解説＞

1　**(小問集合－動物の体のつくりとはたらき：ヒトの心臓，日本の気象：冬)**

(1)　ヒトの心臓は周期的に収縮することで，血液を肺や全身の組織に送り出している。**血液が心臓から押し出されるときには，**図の**bの右心室とdの左心室が収縮**する。また，全身を流れる血液には動脈血と静脈血があり，**動脈血が流れているのは，**図の**cの左心房とdの左心室**である。

(2)　日本付近では，冬になると図の気団Xで示された**シベリア気団**が発達する。シベリア気団は冷たくかわいた空気のかたまりである。

2　**(遺伝の規則性と遺伝子：メンデルの実験・遺伝子の組み合わせの特定方法，植物の体のつくりとはたらき，植物の特徴と分類)**

(1)　Bグループである，しわ形の種子をつくる純系のエンドウからできた種子が，全てしわ形になったのは，**エンドウは自然の状態では自家受粉を行う**ためである。それは，エンドウの花のつくりは，**おしべとめしべが花弁に包まれているため**である。

(2)　種子植物は，(a)裸子植物と(b)被子植物に分類される。被子植物は，(c)単子葉類と(d)双子葉類に分類される。双子葉類は，離弁花類と(e)ツツジ，アサガオ，タンポポなどの合弁花類に分類される。

(3)　種子の形を丸形にする遺伝子をA，しわ形にする遺伝子をaとする。**Aグループ**である丸形の種子をつくる純系のエンドウの遺伝子の組み合わせは**AA**，**Bグループ**であるしわ形の種子をつくる純系のエンドウの遺伝子の組み合わせは**aa**で表せる。丸形の種子をつくる純系のエンドウのめしべに，しわ形の種子をつくる純系のエンドウの花粉をつけ，受精してできた種子である**Cグループ**は，全て遺伝子の組み合わせが**Aa**である。しわ形の種子をつくる純系のエンドウのめしべに丸形の種子をつくる純系のエンドウの花粉をつけた場合も，受精によってできる種子**Dグループ**の遺伝子の組み合わせは，**Aa**である。よって，Cグループの種子の遺伝子の組み合わせ

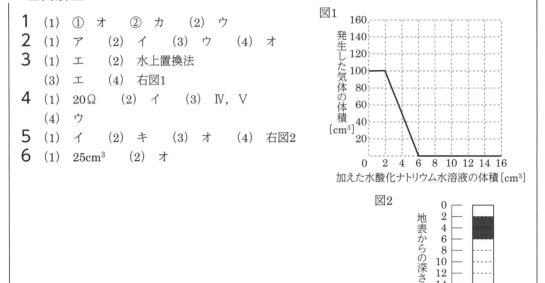

は，Dグループと同じであり，Aグループとは異なる。

(4)　遺伝子の組み合わせがAaのDグループの種子を自家受粉すると次の代は，**AA：Aa：aa＝1：2：1**であり，丸い種子：しわ形の種子＝3：1，であり，次の代の全てを**Eグループ**とする。丸形の種子は遺伝子の組み合わせが，**AAとAaの2種類**があり，どちらか見分けが付かない2種類の種子を**W**とする。特定するための方法は，種子Wをまいて育てたエンドウのめしべにしわ形の種子をまいて育てたエンドウの花粉をつけて得られた種子の形を調べることによって，種子Wの遺伝子の組み合わせを特定することができる。**AAとaa**のかけ合わせでは，**子の遺伝子は全てAa**となることから，得られた種子が全て丸形であれば，種子Wの遺伝子の組み合わせはAAであることがわかる。**Aaとaa**のかけ合わせでは，**子の遺伝子はAa：aa＝1：1**となることから，得られた種子が，丸形：しわ形＝1：1,であれば，種子Wの遺伝子の組み合わせはAaであることがわかる。

3　**(酸・アルカリとイオン，中和と塩，化学変化と物質の質量：化学変化と物質の質量の比・グラフ化，気体の発生とその性質，数学)**

(1)　水溶液中での塩化水素(塩酸は塩化水素の水溶液である。)の電離をイオン式を用いて表すと，$HCl \rightarrow H^{+} + Cl^{-}$，であり，水溶液中での水酸化ナトリウムの電離は，$Na(OH) \rightarrow Na^{+} + OH^{-}$，である。うすい塩酸に同じ濃さの水酸化ナトリウム水溶液を加えると，**$H^{+} + OH^{-} \rightarrow H_2O$，の中和反応**がおき，ビーカーA～EではBTB溶液が黄色になったことから水素イオン・H^{+}が残り，酸性である。FではBTB溶液が緑色になったことから，H^{+}とOH^{-}が過不足なく反応し，酸性を示す水素イオンもアルカリ性を示す水酸化物イオンもなくなり，中性の状態である。**GとHでBTB溶液が青色になったのは，加えた水酸化ナトリウムのうち大部分はH^{+}と中和反応し，H^{+}が中和反応により全てなくなったため，反応できないで残った水酸化物イオン・OH^{-}がアルカリ性を示すためである。**よって，AからHまでの全てのビーカーで中和が起きている。

(2)　〔実験2〕で用いた気体の集め方を**水上置換法**という。

(3)　マグネシウムリボンに〔実験1〕のAを加えた場合，Aは中和後も酸性である。よって，**マグネシウムと塩酸との化学変化**であり，$Mg + 2HCl \rightarrow MgCl_2 + H_2$，により発生する気体は水素であるため，非常に軽く，試験管に集めて線香の火を近づけると，**音を立てて燃える。**

(4)　図3は，マグネシウムリボン0.1gに，〔実験1〕の塩酸$20cm^3$に同じ濃度の水酸化ナトリウム水溶液を$2cm^3$から$16cm^3$まで$2cm^3$ずつ体積を増加しながら加えた場合に，発生した気体・水素の体積である。図3では，加えた水酸化ナトリウム水溶液の体積が$0cm^3$から$4cm^3$までは発生した気体の体積が$100cm^3$であり，全てのマグネシウムが反応できる水素イオン・H^{+}の数があった。**図4において，加える水酸化ナトリウム水溶液の濃度を〔実験1〕の2倍にした場合は，体積は2分の1で同じ結果が得られるため，発生した気体の体積が$100cm^3$になるのは，加えた水酸化ナトリウム水溶液の体積が$0cm^3$から$2cm^3$までである。**図3では加えた水酸化ナトリウム水溶液の体積が$4cm^3$から中性になった$12cm^3$まで，水素イオン・H^{+}が減少するため，反応できるマグネシウムの質量が減少し，発生した気体の体積は減少した。加えた水酸化ナトリウム水溶液の**濃度が2倍の図4では，体積は2分の1で同じ結果が得られるため，$2cm^3$から$6cm^3$で発生する気体の体積は$100cm^3$から$0cm^3$に減少し，表2から規則的に減少していることがわかるので，比例定数がマイナスの比例の直線を引く。**図4では，濃度が2倍の水酸化ナトリウム水溶液を$6cm^3$加えたときに中性であり，水素イオン・H^{+}はなくなるため，加えた水酸化ナトリウムが$8cm^3$，$10cm^3$，$12cm^3$，$14cm^3$，$16cm^3$の時は水素の気体は発生しない。そこで，加えた水酸化ナトリウム水溶液が**$6cm^3$から$16cm^3$までは，発生した気体の体積が$0cm^3$の一定の直線を引く。**

4 （電流と磁界：フレミングの左手の法則・電磁誘導，電流：電圧と電流と抵抗）

(1)　電熱線Aの電気抵抗〔Ω〕$=\dfrac{2.0[\mathrm{V}]}{0.1[\mathrm{A}]}=20[\Omega]$である。

(2)　フレミングの左手の法則により，U字形の磁石のN極とS極を上下逆にすると磁界の向きが逆になるため力の向きは図2と逆になり，さらに電流の向きを逆にすると力の向きは再び逆になり，すなわち力の向きは図2と同じ向きにはたらくため，コイルは図2の矢印と同じ向きに動く。表より，電圧計の示す値が5.0Vになるように電源装置を調節すると，電熱線Bには電熱線Aの250mAより小さい100mAの電流が流れる。よって，コイルには〔実験2〕の250mAより小さい100mAの電流が流れる。電流を小さくすると，コイルにはたらく力は小さくなるため，コイルは〔実験2〕よりも小さく動く。

(3)　電熱線Aの電気抵抗は(1)より20Ωであり，電熱線Bの電気抵抗〔Ω〕$=\dfrac{5.0[\mathrm{V}]}{0.1[\mathrm{A}]}=50[\Omega]$である。20Ωの電熱線Aを用いた〔実験2〕よりもコイルの動きが大きくなるのは，回路の電流の値が大きくなるときで，電熱線の合成抵抗が電熱線Aの電気抵抗の20Ωより小さい場合である。直列回路の場合は，合成抵抗が2つの抵抗の和であるため，適さない。Ⅳの並列回路の合成抵抗をR_{IV}とすると，$\dfrac{1}{R_{\mathrm{IV}}[\Omega]}=\dfrac{1}{20[\Omega]}+\dfrac{1}{20[\Omega]}=\dfrac{1}{10[\Omega]}$より$R_{\mathrm{IV}}[\Omega]=10[\Omega]$である。Ⅴの並列回路の合成抵抗を$R_{\mathrm{V}}$すると，$\dfrac{1}{R_{\mathrm{V}}[\Omega]}=\dfrac{1}{20[\Omega]}+\dfrac{1}{50[\Omega]}=\dfrac{7}{100[\Omega]}$より$R_{\mathrm{V}}[\Omega]\fallingdotseq 14[\Omega]$である。Ⅵの合成抵抗を$R_{\mathrm{VI}}$とすると，$\dfrac{1}{R_{\mathrm{VI}}[\Omega]}=\dfrac{1}{50[\Omega]}+\dfrac{1}{50[\Omega]}=\dfrac{1}{25[\Omega]}$より$R_{\mathrm{VI}}[\Omega]=25[\Omega]$である。よって，コイルの動きが〔実験2〕よりも大きくなるのは，並列回路であるⅣとⅤである。

(4)　〔実験4〕図4は，棒磁石のS極をコイルに向けて近づけたとき，電磁誘導により，コイルに誘導電流が流れ，検流計の針が＋側に振れている。これは，レンツの法則により，コイルの中の磁界が変化するのを妨げる向き，つまりコイルの中に棒磁石のS極と向かい合う向きにS極（コイル手前側）の磁界ができるように誘導電流が発生している。同様にして，棒磁石のN極をコイルに向けて近づけると，コイルの中に棒磁石のN極と向かい合う向きにN極の磁界ができるように誘導電流が発生する。すなわち，棒磁石のN極をコイルに向けて近づけると，棒磁石のS極をコイルに向けて近づけたときとは逆向きにコイルに誘導電流が流れ，検流計の針は－側に振れる。棒磁石がコイルの中心にくると，誘導電流は流れなくなり，検流計の針は0に戻る。棒磁石がコイルを貫通して，棒磁石のS極をコイルから遠ざけると，コイルの中の磁界が変化するのを妨げる向き，つまりコイルの中に棒磁石のS極と向かい合う向きにN極（コイルに対して手前側はS極）の磁界ができるように誘導電流が発生する。すなわち，棒磁石のS極をコイルから遠ざけると，〔実験4〕図4の棒磁石のS極をコイルに向けて近づけたときと同じ向きにコイルに誘導電流が流れ，検流計の針は＋側に振れる。

5 （地層の重なりと過去の様子：地層の広がり方の規則性とかぎ層から柱状図の考察・地層の深さの図解・示準化石）

(1)　土砂が川の水によって運ばれるときには，粒の大きさが小さいものほど遠くに運ばれて堆積する。このことから柱状図ⅡのQで示された部分が，れき岩，砂岩，泥岩の層が順に堆積している柱状図Ⅱの地点は，海岸近くから沖合へとしだいに環境が変化したと考えられる。

(2)　ビカリアの化石のように，限られた時代だけ栄え，広い地域に生活していた生物の化石は，地層の堆積した年代を推定するのに役立つ。このような化石を示準化石といい，ビカリアを含むPの泥岩の層は新生代に堆積したと考えられる。

(3)　凝灰岩は，火山の噴火によって噴出した火山灰などが広い範囲にわたって降り，堆積した層であり，分布範囲が広く，色などが特徴的なので，**かぎ層**となる。柱状図Ⅰの地表からの深さ14mから18mに分布する凝灰岩の層と連続しているのは，柱状図Ⅲの地表からの深さ4mから8mに分布する凝灰岩の層であり，地点A，B，Cは東西の直線上に位置し南に向かってのみ傾いているため，これら二つの**凝灰岩の層の標高は同じ**である。よって，**柱状図Ⅰの地点の標高のほうが柱状図Ⅲの地点の標高より高い**。次に，柱状図Ⅰの地表からの深さ4mから6mに分布する凝灰岩の層と連続しているのは，柱状図Ⅱの地表からの深さ14mから16mに分布する凝灰岩の層であり，これら二つの凝灰岩の層の標高は同じである。よって，**柱状図Ⅱの地点の標高のほうが柱状図Ⅰの地点の標高より高い**。以上から，標高が低い順から，柱状図はⅢ，Ⅰ，Ⅱ，であり，図1から地点Aの柱状図はⅢ，地点Bの柱状図はⅠ，地点Cの柱状図はⅡである。

(4)　地点A(柱状図Ⅲ)においてPの泥岩層が堆積し始めたのは標高，70〔m〕−2〔m〕=68〔m〕，であり，地点B(柱状図Ⅰ)においてPの泥岩層が堆積し始めたのは標高，80〔m〕−12〔m〕=68〔m〕，であるため，**AB間のP層は水平**である。この地層は南に向かって一定の割合で低くなるように傾いているので，**地点XにおいてPの泥岩層が堆積し始めた標高は，地点D(柱状図Ⅳ)においてPの泥岩層が堆積し始めた標高，75〔m〕−14〔m〕=61〔m〕，に等しい**。厚さ4mのPの泥岩層は，平行に重なっているため，標高67mのX地点における地表からの深さは，67〔m〕−61〔m〕−4〔m〕=2〔m〕，である。よって，図3の図解は，地表からの深さ2m～6mの2つの長方形を黒く塗りつぶす。

6 (小問集合－身のまわりの物質とその性質：密度，水溶液：濃度，光と音：音)

(1)　加えたエタノールを$x$$cm^3$とすると，(0.8〔g/$cm^3$〕×$x$〔$cm^3$〕)÷(1.0〔g/$cm^3$〕×80〔$cm^3$〕+0.8〔g/$cm^3$〕×$x$〔$cm^3$〕)×100〔%〕=20〔%〕，$x$=25,より，質量パーセント濃度20%エタノール水溶液をつくるために，水80cm^3に加えたエタノールは25cm^3である。

(2)　**弦の長さを短くしたり，おもりの質量を大きくして弦を強くはったりするほど音は高くなる。〔実験1〕より，弦が細いほど音は高くなる**。アのⅠとⅡはおもりの質量が異なるだけであるので，音の高さは同じにならない。イのⅠとⅢは，Ⅲの方がⅠよりも弦が細くおもりの質量が大きいため，ⅢはⅠよりも音の高さが高くなる。ウのⅠとⅣは，Ⅳの方がⅠよりも弦の長さが短くおもりの質量が大きいため，ⅣはⅠよりも音の高さが高くなる。エのⅡとⅢは弦の細さが異なるだけなので，音の高さは同じにならない。オのⅢとⅣは，ⅢはⅣよりも弦が細いことにより，ⅢはⅣよりも音の高さを高くすることができるが，木片間の距離がⅣより長く音の高さは低くなる。ⅣはⅢよりも木片間の距離が短いことにより，ⅣはⅢよりも音の高さを高くすることができるが，弦はⅢよりも太いため，Ⅲよりも音は低くなる。よって，ⅢとⅣは音の高さを同じにすることができる。したがって，オが最も適当である。

<社会解答>

1　(1)　イ　(2)　ア，エ　(3)　エ
2　(1)　ア　(2)　2番目　ア　3番目　エ　(3)　位置　D　ようす　ウ
　(4)　(例)綿糸の輸入により，国内の生産地　かな符号　ウ
3　(1)　オ　(2)　ア　(3)　資料①　y　資料②　z
4　(1)　ア，ウ　(2)　オ　(3)　A
5　(1)　イ　(2)　イ，ウ　(3)　(名称)　労働基準法　(内容)　エ　(4)　イ
6　(1)　C　(2)　ウ　(3)　イ

＜社会解説＞

1 (歴史的分野―日本史時代別－古墳時代から平安時代・安土桃山時代から江戸時代，―日本史テーマ別－政治史・社会史，―世界史－世界史総合)

(1)　794年に平安遷都を行った桓武天皇は，806年まで在位し，坂上田村麻呂を征夷大将軍として東北地方の蝦夷を討つなど，朝廷権力を大きく伸ばした。

(2)　ア　イギリス議会がジェームズ2世を追放し，オランダからウィレム3世とメアリ2世を迎えて国王とした名誉革命は，1688年に起こった。　イ　高麗の武将であった李成桂が，李氏朝鮮の初代国王となったのは，1392年のことである。　ウ　コロンブスが，西回りでインドに到達することを計画し，新大陸に到達したのは，1492年のことである。　エ　イギリスの植民地支配に対する民族的反乱であるインド大反乱は，1857年にインドで起きた。織田信長が一乗谷を焼き払い，朝倉氏を滅ぼしたのは1573年であるから，それより後のできごとは，アとエである。

(3)　五稜郭は，幕府が1858年に函館を開港したのち，ロシアに対する北方の守りのために函館につくった，星型の城塞である。戊辰戦争の際には旧幕府軍が立てこもり，戊辰戦争後は明治新政府が管理した。

2 (歴史的分野―日本史時代別－鎌倉時代から室町時代・安土桃山時代から江戸時代・明治時代から現代，―日本史テーマ別－政治史・文化史・外交史・経済史)

(1)　東大寺南大門の金剛力士像は，運慶・快慶によって鎌倉時代につくられた。見返り美人図は，菱川師宣によって江戸前期に描かれた。よって，正しい組み合わせは，アである。

(2)　ア　日本で近代的な内閣制度ができたのは，1885年のことである。　イ　国会期成同盟が結成されたのは，1880年である。　ウ　第一回帝国議会が開かれたのは，1890年である。　エ　大日本帝国憲法が欽定憲法として発布されたのは，1889年のことである。したがって，年代の古い順に並べると，イ→ア→エ→ウとなり，2番目はア，3番目はエである。

(3)　ア　大商人が株仲間をつくったのは，江戸時代のことである。　イ　藤原氏が摂関政治を行っていたのは，平安中期のことである。　エ　法然が浄土宗を，親鸞が浄土真宗を開き，他に4つの宗派が生まれ鎌倉新仏教の時代が到来したのは，鎌倉時代である。ア・イ・エのどれも別の時代の説明であり，ウが正しい。戦国大名が城下町をつくり，分国法を定めたのは，15世紀から16世紀の戦国時代のことであり，石見銀山が開発された時期と同じである。

(4)　イギリスなどから安価な綿糸が輸入されることにより，国内の生産地が大打撃を受けることになったことを簡潔にまとめ，文中にあてはまるように15字以内で記せばよい。

3 (地理的分野―日本地理－地形・気候・人口)

(1)　X_1－X_2間は，最後に琵琶湖があるため，グラフの右側が標高0m近くなる。地形断面図のCである。Z_1－Z_2間は，全体に険しい山地が続くため，地形断面図のAとなる。よって，正しい組み合わせは，オである。

(2)　宮津市は日本海側にあり，冬には北西の季節風によって降水量が多くなり，積雪が深くなる。雨温図のcである。明石市は瀬戸内式気候であり，1年を通して降水量が少なめである。雨温図のaである。新宮市は太平洋側にあり，6月から9月にかけて，梅雨や台風の影響で降水量が大変多くなる。雨温図のbである。よって，正しい組み合わせは，アである。

(3)　はじめに，w・x・y・zを確定する。兵庫県は全国で11番目に海岸線が長く，Ⅲの表中では，三重県についで2番目に海岸線の長いwである。昼夜間人口比率が最も大きいのは，多くの企業や学校のある大都市大阪であり，Ⅲの表中のyである。次に大きいのは，京都府であり，Ⅲの表中のxである。残る奈良県は海に面していない県であり，Ⅲの表のzである。資料①の説明文は，江戸時代に**天下の台所**と言われた大阪府に関するものであり，資料①の写真は関西国際空港である。上記で示したyとなる。資料②の写真は，**世界最古の木造建築**である**法隆寺**で，奈良県にあり，上記で示したzとなる。

4 (地理的分野─世界地理－地形・都市・産業・人々のくらし)

(1) 地図は**正距方位図**なので，中心とした位置からの距離と方位が正しく示されている。この地図では，インドの首都デリーを中心としている。**上が北，右が東，下が南，左が西である。**
ア　アブジャはデリーから見て，左にあたるので，ほぼ西の方位に位置する。　イ　これは正距方位図なので，中心でない地点からの方位・距離は正しくなく，大陸の面積にも，ゆがみが生じている。よって，このデリーを中心とする正距方位図では，この地図上のパリから見た方位は正しくない。なお，パリを中心とした正距方位図を描けば，デリーは，ほぼ東の方位にあたる。
ウ　北アメリカ大陸の一部のアラスカやカナダ北部は，デリーから10000km以内に位置する。
エ　南極大陸は，デリーから10000km以上遠くに位置する。　オ　南アメリカ大陸は，すべてデリーから10000km以上遠くに位置する。正しいのは，ア・ウである。正距方位図は，飛行機の運行計画や飛行中の針路や位置を確認する際などの航空図で利用されている。正距方位図は出題されやすいので，正確に理解し，問題練習を重ねておく必要がある。

(2) インドの国民の80％が信仰しているのが，**ヒンドゥー教**である。ヒンドゥー教では**牛**を神聖視するため，**牛肉**を食することは少ないが，搾乳用や輸出用に飼育されている。食べてよいものと，**豚肉・アルコール**など口にしてはいけないものが，**コーラン**にもとづいて定められているのが，**イスラム教**である。食べてよいものは，**ハラル**と呼ばれる。正しい組み合わせは，オである。

(3) 生産量が，世界第1位が中国，第2位がインド，第3位がケニアなのは，**茶**である。日本では，第1位鹿児島県，第2位静岡県，第3位三重県である。Ⅲのグラフでは，中国・インドを含むアジア州が突出した第1位であるAが，茶である。

5 (公民的分野─消費生活・経済一般)

(1) **スマートフォン**を保有している世帯は，2010年には10％前後だったが，2019年には80％を超えている。正しい組み合わせは，イである。

(2) ア　Ⅱのグラフで，3つの利用機器のうち最も割合が高いのは，スマートフォンであり，パソコンではない。　エ　Ⅲの資料で，70歳以上の年代において，平成28年から平成30年にインターネット利用者の割合は低下している。ア・エのどちらも誤りであり，イ・ウが正しい。

(3) 名称　Ⅳの資料に示されているのは，1947年に制定された**労働基準法**である。　内容　アの「労働者が団結して**労働組合**を結成すること」，イの「**ストライキ**などの団体行動を行うこと」，ウの「**不当労働行為の禁止**」は，すべて**労働組合法**に定められている。エの労働基準法が，8時間労働制，週40時間労働制等を定めている。

(4) ア　企業は，**非正規労働者**を増やす傾向にある。　ウ　**年功序列賃金**は見直されつつあり，**成果主義**の賃金が取り入れられている。　エ　非正規雇用者の賃金は低く設定されている。ア・ウ・エのどれも誤りであり，イが正しい。**外国人労働者**の数は増加傾向にある。

6 (公民的分野─国際社会との関わり)

(1) **第二次世界大戦**が始まったのは1939年であり，**朝鮮戦争**が始まったのは1950年である。**国際**

連合は1945年に発足したので，Cの期間である。国際連合の本部は，アメリカのニューヨークに置かれている。

(2)　Y　国際連合の**安全保障理事会**の5か国は，アメリカ・ロシア・フランス・中国の他はイギリスであり，イタリアではない。X・Zは正しい。したがって，正しい組み合わせはウである。

(3)　ア　表中の**ODA(政府開発援助)**実績額の上位4か国のうち，実績額が最大のアメリカは，**国民総所得**比では最下位である。　ウ　表中の実績額の上位4か国では，1人あたり国民総所得が大きい国ほど実績額も大きい。　エ　表中の7か国のうち，1人あたりの国民総所得が大きい国ほど国民総所得比が大きいわけではない。ア・ウ・エのどれも誤りであり，イが正しい。日本は，実績額では第4位だが，国民総所得比では第6位である。

＜国語解答＞

一　(一)　エ　(二)　イ　(三)　ウ　(四)　(例)私たちの精神は，言葉を用いて思考し，ものごとを認識するため，その言葉をつくり出した時代の考え方に支配される可能性があるから。　(五)　ウ　(六)　エ

二　(一)　①　ただよ　②　増減　(二)　③　ア

三　(一)　ア　(二)　ウ　(三)　イ　(四)　ア　(五)　イ・エ

四　(一)　ア　(二)　ウ　(三)　エ　(四)　イ

＜国語解説＞

一　**(論説文―大意・要旨，内容吟味，文脈把握，段落・文章構成，接続語の問題)**

(一)　〔A〕の**文末に「～から」があるので，理由**を示す「なぜなら」が入る。〔B〕のあとに「そう考えるようになって」とあることから，〔B〕は**前述の内容を順接で受けている**とわかる。従って「そして」が入る。

(二)　同段落に、私たちが「封建主義の時代という認識方法を手にしてしまったために，共同体時代を，人間たちの悲惨な時代という視点からばかりみる習慣を身につけてしまった」とある。「～という視点から**ばかり」という表現**から，それが一方的・限定的な歴史認識であることが読み取れる。

(三)　ウのように，**或る歴史の認識が一つの認識にすぎないと考えるのは「ものごとを自由にみていく精神」の表れ**である。それ以外は，「認識することによって，認識したとおりの世界が，実際にあると思いこんでしまう誤り」をおかした例であり，人間の精神を不自由にしている。

(四)　傍線部「自由になった精神自体があるわけではない」理由をまとめるために，私たちの精神がどのようなものかをおさえる必要がある。⑥段落には「私たちの精神は，その言葉を用いて，ものごとを認識するようになる。」「私たちの精神は，その言葉をつくりだした時代の考え方に支配されるのかもしれない。」とある。ここから**私たちの精神はその言葉を生み出した時代の考え方に支配されるという点が自由になった精神自体が存在しない理由**だと導ける。この二点をおさえ，含めるべき語句や要約に加えたい部分を補って指定字数でまとめよう。

(五)　④段落に，「だからこそ私は，……**自分の認識は誤りではないかと，つねに思いつづける精神をもっていたい**。それが，認識という行為をおこなっている人間の，とるべき態度ではないかと，思えるのである。」とあるのをふまえて選択肢を選ぶ。

(六)　はじめに「自由な精神を持ち続けることができるか」という**問題提起**がなされている。そのあとで自身のダーウィン進化論や歴史認識についての**例を挙げ**て論を展開し，**「自由な精神を持つこと」についての自身の考えを深め**ている。アのように頭括型ではない。イのように自分の考えとの共通意見は提示されていない。ウ「想定される反論の問題点」は示されていない。オのように「はじめに仮説を立て」てはいない。

二 (漢字の読み書き，熟語)

(一)　①　どこへともなく，流れていくこと。　②　増えることと減ること。反対の意味の語を組み合わせた熟語。

(二)　「一朝一夕」は，みじかい期間の意。

三 (小説—心情・情景，内容吟味・文脈把握，脱文・脱語補充)

(一)　〈A〉は前述のとおり足取りが重いのだから，気持ちが沈んでいることがわかる。〈B〉はそのあとに「屈輪彫をやってみろと言われたときから，彼女はその作品に全力を集中しようと思った」とあるので，師に従い甘えていることが読み取れる。反発はしていない。

(二)　3段落に，「それらの基礎的文様の上に彼女自身の文様を創作することがいかに難しいもの」だとあり，さらに「他人が登った岩壁……苦労をしないと登ることができない」とある。ここに**文様創作においても岩壁を登ることにおいても未知の世界に挑むことの難しさを重ね合わせて考える美佐子の様子**がうかがえる。

(三)　松磬は「金牌ものだ」と褒めている。美佐子の図案の素晴らしさに衝撃を覚えたとするのが適切だ。「妬み」や「不満」，「腹立たしさ」といった負の心情は抱いていない。

(四)　美佐子が金牌ものということは，**一人前と認めることであり，師として自分が関わる必要性がなくなる**のだ。美佐子の成長を喜びと感じるとともに**一抹の寂しさ**を感じたことが複雑な表情を作ったといえる。「恐れ」「心配」といった思いは不適切。

(五)　イ　美佐子は岩壁を登ることと文様創作を重ねて考えていた。「続けるべきか葛藤した」というのは不適切だ。　エ　美佐子は創作に悩めば悩むほど山を恋しく思っていた。「すべての時間を文様の創作にささげてきた」というのは不適切だ。

四 (漢文—主題・表題，文脈把握，内容吟味，古文の口語訳)

【現代語訳】　**宓子**が**亶父**を治めるようになって三年経ち，そして巫馬期が粗末な衣装を身につけ，容貌を変えて，出かけて行き**亶父**の変化の様子を見た。夜，漁をする者が魚を捕ったのにその魚を逃がす様子を見て，巫馬期が尋ねて言うことには，「そもそもあなたが漁をするのは，魚を手に入れたいからである。今，捕ったのにそれを逃がしたのはどうしてか。」と。漁をする者が答えて言うことに，「**宓子**は漁師が稚魚を捕るのを願っていません。私が捕ったのは稚魚です。そこで稚魚を逃がしたのです。」と。巫馬期は，帰ってこのことを孔子に伝えて言うことに，「**宓子**は徳を行き渡らせていました。人が夜にこっそり行動するときも，まるで厳しい刑がすぐ近くにあるかのように行動させています。**宓子**はどのようにしてそこまでに至ったのでしょうか。」と。孔子が言うことには「私は以前**宓子**にどのように世を治めるのかを尋ねた。**宓子**が答えて言うことに『こちらに真心があれば，あちらにも伝わり誠実さが表れます』と。**宓子**は，きっとこのやり方を実践したのであろう」と。

(一)　アは巫馬期，イは漁をする者，ウは孔子(丘)，エは**宓子**の行為である。

(二)　「凡そ子の魚を為す所は，得んと欲すればなり。」とあることから，**宓子**が望んでいないことがわかる。

（三）「何を以て此に至れるか」が該当箇所だ。巫馬期は**「人の闇行するに……ごとからしむ。」という状態であったことが不思議**で，孔子に尋ねたのだ。

（四）**宓子**が『此に誠ある者は，彼に刑はる。』と述べていることをふまえて選択肢を選ぶ。アは「自らの政治を改めた」という点が不適切。ウのように孔子は「刑罰で民を支配する政治」に触れていない。エの「厳しい刑罰におびえながら」生活は描かれていない。

B

2022年度

解 答 と 解 説

《2022年度の配点は解答用紙集に掲載してあります。》

＜数学解答＞

1 (1) 4　(2) $-y$　(3) $(x+1)(x-1)$　(4) $4\sqrt{10}$　(5) $x=\dfrac{5\pm\sqrt{21}}{2}$

(6) $y>3x$　(7) $\dfrac{4}{9}$　(8) 12枚

(9) $y=10$　(10) イ

2 (1) ウ，オ，キ　(2) $x=-5$

(3) ① 右図　② 4秒間

3 (1) 57度　(2) ① 7cm

② 48cm^3　(3) ① $\dfrac{1}{5}$倍

② $2\sqrt{6}$ cm

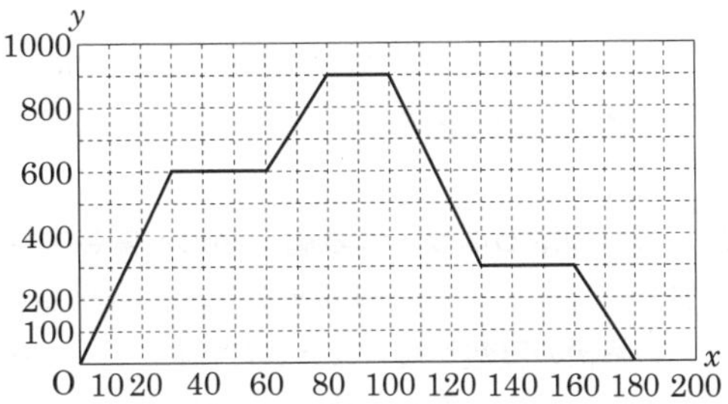

＜数学解説＞

1 (数・式の計算，因数分解，平方根，二次方程式，不等式，確率，数の性質，一次関数，体積)

(1) 四則をふくむ式の計算の順序は，乗法・除法→加法・減法となる。$6\div(-2)-(-7)=(-3)-(-7)=(-3)+(+7)=+(7-3)=4$

(2) 分配法則を使って，$2(6x-8y)=2\times6x+2\times(-8y)=12x-16y$，$3(5y-4x)=3\times5y+3\times(-4x)=15y-12x$だから，$2(6x-8y)+3(5y-4x)=(12x-16y)+(15y-12x)=12x-16y+15y-12x=12x-12x-16y+15y=-y$

(3) 乗法公式$\boldsymbol{(x+a)(x+b)=x^2+(a+b)x+ab}$より，$(x+5)(x-2)=x^2+(5-2)x+5\times(-2)=x^2+3x-10$だから，$(x+5)(x-2)-3(x-3)=x^2+3x-10-3x+9=x^2-1=x^2-1^2=(x+1)(x-1)$

(4) $(\sqrt{5}+\sqrt{2})^2-(\sqrt{5}-\sqrt{2})^2$　$\sqrt{5}+\sqrt{2}=M$，$\sqrt{5}-\sqrt{2}=N$とおくと，$M^2-N^2=(M+N)(M-N)$　MとNをもとにもどして，$\{(\sqrt{5}+\sqrt{2})+(\sqrt{5}-\sqrt{2})\}\{(\sqrt{5}+\sqrt{2})-(\sqrt{5}-\sqrt{2})\}=(\sqrt{5}+\sqrt{2}+\sqrt{5}-\sqrt{2})(\sqrt{5}+\sqrt{2}-\sqrt{5}+\sqrt{2})=2\sqrt{5}\times2\sqrt{2}=4\sqrt{10}$

(5) 方程式$(2x+1)^2-3x(x+3)=0$　左辺を展開して，$4x^2+4x+1-3x^2-9x=0$　整理して，$x^2-5x+1=0$　**二次方程式**$\boldsymbol{ax^2+bx+c=0}$**の解は，**$\boldsymbol{x=\dfrac{-b\pm\sqrt{b^2-4ac}}{2a}}$で求められる。問題の二次方程式は，$a=1$，$b=-5$，$c=1$の場合だから，$x=\dfrac{-(-5)\pm\sqrt{(-5)^2-4\times1\times1}}{2\times1}=\dfrac{5\pm\sqrt{25-4}}{2}=\dfrac{5\pm\sqrt{21}}{2}$

(6) 生徒x人に3個ずつ配った消しゴムの個数の合計は，$3\times x=3x$(個)　y個あった消しゴムから$3x$個配っても余ったということは，はじめにあった消しゴムの個数の方が，配った消しゴムの個数より多いということだから，この数量の関係は$y>3x$

(7) 箱の中から玉を1個取り出すとき，すべての取り出し方は，1，2，3，4，5，6，7，8，9の9通り。そのうち，6の約数が書かれた玉を取り出すのは，1，2，3，6の4通りだから，求める確率は$\dfrac{4}{9}$

(8) 横の長さが8cm，たての長さが6cmの長方形のカードを，同じ向きにすき間のないように並べて正方形をつくるとき，最も小さな正方形の1辺の長さは，8と6の**最小公倍数**の24cm。よって，このときに必要なカードの枚数は，$(24\div8)\times(24\div6)=3\times4=12$(枚)

(9)　2点$(-3,\ -8)$，$(1,\ 4)$を通る直線は，傾きが$\dfrac{4-(-8)}{1-(-3)}=3$なので，その式は$y=3x+b$と表せる。点$(1,\ 4)$を通るから，$4=3\times1+b$　$b=1$　この直線の式は$y=3x+1$　点Aは$y=3x+1$上にあるから，そのy座標は$y=3\times3+1=10$

(10)　1辺が1cmの立方体を，底面の正方形の1辺が1cm，高さが1cmの直方体と考えると，エの底面の円の直径が1cm，高さが1cmの円柱と比べると，底面積は明らかにアの方が大きく，高さは等しいから，体積はア＞エ…①　である。同様に考えると，イ＞ウ…②　も明らかである。アの体積は$1\times1\times1=1\mathrm{cm}^3$　ウの体積は円周率をπとすると$\dfrac{1}{3}\times\pi\times1^2\times1=\dfrac{\pi}{3}(\mathrm{cm}^3)$　$\pi>3$より$\dfrac{\pi}{3}>1$だから，体積はウ＞ア…③　である。①，②，③より，体積はイ＞ウ＞ア＞エであり，イの体積が最も大きい。

2　(資料の散らばり・代表値，図形と関数・グラフ，関数とグラフ，グラフの作成)

(1)　ア，イ，ウ　1時間あたりで，合格品を最も多く作ることができる機械は，4.8g以上5.2g未満の**階級**の**度数**が最も大きいCである。ウが正しい。　エ，オ，カ　それぞれの機械の4.8g以上5.2g未満の階級の**相対度数**を比較すると，機械Aが$\dfrac{114}{120}=0.95$，機械Bが$\dfrac{144}{150}=0.96$，機械Cが$\dfrac{188}{200}=0.94$だから，1時間あたりで，合格品を作る割合が最も高い機械は，相対度数が最も大きいBである。オが正しい。　キ，ク，ケ　**平均値＝$\dfrac{\{(\text{階級値})\times(\text{度数})\}\text{の合計}}{(\text{度数の合計})}$**　それぞれの機械の平均値を比較すると，機械Aが$\dfrac{4.6\times4+5.0\times114+5.4\times2}{120}=4.9\cdots$，機械Bが$\dfrac{4.6\times3+5.0\times144+5.4\times3}{150}=$ $=5$，機械Cが$\dfrac{4.6\times5+5.0\times188+5.4\times7}{200}=5.0\cdots$だから，1時間あたりで，作ったねじの重さの平均値が5.0gより小さくなる機械は，Aである。キが正しい。

(2)　点A，Bは$y=\dfrac{1}{2}x^2$上にあるから，そのy座標はそれぞれ$y=\dfrac{1}{2}\times(-2)^2=2$，$y=\dfrac{1}{2}\times4^2=8$　よって，$\mathrm{A}(-2,\ 2)$，$\mathrm{B}(4,\ 8)$　同様に，点Dのx座標をtとすると$\mathrm{D}\left(t,\ -\dfrac{1}{4}t^2\right)$　AB//DC，AB＝DCより，点Aと点Bのx座標の差，y座標の差は，それぞれ点Dと点Cのx座標の差，y座標の差と等しいから，点Cのx座標は$t+\{4-(-2)\}=t+6$，y座標は$-\dfrac{1}{4}t^2+(8-2)=-\dfrac{1}{4}t^2+6$となる。点Cは$y=-\dfrac{1}{4}x^2$上の点だから，$-\dfrac{1}{4}t^2+6=-\dfrac{1}{4}(t+6)^2$　両辺に-4をかけて，$t^2-24=(t+6)^2$　これを解いて，点Dのx座標は$t=-5$

(3)　①　問題の図のグラフで，2点$(0,\ 0)$，$(30,\ 600)$を結ぶ線分から，荷物Aの長さは30cm，面積は600cm^{2}であることが分かる。2点$(30,\ 600)$，$(60,\ 600)$を結ぶ線分から，荷物Aの後端と荷物Bの前端の間隔は30cmであることが分かる。2点$(60,\ 600)$，$(80,\ 900)$を結ぶ線分から，荷物Bの長さは20cm，面積は$900-600=300(\mathrm{cm}^2)$であることが分かる。荷物Bが荷物検査機に完全に入ったとき，荷物Aの前端から荷物検査機の出口までの距離は$100-(30+30+20)=20(\mathrm{cm})$だから，荷物Aが荷物検査機から出始めるまでのグラフは，2点$(80,\ 900)$，$(80+20=100,\ 900)$を結ぶ線分となる。続いて，荷物Aが完全に荷物検査機を出るまでのグラフは，2点$(100,\ 900)$，$(100+30=130,\ 900-600=300)$を結ぶ線分となる。続いて，荷物Bが荷物検査機から出始めるまでのグラフは，2点$(130,\ 300)$，$(130+30=160,\ 300)$を結ぶ線分となる。最後に，荷物Bが完全に荷物検査機を出るまでのグラフは，2点$(160,\ 300)$，$(160+20=180,\ 300-300=0)$を結ぶ線分となる。

② 荷物Bが完全に荷物検査機に入っているのは，①のグラフで，荷物Bが荷物検査機に完全に入った点(80，900)から，荷物Bが荷物検査機から出始める点(160，300)までであり，この間に，荷物Bは160－80＝80(cm)進んでいるから，荷物Bの中身を検査できる時間は80(cm)÷(毎秒)20(cm)＝4(秒間)である。

3 (角度，線分の長さ，体積，面積比)

(1) 正五角形の1つの内角の大きさは180×(5－2)÷5＝108(°) 直線EFと直線BCの交点をPとする。∠AEF＝180－∠FEI－∠DEI＝180－108－21＝51(°) **平行線の錯角は等しい**から，∠FPG＝∠AEF＝51(°) △FPGの**内角と外角の関係**から，∠FGB＝∠EFG－∠FPG＝108－51＝57(°)

(2) ① AI：IB＝2：1よりIB＝AB×$\frac{1}{2+1}$＝6×$\frac{1}{3}$＝2(cm) 点Jは辺CGの中点だから，CJ＝CG×$\frac{1}{2}$＝6×$\frac{1}{2}$＝3(cm) 線分IJを対角線にもつ縦が線分IB，横が線分BC，高さが線分CJの直方体を考えると，**三平方の定理**を用いて，IJ＝$\sqrt{\mathrm{IC}^2+\mathrm{CJ}^2}$＝$\sqrt{(\mathrm{IB}^2+\mathrm{BC}^2)+\mathrm{CJ}^2}$＝$\sqrt{(2^2+6^2)+3^2}$＝7(cm)

② 立体JIBFEは台形IBFEを底面と考えると，高さがBCの四角錐だから，その体積は
$\frac{1}{3}\times\left\{\frac{1}{2}\times(\mathrm{IB}+\mathrm{EF})\times\mathrm{BF}\right\}\times\mathrm{BC}=\frac{1}{3}\times\left\{\frac{1}{2}\times(2+6)\times6\right\}\times6=48(\mathrm{cm}^3)$

(3) ① △CBE＝S(cm^2)とする。**高さが等しい三角形の面積比は，底辺の長さの比に等しい**から，DC＝CEより，△CBD：△CBE＝DC：CE＝1：1 △CBD＝△CBE＝S(cm^2) AO＝BE＝OBより，△DBO：△DBE＝OB：BE＝1：1 △DBO＝△DBE＝△CBD＋△CBE＝S＋S＝$2S$(cm^2) △DAO：△DBO＝AO：OB＝1：1 △DAO＝△DBO＝$2S$(cm^2) 以上より，四角形ABCD＝△CBD＋△DBO＋△DAO＝$S+2S+2S=5S$(cm^2)だから，△CBEの面積は，四角形ABCDの面積の$\frac{S}{5S}=\frac{1}{5}$(倍)である。

② △DEOで，点B，Cはそれぞれ辺EO，DEの中点だから，**中点連結定理**より，CB＝$\frac{1}{2}$DO＝$\frac{1}{2}$×4＝2(cm) △ADE＝△CBE＋四角形ABCD＝$S+5S=6S$(cm^2) これより，△ADE：△CBE＝$6S$：S＝6：1 △ADE∽△CBEであり，**相似な図形では，面積比は相似比の2乗に等しい**から，△ADEと△CBEの相似比は，$\sqrt{6}$：$\sqrt{1}$＝$\sqrt{6}$：1 以上より，AD＝$\sqrt{6}$CB＝$\sqrt{6}$×2＝$2\sqrt{6}$(cm) (補足説明)△ADE∽△CBEの証明 △ADEと△CBEで，共通な角より，∠AED＝∠CEB…㋐ 弧BCDに対する中心角をa°，弧DABに対する中心角をb°とすると，$a+b$＝360(°)である。また，弧BCDと弧DABに対する**中心角と円周角の関係**から，∠DAE＋∠DCB＝$\frac{a}{2}+\frac{b}{2}=\frac{a+b}{2}=\frac{360}{2}$＝180(°)だから，∠DAE＝180－∠DCB…㋑ ∠BCE＝180－∠DCB…㋒ ㋑，㋒より，∠DAE＝∠BCE…㋓ ㋐，㋓より，2組の角がそれぞれ等しいから，△ADE∽△CBE

＜英語解答＞

聞き取り検査

第1問 1番 a (誤) b (正) c (誤) d (誤) 2番 a (正) b (誤) c (誤) d (誤)
3番 a (誤) b (誤) c (正) d (誤)

第2問 問1 a (誤) b (誤) c (誤) d (正) 問2 a (誤) b (誤) c (正) d (誤)

筆記検査

1　(例1)　①　(I)am cleaning my desk now(.)　②　(Because)today is the last day for me(.)　(例2)　①　(I)'m trying to make my desk cleaner than before(.)　②　(Because)this is the last time to use this desk(.)

2　①　(It's not)difficult(to travel)by(train.)　②　(They often)help(me)learn (Japanese.)　③　(We don't)have(to)choose(clothes every morning!)

3　(1)　progressing　(2)　イ　(3)　(They say that this problem can be solved) when people understand the importance of insects(.)　(4)　ウ　(5)　ア，オ

4　(1)　b　エ　d　イ　(2)　①　than　②　bad　(3)　エ
(4)　X　share　Y　important

＜英語解説＞

聞き取り検査(リスニング)

放送台本の和訳は，103ページに掲載。

筆記検査

1　(条件英作文)

①はAに「何をしていますか」と現在進行形**<be+動詞の ing 形>「(今)～している」**で質問されているので，今していることを現在進行形で答える。②はAに「なぜ」と聞かれているので理由を答える。空欄直後に「明日日本に帰ります」とあるので，それに関する理由を考える。解答例1は①「私は今机をきれいにしています」②「今日が私にとって最後の日だからです」，解答例2は①「私の机を前よりもきれいにしようとしています」②「なぜならこれがこの机を使う最後の時間だからです」の意味。

2　(会話文問題：形容詞，前置詞，不定詞，助動詞)

(全訳)　恵子　：こんにちは，レオン。名古屋での新しい生活はどう楽しんでるの？
レオン：やあ，恵子。素晴らしいよ。たくさん旅行したよ。①電車で旅行をすることは難しくないね。ホストファミリーの家の近くにいくつか駅を見つけられたから便利だよ。
恵子　：言いたいことわかるわ。学校生活はどう？
レオン：新しいクラスメイトがいるからわくわくするよ。②彼らはよく私が日本語を学ぶのを手伝ってくれるよ。彼らのおかげで多くの日本語の言葉を理解してるし，ここでの生活を楽しんでいるよ。
恵子　：いいわね。学校の制服についてはどう思う？
レオン：僕はそれが好きだし，制服は時間を節約できると思う。③毎朝服を選ぶ必要がないよね！

①　日本での生活についての会話。下線部直後の発話から電車での旅行に対しての意見を言っていると考える。**<It is +形容詞+ to +動詞の原形>「～するのは(形容詞)だ」**，by train の by は手段を表す前置詞。　②　下線部直後の発話から友達に助けてもらっていることが考えられる。**<help +人+動詞の原形>「(人が)～するのを助ける，手伝う」**　③　空欄直前から毎朝制服について何がいいことなのかを考える。 have to に動詞の原形を続けて「～しなくてはならない」で，否定文では「～する必要がない」の意味となる。

3 (長文読解問題・説明文：語句補充，語形変化，語句並べ換え，内容真偽)

(全訳)　世界は自然にあふれたとても素晴らしく興味深い場所です。植物と動物は生態系において重要な役割を持っています。小さな昆虫でさえ自分の役割があります。地球で知られている全ての種のうちの60％以上が昆虫だと知っていますか？　それは事実なのです。

多くの研究がA(進んで)おり，科学者たちはその結果を心配するようになっています。ドイツでのある研究によると飛行する昆虫の75％以上が減少してきています。大気汚染，水質汚染，土壌汚染，植物を守るための多くの化学物質などの多くの理由があります。

昆虫の中にはたくさんの果物や野菜を食べるので私たちにとって悪い昆虫もいます。しかし私たちにとって役に立つものもいます。実際昆虫は地球のほとんどの植物に授粉をするのです。もし昆虫の数が減ると植物の数も減るのです。また，これらの昆虫の多くは鳥や他の動物のエサなのです。食べ物がないとこれらの鳥や動物たちはどうするでしょうか？　彼らは生き残ることができません。昆虫は小さい①けれど，昆虫の数が減ることは大きな問題なのです。

この問題はどのようにして解決できるのでしょうか？　この問題を解決するために取り組んでいる人たちがいます。②彼らは，人が昆虫の重要性を理解すればこの問題は解決できると言っています。昆虫は人間にとって必要なのです。一つの例が日本の大阪にあるデパートです。2020年にそのビルの屋上で約5万匹のミツバチを育て始めました。ミツバチたちはデパート周辺の花を探し，花から花粉を集めます。ミツバチは花粉を集めるときに花から花へと動きます。これが授粉を助けるのです。ミツバチたちのおかげで，地元の植物は育ち，ミツバチは巣ではちみつを作ることが出来ます。このデパートは客にミツバチを見せ，はちみつを売ります。彼らのゴールは地元の人たちにミツバチと環境の重要性について伝えることなのです。

もう1ついい例があります。ある大きな都市のある高校で，ミツバチの重要性を他の人たちと共有したいので生徒たちもミツバチを世話しています。その生徒たちは人間と自然の重要な関係について学びました。彼らは絵本を作りました。それなので子どもたちはその本から関係を学ぶことができます。ますます多くの人たちがこの深刻な問題を理解し始め，科学者たちが行動を起こすために一緒に取り組んでいます。昆虫は私たちに役立ちます。私たちに何ができるでしょうか？　他の例から学ぶことができ，もっと昆虫を育てることができ，植物を増やすことができます。さあ，環境を守るためにお互いに助け合い続けましょう！

(1)　progress「進歩する，前進する」，contact「～と連絡をとる」，imagine「～想像する」，drop「落ちる，落とす」，save「救う，蓄える」主語の「研究」に合うのはprogressで，空欄直後にも<be ＋動詞の ing 形>の現在進行形「～している(ところ)」の文があるので「今行われていること」が述べられていると考える。

(2)　第3段落では昆虫が動植物にとって大切であることが述べられているのでイがふさわしい。ア「環境には何の影響も与えない」，ウ「それなので彼らの数は来年増える」，エ「彼らについて研究するのは難しいので」は内容と合わない。

(3)　when は「～するとき」という接続詞で後ろに主語と動詞のある文が続く。動詞はunderstand「～を理解する」なので主語は people「人々」がふさわしい。the ～ of …で「…の～」という表現となる。ここでは the importance of insects で「昆虫の重要性」となる。

(4)　第4段落を参照する。　ア　「大阪のデパートは公園で庭園を造っている」(×)，　イ　「大阪のデパートは鳥や動物にエサを与えている」(×)，　ウ　「大阪のデパートは人々にミツバチや環境について伝えている」(○)　エ　「大阪のデパートは人々に花粉の作り方を伝えている」(×)

(5)　ア　「地球上で知られている全ての種の60％以上が昆虫だ」(○)　第1段落最後の2文参照。
イ　「いくつかの昆虫の種を救うために多くの化学物質が植物に使われている」(×)　第2段落最

終文参照。　ウ 「昆虫の数の変化に対する理由は一つしかない」(×)　第2段落最終文参照。　エ 「昆虫は環境や人間にとって重要ではない」(×)　第4，5段落参照。　オ 「もし昆虫の数が減り続けたら，植物や動物もまた減るだろう」(○)　第3段落第4文参照。　カ 「科学者は昆虫の問題を理解するために一緒に取り組んでいる」(×)　第5段落第6文参照。

4 (会話文問題：文挿入，語句補充)

(全訳)　智　　　：やあ，アマンダ。今レポートをやっているんだ。質問をしてもいいかな？

アマンダ：a【もちろん。何についてのレポートなの？】

智　　　：スマートフォンについてだよ。

アマンダ：b【面白そうね。多くの人たちが日々の生活でスマートフォンを使っているのを知っているよ。】

智　　　：うん，スマートフォンは今とても人気だよ。今教室でスマートフォンを使える高校生もいるんだよ。このトピックは面白いと思う。これについてどう思う？

アマンダ：そうね，いい点と悪い点があると思う。

智　　　：c【僕もそう思う。まずいい点について知りたいな。】

アマンダ：最近ほとんどの高校生がスマートフォンを持っているよね。インターネットへ簡単にアクセスできる。①もし学生たちが教室でスマートフォンを使えたら学校生活が以前よりももっと便利になるね。

智　　　：あなたの言いたいことがわからないよ。例を挙げてくれる？

アマンダ：もちろん！　例えば，ネットサーフィンをしたり，授業の活動にもっと効率よく取り組めたりできるね。クラスメイトや先生と情報を共有するのは簡単。スマートフォンからインターネットを使うのが一番速い。

智　　　：d【わかった。生徒たちはスマートフォンで他に何ができるかな？】

アマンダ：そうねえ，生徒たちは様々なトピックの動画を見つけて見ることができるね。計算機として使ったり，教室でノートを取ったりするのにさえ使えるね。スマートフォンは学ぶのに役立つね。

智　　　：②じゃあ，悪い点についてはどう思う？

アマンダ：それは生徒たちはスマートフォンを使うときに集中を簡単に失ってしまうことだと思う。ゲームをしたり学校の活動に関係ない様々なことをしたりするよね。もしスマートフォンを適切に使えないと，教室で多くの問題が発生すると思う。この状況は他の人を居心地悪くA(する)だろうね。

智　　　：e【意見をシェアしてくれてありがとう。とても助かったよ。】あなたが考えていることがわかった。僕たちはスマートフォンの適切な使い方を知るべきだね。

アマンダ：どういたしまして。それを聞いて嬉しいわ。

(1)　【b】 直前のトピックに対する感想。また直後の智もスマートフォンが人気であることを述べている。　【d】 空欄直前も直後もスマートフォンのいい点としてできることを述べている。

(2)　①　**<more +形容詞・副詞+ than ～>で「～よりも(形容詞・副詞)だ」**という比較の表現。　②　直前までは good points「いい点」について話していた。この後から悪い点について話しているので bad がふさわしい。

(3)　**<make +人+形容詞>で「人を(形容詞)にさせる」**と表現できる。

(4)　(X) 「彼らはまた他のクラスメイトや先生と簡単に情報を共有できる」5つ目のアマンダの発話第3文参照。　(Y) 「私たちがスマートフォンを適切に使うことは大切だと思う」最後の智の発話参照。

2022年度英語　聞き取り検査

〔放送台本〕

第1問は，1番から3番までの三つあります。それぞれについて，最初に対話を聞き，続いて，対話についての問いと，問いに対する答え，a，b，c，dを聞きます。そのあと，もう一度，その対話，問い，問いに対する答えを聞きます。必要があればメモをとってもよろしい。

問いの答えとして正しいものは解答欄の「正《せい》」の文字を，誤っているものは解答欄の「誤《ご》」の文字を，それぞれ○《まる》でかこみなさい。正しいものは，各問いについて一つしかありません。それでは，聞きます。

（第1問）

1番 Jane: Ben, tell me about your town, please.
Ben: OK, Jane. There're no tall buildings, or shopping malls, but we have a great national park.
Jane: You like your town, right?
Question: What will Ben say next?
a Yes. I like the big buildings.
b Yes. The park is beautiful.
c No. My town has no park.
d No. The shopping mall is old.

2番 Chris: Hello. This is Chris. May I speak to Steve?
Ellen: Hi, Chris. I'm Ellen, Steve's sister. He's not home. I can tell him to call you back.
Chris: Thanks. When will he get home?
Question: What will Ellen say next?
a He'll be back in a few hours.
b I like to stay at home.
c He studies after dinner.
d I'll see you at school tomorrow.

3番 Mary: What are your plans for tomorrow, Brian?
Brian: Well, Mary, I'll study for a math test, help my aunt with her shopping, and attend a charity event on the internet.
Mary: Why don't you change your plans and help me with my homework?
Brian: Sure. I'll attend the charity event next week.
Question: What is true about this dialog?
a Brian went shopping with his aunt yesterday.
b Brian will have a science test tomorrow.

c　Brian will change his plan for tomorrow.
d　Brian had many things to do yesterday.

〔英文の訳〕

1番　ジェーン：ベン，あなたの町について教えてくれませんか？
ベン　　：オーケー，ジェーン。高いビルやショッピングモールはないけど，素晴らしい国立公園があります。
ジェーン：あなたは自分の町が好きなんですね。
質問　：次にベンは何と言いますか？
a　はい。私は大きなビルが好きです。―　誤
b　はい。その公園は美しいです。―　正
c　いいえ。私の町には公園はありません。―　誤
d　いいえ。ショッピングモールは古いです。―　誤

2番　クリス：もしもし。クリスです。スティーブはいますか？
エレン：こんにちは，クリス。私はエレン，スティーブの妹[姉]です。彼は今家にいません。折り返すように伝えますよ。
クリス：ありがとう。いつ帰ってきますか？
質問：次にエレンは何と言いますか？
a　彼は数時間以内に戻ります。―　正
b　私は家にいるのが好きです。―　誤
c　彼は夕飯後に勉強します。―　誤
d　明日学校で会いましょう。―　誤

3番　メアリー　：明日の予定は何ですか，ブライアン？
ブライアン：ええと，メアリー，数学のテスト勉強をして，叔母の買い物を手伝って，インターネットでチャリティイベントに参加します。
メアリー　：予定を変更して私の宿題を手伝うのはどうかしら？
ブライアン：もちろん。来週チャリティイベントに参加します。
質問：この対話について正しいのはどれですか？
a　ブライアンは昨日叔母と買い物に行った。―　誤
b　ブライアンは明日科学のテストがある。―　誤
c　ブライアンは明日の予定を変更する。―　正
d　ブライアンは昨日することがたくさんあった。―　誤

〔放送台本〕

第2問では，最初に，英語のスピーチを聞きます。続いて，スピーチについての問いと，問いに対する答え，a，b，c，dを聞きます。問いは問1と問2の二つあります。そのあと，もう一度，スピーチ，問い，問いに対する答えを聞きます。必要があればメモをとってもよろしい。

問いの答えとして正しいものは解答欄の「正《せい》」の文字を，誤っているものは解答欄の「誤《ご》」の文字を，それぞれ○《まる》でかこみなさい。正しいものは，各問いについて一つしかありません。それでは，聞きます。

（第2問）

Hello, I'm Kate. Last spring, I went camping with my family. I enjoyed walking in forests and mountains. I saw beautiful flowers, trees, and birds. Some people say night is a little scary. But I really enjoyed eating dinner outside under bright stars. That night I stayed up late, and talked a lot. I had great experiences! Thank you.

問1　Which is the best title for this speech?

a　My family
b　A popular mountain
c　Scary places in forests
d　My wonderful experiences

問2　What did Kate do on that day?

a　She went fishing in forests.
b　She had a scary night.
c　She had dinner outside under stars.
d　She went to bed early.

〔英文の訳〕

こんにちは、私はケイトです。この前の春に私は家族とキャンプに行きました。森や山を歩くのが楽しかったです。美しい花や木々，そして鳥を見ました。夜は少し怖いと言う人がいます。でも私は明るい星の下で外で夕飯を食べるのをとても楽しみました。その晩夜遅くまで起きて，たくさん話をしました。素晴らしい経験をしました！　ありがとうございました。

問1　このスピーチに一番いいタイトルはどれですか？

a　私の家族。―　誤　　b　人気の山。―　誤
c　森の怖い場所。―　誤　　d　私の素晴らしい経験。―　正

問2　ケイトはその日に何をしましたか？

a　彼女は森に釣りをしに行った。―　誤　　b　彼女は怖い夜を過ごした。―　誤
c　彼女は星の下で外で夕飯を食べた。―　正　　d　彼女は早く寝た。―　誤

<理科解答>

1　(1)　午前9時23分51秒　(2)　Ⅰ　(ウ)　Ⅱ　(エ)

2　(1)　(部分)　G　(名称)　師管　(2)　①の理由　ア　③の理由　オ
(3)　ア　(4)　ウ

3　(1)　イ　(2)　ク　(3)　ウ
(4)　キ

4　(1)　8.0cm　(2)　1.2J
(3)　右図　(4)　カ

5　(1)　イ　(2)　エ　(3)　カ
(4)　冬至の日　エ　夏至の日　イ

6　(1)　カ　(2)　0.3秒

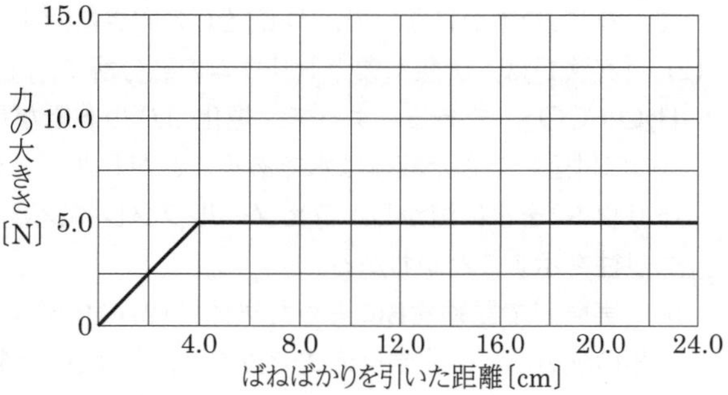

＜理科解説＞

1 (小問集合－地震と地球内部のはたらき：震源距離と初期微動継続時間，光と音：光の反射)

(1)　**初期微動継続時間は震源地からの距離に比例する**ため，地点Bでの初期微動継続時間をx秒とすると，10〔秒〕：x〔秒〕＝80〔km〕：144〔km〕，x〔秒〕＝18〔秒〕であり，地点Bで主要動が始まる時刻は，9時23分33秒＋18秒＝9時23分51秒，である。

(2)　位置Aから位置Bまで鏡に近づき，鏡の正面にまっすぐ立ったとき，ひざから鏡への**入射光線は，入射角と反射角が等しいように反射する**ため，そのように反射光線をかくと目に入る。よって，このとき，鏡にうつって見える範囲は位置Aに立ったときと比べて変わらず，ひざまで見える。

2 (植物の体のつくりとはたらき：植物の光合成と呼吸の対照実験，植物の特徴と分類：双子葉類の茎のつくり)

(1)　デンプンは水に溶けやすい物質になって，図4の**Gで示された師管**を通って植物の体の各部に運ばれる。

(2)　〔実験1〕光合成の実験で，最初に，ふ入りの葉をもつアサガオを，**暗所に1日置いたのは，葉の中のデンプンをなくすため**である。また，光を十分に当てた葉を，**ヨウ素液に浸す前に温めたエタノールに浸す理由は，葉を脱色して，色の変化を見やすくするためである。**

(3)　図2の葉に光を十分に当てた場合，Aの緑色の部分と，Cの緑色の部分をアルミニウムはくでおおったものの実験結果の比較から，光合成に光が必要であることがわかる。また，葉のAの部分と，Dの緑色でない「ふ」の部分の実験結果の比較から，光合成が葉緑体のある部分で行われることがわかる。

(4)　気体Xは，動物にとり入れられているので酸素であり，気体Yは動物から放出されているので二酸化炭素である。〔実験2〕図3のⅡの場合，BTB溶液の色が緑色で変わっていないことから，オオカナダモが入っている試験管が**紙でおおわれているため弱い光で光合成を行い，光合成に使われた二酸化炭素の量と，光合成で発生した酸素を使って呼吸した結果発生した二酸化炭素の量が等しいため試験管のpHの値は変わらなかった**ことがわかる。よって，図5の気体の出入りの矢印は，呼吸はbとcであり，光合成はdとaである。〔実験2〕図3のⅢの場合，BTB溶液が**緑色から黄色に変化**していることから，オオカナダモが入っている試験管がアルミニウムはくでおおわれているため光合成ができないで，**呼吸のみ行っていた結果二酸化炭素の量が増加し，pHの値が小さくなり酸性を示した**ことがわかる。よって，図5の気体の出入りの矢印は，呼吸のbとcのみである。

3 (物質の成り立ち：熱分解，化学変化と物質の質量，気体の発生とその性質)

(1)　**ガスバーナー**に点火したとき，炎が赤色(オレンジ色)であれば，空気の量が不足しているので，ねじgを動かさないで，ねじfをGの向きに回す。

(2)　〔実験1〕は，炭酸水素ナトリウムの熱分解で，化学反応式で表すと，$2NaHCO_3 \rightarrow Na_2CO_3 + H_2O + CO_2$，である。よって，**塩化コバルト紙が青色から赤色(桃色)**に変わったため，試験管Aの口付近にできた液体は**水**であることがわかる。また，試験管A内に残った**白色の物質**(炭酸ナトリウム)を水に溶かし，**フェノールフタレイン溶液を数滴加えると赤色**に変わったので，**アルカリ性**を示すことがわかる。

(3)　〔実験1〕で試験管Bに集めた気体は(2)の化学反応式から，**二酸化炭素**である。〔実験2〕は酸化銀の熱分解で，化学反応式で表すと，$2Ag_2O \rightarrow 4Ag + O_2$，であり，発生する気体は**酸素**である。よって，〔実験1〕で集めた気体Xと〔実験2〕で集めた気体で集めた気体Yは異なる気体である。

Xは**二酸化炭素**であるため，**石灰石にうすい塩酸**を加えると発生する。また，Yは**酸素**であるため，**二酸化マンガンにうすい過酸化水素水(オキシドール)**を加えると発生する。

(4)　表から，3.00gの酸化銀を熱分解すると，3.00〔g〕－2.79〔g〕＝0.21〔g〕，の酸素が発生するので，6.00gの酸化銅に含まれる酸素の質量は，0.42gである。よって，**気体が発生している最中にガスバーナーの火を止めた試験管Eの中にある**固体の物質の質量が5.86gのとき，試験管Eの中にある**固体の物質に含まれている酸素の質量は**，5.86〔g〕－(6.00〔g〕－0.42〔g〕)＝0.28〔g〕，より0.28gである。

4 (仕事とエネルギー：動滑車・仕事の原理，力のはたらき：フックの法則)

(1)　図2より，**ばねばかりを引いた距離が8.0cmになると，ばねばかりの示す力の大きさは10.0Nになり以後一定になるため，おもりは床から持ち上がる**。よって，ばねばかりを16.0cm真上に引いたとき，床からのおもりの高さは，16.0〔cm〕－8.0〔cm〕＝8.0〔cm〕である。

(2)　**おもりを引き上げた仕事〔J〕＝ばねを引く力の大きさ〔N〕×おもりを引き上げた距離〔m〕**＝10〔N〕×0.12〔m〕＝1.2〔J〕である。

(3)　**動滑車**を使っておもりを引き上げるとき，2本の糸でおもりを引き上げるため，**力は直接引き上げるときの半分**ですみ，ばねばかりの示す力の大きさが**5.0Nになり，以後一定**になり，おもりは床から持ち上がる。**フックの法則**により，ばねののびはばねを引く力の大きさに比例するため，**力の大きさが5.0Nのとき，ばねばかりを引いた距離は4.0cm**である。よって，原点と(4.0cm，5.0N)を結ぶ直線と，(4.0cm，5.0N)と(24.0cm，5.0N)を結ぶ直線をかく。

(4)　**2つの動滑車を使っておもりを引き上げるとき**，4本の糸でおもりを引き上げるため，**力は直接引き上げるときの4分の1**ですみ，ばねばかりの示す力の大きさが**2.5Nになり，以後一定**になり，おもりは床から持ち上がる。フックの法則により，ばねののびはばねを引く力の大きさに比例するため，**力の大きさが2.5Nのとき，ばねばかりを引いた距離は2.0cm**である。2つの動滑車を使っておもりを引き上げるとき，4本の糸でおもりを引き上げるため，ばねばかりを引いた距離は，**おもりを引き上げる距離の4倍**になる。よって，**ばねばかりを24.0cmまで引いたときのおもりの高さ＝(24.0〔cm〕－2.0〔cm〕)÷4＝5.5〔cm〕**，である。以上から，原点と(2.0cm，0.0cm)を結ぶ直線と，(2.0cm，0.0cm)と(24.0cm，5.5cm)を結ぶ直線になる。ちなみに，動滑車を使っておもりを引き上げるとき，ばねを引く力の大きさとばねばかりを引いた距離の積である仕事の量は変わらず，これを**仕事の原理**という。

5 (天体の動きと地球の自転・公転：透明半球と棒の影による太陽の1日の動き)

(1)　図4の点Pが日の出の時刻であり，点Qが日の入りの時刻であるから，点P～点Qの長さ38.8cmの半分の位置である19.4cmの位置が太陽が南中した時刻である。点Pのとなりの点が8時であるため，**正午の位置＝3.8〔cm〕＋4.0〔cm〕×4＝19.8〔cm〕**である。よって，**正午の位置から0.4cm前の位置が，太陽が南中した位置**であり，太陽は透明半球上を1時間に4.0cm動くので，太陽が南中した時刻は，(60〔分〕÷4.0〔cm〕)×0.4〔cm〕＝6分，であるため，正午より6分前の，午前11時54分である。

(2)　透明半球の中心Oが観測者の位置であるとき，夏至の日の太陽の南中高度は∠BOHである。

(3)　地球の地軸が公転面に垂直な方向に対して約23.4°傾いたまま，自転しながら公転している模式図をかいて，地球が春分の位置にあるときについて考察すると，**春分の日に赤道上で観察した場合は，太陽が天頂にきたときに南中する**ことがわかる。よって，**春分の日に赤道上で観察した場合は，地点Xで観察した場合と比べると，日の出の方角は変わらず，南中高度が高くなる。日**

の出から日の入りまでの時間は変わらない。

(4)　**冬至の日は，午前8時ごろには，太陽は南東の低い空にあるため，棒の影の先端は北西の位置にくる。**太陽の高度が高くなるにつれて棒の影の長さは短くなり南中のときに最も短くなる。午後4時ごろには，太陽は南西の低い空にあるため，棒の影の先端は北東の位置にくる。よって，冬至の日はエが最も適当である。**夏至の日は，午前8時ごろには，太陽は北寄りの東の少し高い空にあるため，棒の影の先端は南寄りの西の位置にくる。**太陽の高度が高くなるにつれて棒の影の長さは短くなり南中のときに最も短くなる。冬至よりも南中高度が高いので，棒の影の長さは冬至よりも短い。午後4時ごろには，太陽は北寄りの西の少し高い空にあるため，棒の影の先端は南寄りの東の位置にくる。よって，夏至の日はイが最も適当である。

6 (小問集合－：化学変化と電池，動物の体のつくりとはたらき：刺激と反応)

(1)　図の装置の光電池用モーターが回るためには，水溶液は**電解質**を用いるので，うすい塩酸である。金属板AとBは**イオン化傾向が異なる2種類**である。

(2)　1人あたりの，左手の皮膚から脳までの神経の長さと脳から右手の筋肉までの神経の長さを加えると，0.8〔m〕×2＝1.6〔m〕である。Aさんは人数に入れないので，**15人として計算すると，**1.6〔m〕×15＝24〔m〕，であり，**感覚神経と運動神経を信号が伝わる時間は，**24〔m〕÷60〔m/s〕＝0.4〔s〕，である。よって，**1人あたりの，脳が信号を受け取ってから命令を出すまでの時間は，**(4.9〔s〕－0.4〔s〕)÷15＝0.3〔s〕，より0.3秒である。

＜社会解答＞

1　(1)　イ　(2)　ウ　(3)　エ

2　(1)　オ　(2)　ウ　(3)　(例)議会の承認なしに労働力や物資を動員する　(4)　ア

3　(1)　A　(2)　b　イ　c　ア　(3)　エ

4　(1)　①　アンデス　②　エ　(2)　さとうきび[サトウキビ]

(3)　位置　w　グラフ　b

5　(1)　イ　(2)　オ　(3)　(企業の)社会的責任　(4)　キ

6　(1)　ア　(2)　環境基本法　(3)　エ

＜社会解説＞

1 (歴史的分野―日本史時代別－古墳時代から平安時代・鎌倉時代から室町時代・安土桃山時代から江戸時代，―日本史テーマ別－政治史・文化史・教育史・社会史，―世界史－政治史・文化史)

(1)　Ⅰ　1861年から1865年に行われた，アメリカ合衆国と，その連邦組織から脱退した南部11州が結成した南部連合との戦争が，**南北戦争**である。南北戦争さなかの1863年に「人民の，人民による，人民のための政治」で有名な「ゲティスバーグ演説」を行ったのは，アメリカの16代大統領**リンカーン**(リンカン)である。　Ⅱ　13世紀にモンゴル民族が築き上げた大帝国は，**チンギス＝ハン**の孫の**フビライ＝ハン**の時代に都を大都(現在の北京)に定め，国名を**元**とし，南宋を滅ぼして中国全土を支配するに至った。　Ⅲ　ヨーロッパで，ローマカトリック教会による贖宥状の発行に反対した**マルティン＝ルター**らの人々は16世紀に行動を起こした。ルターが**ローマ教皇**を頂点とするカトリック教会の腐敗を批判し，正そうとして始めたのが**宗教改革**である。

(2)　アは，室町時代後期の1485年に起こった**山城国一揆**を説明している。イは，江戸時代後期に行われた**寺子屋**での教育について説明している。ウは，鎌倉時代後期の幕府に従わない武士集団「悪党」が登場した社会状況について説明している。エは，安土桃山時代に豊臣秀吉によって行われた1588年の**刀狩令**や1591年の**身分統制令**について説明している。よって，Ⅱの資料と同時期の日本について述べた文はウである。

(3)　Ⅰ　南北戦争中の1863年に，リンカーンは**奴隷解放宣言**を出した。　Ⅱ　元が宋を滅ぼしたのは，1276年のことである。　Ⅲ　宗教改革の先駆けとなった**マルティン=ルター**がローマカトリック教会を批判する文書を貼りだしたのは，1517年である。したがって，年代の古い順に並べると，Ⅱ→Ⅲ→Ⅰとなる。正しい順番を表しているのは，エである。

2 (歴史的分野―日本史時代別－鎌倉時代から室町時代・安土桃山時代から江戸時代・明治時代から現代，―日本史テーマ別－文化史・政治史・経済史)

(1)　**大名**や**豪商**たちの間に**茶の湯**が流行し，**千利休**が**わび茶**を大成させたのは，安土桃山時代のことである。　A　**足利義政**が**銀閣**の隣に**東求堂**をつくったのは，室町時代のことである。
B　オランダ人が**長崎の出島**に集められたのは，17世紀の中期の1641年のことである。　C　**奥州藤原氏**によって**平泉**に**中尊寺金色堂**がつくられたのは，平安時代後期の1124年である。よって，千利休よりも前のできごとはAとCであり，その順はC→Aとなる。

(2)　歌舞伎は，**出雲阿国**のかぶき踊りから発展し，やがて男だけの演劇である**歌舞伎**として大成し，江戸の人々の娯楽となった。**中江兆民**は**ルソー**の**『社会契約論』**を翻訳し，注釈をつけて**『民約訳解』**として出版し，欧米の近代思想を社会に広めていった。正しい組み合わせは，ウである。なお，テレビや洗濯機などの家庭電化製品が普及したのは，1950年代後半から1960年代の**高度経済成長期**である。また，ラジオ放送は，大正末期の1925年に始まり，昭和初期には歌謡曲や野球中継が人気を集めた。

(3)　**日中戦争**の長期化に対処するため，1938年に制定された戦時体制下の統制法が，**国家総動員法**である。人的・物的資源の統制運用を目的としたもので，広範な権限が政府に与えられ，これにより議会の承認なしに労働力や物資を動員することができるようになり，**戦時体制**が強化された。上記を簡潔にまとめ，指定の語句を必ず用いて，決められた字数内で解答する。

(4)　③　**日本国憲法**の精神に則り，1947年に公布・施行されたのが**教育基本法**である。人格の完成を目指し，平和的な国家及び社会の形成者を育成することを，教育の目的として明示している。　④・⑤　GHQの農村民主化の指令により，地主制の解体を目的とする**農地改革**が行われた。具体的には，政府が**地主**の持つ農地を買い上げて**小作人**に安く売りわたすことが行われた。これにより，**自作農**の割合が飛躍的に増えた。

3 (地理的分野―日本地理－日本の国土・農林水産業・気候・工業・都市)

(1)　「**会津塗**」「沿岸部の**原子力発電所**」等の文は，福島県を指していることがわかる。都道府県の面積の，第1位は北海道，第2位は岩手県，第3位が福島県である。よって，福島県はAである。

(2)　はじめに，その形からア・イ・ウ・エの都道府県を確定する。アが神奈川県，イが岩手県，ウが北海道，エが沖縄県である。次に**水稲の作付面積**から見ると，全都道府県で一番狭いのは，沖縄県であり，dは沖縄県である。水稲の作付面積の第1位は新潟県，第2位が北海道であるため，aが北海道である。次に**製造品出荷額**では全国第1位が愛知県であり，第2位が神奈川県である。よって，cは神奈川県である。残るbが岩手県である。したがって，bがイの岩手県，cがアの神奈川県である。

(3)　都市の気温が周辺の郊外に比べて高くなる現象を，**ヒートアイランド現象**という。地表面の人工化や人口排熱の増加などが原因と考えられている。都市部におけるヒートアイランド現象では，中心部の気温が周辺部より高い。**自然災害**による**被害の軽減**や**防災対策**に使用する目的で，**被災想定区域**や避難場所・避難経路などの**防災関係施設**の位置などを表示した地図を，**ハザードマップ**という。防災マップともいう。

4 (地理的分野―世界地理－地形・資源・エネルギー・気候)

(1)　①　南アメリカ大陸西部の太平洋岸沿いに連なる大山脈を**アンデス山脈**という。一番高い山は標高6961mのアコンカグア山である。　②　Cは，南アメリカ大陸南端を通る，南緯50度の緯線を表している。

(2)　**とうもろこし・さとうきび**など植物由来の燃料が，**バイオエタノール**である。バイオエタノールは，原料の供給が容易なため，石油・石炭・天然ガスなどの有限な**化石燃料**と異なり，**再生可能なエネルギー**源とみなされている。バイオエタノールはバイオ燃料ともいう。バイオエタノールは，石油・石炭・天然ガスなどの化石燃料とは異なり，大気中の**二酸化炭素**の総量は増えないことが特徴である。温暖化が問題視される中で，バイオエタノールは，注目されている。

(3)　ロサンゼルスの位置は，アメリカ合衆国の**西海岸**南部である。地図上の記号ではwである。ロサンゼルスは北半球にあるので，6月・7月・8月の気温の方が，12月・1月・2月よりも高い。ロサンゼルスの気候は，**地中海性気候**であり，一年を通して温暖で，冬には一定の降水量はあるが，夏は日差しが強くて乾燥するのが特徴である。グラフのbである。

5 (公民的分野―経済一般)

(1)　Ⅰの資料を見ると，すべての業種において，**企業数**は**大企業**が1％未満となっている。すべての業種のうち，**従業者**数は，**中小企業**に勤める従業者の割合が61.6％から72.2％である。そして，4業種のうち小売業で中小企業に勤める従業者の割合が，61.6％と最も小さくなっている。

(2)　1999年から2016年の間に，**事業所数**では，機械器具の事業所の割合が増加し，飲食料品の事業所の割合が減少している。機械器具はZであり，飲食料品はYである。繊維・衣服の割合は，事業所数・年間商品販売額ともに減少しており，繊維・衣服はXである。よって，正しい組み合わせはオである。

(3)　企業は利益の追求だけでなく，従業員・消費者・地域社会・環境などに配慮した企業活動を行うべきとする考え方を，**企業の社会的責任**(CSR＝Corporate Social Responsibility)という。

(4)　X　ある商品の価格が**均衡価格**よりも高い場合には，**供給量**よりも**需要量**の方が少なくなる。Xは誤りである。　Y　企業が株式などを発行して資金を調達することを，**直接金融**という。Yは誤りである。　Z　1947年に制定された**独占禁止法**の運用のために，同年設置されたのが**公正取引委員会**である。公正取引委員会は，独占禁止法を運用することにより，自由な経済活動が公正に行われるように，企業の違反行為を監視し，消費者の利益を守っている。Zは正しい。よって正しい組み合わせは，キである。

6 (地理的分野―公害・環境問題)

(1)　**水俣病**は，「メチル水銀」により水質汚濁された，熊本県の**不知火海**の魚介類を人が食べたことで発生した**公害病**である。神通川は富山県を流れる川であり，ここで**イタイイタイ病**が発生した。正しい組み合わせは，アである。

(2)　1960年代の高度経済成長に伴って公害が深刻化し，1967年に**公害対策基本法**が制定された。

公害防止の責務を明らかにし，公害防止対策を目的として定められた法律である。これを発展させたのが，1993年に公布・施行された環境基本法である。環境基本法は，環境の保全について，基本理念を定め，国・地方公共団体・事業者および国民の責務を明らかにするとともに，環境保全に関する施策の基本となる事項を定めたものである。

(3)　正しいのは，エである。**地球温暖化防止会議**で，2015年に採択されたのが**パリ協定**である。パリ協定では，2020年以降の気候変動の問題に関する，**発展途上国**も対象とする国際的な枠組みが定められた。

＜国語解答＞

一　(一)　ア　　(二)　エ　　(三)　イ　　(四)　オ　　(五)　二番目　オ　　四番目　ウ

二　(一)　①　さまた　　②　収納　　(二)　③　エ

三　(一)　イ　　(二)　ウ　　(三)　A　ア　　B　ウ　　(四)　(例)「水のレンガ」は，人間の身体がハンドルしやすい大きさ，重さであるだけでなく，自由に重さを変えることができるため，合理的で気楽な構造システムとなるから。　(五)　イ　　(六)　エ

四　(一)　いにしえ　　(二)　ウ　　(三)　イ　　(四)　ア

＜国語解説＞

一　(論説文―大意・要旨，内容吟味，文脈把握，段落・文章構成，脱文・脱語補充，表現方法・形式)

(一)　[3]段落に，「ことばが絶えず変わっている」「変化することこそ通常のあり方」とある。**社会の中で生きていることばは何らかの変化をしながら存在しているので，意味を一つに限定することはできない**のだ。

(二)　「変化してきた経過について言及する」という姿勢しかとりようがないのだ。したがって「多く見積もったとしても」の意味の「せいぜい」が適切。**多く見積もってもそれ以外はない**のである。

(三)　傍線②の直前に「さまざまの場面で……多くの人々に共有されているのです。」とある。ここから，**言葉の意味に取り決めはなく，多くの人に共通する捉え方によって共有されるもの**だと読み取れる。選択肢に言葉の意味が「厳密なものだ」とあるア・ウは不適切。エは意味が変化する原因が「使われる時と場面」とした点が不適切。

(四)　「称する」とは，名乗ることだが，**本当はそうではない場合や本当かどうか疑わしい場合**にも用いられる。したがって「厳密にいうため」という口実に疑いを持っていることがわかり，この考えに同意しかねるとしたオが正解だ。

(五)　一番目は，本文の「ことばには『はば』がある」から想起した自分のエピソードの導入であるイ。二番目は，エピソードの状況説明についてのオ。三番目は，そこで起こった問題についてのエ。四番目は，エで浮かび上がった問題の解決をはかったウ。最後は，「この経験から」という表現から一連の文章をまとめていることがわかるア。

二　(漢字の読み書き，熟語)

(一)　①　じゃまをする。　②　中に物を入れてしまっておくこと。

(二)　「採光」は，部屋を明るくするために，光線(おもに日光)を導き入れること。

三 (説明文―内容吟味，文脈把握，段落・文章構成，接続語の問題，脱文・脱語補充)

(一) 1・2段落に傍線①「大きなシステム」について説明がある。人間が頼ろうとした「強く合理的で，大きなもの」であり，**「ちっぽけな人間と，壮大な世界との間をつなごうと」するのに媒介にしたもの**である。しかしこれにはマイナス面もある。「人間を世界とつなぐどころか，むしろ人間と世界の間に割って入って，**人間と世界とを切断**し，人間をそのシステムの中に閉じ込める」ものでもある。この二点をおさえている選択肢を選ぶ。

(二) 3段落から，「小ささ」とは「身近でとっつきやすく，気楽な」性質であること，「全体の小ささではなく，**単位の小ささ**」であって「単位が大きすぎたり，重すぎたりしたならば，小さい自分の非力な手には負えない」のでふさわしくない。**適切な大きさや重さである**ことが読み取れる。

(三) 〔A〕には「一人で」と「片手で」という条件を**並立させる接続詞**が入るので「しかも」が適切だ。〔B〕は後ろに「サイズでも」という表現があり，**「いかに〜でも」で強い仮定表現**だ。

(四) 「水のレンガ」は，**「身体がハンドルしやすい大きさ，重さであった」**レンガの要素だけでなく**「自由に重さを変えることができるレンガ」**があったらいいのにという発想から生まれたレンガだ。そして水のレンガは「重さの変わるレンガ」ゆえに**「合理的で気楽な構造システム」**だから，このレンガで建築しようと思い立ったのである。

(五) 筆者の**コンクリートの壁に対する評価は低い**ことをふまえる。一度用いると取り返しのつかないコンクリートを強いと考える人々にとって，**「コンクリートでできた巣」という表現は強くて良いイメージを抱かせるが，これは皮肉で，融通の利かないコンクリートを非難している**のである。

(六) 参考文の**「木という素材によって，さまざまな物たちが作られるべきであるし，木によって表象される社会**になるだろう」という記述から，エの「自然への回帰」は一致するのだが，「自然保護の両立」とまでは述べられていないので不適切である。

四 (古文―主題・表題，内容吟味，文脈把握，古文の口語訳)

【現代語訳】 昔から囲碁を打つと，実際に囲碁をしている人はよく状況がわからないのに，傍で見ている者は状況をよくわかっているものだと言い伝えがあり，世間でいう，脇目百目(当事者よりも第三者のほうが物事の是非を見極められること)ということなのだが，人がしたことや過ぎ去ったことを，後からそのことについての論評を加えて，立ち返って考えをめぐらせてみると，際だって良い考えが出るものである。前述したように，昔起きたことは，必ず現在にもそれと似たことがおこるものだから，昔の人がし損なったことに気がつけば，今現在にすべきこととして考えることが多くなるだろう。これは歴史書を学ぶことの大いなる利益である。君主の学問には，歴史書を読むことが非常に必要なことだと知っておくべきである。

(一) 語中・語尾の「は・ひ・ふ・へ・ほ」は，現代仮名遣いでは「ワ・イ・ウ・エ・オ」となる。

(二) 前述の「当局の人は闇く，傍観るの者は明らかなり」という部分をふまえる。**当事者にはわからないことも，第三者にははっきるわかることがある**のだ。

(三) 何を「立ちかへつて」みるのかがポイントだ。「過ぎ去りし事を，跡からその評判をつけ」とあるので，時間軸の移動が読み取れる。つまり**現在の視点から過去の視点にさかのぼって物事を考えてみる**という文脈になる。

(四) 「昔ありし事……考へになる事多かるべし。」の訳をふまえて判断する。アはすべて一致する。イ「善悪の判断基準」のことは述べられていない。ウは過去が複雑に絡み合って現在のことができているとする点が不適切。エは歴史の学習を囲碁に生かすとするのは不適切。囲碁は具体例だ。

愛知県公立高等学校

2021年度

★★★★★★★★★★★★★★★★★★★★★★★

入　試　問　題

●くわしい解説……81ページ

＜数学＞　時間　45分　　満点　22点

1　次の(1)から(10)までの問いに答えなさい。

(1)　$5-(-6)\div 2$　を計算しなさい。

(2)　$\dfrac{3x-2}{4}-\dfrac{x-3}{6}$　を計算しなさい。

(3)　$\dfrac{3}{\sqrt{2}}-\dfrac{2}{\sqrt{8}}$　を計算しなさい。

(4)　$(2x+1)^2-(2x-1)(2x+3)$　を計算しなさい。

(5)　連続する３つの自然数を，それぞれ２乗して足すと365であった。
もとの３つの自然数のうち，もっとも小さい数を求めなさい。

(6)　次の**ア**から**エ**までの中から，y が x の一次関数であるものをすべて選んで，そのかな符号を書きなさい。

ア　１辺の長さが x cmである立方体の体積 y cm^3

イ　面積が50cm^2である長方形のたての長さ x cmと横の長さ y cm

ウ　半径が x cmである円の周の長さ y cm

エ　５％の食塩水 x gに含まれる食塩の量 y g

(7)　５本のうち，あたりが２本はいっているくじがある。このくじをＡさんが１本ひき，くじをもどさずにＢさんが１本くじをひくとき，少なくとも１人はあたりをひく確率を求めなさい。

(8)　y が x に反比例し，$x=\dfrac{4}{5}$ のとき $y=15$ である関数のグラフ上の点で，x 座標と y 座標がともに正の整数となる点は何個あるか，求めなさい。

(9)　２直線 $y=3x-5$，$y=-2x+5$ の交点の座標を求めなさい。

(10)　図で，Ａ，Ｂ，Ｃは円Ｏの周上の点である。
円Ｏの半径が６cm，$\angle \mathrm{BAC}=30^\circ$ のとき，線分ＢＣの長さは何cmか，求めなさい。

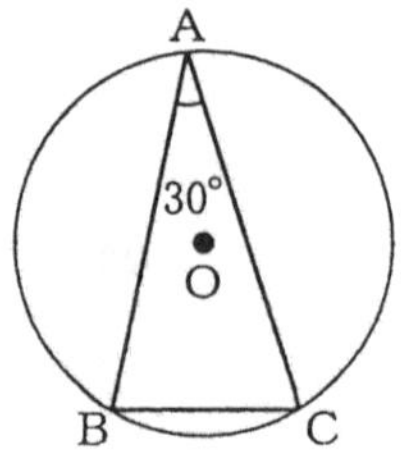

2　次の(1)から(3)までの問いに答えなさい。

(1)　図で，Oは原点，A，Bは関数 $y=\frac{1}{4}x^2$ のグラフ上の点で，点Aの x 座標は正，y 座標は9，点Bの x 座標は－4である。また，Cは y 軸上の点で，直線CAは x 軸と平行である。

点Cを通り，四角形CBOAの面積を二等分する直線の式を求めなさい。

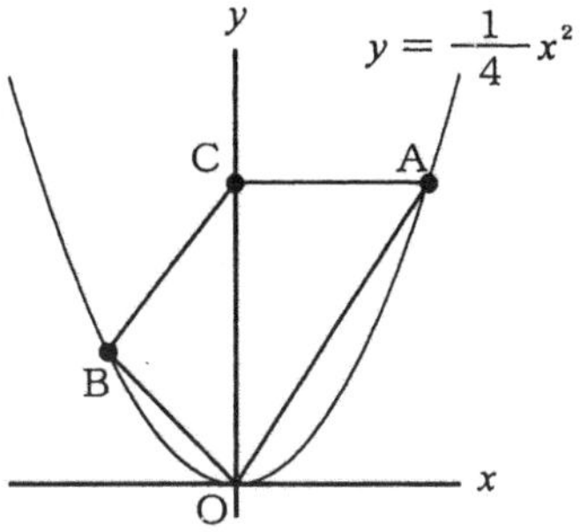

(2)　次の文章は，体育の授業でサッカーのペナルティキックの練習を行ったときの，1人の生徒がシュートを入れた本数とそれぞれの人数について述べたものである。

文章中の [A] にあてはまる式を書きなさい。また，[a]，[b]，[c] にあてはまる自然数をそれぞれ書きなさい。

なお，3か所の [A] には，同じ式があてはまる。

表は，1人の生徒がシュートを入れた本数とそれぞれの人数をまとめたものである。ただし，すべての生徒がシュートを入れた本数の合計は120本であり，シュートを入れた本数の最頻値は6本である。また，表の中の x，y は自然数である。

シュートを入れた本数（本）	0	1	2	3	4	5	6	7	8	9	10
人数（人）	0	1	2	x	3	2	y	2	3	1	1

すべての生徒がシュートを入れた本数の合計が120本であることから，x を y を用いて表すと，$x=$ [A] である。x と y が自然数であることから，$x=$ [A] にあてはまる x と y の値の組は，全部で [a] 組である。

$x=$ [A] にあてはまる x と y の値の組と，シュートを入れた本数の最頻値が6本であることをあわせて考えることで，$x=$ [b]，$y=$ [c] であることがわかる。

(3)　図のような池の周りに1周300mの道がある。

Aさんは，S地点からスタートし，矢印の向きに道を5周走った。1周目，2周目は続けて毎分150mで走り，S地点で止まって3分間休んだ。休んだ後すぐに，3周目，4周目，5周目は続けて毎分100mで走り，S地点で走り終わった。

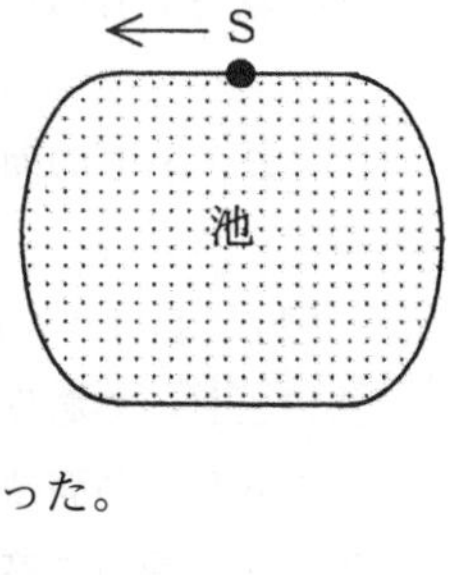

Bさんは，AさんがS地点からスタートした9分後に，S地点からスタートし，矢印の向きに道を自転車で1周目から5周目まで続けて一定の速さで走り，Aさんが走り終わる1分前に道を5周走り終わった。

このとき，後の①，②の問いに答えなさい。

①　Aさんがスタートしてから x 分間に走った道のりを y mとする。Aさんがスタートしてから S地点で走り終わるまでの x と y の関係を，グラフに表しなさい。

②　ＢさんがＡさんを追い抜いたのは何回か，答えなさい。

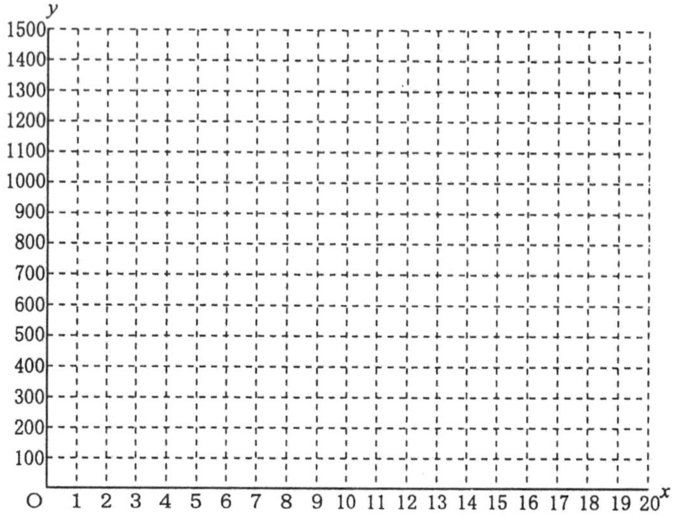

3　次の⑴から⑶までの問いに答えなさい。

ただし，答えは根号をつけたままでよい。

⑴　図で，Ｄは△ＡＢＣの辺ＡＢ上の点で，ＤＢ＝ＤＣであり，Ｅは辺ＢＣ上の点，Ｆは線分ＡＥとＤＣとの交点である。

∠ＤＢＥ＝47°，∠ＤＡＦ＝31°のとき，∠ＥＦＣの大きさは何度か，求めなさい。

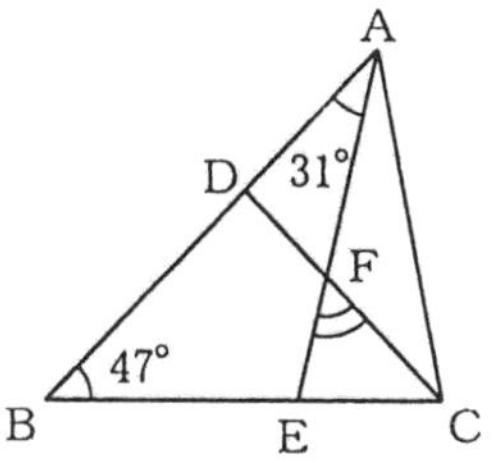

⑵　図で，四角形ＡＢＣＤは，ＡＤ // ＢＣ，∠ＡＤＣ＝90°の台形である。Ｅは辺ＤＣ上の点で，ＤＥ：ＥＣ＝２：１であり，Ｆは線分ＡＣとＥＢとの交点である。

ＡＤ＝２㎝，ＢＣ＝ＤＣ＝６㎝のとき，次の①，②の問いに答えなさい。

①　線分ＥＢの長さは何㎝か，求めなさい。

②　△ＡＢＦの面積は何㎠か，求めなさい。

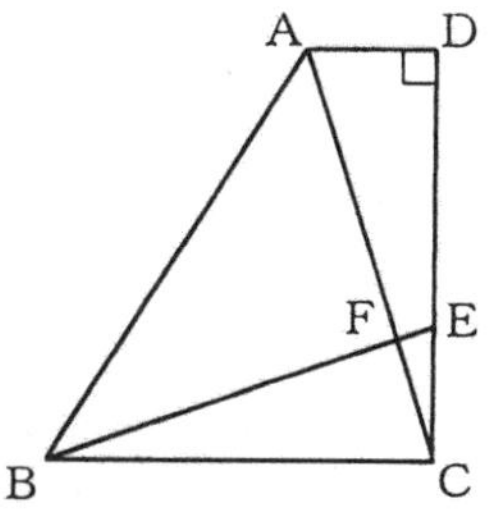

⑶　図で，Ｄは△ＡＢＣの辺ＢＣ上の点で，ＢＤ：ＤＣ＝３：２，ＡＤ⊥ＢＣであり，Ｅは線分ＡＤ上の点である。

△ＡＢＥの面積が△ＡＢＣの面積の$\frac{9}{35}$倍であるとき，後の①，②の問いに答えなさい。

①　線分ＡＥの長さは線分ＡＤの長さの何倍か，求めなさい。

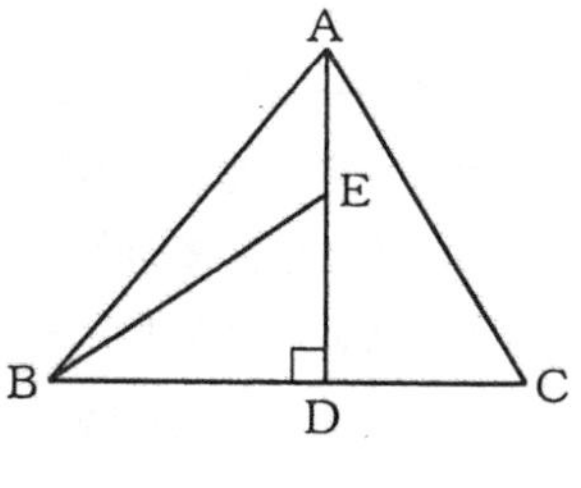

②　△ＡＢＥを，線分ＡＤを回転の軸として１回転させてできる立体の体積は，△ＡＤＣを，線分ＡＤを回転の軸として１回転させてできる立体の体積の何倍か，求めなさい。

<英語>

時間 （聞き取り検査）10分程度 （筆記検査）40分 満点 22点

聞き取り検査

指示に従って，聞き取り検査の問題に答えなさい。

「答え方」

問題は第１問と第２問の二つに分かれています。

第１問は，１番から３番までの三つあります。それぞれについて，最初に対話を聞き，続いて，対話についての問いと，問いに対する答え，a，b，c，dを聞きます。そのあと，もう一度，その対話，問い，問いに対する答えを聞きます。必要があればメモをとってもよろしい。

問いの答えとして正しいものは解答欄の「正《せい》」の文字を，誤っているものは解答欄の「誤《ご》」の文字を，それぞれ○《まる》でかこみなさい。正しいものは，各問いについて一つしかありません。

第２問は，最初に英語のスピーチを聞きます。続いて，スピーチについての問いと，問いに対する答え，a，b，c，dを聞きます。問いは問１と問２の二つあります。そのあと，もう一度，スピーチ，問い，問いに対する答えを聞きます。必要があればメモをとってもよろしい。

問いの答えとして正しいものは解答欄の「正《せい》」の文字を，誤っているものは解答欄の「誤《ご》」の文字を，それぞれ○《まる》でかこみなさい。正しいものは，各問いについて一つしかありません。

筆記検査

1 次のピクトグラム（pictogram 案内用図記号）を見て，あとの問いに答えなさい。

説明文

Look at this pictogram.

You can see it anywhere in the library.

So you ［ ① ］.

You should go outside, when you ［ ② ］.

OK?

（問い） 校外学習で図書館へ行くため，あなたがクラスの外国人留学生にこのピクトグラムについて説明をすることになりました。**説明文**の［①］には，このピクトグラムが示す禁止事項を，［②］には，外国人留学生が屋外に出るべき具体的な場面を，それぞれ5語以上の英語で書き，英文を完成させなさい。

ただし，［①］には eat ～（～を食べる），［②］には thirsty（のどのかわいた）を必ず使うこと。また，下の語を参考にしてもよい。

<語>

飲む，飲み物 drink ～（の中）で in ～ ～を感じる feel ～

2　亜希（Aki）と留学生のジョン（John）が会話をしています。二人の会話が成り立つように，下線部①から③までのそれぞれの（　）内に最も適当な語を入れて，英文を完成させなさい。ただし，（　）内に示されている文字で始まる語を解答すること。

Aki: Hi, John. How was your weekend?

John: Hi, Aki. It was great. ①I (t　　) around Kyoto (w　　) my host family.

Aki: Oh, really? You and your host family had a good time. What did you do there?

John: I could see the real Kyoto. For example, we saw great views of Kinkaku-ji and Arashiyama. I also saw monkeys in the wild for the first time. During our stay in Kyoto, we ate a lot of food. ②Kyoto is (f　　) (o　　) famous restaurants.

Aki: What did you eat?

John: I had ramen for the first time in Japan. ③I liked it because it (t　　) (d　　).

Aki: Wow, I'm happy to hear that you're enjoying ramen in Japan.

3　次の文章を読んで，次のページの(1)から(5)までの問いに答えなさい。

These days, more and more people around the world are thinking about how they produce electricity without destroying their environment. So new technologies and cooperation between countries have become more important. Let's share three stories to learn the fact.

In 2016, Portugal tried a test for energy. They used only renewable energy such as wind, water, and sunlight. They could produce all the electricity that was necessary for the whole nation. Now, the government and companies are (A) together to make some new power plants, such as a wind power plant. They want to use more renewable energy because the energy can save oil and protect the environment. The people think using renewable energy is [①]. Their goal is to stop pollution, have more energy, and get economic growth.

In Hungary, a small company is trying a different plan for producing electricity. Instead of building big power plants, they are thinking about something much smaller. The company is designing solar panels made from old plastic bottles. It is a smart way of recycling garbage to build a better future. Twenty square meters of these solar panels can make enough electricity for one house. If your house has them, your family does not have to use the electricity from big power plants. ②This small technology can【 big / solve / used / to / be / problems 】.

Some countries are helping each other to use renewable energy. Kenya has built geothermal power plants with the help of Japan. These power plants use the heat of the earth. Japan has shown the engineers in Kenya how to build these plants and taught them how to use them. Kenya has set a goal of increasing the electricity the plants can make. It will be a challenge, but they are hoping to reach this goal in the future. With Japan's help, the people of Kenya are trying hard for the economic growth of their country, too. This kind of international help is important when many countries understand global problems and build a better world.

There are various kinds of renewable energy, and countries around the world are trying to use them in a better way. Portugal, Hungary, and Kenya are good examples. Now many countries are doing their best to create newer technologies, and have better cooperation for their brighter future.

(注) cooperation 協力，協働　Portugal ポルトガル　power plant 発電所
economic 経済の　Hungary ハンガリー　solar panel 太陽電池パネル
Kenya ケニア　geothermal power plant 地熱発電所

(1) (A)にあてはまる最も適当な語を，次の５語の中から選んで，正しい形にかえて書きなさい。

stop　take　blow　work　sell

(2) ① にあてはまる最も適当な英語を，次のアからエまでの中から一つ選んで，そのかな符号を書きなさい。

ア not good for the environment because many people use oil
イ much better for protecting the environment than burning oil
ウ not a good example of using wind, water, and sunlight
エ dangerous because renewable energy facilities cannot save oil

(3) 下線②のついた文が，本文の内容に合うように，【 】内の語を正しい順序に並べかえなさい。

(4) 本文中では，ケニアの再生可能エネルギーについてどのように述べられているか。最も適当なものを，次のアからエまでの文の中から一つ選んで，そのかな符号を書きなさい。

ア Kenya is working with a small company to put solar panels on every house.
イ Kenya has built several new wind power plants with the help of Japan.
ウ Kenya is buying a lot of plastic bottles from Japan to build their power plants.
エ Kenya has built power plants with Japan to use renewable energy.

(5) 次のアからカまでの文の中から，その内容が本文に書かれていることと一致するものを全て選んで，そのかな符号を書きなさい。

ア New technologies are important but cooperation between countries is not important.
イ In Portugal, the government and companies are trying to stop pollution and create energy.
ウ Portugal decided to use more energy, have more pollution, and get more economic growth.
エ A small company in Hungary is making solar panels from plastic bottles.
オ Japan has helped the engineers in Kenya to learn how to use geothermal

power plants.

カ Countries around the world have found a better way to go without renewable energy.

4　桜（Sakura）と留学生のトム（Tom）が会話をしています。次の会話文を読んで，あとの(1)から(4)までの問いに答えなさい。

Sakura: Hello, Tom. Can I ask you some questions about your school in America?

Tom: 【 a 】

Sakura: Thank you. ①I'm (　　) in learning about schools in other countries. In Japan, we often eat school lunch in our classrooms together. Please tell me about your school.

Tom: I see. Well, in my country, we don't eat lunch in the classroom. Students usually go to a cafeteria and eat lunch there.

Sakura: What's a "cafeteria"?

Tom: It's a big lunch room for students and teachers.

Sakura: 【 b 】 Our school doesn't have one. What do students eat for lunch?

Tom: Some students bring their own lunch. Other students buy lunch at the cafeteria. We can (A) our food from the menu. For example, hamburgers, pizzas, sandwiches, salads, and so on. We can buy many kinds of food every day.

Sakura: 【 c 】

Tom: Today is my first day here, so I want to know about school lunch here.

Sakura: OK. In my school, many students usually eat the same dish for school lunch. Of course, the menu changes every day.

Tom: You have various dishes, too. Do you like your school lunch?

Sakura: 【 d 】 By the way, in this school, some students not only study subjects, but also do other things. ② They (　　) care of our fields and water school flowers. Please tell me about such work in your school.

Tom: 【 e 】 Students in my school don't have such work at school. However, we help our families at home.

Sakura: That's interesting. How about school uniforms? We have them.

Tom: Our school does not have school uniforms. I usually wear a T-shirt there.

Sakura: I didn't know that! There are big differences between your school and ours. I want to visit your school someday.

(1)　次のアからオまでの英文を，会話文中の【a】から【e】までのそれぞれにあてはめて，会話の文として最も適当なものにするには，【b】と【d】にどれを入れたらよいか，そのかな符号を書きなさい。ただし，いずれも一度しか用いることができません。

ア Yes, I do. I love our school lunch.

イ Is that so? I hope you'll enjoy our school lunch.

ウ That is usually the job of someone working at the school.

エ Wow, I cannot imagine such a place for lunch.

オ Sure. What do you want to know?

(2) 下線①，②のついた文が，会話の文として最も適当なものとなるように，それぞれの（ ）にあてはまる語を書きなさい。

(3) （A）にあてはまる最も適当な語を，次のアからエまでの中から選んで，そのかな符号を書きなさい。

ア depend イ give ウ choose エ write

(4) 次の英文は，この会話が行われた夜，トムが母国にいる友人のライアン（Ryan）に送ったメールです。このメールが会話文の内容に合うように，次の（X），（Y）のそれぞれにあてはまる最も適当な語を書きなさい。

> Hi, Ryan.
> I talked about school in America with my classmate, Sakura.
> We eat （ X ） at our school cafeteria, right? She was surprised to hear that.
> She told me about what to wear at school.
> Here in Japan, students wear school （ Y ）.
> Did you know that?
> Bye,
> Tom

＜理科＞　時間　45分　満点　22点

1　次の⑴，⑵の問いに答えなさい。

⑴　植物の根の成長について調べるため，発芽して根がのびたソラマメを用意し，**図1**のように，根の先端から3㎜，10㎜，30㎜の位置を，それぞれ順にa，b，cとした。その根をうすい塩酸に1分間浸した後，それぞれの位置の細胞を酢酸オルセイン液で染色して，顕微鏡で観察した。図2のa，b，cは，それぞれ図1のa，b，cで観察された細胞のスケッチである。なお，この観察において顕微鏡の倍率は一定であった。

図1

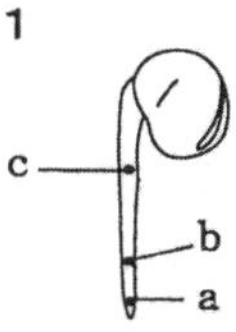

図2

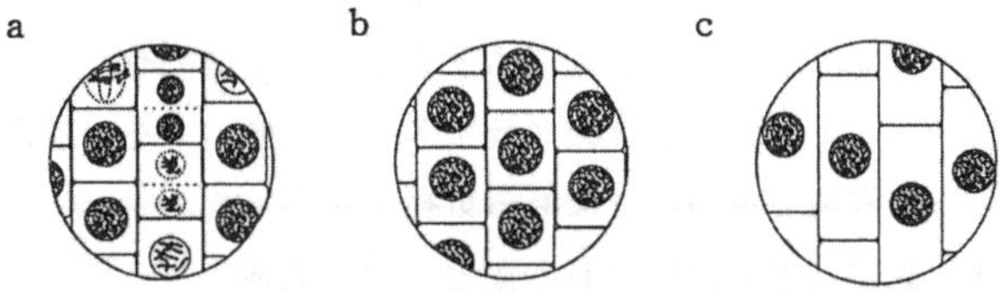

次の文は，観察の結果からわかることについて説明したものである。文中の（Ⅰ）と（Ⅱ）にあてはまる語句の組み合わせとして最も適当なものを，下の**ア**から**カ**までの中から選んで，そのかな符号を書きなさい。

観察の結果から，根では（　Ⅰ　）の位置に近い部分で細胞が分裂して細胞の数を増やし，その後，（　Ⅱ　）ことで根が成長する。

ア　Ⅰ　a，Ⅱ　分裂したいくつかの細胞が合体して大きくなる
イ　Ⅰ　a，Ⅱ　分裂したそれぞれの細胞が大きくなる
ウ　Ⅰ　b，Ⅱ　分裂したいくつかの細胞が合体して大きくなる
エ　Ⅰ　b，Ⅱ　分裂したそれぞれの細胞が大きくなる
オ　Ⅰ　c，Ⅱ　分裂したいくつかの細胞が合体して大きくなる
カ　Ⅰ　c，Ⅱ　分裂したそれぞれの細胞が大きくなる

⑵　図1のように，糸の一端に重さ20Nのおもりを取り付け，もう一方の端を手で持って，おもりを水平面に置いた。図2のように，おもりを，30㎝の高さまでゆっくりと引き上げた後，その高さのまま水平方向にゆっくりと90㎝移動させて，高さ30㎝の台の上に静かにのせた。水平面に置いたおもりを台の上にのせるまでに，おもりを持つ手がした仕事は何Jか，整数で求めなさい。

図1

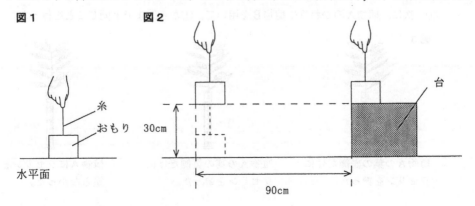

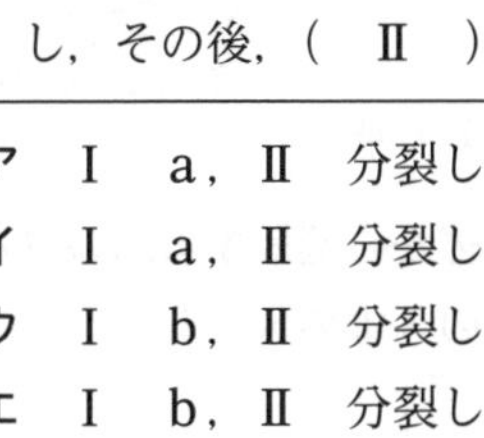

図2

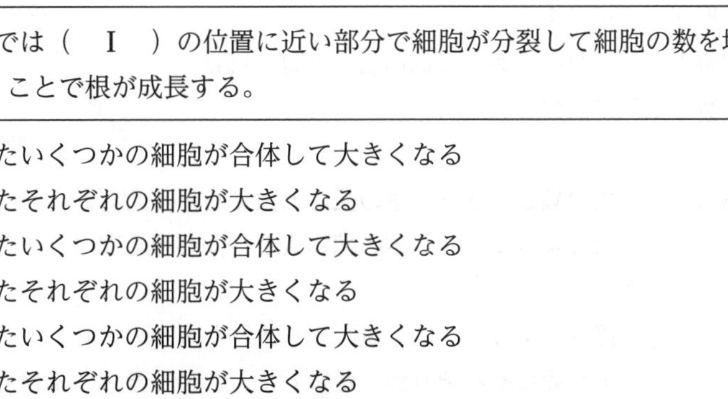

2　植物の葉のつくりと蒸散について調べるため，双子葉類である植物Ａと単子葉類である植物Ｂを用いて，次の〔観察１〕，〔観察２〕と〔実験〕を行った。

〔観察１〕　①　植物Ａの葉を薄く切って切片をつくり，スライドガラスの上にのせた。

②　①のスライドガラスに，水を１滴落としてカバーガラスをかぶせ，顕微鏡で葉の断面のつくりを観察した。

図１

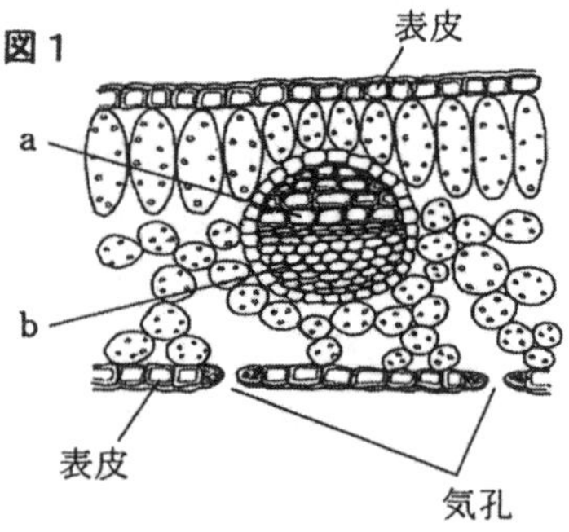

図１は，顕微鏡で観察した植物Ａの葉の断面のスケッチである。植物Ａの葉では，ａとｂの２種類の管が集まり束になっているようすが観察できた。

〔観察２〕　①　植物Ｂの葉の表側と裏側の表皮をはがして，それぞれをスライドガラスの上にのせた。

②　①のそれぞれのスライドガラスに，水を１滴落としてカバーガラスをかぶせ，顕微鏡で葉の表皮にある気孔を観察した。

図２は，観察に用いた植物Ｂの葉と，葉の表側の表皮を観察した際，顕微鏡の視野全体に観察された気孔をスケッチしたものである。スケッチした範囲は，葉の表皮のうち図２に示した直径0.8㎜の円形部分に相当する。

観察の結果，葉の表側と裏側の表皮では，ほぼ同じ数の気孔が観察された。

図２

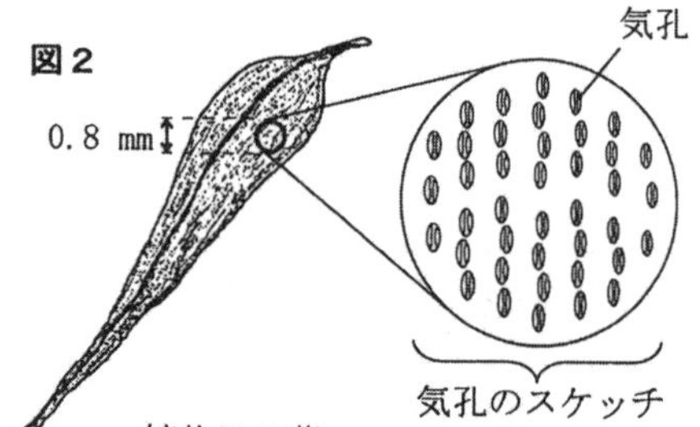

〔実験〕　①　葉の数と大きさ，茎の長さと太さをそろえ，からだ全体から蒸散する水の量が同じになるようにした３本の植物Ａと，同じ形で同じ大きさの３本のメスシリンダーを用意した。

②　図３のように，同じ量の水を入れた３本のメスシリンダーに，植物Ａを１本ずつ入れて水面にそれぞれ油をたらした。このとき，１本目の植物Ａには，全ての葉の表側だけにワセリンを塗り，２本目の植物Ａには，全ての葉の裏側だけにワセリンを塗った。また，３本目の植物Ａには，ワセリンを塗らなかった。

③　その後，明るく風通しのよい場所に，②の３本のメスシリンダーを一定時間置いて，メスシリンダー内の水の減少量を調べた。

④　次に，植物Ａのかわりに植物Ｂを用いて，①から③までと同じことを行った。

図３

植物Ａの葉の表側だけにワセリンを塗った。　　植物Ａの葉の裏側だけにワセリンを塗った。　　植物Ａにワセリンを塗らなかった。

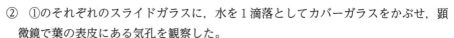

表は，〔実験〕の結果をまとめたものである。

なお，ワセリンは，水や水蒸気を通さないものとし，葉の表側，裏側に塗ったワセリンは，塗らなかった部分の蒸散に影響を与えないものとする。また，メスシリンダー内の水の減少量は，植物の蒸散量と等しいものとする。

表

	水の減少量〔cm^3〕	
	植物A	植物B
葉の表側だけにワセリンを塗った。	5.4	2.2
葉の裏側だけにワセリンを塗った。	2.6	2.2
ワセリンを塗らなかった。	6.0	3.5

次の(1)から(4)までの問いに答えなさい。

(1) 植物Aと同じ双子葉類に分類されるものを，次の**ア**から**エ**までの中から1つ選んで，そのかな符号を書きなさい。

ア トウモロコシ　**イ** ツユクサ　**ウ** ユリ　**エ** アブラナ

(2) 次の文章は，図1のa，bのつくりとそれらのはたらきについて説明したものである。文章中の（Ⅰ）から（Ⅲ）までにあてはまる語の組み合わせとして最も適当なものを，下の**ア**から**エ**までの中から選んで，そのかな符号を書きなさい。

> a，bは，水や養分が通る管で，茎ではaはbより（　Ⅰ　）にある。根から吸収された水分などは（　Ⅱ　）を通って葉に運ばれ，光合成などで使われる。光合成でつくられたデンプンなどの栄養分は水に溶けやすい物質に変わり，（　Ⅲ　）を通ってからだの各部分に運ばれる。

ア Ⅰ　内側，Ⅱ　a，Ⅲ　b
イ Ⅰ　内側，Ⅱ　b，Ⅲ　a
ウ Ⅰ　外側，Ⅱ　a，Ⅲ　b
エ Ⅰ　外側，Ⅱ　b，Ⅲ　a

(3) 図2から，葉の表皮の気孔は1 mm^2 あたりにおよそいくつあると考えられるか。最も適当なものを，次の**ア**から**オ**までの中から選んで，そのかな符号を書きなさい。

ア 20　**イ** 40　**ウ** 80　**エ** 120　**オ** 260

(4) 次の文章は，〔実験〕の結果からわかることについて説明したものである。文章中の（Ⅰ）と（Ⅱ）にあてはまる数値として最も適当なものを，下の**ア**から**カ**までの中からそれぞれ選んで，そのかな符号を書きなさい。

> 〔実験〕の結果から，植物Aの葉の裏側の蒸散量は，表側の蒸散量のおよそ（　Ⅰ　）倍であり，植物Bの葉の裏側の蒸散量は，表側の蒸散量とほぼ同じであった。また，〔実験〕から，植物A，Bでは，葉以外の部分からも蒸散が行われていることがわかり，〔実験〕における植物Bの葉以外の部分からの蒸散量は（　Ⅱ　）cm^3であった。

ア 0.2　**イ** 0.6　**ウ** 0.9　**エ** 2.1　**オ** 4.5　**カ** 5.7

3　マグネシウムと銅を加熱したときの変化について調べるため，次の〔実験〕を行った。

〔実験〕①　空《から》のステンレス皿A，B，C，D，Eを用意し，電子てんびんでそれぞれのステンレス皿の質量を測定した。

②　ステンレス皿Aにマグネシウムの粉末を入れて，ステンレス皿A全体の質量を測定した。

③　粉末をステンレス皿Aの底面全体に広げて，**図1**のようにガスバーナーで一定時間加熱した。

④　③のステンレス皿Aを冷やしてから，ステンレス皿A全体の質量を測定した。

図1

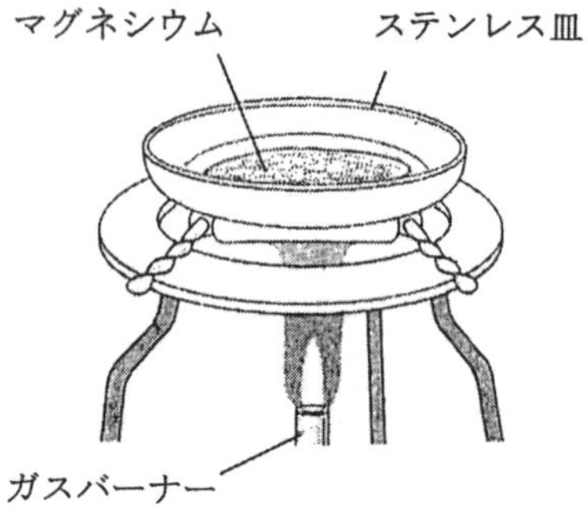

⑤　その後，④のステンレス皿内の粉末をよくかき混ぜてから，③と④をくり返した。

⑥　次に，空のステンレス皿B，C，D，Eに，質量の異なるマグネシウムの粉末をそれぞれ入れ，②から⑤までと同じことを行った。

⑦　さらに，空のステンレス皿F，G，H，I，Jを用意し，マグネシウムの粉末を銅の粉末にかえて①から⑥までと同じことを行った。

表1は，〔実験〕で，マグネシウムの粉末を用いたときの結果を，**表2**は，〔実験〕で，銅の粉末を用いたときの結果をまとめたものである。

表1

ステンレス皿		A	B	C	D	E
〔実験〕の①の空のステンレス皿の質量〔g〕		20.00	20.00	20.00	20.00	20.00
〔実験〕の②のステンレス皿全体の質量〔g〕		20.30	20.60	20.90	21.20	21.50
〔実験〕の③で加熱した回数と④のステンレス皿全体の質量〔g〕	1回	20.45	20.90	21.42	21.75	22.15
	2回	20.48	20.97	21.46	21.88	22.33
	3回	20.50	21.00	21.48	21.98	22.45
	4回	20.50	21.00	21.50	22.00	22.50
	5回	20.50	21.00	21.50	22.00	22.50

表2

ステンレス皿		F	G	H	I	J
〔実験〕の①の空のステンレス皿の質量〔g〕		20.00	20.00	20.00	20.00	20.00
〔実験〕の②のステンレス皿全体の質量〔g〕		20.40	20.80	21.20	21.60	22.00
〔実験〕の③で加熱した回数と④のステンレス皿全体の質量〔g〕	1回	20.45	20.90	21.32	21.76	22.20
	2回	20.47	20.94	21.44	21.92	22.38
	3回	20.49	20.97	21.48	21.97	22.46
	4回	20.50	21.00	21.50	22.00	22.50
	5回	20.50	21.00	21.50	22.00	22.50

次の(1)から(4)までの問いに答えなさい。

(1) 〔実験〕で，マグネシウムを加熱したときに生じたステンレス皿内の物質を化学式で書きなさい。

(2) 〔実験〕の⑤で，ステンレス皿内のマグネシウムの加熱をくり返すと，やがてステンレス皿全体の質量が変化しなくなった。その理由について説明した文として最も適当なものを，次の**ア**から**エ**までの中から選んで，そのかな符号を書きなさい。

ア　一定の質量のマグネシウムと化合する気体の質量には限度があり，マグネシウムがそれ以上還元されなくなったから。

イ　一定の質量のマグネシウムと化合する気体の質量には限度があり，マグネシウムがそれ以上酸化されなくなったから。

ウ　一定の質量のマグネシウムが加熱によってこわれてしまい，それ以上還元されなくなったから。

エ　一定の質量のマグネシウムが加熱によってこわれてしまい，それ以上酸化されなくなったから。

(3) 〔実験〕の⑦で用いた銅の質量を0gから2.0gまでの間でさまざまに変えて，〔実験〕の②から⑤までと同じことを行い，ステンレス皿全体の質量が変化しなくなるまで加熱をくり返した。このとき，銅の質量と，銅と化合する気体の質量は，どのような関係になるか。横軸に銅の質量を，縦軸に銅と化合する気体の質量をとり，その関係を表すグラフを解答欄の**図2**に書きなさい。

図2

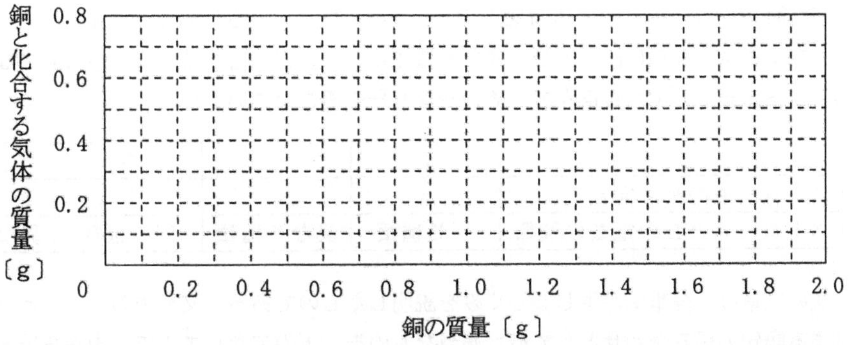

(4) マグネシウムの粉末と銅の粉末を，それぞれ別のステンレス皿にとり，〔実験〕の②から⑤までと同じことを行い，ステンレス皿全体の質量が変化しなくなるまで加熱をくり返した。このとき，どちらの金属にも同じ質量の気体が化合し，反応後のそれぞれのステンレス皿内の物質の質量を合計すると24.0gであった。反応前のステンレス皿内にあったマグネシウムの粉末は何gか，小数第1位まで求めなさい。

4　静電気の性質について調べるため，次の〔実験〕を行った。

〔実験〕 ①　次のページの**図1**のように，ポリエチレンのストローA，まち針，木片，紙コップを用いて，ストローAがまち針を軸として自由に回転できる装置をつくった。

②　ストローAをティッシュペーパーでよくこすった。

③　ポリエチレンのストローBをティッシュペーパーでよくこすり，図1のようにストローAの点Xに近づけて，ストローAの動きを観察した。

④　次に，アルミ箔《はく》を丸めて棒状にした物体C，Dをつくった。

⑤　ストローAのかわりに，物体Cを用いて図1の装置をつくった。

⑥　ストローBのかわりに物体Dを，物体Cの点Yに近づけて，物体Cの動きを観察した。

⑦　ストローBをティッシュペーパーでよくこすり，物体Cの点Yに近づけて，物体Cの動きを観察した。

〔実験〕の⑥では，物体Cは動かなかった。

〔実験〕の⑦では，物体Cは図1のbの向きに動いた。

図1

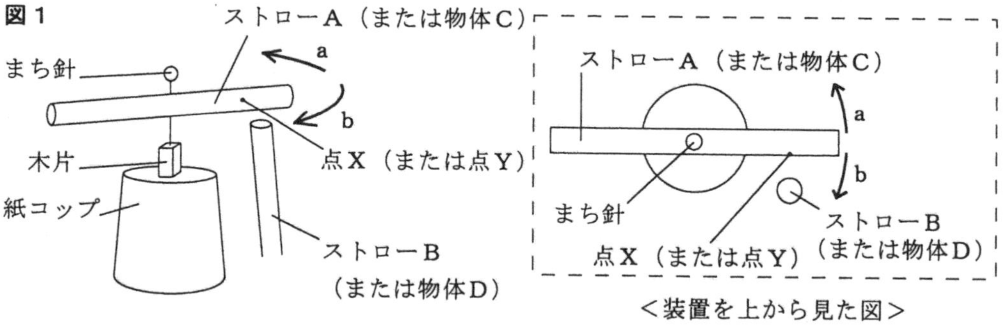

次の⑴から⑷までの問いに答えなさい。

⑴　〔実験〕の③で，ストローAは図1のa，bのどちらの向きに動くか。また，ストローAとBが帯びた電気の種類は同じ種類か異なる種類か。その組み合わせとして最も適当なものを，次のアからエまでの中から選んで，そのかな符号を書きなさい。

	ア	イ	ウ	エ
ストローAの動く向き	a	a	b	b
ストローAとBの電気の種類	同じ種類	異なる種類	同じ種類	異なる種類

⑵　次の文章は，静電気が生じるしくみを説明したものである。文章中の（Ⅰ）と（Ⅱ）にあてはまる語句の組み合わせとして最も適当なものを，下のアからエまでの中から選んで，そのかな符号を書きなさい。

> 異なる2種類の物質をこすり合わせると，（　Ⅰ　）の電気をもつ粒子が一方の物質の表面から他方の物質の表面に移動するため，（　Ⅰ　）の電気が多くなった物質は，（　Ⅰ　）の電気を帯びる。〔実験〕の③で，ストローBのかわりに，ストローBをこすったティッシュペーパーをストローAに近づけると，ストローAとティッシュペーパーは（　Ⅱ　）。

ア　Ⅰ　＋《プラス》，Ⅱ　反発し合う　　**イ**　Ⅰ　＋《プラス》，Ⅱ　引き合う

ウ　Ⅰ　−《マイナス》，Ⅱ　反発し合う　　**エ**　Ⅰ　−《マイナス》，Ⅱ　引き合う

⑶　次のページの文章は，〔実験〕の⑦の結果について説明したものである。文章中の（Ⅰ）と（Ⅱ）にあてはまる語句の組み合わせとして最も適当なものを，次のページのアからエまでの中

から選んで，そのかな符号を書きなさい。

〔実験〕の⑦の結果については，物体Ｃの中の電子の動きを考えることで説明することができる。まず，ティッシュペーパーでストローＢをこすると，ストローＢは−《マイナス》の電気を帯びる。その後，図１のようにストローＢを物体Ｃの点Ｙに近づけると，物体Ｃの中の電子は，−《マイナス》の電気を帯びたストローＢから力を受けて，（　Ⅰ　）向きに移動する。そのため，物体Ｃの点Ｙ付近が（　Ⅱ　）の電気を帯び，物体Ｃは図１のｂの向きに動いたと考えられる。

ア　Ⅰ　点Ｙから遠ざかる，Ⅱ　＋《プラス》
イ　Ⅰ　点Ｙから遠ざかる，Ⅱ　−《マイナス》
ウ　Ⅰ　点Ｙに近づく，　　Ⅱ　＋《プラス》
エ　Ⅰ　点Ｙに近づく，　　Ⅱ　−《マイナス》

⑷　〔実験〕の後，電子の性質を確認するため，図２のように蛍光板，スリット，電極Ｅ，電極Ｆ，電極板Ｇ，電極板Ｈが入ったクルックス管を用いて実験を行った。次の文章は，このクルックス管を用いた実験とその結果について説明したものである。文章中の（Ⅰ）から（Ⅴ）までにあてはまる語の組み合わせとして最も適当なものを，下の**ア**から**ク**までの中から選んで，そのかな符号を書きなさい。

図２

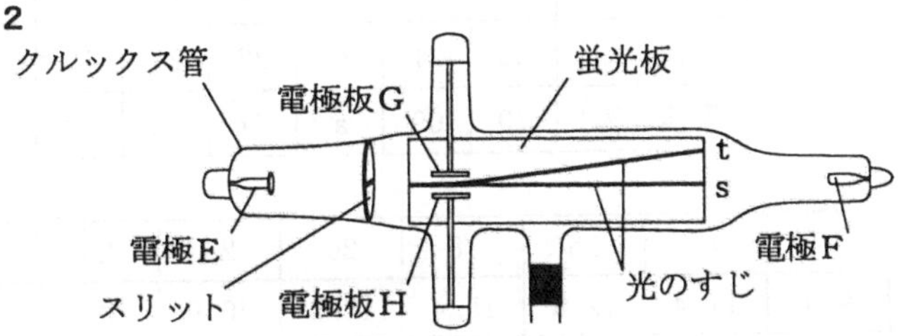

電極Ｅが（　Ⅰ　），電極Ｆが（　Ⅱ　）となるように，電極Ｅと電極Ｆの間に大きな電圧をかけたところ，真空放電が起こった。このとき，電子の流れに沿って蛍光板が光るため，図２のｓのような光のすじを観察した。

この状態で，電極板Ｇが（　Ⅲ　），電極板Ｈが（　Ⅳ　）となるように，別の電源を使って，電極板Ｇと電極板Ｈの間に電圧をかけたところ，図２のｔのように光のすじが上向きに曲がった。これらの結果から，電子は（　Ｖ　）の電気をもつことがわかる。

	ア	イ	ウ	エ	オ	カ	キ	ク
Ⅰ	＋《プラス》極	＋《プラス》極	＋《プラス》極	＋《プラス》極	−《マイナス》極	−《マイナス》極	−《マイナス》極	−《マイナス》極
Ⅱ	−《マイナス》極	−《マイナス》極	−《マイナス》極	−《マイナス》極	＋《プラス》極	＋《プラス》極	＋《プラス》極	＋《プラス》極
Ⅲ	＋《プラス》極	＋《プラス》極	−《マイナス》極	−《マイナス》極	＋《プラス》極	＋《プラス》極	−《マイナス》極	−《マイナス》極
Ⅳ	−《マイナス》極	−《マイナス》極	＋《プラス》極	＋《プラス》極	−《マイナス》極	−《マイナス》極	＋《プラス》極	＋《プラス》極
Ⅴ	−《マイナス》	＋《プラス》	−《マイナス》	＋《プラス》	−《マイナス》	＋《プラス》	−《マイナス》	＋《プラス》

5　愛知県のある地点Aで，梅雨に入った６月中旬のある日の気温と湿度について，乾湿計を用いて観測を行った。**図１**は，この日の午前９時における乾湿計の一部を表している。**表１**は，乾湿計用湿度表の一部であり，**表２**は，この日の午前３時から午後６時までの３時間おきの気温と湿度をまとめたものである。また，**表３**は，気温と飽和水蒸気量の関係を示した表の一部である。

ただし，**表２**の午前９時の湿度はａと示している。

図１

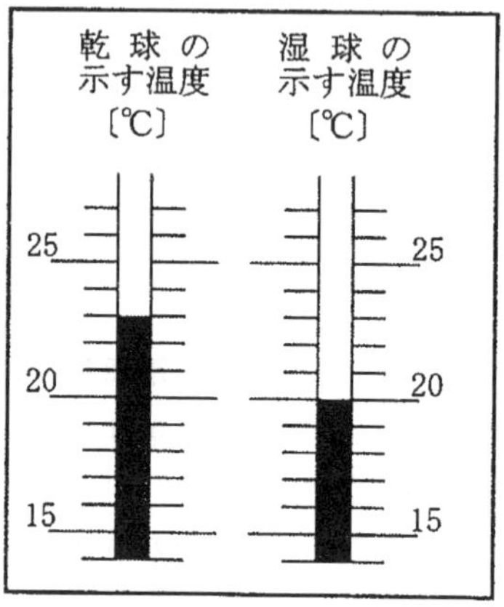

表１

		乾球温度と湿球温度との差〔℃〕					
		0	1	2	3	4	5
乾球温度〔℃〕	24	100	91	83	75	67	60
	23	100	91	83	75	67	59
	22	100	91	82	74	66	58
	21	100	91	82	73	65	57
	20	100	90	81	72	64	56

表２

時刻〔時〕	3	6	9	12	15	18
気温〔℃〕	20	21	23	22	21	19
湿度〔％〕	70	69	a	77	80	90

表３

気温〔℃〕	10	13	15	18	20	23	25	28
飽和水蒸気量〔g/m^3〕	9.4	11.4	12.8	15.4	17.3	20.6	23.1	27.2

次の(1)から(4)までの問いに答えなさい。

(1)　**図２**は，観測を行った日の日本付近の天気図である。ＸとＹを結んだ線は，地点Ａの近くにかかる前線の位置を示したものであり，**図３**の実線ｘｙは，**図２**のＸとＹを結んだ線の一部を拡大したものである。**図３**の実線ｘｙが停滞前線を表す記号になるように，解答欄の**図３**の点線や実線ｘｙで囲まれた部分のうち，適当な部分を塗りつぶしなさい。

図２

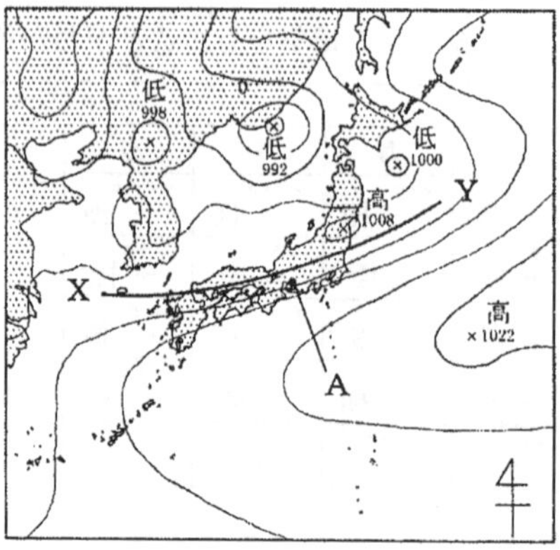

図３

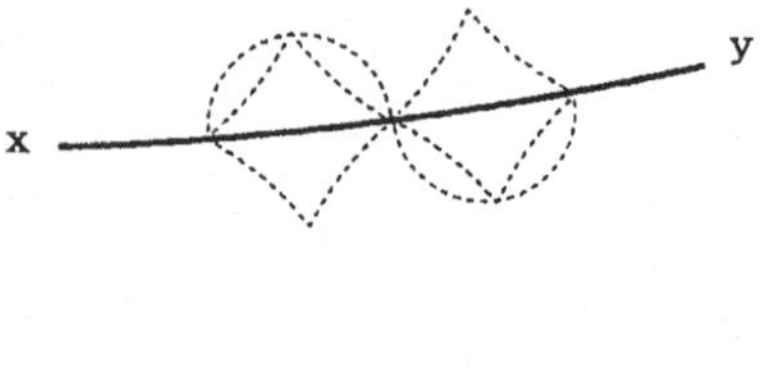

⑵　次の文章は，地点Ａの気温，湿度，露点について説明したものである。文章中の（Ⅰ）と（Ⅱ）にあてはまる語句の組み合わせとして最も適当なものを，下の**ア**から**カ**までの中から選んで，そのかな符号を書きなさい。

> **表２**の午前６時と午後３時のように，気温は同じであるが湿度が異なる空気を比べたとき，湿度が高い方が，露点は（　Ⅰ　）なる。また，観測結果から，午前９時の地点Ａの空気の露点を求めると，約（　Ⅱ　）となる。

ア　Ⅰ　高く，Ⅱ　15℃　　**イ**　Ⅰ　高く，Ⅱ　18℃　　**ウ**　Ⅰ　高く，Ⅱ　20℃
エ　Ⅰ　低く，Ⅱ　15℃　　**オ**　Ⅰ　低く，Ⅱ　18℃　　**カ**　Ⅰ　低く，Ⅱ　20℃

⑶　次の文章は，地点Ａにおける梅雨の始まりから，梅雨が明けて本格的な夏になるまでの気象について説明したものである。文章中の（Ⅰ）から（Ⅲ）までにあてはまる語句の組み合わせとして最も適当なものを，下の**ア**から**シ**までの中から選んで，そのかな符号を書きなさい。

なお，**図４**は，日本付近の主な気団とその特徴を示したものである。

> 地点Ａでは，夏が近づく頃に**図４**の気団（　Ⅰ　）と気団Ｓが接するところにできる梅雨前線の影響で，雨の日が多くなる。やがて気団（　Ⅰ　）がおとろえて気団Ｓの勢力が増すと，梅雨前線は日本付近から消滅し，梅雨が明けて本格的な夏となる。夏は晴天が多いが，強い日差しによって地表付近の大気があたためられて局地的な（　Ⅱ　）気流が生じると（　Ⅲ　）が発達し，激しい雷雨となることもある。

図４

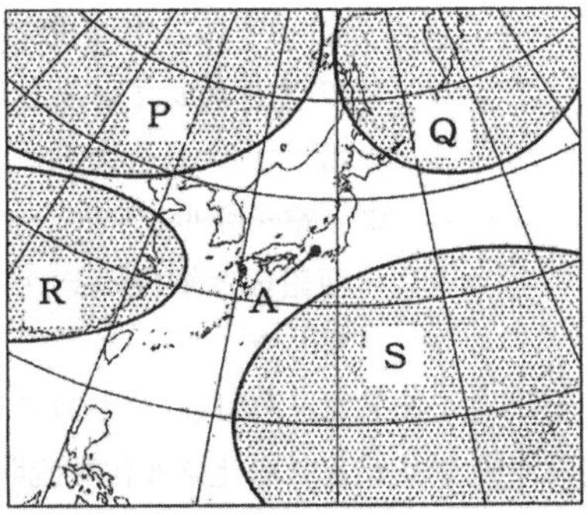

＜気団の特徴＞
気団Ｐ：冷たく，乾燥している。
気団Ｑ：冷たく，湿っている。
気団Ｒ：あたたかく，乾燥している。
気団Ｓ：あたたかく，湿っている。

ア　Ⅰ　Ｐ，Ⅱ　上昇，Ⅲ　積乱雲　　**イ**　Ⅰ　Ｐ，Ⅱ　上昇，Ⅲ　乱層雲
ウ　Ⅰ　Ｐ，Ⅱ　下降，Ⅲ　積乱雲　　**エ**　Ⅰ　Ｐ，Ⅱ　下降，Ⅲ　乱層雲
オ　Ⅰ　Ｑ，Ⅱ　上昇，Ⅲ　積乱雲　　**カ**　Ⅰ　Ｑ，Ⅱ　上昇，Ⅲ　乱層雲
キ　Ⅰ　Ｑ，Ⅱ　下降，Ⅲ　積乱雲　　**ク**　Ⅰ　Ｑ，Ⅱ　下降，Ⅲ　乱層雲
ケ　Ⅰ　Ｒ，Ⅱ　上昇，Ⅲ　積乱雲　　**コ**　Ⅰ　Ｒ，Ⅱ　上昇，Ⅲ　乱層雲
サ　Ⅰ　Ｒ，Ⅱ　下降，Ⅲ　積乱雲　　**シ**　Ⅰ　Ｒ，Ⅱ　下降，Ⅲ　乱層雲

⑷　日本付近では，四季の天気に特徴がある。この特徴について説明した文章として最も適当なものを，次の**ア**から**エ**までの中から選んで，そのかな符号を書きなさい。

ア　春は，移動性高気圧と低気圧が交互に東から西へ通り過ぎていく。そのため，日本付近では短い周期で天気が変化することが多い。

イ　夏は，太平洋高気圧が発達し，南高北低の気圧配置になりやすい。夏の季節風は，等圧線の間隔がせまいため，ふく風は一般的に弱い。

ウ　秋が近くなると，停滞前線が発生しやすく，日本付近を南下する台風が多くなる。また，停滞前線付近では台風などから運ばれてくる水蒸気を大量に含んだ空気により，大量の雨が降る。

エ　冬はシベリア高気圧が発達し，西高東低の気圧配置になりやすい。そのため，南北方向にのびる等圧線がせまい間隔で並び，北西の風がふく。

6　次の(1)，(2)の問いに答えなさい。

(1)　電池の電極と水溶液で起こる化学変化について調べるため，次の〔実験〕を行った。

〔実験〕　①　**図**のように，うすい塩酸を入れたビーカーに，亜鉛板と銅板を入れ，導線で電子オルゴールとつないだところ，電子オルゴールが鳴った。

②　電子オルゴールを1分間鳴らした後，亜鉛板と銅板のそれぞれのようすを観察した。

図

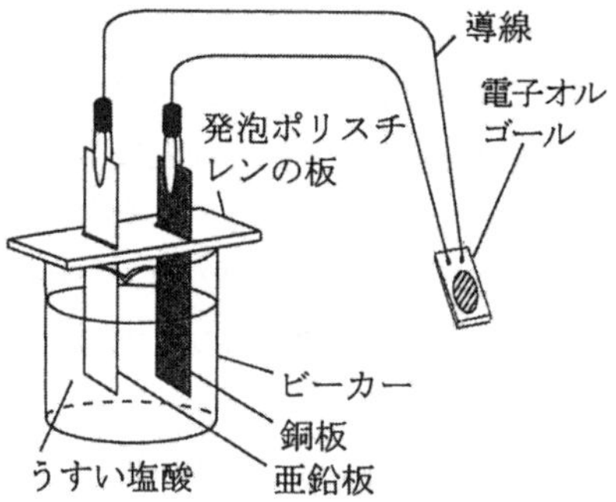

次の文章は，〔実験〕におけるビーカー内の亜鉛板と銅板に起こる化学変化を説明したものである。

文章中の（Ⅰ）から（Ⅲ）までにあてはまる語句の組み合わせとして最も適当なものを，下の**ア**から**ク**までの中から選んで，そのかな符号を書きなさい。

> 亜鉛板では，亜鉛が電子を（　Ⅰ　）亜鉛イオンとなり，（　Ⅱ　）。また，銅板からは，気体が発生する。このとき，銅板は（　Ⅲ　）極になる。

ア　Ⅰ　受け取って，Ⅱ　水溶液中に溶け出す，Ⅲ　＋《プラス》
イ　Ⅰ　受け取って，Ⅱ　水溶液中に溶け出す，Ⅲ　－《マイナス》
ウ　Ⅰ　受け取って，Ⅱ　亜鉛板に付着する，　Ⅲ　＋《プラス》
エ　Ⅰ　受け取って，Ⅱ　亜鉛板に付着する，　Ⅲ　－《マイナス》
オ　Ⅰ　放出して，　Ⅱ　水溶液中に溶け出す，Ⅲ　＋《プラス》
カ　Ⅰ　放出して，　Ⅱ　水溶液中に溶け出す，Ⅲ　－《マイナス》
キ　Ⅰ　放出して，　Ⅱ　亜鉛板に付着する，　Ⅲ　＋《プラス》
ク　Ⅰ　放出して，　Ⅱ　亜鉛板に付着する，　Ⅲ　－《マイナス》

(2)　**表**は，金星，地球，火星，木星について，半径，密度，公転周期をまとめたものである。

次のページの文章中の（Ⅰ）から（Ⅳ）までにあてはまる語の組み合わせとして最も適当なものを，次のページの**ア**から**ク**までの中から選んで，そのかな符号を書きなさい。

ただし，**表**の半径の数値は，地球の値を1としたときのものである。

表

	半径	密度〔g/cm^3〕	公転周期〔年〕
金星	0.95	5.24	0.62
地球	1	5.52	1
火星	0.53	3.93	1.88
木星	11.2	1.33	11.9

（　Ⅰ　）は地球より内側を公転しており，一般に（　Ⅱ　）に観察することができる。（　Ⅲ　）は，主に気体からなるため密度が小さい。また，（　Ⅲ　）の質量は地球より（　Ⅳ　）。

ア　Ⅰ　金星，Ⅱ　真夜中，　　　Ⅲ　火星，Ⅳ　小さい
イ　Ⅰ　金星，Ⅱ　明け方か夕方，Ⅲ　木星，Ⅳ　小さい
ウ　Ⅰ　金星，Ⅱ　真夜中，　　　Ⅲ　火星，Ⅳ　大きい
エ　Ⅰ　金星，Ⅱ　明け方か夕方，Ⅲ　木星，Ⅳ　大きい
オ　Ⅰ　火星，Ⅱ　真夜中，　　　Ⅲ　木星，Ⅳ　小さい
カ　Ⅰ　火星，Ⅱ　明け方か夕方，Ⅲ　金星，Ⅳ　小さい
キ　Ⅰ　火星，Ⅱ　真夜中，　　　Ⅲ　木星，Ⅳ　大きい
ク　Ⅰ　火星，Ⅱ　明け方か夕方，Ⅲ　金星，Ⅳ　大きい

＜社会＞

時間　45分　　満点　22点

1　次のⅠ，Ⅱ，Ⅲは，海外から日本にもたらされた作物や物品の写真である。あとの(1)から(3)までの問いに答えなさい。

Ⅰ

Ⅱ

Ⅲ

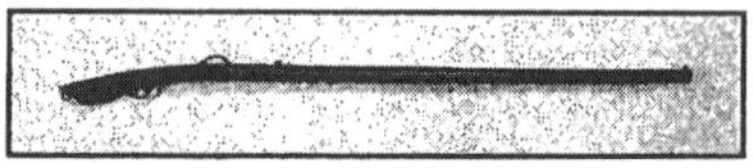

(1)　次の文章は，Ⅰの作物の栽培が始まったことで生じた社会の変化について述べたものである。文章中の □ にあてはまることばとして最も適当なものを，下のアからエまでの中から選んで，そのかな符号を書きなさい。

> Ⅰの作物は日本人の主食の一つとなっている。この作物の栽培が始まった後の遺跡からは，それまでにはみられなかった □ が発掘されている。これは土地や水の利用をめぐる戦いが起きていたことを示すものと考えられている。

ア　石包丁などの農具や弥生土器　　イ　銅鏡や銅鐸などの青銅器

ウ　集落を取り囲む堀やへいの跡　　エ　作物を貯蔵する施設の跡

(2)　次の文章は，Ⅱの物品がもたらされていた期間中の日本のようすについて述べたものである。文章中の □ にあてはまることばとして最も適当なものを，下のアからエまでの中から選んで，そのかな符号を書きなさい。

> Ⅱの物品はすべて中国でつくられたものである。これらが大量に輸入されたことで商業活動が活発となり，14世紀には □ が行われていた。

ア　十三湊《とさみなと》の豪族がアイヌとの交易品を畿内にもたらすなど遠隔地間の取引

イ　商人が農民に材料や道具を貸し出して製品を製造させる問屋制家内工業

ウ　東南アジア各地に日本町がつくられ，大名や豪商によって朱印船貿易

エ　金・銀・銭の貨幣の両替で利益を上げた商人による大名への金銀の貸し付け

(3)　次の文章は，Ⅲの物品が日本にもたらされたことに関連して述べたものである。文章中の（①），（②）にあてはまることばの組み合わせとして最も適当なものを，次のページのアからエまでの中から選んで，そのかな符号を書きなさい。

> Ⅲの物品を初めて日本にもたらしたのはポルトガル人であるとされている。15世紀以降，ポルトガルは（　①　）が支配する地域を経由しない交易路の開発を進めた。また，ポルトガルはカトリック国であり，（　②　）に対抗して新しい信者を獲得する必要からも海外進出を積極的に行った。

ア　①　オスマン帝国，②　イエズス会　　**イ**　①　オスマン帝国，②　プロテスタント
ウ　①　モンゴル帝国，②　イエズス会　　**エ**　①　モンゴル帝国，②　プロテスタント

2　次のⅠ，Ⅱ，Ⅲの資料とW，X，Y，Zのカードは，生徒が歴史をさまざまな視点から考えることをテーマにした発表を行った際に用いたものの一部である。資料中のAとB，CとD，EとFの部分は，それぞれの資料中の絵や写真に関して，その当時，異なる立場をとった二人の人物の意見であり，そのうちCとD，EとFの部分には，それぞれW，X，Y，Zのカードのいずれかがあてはまる。次のページの(1)から(4)までの問いに答えなさい。

なお，Ⅰの資料中のAとBの部分およびWからZまでのカードの中には現代語で要約したものがある。

(資料)

Ⅰ

【当時，こうした社会変革に積極的だった人】

A　「天は人の上に人を造らず，人の下に人を造らず」といわれる。そうであるならば，天から人が生ずる以上，貴賤《きせん》貧富の別はない。

【当時，こうした社会変革に慎重だった人】

B　今までにあったものを研究して，一歩前進させることに努めるべきである。西洋画も参考にするべきであろうが，主体的に進歩しようと心がけるべきである。

Ⅱ

【当時，この制度の導入を訴えた人】

C

【当時，この制度の導入に反対した人】

D

Ⅲ

【当時，この運動のきっかけとなった条約を結ぼうとした人】

E

【当時，この運動のきっかけとなった条約を結ぶことに反対した人】

F

(カード)

W　現在の社会組織に打撃を与えることを目的に，納税資格を撤廃せよという訴えは実に危険である。

X　外国の軍隊が駐留することは，日本の国はじまって以来の不自然なできごとであります。

Y　日米両国の友好関係は，今日まで多少とも残存しておりました戦後的色彩を一掃し，全く新たな段階に入ったのであります。

Z　現在の有権者は地方の地主が大多数であり，彼らの多くは高齢でせまい知識しかもっていない。彼らによって選出された者は地主と富豪の代表でしかない。

(1) 次の文章は，生徒がⅠの資料について発表した際に用いたメモの一部である。文章中の（①），（②）にあてはまることばと人名の組み合わせとして最も適当なものを，下の**ア**から**カ**までの中から選んで，そのかな符号を書きなさい。

> Aの部分に示された意見は西洋の考え方を当時の人々に紹介した人物のものであり，ここでは（　①　）制度の不要を説いている。一方，Bの部分に示された意見は（　②　）のものである。彼は，伝統的な日本文化が軽視されることを心配し，文化財の保護や日本画を教える官立の学校の設立に関わった。

ア　①　教育，②　岡倉天心《おかくらてんしん》　　**イ**　①　身分，②　岡倉天心
ウ　①　教育，②　中江兆民《なかえちょうみん》　　**エ**　①　身分，②　中江兆民
オ　①　教育，②　福沢諭吉《ふくざわゆきち》　　**カ**　①　身分，②　福沢諭吉

(2) Ⅱの資料中のC，Ⅲの資料中のEのそれぞれの部分にあてはまるカードとして最も適当なものを，WからZまでの中からそれぞれ選んで，その符号を書きなさい。

(3) 次の文章は，生徒がⅡの資料について発表した際に用いたメモの一部である。文章中の［③］，［④］にあてはまることばの組み合わせとして最も適当なものを，下の**ア**から**カ**までの中から選んで，そのかな符号を書きなさい。

> この制度の導入が検討された時期，国内では社会運動が広がりを見せ，［　③　］された。また，この時期，ワシントン会議の結果を受けて，対外的には［　④　］しようとする政策がとられた。

ア　③　労働基準法が制定，　④　欧米諸国と対立しても満州の権益を拡大
イ　③　労働基準法が制定，　④　欧米諸国と協調して平和を維持
ウ　③　日本最初のメーデーが開催，④　欧米諸国と対立しても満州の権益を拡大
エ　③　日本最初のメーデーが開催，④　欧米諸国と協調して平和を維持
オ　③　民撰議院設立建白書が提出，④　欧米諸国と対立しても満州の権益を拡大
カ　③　民撰議院設立建白書が提出，④　欧米諸国と協調して平和を維持

(4) 次の文章は，生徒がⅢの資料について発表した際に用いたメモの一部である。文章中の［⑤］，［⑥］にあてはまることばの組み合わせとして最も適当なものを，下の**ア**から**エ**までの中から選んで，そのかな符号を書きなさい。

> Ⅲの資料中の写真で，国会議事堂周辺に集まった人たちの多くは，この運動のきっかけとなった［　⑤　］意見を支持していた人たちであった。江戸時代から大日本帝国憲法の制定を経て，日本国憲法の制定へと日本の政治の仕組みが［　⑥　］へと移り変わるなかで，集団で意見の表明を行うことが，国民の権利として認められるようになった。

ア　⑤　条約を結ぼうとする，　⑥　社会主義的なものから資本主義的なもの
イ　⑤　条約を結ぼうとする，　⑥　専制的なものから民主的なもの
ウ　⑤　条約を結ぶことに反対する，⑥　社会主義的なものから資本主義的なもの
エ　⑤　条約を結ぶことに反対する，⑥　専制的なものから民主的なもの

3　次のⅠの表は，日本の流域面積上位の河川を示したものであり，Ⅱの表は，Ⅰの表中の河川の流域に位置する４道県の１農家あたり耕地面積等を示したものである。また，Ⅲの表は，米の収穫量等の上位３道県およびその全国に占める割合を示したものであり，Ⅳのグラフは，銚子漁港の水あげ量の推移を，Ⅴのグラフは，日本の漁業種別の漁獲量，魚介類の輸入量の推移を示したものである。あとの⑴から⑷までの問いに答えなさい。

なお，Ⅱの表中のA，B，C，Dは，それぞれ岩手県，群馬県，長野県，北海道のいずれかであり，Ⅲの表中のX，Y，Zは米の収穫量，ばれいしょ（じゃがいも）の収穫量，肉用牛の飼育頭数のいずれかである。

Ⅰ　流域面積上位の河川

順位	河川名
1	利根川
2	石狩川
3	信濃川
4	北上川
5	木曽川

Ⅱ　４道県の１農家あたり耕地面積，製造品出荷額等，人口密度

道県名	１農家あたり耕地面積(ha)	製造品出荷額等(億円)	人口密度(人/km²)
A	1.44	90 985	305.3
B	2.29	25 432	80.3
C	1.04	62 316	151.1
D	25.81	62 126	66.9

（「データでみる県勢　2020年版」などをもとに作成）

Ⅲ　米の収穫量，ばれいしょ（じゃがいも）の収穫量，肉用牛の飼育頭数の上位３道県およびその全国に占める割合（%）

X		Y		Z	
北海道	20.5	新潟県	8.1	北海道	77.1
鹿児島県	13.5	北海道	6.6	鹿児島県	4.3
宮崎県	10.0	秋田県	6.3	長崎県	4.1

（「データでみる県勢　2020年版」をもとに作成）

Ⅳ　銚子漁港の水あげ量の推移（５年ごと）

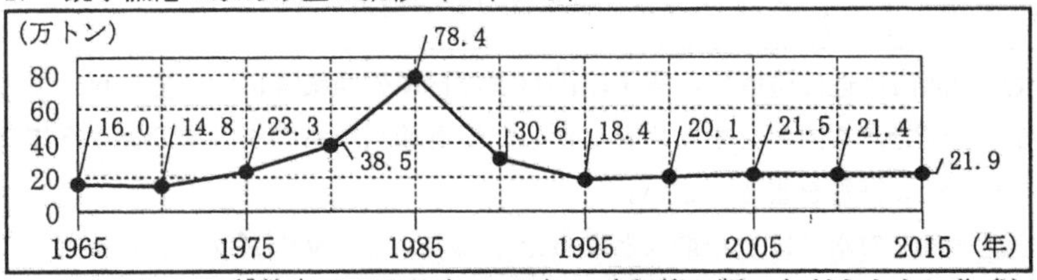

（「数字でみる日本の100年　改訂第７版」などをもとに作成）

Ⅴ　日本の漁業種別の漁獲量，魚介類の輸入量の推移（５年ごと）

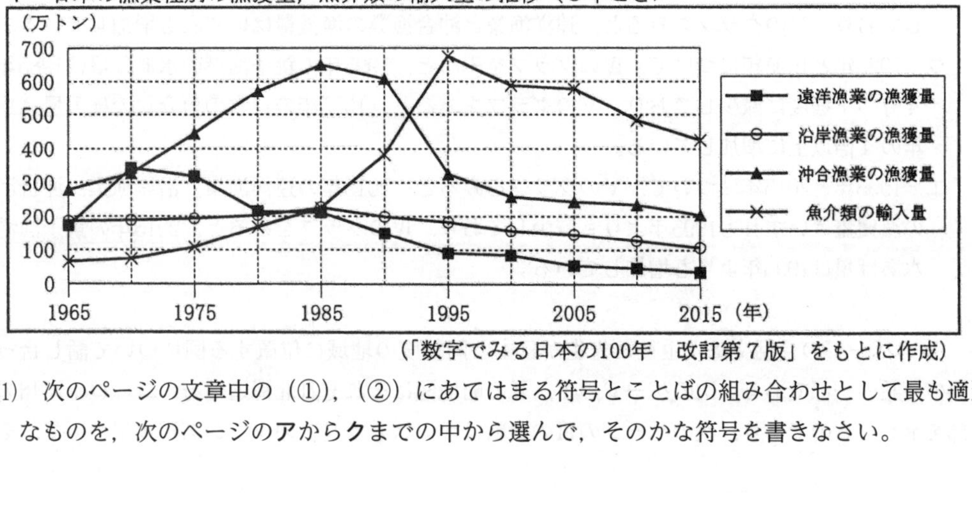

（「数字でみる日本の100年　改訂第７版」をもとに作成）

⑴　次のページの文章中の（①），（②）にあてはまる符号とことばの組み合わせとして最も適当なものを，次のページの**ア**から**ク**までの中から選んで，そのかな符号を書きなさい。

> 木曽川の上流域が位置するⅡの表中の（　①　）では，電子機器や情報通信機器の生産がさかんである。また，夏の冷涼な気候を生かした高原野菜の栽培や，水はけのよい（　②　）での果樹の栽培などがさかんである。

ア　①　A，②　扇状地　　イ　①　A，②　三角州　　ウ　①　B，②　扇状地
エ　①　B，②　三角州　　オ　①　C，②　扇状地　　カ　①　C，②　三角州
キ　①　D，②　扇状地　　ク　①　D，②　三角州

(2)　Ⅲの表中のX，Y，Zのうち，「米の収穫量」を示すもの，「肉用牛の飼育頭数」を示すものをそれぞれ選んで，その符号を書きなさい。

(3)　次の資料中の文章は，Ⅰの表中の二つの河川の下流域の冬季の日照時間について説明したものである。資料中の図を参考にして，文章中の□にあてはまることばを，下の語群x，語群yのそれぞれから1語ずつ選び，それらの語を用いて，10字以上15字以下で書きなさい。
（資料）

> 信濃川と北上川の下流域を比較すると，信濃川下流域の方が冬季の日照時間が短い。これは，大陸からの季節風が，日本海を流れる二つの海流のうち□ときに大量の水蒸気を含み，日本海側に雲を発生させるためである。

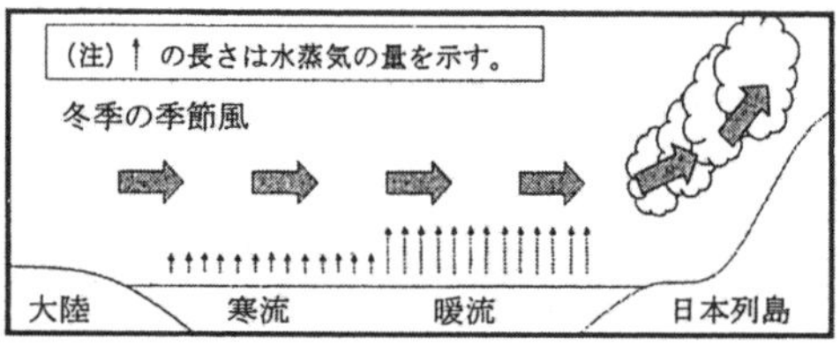

語群x：（寒流，暖流）

語群y：（対馬海流，リマン海流）

(4)　Ⅰの表中の利根川の河口付近に位置する銚子漁港および日本の漁業等について，Ⅳ，Ⅴのグラフから読み取ることができる内容をまとめた文として最も適当なものを，次のアからエまでの中から選んで，そのかな符号を書きなさい。

ア　Ⅳのグラフで銚子漁港の水あげ量が最大となった年について，Ⅴのグラフをみると，この年に日本の遠洋漁業と沖合漁業の漁獲量はいずれも最大となっている。

イ　1970年から1980年までの期間について，Ⅳのグラフをみると，銚子漁港の水あげ量が増加しており，Ⅴのグラフをみると，遠洋漁業と沖合漁業の漁獲量はいずれも増加している。

ウ　1985年と1995年について，Ⅳのグラフをみると，1995年の銚子漁港の水あげ量は1985年の4分の1程度に減少しており，Ⅴのグラフをみると，1995年の日本の魚介類の輸入量は1985年の4倍以上に増加している。

エ　1995年と2015年について，Ⅴのグラフをみると，2015年の遠洋漁業，沿岸漁業，沖合漁業の漁獲量はいずれも1995年よりも減少しており，Ⅳのグラフをみると，2015年の銚子漁港の水あげ量は1995年よりも増加している。

4　次のページの会話文は，生徒と先生が日本と同緯度の地域に位置する国について話し合った際の会話の一部である。次のページのⅠ，Ⅱの略地図はそれぞれ北海道地方，ヨーロッパ州の一部を示したものであり，次のページのⅢの資料はオーストラリアのタウンズビルについて，その

位置と月別降水量と月別平均気温を示したものである。また，Ⅳの表は砂糖の原料となる農作物の生産量上位３国を示したものである。次のページの⑴から⑶までの問いに答えなさい。なお，Ⅱの略地図中のＡからＤまでは緯線を示している。

（会話文）

> 生徒：日本の国土の位置は緯度で示すとどのくらいでしょうか。
>
> 先生：日本の国土はおよそ北緯20度から北緯46度までの範囲に位置しています。日本と同緯度の地域に位置する国について調べてみましょう。
>
> 生徒：Ⅰの略地図中の緯線は日本の北端に近い北緯45度です。Ⅱの略地図中では（　①　）が北緯45度になるので，Ⅱの略地図中でこの線より南に位置する国が日本とほぼ同緯度に位置するといえます。
>
> 先生：次に，日本の国土が位置する緯度の範囲を，緯度０度を示す緯線である（　②　）をはさんで反転させた，南緯20度から南緯46度までの範囲に首都が位置する国を調べましょう。
>
> 生徒：私が知っている国は，アルゼンチンやオーストラリアがあります。
>
> 先生：まだまだ他にもありますよ。それでは，課題を出します。北半球と南半球で，緯度20度から46度までに首都が位置する３国を示すので，それらの国について調べてください。

Ⅰ　北海道地方の略地図

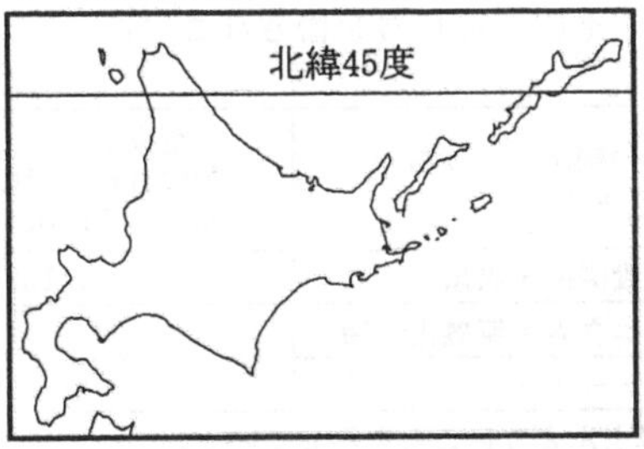

Ⅱ　ヨーロッパ州の一部の略地図

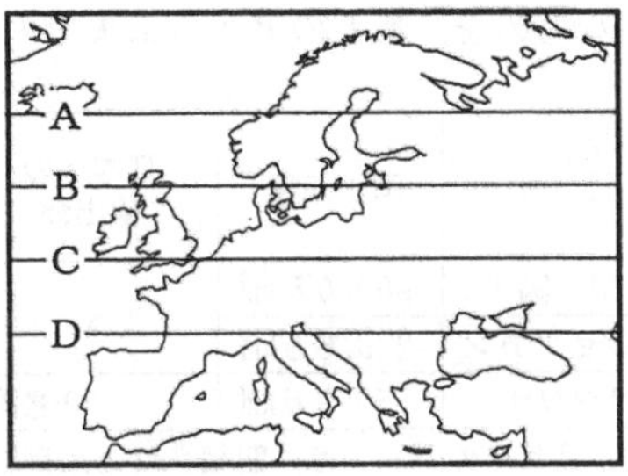

Ⅲ　タウンズビルの位置とその月別降水量と月別平均気温

（気象庁ホームページをもとに作成）

Ⅳ　砂糖の原料となる農作物の生産量上位３国

農作物名	生産量上位３国
てんさい	ロシア，フランス，ドイツ
さとうきび	ブラジル，インド，中国

（「データブック　オブ・ザ・ワールド2020」をもとに作成）

⑴　会話文中の（①）にあてはまる最も適当な緯線を，Ⅱの略地図中のAからDまでの中から選んで，その符号を書きなさい。また，会話文中の（②）にあてはまる最も適当なことばを，漢字2字で書きなさい。

⑵　次の文章は，Ⅲの資料とⅣの表をもとにタウンズビルの農業についてまとめたものである。文章中の（③），（④）にあてはまることばの組み合わせとして最も適当なものを，下のアからエまでの中から選んで，そのかな符号を書きなさい。

> Ⅲの資料から，南半球に位置するタウンズビルは，年間を通じて温暖で，夏季に降水量が（　③　）という気候的な特徴があることがわかる。タウンズビルでは，この特徴を生かし，Ⅳの表中の農作物のうち，熱帯や温帯が分布する国で生産量が多い（　④　）の栽培がさかんである。

ア　③　多い，　④　てんさい
イ　③　少ない，④　てんさい
ウ　③　多い，　④　さとうきび
エ　③　少ない，④　さとうきび

⑶　次の表は，生徒が会話文の最後で先生から示された課題に対して，中国，アルゼンチン，ボツワナについてまとめたものである。表中のxには下のa，bのいずれかの部分が，表中のyにはc，dのいずれかの部分があてはまる。x，yとa，b，c，dの組み合わせとして最も適当なものを，あとのアからエまでの中から選んで，そのかな符号を書きなさい。

国　名	国土面積	日本への輸出額	日本への輸出品のうち主要3品目	東京から各国の首都までのおよその距離
中　国	960.0万㎢	x	電気機器・一般機械・衣類	2 100km
アルゼンチン	279.6万㎢		えび・アルミニウム・無機化合物	y
ボツワナ	58.2万㎢	30億円	ダイヤモンド・ー・ー	

（注）品目名の「ー」は，記載された品目以外に輸出品がほとんどないことを示している。
（「データブック　オブ・ザ・ワールド2020」などをもとに作成）

【表中のxにあてはまる部分】

a	b
191 871億円	742億円
742億円	191 871億円

【表中のyにあてはまる部分】

c	d
13 700km	18 400km
18 400km	13 700km

ア　x：a，y：c　　　**イ**　x：a，y：d
ウ　x：b，y：c　　　**エ**　x：b，y：d

5　次のページのⅠからⅣまでの資料は，生徒が日本の財政についてのレポートを作成するために用意したものの一部である。あとの⑴から⑶までの問いに答えなさい。

なお，Ⅰ，Ⅱの資料中のX，Y，Zは，それぞれアメリカ，イタリア，日本のいずれかであり，同じ符号には同じ国名があてはまる。

Ⅰ　債務残高（対ＧＤＰ比）の推移

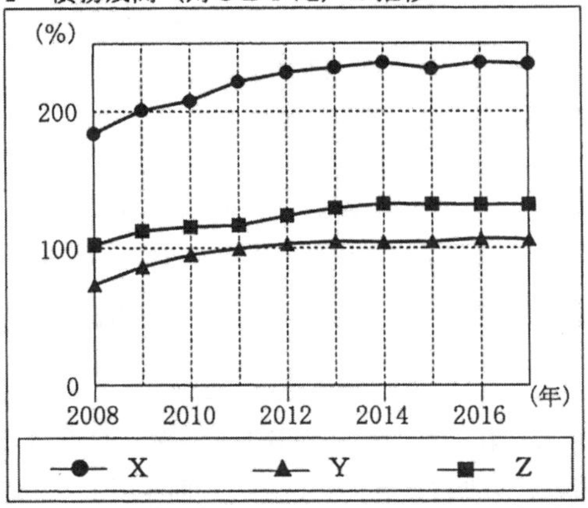

（財務省ホームページをもとに作成）

Ⅱ　１人あたり国内総生産（ＧＤＰ）の推移

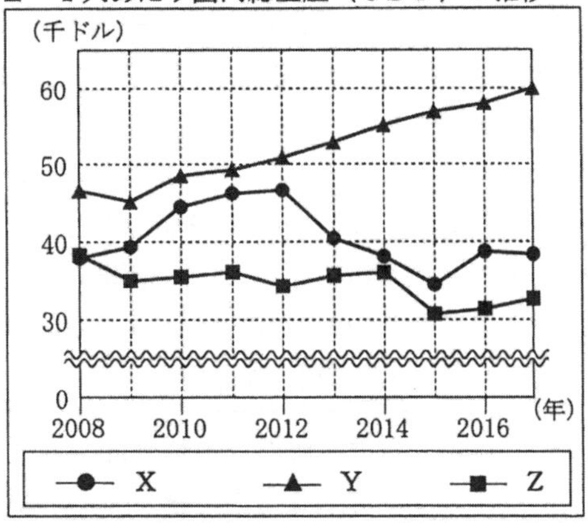

（総務省ホームページをもとに作成）

Ⅲ　日本の一般会計予算（令和元年度）

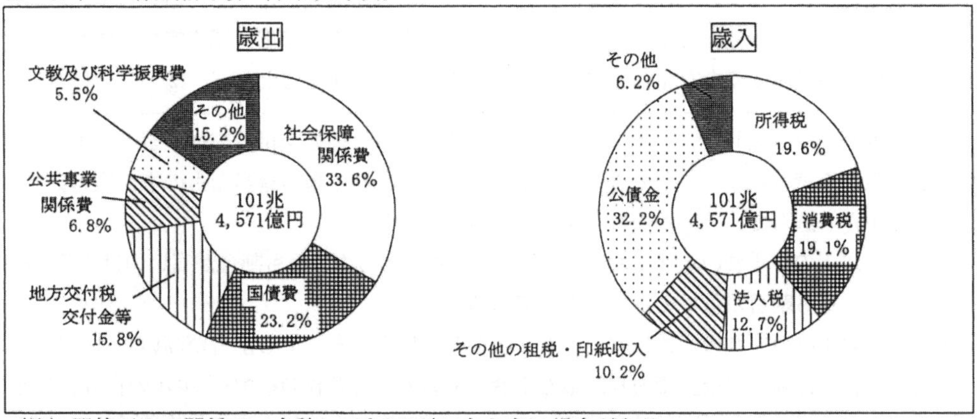

（注）四捨五入の関係で，合計しても100%にならない場合がある。
（財務省ホームページをもとに作成）

Ⅳ　国民生活に関する世論調査結果（年代別割合）　(%)

政府に対して要望したい項目	18〜29歳	30〜39歳	40〜49歳	50〜59歳	60〜69歳	70歳以上
医療・年金等の社会保障の整備	51.8	61.9	64.7	67.0	70.3	63.8
高齢社会対策	43.2	46.5	49.0	57.3	56.3	54.0
景気対策	55.3	62.4	57.1	57.2	48.1	37.6
少子化対策	41.3	45.8	38.8	40.0	37.9	25.4
防災	24.4	29.5	28.2	31.7	30.5	25.1
教育の振興・青少年の育成	29.8	40.3	35.8	29.7	24.1	16.8

（注）複数の項目が選択できる形式での調査のため，合計しても100%にならない。
（内閣府「政府世論調査（平成30年実施）」をもとに作成）

(1)　次の文章は，生徒がⅠ，Ⅱの資料をもとに作成したレポートの一部である。文章を参考にしてⅠ，Ⅱの資料中のＹ，Ｚの国名の組み合わせとして最も適当なものを，次のページの**ア**から**カ**までの中から選んで，そのかな符号を書きなさい。

　債務残高（対ＧＤＰ比）については，一貫して日本が他の２国より高い状態が続いている。１人あたり国内総生産（ＧＤＰ）については，2010年以降，アメリカが毎年増加し続けているのに対し，イタリア，日本はそれぞれ前年より減少している年がある。

ア　Y　アメリカ，Z　イタリア　　**イ**　Y　アメリカ，Z　日本
ウ　Y　イタリア，Z　アメリカ　　**エ**　Y　イタリア，Z　日本
オ　Y　日本，　Z　アメリカ　　**カ**　Y　日本，　Z　イタリア

(2)　次の文章は，生徒がⅢの資料をもとに，日本の財政について発表した際に用いたメモの一部である。文章中の（①）にあてはまることばとして最も適当なものを，下の**ア**から**エ**までの中から選んで，そのかな符号を書きなさい。また，文章中の（②）にあてはまる最も適当なことばを，漢字4字で書きなさい。

令和元年度一般会計予算では，歳出と歳入それぞれの総額が等しく，歳出における（　①　）の割合よりも，歳入における公債金の割合が大きいことから，前年度よりも国の債務残高は増加すると考えられる。
歳出についてみると，社会保障関係費の占める割合が最大となっている。日本の社会保障制度は，4本の柱からなっているが，そのうち上下水道の整備や感染症の予防などにより，人々が健康で安全な生活を送ることができるようにすることを（　②　）という。

ア　文教及び科学振興費　　**イ**　公共事業関係費　　**ウ**　地方交付税交付金等　　**エ**　国債費

(3)　Ⅳの表から読み取ることができる内容をまとめた文として最も適当なものを，次の**ア**から**エ**までの中から選んで，そのかな符号を書きなさい。

ア　39歳以下のいずれの年代においても，表中の項目のうち，最も割合が高いのは「景気対策」であり，最も割合が低いのは「防災」である。

イ　40歳以上のいずれの年代においても，表中の項目のうち，最も割合が高いのは「医療・年金等の社会保障の整備」であり，最も割合が低いのは「教育の振興・青少年の育成」である。

ウ　表中の項目のうち「高齢社会対策」について，その割合が最も高い年代は「70歳以上」であり，その割合が最も低い年代は「18～29歳」である。

エ　表中の項目のうち，「景気対策」と「少子化対策」について，その割合が最も高い年代はいずれも「30～39歳」であり，その割合が最も低い年代はいずれも「18～29歳」である。

6　次の会話文は，生徒と先生が地方自治について話し合った際の会話の一部である。次のページの(1)から(3)までの問いに答えなさい。
なお，会話文中の2か所の（B）には同じことばがあてはまる。

（会話文）

生徒：国と，地方公共団体は，どのように仕事を分担しているのですか。
先生：国は，国際社会における日本の立場に関わるような仕事や，［　A　］など，全国的な規模や視点で行われるべき仕事を行います。これに対して地方公共団体は，ごみの収集など，より住民に身近な仕事を行います。
生徒：国と地方公共団体の関係は，どのようになっているのですか。
先生：1999年に成立した（　B　）一括法では，国と地方公共団体の役割分担が明確となり

ました。この法律によって，地方公共団体の権限が強化され，地域の特性に応じた仕事を行えるようになり，（　B　）が進んでいます。

(1) 次の文章は，地方公共団体について説明したものである。文章中の ① ，② にあてはまることばの組み合わせとして最も適当なものを，下のアからエまでの中から選んで，そのかな符号を書きなさい。

地方公共団体では，［　①　］住民の直接選挙で選ぶ。［　②　］地方公共団体の運営を行う。

ア　①　首長と地方議会議員をともに，　②　首長は地方議会に優越した立場で
イ　①　首長と地方議会議員をともに，　②　首長と地方議会は均衡を保ちながら
ウ　①　首長と地方議会議員のうち首長を，②　首長は地方議会に優越した立場で
エ　①　首長と地方議会議員のうち首長を，②　首長と地方議会は均衡を保ちながら

(2) 会話文中の［A］にあてはまる最も適当なことばを，次のアからエまでの中から選んで，そのかな符号を書きなさい。

ア　住民の転入や転出を管理し住民票を作成する
イ　放置自転車の撤去や駐輪場の増設などを行う
ウ　公的年金や介護保険などの制度を設計する
エ　消防士や警察官の採用に関わる業務を行う

(3) 会話文中の（B）にあてはまる最も適当なことばを，漢字4字で書きなさい。

ことと一致するものを一つ選んで、そのかな符号を書きなさい。

ア　悔いのない人生を送るためには、善行を積み重ねる必要がある。

イ　危険を冒して修行を積めば、他者を救う力を身につけられる。

ウ　徳を積んだ僧に対しては、どんなときも敬意を忘れてはならない。

エ　仏の教えは誰でも知っているが、簡単に実行できるものではない。

オ　調査地での不思議な体験を紹介し、自分がその文化に取り込まれた過程を説明したあとで、全身で格闘することでしか自国の文化を本当に理解することはできないと述べている。

四

次の古文を読んで、あとの㈠から㈣までの問いに答えなさい。

（本文の……の左側は現代語訳です。）

もろこし（中国）に道林禅師《だうりんぜんじ》といへる人は、この世のあまりにはかなきことに堪へわびて（耐えられなくなって）、木の末にのみ住み侍《はべ》りしを、白楽天《はくらくてん》見侍りて、①鳥の巣の禅師などと名付けて、「和尚《くわしやう》の栖《すみか》（住んでいる所）あまりに危ふく見えて侍る物かな」と云《い》へば、和尚答ふ、「汝《なむぢ》（お前）がこの世を忘れて交はり暮らすこそ②猶《なほ》（もっと）危ふけれ」と云へり。また、楽天問ふ、「いかなるかこれ仏法」と。和尚答ふ、「諸悪莫作諸善奉行《しょあくまくさしょぜんぶぎやう》（もろもろの悪を行うな　もろもろの善を行え）」。楽天云ふ、「このことわり（道理）は、三歳の嬰児《えいじ》（幼い子）も知れり」。和尚云はく、「知れることは、三歳の嬰児も知れり。行ずることは、八旬（八十歳）の老翁もまどへり」と云へれば、③白楽天三礼して去れり。

（『ひとりごと』による）

（注）○道林禅師《だうりんぜんじ》＝唐代の僧。　○白楽天《はくらくてん》＝唐代の詩人・官吏。
○和尚《くわしやう》＝修行を積んだ僧。

㈠　白楽天が①鳥の巣の禅師と名付けた理由として最も適当なものを、次のアからエまでの中から選んで、そのかな符号を書きなさい。

ア　山寺にこもっていたから。
イ　樹上を居場所にしていたから。
ウ　世間を見下していたから。
エ　森の中で修行をしていたから。

㈡　②猶《なほ》危ふけれ　とあるが、和尚はどのようなことに対して危ういと言っているのか。その説明として最も適当なものを、次のアからエまでの中から選んで、そのかな符号を書きなさい。

ア　時間を忘れてひたすら友人と一緒に詩を作ってばかりいること
イ　人を思いやるというこの世で最も大切なことを忘れていること
ウ　この世のはかなさを意識することなく人々と交遊していること
エ　限りある命であることを知らずに何となく修行をしていること

㈢　③白楽天三礼して去れり　とあるが、その理由として最も適当なものを、次のアからエまでの中から選んで、そのかな符号を書きなさい。

ア　奇抜な行動をする道林禅師が、実は優れた見識をもっていることがわかったから。
イ　優れた詩人でもある道林禅師が、それとなく詩作の極意を伝授してくれたことに気づいたから。
ウ　道林禅師が自分と同じ考えをもっていることを知り、仲間意識が芽生えたから。
エ　道林禅師の発言は仏教を軽んじているが、その裏に自分自身への厳しさが感じられたから。

㈣　次のアからエまでの中から、その内容がこの文章に書かれているに戻ってもしばらくは頭が現地語から日本語に切り替わらないから。

イ　人類学者は調査地で、現地の人びとの声音や身ぶりをまねることで言葉を学んでいくため、現地語が身体に深く染み込んでいるから。

ウ　人類学者は調査地で、現地語と日本語の両方を使うため、日本語の語彙に現地語が自然に取り込まれて違和感を感じなくなるから。

エ　人類学者は調査地で、身ぶりに近い間投詞からまず覚えるため、日本に戻ったあとも感情を表現するときは現地語が便利であるから。

(二)　［②］にあてはまる最も適当なことばを、次の**ア**から**エ**までの中から選んで、そのかな符号を書きなさい。

ア　肝を冷やした　**イ**　頭を抱えた

ウ　肩をすぼめた　**エ**　目を細めた

(三)　③自分の身体感覚や世界認識そのものが揺らぎ、不安定化していくような経験　とあるが、その説明として最も適当なものを、次の**ア**から**エ**までの中から選んで、そのかな符号を書きなさい。

ア　自文化では現実とは考えられていない超自然的な世界について現地の人たちと語りあううち、いつのまにか自文化の理解が誤ったものであると感じられる経験

イ　異文化の言葉や概念の中で長く暮らすうちに異文化の世界を外側から観察する視点が失われていき、しだいに精霊たちの住む神秘的な世界に取り込まれてしまう経験

ウ　異文化の豊かで多義的な言葉を学びながら呪術師や精霊の住む世界にふれるうちに、いつのまにか母国語を通して身につけた他者や世界との関わり方が変化していく経験

エ　調査地の言葉や概念を母国語に翻訳して自国の人びとに伝えようと試みる中で、自文化の独特な世界観を超えた新たな文化のにない手となる可能性が感じられる経験

(四)　第六段落の内容を説明した次の文の［　］にあてはまる最も適当なことばを、第六段落の文章中からそのまま抜き出して、四字で書きなさい。

> 異文化の言語を自分のものにしていく際には、異文化に生きる「私」と自文化に生きる私との間の［　］がくりかえされ、しだいに新しい自分が生み出される。

(五)　この文章の内容がどのように展開しているかを説明したものとして最も適当なものを、次の**ア**から**オ**までの中から選んで、そのかな符号を書きなさい。

ア　異文化の言語が身についていく過程を自らの体験を通して示し、言語学習によって文化への認識が変わることを論証した上で、その認識の変化が人間を成長させると主張している。

イ　異文化や他者に対する認識を変えることの意義を述べ、別の学者の考えを紹介した上で、機械的な翻訳を行うことが異文化を理解する際の基本となることを主張している。

ウ　言語と身体の関係にふれ、言語学習によって生じる身体感覚の変化を説明した上で、異文化の言語を身につけるためには全身で他者や世界と関わる必要があると述べている。

エ　ある土地で暮らしながら異文化を学んだ経験を紹介し、言葉や概念を学ぶことの難しさを指摘したあとで、異文化の言葉を自国の人びとに伝えられる喜びについて述べている。

る。それは、英文和訳のように、異文化の言葉や概念が自文化の言葉や概念にスムーズに置き換えられることを前提とした言語の学習とは異なり、③自分の身体感覚や世界認識そのものが揺らぎ、不安定化していくような経験だ。だから、人類学のフィールドワークは楽しくもあり、ときに非常に疲れる体験でもある。

5　人類学者のタラル・アサドは、「文化の翻訳」をテーマとした論文の中で次のように書いている。人類学者が調査地の言語を母国語に翻訳しようとするとき、彼／彼女は一組の文と文を対応させるような機械的な翻訳を行うのではない。あるいはまた、現地の人たちの語りが常に論理的にみえるように、都合のよい解釈を施しているのでもない。むしろそれは、フィールドでの生活を通して異なる言語や思考のあり方を学び、それを自国の人びとに伝えようと試みる中で、人類学者自身の言語の新たな可能性が立ち現れてくるような翻訳なのである、と。

6　言葉は何よりもまず声であり、リズムであり、やりとりであるのだから、それを学ぶには全身で他者や世界と関わり、とっくみあわなくてはならない。その過程で、私は言語を自分のものにしていくと同時に、その語彙や身ぶり、リズムが織りなす世界に取り込まれていく。私の身体はそのとき、母国語と現地語を媒介するものになる。現地語の世界に没入し、そこに生きる「私」に変身しながら、母国語でフィールドノートをつけるとき、そこには常に「没入（変身すること）」と「再帰（我に帰ること）」の往復運動がある。そんなふうに没入と再帰をくりかえしていくうちに、自分自身がしだいに根底から変容してゆき、ついにはどちらが「我」で、どちらが「変身」なのかもわからなくなってくる。日本に戻って、日本人の学生としてふるまっているつもりでも、思わず口から飛び出す「ハッ」というあいづちとともに、長く暮らしたフィールドでの「私」がふいによみがえってくることがあるのだ。からだ全体を使って、身ぶりやリズム、やりとりとしての言葉を身につけることは、常に変わらないこの私が異文化の言語を知り、理解し、習得する、といった一方的なプロセスではない。そうではなくて、それは変身の経験、別な世界に生きる「私」の生成であると同時に、その世界によって私が少しずつ知られ、のっとられていくような経験でもあるのだろう。

（『わたしの外国語漂流記　未知なる言葉と格闘した25人の物語』所収
石井《いしい》美保《みほ》「あいづちと変身」による）

（注）○1～6は段落符号である。
○なりわい＝生活をしていくための仕事。
○人類学者＝文化人類学を研究している人。
○タンザニア、ガーナ＝ともにアフリカ大陸にある国。
○口蓋＝口の中の上側の部分。
○間投詞＝ことばの間や切れ目に入れて用いられることば。
○／＝ここでは、「又は」の意味で用いられている記号。
○呪術＝超自然的、神秘的なものの力を借りて、望む事柄を起こさせる行為。
○フィールドワーク＝野外などの現場や現地で行う調査・研究。
○タラル・アサド＝サウジアラビア出身の人類学者。
○フィールドノート＝フィールドワークの記録。
○プロセス＝過程。

(一)　①日本で思わず現地語が出てきちゃうケース　とあるが、このようなことが起こる理由として最も適当なものを、次の**ア**から**エ**までの中から選んで、そのかな符号を書きなさい。

ア　人類学者は調査地で、長期間住み込んで調査を行うため、日本

三 次の文章を読んで、あとの㈠から㈤までの問いに答えなさい。

1 私がなりわいとしている文化人類学は、フィールドと呼ばれる調査地に出かけてゆき、そこに長期間住み込んで、人びとの暮らしについて調査をするという学問だ。人びとの暮らしや考えていることを理解するためには、その土地の言葉ができなくてはならない。少なからぬ人類学者は、日本であらかじめ調査地の言語を勉強してから調査に出かけるのではなく、とりあえずフィールドに入り、そこで暮らしながら少しずつ言葉を学んでいく。私自身もそんなふうにして、これまでタンザニアやガーナ、南インドで調査を行ってきた。

2 大学院に在籍していた頃、同じく人類学者の卵としてモンゴル研究をしていた友人と、「①日本で思わず現地語が出てきちゃうケース」について語りあったことがあった。モンゴル語では、「ハッ」と息を吸い込むあいづちがあるらしく、彼女は日本語で会話をしている最中にも、思わず「ハッ」ってやっちゃうことがあるという。私も同じく、舌で口蓋を「タッ」と軽く打つあいづちがひょっこり出てしまうことがあった。驚いたときの「エイ!」といった間投詞も、現地語が思わず出ちゃうケースに含まれる。日本語で話しているにもかかわらず、なぜそんな表現が飛び出してしまうのか。それは、それらが言語というよりも声、もっといえば身ぶりに近い表現であって、だからこそフィールドに滞在しているうちに、人類学者の身体に深く染《し》み込んで離れないものになるからではないだろうか。ある土地に暮らしながら言葉を学んでいくとき、言葉は常に声であり、身ぶりであり、やりとりの中にある。それをまるごと学んでいくことは、人びとの声音や身ぶり、やりとりの作法を学ぶことだ。そのとき、「学ぶ」ことはまさに「まねる」ことであり、身体的な行為にほかならない。だから長期の調査から戻って間もなく、頭では日本にいるとわかっていても、身体はまだフィールドの感覚のままであるとき、とっさに出てくる間投詞が現地語になってしまうのだろう。(中略)

3 ガーナの村に住んでいた頃、よく耳にするにもかかわらず、意味のわからない単語があった。ある日、近所の子どもと一緒に幹線道路の端を歩いていたら、ミニバスが私たちの横すれすれを猛スピードで追い抜かしていき、[②] ことがあった。そのとき、その子がすかさずバスに向かって拳を振り上げ「クワッシア!」と叫んだのを見て、私は悟った。クワッシア=バカだったのか。そんなふうに、ある状況の中で発せられる言葉を、声音や身ぶりや表情と一緒に全身でまねて/学んでいるうちに、だんだんと自分の思考や独り言や夢の一部が現地語のそれになってくる。それは、単に語彙が増えた、文法がわかってきた、という以上に、自分の身体感覚、ひいては身のまわりの世界や他者との関わり方が少しずつ変化していることを感じる段階だ。ある言語が「自分のものになっていく」という感覚をもつとき、同時に私はその言語の語彙や、リズムや、やりとりが生み出しつづける独特な世界の網の目の中に少しずつ取り込まれている。

4 雪の多い土地で、雪を表現する語彙が豊富だというのは有名な話だけれど、私はガーナで暮らすうちに、さまざまな儀礼や霊的存在に関する語彙の豊かさを知ることになった。私自身の研究テーマがそうした土着の宗教実践だということにもよるが、英語や日本語には簡単に翻訳できない、豊かで多義的な語彙を学び、同時に儀礼や呪術の実践にふれるうちに、私はいつのまにか呪術師や精霊たちの住む世界を、現実そのものとして受けとめている自分に気づいた。ガーナの村で、「オボソン」と呼ばれる精霊について語りあうことは、外側からそうした「お話」の世界を観察することではなくて、精霊や呪術師が躍動している現実世界に全身で参入し、その世界を生きることでもあ

登山の自由とは、

70　60

(五)　この文章中の波線部の説明として最も適当なものを、次の**ア**から**エ**までの中から選んで、そのかな符号を書きなさい。

ア　第三段落の「たしかに一理あったのかもしれない」は、昔の登山者が人間社会のことを「下界」と呼んだからといって、彼らを反社会的存在とみなすのは誤りであったことを言い表している。

イ　第四段落の「特殊な作法」は、何か起こるかわからない不安定な状況の中にあえて身を置き、未知の世界を経験することが登山という行為であることを言い表している。

ウ　第五段落の「ダイレクト」「イメージ」「シビア」「キーワード」は、外来語を多用することで、現在の富士登山の問題が世界的な広がりをもっていることを言い表している。

エ　第六段落の「単なる地形上のでっぱり」は、日本最高峰の富士山をありふれたもののように表現することで、富士山に対する社会の関心が失われていることを言い表している。

(六)　この文章中の段落の関係を説明したものとして最も適当なものを、次の**ア**から**オ**までの中から選んで、そのかな符号を書きなさい。

ア　第二段落では、第一段落に続いて雪山での体験を示したのち、冬の登山で登山者が留意すべきことについて説明している。

イ　第三段落では、第二段落までの富士登山の体験を踏まえて、日常と非日常という視点から山に登ることの意味を述べている。

ウ　第四段落では、第三段落とは異なる視点から現在の富士登山の問題を述べ、登山による自然破壊から富士山を守るよう主張している。

エ　第五段落では、第四段落の内容とは異なる登山の厳しさについて説明し、文明の力を過信した登山者に注意を促している。

オ　第六段落では、第五段落で示した登山の自由を守るために、登山者にとって不自由な規則をいかに運用するかを説いている。

二　次の(一)、(二)の問いに答えなさい。

(一)　次の①、②の文中の傍線部について、漢字はその読みをひらがなで書き、カタカナは漢字で書きなさい。

①　後半が始まった直後に得点が入り、試合の均衡が破られた。

②　彼は自らつくった劇団をヒキいて公演を行った。

(二)　次の文中の（③）にあてはまる最も適当なことばを、あとの**ア**から**エ**までの中から選んで、そのかな符号を書きなさい。

叔父は温厚（　③　）な人柄で、誰からも慕われている。

ア　折衷　　**イ**　倹約　　**ウ**　一遇　　**エ**　篤実

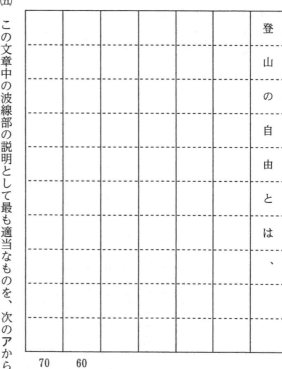

設。
○ニュアンス＝微妙な意味合い。
○範疇《はんちゅう》＝同じ種類のものが全て含まれる領域。
○無頼＝無法な行いをすること。
○混沌《こんとん》＝区別がつかず、入り混じっている状態。
○ダイレクトに＝直接であるさま。　○シビアな＝厳しいさま。
○屹立《きつりつ》＝高くそびえ立つこと。

(一) ①まぶしかった　とあるが、そこには「私」のどのような気持ちが表れているか。その説明として最も適当なものを、次の**ア**から**エ**までの中から選んで、そのかな符号を書きなさい。

ア　突然斜面に現れたスキーヤーに驚くとともに、訓練中の自分よりずっと洗練された滑りを見て、ねたましく思う気持ち
イ　訓練中の自分と比べると、目の前のスキーヤーはあまりに技術のレベルが高く、簡単には追いつけないと落胆する気持ち
ウ　訓練中の自分とは対照的に、斜面を見事に滑走していくスキーヤーの姿に心を引かれ、とても美しいと感じる気持ち
エ　広大な斜面を難なく滑り降りるスキーヤーを見て、訓練中の自分の未熟さに気づき、早く上達したいと強く望む気持ち

(二) 〔A〕、〔B〕にあてはまる最も適当なことばを、次の**ア**から**カ**までの中からそれぞれ選んで、そのかな符号を書きなさい。

ア　もちろん
イ　しばらく
ウ　いっぽう
エ　たとえ
オ　もはや
カ　せめて

(三) ②「非登山的」な試みである　とあるが、筆者がこのように考える理由として最も適当なものを、次の**ア**から**エ**までの中から選んで、そのかな符号を書きなさい。

ア　弾丸登山の自粛呼びかけや入山料の徴収は、日常生活とは対極にある登山をスポーツとして世の中に示すための行為であるから。
イ　弾丸登山の自粛呼びかけや入山料の徴収は、命の危険を顧みようとしない登山者に強く警告を与えることになるから。
ウ　弾丸登山の自粛呼びかけや入山料の徴収は、人間の制御がきかない自然に対して主導権を握ろうとする危険な行為であるから。
エ　弾丸登山の自粛呼びかけや入山料の徴収は、文明社会の外に出る登山という行為を人間が決めた規則で管理することになるから。

(四) 筆者は第五段落で、登山の自由について述べている。それを要約して、六十字以上七十字以下で書きなさい。ただし、「離脱」、「責任」、「裁量」という三つのことばを全て使って、「登山の自由とは、……」という書き出しで書き、「……ものである。」で結ぶこと。三つのことばはどのような順序で使ってもよろしい。

(注意)
・句読点も一字に数えて、一字分のマスを使うこと。
・文は、一文でも、二文以上でもよい。
・後の枠を、下書きに使ってもよい。ただし、解答は必ず解答用紙に書くこと。

は人間が決めた規則や人間自身に管理された内側の世界のことをさすので、文明にとどまりさえすれば人間は人間自身で主導権を握って暮らすことができるのだが、しかしひとたび文明社会から離れて自然のなかに足を踏み入れると、そこでは人間は生きる主導権を完全に自然に握られるので、いつなんどき死が訪れるかわからない不安定な状況下で生きのびなければならない。山というのはそうした自然の混沌《こんとん》を最も劇的に体験できる現場であり、その山に登る登山という行為は、人間が主導権を握って生きることのできる枠組み（＝人間界）の外側に飛びだして、未知の世界を経験するためにあえて実践される特殊な作法のことだと理解してよい。（中略）

5　また、山は人間界の外の、社会の管理の及ばない場所にあるのだから、そこを目指す登山もまた、社会の束縛の及ばない自由な行為であるはずだ。もちろん社会の管理から自主的に離脱する以上、登山者は原則的に他人の力は一切あてにできず、必ず自分の力で登って戻ってこなければならない。山に登る以上は完全に自分の責任のもとに判断を下し、その判断にもとづいて行動を組み立て、結果的にその判断が誤りだったときはダイレクトに自分の命に跳ね返ってくる。つまり、他者と切り離されているので束縛はないのだが、その分、自分の裁量で命を管理しなければならないのが、登山における自由なのだ。登山の自由とは、ふだんわれわれが自由と聞いてイメージするような「好き勝手ができて居心地がいい状態」とは正反対の位置にある、きわめて苦しくてシビアなものなのである。しかし、それがどれだけ苦しくても、自由と自力は登山を語るうえで欠かせないキーワードである。自由をまったく感じることのできない登山は、たとえ山に登っていても登山とは呼べない。私はさきほど山というのは世間と対極的な関係にあると書いたが、それは登山が社会の枠組みの外側で、自らの責任において展開される自由な行為であるという意味である。登山とは厳密にいうと「自由＝自力＝自己責任」の原則が適用されている行為のことであり、単に歩いて山頂に立てばいいというものではない。

6　ところが、弾丸登山の自粛呼びかけや入山料の徴収が本格的に行われている現在の富士山では、こうした自由や自力、自己責任といった登山の原則からは大きくかけ離れた状況が現出している。弾丸登山というのは夜を徹して富士山に登ることのようであるが、それがたとえどのような登り方であれ、人によって体力がある人もいればない人もいるのだから登る速度や登り方が変わるのは当たり前だし、それ以前にどのような登り方をしようとそれは当人の自由なわけで、そんなことを他人からとやかく言われる筋合いは本来はないはずだ。だが、現実として今の富士山はこうした不自由な規則を運用しなければならない状況になっている。それは富士山という山が（　B　）人間界の外側の荒々しい自然に屹立《きつりつ》する未知なる存在ではなく、人間社会の枠組みの内側にある単なる地形上のでっぱりに変質してしまったからである。だから夏の富士山に登っても、それは厳密な意味での登山ではなく、管理された世界の内側で行われる、山を舞台にした単なる運動行為にすぎないということになる。

（角幡唯介《かくはたゆうすけ》『旅人の表現術』による）

（注）○1～6は段落符号である。
○ピッケル＝つえの先に金具がついた、氷雪の上に足場を作るときや体を支えるときに用いる登山用具。
○アイゼン＝登山靴の底に取り付ける滑り止めの金具。
○クサったザラメ雪＝ここでは、日中に溶けた雪が日没後に再び凍結し、それが繰り返されてできる積雪のこと。
○颯爽《さっそう》と＝見た目にさわやかで勇ましいさま。
○ショッピングモール＝多くの小売店が集まった大規模な複合商業施

＜国語＞

時間 四五分　満点 二二点

一 次の文章を読んで、あとの㈠から㈥までの問いに答えなさい。

1 富士山にはこれまで三度ばかり登頂した。一度目は大学時代に、私が所属していたクラブの先輩が雪山訓練を行うというので、それに参加したときのことだ。その日は五月の天気のいい日で、途中でテントで一泊し、滑落したときにピッケルを使って停止するための訓練やアイゼンの歩行訓練などを学んで、ひざしで溶けてクサったザラメ雪の斜面をグサグサと音を立てながら下山した。広大な斜面を颯爽《さっそう》と滑り降りるスキーヤーの姿が①まぶしかったことを覚えている。二度目は登山というよりも、半分取材だった。数年前から富士登山者が急増しているという話を頻繁に耳にするようになり、どんな状況になっているのか確かめてやろうと思ったのだ。（中略）

2 三度目は二〇一三年の冬のことだ。十一月に突然、熱病のように雪山に行きたくてたまらなくなり、友人を誘って日帰りで登ってきた。冬の富士山は初めてだったが、風が強くて気温が低いので、それだけで体力が奪われた。このときは時間切れで登頂を断念した登山者も何人かいたようで、夏とはちがって非常に登り応えのある、いい山だったという印象が残っている。登山として心に残っているのは〔 A 〕三度目の冬富士で、日帰りであれだけどっしりとした手応えを感じられる山はなかなかないので、時間が許せば今季も初冬の時期に登りに行きたいと思っている。だが、対象に関する興味という点では夏の混雑した富士山にはかなわない。このときに私が登頂したのは、バスの時間の関係で、最も混雑する日の出の時間ではなく午後の早い時間帯だったが、それでも頂上付近では三十分ほどのプチ渋滞が発生していたし、頂上に出ると数えきれないほどの群集が手を振ってはしゃいだり、大声で盛り上がったりしていて、そこにはどこか秋の日の運動会か、休日の郊外のショッピングモールのような、のんびりとした平和な雰囲気が感じられた。（中略）

3 要するに、現在の富士山には世間があるのである。これまで私は山というのは特殊な世界だと思っていた。山と世間はいろいろな意味で対極的な関係にある。昔の登山者のなかには山の下の人間社会のことを「下界」と呼ぶ人が多く、その下界という言い方が、私にはなんだか山を特別視するようなニュアンスが感じられて嫌いだったのだが、しかし、今考えると山と世間を分けて捉える彼らの見方には、たしかに一理あったのかもしれない。本来の登山には、世間や日常から非日常に足を踏み入れるという、単なるスポーツの範疇《はんちゅう》をこえた意味がある。山に登ることは、日常から一時的に離脱することだ。昔の登山者が反社会や無頼を気取ったような雰囲気を身にまとっていたのは、そのためである。ところが夏の富士山にはそうした日常からの離脱といった空気は一切流れていない。むしろ、そこにあるのは日常の延長そのものである。いったいこれは何を意味しているのだろう。

4 富士山が世界文化遺産に登録されたことに伴って、二〇一四年六月、弾丸登山を自粛する呼びかけや入山料の本格的な徴収が始まったとのニュースを新聞で読んだが、こうした一連の努力は、そのよしあしはともかく、登山の本来の姿からはかけ離れた、きわめて②「非登山的」な試みであるという点で興味深かった。もともと山とは、人間にとっては荒々しい自然の象徴である。自然とは人間が生活する社会や文明の外側にのびる広大な領域のことであり、そこには人間の制御やコントロールがきかない恐ろしい世界がひろがっている。文明社会と

＜数学＞　時間　45分　　満点　22点

1　次の(1)から(10)までの問いに答えなさい。

(1)　$3-7\times(5-8)$ を計算しなさい。

(2)　$27x^2y\div(-9xy)\times(-3x)$ を計算しなさい。

(3)　$\sqrt{48}-3\sqrt{6}\div\sqrt{2}$ を計算しなさい。

(4)　$(x+1)(x-8)+5x$ を因数分解しなさい。

(5)　方程式 $(x+2)^2=7$ を解きなさい。

(6)　a 個のあめを10人に b 個ずつ配ったところ，c 個余った。
この数量の関係を等式に表しなさい。

(7)　男子生徒８人の反復横跳びの記録は，右のようであった。
この記録の代表値について正しく述べたものを，次の**ア**から**エ**までの中からすべて選んで，そのかな符号を書きなさい。

（単位：回）

53　45　51　57　49　42　50　45

ア　平均値は，49回である。
イ　中央値は，50回である。
ウ　最頻値は，57回である。
エ　範囲は，15回である。

(8)　大小２つのさいころを同時に投げるとき，大きいさいころの目の数が小さいさいころの目の数の２倍以上となる確率を求めなさい。

(9)　関数 $y=ax^2$（a は定数）と $y=6x+5$ について，x の値が１から４まで増加するときの変化の割合が同じであるとき，a の値を求めなさい。

(10)　図で，Dは△ABCの辺AB上の点で，∠DBC＝∠ACDである。
AB＝6㎝，AC＝5㎝のとき，線分ADの長さは何㎝か，求めなさい。

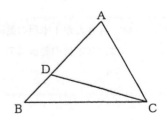

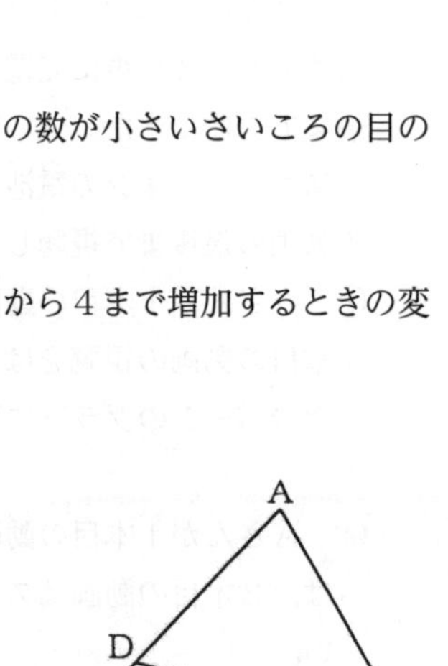

2 次の(1)から(3)までの問いに答えなさい。

(1) 図で，Oは原点，A，Bは関数 $y=\dfrac{5}{x}$ のグラフ上の点で，点A，Bの x 座標はそれぞれ1，3であり，C，Dは x 軸上の点で，直線AC，BDはいずれも y 軸と平行である。また，Eは線分ACとBOとの交点である。

四角形ECDBの面積は△AOBの面積の何倍か，求めなさい。

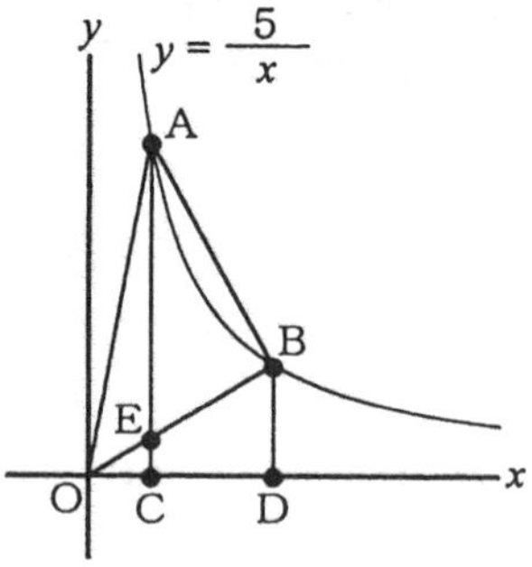

(2) 次の文章は，連続する2つの自然数の間にある，分母が5で分子が自然数である分数の和について述べたものである。

文章中の $\boxed{\text{Ⅰ}}$ ，$\boxed{\text{Ⅱ}}$ ，$\boxed{\text{Ⅲ}}$ にあてはまる数をそれぞれ書きなさい。また，$\boxed{\text{Ⅳ}}$ にあてはまる式を書きなさい。

> 1から2までの間にある分数の和は $\dfrac{6}{5}+\dfrac{7}{5}+\dfrac{8}{5}+\dfrac{9}{5}=6$
> 2から3までの間にある分数の和は $\boxed{\text{Ⅰ}}$
> 3から4までの間にある分数の和は $\boxed{\text{Ⅱ}}$
> 4から5までの間にある分数の和は $\boxed{\text{Ⅲ}}$
> また，n が自然数のとき，n から $n+1$ までの間にある分数の和は $\boxed{\text{Ⅳ}}$ である。

(3) Aさんが使っているスマートフォンは，電池残量が百分率で表示され，0％になると使用できない。このスマートフォンは，充電をしながら動画を視聴するとき，電池残量は4分あたり1％増加し，充電をせずに動画を視聴するとき，電池残量は一定の割合で減少する。

Aさんは，スマートフォンで1本50分の数学講座の動画を2本視聴することとした。

Aさんは，スマートフォンの充電をしながら1本目の動画の視聴をはじめ，動画の視聴をはじめてから20分後に充電をやめ，続けて充電せずに動画を視聴したところ，1本目の動画の最後まで視聴できた。

スマートフォンの電池残量が，Aさんが1本目の動画の視聴をはじめたときは25％，1本目の動画の最後まで視聴したときはちょうど0％であったとき，次の①，②の問いに答えなさい。

① Aさんが1本目の動画の視聴をはじめてから x 分後の電池残量を y％とする。Aさんが1本目の動画の視聴をはじめてから1本目の動画の最後まで視聴するまでの，x と y の関係を次のページのグラフに表しなさい。

② Aさんが1本目の動画の最後まで視聴したのち，2本目の動画の最後まで視聴するためには，2本目の動画はスマートフォンの充電をしながら何分以上視聴すればよいか，求めなさい。

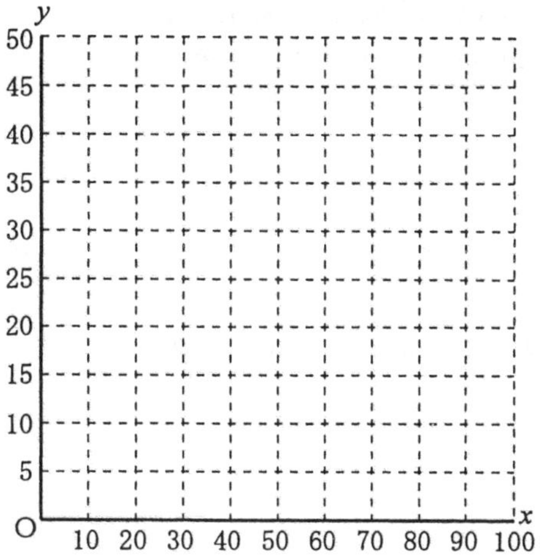

3　次の(1)から(3)までの問いに答えなさい。

ただし，答えは根号をつけたままでよい。

(1)　図で，Ｃ，ＤはＡＢを直径とする円Ｏの周上の点，Ｅは直線ＡＢと点Ｃにおける円Ｏの接線との交点である。

∠ＣＥＢ＝42°のとき，∠ＣＤＡの大きさは何度か，求めなさい。

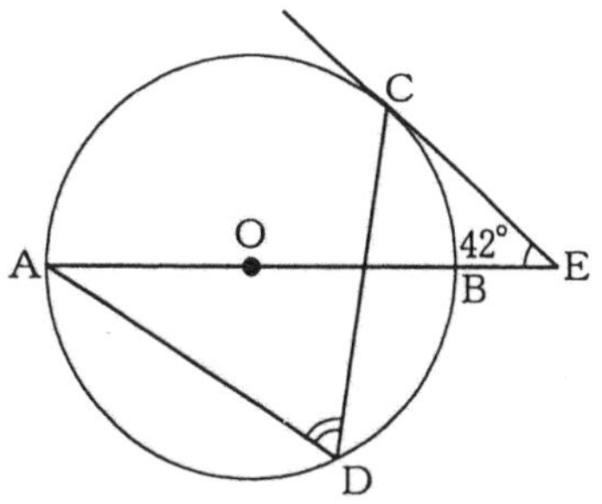

(2)　図で，四角形ＡＢＣＤは正方形であり，Ｅは辺ＤＣの中点，Ｆは線分ＡＥの中点，Ｇは線分ＦＢの中点である。

ＡＢ＝８cmのとき，次の①，②の問いに答えなさい。

①　線分ＧＣの長さは何cmか，求めなさい。

②　四角形ＦＧＣＥの面積は何cm²か，求めなさい。

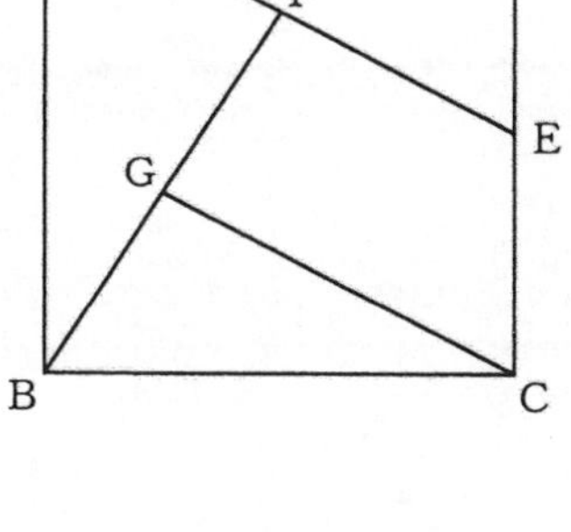

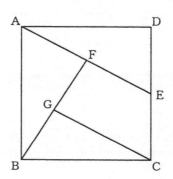

(3)　図で，立体ＯＡＢＣは△ＡＢＣを底面とする正三角すいであり，Ｄは辺ＯＡ上の点で，△ＤＢＣは正三角形である。

　ＯＡ＝ＯＢ＝ＯＣ＝６㎝，ＡＢ＝４㎝のとき，次の①，②の問いに答えなさい。

①　線分ＤＡの長さは何㎝か，求めなさい。

②　立体ＯＤＢＣの体積は正三角すいＯＡＢＣの体積の何倍か，求めなさい。

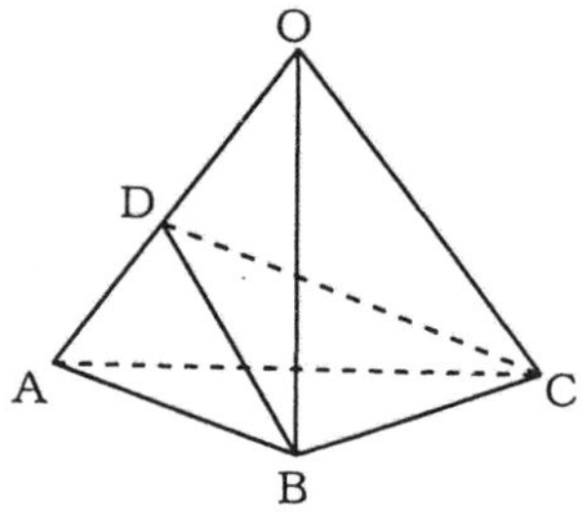

＜英語＞

時間　（聞き取り検査）10分程度　（筆記検査）40分　満点　22点

聞き取り検査

指示に従って，聞き取り検査の問題に答えなさい。

「答え方」

問題は第１問と第２問の二つに分かれています。

第１問は，１番から３番までの三つあります。それぞれについて，最初に対話を聞き，続いて，対話についての問いと，問いに対する答え，a，b，c，dを聞きます。そのあと，もう一度，その対話，問い，問いに対する答えを聞きます。必要があればメモをとってもよろしい。

問いの答えとして正しいものは解答欄の「正《せい》」の文字を，誤っているものは解答欄の「誤《ご》」の文字を，それぞれ○《まる》でかこみなさい。正しいものは，各問いについて一つしかありません。

第２問は，最初に，来日予定の留学生からの音声メッセージを聞きます。続いて，音声メッセージについての問いと，問いに対する答え，a，b，c，dを聞きます。問いは問１と問２の二つあります。そのあと，もう一度，音声メッセージ，問い，問いに対する答えを聞きます。必要があればメモをとってもよろしい。

問いの答えとして正しいものは解答欄の「正《せい》」の文字を，誤っているものは解答欄の「誤《ご》」の文字を，それぞれ○《まる》でかこみなさい。正しいものは，各問いについて一つしかありません。

筆記検査

1　次の道路標識（road sign）を見て，あとの問いに答えなさい。

説明文

Look at this road sign.

The sign is red and a Japanese word is written in white.

It tells ［　①　］, because you ［　②　］.

I hope it'll be sunny all day!

（問い）あなたは次の休日に，日本を訪れた外国人の友人と二人でサイクリングに行くため，この標識について説明をすることになりました。**説明文**の ① には，この標識が伝えている内容を，② にはその理由を，それぞれ5語以上の英語で書き，英文を完成させなさい。

ただし，① には you（あなた），② には traffic（交通，交通の）を必ず使うこと。また，下の語句を参考にしてもよい。

＜語句＞

場所　place　～を確認する　check ～　右側　right side　自転車　bike

2 太朗 (Taro) と留学中のサリー (Sally) が会話をしています。二人の会話が成り立つように，下線部①から③までのそれぞれの（　）内に最も適当な語を入れて，英文を完成させなさい。ただし，（　）内に示されている文字で始まる語を解答すること。

Taro: I heard you went to Marine Aquarium. Is that right?
Sally: Yes. With my host sisters.
Taro: Great. ①But (h　　　) did you (g　　　) there? It's far away.
Sally: I took a train.
Taro: I see. Did you see the dolphins?
Sally: Yes, I did. ②I really (e　　　)(w　　　) them.
Taro: It was cold outside the building, wasn't it?
Sally: Yes. That was a problem. I missed the summer heat!
Taro: ③You (s　　　)(v　　　) them in summer again!

（注） miss ～　～を懐《なつ》かしく思う

3 次の文章を読んで，あとの(1)から(5)までの問いに答えなさい。

Now we live in a convenient world thanks to technology, especially communication tools. If we use our telephone, we can easily talk with a friend who (A) far away, and even see the face through our cell phone or computer. Such tools are so useful that it is very difficult for us to imagine our life without them.

Cell phones and computers, however, also have bad points. For example, they do not work well when a disaster happens. We cannot contact our family if a big earthquake hits Japan and destroys the electricity networks. Our society may depend on [　①　]. We need to do something for that situation.

A young boy in Japan is trying to change the situation with his unique project. He has come up with an idea of using homing pigeons. The birds were once used as a popular communication tool all over the world. ②He 【 using / useful / thinks / will / the birds again / be 】. Our communication networks may be much stronger with his project.

For thousands of years, people have used many kinds of communication tools, such as drums, smoke, lights, letters, and so on. They have developed the tools to send their messages faster and further. Homing pigeons were one of those tools. The birds have a strong habit to fly back to their home from any place. People used this habit and built a network of homing pigeons to send messages fast. In the early twentieth century, newspaper companies had pigeon houses on their buildings, and the birds played an important role for sending messages. In 1923, when a big earthquake hit Tokyo, journalists brought pigeons outside their office, interviewed people, and wrote articles about the disaster. Then they put the articles into a small case which was attached to the bird's leg. After that, the bird was set free and flew back to the office with the articles.

The Japanese boy's idea of building the pigeon network may sound strange or impossible, but his ambitious challenge won the prize of the government's project. Maybe in the near future his idea will become reality, and we will have a better communication network. Why don't you follow his example? The future of communication may be in your hands. Be ambitious, boys and girls.

(注) network　ネットワーク　　project　プロジェクト
homing pigeon　伝書バト（通信に利用するためのハト）　further　より遠くに　habit　習性
play a ～ role　～な役割を担《にな》う　attached　取り付けられた　ambitious　意欲的な

(1) (A)にあてはまる最も適当な語を，次の５語の中から選んで，正しい形にかえて書きなさい。

bring　do　think　live　take

(2) ① にあてはまる最も適当な英語を，次の**ア**から**エ**までの中から一つ選んで，そのかな符号を書きなさい。

ア kind people even in a disaster
イ the reality of having no serious earthquake
ウ the network of families for a long time
エ the convenience of the technology too much

(3) 下線②のついた文が，本文の内容に合うように，【　】内の語句を正しい順序に並べかえなさい。

(4) 本文中では，通信手段についてどのように述べられているか。最も適当なものを，次の**ア**から**エ**までの文の中から一つ選んで，そのかな符号を書きなさい。

ア Humans have used many kinds of communication tools in history over thousands of years.
イ New communication tools were made to send messages slower than before.
ウ Thanks to the habit of homing pigeons, they can fly to any place and cannot come back.
エ People have never built a network of sending messages in their history.

(5) 次の**ア**から**カ**までの文の中から，その内容が本文に書かれていることと一致するものを全て選んで，そのかな符号を書きなさい。

ア If you live far from your friends, you have no way to talk with them.
イ Computers give us good information, but they cannot be used as communication tools.
ウ Cell phones and computers are so perfect that these tools work well even in a disaster.
エ The young boy in Japan is trying to build a communication network with homing pigeons.
オ Homing pigeons were used as an important communication tool in the

early 20th century.

カ The young boy won the prize of the government because his idea was strange and impossible.

4 早紀（Saki）と留学生のピーター（Peter）が会話をしています。次の会話文を読んで，あとの(1)から(4)までの問いに答えなさい。

Saki: Nice to meet you. I'm Saki.

Peter: 【 a 】 I'm Peter from Australia. Have you ever been to Australia?

Saki: Yes. Two years ago, I studied at our sister school in Melbourne for two weeks.

Peter: I'm from Sydney, but I went there with my family to watch the Australian Open.

Saki: 【 b 】 My host sister, Emily, told me about its history and Melbourne. The city was full of many smiles, and I learned a lot from their culture.

Peter: Well, I want to learn something from Japanese culture, too. ① When I was in Sydney, I watched Japanese anime on TV for the first (　　) and started to read Japanese comic books written in English. But comic books in English were very expensive, so I bought original comics written in Japanese, and studied the language to enjoy the stories.

Saki: 【 c 】 The pictures in the books will be a great help.

Peter: That's true. I was attracted by the characters. ② They were my first Japanese (　　) who taught me Japanese conversation very well. Then I started to become more interested in Japanese pop culture.

Saki: 【 d 】 Japanese people should learn its good points. When I came back to Japan from Melbourne, I found some good points of Japan myself.

Peter: Could you tell me one of the (A)?

Saki: Let me see... the trains. When I took a train in Melbourne, there were just a few announcements at stations or in the trains. I didn't understand the announcements, so I missed my station several times!

Peter: 【 e 】

Saki: How about trains in Japan? I think they give us good service.

Peter: I think that they're also a part of Japanese culture. You were able to discover the good points of Japan through your experience in Australia.

Saki: Exactly. I'm sure that you'll broaden your horizons here and also find good points about Australia!

（注） Melbourne　メルボルン　　Australian Open　全豪オープン（テニスの国際大会の一つ）

(1) 次のページのアからオまでの英文を，会話文中の【a】から【e】までのそれぞれにあてはめて，会話の文として最も適当なものにするには，【b】と【d】にどれを入れたらよいか，そのかな符号を書きなさい。ただし，いずれも一度しか用いることができません。

ア　I'm very happy to hear your feelings about our culture.
イ　I understand.　I took trains several times there.
ウ　Wow, reading comics is a good way to learn a new language.
エ　Hi, Saki.　Nice to meet you, too.
オ　During my stay there, I often heard the name.

⑵　下線①，②のついた文が，会話の文として最も適当なものとなるように，それぞれの（　）にあてはまる語を書きなさい。

⑶　（A）にあてはまる最も適当な語を，次のアからエまでの中から選んで，そのかな符号を書きなさい。

ア　ways　　イ　problems　　ウ　examples　　エ　arts

⑷　次の英文は，この会話が行われた日の夜，早紀（Saki）がエミリー（Emily）に送ったメールです。このメールが会話文の内容に合うように，次の（X），（Y）のそれぞれにあてはまる最も適当な語を書きなさい。

Hi, Emily.
How's everything?
My school welcomed a student, Peter, from Sydney.
He wants to learn Japanese (　X　), so we talked about it.
We enjoyed our conversation about Japanese anime and trains.
By the way, in your town, I forgot to (　Y　) off at my station several times.
Your friend,
Saki

<理科>　　時間　45分　　満点　22点

1　次の(1)，(2)の問いに答えなさい。

(1)　地球は，地軸が公転面に対して垂直な方向から23.4°傾いて公転しており，**図1**は，公転面に対する地軸の傾きと，夏至のときの太陽からの光の方向を模式的に示したものである。北緯45°の地点Xにおける1年間の太陽の南中高度はどのように変化するか。最も適当なものを，**図2**の**ア**から**エ**までの中から選んで，そのかな符号を書きなさい。ただし，**図2**のyは，北緯35°の地点Yにおける1年間の太陽の南中高度の変化をグラフに表したものである。

図1

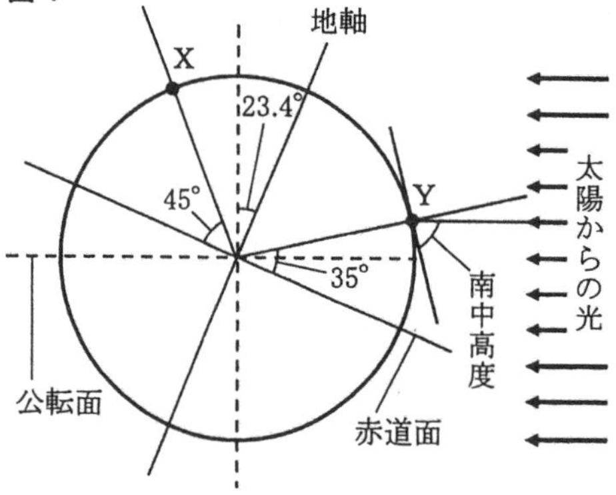

図2

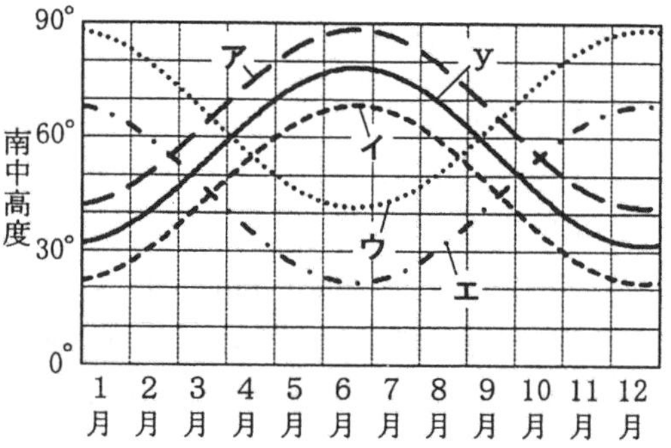

(2)　アルカリ性を示す物質の性質を調べるため，次の〔実験〕を行った。

〔実験〕　①　図のように，スライドガラスに硫酸ナトリウム水溶液をしみこませたろ紙をのせ，両端を金属製のクリップでとめた。

②　ろ紙の上に，赤色と青色のリトマス紙をのせてしばらく置いた。

③　うすい水酸化ナトリウム水溶液をしみこませた糸を，赤色リトマス紙と青色リトマス紙の中央にのせた。

④　電源とクリップを導線でつなぎ，10Vの電圧を加えて，赤色リトマス紙と青色リトマス紙の色の変化を観察した。

図

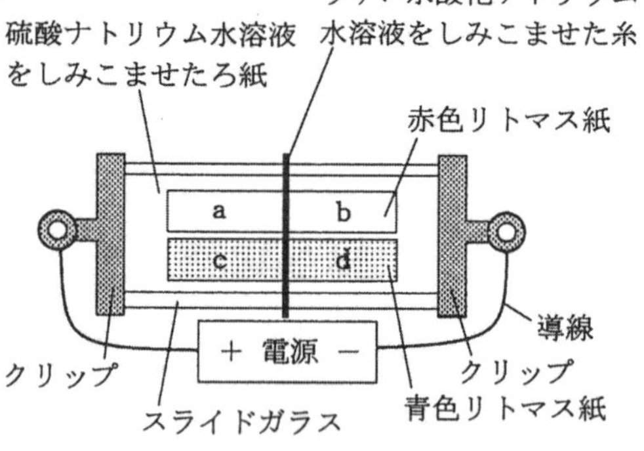

次のページの文章は，〔実験〕の結果と，〔実験〕の結果からわかることについて説明したものである。文章中の（Ⅰ）と（Ⅱ）にあてはまる語の組み合わせとして最も適当なものを，次のページの**ア**から**ク**までの中から選んで，そのかな符号を書きなさい。

電流を流すと，リトマス紙の（　Ⅰ　）の部分の色が変化した。このことから，アルカリ性の性質を示す物質は，（　Ⅱ　）の電気をもったイオンであると考えられる。

ア　Ⅰ　a，Ⅱ　+《プラス》　　イ　Ⅰ　a，Ⅱ　−《マイナス》　　ウ　Ⅰ　b，Ⅱ　+《プラス》　　エ　Ⅰ　b，Ⅱ　−《マイナス》
オ　Ⅰ　c，Ⅱ　+《プラス》　　カ　Ⅰ　c，Ⅱ　−《マイナス》　　キ　Ⅰ　d，Ⅱ　+《プラス》　　ク　Ⅰ　d，Ⅱ　−《マイナス》

2　ヒトのだ液に含まれる消化酵素のはたらきについて調べるため，次の〔実験１〕と〔実験２〕を行った。

〔実験１〕　①　デンプンを水に溶かしたうすいデンプン溶液をつくり，試験管X，Yのそれぞれに5 cm^3ずつ入れた。さらに，試験管Xには水でうすめたヒトのだ液2 cm^3を，試験管Yには水2 cm^3を入れてよく混ぜた。

②　試験管Xと試験管Yを40℃の湯の中に入れた。10分後，試験管Xの液の半分を試験管aに，残りを試験管bに移した。同様に，試験管Yの液の半分を試験管cに，残りを試験管dに移した。

③　試験管aとcにはヨウ素液を数滴加えて混ぜた後，液の色の変化を観察した。また，試験管bとdにはベネジクト液を少量加えて混ぜた後，ガスバーナーで加熱して液の色の変化を観察した。

図1は，〔実験１〕の手順の一部を模式的に表したものであり，**表1**は，〔実験１〕の③の結果をまとめたものである。

図1

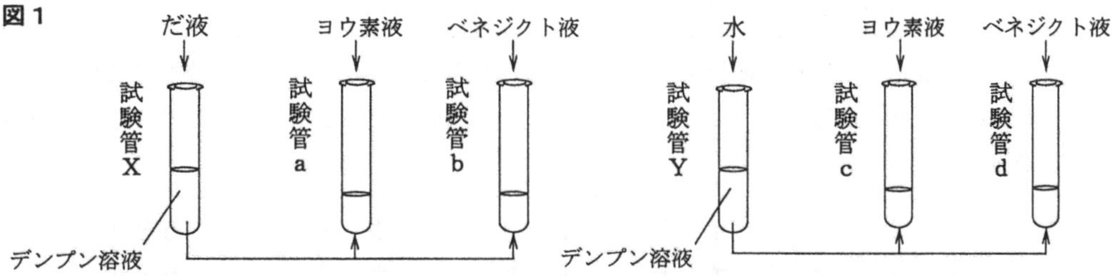

表1

試験管	a	b	c	d
試験管の液の色	変化なし	赤かっ色に変化	青紫色に変化	変化なし

〔実験２〕　①　2つのセロファンの袋を用意し，一方に〔実験１〕の①の試験管Xと同じ液を入れ，もう一方に〔実験１〕の①の試験管Yと同じ液を入れた。なお，セロファンには肉眼では見えない小さな穴があいている。

②　①のセロファンの袋を，40℃の湯を入れた2つのビーカーⅠとⅡの中にそれぞれ入れた。10分後，ビーカーⅠの湯を試験管eとfに，ビーカーⅡの湯を試験管gとhに入れた。

③　試験管eとgにはヨウ素液を数滴加えて混ぜた後，液の色の変化を観察した。また，試験管fとhにはベネジクト液を少量加えて混ぜた後，ガスバーナーで加熱して，液の色の変化を観察した。

次のページの**図2**は，〔実験２〕の手順の一部を模式的に表したものであり，**表2**は，〔実験２〕

の③の結果をまとめたものである。

図２

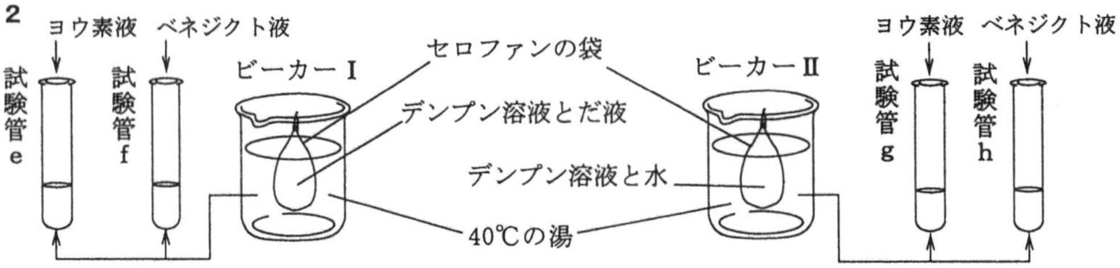

表２

試験管	e	f	g	h
試験管の液の色	変化なし	（　P　）	（　Q　）	変化なし

次の(1)から(4)までの問いに答えなさい。

(1)　〔実験１〕と〔実験２〕で，ガスバーナーを使い試験管を加熱するときの操作として最も適当なものを，次の**ア**から**エ**までの中から選んで，そのかな符号を書きなさい。

ア　試験管に温度計を入れ，試験管を動かさないようにして加熱する。

イ　試験管に温度計を入れ，試験管を軽くふりながら加熱する。

ウ　試験管に沸騰石を入れ，試験管を動かさないようにして加熱する。

エ　試験管に沸騰石を入れ，試験管を軽くふりながら加熱する。

(2)　次の文章は，〔実験１〕の結果からわかることについて説明したものである。文章中の（ⅰ）と（ⅱ）にあてはまる語の組み合わせとして最も適当なものを，下の**ア**から**カ**までの中から選んで，そのかな符号を書きなさい。

> 試験管aと（　ⅰ　）の比較から，だ液のはたらきによりデンプンが分解されたことがわかる。また，試験管（　ⅱ　）の比較から，だ液のはたらきにより糖ができたことがわかる。

ア　ⅰ　b，ⅱ　aとc　　**イ**　ⅰ　b，ⅱ　bとc　　**ウ**　ⅰ　b，ⅱ　bとd

エ　ⅰ　c，ⅱ　aとb　　**オ**　ⅰ　c，ⅱ　bとc　　**カ**　ⅰ　c，ⅱ　bとd

(3)　〔実験１〕と〔実験２〕の結果から，だ液のはたらきでデンプンが分解されてできる糖は，セロファンの小さな穴を通り抜けるが，デンプンはその穴を通り抜けないことがわかった。〔実験２〕の③は，どのような結果になったと考えられるか。**表２**の（P）と（Q）にあてはまる語句の組み合わせとして最も適当なものを，次の**ア**から**エ**までの中から選んで，そのかな符号を書きなさい。

ア　P　赤かっ色に変化，Q　青紫色に変化　　**イ**　P　赤かっ色に変化，Q　変化なし

ウ　P　変化なし，　　　Q　青紫色に変化　　**エ**　P　変化なし，　　　Q　変化なし

(4)　次のページの**図３**は，ヒトの体内における食物の消化に関係する器官を模式的に示したものである。①から④までの器官のはたらきを説明したものとして正しいものを，次の**ア**から**カ**までの中から2つ選んで，そのかな符号を書きなさい。

ア　①は，デンプンにはたらく消化酵素であるアミラーゼを含む消化液を出す。

イ　②は，体内に吸収された糖のほとんどをグリコーゲンという物質に変えて貯蔵する。

ウ　②は，脂肪の消化を助ける液を出す。

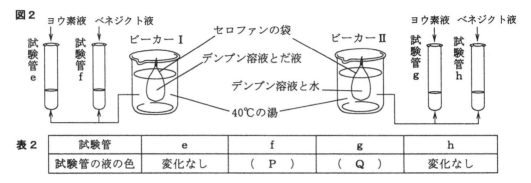

エ　③は，たんぱく質にはたらく消化酵素であるペプシンを含む消化液を出す。

オ　③から出る消化液に含まれる消化酵素のリパーゼは，モノグリセリドを脂肪と脂肪酸に分解する。

カ　④は，その壁に柔毛とよばれるたくさんの突起があり，糖などの栄養分を吸収している。

図３

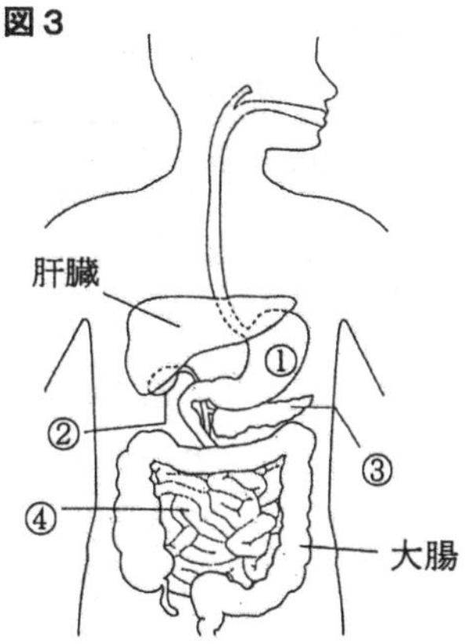

3　水溶液の性質を調べるため，３種類の白色の物質ａ，ｂ，ｃを用いて〔実験１〕から〔実験３〕までを行った。これらの実験で用いた物質ａ，ｂ，ｃは，硝酸カリウム，塩化ナトリウム，ミョウバンのいずれかである。

〔実験１〕　①　図１のように，ビーカーＡ，Ｂ，Ｃを用意し，それぞれのビーカーに15℃の水75ｇを入れた。

②　①のビーカーＡには物質ａを，ビーカーＢには物質ｂを，ビーカーＣには物質ｃを，それぞれ20ｇ加え，ガラス棒で十分にかき混ぜ，物質ａ，ｂ，ｃが水に溶けるようすを観察した。

〔実験１〕の②では，ビーカーＢとＣには，白色の物質が溶けきらずに残っていた。

〔実験２〕　①　〔実験１〕の②の後，ビーカーＡ，Ｂ，Ｃの水溶液をそれぞれガラス棒でかき混ぜながら，水溶液の温度が35℃になるまでおだやかに加熱し，水溶液のようすを観察した。

②　全てのビーカーについて水溶液の温度が５℃になるまで冷却し，水溶液のようすを観察した。

図１

表１は，〔実験１〕と〔実験２〕の結果についてまとめたものである。また，次のページの表２は，硝酸カリウム，塩化ナトリウム，ミョウバンについて，５℃，15℃，35℃の水100ｇに溶かすことができる最大の質量を示したものである。

表１

白色の物質	５℃のとき	15℃のとき	35℃のとき
ａ	全て溶けた	全て溶けた	全て溶けた
ｂ	結晶が見られた	結晶が見られた	結晶が見られた
ｃ	結晶が見られた	結晶が見られた	全て溶けた

表2

物質名	5℃	15℃	35℃
硝酸カリウム	11.7g	24.0g	45.3g
塩化ナトリウム	35.7g	35.9g	36.4g
ミョウバン	6.2g	9.4g	19.8g

〔実験3〕 ①　図2のように，ビーカーDを用意し，硝酸カリウム50gと水を入れた。この水溶液をおだやかに加熱し，硝酸カリウムを全て溶かして，質量パーセント濃度20%の水溶液をつくった。

②　①の水溶液を冷やし，水溶液の温度を5℃まで下げた。

図2

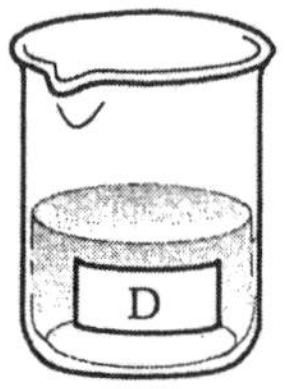

次の(1)から(4)までの問いに答えなさい。

(1)　次の文章は，物質が水に溶ける現象について説明したものである。文章中の（Ⅰ）から（Ⅲ）までにあてはまる語の組み合わせとして最も適当なものを，下の**ア**から**ク**までの中から選んで，そのかな符号を書きなさい。

> 塩化ナトリウムや砂糖などの物質が，水に溶けて均一になる現象を（　Ⅰ　）という。このとき，水に溶けている物質を（　Ⅱ　），それを溶かしている水を（　Ⅲ　）という。

ア　Ⅰ　溶解，　Ⅱ　溶質，Ⅲ　溶媒　　**イ**　Ⅰ　溶解，　Ⅱ　溶質，Ⅲ　溶液
ウ　Ⅰ　溶解，　Ⅱ　溶媒，Ⅲ　溶質　　**エ**　Ⅰ　溶解，　Ⅱ　溶媒，Ⅲ　溶液
オ　Ⅰ　再結晶，Ⅱ　溶質，Ⅲ　溶媒　　**カ**　Ⅰ　再結晶，Ⅱ　溶質，Ⅲ　溶液
キ　Ⅰ　再結晶，Ⅱ　溶媒，Ⅲ　溶質　　**ク**　Ⅰ　再結晶，Ⅱ　溶媒，Ⅲ　溶液

(2)　〔実験1〕と〔実験2〕の結果から考えると，白色の物質a，b，cはそれぞれ何か。その組み合わせとして最も適当なものを，次の**ア**から**カ**までの中から選んで，そのかな符号を書きなさい。

ア　a　硝酸カリウム，　b　塩化ナトリウム，c　ミョウバン
イ　a　硝酸カリウム，　b　ミョウバン，　　c　塩化ナトリウム
ウ　a　塩化ナトリウム，b　硝酸カリウム，　c　ミョウバン
エ　a　塩化ナトリウム，b　ミョウバン，　　c　硝酸カリウム
オ　a　ミョウバン，　　b　硝酸カリウム，　c　塩化ナトリウム
カ　a　ミョウバン，　　b　塩化ナトリウム，c　硝酸カリウム

(3)　〔実験3〕の②で，水溶液の温度を5℃まで下げたところ，硝酸カリウムが結晶として出てきた。出てきた硝酸カリウムの結晶は何gか。次の**ア**から**ク**までの中から最も適当なものを選んで，そのかな符号を書きなさい。

ア　15.9g　**イ**　20.8g　**ウ**　23.4g　**エ**　26.6g
オ　30.2g　**カ**　32.4g　**キ**　34.7g　**ク**　38.3g

(4)　物質aについては，〔実験2〕の後，ビーカーAの水溶液の温度をさらに下げても結晶が得られなかった。一度溶かした物質aを再び結晶としてとり出すためにはどのようにすればよいか，20字以内で説明しなさい。

ただし，「水溶液を……」という書き出しで始め，「水」という語を用いること。

（注意）句読点も１字に数えて，1字分のマスを使うこと。

4　電熱線に電流を流したときの電熱線の発熱について調べるため，次の〔実験〕を行った。

〔実験〕　①　**図1**のように，発泡ポリスチレンのコップの中に，室温と同じ温度の水100g，7.0Ωの電熱線，温度計を入れ，電熱線，スイッチ，電流計，電源装置を導線で接続した。

②　スイッチを入れ，電流計を流れる電流が2.0Aになるように調節した。

③　②の直後，水の温度を測定し，それから30秒ごとに300秒まで，コップの中の水をかき混ぜながら水の温度を測定した。

④　次に，電流計を流れる電流を1.0Aに変えて，①から③までと同じことを行った。

⑤　さらに，①でコップの中の水の量を50g，200gに変えて，それぞれ②から④までと同じことを行った。

ただし，室温は一定であり，発泡ポリスチレンのコップを用いて〔実験〕を行うとき，電熱線で生じた熱は，全て水の温度上昇に使われるものとする。

図2は，〔実験〕の結果をもとに，コップの中の水の温度を測定し始めてからの経過時間と，コップの中の水の温度との関係をそれぞれグラフに表したものである。

図1

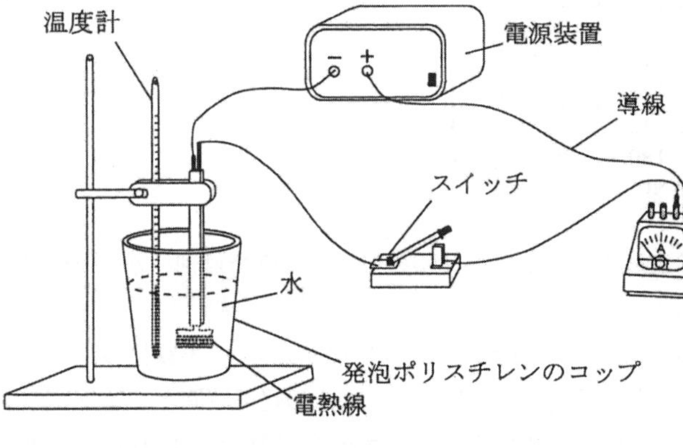

図2

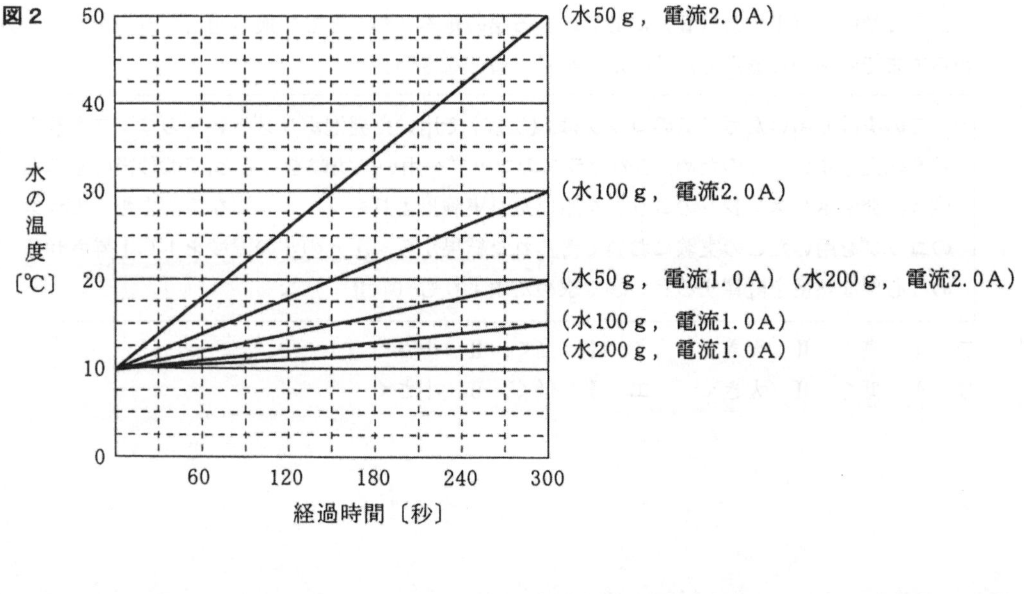

次の(1)から(4)までの問いに答えなさい。

(1) 〔実験〕の②で電流計を流れる電流が2.0Aのとき，電熱線で消費される電力は何Wか，整数で求めなさい。

(2) 〔実験〕の①でコップの中の水の量を300gに変えて，②で電流計を流れる電流が3.0Aとなるように調節し，③と同じことを行った。このとき，経過時間と水の温度との関係はどのようになるか。横軸にコップの中の水の温度を測定し始めてからの経過時間を，縦軸にコップの中の水の温度をとり，その関係を表すグラフを解答欄の図3に書きなさい。

ただし，測定を開始したときの水の温度は10℃であった。

図3

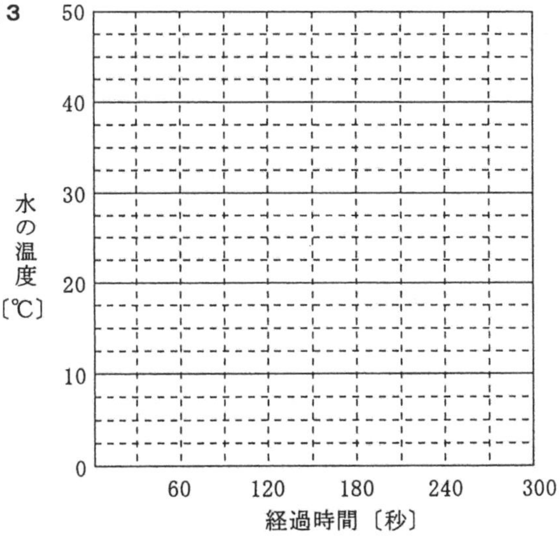

(3) 〔実験〕の結果から，1gの水の温度を1℃上昇させるのに必要な熱量は何Jか，小数第1位まで求めなさい。

(4) 〔実験〕の後，発泡ポリスチレンのコップをガラスのコップにかえて，〔実験〕の①から③までと同じことを行い，コップの中の水の温度を測定し始めてからの経過時間と，コップの中の水の温度との関係をグラフに表すと，発泡ポリスチレンのコップを用いた〔実験〕の結果をもとに表したグラフとは異なっていた。

次の文章中の（Ⅰ）と（Ⅱ）にあてはまる語の組み合わせとして最も適当なものを，下の**ア**から**エ**までの中から選んで，そのかな符号を書きなさい。

> この実験で用いたガラスのコップは，〔実験〕で用いた発泡ポリスチレンのコップよりも熱を伝えやすい。そのため，このガラスのコップを用いて実験を行うと，300秒後の水の温度は，発泡ポリスチレンのコップを用いた〔実験〕よりも（　Ⅰ　）なる。また，ガラスのコップを用いたこの実験において得られた結果から，1gの水の温度を1℃上昇させるのに必要な熱量を計算すると，(3)で求めた値よりも（　Ⅱ　）なる。

ア　Ⅰ　高く，Ⅱ　大きく　　**イ**　Ⅰ　高く，Ⅱ　小さく

ウ　Ⅰ　低く，Ⅱ　大きく　　**エ**　Ⅰ　低く，Ⅱ　小さく

5　ある場所で発生した地震のゆれを，震源からの距離がそれぞれ30km，48km，60kmの地点A，B，Cで観測した。図1は，ばねとおもりを利用して，地面の上下方向のゆれを記録する地震計を模式的に示したものである。図2は，地震計を用いて地点A，B，Cでこの地震のゆれを観測したときのそれぞれの記録を模式的に表したもので，図2に記した時刻は，初期微動と主要動が始まった時刻である。

なお，この地震は地下のごく浅い場所で発生し，地点A，B，Cは同じ水平面上にあるものとする。また，発生するP波，S波はそれぞれ一定の速さで伝わるものとする。

図1

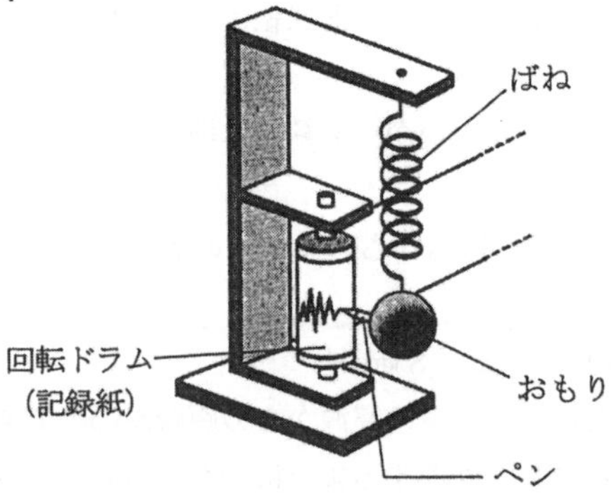

図2

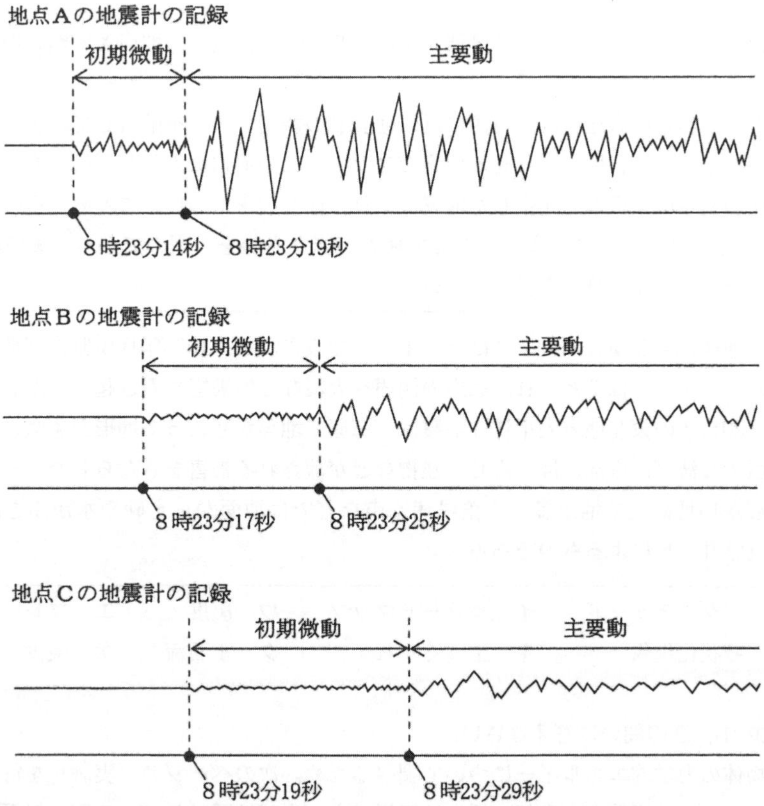

次のページの(1)から(4)までの問いに答えなさい。

(1) **図1**の地震計のしくみについて説明した文として最も適当なものを，次の**ア**から**カ**までの中から選んで，そのかな符号を書きなさい。

ア 地震で地面がゆれると，記録紙とおもりは，地面のゆれと同じ方向に動く。

イ 地震で地面がゆれると，記録紙とおもりは，地面のゆれと反対方向に動く。

ウ 地震で地面がゆれると，記録紙はほとんど動かないが，おもりは地面のゆれと同じ方向に動く。

エ 地震で地面がゆれると，記録紙はほとんど動かないが，おもりは地面のゆれと反対方向に動く。

オ 地震で地面がゆれると，おもりはほとんど動かないが，記録紙は地面のゆれと同じ方向に動く。

カ 地震で地面がゆれると，おもりはほとんど動かないが，記録紙は地面のゆれと反対方向に動く。

(2) この地震のＰ波の伝わる速さは何km/秒か。最も適当なものを，次の**ア**から**エ**までの中から選んで，そのかな符号を書きなさい。

ア 3 km/秒　**イ** 4 km/秒　**ウ** 6 km/秒　**エ** 8 km/秒

(3) この地震では，緊急地震速報が発表された。この地震の震源からの距離が96kmである地点Xで，緊急地震速報を受信してからＳ波によるゆれが到達するまでにかかる時間は何秒か，整数で求めなさい。

ただし，地点Aの地震計にＰ波が届いた時刻の5秒後に，地点Xで緊急地震速報は受信されるものとする。

なお，緊急地震速報は，震源に近い地震計の観測データを解析して，主要動の到達時刻をいち早く予想して各地に知らせる情報のことで，この情報により避難行動をとることができる。

(4) 次の文章は，日本で発生した地震とそれに伴う災害についてまとめたものである。文章中の（Ⅰ）と（Ⅱ）にあてはまる語として最も適当なものを，下の**ア**から**コ**までの中からそれぞれ選んで，そのかな符号を書きなさい。

> 地震によるゆれの大きさは（　Ⅰ　）で表される。1995年兵庫県南部地震における最大の（　Ⅰ　）は7とされ，家屋の倒壊や火災などの被害を引き起こした。
> 2011年の東北地方太平洋沖地震は，海底で地震が起こって地形が急激に変化したため，巨大な波が沿岸部に押し寄せ，建物などが流される被害をもたらした。また，地盤のやわらかい埋め立て地が多い千葉県浦安市などでは地面から土砂や水がふき出たが，これは（　Ⅱ　）によるものである。

ア マグニチュード　**イ** ハザードマップ　**ウ** 震度　**エ** プレート　**オ** 活断層
カ 液状化現象　**キ** 土砂くずれ　**ク** 土石流　**ケ** 侵食　**コ** 津波

6 次の(1)，(2)の問いに答えなさい。

(1) 物体の力学的エネルギーについて調べるため，次のページの〔実験〕を行った。ただし，小球にはたらく摩擦力や空気の抵抗は無視でき，小球は運動している間，斜面や水平面から離れることなく，また，斜面と水平面がつながる点をなめらかに通過するものとする。

〔実験〕 ① 図のように，水平面上の点A，Bから続く斜面X，Yをつくった。

② 小球を，水平面から高さ10㎝の斜面X上の点Pの位置に置いて手で支えた。

③ 小球を支えていた手を静かに離したところ，小球は斜面Xを下り，水平面を等速直線運動した。このときの小球の速さを測定した。

図

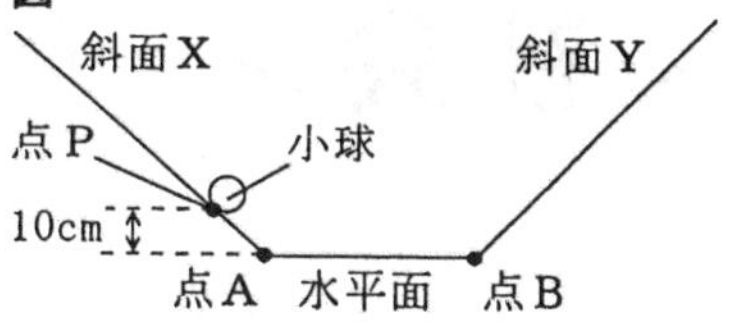

④ 小球は③の後，点Bから斜面Yを上り，最高点に達した。このときの，水平面から最高点までの高さを測定した。

⑤ 次に，斜面X上に小球を置く位置を，水平面から高さ20㎝，30㎝，40㎝に変えて，②から④までと同じことを行った。

表は，〔実験〕の結果をまとめたものである。

表

小球を置いた位置の水平面からの高さ〔cm〕	10	20	30	40
小球の水平面上における速さ〔m/s〕	V_1	V_2	V_3	V_4
小球が斜面Y上で達した水平面から最高点までの高さ〔cm〕	10	20	30	40

小球を高さ10㎝の点Pから，斜面を下る向きに手で押し出したところ，小球は斜面Yを上り，最高点の高さが水平面から40㎝となった。このとき点Pで，小球が手から離れた瞬間の小球の速さとして最も適当なものを，次のアからカまでの中から選んで，そのかな符号を書きなさい。

ア V_1　**イ** V_2　**ウ** V_3　**エ** V_4　**オ** V_2+V_3　**カ** V_3+V_4

⑵ エンドウには，種子を丸形にする遺伝子としわ形にする遺伝子があり，種子の形はエンドウがもつ１対の遺伝子によって決まる。また，この１対の遺伝子のうち，一方の遺伝子が子に伝わる。図のように，親の代として，丸形の種子をつくる純系のエンドウのめしべに，しわ形の種子をつくる純系のエンドウの花粉をつけたところ，できた種子（子）は全て丸形となった。

図

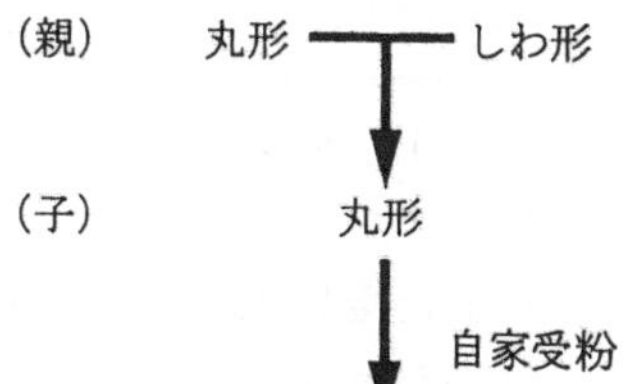

次に，子の代の種子のうちの１個をまいて育て，自家受粉させたところ，孫の代の種子が360個得られ，この中には丸形の種子としわ形の種子があった。孫の代の種子のうち，丸形の種子は何個できたと考えられるか。最も適当なものを，次のアからオまでの中から選んで，そのかな符号を書きなさい。

ア 90個　**イ** 180個　**ウ** 240個　**エ** 270個　**オ** 300個

＜社会＞

時間　45分　　満点　22点

1　次のⅠ，Ⅱの絵やⅢの資料には，過去の災害のようすなどが示されている。あとの⑴から⑶までの問いに答えなさい。なお，Ⅲの資料については，当時の記録を現代語で要約してある。

Ⅰ

Ⅱ

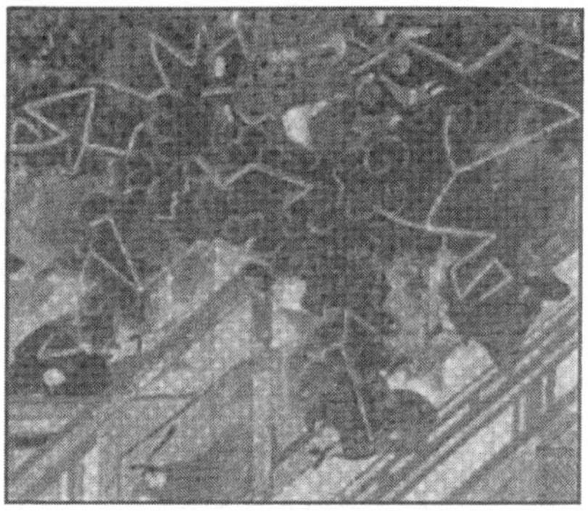

Ⅲ

今年のききんで多くの人々が飢え死にする状態になっており，北条泰時《ほうじょうやすとき》は，蓄えてある米を放出して伊豆と駿河両国の人々を救うように指示した。

⑴　次の文章は，Ⅰの絵について説明したものである。文章中の（①），［②］にあてはまることばと文の組み合わせとして最も適当なものを，下の**ア**から**エ**までの中から選んで，そのかな符号を書きなさい。なお，２か所の（①）には同じことばがあてはまる。

Ⅰの絵は，安政の大地震の後に描かれた錦絵であり，地震を引き起こすと信じられていたナマズを，（　①　）たちがこらしめているという構図で描かれている。当時は，こうした絵が安い値段で大量に販売され，おもに（　①　）が購入するなど，［　②　］ことがわかる。

ア　①　貴族，②　民衆が文化のにない手となっていた
イ　①　貴族，②　都の文化が地方に広まっていた
ウ　①　町人，②　民衆が文化のにない手となっていた
エ　①　町人，②　都の文化が地方に広まっていた

⑵　次の文章は，Ⅱの絵に関連して述べたものである。文章中の（③），（④）にあてはまることばの組み合わせとして最も適当なものを，次のページの**ア**から**エ**までの中から選んで，そのかな符号を書きなさい。

Ⅱの絵には，平安京の（　③　）に位置する大内裏（平安宮）に雷が落ち，藤原《ふじわら》氏などの貴族たちが逃げまどうようすが描かれている。藤原氏はこの絵のできごとの後も摂関政治を展開するなど，中央の政治をになったが，地方の政治はほとんど（　④　）に任されるようになった。

ア　③　北，④　国司

イ　③　北，④　守護

ウ　③　南，④　国司

エ　③　南，④　守護

(3)　Ⅲの資料中のききんが発生した年代とほぼ同じ時期に起こった世界のできごとについて述べた文として最も適当なものを，次の**ア**から**エ**までの中から選んで，そのかな符号を書きなさい。

ア　イギリスでマグナ・カルタが制定される。

イ　中国で明が建国される。

ウ　アメリカで奴隷解放宣言が出される。

エ　インカ帝国が滅亡する。

2　次のⅠからⅣ（次のページ）までの資料や絵は，生徒が関門海峡をはさんで位置する下関と門《も》司《じ》の歴史についての発表を行うためのに用意したものの一部である。あとの(1)から(4)までの問いに答えなさい。

なお，Ⅰの資料は下関と門司で起こったできごとを年代の古い順に並べたものであり，Ⅲの資料中の法律は，一部を抜粋して現代語に要約したものである。

Ⅰ　下関と門司で起こったできごと

四国連合艦隊が下関を攻撃
↕　A
日露戦争に派遣される兵士が門司や下関から出発
↕　B
連合国軍が門司港の一部施設の占有を開始
↕　C
石油危機による物価上昇で門司港の貿易額が増加
↕　D
門司港の再開発計画を決定

Ⅱ　下関での会議のようす

Ⅲ　日本の海運業の発展について

説明文

下の法律は，日本の海運の国際競争力を高める目的で制定された。輸出入品の輸送について，下の表をみると，この法律の制定後，日本船の貨物積載額は増えた。その後，日本船と外国船の貨物積載額が逆転しているが，これは（　a　）の影響によると考えられる。日本では輸出入品の輸送は海運が中心であり，下関は海運でさかえた。

法律（1896年に制定）

第一条
　（　b　）の経営する会社が専有する船舶で日本と外国の港の間に貨物や旅客の運搬を行う際は，国が補助金を与える。

第二条
　この法律に定める補助金を受け取ることができる船舶は国の定める規定を満たした（　c　）に限る。

表　船籍別貨物積載額　　（単位　千円）

年	輸出入合計	
	日本船	外国船
1895	7 786	250 168
1900	148 385	333 814
1905	65 986	633 627
1910	416 604	499 050
1915	877 777	338 377
1920	3 082 242	1 121 205

（「日本経済統計総観」をもとに作成）

Ⅳ　門司港の歴史と再開発について

カードX

日本の支配下にあった遼東半島の大連までの航路の発着港や石炭の輸出港として栄え，近代的な建造物が多数建設された。

カードY

船だまりを埋め立て，周辺の歴史的建造物を解体して造成した土地を売却，道路整備を行う。

カードZ

船だまりを周辺の歴史的建造物とともに保存し，親水空間・歩行者空間として整備する。

現在の門司港
(円で示した部分が船だまり)

(1)　次の文は，生徒がⅠの資料中の四国連合艦隊が下関を攻撃したことについて発表した際のメモの一部である。文中の □ にあてはまる適当なことばを，「天皇」という語を用いて，5字以上10字以下で書きなさい。

長州藩は尊王攘夷運動とよばれる □ を排除しようとする運動の中心であったが，この事件の後，攘夷は不可能だと考え，幕府を倒し，天皇中心の政権をつくる考えを強めた。

(2)　Ⅱの絵に描かれた会議以降に，伊藤博文《いとうひろぶみ》が行ったことについて述べた文として適当なものを，次の**ア**から**エ**までの中から全て選んで，そのかな符号を書きなさい。

ア　条約改正交渉のために岩倉具視《いわくらともみ》らとともにアメリカに渡ったが，交渉は成功しなかった。

イ　日清戦争の後に帝国議会で政党の力が強まると，立憲政友会を結成し，総裁に就任した。

ウ　国会の開設が決まると，憲法や議会政治の研究のためにドイツ（プロイセン）に渡った。

エ　義和団事件の後に，東アジアにおける日本とロシアの勢力範囲についてロシアと交渉した。

(3)　Ⅲの資料について，説明文中の（a）および法律中の（b），（c）にあてはまることばの組み合わせとして最も適当なものを，次の**ア**から**ク**までの中から選んで，そのかな符号を書きなさい。

ア　a　シベリア出兵，　b　日本人，c　鋼鉄製の汽船
イ　a　シベリア出兵，　b　日本人，c　大型の軍艦
ウ　a　シベリア出兵，　b　外国人，c　鋼鉄製の汽船
エ　a　シベリア出兵，　b　外国人，c　大型の軍艦
オ　a　第一次世界大戦，b　日本人，c　鋼鉄製の汽船
カ　a　第一次世界大戦，b　日本人，c　大型の軍艦
キ　a　第一次世界大戦，b　外国人，c　鋼鉄製の汽船
ク　a　第一次世界大戦，b　外国人，c　大型の軍艦

(4)　次のページの文章は，生徒がⅣの資料を用いて門司港の歴史と再開発について発表した際の

メモの一部である。文章中の（①），②にあてはまる符号と文の組み合わせとして最も適当なものを，下のアからケまでの中から選んで，そのかな符号を書きなさい。

> Ⅳの資料中のカードXは，Ⅰの資料中の（　①　）の期間内の門司港のようすを述べたものである。その後，門司港のにぎわいは急激に失われたため，Ⅰの資料中のDの期間内にはⅣの資料中のカードY，Zの二つの再開発計画案が検討され，最終的には1988年にカードZの案に決定した。日本ではDの期間内の大部分が［　②　］。

ア　①　A，②　バブル経済後の不況期にあたり，株価や地価が急激に下落していた
イ　①　A，②　高度経済成長後の安定成長期にあたり，生活の豊かさも求められていた
ウ　①　A，②　高度経済成長期にあたり，臨海部にはコンビナートが建設されていた
エ　①　B，②　バブル経済後の不況期にあたり，株価や地価が急激に下落していた
オ　①　B，②　高度経済成長後の安定成長期にあたり，生活の豊かさも求められていた
カ　①　B，②　高度経済成長期にあたり，臨海部にはコンビナートが建設されていた
キ　①　C，②　バブル経済後の不況期にあたり，株価や地価が急激に下落していた
ク　①　C，②　高度経済成長後の安定成長期にあたり，生活の豊かさも求められていた
ケ　①　C，②　高度経済成長期にあたり，臨海部にはコンビナートが建設されていた

3　次のページのⅠからⅣまでの略地図や表，グラフは，生徒が瀬戸内海沿岸の地域についてレポートを作成するために用意したものの一部である。あとの(1)から(3)までの問いに答えなさい。

なお，Ⅰの略地図中のAからDまでは経線を示しており，Ⅱの表中のX，Y，ZおよびⅢのグラフ中のx，y，zは，それぞれ京浜工業地帯，瀬戸内工業地域，中京工業地帯のいずれかである。また，Ⅳの表中のa，b，c，dは愛媛県，香川県，兵庫県，広島県のいずれかである。

(1)　次の文章中の（①）にあてはまる符号として最も適当なものを，Ⅰの略地図中のAからDまでの中から選んで書きなさい。また，文章中の（②），（③）にあてはまることばの組み合わせとして最も適当なものを，下のアからクまでの中から選んで，そのかな符号を書きなさい。

> 日本ではⅠの略地図中の（　①　）を標準時子午線として定め，国内の時刻を統一している。日本の国土は南北3000kmにわたって弓のようにのび，東西の経度の差も30度程度あるため，国土の東端に位置する（　②　）の日の出の時刻は，国土の西端に位置する与那国島の日の出の時刻よりも（　③　）なる。

ア　②　南鳥島，　③　1時間程度早く　　**イ**　②　南鳥島，　③　2時間程度早く
ウ　②　南鳥島，　③　1時間程度遅く　　**エ**　②　南鳥島，　③　2時間程度遅く
オ　②　沖ノ鳥島，③　1時間程度早く　　**カ**　②　沖ノ鳥島，③　2時間程度早く
キ　②　沖ノ鳥島，③　1時間程度遅く　　**ク**　②　沖ノ鳥島，③　2時間程度遅く

(2)　Ⅱの表中のXからZまでとⅢのグラフ中のxからzまでのうち，瀬戸内工業地域を示す符号の組み合わせとして最も適当なものを，次のアからケまでの中から選んで，そのかな符号を書きなさい。

ア　X，x　　**イ**　X，y　　**ウ**　X，z　　**エ**　Y，x　　**オ**　Y，y
カ　Y，z　　**キ**　Z，x　　**ク**　Z，y　　**ケ**　Z，z

I　略地図

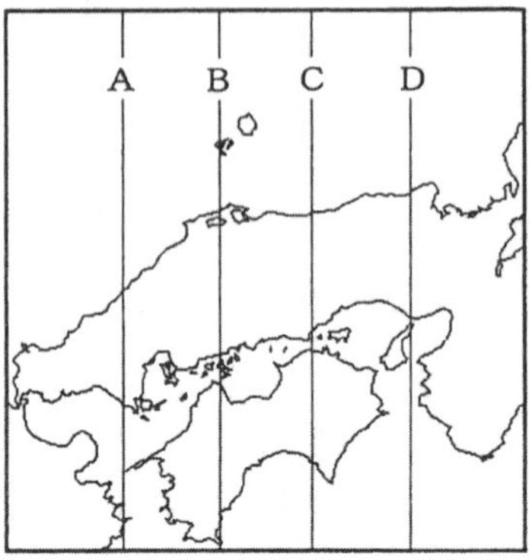

II　京浜工業地帯，瀬戸内工業地域，中京工業地帯の製造品出荷額等の推移　（単位　億円）

	1990年	2000年	2010年	2017年
X	515 908	402 530	257 710	259 961
Y	445 033	427 472	481 440	577 854
Z	266 875	242 029	292 784	306 879

（「日本国勢図会　2020/21年版」をもとに作成）

III　京浜工業地帯，瀬戸内工業地域，中京工業地帯の製造品出荷額等の産業別割合

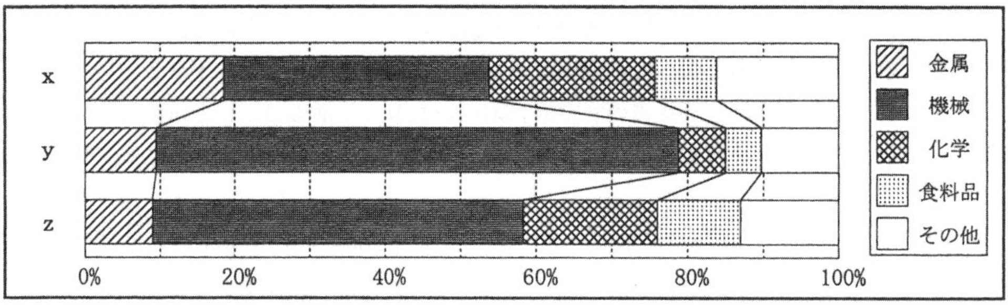

（注）IIの表，IIIのグラフにおいては，京浜工業地帯は東京都，神奈川県，瀬戸内工業地域は岡山県，広島県，山口県，香川県，愛媛県，中京工業地帯は愛知県，三重県の製造品出荷額等をそれぞれ合計したものである。

（「日本国勢図会　2020/21年版」をもとに作成）

IV　4県の小麦の収穫量，果実の産出額等

	a	b	c	d
小麦の収穫量（t）	6 060	2 900	684	262
果実の産出額（億円）	62	37	537	172
海面養殖業収穫量（t）	25 456	71 077	62 762	107 243
第1次産業就業者の割合（%）	4.8	1.9	7.9	2.7
商業地の平均地価（千円/m²）	74.6	314.1	95.0	204.3
人口密度（人/km²）	512.6	652.8	238.1	332.2

（「データでみる県勢　2020年版」をもとに作成）

(3)　次のページの表は，IVの表中の4県の産業や交通などについて説明したものであり，表中のe，f，g，hはIVの表中のa，b，c，dのいずれかである。a，b，c，dとe，f，g，hのうち，香川県と兵庫県を示す符号の組み合わせとして最も適当なものを，下のアからタまでの中からそれぞれ選んで，そのかな符号を書きなさい。

ア　a，e　　イ　a，f　　ウ　a，g　　エ　a，h
オ　b，e　　カ　b，f　　キ　b，g　　ク　b，h
ケ　c，e　　コ　c，f　　サ　c，g　　シ　c，h
ス　d，e　　セ　d，f　　ソ　d，g　　タ　d，h

県　名	産業や交通などについての説明
e	県庁所在地には国内有数の貿易港があり，この港の西部には，かつて平 清盛《たいらのきよもり》が整備した港があった。また，この港の沖合に埋立地がつくられ，空港が整備された。
f	全都道府県の中で総面積が最も小さく，特産品のうどんをＰＲし，観光客の誘致をはかっている。降水量が少ないため，ため池を利用した農業が行われている。
g	県庁所在地には世界遺産があり，国際平和都市として発展しているこの都市の象徴となっている。穏やかな海を利用して，かきの養殖がさかんである。
h	本州四国連絡橋のうち，最後に全通したルートで本州と結ばれている。和歌山県，静岡県とともに，みかんの栽培がさかんである。

4　次のⅠの略地図は，イギリス，チャド，フィリピン，モンゴルの４国の首都の位置を示したものであり，Ⅱのグラフは，４国の首都の月別降水量と月別平均気温を，次のページのⅢの表は，４国の人口等を示したものである。また，次のページのⅣの表は，ある発電方式による発電量上位４国を示したものである。あとの(1)から(3)までの問いに答えなさい。

なお，Ⅲの表中のＡ，Ｂ，Ｃは，イギリス，フィリピン，モンゴルのいずれかである。

Ⅰ　４国の首都の位置を示した略地図

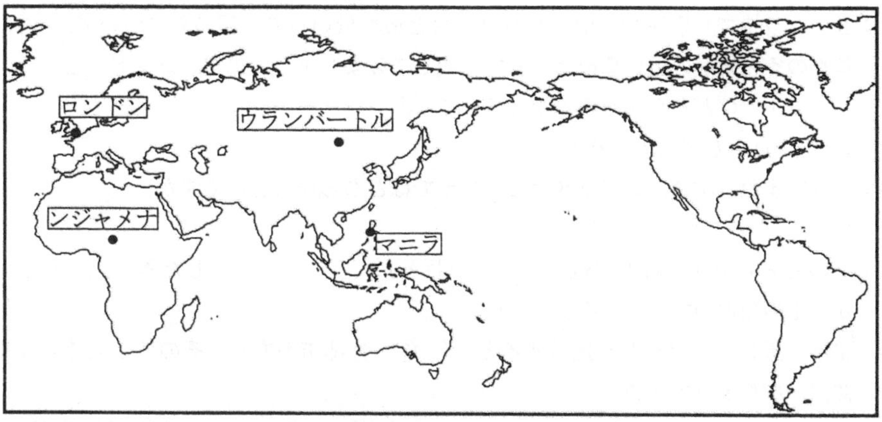

Ⅱ　４国の首都の月別降水量と月別平均気温

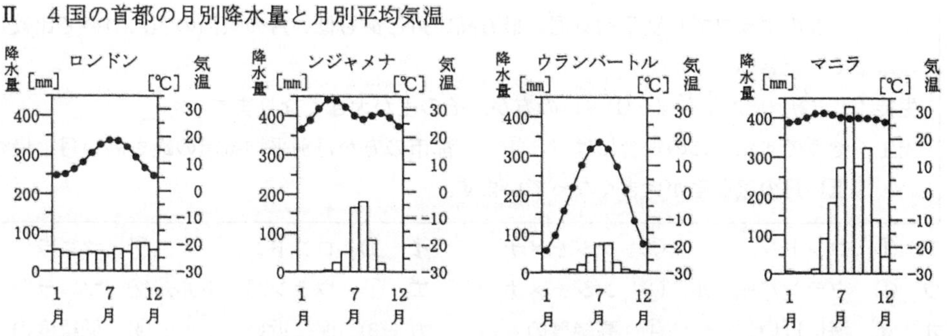

（「理科年表　2020」をもとに作成）

Ⅲ　４国の人口，ＧＤＰ，羊の飼育頭数，米の生産量

国名	人口（千人）	ＧＤＰ（百万ドル）	羊の飼育頭数（千頭）	米の生産量（千t）
Ａ	108 117	313 595	30	19 276
Ｂ	67 530	2 631 228	34 832	―
チャド	15 947	10 717	30 789	264
Ｃ	3 225	11 135	30 110	―

(注) 表中の「―」は全くないことを示している。（「世界国勢図会　2019/20年版」をもとに作成）

Ⅳ　（　Ｘ　）発電の発電量上位４国

国　名	発電量（億kWh）
アメリカ	186
フィリピン	111
インドネシア	107
ニュージーランド	74

（「世界国勢図会　2019/20年版」をもとに作成）

(1)　次の文章は，生徒と先生がⅠの略地図とⅡのグラフをもとに４国の首都の位置と気温の関係について話し合った際の会話の一部である。文章中の（①），（②）にあてはまる首都名の組み合わせとして最も適当なものを，下の**ア**，**イ**，**ウ**，**エ**の中から選んで，そのかな符号を書きなさい。また，（③），（④）にあてはまることばの組み合わせとして最も適当なものを，下の**オ**，**カ**，**キ**，**ク**の中から選んで，そのかな符号を書きなさい。

なお，文章中の３か所の（①），（②）にはそれぞれ同じ首都名があてはまる。

生徒：４国の首都は，こんなに気温が違うのですね。
先生：Ⅱのグラフで月別平均気温の最も高い月と最も低い月の気温の差について，4国の首都のうち緯度の近い都市どうしで比較してみましょう。まず，ロンドンとウランバートルではどちらがその差が大きいですか。
生徒：（　①　）の方が大きいです。
先生：そうですね。次に，ンジャメナとマニラではどちらが大きいですか。
生徒：（　②　）の方が大きいです。
先生：そのとおりです。緯度が近いにもかかわらず，どうしてこうした差が生まれるのか，Ⅰの略地図で考えてみましょう。
生徒：緯度が近い都市どうしを比較すると，（　③　）都市の方が，その差が大きくなる傾向がありそうですね。
先生：そのとおりです。今度はこの（　①　）と（　②　）について，先ほどと同じようにⅡのグラフで月別平均気温の最も高い月と最も低い月の気温の差について比較してください。
生徒：（　②　）よりも（　①　）の方が，その差が大きくなります。
先生：そうですね。この場合には（　④　）都市の方が月別平均気温の最も高い月と最も低い月の気温差が大きくなっています。

ア　①　ロンドン，　②　ンジャメナ　　**イ**　①　ロンドン，　②　マニラ
ウ　①　ウランバートル，②　ンジャメナ　　**エ**　①　ウランバートル，②　マニラ
オ　③　海に近い，　④　高緯度の　　**カ**　③　海に近い，　④　低緯度の
キ　③　内陸の，　④　高緯度の　　**ク**　③　内陸の，　④　低緯度の

⑵　次のｘ，ｙの文章は，Ⅲの表中のＡ，Ｂ，Ｃのいずれかの国について説明したものである。ｘ，ｙで説明されている国として最も適当なものを，ＡからＣまでの中からそれぞれ選んで，その符号を書きなさい。

ｘ	この国では，世界に先がけて産業革命が起こり，近代工業社会が成立した。また，近年ＥＵから離脱した。
ｙ	この国には広大な草原が広がり，ゲルとよばれる住居で暮らす遊牧民もいる。また，豊富な鉱産資源が経済を支えている。

⑶　次の文章を参考にして，Ⅳの表の（Ｘ）にあてはまる最も適当なことばを，漢字２字で書きなさい。

Ⅳの表の発電方式の発電量上位４国は，火山活動の活発な環太平洋造山帯に国土の全部または一部が位置している。この発電方式は，再生可能エネルギーを活用し，天候や季節，昼夜を問わず電力を供給できることが特徴である。

5　次のⅠ，Ⅱ，Ⅲ（次のページ）のグラフは，生徒が価格や貿易についてのレポートを作成するために用意したものの一部である。あとの⑴から⑷までの問いに答えなさい。

Ⅰ　かいわれ，だんしゃく，トマトの月別取扱数量と月別平均価格（2019年）

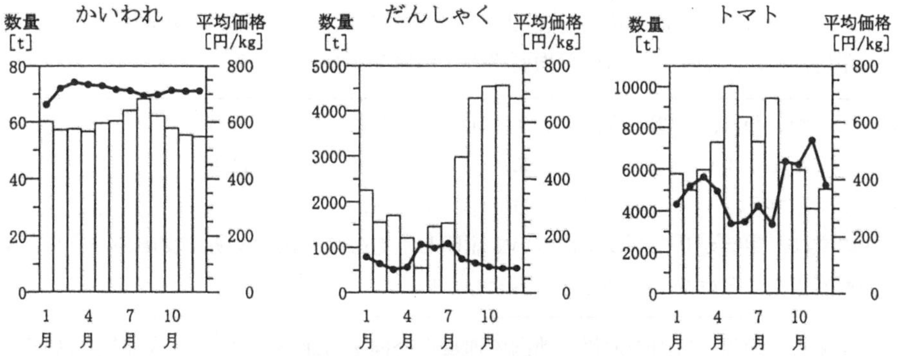

（注）棒グラフは取扱数量を，折れ線グラフは平均価格を示している。

（東京都中央卸売市場ホームページをもとに作成）

Ⅱ　円とドルの交換比率の推移

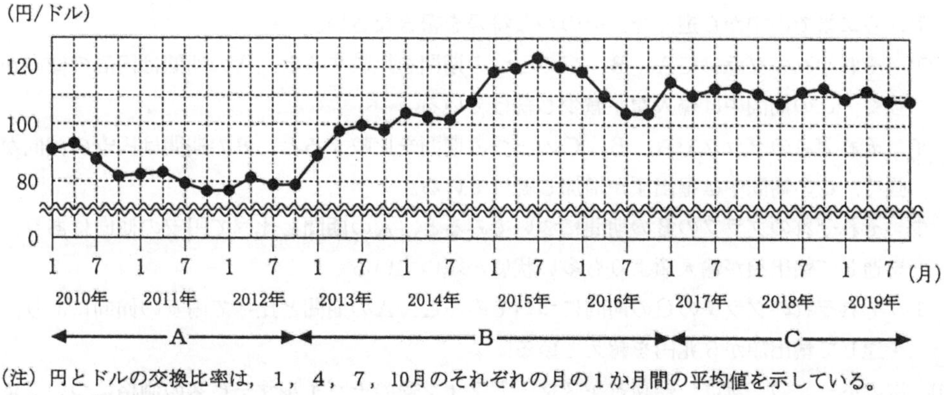

（注）円とドルの交換比率は，１，４，７，10月のそれぞれの月の１か月間の平均値を示している。

（日本銀行ホームページをもとに作成）

Ⅲ　日本の輸出入額の推移

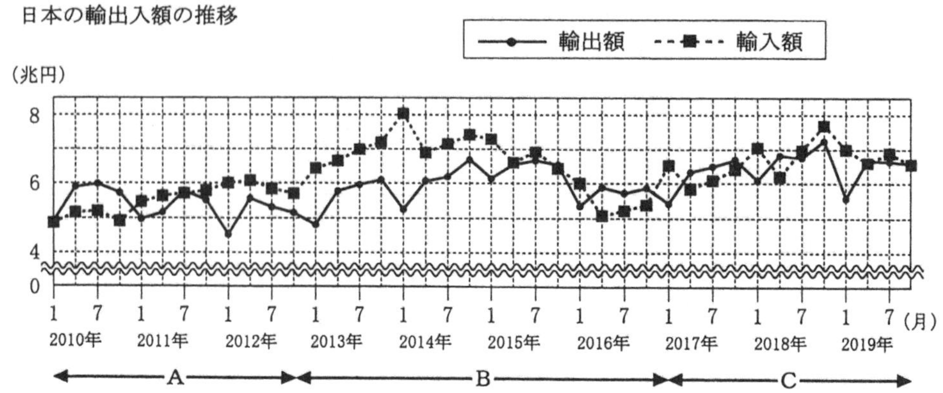

(注) 輸出入額は，1，4，7，10月のそれぞれの月の1か月間の総額を示している。

(「財務省貿易統計」をもとに作成)

(1)　次の文章は，生徒がⅠのグラフについて説明したものの一部である。文章中の（①），（②）にあてはまることばの組み合わせとして最も適当なものを，下のアからカまでの中から選んで，そのかな符号を書きなさい。

なお，文章中の2か所の（①）には，同じことばがあてはまる。

三つの農作物のうち，平均価格の最も高い月と最も安い月の差が最大のものは，（　①　）である。Ⅰのグラフによると，（　①　）の取扱数量は，（　②　）が最も少なく，その月の平均価格は，最も安い月の平均価格の2倍以上となっている。

ア　①　かいわれ，　②　5月　　**イ**　①　かいわれ，　②　11月

ウ　①　だんしゃく，②　5月　　**エ**　①　だんしゃく，②　11月

オ　①　トマト，　　②　5月　　**カ**　①　トマト，　　②　11月

(2)　次の文は，生徒がⅡのグラフについて説明したものの一部である。文中の（　）にあてはまる最も適当なことばを，漢字2字で書きなさい。

貿易などの際，自国の通貨と他国の通貨を交換する比率を（　　　）相場というが，この比率は一般に，商品の価格と同様に需要と供給の変化により変動する。

(3)　Ⅱ，Ⅲのグラフから読み取ることができる内容をまとめた文として最も適当なものを，次の**ア**から**エ**までの中から選んで，そのかな符号を書きなさい。

ア　それぞれのグラフでA，B，Cの三つの期間を比較すると，Aの期間は円高の傾向が最も強く，この期間中は輸入額が減少し続けている。

イ　それぞれのグラフでA，B，Cの三つの期間を比較すると，Bの期間は円安の傾向が最も強く，この期間中は輸出額が増加し続けている。

ウ　それぞれのグラフのBの期間についてみると，Aの期間と比べて円安の傾向にあり，期間を通して輸出額が輸入額よりも多い状態が続いている。

エ　それぞれのグラフのCの期間についてみると，Aの期間と比べて円安の傾向にあり，期間を通して輸出額が5兆円を超えている。

(4)　次のページの文章は，総務省がスマートフォン等のモバイルサービスの価格についてまとめ

た報告書の一部である。文章中の（③），（④）にあてはまることばの組み合わせとして最も適当なものを，下の**ア**から**エ**までの中から選んで，そのかな符号を書きなさい。

> スマートフォン等のモバイルサービスは，あらゆる社会・経済活動を支えるインフラとして，また，国民生活に不可欠なライフラインとして重要な役割を果たしている。大手携帯電話事業者３グループの寡占的な状況となっているモバイル市場において，多様なモバイルサービスが低廉《ていれん》な料金で提供され，（　③　）を向上させるためには，…（中略）…事業者間の（　④　）を促進する必要がある。
>
> （注）○低廉＝価格が安いこと。

（総務省「平成30年版　情報通信白書」より抜粋）

ア　③メディアリテラシー，④公正な競争
イ　③メディアリテラシー，④経済統合
ウ　③利用者利益，　　　　④公正な競争
エ　③利用者利益，　　　　④経済統合

6　次のⅠ，Ⅱ，Ⅲは，日本国憲法の条文の一部である。あとの⑴から⑶までの問いに答えなさい。

Ⅰ	すべて国民は，法の下に（　　　）であって，人種，信条，性別，社会的身分又は門地により，政治的，経済的又は社会的関係において，差別されない。（第14条）
Ⅱ	国会は，国権の最高機関であって，国の唯一の立法機関である。（第41条）
Ⅲ	選挙区，投票の方法その他両議院の議員の選挙に関する事項は，法律でこれを定める。（第47条）

⑴　Ⅰの条文中の（　）にあてはまる最も適当なことばを，漢字２字で書きなさい。

⑵　次の文章は，Ⅱの条文に関連して，国会の働きの一つについて述べたものである。文章中の［①］，（②）にあてはまることばの組み合わせとして最も適当なものを，下の**ア**から**エ**までの中から選んで，そのかな符号を書きなさい。

> 国会は国の予算についての審議・議決を行う。予算とは国民が納めた税金などの国の収入を［　①　］であり，その原案は（　②　）が作成する。

ア　①　どのように使うかの見積もり，②　予算委員会
イ　①　どのように使うかの見積もり，②　内閣
ウ　①　どのように使ったかの報告，　②　予算委員会
エ　①　どのように使ったかの報告，　②　内閣

⑶　次のページの資料は，Ⅲの条文に関連して，選挙について説明したものである。資料中の［③］，（④）にあてはまることばと符号の組み合わせとして最も適当なものを，次のページののアからエまでの中から選んで，そのかな符号を書きなさい。

（資料）

日本ではおもに国政選挙において，［ ③ ］が課題の一つとなっている。この課題について，右の表を例に考えてみると，表中のAの選挙区とBの選挙区では（ ④ ）の選挙区の方が選出議員一人あたりの有権者数か多くなっている。全国を複数の選挙区に分けて選挙を行うときは，各選挙区の議員一人あたりの有権者数ができるだけ等しく保たれることが重要である。

	選挙区	
	A	B
選出議員数	1人	1人
有権者数	20万人	40万人

ア　③　比例代表選挙の議席配分，　④　A
イ　③　比例代表選挙の議席配分，　④　B
ウ　③　一票の格差の改善，　④　A
エ　③　一票の格差の改善，　④　B

ひ隣を恤《あはれ》むは、道なり《人の行うべき道である》。道を行へば、福有り。」と。丕鄭《ひてい》の子、豹《へう》、秦に在り。晋を伐《う》たんことを請《こ》ふ《願い出た》。秦伯曰はく、③「其の君是《こ》れ悪《あ》しきも、其の民何の罪かある。」と。秦是《ここ》に於《お》いて、粟《ぞく》を晋に輸《いた》す。

（『春《しゅん》秋《じゅう》左《さ》氏《し》伝《でん》』による）

（注）○晋《しん》、秦《しん》＝ともに、春秋時代の国名。
○秦伯《しんぱく》＝秦の君主。　○子桑《しそう》、百里《ひゃくり》＝秦の家臣。
○丕鄭《ひてい》＝晋の家臣。晋にむほんを起こして殺された。
○豹《へう》＝父の丕鄭が殺された後、秦に亡命した。
○粟《ぞく》＝穀物。

(一) ①衆無くして必ず敗れん　とあるが、子桑がこのように述べた理由として最も適当なものを、次の**ア**から**エ**までの中から選んで、そのかな符号を書きなさい。

ア　晋の民の多くが飢え、命を落としてしまうと考えたから。
イ　晋の民が秦の侵攻を恐れ、逃亡するに違いないと考えたから。
ウ　晋の君主が民の信頼を失い、味方がいなくなると考えたから。
エ　晋の君主が民に重税を課し、国中で不満が高まると考えたから。

(二) ②対へて曰はく　とあるが、百里は誰に対してどのようなことを言っているか。その説明として最も適当なものを、次の**ア**から**エ**までの中から選んで、そのかな符号を書きなさい。

ア　子桑に対して、秦の民にこそ米を与えるべきだと言っている。
イ　子桑に対して、秦は晋に恩返しをするべきだと言っている。
ウ　秦伯に対して、秦も災害に備えるべきだと言っている。
エ　秦伯に対して、秦のために晋を援助するべきだと言っている。

(三) ③其の君是《こ》れ悪《あ》しきも、其の民何の罪かある　の現代語訳として最も適当なものを、次の**ア**から**エ**までの中から選んで、そのかな符号を書きなさい。

ア　晋の君主が悪人でも、民には少しの罪もない
イ　晋の君主が悪人なら、民もまた同罪である
ウ　秦の君主が悪人でも、民に罪を着せることはしない
エ　秦の君主が悪人なら、民にも多少の罪はある

(四) 次の**ア**から**エ**までの中から、その内容がこの文章に書かれていることと一致するものを一つ選んで、そのかな符号を書きなさい。

ア　豹は、父の恨みを晴らすため、不作で苦しんでいる晋に攻め入った。
イ　百里は、災害時でも、国益を優先することが人の道だと言った。
ウ　子桑は、晋が必ず恩を返すので、米を送るべきだと助言した。
エ　秦伯は、豹の願いを退け、人の道を重んじる家臣の意見に従った。

気持ちが伝えられないことをもどかしく思っている。

エ　誠の両親とのやりとりを通じて家族との生活を思い出し、東京で過ごした頃をなつかしむ気持ちになっている。

オ　誠の両親の歓迎にわずらわしさを感じながらも、家族の一員のように接してくれることを素直に喜んでいる。

㈣　次の一文が本文から抜いてある。この一文が入る最も適当な箇所を、あとの**ア**から**エ**までの中から選んで、そのかな符号を書きなさい。

> だったら、加工を逆手に取るのはどうかと提案したのだった。

ア　本文中の〈1〉　**イ**　本文中の〈2〉

ウ　本文中の〈3〉　**エ**　本文中の〈4〉

㈤　次の**ア**から**カ**は、この文章を読んだ生徒六人が、意見を述べ合ったものである。その内容が本文に書かれていることに近いものを二つ選んで、そのかな符号を書きなさい。

ア　（Aさん）　第一段落から第二段落にかけて、誠の家の茶の間の様子が描写されています。片づけられていない雑然とした部屋の様子からは、有人の訪問が本当は歓迎されていないことがわかります。

イ　（Bさん）　第三段落では、有人が自分の意見を発表しています。会話文の中で多く使われている「……」からは、有人が慎重にことばを選びながらも、自信をもって発言している様子がわかります。

ウ　（Cさん）　第四段落には、さまざまな個性をもつ生徒が出てきます。誠は、ディスカッションの流れを常に意識していて、話の方向を修正して適切な話題を提供できる、とても機転のきく人だと思います。

エ　（Dさん）　私は、涼先輩に着目しました。前向きな発言で周囲の雰囲気を明るくする快活な人だと思います。また、自分の考えを伝えつつ、周囲にも積極的に働きかけることのできる人だと思います。

オ　（Eさん）　私は、ハル先輩が気になります。自分の経験にこだわって周囲を納得させようとするところはあるけれど、話題がそれていかないように順序立てて整理できる冷静な人だと思います。

カ　（Fさん）　第五段落では、「おまえじゃなきゃ」という誠のことばを聞いて胸を高ぶらせる有人の内面が、比喩を用いて効果的に表現されています。誠のこの一言が、有人に自信を与えるきっかけになりそうです。

四　次の漢文（書き下し文）を読んで、あとの㈠から㈣までの問いに答えなさい。（本文の……の左側は現代語訳です。）

冬、晋荐《しんしき》りに饑《う》う（昨年に続き不作であった）。糴《てき》を秦《しん》に乞はしむ（秦に（使いを送り）米を送るよう願い求めさせた）。秦伯《しんぱく》、子桑《しさう》に謂《い》ふ（言った）、「諸《これ》を与へんか。」と。対《こた》へて曰《い》はく（お答えして言うことには）、「重く施して報いば（おおいに恩恵を施して晋がその恩に報いたら）、君、将《は》た何をか求めん（何も求めることはないでしょう）。重く施して報いずんば、其《そ》の民必ず攜《はな》れん（離れるでしょう）。攜れて討たば、①衆無くして必ず敗れん。」と。百里《ひゃくり》に謂ふ、「諸を与へんか。」と。②対へて曰はく、「天災の流行するは、国家代はるがはる有り。災を救た校長と森《もり》先生が、そろって恵比須《えびす》のような笑顔で有人らを見守っていた。「有人、すげーなおまえ」隣の誠が肩をたたいた。「おまえじゃなきゃ出ない意見だぜ。俺もそれ食ってみてー」

5　おまえじゃなきゃ。誠の言葉は小さな火花を有人に飛ばした。飛んできたそれは有人の心に届いて、ささやかではあるが、確かな熱を与えた。熱。熱があれば、なにかが芽を吹く。もう寒々しいだけじゃない。今までとは違う。変わるかもしれない。そんな予感に、有人の胸は高鳴った。

（乾《いぬい》ルカ『明日の僕に風が吹く』による）

（注）○1～5は段落符号である。
○沓脱《くつぬぎ》＝玄関や縁側などの上がり口にある、はきものを脱ぐところ。
○ステテコ＝膝の下まであるゆったりとした男性用の下着。
○ラフ＝くだけたさま。
○鮭《さけ》とば＝棒状に切った鮭の身を塩水につけ、乾燥させた食品。
○リスペクト＝尊敬する気持ち。
○恰幅《かっぷく》＝体つき。
○ペースト＝食材をすりつぶし、柔らかく滑らかにした状態のもの。
○ミョウバン＝食品添加物。食品の形状保持などに使用される。
○シミュレーション＝ここでは、実際の場面を想像して練習すること。
○魚醤《ぎょしょう》＝魚介類を塩漬けにして発酵・熟成させて出てくる汁をこして作った調味料。
○茶々＝人の話の途中で割り込んで言う冗談。
○恵比須《えびす》＝七福神の一つ。にこにこした顔つきのことをえびす顔という。

(一)　①思いがけなくも破顔した　とあるが、その説明として最も適当なものを、次の**ア**から**エ**までの中から選んで、そのかな符号を書きなさい。

ア　叔父の評価が高いことがわかってうれしく思った有人だったが、予想外に誠の父は複雑な表情をしたということ
イ　叔父のおかげで自分が受け入れられたことに胸をなで下ろした有人だったが、思いのほか誠の父が厳しい表情をしたということ
ウ　この島では叔父と比較されているのかと不安を感じた有人だったが、意外にも誠の父はにこやかに笑ったということ
エ　島での叔父に対する評価が気になっていた有人だったが、予想に反して誠の父がおだやかに笑ったということ

(二)　②誠の父　の人物像の説明として最も適当なものを、次の**ア**から**エ**までの中から選んで、そのかな符号を書きなさい。

ア　漁師という仕事に携わっているという誇りから、他人にも妥協を許さない人物
イ　漁師という仕事を継いだことに宿命を感じており、いちずな性格で納得するまでやり抜こうとする人物
ウ　漁師という仕事に自信をもちながら、危険と隣り合わせの恐怖を隠そうと強がっている人物
エ　漁師という仕事に自負心をもっており、飾らない人柄で他人への思いやりがある人物

(三)　第二段落における有人の心情を説明したものとして適当なものを、次の**ア**から**オ**までの中から二つ選んで、そのかな符号を書きなさい。

ア　誠の両親があれこれと世話を焼いてくれ、自然とそのペースに巻き込まれていることに戸惑いを覚えている。
イ　誠の両親がさりげなく気を遣ってくれるおかげで、人と接することが苦手だったのにうちとけてくつろいでいる。
ウ　誠の両親がどんどんごちそうを出してくれるが、うまく感謝の

んがさばいたばっかりだ」あれも食え、これも食べろ。有人は今まで友人の家に行ってこれほどの歓待を受けたことがなかった。そもそも東京では、友人の家に遊びに行くこと自体、ほとんどなかった。小学校低学年のころにあったかもしれないが、それきりだった。この島は一つの家族みたいなものだと叔父が言っていたのを、思い出した。有人は勧められるがまま炭酸飲料を飲み、菓子を食べ、合間にサクランボを口にした。自分しかいない部屋と、風の音と海鳥の鳴き声しかしない断崖絶壁の光景を、救いを求めるように思い起こしながらも、斎藤家に歓迎されている事実は消したくなかった。おせっかいで距離が近すぎて面倒くさい。一人になったらどっと疲れるだろう。でも、自分が受け入れられていることはうれしかった。（中略）

3　次に行われた水産実習のディスカッションで、有人は思い切って口を開いた。〈1〉「誠んちからもらったウニ食べて思ったんだけど……」生ウニの味には絶対勝てない。〈2〉「獲れたて生ウニの味は絶対に無理だ。でも生ウニの形状に近いものを出したら、逆に期待させてしまう可能性がある。だとしたら、いっそうんと加工して、最初からペーストにするとかだと、形は無くなってもいいから、ミョウバンは使わずにいけるかもしれない。使うとしても、最低限で済むかなって……」有人は東京で食べたウニのクリームパスタの話をした。〈3〉手汗がにじむ。「これは、パスタにあえるウニクリームソースだって、もう用途をこっちで決めてしまえば……そうしたら、口にする人は生ウニの味を絶対期待しないし、こういう調理に使うってわかってたら、買う人も買いやすいし、調理のときに好みで味付けするだろうし、もちろんこっちでも買った人がアレンジできる程度でベースの味を付けると、アルコールとかの味も紛れるし……とにかく添加物を極力少なくできる」どういうふうに話すか、前夜から頭の中でシミュレーションしたはずなのに、全然うまくいかなかった。〈4〉有人は何度もつっかえ、声を上ずらせ、言葉を途切れさせた。「ベースの味は……こないだ涼先輩のお母さんからもらったタコの煮つけが、なんかヒントになるかなって……普通に東京で食べてたのと違う味がして。深みがあったというか。魚醤《ぎょしょう》っていうのを使っているんじゃないかって、叔父に聞いた。その……タラを使った魚醤を隠し味にしているんだろうって。漁協で作ってるんだよね、タラ魚醤。それ、こっちの味付けに使えないかな」途切れ途切れの言葉なのに、他の四人は茶々の一つも入れず、ずっと真剣に有人の話をうなずきながら聞いた。「だから……ウニのクリームパスタソースつて限定するのはどうかなって」

4　少しの沈黙ののち、誠が言った。「ウニのクリームパスタ？　なんだそれ。うまいのか？」「おいしいよ」桃花だった。「私も札幌《さっぽろ》で食べたことある。好き」「マジ？　桃花が言うならいいんじゃね？」「僕は食べたことないけど、ペーストにするのはいいと思う」ハル先輩が淡々とメリットを指摘した。「ミョウバンの点はもちろん、最初から崩れていてもいいなら原価を安く抑えられる」「え、有人くんの意見、普通に良くない？」涼先輩も賛同してくれた。「ウニのクリームパスタとか、めっちゃおしゃれじゃない？　これでいこう？　めっちゃいけそう！」誠、ハル先輩、桃花はためらわずうなずいた。「良かった、やっと方針が決まったね。有人くん、すごい」涼先輩が胸の前でかわいらしく拍手する。誠も「やるじゃんか」と親指をぐっと立てる。「パッケージのデザインはどうするの？」ハル先輩が一歩立ち止まれば、涼先輩が桃花の手を取り「私たち二人がめっちゃかわいいの考える！　男子はキャッチコピーみたいなの考えて」と、三歩先に進む。注がれている視線に気づいて、有人はそちらに顔を向けた。教室にい

三　次の文章を読んで、あとの㈠から㈤までの問いに答えなさい。

〔本文にいたるまでのあらすじ〕

東京の中学校を卒業した川嶋有人《かわしまゆうと》は、訳あって親元を離れ、叔父が医師として赴任している北海道の離島にある照羽尻《てうじり》高校に進学した。六月、水産実習の授業の一環で、島の名産のウニを物産展に出品することになり、斎藤誠《さいとうまこと》、東村桃花《ひがしむらももか》、八木陽樹《やぎはるき》（ハル先輩）、野呂涼《のろりょう》（涼先輩）とともにディスカッションを行ったが、有人は思うようにアイデアを出すことができなかった。二度目のディスカッションが行われた日の放課後、有人はウニを分けてくれるという誠の家を初めて訪れた。

〔本文〕

1　小声で「お邪魔します」と言いながら、誠について中へ入ると、沓脱《くつぬぎ》からすぐの茶の間はドアが開け放たれており、中が丸見えだった。日焼けをした中年男性の顔がこちらを向いた。せいかんな顔つきは誠にそっくりだ。「有人。これが俺の親父《おやじ》。この島一の漁師で、照羽尻高校の先輩」「またおまえは、この島一とか適当なこと言いやがって。他の漁師に失礼だべ」誠の父はシャツにステテコというラフすぎるスタイルで、座布団《ざぶとん》の上で片膝を立て、鮭《さけ》とばをかじっていた。体格は誠より一回り小柄だが、全身にがっちりと筋肉がついている。

「あんたが川嶋先生んとこの有人か。先生には世話になってる。よろしく言っといてくれや」島内で叔父リスペクトは挨拶言葉みたいなものなのだ。それだけ慕われている叔父を誇らしく思うのと並行して、有人は「その叔父のおい」である自分自身への評価が気になってくる。東京にいたころの比較対象は兄だったが、島ではまさか、叔父に比べてあのおいは、となっているのか。しかし、誠の父は①思いがけなくも破顔したのだった。「有人。ありがとうな。おまえが来たって誠がえらい喜んでるんだわ」「親父、余計なこと言うな」「なんも余計なことでねえべ。おまえ毎日言ってるべ。やっと同じクラスに男友達ができたーって。ええ？」

2　突っ立ってないで座れ座れと座布団を渡され、有人はちんまりと正座する。木製の丸い座卓を中央に配した茶の間はいささか狭く、テレビやサイドボードなどの一般的な家具家電のほか、ラジオ、ファックス付き電話機、新聞紙、書類といったものが床の上に転がっている。雑然としていて、お世辞にも片づけられているとは言えない。しかし、港に向いた窓からは、先刻教えられた誠の父の船がよく見えた。それがこの漁師の心意気を物語っているように感じられた。隣の台所から、鼻歌が聞こえた。聞いたことがあるようなないような歌だ。夜明けの来ない夜はないとかなんとか繰り返すのを、誠の父はふんと笑った。壁には額に入った表彰状が幾つもあった。人命救助の表彰だ。「海難事故があったら、船持ってる人間が助けるのは当たり前だべ。他の漁師の家にだっていくらもある。俺らは救命講習も受けてんだ」表彰状を見つめる有人に②誠の父がこともなげに言い、台所に声をかけた。「母ちゃん。下手な歌、歌ってねえで、有人になんか出してやれや」「今持って行く」明るい声が返ってきたのとほぼ同時に、オペラ歌手を思わせる、恰幅《かっぷく》の良い女性が現れた。漁師の夫よりも大きい。誠の体格は、どうやら母親似のようだ。「有人くん、よく来てくれたわね。おばちゃん、うれしい」誠の母は、コップに入った炭酸飲料と菓子を盛った器、それから洗って水を切ったサクランボをザルごと座卓に置き、それぞれにおしぼりもくれた。「すっげ！　サクランボなんていつぶりだよ」「そりゃあ、有人くんが来るんだもん。買っとくわよ。さあ、食べて食べて。有人くん細っこいからいっぱい食べて」「親父、有人にやるウニは？」「ちゃんととってある。さっき母ちゃ

(五) 次の**ア**から**オ**までの中から、その内容がこの文章に書かれていることと一致するものを一つ選んで、そのかな符号を書きなさい。

ア ヨーロッパの絵画における三次元への志向が根本から変化したのは、日本の様式化された絵の影響を受けたためである。

イ 日本の伝統的な絵画が自然を象徴的に描くようになったのは、自然の三次元的な実在感を描こうとしたためである。

ウ 日本人が自国の文化とヨーロッパの文化を融合させることができたのは、日本古来の文化を破壊しなかったためである。

エ 明治以降に油絵が普及したのは、明治の日本人が技術だけでなく思想や文化までヨーロッパから導入したためである。

オ 中国や日本の山水画が宇宙のひろがりや生命の美しさを写実的に描いたのは、東洋に共通する美意識があったためである。

(六) 次の文章は、ある生徒が本文の内容に触発され、自分で調べたことをまとめたものであるが、文の順序が入れ替えてある。筋道が通る文章とするために**ア**から**オ**までを並べ替えるとき、二番目と四番目にくるものをそれぞれ選び、そのかな符号を書きなさい。

ア 具体的には、米をすりつぶして水を混ぜただけの真っ白な絵の具と竹を削ったペンを用いて、赤土を塗った壁に描きます。素朴でのびのびとした画風が特徴だと言われています。

イ 一九七〇年代から、ワルリー画は、インド政府の勧めによって紙にも描かれるようになりました。それによって持ち運びができるようになり、美術館での展示が可能になりました。

ウ ワルリー画は、もともとはインドの先住民族のワルリー族によって描かれた壁画です。神話や物語などを題材に、線描や三角形、円などの単純な形を組み合わせて描くのですが、用いる材料は、彼らの身近にあるものばかりです。

エ ワルリー画の魅力を世界の人々が身近に感じられるのはよいことだと思いますが、材料が壁から紙に変わることによって、ワルリー族の人々の文化観や価値観に何か影響があったのではないかと想像します。この点については、もう少し調べてみたいと思います。

オ この文章を読んで、私は絵と材料の関係に興味をもちました。世界にはほかにどのような例があるか調べてみたところ、ワルリー画という絵があることを知りました。

二

次の(一)、(二)の問いに答えなさい。

(一) 次の①、②の文中の傍線部について、漢字はその読みをひらがなで書き、カタカナは漢字で書きなさい。

① 僕たちは、最後の大会で悲願の優勝を遂げた。

② 春の陽気に包まれながら、野山をサンサクする。

(二) 次の文中の〔 ③ 〕にあてはまる最も適当なことばを、あとの**ア**から**エ**までの中から選んで、そのかな符号を書きなさい。

すばらしい演奏を聴き、感動の余韻に〔 ③ 〕。

ア 沈む
イ 浸る
ウ 注ぐ
エ 浮かぶ

イ　ヨーロッパの絵画が風景を象徴的に描くのに対し、東洋画や日本画には空間を可視的なものによって処理するという発想がない。

ウ　ヨーロッパの絵画が目に見えるもの全てを描くのに対し、東洋画や日本画には背景は空白のままがよいという美意識がある。

エ　ヨーロッパの絵画が遠くのものも細部まで描くのに対し、東洋画や日本画には必要のないものは描かないという合理的な面がある。

（二）　〔A〕、〔B〕にあてはまることばの組み合わせとして最も適当なものを、次の**ア**から**エ**までの中から選んで、そのかな符号を書きなさい。

ア　〔A〕つまり　　〔B〕しかも

イ　〔A〕つまり　　〔B〕だから

ウ　〔A〕ところが　〔B〕しかも

エ　〔A〕ところが　〔B〕だから

（三）　筆者は第三段落で、日本の絵の特徴について述べている。それを要約して、六十字以上七十字以下で書きなさい。ただし、「顔料」、「特色」、「二次元の世界」という三つのことばを全て使って、「日本の絵は、……」という書き出しで書き、「……特徴がある。」で結ぶこと。三つのことばはどのような順序で使ってもよろしい。

（注意）

・句読点も一字に数えて、一字分のマスを使うこと。
・文は、一文でも、二文以上でもよい。
・下の枠を、下書きに使ってもよい。ただし、解答は必ず解答用紙に書くこと。

日本の絵は、

60　70

（四）　②そうはならなかったとあるが、その理由として最も適当なものを、次の**ア**から**エ**までの中から選んで、そのかな符号を書きなさい。

ア　絵画の材料は絵を描く技術と密接なつながりがあり、日本人は自分たちの技術に合わない材料を受け入れられなかったから。

イ　絵画の材料は民族性や宗教、生活などと深い関わりがあり、日本人は自分たちの心になじむ材料を自然に選んでいたから。

ウ　油絵の具やキャンバスはヨーロッパの絵画に適したものであり、日本の絵の性格に合う材料となるには時間が必要であったから。

エ　油絵の具やキャンバスはヨーロッパの精神と関係の深いものであり、当時の日本人は魅了されつつも使いこなせなかったから。

しかし、変化はしても、ヨーロッパ絵画の本質は、キュービスムなどを見てもわかるように、三次元的な実在感の希求である。これは文化観、価値観の根底に関わる問題なのだろう。日本がそうしたヨーロッパの写実というものを意識し始めたのは、十六世紀に、ポルトガル人が種子島《たねがしま》に来島したときからである。日本人は、ポルトガル人が伝えた鉄砲をさっそく戦に用いたが、同時に、ヨーロッパの宣教師たちの手によって持ち込まれたキリスト教美術にも、目をみはったことだろう。油絵で描かれたキリスト像や、聖母像などを初めて目にした人々は、絵の中から人間が飛び出してくるような気がしたに違いない。

5　もし、絵画というものが、材料と技術が先にあるものならば、この安土桃山時代に、日本の絵画はすっかり変わってしまっていただろう。日本の絵画が顔料や紙という、材料の制約だけで成り立っていたものなら、少なくとも油絵が十六世紀以降、もっと急速に普及したはずである。それが②そうはならなかった。だから、先ほど私は、日本の絵の性格が材料と深い関わりがあると言ったのは、必ずしも材料がそれしかなかったからやむを得ず、という意味ではない。ヨーロッパ人が、おのずから油絵の具にキャンバスという材料をつくり出したように、日本人も自分たちの絵画に合う材料を自然に選んだのである。あくまで材料が先にあるのではなく、民族性や宗教や精神や生活といったものがあって、そうした心の面と不即不離の関係で絵画の材料があり、絵の特性が表れているのだ。

6　こういう見方をすると、明治以降、なぜこれだけ油絵が普及してきたかということも、よく理解できる。明治の日本人は、安土桃山時代の日本人と違って、ヨーロッパの思想、精神というものまで積極的に導入しようとした。技術だけを利用しようとしたのではないのである。その意味では、飛鳥《あすか》時代の仏教の導入と似ている。ヨーロッパのものの考え方、生活といったものまで輸入しなければ、油絵も普及しなかった。洋服を着、ヨーロッパ風の建物を建てて、その空間に親しむことによって、ようやく油絵に情熱を傾ける人々も現れたのである。〔　B　〕、飛鳥時代の人々が仏教文化を全面的に導入しながら、一方で神社を破壊するようなことはしなかったように、近代の日本人も、油絵が普及しても日本古来の絵画を忘れなかった。そこに日本人の本質があると思うのである。

（平山郁夫《ひらやまいくお》『絵と心』による）

（注）○1～6は段落符号である。
○点景＝風景画などで、趣を出すために風景の中に取り入れられた人物や動物など。
○琳《りん》派＝江戸時代の絵画の一流派。
○顔料＝水に溶けない性質の絵の具。土や貝殻を粉砕したものなどがある。
○岩絵の具＝顔料の一つ。鉱物から作る絵の具。
○南画＝中国山水画の一つで、日本では江戸時代中期頃からその影響を受けて描かれるようになったもの。
○印象派＝十九世紀後半にフランスで起こった芸術の流派。
○キュービスム＝二十世紀初めにフランスで起こった芸術運動。
○希求＝願い求めること。
○不即不離＝二つのものが、つきもせず離れもしない関係を保つこと。

(一)　①空間の捉え方　について、ヨーロッパの絵画と東洋画および日本画の違いを説明したものとして最も適当なものを、次の**ア**から**エ**までの中から選んで、そのかな符号を書きなさい。

ア　ヨーロッパの絵画がそこにあるものを見えるとおりに描くのに対し、東洋画や日本画には空間を埋め尽くすという考え方がない。

〈国語〉

時間　四五分　　満点　二二点

一　次の文章を読んで、あとの㈠から㈥までの問いに答えなさい。

1　①空間の捉え方では、東洋画および日本画と、ヨーロッパの絵画とでは際立った違いがある。ヨーロッパの絵画は、人物や静物の背景に、そこが壁であれば壁を、棚があれば棚を、窓があれば窓を、窓が開いていて風景が見えればそのとおりに描く。要するに、背景には目に見える何かがあるはずであって、それを描くのが当たり前という考え方である。見上げた位置から描いているのか、やや見下ろしているのか、描く人間の視点、角度というものをしっかりと定め、森や川、点景の人物など、どんなに遠くのものでも、遠近法によってきちんと処理していくのだ。ルネッサンスあたりの絵画でも、そういう点は実に正確である。

2　〔　A　〕、中国や日本の山水画などでは、何も描かれていない部分がいくらでもある。ときによると、花の咲く木を一本だけ、鳥を二、三羽だけ描き、バックに何も描いていないようなものでも、立派に背景のある絵として成立している。こういう絵は、合理主義的な、物理的な空気空間の意識をもつヨーロッパの美意識からすると、このうしろは何ですか、壁ですか、空ですか、と尋ねたくなるだろう。東洋人にとって、何も描かれていない背景は、空やかすんだ風景などのいずれでもあり、いずれでもないものである。そこに描かれているのが一本の小枝、一つの花、小鳥であっても、描こうとしているのは宇宙のひろがりであり、生命の美しさであるからだ。自然の中の細かい一部分を画題にはしていても、それを象徴的に描こうとしている。そこに何かある以上は描かなければならない、空間を埋め尽くさなければならないという発想を、もともともっていない。東洋画では、空間を可視的なものによって想像する必要がないのである。

3　そういう東洋画、とりわけ日本の絵には、写実という観念が希薄だった。むしろ自然を描くに当たっても、その心を表す写意が尊ばれた。日本の絵は、大和絵にしても、琳《りん》派にしても浮世絵にしても、それぞれにかなり様式化されているように見える。しかし、どう様式化されても、描こうとしているのは自然のもっている生命であって、それを捉えていない絵はつまらないものになる。様式そのものをなぞっても、本当の絵にはならない。日本の絵がさまざまに様式化されていく傾向は、装飾化とも言い換えることができるだろう。私はこれは、日本の伝統的な絵画が用いてきた絵の具やその他の材料と、深く関わっていると考えている。紙や絹に顔料や岩絵の具で描く日本の絵は、油絵のように、ものを立体的に見せるために、影をつけたりすることには向かない。平面的な絵だから、どうしても平面での変化を求めることになった。平面での変化とは、線と面でいかに独自の特色を出していくかということである。そこに、互いに共通した点はもちながらも、多様な絵の流れが、日本には生まれた。南画と狩野《かのう》派、琳派と浮世絵というふうに比べてみると、かなり違う。ただ、いずれにも共通しているのは、いわば二次元の世界での工夫である。

4　これに対して油絵の材料は、限りなく三次元への追求を誘発するものであった。奥行き、立体感、遠近法と、すべては平面という二次元の中で、いかに三次元の世界を実現するかということへ向けての努力である。いろいろな例外はあっても、こうした三次元への志向が本流であったヨーロッパの絵画が、日本美術の影響などもあって変化してくるのは、印象派以降であることは、私たちもよく知るところだ。

MEMO

大切なことはメモしておこうネ！

A

2021年度

解　答　と　解　説

《2021年度の配点は解答用紙集に掲載してあります。》

＜数学解答＞

1　(1)　8　(2)　$\frac{7}{12}x$　(3)　$\sqrt{2}$
(4)　4　(5)　10　(6)　ウ，エ
(7)　$\frac{7}{10}$　(8)　6個　(9)　(2，1)
(10)　6cm

2　(1)　$y=-\frac{15}{2}x+9$
(2)　A$(-2y+12)$，$a(5)$，$b(2)$，$c(5)$
(3)　①　右図　②　3回

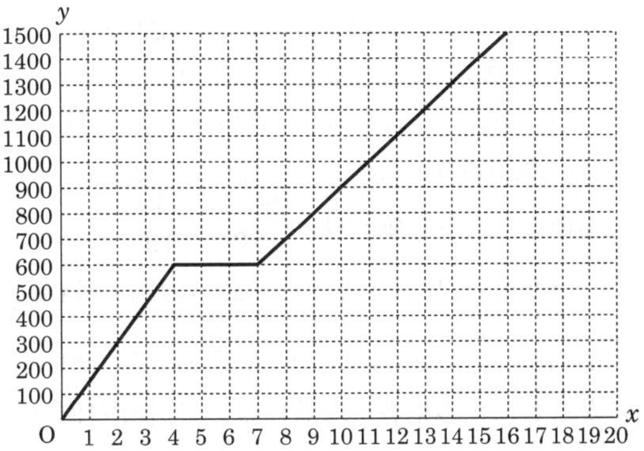

3　(1)　55度　(2)　①　$2\sqrt{10}$cm
②　$\frac{63}{5}\text{cm}^2$　(3)　①　$\frac{3}{7}$倍
②　$\frac{27}{28}$倍

＜数学解説＞

1　(数・式の計算，平方根，式の展開，方程式の応用，一次関数，確率，比例関数，2直線の交点，線分の長さ)

(1)　**四則をふくむ式の計算の順序は，乗法・除法→加法・減法**　となる。$5-(-6)\div2=5-(-3)=5+(+3)=5+3=8$

(2)　分母を4と6の**最小公倍数**の12に通分して，$\frac{3x-2}{4}-\frac{x-3}{6}=\frac{3(3x-2)}{12}-\frac{2(x-3)}{12}=\frac{3(3x-2)-2(x-3)}{12}=\frac{9x-6-2x+6}{12}=\frac{9x-2x-6+6}{12}=\frac{7}{12}x$

(3)　$\frac{3}{\sqrt{2}}=\frac{3\times\sqrt{2}}{\sqrt{2}\times\sqrt{2}}=\frac{3\sqrt{2}}{2}$，$\frac{2}{\sqrt{8}}=\frac{2}{2\sqrt{2}}=\frac{2\times\sqrt{2}}{2\sqrt{2}\times\sqrt{2}}=\frac{\sqrt{2}}{2}$だから，$\frac{3}{\sqrt{2}}-\frac{2}{\sqrt{8}}=\frac{3\sqrt{2}}{2}-\frac{\sqrt{2}}{2}=\left(\frac{3}{2}-\frac{1}{2}\right)\sqrt{2}=\sqrt{2}$

(4)　**乗法公式**$\boldsymbol{(a+b)^2=a^2+2ab+b^2}$，$\boldsymbol{(x+a)(x+b)=x^2+(a+b)x+ab}$を用いると，$(2x+1)^2=(2x)^2+2\times2x\times1+1^2=4x^2+4x+1$，$(2x-1)(2x+3)=\{2x+(-1)\}\{2x+3\}=(2x)^2+\{(-1)+3\}\times2x+(-1)\times3=4x^2+4x-3$だから，$(2x+1)^2-(2x-1)(2x+3)=(4x^2+4x+1)-(4x^2+4x-3)=4x^2+4x+1-4x^2-4x+3=4x^2-4x^2+4x-4x+1+3=4$

(5)　連続する3つの自然数のうち，もっとも小さい数をnとすると，連続する3つの自然数は，n，$n+1$，$n+2$と表される。それぞれ2乗して足すと365であったから，$n^2+(n+1)^2+(n+2)^2=365$　整理して，$n^2+2n-120=0$　たして$+2$，かけて-120になる2つの数は，$(-10)+(+12)=+2$，$(-10)\times(+12)=-120$より，-10と$+12$だから　$n^2+2x-120=\{n+(-10)\}\{n+(+12)\}=(n-10)(n+12)=0$　$n>0$だから，$n=10$　よって，それぞれ2乗して足すと365であるような連続する3つの自然数のうち，もっとも小さい数は10である。

(6)　2つの変数x，yについて，yがxの1次式で表されるとき，**yはxの1次関数**であるという。1次関数は，一般に定数a，bを用いて$y=ax+b$のように表される。1辺の長さが$x$cmである立方体の体積$y$cm^{3}は，$y=x\times x\times x=x^3$であり，yはxの1次関数ではない。面積が50cm^{2}である長方形のたての長さ$x$cmと横の長さ$y$cmは，$x\times y=50$より，$y=\frac{50}{x}$であり，**yはxに反比例**し，yはxの1次関数ではない。半径が$x$cmである円の周の長さ$y$cmは，$y=2\pi\times x$より，$y=2\pi x$であり，yはxの1次関数である。5％の食塩水xgに含まれる食塩の量ygは，(食塩の量)＝(食塩水の量)$\times\frac{(濃度\%)}{100}$より，$y=x\times\frac{5}{100}=\frac{5}{100}x$であり，$y$は$x$の1次関数である。

(7)　2本のあたりくじを，あ$_1$，あ$_2$，3本のはずれくじを，は$_3$，は$_4$，は$_5$と表すと，AさんとBさんのくじのひき方は全部で，(A，B)＝(あ$_1$，あ$_2$)，(あ$_1$，は$_3$)，(あ$_1$，は$_4$)，(あ$_1$，は$_5$)，(あ$_2$，あ$_1$)，(あ$_2$，は$_3$)，(あ$_2$，は$_4$)，(あ$_2$，は$_5$)，(は$_3$，あ$_1$)，(は$_3$，あ$_2$)，(は$_3$，は$_4$)，(は$_3$，は$_5$)，(は$_4$，あ$_1$)，(は$_4$，あ$_2$)，(は$_4$，は$_3$)，(は$_4$，は$_5$)，(は$_5$，あ$_1$)，(は$_5$，あ$_2$)，(は$_5$，は$_3$)，(は$_5$，は$_4$)の20通り。このうち，2人ともはずれをひくのは〰〰を付けた6通りだから，少なくとも1人はあたりをひく確率は，$\frac{20-6}{20}=\frac{7}{10}$

(8)　yがxに反比例するから，xとyの関係は$y=\frac{a}{x}$と表せる。$x=\frac{4}{5}$のとき$y=15$だから，$15=a\div\frac{4}{5}$　$a=15\times\frac{4}{5}=12$　xとyの関係は$y=\frac{12}{x}$と表せる。よって，$y=\frac{12}{x}$のグラフ上の点で，x座標とy座標がともに正の整数となる点は，x座標が12の約数であるときで，$(x,\ y)=(1,\ 12)$，$(2,\ 6)$，$(3,\ 4)$，$(4,\ 3)$，$(6,\ 2)$，$(12,\ 1)$の6個ある。

(9)　2直線$y=3x-5$…①と，$y=-2x+5$…②の交点の座標は，①と②の連立方程式の解。②を①に代入すると，$3x-5=-2x+5$　$3x+2x=5+5$　$5x=10$　$x=2$　これを，①に代入して，$y=3\times2-5=1$　よって，交点の座標は，$(2,\ 1)$

(10)　$\overset{\frown}{BC}$に対する**中心角と円周角の関係**から，∠BOC＝2∠BAC＝2×30°＝60°　△OBCはOB＝OCの二等辺三角形で，∠BOC＝60°だから，正三角形　よって，BC＝OB＝6cm

2 (図形と関数・グラフ，資料の散らばり・代表値，方程式の応用，関数とグラフ，グラフの作成)

(1)　点Aは$y=\frac{1}{4}x^2$上にあるから，$9=\frac{1}{4}x^2$より，$x^2=36$　ここで，点Aのx座標は正であるから，$x=\sqrt{36}=6$より，A(6，9)　直線OAの式を$y=ax$とおくと，点Aを通るから，$9=a\times6$　$a=\frac{3}{2}$　直線OAの式は$y=\frac{3}{2}x$　点Cはy軸上の点で，直線CAはx軸と平行であるから，C(0，9)　点Bを通りy軸に平行な直線と，直線OAとの交点をDとすると，点Dのx座標は点Bのx座標と等しく-4であり，直線OA上の点だから，$y=\frac{3}{2}\times(-4)=-6$より，D($-4$，$-6$)　BD//OCだから，**平行線と面積の関係**より，△CBO＝△CDOであり，四角形CBOA＝△CBO＋△CAO＝△CDO＋△CAO＝△CDAとなる。よって，点Cを通り，四角形CBOAの面積を二等分する直線は，線分ADの中点を通る。**2点$(x_1,\ y_1)$，$(x_2,\ y_2)$の中点の座標は，$\left(\frac{x_1+x_2}{2},\ \frac{y_1+y_2}{2}\right)$**で求められるから，線分ADの中点をEとすると，$E\left(\frac{6+(-4)}{2},\ \frac{9+(-6)}{2}\right)=E\left(1,\ \frac{3}{2}\right)$　直線CEの切片は9だから，直線CEの式を$y=ax+9$とおくと，点Eを通るから，$\frac{3}{2}=a\times1+9$　$a=\frac{3}{2}-9=-\frac{15}{2}$　よって，直線CE，すなわち，点Cを通り，四角形CBOAの面積を二等分する直線の式は，$y=-\frac{15}{2}x+9$

(2)　すべての生徒がシュートを入れた本数の合計が120本であることから，$1\times1+2\times2+3\times x+4\times3+5\times2+6\times y+7\times2+8\times3+9\times1+10\times1=120$(本)　$3x+6y=36$より，xをyを用いて表

すと，$x=-2y+12$…Aである。xとyが自然数であることから，$x=-2y+12$にあてはまるxとyの値の組は，$-2\times1+12=10$，$-2\times2+12=8$，$-2\times3+12=6$，$-2\times4+12=4$，$-2\times5+12=2$であり，$y\geqq6$では$x\leqq0$となり問題の条件にあてはまらないから，全部で(10，1)，(8，2)，(6，3)，(4，4)，(2，5)の5組…aである。資料の値の中で最も頻繁に現れる値が**最頻値**であるから，$x=-2y+12$にあてはまるxとyの値の組と，シュートを入れた本数の最頻値が6本であることをあわせて考えることで，$y>x$と$y>3$の2つの条件にあてはまるのは，$x=2$…b，$y=5$…cであることがわかる。

(3)　①　Aさんがスタートしてから，1周目，2周目の2周を走るのにかかる時間は，**(時間)＝(道のり)÷(速さ)**より，$300\times2\div150=4$(分)　Aさんはスタートして4分後から7分後の3分間休んだ。休んだ後すぐに，3周目，4周目，5周目の3周を走るのにかかる時間は，$300\times3\div100=9$(分)だから，Aさんが走り終わるのは，スタートしてから$7+9=16$(分後)　以上より，**横軸が時間，縦軸が道のりのグラフでは，速さが一定の場合の時間と道のりの関係のグラフは直線になる**ことを考慮すると，AさんがスタートしてからS地点で走り終わるまでのxとyの関係を表すグラフは，点(0，0)，(4，600)，(7，600)，(16，1500)を線分で結んだグラフとなる。

②　Bさんは，AさんがS地点からスタートした9分後に，S地点からスタートし，1周目から5周目までの5周を続けて走り，Aさんが走り終わる1分前の$16-1=15$(分後)に5周走り終わったから，Bさんの自転車の速さは，**(速さ)＝(道のり)÷(時間)**より，$300\times5\div(15-9)=$(毎分)250(m)　Bさんがスタートしたとき，前問①のグラフより，AさんはBさんの前方800(m)－300(m)×2(周)＝200(m)を毎分100mで走っているから，この200mの道のりの差を，Bさんは$250-100=$(毎分)150(m)で追いかけることになる。よって，Bさんが最初(1回目)にAさんを追い抜くのは，AさんがS地点からスタートした9(分後)＋200(m)÷(毎分)150(m)＝$10\frac{1}{3}$(分後)　2回目からは，1周300mの道のりの差を追いかけることになるから，2回目に追い抜くのは，$10\frac{1}{3}$(分後)＋300(m)÷(毎分)150(m)＝$12\frac{1}{3}$(分後)　3回目に追い抜くのは，$12\frac{1}{3}+2=14\frac{1}{3}$(分後)　4回目は，$14\frac{1}{3}+2=16\frac{1}{3}$(分後)となり，Bさんが5周を走り終わる15分後を超えてしまうから，問題の条件に合わない。以上より，BさんがAさんを追い抜いたのは3回である。

3 (角度，線分の長さ，面積，線分の長さの比，体積比)

(1)　△DBCはDB＝DCの二等辺三角形だから，∠FCE＝∠DBE＝47°　△ABEの**内角と外角の関係**から，∠FEC＝∠ABE＋∠BAE＝47°＋31°＝78°　**△FECの内角の和は180°**だから，∠EFC＝180°－∠FEC－∠FCE＝180°－78°－47°＝55°

(2)　①　DE：EC＝2：1より，$\mathrm{EC}=\mathrm{DC}\times\frac{\mathrm{EC}}{\mathrm{DC}}=\mathrm{DC}\times\frac{\mathrm{EC}}{\mathrm{DE}+\mathrm{EC}}=6\times\frac{1}{2+1}=2$(cm)　△EBCに**三平方の定理**を用いて，$\mathrm{EB}=\sqrt{\mathrm{BC}^2+\mathrm{EC}^2}=\sqrt{6^2+2^2}=2\sqrt{10}$(cm)

②　△ACD∽△ECFで，**相似比は**$\mathrm{AC}:\mathrm{EC}=2\sqrt{10}:2=\sqrt{10}:1$　**相似な図形では，面積比は相似比の2乗に等しい**から，$△\mathrm{ACD}:△\mathrm{ECF}=(\sqrt{10})^2:1^2=10:1$　よって，△ABF＝台形ABCD－△ACD－△EBC＋△ECF＝台形ABCD－△ACD－△EBC＋$\frac{1}{10}$△ACD＝$\frac{1}{2}\times(\mathrm{AD}+\mathrm{BC})\times\mathrm{DC}-\frac{1}{2}\times\mathrm{DC}\times\mathrm{AD}-\frac{1}{2}\times\mathrm{BC}\times\mathrm{EC}+\frac{1}{10}\times\frac{1}{2}\times\mathrm{DC}\times\mathrm{AD}=\frac{1}{2}\times(2+6)\times6-\frac{1}{2}\times6\times2-\frac{1}{2}\times6\times2+\frac{1}{10}\times\frac{1}{2}\times6\times2=\frac{63}{5}$($\mathrm{cm}^2$)　(補足説明)　△ACD∽△ECFの証明　△EBCと△ACDで，BC＝CD…㋐　EC＝AD…㋑　∠ECB＝∠ADC＝90°…㋒　㋐，㋑，㋒より，2組の辺とその間の角がそれぞれ等しいので，△EBC≡△ACD…㋓　△ACDと△ECFで，㋓より，∠CAD＝∠CEF…㋔　共通な角より，∠ACD＝∠ECF…㋕　㋔，㋕より，2組の角がそれぞれ等しいので，

$\triangle ACD \backsim \triangle ECF$

(3)　①　△ABDと△ABCで，**高さが等しい三角形の面積比は，底辺の長さの比に等しい**から，$\triangle ABD : \triangle ABC = BD : BC$　$\triangle ABD=\triangle ABC\times\frac{BD}{BC}=\triangle ABC\times\frac{BD}{BD+DC}=\triangle ABC\times\frac{3}{3+2}=\frac{3}{5}\triangle ABC$　同様に考えて，$\triangle ABE=\triangle ABD\times\frac{AE}{AD}=\frac{3}{5}\triangle ABC\times\frac{AE}{AD}=\left(\frac{3}{5}\times\frac{AE}{AD}\right)\triangle ABC$…㋐　また，△ABEの面積が△ABCの面積の$\frac{9}{35}$倍であるから，$\triangle ABE=\frac{9}{35}\triangle ABC$…㋑　㋐，㋑より，$\frac{3}{5}\times\frac{AE}{AD}=\frac{9}{35}$　$\frac{AE}{AD}=\frac{3}{7}$　よって，線分AEの長さは線分ADの長さの$\frac{3}{7}$倍である。

②　△ABEを，線分ADを回転の軸として1回転させてできる立体は，底面の半径がBD，高さがADの円錐から，底面の半径がBD，高さがEDの円錐を除いたものだから，その体積は，$\frac{1}{3}\times\pi\times BD^2\times AD-\frac{1}{3}\times\pi\times BD^2\times ED=\frac{1}{3}\times\pi\times BD^2\times(AD-ED)=\frac{1}{3}\times\pi\times BD^2\times AE=\frac{1}{3}\times\pi\times\left(\frac{3}{5}BC\right)^2\times\frac{3}{7}AD=\frac{9}{175}\pi\times BC^2\times AD$…㋐　△ADCを，線分ADを回転の軸として1回転させてできる立体は，底面の半径がDC，高さがADの円錐だから，その体積は，$\frac{1}{3}\times\pi\times DC^2\times AD=\frac{1}{3}\times\pi\times\left(\frac{2}{5}BC\right)^2\times AD=\frac{4}{75}\pi\times BC^2\times AD$…㋑　以上より，㋐は㋑の$\left(\frac{9}{175}\pi\times BC^2\times AD\right)\div\left(\frac{4}{75}\pi\times BC^2\times AD\right)=\frac{27}{28}$(倍)である。

<英語解答>

聞き取り検査

第1問　1番　a 誤　b 正　c 誤　d 誤　2番　a 誤　b 誤　c 正　d 誤

　　　　3番　a 誤　b 誤　c 誤　d 正

第2問　問1　a 誤　b 誤　c 正　d 誤　問2　a 正　b 誤　c 誤　d 誤

筆記検査

1　(例1)　①　(So you) must not eat or drink there(.)　②　(You should go outside, when you) are thirsty in the building(.)　(例2)　①　(So you) do not eat or drink in the building(.)　②　(You should go outside, when you) feel hungry and thirsty there(.)

2　①　(I) traveled (around Kyoto) with (my host family.)　②　(Kyoto is) full of (famous restaurants.)　③　(I liked it because it) tasted delicious(.)

3　(1)　working　(2)　イ　(3)　be used to solve big problems　(4)　エ　(5)　イ，エ，オ

4　(1)　b　エ　d　ア　(2)　①　interested　②　take　(3)　ウ　(4)　X　lunch　Y　uniforms

<英語解説>

聞き取り検査(リスニング)

放送台本の和訳は，87ページに掲載。

筆記検査

1 (条件英作文)

解答例1は，①「それなのであなたはそこで飲食をしてはいけません」 ②「この建物内でのどが乾いたら外に出るべきです」，解答例2は，①「それなのであなたはこの建物内で飲食をしません」，②「そこで空腹やのどの渇きを感じたら外に出るべきです」の意味。条件をよく読み使うべき語を忘れずに使うこと。

2 (会話文問題：過去，前置詞，形容詞)

① 2つ目のジョンの発話2，3文に「例えば金閣寺と嵐山の素晴らしい景色を見た。また初めて野生の猿を見た」とあるので，下線部は京都へ旅行に行ったという内容だと考える。「私はホストファミリーと京都を旅行しました」

② 「京都は有名なレストランであふれています」 **be full of**「～でいっぱいの，～に富む」

③ 最後の亜希が「わあ，あなたが日本でラーメンを満喫しているのを聞いて嬉しいわ」と言っているのでラーメンが美味しかったことがわかる。「美味しい味がしたので気に入った」**taste**「～な味がする」

3 (長文読解問題・説明文：語句補充，語形変化，語句並べ換え，内容真偽)

(全訳) 最近，世界中のより多くの人たちが環境を破壊することなくどのように電力を生み出すかについて考えています。それなので新しいテクノロジーと国家間の協力がより重要になってきています。事実を知るための3つの話を共有しましょう。

2016年，ポルトガルはエネルギーのためのテストを試みました。風や水，太陽光のような再生可能なエネルギーだけを使いました。それで全国で必要とする全ての電力を生み出すことができました。今政府と企業は風力発電所などの新しい発電所をつくるために一緒にA(働いています)。彼らがより再生可能なエネルギーを作りたいのは，そのエネルギーは石油を節約し環境を保護できるからです。この人たちは再利用可能なエネルギーを使うことは①石油を燃やすよりも環境を守るためによりよいと思っています。彼らのゴールは汚染を止め，より多くのエネルギーを持ち，経済の成長を得ることです。

ハンガリーではある小さな会社が電力を生み出すために別の計画を試みています。大きな発電所を作る代わりにもっと小さな何かを考えています。その会社は古いプラスチックボトルから作られた太陽電池パネルをデザインしています。これはより良い未来を作るためのゴミのリサイクルの賢い方法です。20平方メートルの太陽電池パネルで1つの家に十分な電力を作ることができます。もしあなたの家にそれがあれば，あなたの家族は大きな発電所からの電力を使う必要がありません。②この小さなテクノロジーが大きな問題を解決するために使われるのです。

いくつかの国々は再利用可能なエネルギーを使うためにお互いに助け合っています。ケニアは日本の助けを受けて地熱発電所を作りました。これらの発電所は地球の熱を利用します。日本はケニアのエンジニアに発電所の作り方を示し，使い方を教えました。ケニアはその発電所が作ることのできる電力を増やすというゴールを設定しました。これはチャレンジですが，将来このゴールを達成できることを期待しています。日本の助けでケニアの人たちは国の経済成長のためにも熱心に努力しています。多くの国が地球の問題を理解し，より良い世界をつくるときにこの種の国際援助は重要です。

様々な種類の再利用可能なエネルギーがあり，世界中の国々はよりよい方法でそれらを使おうとしています。ポルトガル，ハンガリー，ケニアはいい例です。今多くの国々がより新しいテクノロジーを作り，より明るい未来のためによりよい協力をしようと最善を尽くしています。

(1)　政府と企業が発電所を作るために共にすることは　work「働く」がふさわしい。be 動詞に一般動詞が続くときは動詞の形を変化させて意味を加える。**<be 動詞＋動詞の ing 形>は「～している(ところ)」という進行形の意味**。stop「～をやめる」，take「～を手に取る，～を持って行く」，blow「(風が)吹く」，sell「～を売る」

(2)　再生可能なエネルギーを使うことに対して肯定的な文脈なのでイを選ぶ。ア「多くの人が石油を使うので環境にとって良くない」，ウ「風，水，太陽光を使うことのいい例ではない」，エ「再生可能なエネルギー施設は石油を節約することができないので危険だ」は全て否定的な内容。

(3)　(This small technology can)be used to solve big problems(.) 助動詞 can「～できる」は後ろに動詞の原形が続く。be と used があるので**<be ＋動詞の過去分詞形>「～される」**という受け身の文になると考える。be used to に動詞の原形を続けて「～するために使われる」となり，**solve「～を解決する」**を続ける。解決するものは big problems なので後ろに続ける。

(4)　第4段落を参照。　ア「ケニアは全ての家に太陽電池パネルをつけるために小さな会社と働いている」(×)　イ「ケニアは日本の助けでいくつかの新しい風力発電所を建てた」(×)　ウ「ケニアは発電所を建てるために日本からプラスチックボトルをたくさん買っている」(×)　エ「ケニアは再生可能エネルギーを使うために日本とともに発電所を建てた」(○)

(5)　ア「新しいエネルギーは重要だが国家間の協力は重要ではない」(×)　第1段落第2文参照。イ「ポルトガルでは政府と企業が汚染を止めエネルギーを作るために努力している」(○)　第2段落第4文以降参照。　ウ「ポルトガルはもっとエネルギーを使い，もっと汚染を出し,もっと経済成長をするように決めた」(×)　第2段落最終文参照。　エ「ハンガリーの小さな会社はプラスチックボトルから太陽電池パネルを作っている」(○)　第3段落第3文参照。　オ「日本はケニアのエンジニアが地熱発電所の使い方を学ぶのを手伝っている」(○)　第4段落第4文参照。カ「世界中の国々は再生可能エネルギーなしでやっていくよりよい方法を見つけた」(×)　最終段落最終文参照。

4　(会話文問題：文挿入，語句補充)

(全訳)　桜　：こんにちは，トム。アメリカのあなたの学校について質問していいかしら？

トム：a【もちろん。何を知りたいの？】

桜　：ありがとう。①私は他の国の学校について学ぶことに(興味がある)の。日本ではよく教室で一緒に給食を食べるよね。あなたの学校について教えて。

トム：なるほど。ええとね，僕の国では教室ではお昼は食べないよ。生徒は普通カフェテリアに行ってそこでお昼を食べるんだ。

桜　：「カフェテリア」って何？

トム：生徒と先生用の大きなランチルームだよ。

桜　：b【わあ，そういうランチための場所を想像できないわ。】私たちの学校にはそれはないわね。生徒たちはお昼に何を食べるの？

トム：自分のお昼を持って来る生徒もいるよ。他の生徒たちはカフェテリアでお昼を買うんだ。メニューから料理をA(選べる)んだよ。例えば，ハンバーガー，ピザ，サンドイッチ，サラダなど。毎日色々な種類の料理を買えるよ。

桜　：c【そうなのね？　あなたがこの学校の給食を楽しんでくれるといいな。】

トム：今日はここの初日だからここの給食について知りたいな。

桜　：オーケー。私の学校では多くの生徒たちが学校給食で同じ料理を食べるの。もちろんメニューは毎日変わるのよ。

トム：君たちも色々な料理があるんだね。学校の給食は好き？

桜　：d【ええ，好きよ。ここの給食が大好き。】ところでこの学校では教科を勉強するだけでなく他のことをする生徒たちがいるのよ。②彼らは私たちの校庭の(手入れをしたり)学校の花に水をあげたりするの。あなたの学校のそういう仕事について教えて。

トム：e【それは普通学校で働いている誰かの仕事だよ。】僕の学校の生徒たちはそういう学校の仕事はないよ。でも家で家族を手伝っているよ。

桜　：それは面白いわね。制服はどう？　私たちにはあるのよ。

トム：僕の学校には制服はないよ。普段Tシャツを着ているよ。

桜　：それは知らなかったわ！　あなたの学校と私の学校で大きな違いがあるわね。いつかあなたの学校を訪れたいわ。

(1)　【b】　直前のトムのカフェテリアの説明を聞いて驚いている内容。　【d】　直前の給食についての質問に対する返答。

(2)　①　**be interested in** ～「～に興味がある」　②　**take care of** ～「～の世話をする」

(3)　カフェテリアではメニューから食べ物をどうするのか考えると choose「～を選ぶ」がふさわしい。

(4)　(X)「私たちは学校のカフェテリアでお昼を食べますよね？」2つ目のトムの発話参照。

(Y)「ここ日本では生徒たちは制服を着ます」最後から2つ目の桜，最後のトムの発話参照。

2021年度英語　聞き取り検査

〔放送台本〕

第1問は，1番から3番までの三つあります。それぞれについて，最初に対話を聞き，続いて，対話についての問いと，問いに対する答え，a，b，c，dを聞きます。そのあと，もう一度，その対話，問い，問いに対する答えを聞きます。必要があればメモをとってもよろしい。

問いの答えとして正しいものは解答欄の「正《せい》」の文字を，誤っているものは解答欄の「誤《ご》」の文字を，それぞれ○《まる》でかこみなさい。正しいものは，各問いについて一つしかありません。それでは，聞きます。

(第1問)

1番　Kate:　Oh, no!　It's raining.　I can't believe it.
Alex:　Kate, what's the matter?
Kate:　Hi, Alex.　I don't have my umbrella with me.
Question:　What will Alex say next?
a　Thank you very much.
b　Here you are.　I have another one.
c　I'm sorry.　I don't know.
d　Sure.　I'm free this afternoon.

2番　Peter:　Wow!　There are many DVDs at this store.　Look at this, Jane.
This movie looks great.　The characters are so scary.

Jane: Really? I'm sorry, Peter. I don't like it very much.
Peter: Why do you think so?
Question: What will Jane say next?
a I think it's great, too.
b It's a very interesting movie.
c I'm not a fan of scary movies.
d The seat in the theater is good.

3番 Mike: Hi, Mari. Are you cooking now?
Mari: Yes, Mike. I'm making curry and rice.
Mike: Well, I want to help you. I can make curry, too.
Mari: Thanks. How did you learn that?
Mike: My grandmother taught me. My dream is to be a good cook like her.
Question: What is true about this dialog?
a Mari is helping Mike with cooking.
b Mike and his grandmother are cooking together.
c Mike is a good cook like his grandmother.
d Mike learned cooking from his grandmother.

〔英文の訳〕

1番 ケイト　　：ああ，いやだ。雨が降ってる。信じられない。
アレックス：ケイト，どうしたの？
ケイト　　：こんにちは，アレックス。傘を持っていないの。
質問：次にアレックスは何と言いますか。
a どうもありがとう。— 誤
b はい，どうぞ。もう1つあるから。— 正
c ごめんなさい。わからない。— 誤
d もちろん。午後はひまです。— 誤

2番 ピーター：わあ！ このお店にはDVDがたくさんあるね。これを見て，ジェイン。この映画はよさそうだね。登場人物たちがとても怖いよ。
ジェイン：本当？ ごめんなさい，ピーター。私はそれがあまり好きじゃないわ。
ピーター：なんでそう思うの？
質問：ジェインは次に何と言いますか。
a 私もそれは素晴らしいと思う。— 誤
b これはとても面白い映画です。— 誤
c 私は怖い映画のファンではありません。— 正
d その映画館の席はいい。— 誤

3番 マイク：やあ，マリ。今料理してるの？
マリ　：ええ，マイク。カレーライスを作ってるの。
マイク：ああ，手伝いたいな。僕もカレー作れるんだ。
マリ　：ありがとう。どうやって習ったの？
マイク：祖母が教えてくれたんだ。僕の夢は彼女のようないい料理人になることだよ。

質問：この会話について正しいのはどれですか。

a マリはマイクの料理を手伝っている。― 誤

b マイクと彼の祖母は一緒に料理をしている。― 誤

c マイクは彼の祖母のようないい料理人だ。― 誤

d マイクは祖母から料理を習った。― 正

〔放送台本〕

第2問では，最初に英語のスピーチを聞きます。続いて，スピーチについての問いと，問いに対する答え，a, b, c, dを聞きます。問いは問1と問2の二つあります。そのあと，もう一度，スピーチ，問い，問いに対する答えを聞きます。必要があればメモをとってもよろしい。

問いの答えとして正しいものは解答欄の「正《せい》」の文字を，誤っているものは解答欄の「誤《ご》」の文字を，それぞれ○《まる》でかこみなさい。正しいものは，各問いについて一つしかありません。それでは，聞きます。

（第2問）

Hello, everyone. I'm Ken. I want to tell you about my favorite thing. It's drawing pictures. After I finish my homework, I usually draw pictures and relax. I imagine a lot of things and often draw animals, people, or buildings. I like drawing pictures because I can design my own world on the paper. It's a good way to show my ideas or opinions. Now, everyone, why don't you try and relax? Thank you for listening.

問1 What is Ken talking about?

a He is talking about his favorite book.

b He is talking about his best friend.

c He is talking about drawing pictures.

d He is talking about interesting places.

問2 Why does Ken like drawing pictures?

a Because he can design his own world.

b Because he can relax before he finishes his homework.

c Because he can draw pictures without any ideas.

d Because he likes to draw only animals.

〔英文の訳〕

みなさん，こんにちは。私はケンです。私の気に入っていることについて話しをしたいと思います。それは絵を描くことです。宿題が終わった後いつも絵を描いてリラックスします。私は多くのことを想像し，よく動物や人，ビルを描きます。私は紙の上に自分の世界をデザインすることができるので絵を描くのが好きです。私のアイディアや意見を表すのにいい方法です。さて，みなさん，試してみてリラックスしたらどうでしょうか。聞いてくれてありがとうございます。

問1 ケンは何について話していますか。

a 彼はお気に入りの本について話しています。― 誤

b 彼は親友について話しています。― 誤

c 彼は絵を描くことについて話しています。― 正

d　彼は面白い場所について話しています。— 誤

問2　なぜ彼は絵を描くのが好きですか。

a　彼の世界をデザインすることができるから。— 正

b　宿題が終わる前にリラックスできるから。— 誤

c　なんのアイディアもなく絵を描けるから。— 誤

d　動物だけ描くことが好きだから。— 誤

＜理科解答＞

1　(1)　イ　(2)　6J

2　(1)　エ　(2)　ア　(3)　ウ

(4)　Ⅰ(カ)，Ⅱ(ウ)

3　(1)　MgO　(2)　イ

(3)　右図1　(4)　4.8g

4　(1)　ア　(2)　エ　(3)　ア

(4)　オ

5　(1)　右図2　(2)　イ　(3)　オ　(4)　エ

6　(1)　オ　(2)　エ

図1

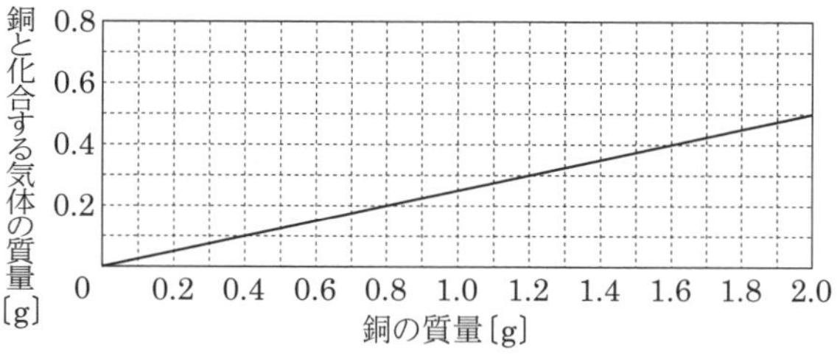

図2

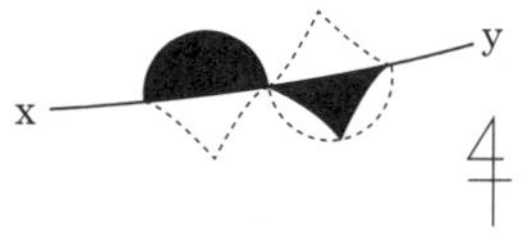

＜理科解説＞

1　(小問集合－生物の成長と生殖，仕事とエネルギー)

(1)　発芽して根がのびたソラマメでは，根の先端から3mmの位置に近い部分で細胞が分裂して細胞の数を増やし，その後，分裂したそれぞれの細胞が大きくなることで根が成長している。

(2)　おもりを手で持って30cmの高さまでゆっくりと引き上げる仕事〔J〕＝おもりに加えた力〔N〕×力の向きに移動させた距離〔m〕＝20〔N〕×0.3〔m〕＝6〔J〕である。**おもりを30cmの高さのまま水平方向にゆっくりと90cm移動させた場合は，おもりを引き上げる力とおもりにはたらく重力がつり合っており，移動の向きに力が加わっていないため，おもりを持つ手がした仕事は0である。**

2　(植物のからだのつくりとはたらき：道管と師管・蒸散，植物の特徴と分類，円の面積)

(1)　双子葉類に分類されるのはアブラナである。

(2)　**葉の表側に近いaは道管であり，葉の裏側に近いbは師管である。茎では道管は師管より内側にある。**根から吸収された水分などはaの道管を通って葉に運ばれ，光合成などで使われる。光合成でつくられたデンプンなどの栄養分は水に溶けやすい物質に変わり，bの師管を通ってからだの各部分に運ばれる。

(3)　$1mm^2$あたりの気孔の数をxとすると，$0.4mm \times 0.4mm \times 3.14 : 1mm^2 = 40 : x$，$x \fallingdotseq 80$，である。

(4)　〔実験〕の結果から，**植物Aの葉以外の部分からの蒸散量をy〔cm^3〕とすると，**葉の表側だけにワセリンを塗った場合の蒸散量〔cm^3〕＝葉の裏側の蒸散量〔cm^3〕＋y〔cm^3〕＝5.4〔cm^3〕である。葉の裏側だけにワセリンを塗った場合の蒸散量〔cm^3〕＝葉の表側の蒸散量〔cm^3〕＋y〔cm^3〕＝

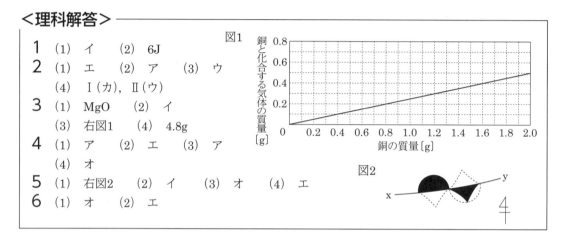

2.6〔cm^3〕である。よって，（葉の裏側の蒸散量〔cm^3〕＋y〔cm^3〕）＋（葉の表側の蒸散量〔cm^3〕＋y〔cm^3〕）＝5.4〔cm^3〕＋2.6〔cm^3〕であり，ワセリンを塗らなかった場合は，葉の裏側の蒸散量〔cm^3〕＋葉の表側の蒸散量〔cm^3〕＋y〔cm^3〕＝6.0〔cm^3〕であるため，**y〔cm^3〕＝5.4〔cm^3〕＋2.6〔cm^3〕－6.0〔cm^3〕＝2.0〔cm^3〕，である。**以上から，植物Aの葉の裏側の蒸散量は，（5.4〔cm^3〕－2.0〔cm^3〕）÷（2.6〔cm^3〕－2.0〔cm^3〕）≒5.7，より，表側の蒸散量の約5.7倍である。また，植物Bの葉以外の部分からの蒸散量〔cm^3〕＝2.2〔cm^3〕＋2.2〔cm^3〕－3.5〔cm^3〕＝0.9〔cm^3〕，である。

3 (化学変化と物質の質量：化学変化と物質の質量の比，化学変化：酸化・化学式・化学反応式)

(1)　マグネシウムを加熱するとマグネシウムの酸化が起きる。化学反応式で表すと，**$2Mg + O_2 \rightarrow 2MgO$**，である。マグネシウムを加熱したときに生じたステンレス皿内の物質は酸化マグネシウムであり，化学式はMgOである。

(2)　〔実験〕の⑤で，ステンレス皿内のマグネシウムの加熱をくり返すと，やがてステンレス皿全体の質量が変化しなくなった理由は，一定の質量のマグネシウムと化合する酸素の質量には限度があり，マグネシウムがそれ以上酸化されなくなったからである。

(3) ステンレス皿Fは，空のステンレス皿に0.40gの銅の粉末を入れて加熱実験をしたものである。**1回目の加熱から4回目の加熱まではステンレス皿全体の質量が増加しているが，5回〔g〕目の加熱では増加しなかったことから，0.40gの銅に化合する酸素は，20.50〔g〕－20.40〔g〕＝0.1〔g〕，である。**同様にして，ステンレス皿Gの場合，0.80gの銅に化合する酸素は，0.2〔g〕，である。図2のグラフ用紙に，F，G，H，I，Jの測定値(0.4，0.1)，(0.8，0.2)，(1.2，0.3)，(1.6，0.4)，(2.0，0.5)の各点を記入し，原点を通り，各点の最も近くを通るように直線を引く。**銅の質量〔g〕と銅と化合する気体の質量〔g〕は比例の関係にある。**

(4)　表1から，マグネシウムと化合する酸素の質量比は，マグネシウム〔g〕：酸素〔g〕＝3：2，であり，銅と化合する酸素の質量比は，銅〔g〕：酸素〔g〕＝4：1＝8：2，である。よって，マグネシウムの粉末の反応後の物質と銅の粉末の反応後の物質の質量比は，**マグネシウム〔g〕：銅〔g〕：酸素〔g〕＝3：8：4であり，その合計が24.0〔g〕，である。**したがって，反応前のステンレス皿内にあったマグネシウムの粉末の質量〔g〕＝24.0〔g〕×{3÷(3＋8＋4)}＝4.8〔g〕，である。

4 (電流：静電気・真空放電)

(1)　**異なる2種類の物質をこすり合わせると，－(マイナス)の電気をもつ粒子が一方の物質の表面から他方の物質の表面に移動するため，－(マイナス)の電気が多くなった物質は，－(マイナス)の電気を帯びる。**ポリエチレンのストローAとストローBは，共にティッシュペーパーでこすり合わせられるため，同じ種類の電気を帯びる。ストローAとストローBは，同じ種類の電気を帯びているため，ストローBをストローAの点Xに近づけると反発し合いストローAの動く向きはaである。

(2)　問の文章の前半は，問(1)の前半から半ばの説明のとおりである。問の文章の後半は，ストローBをこすったティッシュペーパーをティッシュペーパーでこすったストローAに近づけると，ティッシュペーパーとストローAは異なる2種類の物質であるため，異なる種類の電気を帯びる。ティッシュペーパーとストローAは，異なる種類の電気を帯びているため，ティッシュペーパーをストローAに近づけるとストローAとティッシュペーパーは引き合う。

(3)　**ストローBを物体Cの点Yに近づけると，物体Cの中の電子は，－(マイナス)の電気を帯びたストローBから反発し合う力を受けて，点Yから遠ざかる向きに移動する。そのため，物体Cの点Y付近が＋(プラス)の電気を帯び，－(マイナス)の電気を帯びたストローBと引き合うため，**

物体Cは図1のbの向きに動く。

(4)　電極Eが－(マイナス)極，電極Fが＋(プラス)極となるように，電極Eと電極Fの間に大きな電圧をかけると真空放電が起きる。－(マイナス)極の電極Eから電子が出て，＋(プラス)極の電極Fに引かれる電子の流れに沿って蛍光板が光るため，図2のsのような光のすじが観察される。電極板Gが＋(プラス)極，電極板Hが－(マイナス)極となるように，電極板Gと電極板Hの間に電圧をかけると，電子は－(マイナス)の電気をもつため，図2のtのように光のすじが上向きに曲がる。

5 (日本の気象，天気の変化：空気中に含まれる水蒸気量，気象要素の観測：湿度・停滞前線の図示)

(1)　図2のXとYを結んだ線は，**あたたかく湿った小笠原気団と冷たく湿ったオホーツク海気団の間にできた停滞前線で**，つゆの時期に日本列島にできる停滞前線を**梅雨前線**という。よって，図3の記号は，**東西にのびた実線xyに対して，北側が塗りつぶしの半円であり，南側がぬりつぶしの逆三角形である。**

(2)　表2の午前6時と午後3時のように，気温は同じであるが湿度が異なる空気を比べたとき，湿度が高い方が，空気1m^{3}中にふくまれる水蒸気量が多いので，露点は高くなる。次に，午前9時の地点Aの露点を求める。**図1から乾球の示す温度(気温)は23℃であり，湿球の示す温度は20℃であることから，表1より湿度は75%である。よって，表3から，23℃における空気1m^{3}中にふくまれる水蒸気量＝20.6〔g/m^3〕×0.75＝15.45〔g/m^3〕であり，露点は18℃である。**

(3)　地点Aでは，夏が近づく頃に図4のオホーツク海気団Qと小笠原気団Sが接するところにできる梅雨前線の影響で，雨の日が多くなる。やがてオホーツク海気団がおとろえて小笠原気団の勢力が増すと，梅雨前線は日本付近から消滅し，梅雨が明けて本格的な夏となる。夏は晴天が多いが，強い日射しによって地表付近の大気があたためられて局地的な上昇気流が生じると積乱雲が発達し，激しい雷雨となることもある。

(4)　冬はシベリア高気圧が発達し，西高東低の気圧配置になりやすい。そのため，**南北方向にのびる等圧線がせまい間隔で並び**，北西の風がふく。

6 (小問集合－化学変化と電池，太陽系と恒星：惑星，球の体積)

(1)　電子オルゴールが鳴ったことから，図の装置が電池のはたらきをしていることがわかる。そのしくみをイオンのモデルで説明すると，**イオン化傾向が銅より大きい亜鉛が，$Zn \rightarrow Zn^{2+}$＋⊖⊖，により，電子を放出して亜鉛イオンとなり，うすい塩酸中にとけ出す。亜鉛板に残された電子は，導線を通って銅板へ移動し，銅板の表面で，電子はうすい塩酸中の水素イオンに与えられ，$2H^{+}$＋⊖⊖$\rightarrow H_2$，により，水素になって発生する。電流の向きは電子の移動の向きと逆だから，電流は＋極の銅板から－極の亜鉛板に流れ，電子オルゴールが鳴った。**

(2)　金星は地球より内側を公転する内惑星であり，一般に明け方か夕方に観察することができる。木星は，主に気体からなるため密度が小さく，表より地球の約0.24倍であるが，半径は約11倍であるため，木星の体積は，$\frac{4}{3}\pi r^3$より，地球の約1,775倍である。よって，1,775×0.24≒426より，木星の質量は地球の質量の約430倍である。

<社会解答>

1　(1)　ウ　　(2)　ア　　(3)　イ

2 (1) イ　(2) C Z　E Y　(3) エ　(4) エ
3 (1) オ　(2) 米の収穫量 Y　肉用牛の飼育頭数 X　(3) (例)暖流である対馬海流の上をわたる　(4) エ
4 (1) ① 符号 D　② ことば 赤道　(2) ウ　(3) イ
5 (1) ア　(2) ① かな符号 エ　② ことば 公衆衛生　(3) ア
6 (1) イ　(2) ウ　(3) 地方分権

＜社会解説＞

1 (歴史的分野―日本史時代別－旧石器時代から弥生時代・鎌倉時代から室町時代，―日本史テーマ別－社会史・経済史，―世界史－政治史・文化史)

(1) ア **石包丁**は稲の**穂首刈り**の際に使用するものである。 イ **銅鐸・銅鏡**などは**祭器**(祭祀の道具)として使われたものである。 エ 作物を貯蔵する施設としては高床式の倉庫がつくられた。ウが正しい。弥生時代には，他の集落との争いに備えて，集落の周りに堀をめぐらす**環濠集落**がつくられた。佐賀県の**吉野ケ里遺跡**では，環濠集落の周囲から，傷跡のある人骨や，首のない人骨などが出土しており，弥生時代に戦いがあったことを証明している。

(2) Bの物品は，銅銭である。中国の**銅銭**は，**平氏政権**により行われた**日宋貿易**以後，江戸時代に至るまで500年以上も日本に流入し，**日本の貨幣のように市場で流通**した。14世紀に津軽にあった**十三湊**(とさみなと)を拠点とするアイヌとの交易では，この銅銭が用いられていた。

(3) 西アジア(イランを除く)，北アフリカ，バルカン，黒海北岸，およびカフカス南部を支配した**イスラム国家**が，**オスマン・トルコ**である。この広大な支配地を通らない交易路として，**アフリカ南端を経由**する航路が開かれた。また，ヨーロッパで勢力を拡大する**プロテスタント**に対抗し，**カトリック**の側に**イエズス会**がつくられ，**海外布教**に力が注がれた。

2 (歴史的分野―日本史時代別－明治時代から現代，―日本史テーマ別－政治史・社会史・文化史・外交史)

(1) Aの部分に示された意見は**福沢諭吉**のもので，**身分制度を否定**している。Bの部分に示された意見は**岡倉天心**のもので，急激な**西洋化**の波が押し寄せる中で，日本の**伝統美術**の優れた価値を認めるものである。組み合わせとしては，イが正しい。

(2) Ⅱの資料には「普選」の文字があり，選挙権から**納税要件**を撤廃する**普通選挙権獲得運動**(普選運動)について書かれたものであり，Cにあてはまるカードは**Z**である。Ⅲの資料は，1960年の**日米安全保障条約**に反対する国民の様子である。Eにあてはまるカードは**Y**である。

(3) Ⅱの資料に描かれている，普通選挙が検討された時期は，1920年前後である。1920年には日本で初めて**メーデー**が開催された。また，1921年から開かれた**ワシントン会議**では，**海軍軍縮条約**が締結され，日本も**国際協調路線**をとって調印した。組み合わせとしては，エが正しい。

(4) Ⅲの資料に描かれているのは，1960年の日米安全保障条約改定に反対するデモの様子である。**天皇主権**の**大日本帝国憲法**から，**国民主権**の**日本国憲法**に変化し，日本の政治が専制的なものから民主的なものに移り変わり，集団で意見の表明を行うことが国民の権利として認められるようになった。組み合わせとしては，エが正しい。

3 (地理的分野―日本地理－農林水産業・工業・人口・気候・貿易)

(1) はじめに，表ⅡのA・B・C・Dの県を特定する。**1農家あたり耕地面積**が格段に広いDは，北海道である。**人口密度**が最も高いAは，群馬県である。残る2県のうち，**製造品産出額**が多いC

が，**精密機械**の生産が盛んな長野県である。木曽川の上流は長野県に位置する。河川が山地から平野や盆地に移る所などに見られる，運んできた土砂の堆積によりできた扇状の土地を**扇状地**といい，長野県では扇状地でのりんごなどの栽培が盛んである。正しい組み合わせは，オである。

(2) **米の収穫量**が最も大きいのは新潟県であり，Yが米の収穫量である。**肉用牛の飼育頭数**は，北海道が1位であり，鹿児島県が2位である。Xが肉用牛の飼育頭数である。

(3) 信濃川下流域では，冬季の**季節風**が，**暖流**である**対馬海流**の上をわたるときに大量の水蒸気を含み，日本海側に雲を発生させる。以上を制限字数15字に入るように，簡潔にまとめればよい。

(4) ア **沖合漁業**の漁獲量は最大になっているが，**遠洋漁業**は最大にはなっていない。 イ 1970年から1980年にかけて遠洋漁業は増加していない。 ウ 1995年の日本の**魚介類の輸入量**は，1985年の4倍にはなっていない。ア・イ・ウのどれも誤りであり，エが正しい。

4 (地理的分野―世界地理－地形・都市・気候・貿易・産業)

(1) ① Dが北緯45度線である。北緯45度線は，フランス南部・イタリア北部・ルーマニア等を通る。フランスが北海道よりも温暖なのは，ヨーロッパの西側にある大西洋に，**暖流**の**北大西洋海流**が流れているためである。 ② 緯度0度を示す緯線は，**赤道**である。赤道は，インドネシア・南アメリカ大陸北部・アフリカ大陸中央部を通る。

(2) タウンズヒルは**南半球**にあるため，12月・1月・2月が夏季であり，**雨温図**に示されているとおり，雨が多い。**北半球**と季節が逆になることに注意が必要である。さとうきびとてんさいのうち，ブラジルなど**熱帯**や**温帯**で生産量が多いのは，さとうきびである。日本でも沖縄県が主要産地である。ロシアなど寒い地方で生産量が多いのは，てんさいである。日本では北海道で栽培されている。正しい組み合わせは，ウである。

(3) 中国は日本の主要な貿易相手国の一つである。中国の日本への輸出額は，アルゼンチンよりもはるかに多い。南米のアルゼンチンは，日本から見て，ほぼ地球の裏側にあたり，アフリカのボツワナよりも遠い。正しい組み合わせは，イである。

5 (公民的分野―経済一般・財政・国民生活と社会保障)

(1) 対GDP比の**債務残高**が，他の2国より格段に大きいのは日本であり，日本がXである。GDPが2010年以降増加し続けているYがアメリカである。したがって，Yがアメリカ，Zがイタリアである。

(2) ① 国の一般会計のうち，国債の利払い・償還などに充てられる予算を**国債費**という。いわば，国債という形でした借金を返す費用である。これよりも歳入における**公債費**の方が大きいということは，いわば，新しくする借金の方が多いということである。したがって，国の債務残高は増加すると考えられる。 ② 日本の**社会保障制度**は，**社会保険・公的扶助・社会福祉・公衆衛生**の4本の柱からなっている。予防接種などの**感染症対策**，各種健康診断などが含まれるのが，公衆衛生である。

(3) イ この調査の回答で，**教育**がすべての年代で最も割合が低いわけではない。 ウ **高齢社会対策**の割合が最も高い年代は70歳以上ではなく，50～59歳である。 エ **景気対策**と**少子化対策**について，割合が最も低い年代は18～29歳ではない。イ・ウ・エのどれも誤りを含んでおり，アが正しい。

6 (公民的分野―地方自治・国の政治の仕組み)

(1)　**地方公共団体**では，その**首長**と議会の議員がいずれも住民の**直接選挙**によって選ばれる。これを**二元代表制**という。いずれも住民の代表である首長と議会が，互いに抑制し合う必要があるので，議会は首長に対して**不信任決議**をすることができ，首長は**議会を解散**することができるという関係になっている。

(2)　**公的年金**や**介護保険**などの**国家的な制度**を設計し，法律化して，運営をするのは国の役割である。

(3)　特に政治・行政において，統治権を中央政府から地方政府(地方公共団体)に部分的，あるいは全面的に移管することを，**地方分権**という。対義語は，**中央集権**である。**地方分権一括法**は2000年に施行された。

＜国語解答＞

一　(一)　ウ　(二)　Ａ　ア　Ｂ　オ　(三)　エ　(四)　(例)登山の自由とは，社会の管理から自主的に離脱する以上，自分の責任で判断し，自分の裁量で命を管理しなければならない苦しいものである。　(五)　イ　(六)　イ

二　(一)　①　きんこう　②　率　(二)　③　エ

三　(一)　イ　(二)　ア　(三)　ウ　(四)　往復運動　(五)　ウ

四　(一)　イ　(二)　ウ　(三)　ア　(四)　エ

＜国語解説＞

一　**(論説文―大意・要旨，心情・情景，内容吟味，文脈把握，段落・文章構成，脱文・脱語補充)**

(一)　**「まぶしかった」のは，輝いて見えた**からだ。颯爽と滑り降りるスキーヤーに美しさを感じたことがわかる。「ザラメ雪の斜面をグサグサと音を立てながら下山した」**自分とは対照的**である。

(二)　三度の登頂を確認しよう。一回目は訓練，二回目は取材，三回目にやっと行きたくてたまらない気持ちになって登頂した。これをふまえると，**心に残っているのが三回目の登頂であるのは当然のこと**だから，〔A〕には「もちろん」が入る。**〔B〕に入る副詞は，「……存在ではなく，」と打消し表現にかかっていく**ので，「もはや」だとわかる。

(三)　「非登山的」とは，登山本来の姿からかけ離れたものを表現した語だ。「登山本来の姿」とは，④段落に「人間が主導権を握って生きることのできる枠組みの外側に飛びだして，未知の世界を経験する」ことだと述べられている。これをふまえると，**弾丸登山自粛の呼びかけや入山料の徴収は人間のコントロール作用**であり，**これらの規制は人間主導の社会の外側に飛び出す本来の登山というものに人間の制御をきかせる**ものだ。だから**登山が非登山的な行為になってしまう**のである。

(四)　三つのキーワードをふまえて，ポイントを絞っていく。登山の自由とは，**「社会の管理から自主的に離脱する以上」**，他人の力はあてにできず，**「完全に自分の責任のもとに判断を下し，その判断にもとづいて行動を組み立て」**ねばならず，他者からの束縛がない代わりに**「自分の裁量で命を管理しなければならない」**という**「きわめて苦しくてシビアなもの」**なのである。この内容を指定字数でまとめよう。

(五)　④段落では，「その山に登る登山という行為は，人間が主導権を握って生きることのできる

枠組みの外側に飛びだして，未知の世界を経験するためにあえてじっせんされる特殊な作法」だと説明されている。アは「彼らを反社会的存在とみなす」という点，ウは「世界的な広がりをもっている」ことを表しているとする点，エは「社会の関心が失われている」とする点が誤り。

(六) 「要するに」で始まる③段落では，前までの内容を受けて「登山」の特殊性・非日常性の意味を説明している。アは「登山者が留意すべきこと」と説明とした点，ウは「富士山を守るよう主張」しているとした点，エは「文明の力を過信した」という表現，オは「不自由な規則をいかに運用するか」という論点を挙げている点がそれぞれ不適切だ。

二 (漢字の読み書き，熟語)

(一) ① あい対する力など，物事のつり合いがとれていること。 ② 「率」は，6・7画目，8・9画目をつなげて書かない。

(二) 「温厚篤実」は，人がらが優しくおだやかで，思いやり深くまじめであること。ア「折衷」は二つの違ったもののよいところをとって，別のものを作ること，イ「倹約」は無駄使いをなくして費用を切り詰めること，ウ「一遇」は，「千載一遇」の四字熟語で，めったにないことの意。

三 (随筆—大意・要旨，内容吟味・文脈把握，段落・文章構成，接続語の問題，ことわざ・慣用句)

(一) ②段落に，「それらが言語というよりも……染み込んで離れないものになるから」とある。

(二) 「ミニバスが私たちの横すれすれを猛スピードで追い抜かし」たのだから，**驚きを表現する**言い回しが適切だ。

(三) 傍線③の経験は異文化の自文化への置き換えではない。③段落に述べられた**「自分の身体感覚，ひいては身のまわりの世界や他者との関わり方が少しずつ変化していることを感じる」**経験だ。

(四) 「そこには常に『没入』と『再帰』の往復運動がある」という記述から抜き出せる。「没入」とは異文化に生きる「私」のことであり，「再帰』とは自文化に生きる「私」のことだ。

(五) ウの選択肢で述べられたとおりである。アは認識変化が人間を成長させるとする点，イは機械的な翻訳を主張する点，エは異言語を自国に伝える喜びを主題とした点，オは自国文化理解を挙げた点が不適切である。

四 (古文—主題・表題，文脈把握，内容吟味，古文の口語訳)

【現代語訳】 中国にいる道林禅師という人は，この世があまりにはかないことに耐えられなくなって，樹上に住んでいましたのを，白楽天が見まして，鳥の巣の禅師など名付けて「和尚の住んでいる所はあまりに危険そうに見えますものですなあ。」と言うと，和尚が言うことに，「お前がこの世のはかなさを忘れて人々と交遊して暮らすことこそ，もっと危険である。」と。また白楽天が問うことに，「これはどのような仏の教えでしょうか。」と。和尚が答えることに，「もろもろの悪を行うな、もろもろの善を行え」と。白楽天が言うことに，「この道理は，三才の幼い子も知っている」と。和尚が言うことに，「知っているのは，三才の幼い子も知っている，(しかし)行うことは，八十歳の老人でも難しい」と言うと，白楽天は三回お辞儀をして去っていった。

(一) 「木の末にのみ住み侍りしを，白楽天見侍り」とある。

(二) 傍線②の直前「汝がこの世を忘れて交はり暮らすことこそ」を訳せばよい。**「この世」とははかないものであるという無常観**を念頭に置きたい。

(三) 道林禅師は樹上に住むという奇怪な行動をとっている人で，白楽天は軽んじていたようだが，白楽天は問答を繰り返すうちに，彼が優れた人物であることがわかったのだ。

(四)　仏の教えを三歳児でも知っているというのは，**誰でも知っている**ということを示したのだ。そのうえで，それを**行うのは八十年生きた者でも難しい**として，**実行の難しさ**を指摘したのだ。

MEMO

大切なことはメモしておこうネ！

B

2021年度

解　答　と　解　説

《2021年度の配点は解答用紙集に掲載してあります。》

<数学解答>

1　(1)　24　(2)　$9x^2$　(3)　$\sqrt{3}$

(4)　$(x-4)(x+2)$　(5)　$x=-2\pm\sqrt{7}$

(6)　$a=10b+c$　(7)　ア，エ　(8)　$\frac{1}{4}$

(9)　$a=\frac{6}{5}$　(10)　$\frac{25}{6}$cm

2　(1)　$\frac{1}{3}$倍　(2)　Ⅰ(10)，Ⅱ(14)，Ⅲ(18)，Ⅳ$(4n+2)$　(3)　①　右図　②　40分以上

3　(1)　66度　(2)　①　$3\sqrt{5}$ cm　②　20cm^2

(3)　①　$\frac{8}{3}$cm　②　$\frac{5}{9}$倍

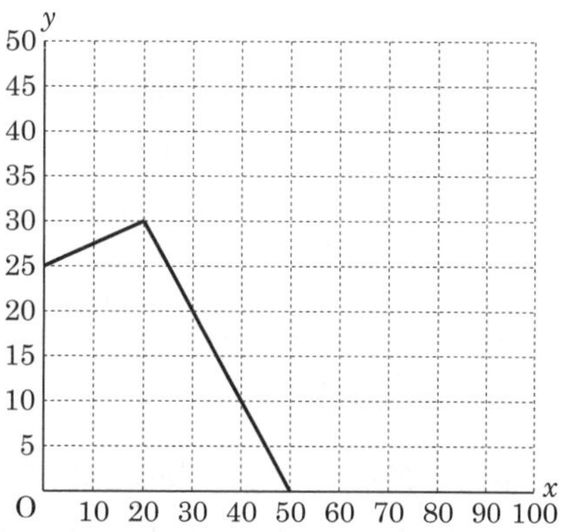

<数学解説>

1　(数・式の計算，平方根，因数分解，二次方程式，文字を使った式，資料の散らばり・代表値，確率，関数$y=ax^2$，一次関数，線分の長さ)

(1)　四則をふくむ式の計算の順序は，指数→かっこの中→乗法・除法→加法・減法　となる。$3-7\times(5-8)=3-7\times(-3)=3-(-21)=3+(+21)=3+21=24$

(2)　積の符号は，負の数が奇数個あればー，負の数が偶数個あれば＋となる。$27x^2y\div(-9xy)\times(-3x)=27x^2y\times\left(-\frac{1}{9xy}\right)\times(-3x)=\frac{27x^2y\times3x}{9xy}=9x^2$

(3)　$\sqrt{48}=\sqrt{3\times4^2}=4\sqrt{3}$ だから，$\sqrt{48}-3\sqrt{6}\div\sqrt{2}=4\sqrt{3}-3\sqrt{\frac{6}{2}}=4\sqrt{3}-3\sqrt{3}=(4-3)\sqrt{3}=\sqrt{3}$

(4)　乗法公式$(x+a)(x+b)=x^2+(a+b)x+ab$より，$(x+1)(x-8)=(x+1)\{x+(-8)\}=x^2+\{1+(-8)\}x+1\times(-8)=x^2-7x-8$だから，$(x+1)(x-8)+5x=x^2-7x-8+5x=x^2-2x-8$　たして-2，かけて-8になる2つの数は，$(-4)+(+2)=-2$，$(-4)\times(+2)=-8$より，-4と$+2$だから，$x^2-2x-8=\{x+(-4)\}\{x+(+2)\}=(x-4)(x+2)$

(5)　$(x+2)^2=7$より，$x+2$は7の平方根であるから，$x+2=\pm\sqrt{7}$　よって，$x=-2\pm\sqrt{7}$

(6)　10人にb個ずつ配ったあめの個数の合計は，b(個)$\times10$(人)$=10b$(個)　c個余ったから，はじめにあったあめの個数a個は，(10人に配ったあめの個数の合計)＋(余ったあめの個数)より，$a=10b+c$

(7)　男子生徒8人の反復横跳びの記録を少ない順に並べると，42，45，45，49，50，51，53，57　**平均値**$=\frac{\text{記録の合計}}{\text{生徒の人数}}=\frac{42+45\times2+49+50+51+53+57}{8}=\frac{392}{8}=49$(回)　アは正しい。**中央値**は資料の値を大きさの順に並べたときの中央の値。生徒の人数は8人で偶数だから，回数の少ない方から4番目と5番目の生徒の記録の平均値，$\frac{49+50}{2}=49.5$(回)が中央値　イは正しくない。資料の値の中で最も頻繁に現れる値が**最頻値**だから，2人いて最も多い45回が最頻値　ウは正し

くない。資料の最大の値と最小の値の差が**分布の範囲**だから，57－42＝15が分布の範囲　エは正しい。

(8)　大小2つのさいころを同時に投げるとき，全ての目の出方は6×6＝36(通り)。このうち，大きいさいころの目の数が小さいさいころの目の数の2倍以上となるのは，大きいさいころの目の数をa，小さいさいころの目の数をbとしたとき，$(a,\ b)=(2,\ 1)$，(3，1)，(4，1)，(4，2)，(5，1)，(5，2)，(6，1)，(6，2)，(6，3)の9通り。よって，求める確率は，$\frac{9}{36}=\frac{1}{4}$

(9)　$y=ax^2$について，$x=1$のとき$y=a\times1^2=a$，$x=4$のとき$y=a\times4^2=16a$。よって，xの値が1から4まで増加するときの**変化の割合**は，$\frac{16a-a}{4-1}=5a$…①　**一次関数$y=a'x+b$では，変化の割合は一定で，xの係数a'に等しい。**よって，$y=6x+5$について，xの値が1から4まで増加するときの変化の割合は6。これが①と等しいから，$5a=6$　$a=\frac{6}{5}$

(10)　△ABCと△ACDで，共通な角だから，∠BAC＝∠CAD…①　仮定より，∠DBC＝∠ACD　つまり，∠ABC＝∠ACD…②　①，②より，2組の角がそれぞれ等しいので，△ABC∽△ACD　**相似な図形では，対応する線分の長さの比はすべて等しい**から，AB：AC＝AC：AD　AD＝$\frac{\mathrm{AC}\times\mathrm{AC}}{\mathrm{AB}}=\frac{5\times5}{6}=\frac{25}{6}$(cm)

2　**(図形と関数・グラフ，数の性質，関数とグラフ，グラフの作成)**

(1)　2点A，Bは$y=\frac{5}{x}$上にあるから，そのy座標はそれぞれ$y=\frac{5}{1}=5$，$y=\frac{5}{3}$　よって，A(1，5)，B$\left(3,\ \frac{5}{3}\right)$　また，AC//BD//y軸だから，C(1，0)，D(3，0)　△AOC＝$\frac{1}{2}$×CO×AC＝$\frac{1}{2}\times1\times5=\frac{5}{2}$…①　△BOD＝$\frac{1}{2}$×DO×BD＝$\frac{1}{2}\times3\times\frac{5}{3}=\frac{5}{2}$…②　①，②より，△AOC＝△BOD　これより，四角形ECDB＝△BOD－△EOC＝△AOC－△EOC＝△AOE　また，EC//BDより，**平行線と線分の比についての定理**を用いると，EO：BO＝CO：DO＝1：3　以上より，△AOEと△AOBで，**高さが等しい三角形の面積比は，底辺の長さの比に等しい**から，四角形ECDB：△AOB＝△AOE：△AOB＝EO：BO＝1：3　四角形ECDBの面積は△AOBの面積の$\frac{1}{3}$倍である。

(2)　1から2までの間にある分数の和は，$1=\frac{5}{5}$，$2=\frac{10}{5}$より，$\frac{6}{5}+\frac{7}{5}+\frac{8}{5}+\frac{9}{5}=6$　2から3までの間にある分数の和は，$2=\frac{10}{5}$，$3=\frac{15}{5}$より，$\frac{11}{5}+\frac{12}{5}+\frac{13}{5}+\frac{14}{5}=10$…Ⅰ　3から4までの間にある分数の和は，$3=\frac{15}{5}$，$4=\frac{20}{5}$より，$\frac{16}{5}+\frac{17}{5}+\frac{18}{5}+\frac{19}{5}=14$…Ⅱ　4から5までの間にある分数の和は，$4=\frac{20}{5}$，$5=\frac{25}{5}$より，$\frac{21}{5}+\frac{22}{5}+\frac{23}{5}+\frac{24}{5}=18$…Ⅲ　また，$n$が自然数のとき，$n$から$n+1$までの間にある分数の和は，$n=\frac{5n}{5}$，$n+1=\frac{5(n+1)}{5}=\frac{5n+5}{5}$より，$\frac{5n+1}{5}+\frac{5n+2}{5}+\frac{5n+3}{5}+\frac{5n+4}{5}=\frac{20n+10}{5}=4n+2$…Ⅳである。

(3)　①　スマートフォンの電池残量が，Aさんが1本目の動画の視聴をはじめたときが25％だから，$x=0$のとき$y=25$　Aさんは，スマートフォンの充電をしながら1本目の動画の視聴をはじめ，動画の視聴をはじめてから20分後に充電をやめた。充電をしながら動画を視聴するとき，電池残量は4分あたり1％増加することから，$x=20$のとき$y=25+1\times\frac{20}{4}=30$　続けて充電せずに動画を視聴したところ，1本50分の動画の1本目の動画を最後まで視聴でき，そのときの電池残量はちょうど0％であったから，$x=50$のとき$y=0$　充電をせずに動画を視聴するとき，電池残量は一定の割合で減少することから，Aさんが1本目の動画の視聴をはじめてから1本目の動画の最後まで視聴するまでの，xとyの関係を表すグラフは，点(0，25)，(20，30)，(50，

0)を線分で結んだグラフとなる。

② 右図の㋐の点線のグラフは，Aさんが1本目の動画の最後まで視聴したのち，スマートフォンの充電をしながら2本目の動画の視聴をはじめたときの，xとyの関係を表すグラフである。また，㋑の点線のグラフは，充電せずに動画を視聴し，2本目の動画を最後まで視聴でき，そのときの電池残量がちょうど0%であるときの，xとyの関係を表すグラフである。これより，Aさんが1本目の動画の最後まで視聴したのち，2本目の動画の最後まで視聴するためには，スマートフォンの充電を，直線㋐と直線㋑の交点の$(x,\ y)=(90,\ 10)$より後にやめればよく，2本目の動画はスマートフォンの充電をしながら$90-50=40$(分)以上視聴すればよい。

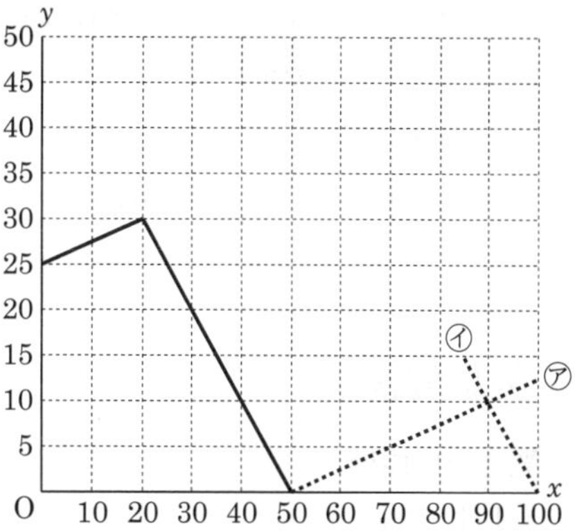

3 (角度，線分の長さ，面積，体積比)

(1) **接線と接点を通る半径は垂直に交わる**ので，$\angle OCE=90°$ **△OCEの内角の和は180°**だから，$\angle COE=180°-\angle OCE-\angle CEB=180°-90°-42°=48°$ $\overset{\frown}{AC}$に対する**中心角と円周角の関係**から，$\angle CDA=\frac{1}{2}\angle COA=\frac{1}{2}(180°-\angle COE)=\frac{1}{2}(180°-48°)=66°$

(2) ① △ADEに**三平方の定理**を用いると，$AE=\sqrt{AD^2+DE^2}=\sqrt{8^2+4^2}=4\sqrt{5}$(cm) 直線AEと直線BCの交点をHとする。△ADEと△HCEで，点Eは辺DCの中点だから，DE=CE…㋐ **平行線の錯角は等しい**から，$\angle ADE=\angle HCE$…㋑ **対頂角は等しい**から，$\angle AED=\angle HEC$…㋒ ㋐，㋑，㋒より，1組の辺とその両端の角がそれぞれ等しいから，△ADE≡△HCE よって，$HE=AE=4\sqrt{5}$cm，HC=AD=BC これより，点Cは線分BHの中点である。△BFHで，点G，Cはそれぞれ辺FB，BHの中点だから，**中点連結定理**より，$GC=\frac{1}{2}FH=\frac{1}{2}(EF+HE)=\frac{1}{2}\left(\frac{1}{2}AE+HE\right)=\frac{1}{2}\left(\frac{1}{2}\times4\sqrt{5}+4\sqrt{5}\right)=3\sqrt{5}$(cm)

② 点Fから辺BCへ垂線FIを引くと，CE//FIだから，平行線と線分の比についての定理を用いて，CE：FI=HE：FH $FI=CE\times FH\div HE=CE\times(EF+HE)\div HE=CE\times\left(\frac{1}{2}AE+AE\right)\div AE=CE\times\frac{3}{2}=4\times\frac{3}{2}=6$(cm) 前問①の結果より，GC//FHだから，△BGC∽△BFHであり，**相似比**はBG：FB=1：2 **相似な図形では，面積比は相似比の2乗に等しい**から，△BGC：△BFH=$1^2:2^2=1:4$ これより，四角形FGCE=△BFH−△BGC−△HCE=△BFH−$\frac{1}{4}$△BFH−△ADE=$\frac{3}{4}$△BFH−△ADE=$\frac{3}{4}\times\frac{1}{2}\times BH\times FI-\frac{1}{2}\times AD\times DE=\frac{3}{4}\times\frac{1}{2}\times16\times6-\frac{1}{2}\times8\times4=20$($cm^2$)

(3) ① 仮定より，BD=BC=ABだから，△ABDはAB=BDの二等辺三角形である。点Bから線分ADへ垂線BPを引くと，**二等辺三角形の頂角からの垂線は底辺を2等分する**から，DA=2AP AP=$x$cmとおいて，△ABPと△OBPに三平方の定理を用いると，$BP^2=AB^2-AP^2=4^2-x^2=16-x^2$…㋐ $BP^2=OB^2-OP^2=6^2-(6-x)^2=12x-x^2$…㋑ ㋐，㋑より，$16-x^2=12x-x^2$ $x=\frac{4}{3}$ 以上より，$DA=2AP=2\times\frac{4}{3}=\frac{8}{3}$(cm)

② 点D，Oから底面の△ABCへそれぞれ垂線DQ，ORを引くと，DQ//ORだから，平行線と線分の比についての定理を用いて，DQ：OR=DA：OA=$\frac{8}{3}$：6=4：9 三角すいDABCと正三角すいOABCは底面の△ABCを共有するから，体積の比は高さの比に等しく，(三角すいDABC

の体積)：(正三角すいOABCの体積)＝DQ：OR＝4：9より，(三角すいDABCの体積)＝$\frac{4}{9}$(正三角すいOABCの体積)　よって，(立体ODBCの体積)＝(正三角すいOABCの体積)－(三角すいDABCの体積)＝(正三角すいOABCの体積)－$\frac{4}{9}$(正三角すいOABCの体積)＝$\frac{5}{9}$(正三角すいOABCの体積)　立体ODBCの体積は正三角すいOABCの体積の$\frac{5}{9}$倍である。

<英語解答>

聞き取り検査

第1問　1番　a 正　b 誤　c 誤　d 誤　2番　a 誤　b 誤　c 正　d 誤
　3番　a 誤　b 正　c 誤　d 誤
第2問　問1　a 正　b 誤　c 誤　d 誤　問2　a 誤　b 誤　c 誤　d 正

筆記検査

1　(例1)　①　(It tells)you to stop your bike at the place(,)　②　(because you)may have a traffic accident(.)　(例2)　①　(It tells)you to check your right side and your left side(,)　②　(because you)need to check the traffic there(.)

2　①　(But)how(did you)get(there?)　②　(I really)enjoyed watching (them.)　③　(You)should visit(them in summer again!)

3　(1)　lives　(2)　エ　(3)　(He)thinks using the birds again will be useful(.)　(4)　ア　(5)　エ，オ

4　(1)　b　オ　d　ア　(2)　①　time　②　teachers　(3)　ウ
(4)　X　culture　Y　get

<英語解説>

聞き取り検査(リスニング)

放送台本の和訳は，105ページに掲載。

筆記検査

1　**(条件英作文)**

解答例1は，①「それはあなたにこの場所では自転車を止めるように言っています」　②「なぜなら交通事故に会うかもしれないからです」，解答例2は，①「それはあなたに右側と左側を確認するように言っています」　②「なぜならそこの交通を確認する必要があるからです」の意味。**<tell +人+ to +動詞の原形>で「(人)に～するように言う」**の意味。条件をよく読み使うべき語を忘れずに使うこと。

2　**(会話文問題：過去，動名詞，助動詞)**

①　訪れた水族館についての会話。直後のサリーが「電車で行った」とあるので交通手段を聞いていると考える。「でもどのようにそこへ行きましたか」交通手段を訪ねるのによく使う表現。

②　**enjoy に動詞の～ ing を続けて「～することを楽しむ」**の意味。「私は本当に彼ら(イルカ

たち)を見ることを楽しみました」them は直前の太朗の発話にある dolphins を指している。

③　4つ目の太郎の「建物の外は寒かったですよね？」に対して続くサリーが「はい。それが問題でした。夏の暑さが恋しいです！」と言っているので「夏にまたそこに行くべきです！」と言っていると考える。

3 (長文読解問題・説明文：語句補充，語形変化，語句並べ換え，内容真偽)

(全訳)　今私たちはテクノロジー，特にコミュニケーションツールのおかげで便利な世の中に生きています。もし電話を使えば遠くにA(住んでいる)友達と簡単に話すことができ，更に携帯電話やコンピューターを通して顔を見ることすらできます。そのような道具はとても役に立つので私たちにとってそれらが無い生活を想像することはとても難しいです。

しかし，携帯電話やコンピューターには悪い点もあります。例えば，災害が起きたときによく動きません。もし大きな地震が日本を襲い，電気ネットワークが破壊されたら，私たちは家族に連絡を取ることができません。私たちの社会は①テクノロジーの便利さに頼りすぎているのかもしれません。私たちはこの状況に何かをする必要があります。

ある日本の若い男の子が彼の独特なプロジェクトでこの状況を変えようとしています。彼は伝書バトを使うアイディアを思いつきました。この鳥は世界中で人気のコミュニケーションツールとしてかつて使われていました。②彼は再びその鳥を使うことが役に立つと思っています。私たちのコミュニケーションネットワークは彼のプロジェクトによりもっと強くなるかもしれません。

何千年もの間，人はドラムや煙，光，手紙などといった多くの種類のコミュニケーションツールを使ってきました。人はより速くより遠くへメッセージを届けるための道具を開発してきました。伝書バトはこのような道具の1つでした。この鳥はどこからでも家に飛んで戻るという強い習性を持っています。人はこの習性を使ってメッセージを速く送るために伝書バトのネットワークを築きました。20世紀初頭には新聞社は自分たちのビルにハトの小屋を持ち，その鳥はメッセージを送るための重要な役割を担っていました。1923年に大きな地震が東京を襲ったとき，ジャーナリストたちはハトをオフィスの外へ連れ出し，人にインタビューをし，その災害について記事を書きました。そして彼らはその記事を鳥の足に取り付けられた小さなケースに入れました。その後鳥たちは放たれ，記事を持ってオフィスへ飛んで帰りました。

ハトのネットワークを築くという日本人の男の子のアイディアは変わっていて不可能のように聞こえるかもしれませんが，彼の意欲的なチャレンジは政府のプロジェクトの賞を取りました。おそらく近い将来彼のアイディアは現実になり，私たちはよりよいコミュニケーションネットワークを持てるでしょう。彼の例に続いてみたらどうでしょうか。コミュニケーションの未来はあなたの手の中にあるかもしれません。少年，少女たち，大志を抱け。

(1)　電話で簡単に話せるのは遠くで何をしている友人かを考える。直前に who があり，その前に a friend と人を表す語があるので，who は先行詞を人にとる関係代名詞だと考える。続く動詞は先行詞 a friend が単数で現在形の文なので lives となる。

(2)　この段落ではテクノロジーの悪い点について述べているのでエがふさわしい。**depend on は「～に頼る」**の意味。ア「災害時でさえ優しい人たち」イ「深刻な地震がないことの現実」ウ「長期間の家族のネットワーク」はテクノロジーに関する文脈に合わない。

(3)　(He)thinks using the birds again will be useful(.)動詞 thinks の前に来る主語は単数なので，主語は He だとわかる。考えている内容となる続く文では will の主語が何になるか考える。will の後ろには動詞の原形が続くので be が来る。形容詞 useful「役に立つ」は主語になれないので be の後ろにはuseful が来て「～は役に立つだろう」という意味ができる。動詞の～ ing 形は動名詞で using は「～を使うこと」という意味になり the birds again を続けることで「その鳥を使うこと」が主語となる。

(4)　第4段落を参照する。　ア 「人類は何千年もの歴史の中で多くの種類のコミュニケーションツールを使ってきた」(○)　イ 「新しいコミュニケーションツールが以前よりも遅くメッセージを送るために作られた」　ウ 「伝書バトの習性のおかげで彼らはどこにでも飛んで行けて帰ってくることができない」(×)　エ 「人々は歴史の中でメッセージを送るネットワークを築いたことはない」(×)

(5)　ア 「もし友達から離れて住んでいたら彼らと話す方法はない」(×)　第1段落第2文参照。イ 「コンピューターは私たちにいい情報を与えてくれるがコミュニケーションツールとして使われることはできない」(×)　第1段落第2文参照。　ウ 「携帯電話やコンピューターはとても完璧なのでこれらの道具は災害があってさえもよく動く」(×)　第2段落参照。　エ 「日本の若い男の子が伝書バトでのコミュニケーションネットワークを築こうとしている」(○)　第3段落参照。　オ 「20世紀初頭に伝書バトは重要なコミュニケーションツールとして使われていた」(○)　第4段落第6文参照。　カ 「若い男の子のアイディアは変わっていて不可能なので政府の賞を取った」(×)　第5段落第1文参照。

4 (会話文問題：文挿入，語句補充)

(全訳)　早紀　　：お会いできて嬉しいです。私は早紀です。

ピーター：a【こんにちは，早紀。私も会えて嬉しいです。】僕はオーストラリアから来たピーターです。オーストラリアへ行ったことがありますか？

早紀　　：はい。2年前にメルボルンの姉妹校で2週間勉強しました。

ピーター：僕はシドニー出身だけど，全豪オープンを見に家族とそこへ行きました。

早紀　　：b【そこでの滞在中よくその名前を聞きました。】ホストシスターのエミリーがその歴史とメルボルンについて話してくれました。その町は多くの笑顔にあふれていて，その文化から多くを学びました。

ピーター：ええと，僕も日本の文化から多くを学びたいです。①シドニーにいたとき，(初めて)テレビで日本のアニメを見て，英語で書かれている日本の漫画を読み始めました。でも英語のマンガはとても高かったので日本語で書かれているオリジナルの漫画を買って，話を楽しむためにこの言葉を勉強しました。

早紀　　：c【わあ，漫画を読むことは新しい言語を学ぶいい方法ですね。】本の絵がいい助けになります。

ピーター：その通りです。私は登場人物に魅了されました。②彼らは私に日本語の会話をとても上手に教えてくれた最初の日本語の(先生)でした。そして私は日本のポップカルチャーにもっと興味を持ち始めました。

早紀　　：d【私たちの文化についてのあなたの気持ちを聞いてとても嬉しいです。】日本人はそのいい点を学ぶべきですね。私はメルボルンから日本に戻ったとき日本のいい点にいくつか自分で気づきました。

ピーター：そのA(例)の1つを教えてくれますか。

早紀　　：そうですね…電車。メルボルンで電車に乗ったとき駅や車内でほんの少しのアナウンスしかありませんでした。私はアナウンスがわからなかったので何度か駅を乗り過ごしました！

ピーター：e【わかります。私は何度かそこで電車に乗りました。】

早紀　　：日本の電車はどうですか？　いいサービスをしてくれると思います。

ピーター：それも日本文化の一部分だと思います。オーストラリアでの経験を通して日本のいい点を発見することができたんですね。

早紀　　：その通りです。あなたはここであなたの視野を広げて，オーストラリアのいい点も見つけるでしょうね！

(1)　【b】 直前直後に全豪オープンの話をしている。　【d】 直前のピーターがどのように日本文化に興味を持ったかを述べている。

(2)　①　**for the first time**「初めて」　②　直後の who は人を先行詞にとる関係代名詞。日本語の会話を教えてくれる人は先生 teacher だが，この文の主語が They と複数になっているので teachers と複数にすること。

(3)　直前の早紀が日本の良い点に気づいたことに対してピーターが例を聞きたいという内容。

(4)　(X)「彼は日本の文化を学びたいのでそのことについて話した」3つ目のピーターの発話参照。　(Y)「ところであなたの町で私は駅で降りるのを何度か忘れてしまいました」6つ目早紀の発話参照。

2021年度英語　聞き取り検査

〔放送台本〕

第1問は，1番から3番までの三つあります。それぞれについて，最初に対話を聞き，続いて，対話についての問いと，問いに対する答え，a，b，c，dを聞きます。そのあと，もう一度，その対話，問い，問いに対する答えを聞きます。必要があればメモをとってもよろしい。

問いの答えとして正しいものは解答欄の「正《せい》」の文字を，誤っているものは解答欄の「誤《ご》」の文字を，それぞれ○《まる》でかこみなさい。正しいものは，各問いについて一つしかありません。それでは，聞きます。

(第1問)

1番　Woman:　Excuse me.　Is this your wallet?
Man:　Oh, yes!　It's mine!　Where did you find it?
Woman:　You left it on the seat in the train.　Here you are.
Question: What will the man say next?
a　You're very kind.　Thank you very much.
b　It's not easy, but I'll try.
c　No, I don't.　I'll take another one.
d　Well, you didn't find it.

2番　John:　Good night, Mom.　What will we have for breakfast tomorrow?
Mom:　We'll have toast and milk.　Why do you ask, John?
John:　I want to enjoy your delicious breakfast in my dream, too.
Question:　What is John going to do?
a　John is going to finish dinner.
b　John is going to cook rice for breakfast.
c　John is going to sleep soon.
d　John is going to eat toast at night.

3番 Kate: Hi, Mike.
Mike: Hi, Kate. You look fine. How's your brother, Bob?
Kate: Well, Bob is enjoying his life in Gold Coast as a university student.
Mike: Really? The city has many beautiful beaches. He goes to the beach every day, right?
Kate: No, he goes to the beach just on weekends. He's busy at his university.
Question: Why does Bob visit the beach just on weekends?
a Because he does not like swimming at the beach.
b Because he has many things to do from Monday to Friday.
c Because he lives in Gold Coast as a high school student.
d Because he thinks that Gold Coast has no beautiful beaches.

〔英文の訳〕

1番 女性：すみません。これはあなたのお財布ですか。
男性：ああ，そうです！　私のです！　どこで見つけましたか？
女性：電車の席に置いて行きました。どうぞ。
質問：次に男性は何と言いますか。
a あなたはとても親切ですね。ありがとうございました。— 正
b それは簡単ではありませんが，やってみます。— 誤
c いいえ，ちがいます。他のを取ります。— 誤
d ええと，あなたは見つけませんでした。— 誤

2番 ジョン：おやすみなさい，お母さん。明日の朝食には何を食べるの？
母親　：トーストと牛乳よ。なんで聞くの，ジョン？
ジョン：夢の中でもお母さんの美味しい朝食を楽しみたいんだ。
質問：ジョンは何をするつもりですか。
a ジョンは夕飯を終わらせるつもりです。— 誤
b ジョンは朝食にご飯を料理するつもりです。— 誤
c ジョンはすぐに寝るつもりです。— 正
d ジョンは夜にトーストを食べるつもりです。— 誤

3番 ケイト：こんにちは，マイク。
マイク：こんにちは，ケイト。元気そうだね。弟のボブはどう？
ケイト：ええ，ボブはゴールドコーストで大学生の生活を楽しんでいるわ。
マイク：本当？　その町はたくさん美しいビーチがあるね。毎日ビーチに行っているんだよね？
ケイト：いいえ，彼は週末だけビーチに行っているわ。大学で忙しいの。
質問：なぜボブは週末だけビーチを訪れるのですか。
a 彼はビーチで泳ぐことが好きではないから。— 誤
b 彼は月曜日から金曜日までたくさんすることがあるから。— 正
c 彼は高校生としてゴールドコーストに住んでいるから。— 誤
d 彼はゴールドコーストには美しいビーチがないと思っているから。— 誤

〔放送台本〕

第2問では，最初に，来日予定の留学生からの音声メッセージを聞きます。続いて，音声メッセージについての問いと，問いに対する答え，a，b，c，dを聞きます。問いは問1と問2の二つあります。そのあと，もう一度，音声メッセージ，問い，問いに対する答えを聞きます。必要があればメモをとってもよろしい。

問いの答えとして正しいものは解答欄の「正《せい》」の文字を，誤っているものは解答欄の「誤《ご》」の文字を，それぞれ○《まる》でかこみなさい。正しいものは，各問いについて一つしかありません。それでは，聞きます。

（第2問）

Hello. My name is Kate. I'll visit Japan and stay for two weeks. I hope you enjoy this massage from London. I study Japanese in my school. It's difficult but I want to talk with you in Japanese. Listening to Japanese pop music is one of my favorite things. What music do you like? I'm looking forward to meeting you. Let's talk about music and my favorite singers! Thank you.

問1　How long will Kate stay in Japan?

a　She will stay in Japan for two weeks.
b　She will study Japanese pop culture in London.
c　She will stay in London for two years.
d　She will move from London to Japan by airplane.

問2　What does Kate want to do with the Japanese students?

a　She wants to listen to pop music in London.
b　She wants to talk with her favorite singers.
c　She wants to meet her favorite singers at school.
d　She wants to talk about music and her favorite singers.

〔英文の訳〕

こんにちは、私の名前はケイトです。私は日本を訪れて2週間滞在します。ロンドンからのこのメッセージを楽しんでもらえることを願っています。私は学校で日本語を勉強しています。難しいですがみなさんと日本語で話したいと思っています。日本のポップミュージックを聴くことが私の好きなことの1つです。みなさんはどんな音楽が好きですか？　みなさんに会うことを楽しみに待っています。音楽と私の好きな歌手についてお話をしましょう！　ありがとうございました。

問1　ケイトはどれくらい日本に滞在しますか。

a　彼女は日本に2週間滞在します。―　正
b　彼女はロンドンで日本のポップカルチャーを勉強します。―　誤
c　彼女はロンドンに2年間滞在します。―　誤
d　彼女はロンドンから日本に飛行機で移動します。―　誤

問2　ケイトは日本の生徒たちと何をしたいですか。

a　彼女はロンドンでポップミュージックを聴きたい。―　誤
b　彼女はお気に入りの歌手と話をしたい。―　誤
c　彼女は学校でお気に入りの歌手に会いたい。―　誤
d　彼女は音楽と彼女のお気に入りの歌手について話をしたい。―　正

＜理科解答＞

1　(1)　イ　　(2)　イ

2　(1)　エ　　(2)　カ　　(3)　イ

(4)　(ウ)，(カ)

3　(1)　ア　　(2)　エ　　(3)　エ

(4)　水溶液を加熱して，水を蒸発させる。

4　(1)　28W　　(2)　右図　　(3)　4.2J

(4)　ウ

5　(1)　オ　　(2)　ウ　　(3)　22秒

(4)　Ⅰ(ウ)，Ⅱ(カ)

6　(1)　ウ　　(2)　エ

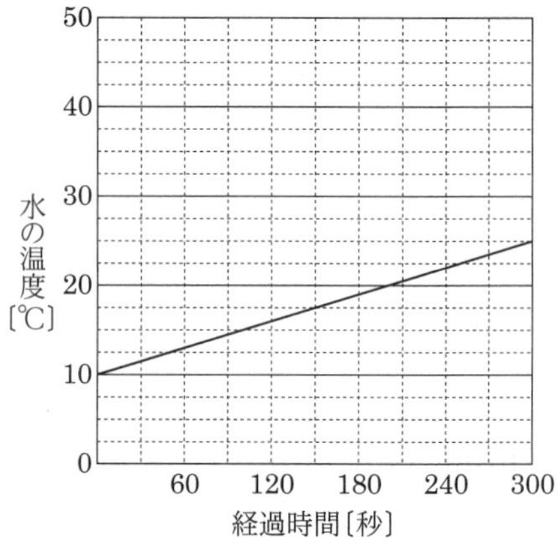

＜理科解説＞

1　(小問集合－天体の動きと地球の自転・公転：季節と太陽の南中高度，酸・アルカリとイオン)

(1)　夏至のときの太陽からの光の方向を模式的に表している図1において，**同位角により，夏至の日の太陽の南中高度＝90°－(緯度－23.4°)**であるため，北緯45°の夏至の日の南中高度は，68.4°である。よって，図2のグラフはイである。

(2)　電流を流すと，赤色リトマス紙の＋極側であるaの部分の色が青色に変化した。このことから，アルカリ性を示す物質は，－の電気をもったイオンであると考えられる。水酸化ナトリウムの水溶液中の電離を化学式とイオン式で表すと，$NaOH \rightarrow Na^{+} + OH^{-}$，であり，水酸化物イオン$OH^{-}$が存在するので，水酸化ナトリウム水溶液はアルカリ性である。

2　(動物のからだのつくりとはたらき：だ液の消化実験・消化と吸収)

(1)　ガスバーナーを使い試験管を加熱するときの操作は，試験管に沸騰石を入れ，試験管を軽くふりながら加熱する。

(2)　〔実験1〕のだ液のはたらきを調べる対照実験の結果，うすいデンプン液にだ液を加えた場合aと水を加えた場合cのそれぞれにヨウ素液を加えると，aは変化がなく，cは青紫色に変化することから，だ液のはたらきによりデンプンが分解されたことがわかる。また，ベネジクト液を加え加熱したとき，だ液を加えたbでは赤かっ色に変化し，水を加えたdは変化しなかったことから，だ液のはたらきにより糖ができたことがわかる。

(3)　ビーカーⅠのセロファンの袋の中には，デンプンがだ液によって分解された糖と，未反応のデンプンが含まれている。**糖の分子はデンプンの分子より小さいので，糖の分子だけがセロファン膜を通り抜けて40℃の湯に溶けこむ。よって，試験管fにベネジクト液を加えて加熱すると，試験管の液の色は赤かっ色になる。**ビーカーⅡのセロファンの袋の中には，デンプンと水が入っている。糖の分子より大きいデンプンの分子は，セロファン膜を通り抜けられないため，40℃の湯に溶けこめない。よって，試験管gにヨウ素液を加えても反応は起きないので，試験管の液の色は変化しない。

(4)　ア　デンプンにはたらくアミラーゼは唾液腺から出るだ液に含まれる。　イ　体内に吸収されたブドウ糖の一部をグリコーゲンに合成して貯蔵するのは肝臓である。　ウ　②は，胆のうで，脂肪の消化を助ける液を出す。　エ　たんぱく質にはたらく消化酵素であるペプシンをふくむ消化液を出すのは①の胃である。　オ　**脂肪を脂肪酸とモノグリセリドに分解するリパーゼ**

は，③のすい臓から出るすい液に含まれる。　カ　④は小腸で，その壁に柔毛とよばれるたくさんの突起があり，糖などの栄養分を吸収している。

3 (水溶液：溶解度・濃度・再結晶)

(1)　塩化ナトリウムや砂糖などの物質が，水に溶けて均一になる現象を溶解という。このとき，水に溶けている物質を溶質，それを溶かしている水を溶媒という。

(2)　表2から，5℃と15℃のとき，**溶解度が高い順に並べると，塩化ナトリウム＞硝酸カリウム＞ミョウバン**であることより，表1の5℃と15℃において，**全て溶けた白色の物質aは塩化ナトリウム**である。表2から，35℃のとき，溶解度が高い順に並べると，硝酸カリウム＞塩化ナトリウム＞ミョウバンであることより，表1の35℃において，結晶が見られた白色の物質bは最も溶解度が低いミョウバンである。よって，白色の物質cが硝酸カリウムである。

(3)　硝酸カリウム50gに水を加えて20％の水溶液をつくるときの水の質量をx〔g〕とすると，**50〔g〕÷(50〔g〕+x〔g〕)×100=20，**x〔g〕=200〔g〕，である。20％硝酸カリウム水溶液には，水200gに硝酸50gが溶けている。**硝酸カリウムは5℃において水100gに溶かすことができる最大の質量は，表2から11.7gであるため，水200gに対しては2倍の23.4gである。**よって，20％硝酸カリウム水溶液の温度を5℃まで下げたとき，出てきた結晶の質量は，50〔g〕−23.4〔g〕=26.6〔g〕，である。

(4)　塩化ナトリウムのように，温度を下げても溶解度がほとんど変化しないような物質は，「水溶液を加熱して，水を蒸発させる。」ことにより，再結晶ができる。

4 (電流：電力・熱量)

(1)　電流計を流れる電流が2.0Aのとき，電熱線で消費される電力〔W〕=電圧〔V〕×電流〔A〕=(2.0〔A〕×7.0〔Ω〕)×2.0〔A〕=28.0〔W〕である。よって，整数で求めると28Wである。

(2)　電流計を流れる電流が3.0Aのとき，電熱線で消費される電力〔W〕=3.0〔A〕×3.0〔A〕×7.0〔Ω〕=63.0〔W〕である。**水の温度上昇は，電熱線で消費される電力に比例し，水の量に反比例する。**図2より，経過時間300時間のとき，**水100g，電流2.0Aのときの水の温度上昇は20℃であるから，水300g，電流3.0Aのときの水の温度上昇〔℃〕**$=20〔℃〕\times\frac{100〔g〕}{300〔g〕}\times\frac{63〔W〕}{28〔W〕}=15〔℃〕$**である。**よって，図3に測定値(300〔秒〕，25〔℃〕)と(0〔秒〕，10〔℃〕)の点(・)を記入し，2つの点(・)を結ぶ直線を引く。

(3)　図2より，1gの水の温度を1℃上昇させるのに必要な熱量〔J〕$=\frac{28.0〔W〕\times300〔s〕}{100〔g〕\times20〔℃〕}=4.2$〔J〕である。

(4)　ガラスのコップは，発泡ポリスチレンのコップよりも熱を伝えやすいため，電熱線で発生した熱がガラスのコップの温度の上昇のために使われる熱量は，発泡ポリスチレンのコップの温度の上昇に使われる熱量よりも多い。よって，ガラスのコップを用いた場合の300秒後の水の温度は，発泡ポリスチレンのコップを用いた場合よりも低くなる。ガラスのコップを用いた実験で得られた結果から，1gの水の温度を1℃上昇させるのに必要な熱量を計算すると，問(3)の式の分母が20℃より小さくなるため，問(3)で求めた値よりも大きくなる。

5 (地震と地球内部のはたらき：地震，自然災害：緊急地震速報・液状化現象)

(1)　地震計のしくみは，地震で地面がゆれると，おもりはほとんど動かないが，記録紙は地面のゆれと同じ方向に動く。

(2)　初期微動はP波によるものである。地点Aから地点Cまでの距離は30kmであり，P波が地点A

から地点Cに届くまでの時間は，8時23分19秒－8時23分14秒＝5秒，である。よって，P波の速さ＝30〔km〕÷5〔s〕＝6〔km/s〕，である。

(3) 初期微動継続時間は震源からの距離に比例する。震源から96kmの**地点Xの初期微動継続時間**をyとすると，震源から48kmの地点Bにおける初期微動継続時間は8秒であるため，48km：96km＝8秒：y秒，y秒＝16秒，である。P波の速さは(2)より6〔km/s〕であるため，地点Bより48km震源から遠い**地点XにP波が到着する時刻は，**8時23分17秒＋48〔km〕÷6〔km/s〕＝8時23分17秒＋8秒＝8時23分25秒，である。よって，**地点XにS波が到着する時刻は，**8時23分25秒＋16秒＝8時23分41秒，である。**地点Xで緊急地震速報が受信されたのは，地点Aの地震計にP波が届いた時刻の5秒後**の，8時23分19秒であるため，地点Xで，**緊急地震速報を受信してからS波によるゆれが到着するまでにかかる時間は，**8時23分41秒－8時23分19秒＝22秒，である。

(4) 地震によるゆれの大きさは震度で表される。1995年兵庫県南部地震における最大の震度は7とされ，家屋の倒壊や火災などの被害を引き起こした。2011年の東北地方太平洋沖地震は，海底で地震が起こって地形が急激に変化したため，巨大な波が沿岸部に押し寄せ，建物などが流される被害をもたらした。また，地盤のやわらかい埋め立て地が多い千葉県浦安市などでは地面から土砂や水がふき出たが，これは**液状化現象**によるものである。

6 (小問集合－：力学的エネルギー:力学的エネルギーの保存，仕事とエネルギー：運動エネルギー，遺伝の規則性と遺伝子：メンデルの実験)

(1) **小球を高さ10cmの点Pから，斜面を下る向きに手で押し出したとき，**小球は斜面を上り，最高点の高さが水平面から40cmとなる。力学的エネルギーの保存より，最高点では小球の速さは0であり運動エネルギーは0であり，水平面から40cmの高さの位置エネルギーをもつ。水平面では小球の速さはV_4の運動エネルギーをもち，位置エネルギーは0である。**水平面から40cmの高さの位置エネルギーの大きさとV_4の運動エネルギーの大きさは等しい。**表から，**小球を高さ10cmの点Pから静かに離したとき，**小球は斜面を上り，最高点の高さが水平面から10cmとなる。最高点では小球の速さは0であり運動エネルギーは0であり，水平面から10cmの高さの位置エネルギーを有する。水平面では小球の速さはV_1の運動エネルギーをもち，位置エネルギーは0である。**水平面から10cmの高さの位置エネルギーの大きさとV_1の運動エネルギーの大きさは等しい。**小球を高さ30cmの点Pから静かに離したとき，表から，同様に，水平面から30cmの高さの位置エネルギーの大きさとV_3の運動エネルギーの大きさは等しい。**水平面から40cmの高さの位置エネルギーの大きさは，水平面から30cmの高さの位置エネルギーの大きさと水平面から10cmの高さの位置エネルギーの大きさの和に等しい。よって，V_4の運動エネルギーの大きさは，V_1の運動エネルギーの大きさとV_3の運動エネルギーの大きさの和に等しい。小球を高さ10cmの点Pから，斜面を下る向きに手で押し出したとき，小球に対してV_3の運動エネルギーを与えることになる。**よって，点Pで，小球が手から離れた瞬間の小球の速さはV_3である。

(2) 丸形の種子をつくる純系のエンドウのめしべに，しわ形の種子をつくる純系のエンドウの花粉をつけたところ，できた種子(子)は全て丸形となったことから，**丸形が優性形質**である。エンドウの種子を丸形にする遺伝子をA，しわ形にする遺伝子をaとすると，丸形の種子をつくる純系がもっている遺伝子の対はAA，しわ形の種子をつくる純系がもっている遺伝子の対はaa，で表せる。AAとaaをかけ合わせてできる**子の遺伝子は，全てAa**で丸形である。子の代の種子のうちの1個をまいて育て，自家受粉させるとAaとAaのかけ合わせになるため，**孫がもつ遺伝子は，AA：Aa：aa＝1：2：1，**となり，丸形の種子：しわ形の種子＝3：1，である。よって，360個の孫の種子のうち，$\frac{3}{4}$の270個が丸形の種子である。

＜社会解答＞

1　(1)　ウ　　(2)　ア　　(3)　ア

2　(1)　(例)天皇を尊び外国勢力　　(2)　イ，エ　　(3)　オ　　(4)　オ

3　(1)　①　符号　D　　②・③　かな符号　イ　　(2)　キ

(3)　香川県　イ　　兵庫県　オ

4　(1)　①・②　ウ　　③・④　キ　　(2)　x　B　　y　C　　(3)　地熱(発電)

5　(1)　カ　　(2)　為替(相場)　　(3)　エ　　(4)　ウ

6　(1)　平等　　(2)　イ　　(3)　エ

＜社会解説＞

1　(歴史的分野―日本史時代別－古墳時代から平安時代・安土桃山時代から江戸時代，―日本史テーマ別－政治史・文化史・社会史，―世界史－政治史)

(1)　**錦絵**とは**浮世絵**の一ジャンルであり，**鈴木春信**が考案した極彩色の浮世絵である。こうした錦絵は，版画で多数刷られ，低価格で販売された。民衆は錦絵などを買い求め，民衆が**化政文化**の担い手になっていった。なお，錦絵は**明治維新**後も，多数つくられた。

(2)　都の造営の際には，天皇の居所である**大内裏**は，最も北側に南を向いて造られた。これは**「天子は南面す」**という思想によるものである。**摂関政治**の時代には，地方の政治はほとんど**国司**に任されていた。任地に赴任する国司は**受領**(ずりょう)と呼ばれ，その中には私腹を肥やすものも多数いた。

(3)　ア　**マグナ＝カルタ**は，1215年にイギリス王ジョンに対し，貴族と都市が，王権の制限，貴族の特権，都市の自由などを認めさせた文書である。　イ　**明**(みん)は，1368年に**朱元璋**が元を北へ放逐し建国した，中国大陸の歴代王朝の一つである。　ウ　**南北戦争**のさなかの1863年に，**アメリカ大統領リンカン**が，**黒人奴隷解放を宣言**した。　エ　15世紀には全盛期を迎えていた**インカ帝国**が，1533年にスペインのピサロによって滅ぼされた。北条泰時は鎌倉時代の人物であるから，ほぼ同じ時期に起こったのは，マグナ＝カルタの制定である。

2　(歴史的分野―日本史時代別－安土桃山時代から江戸時代・明治時代から現代，―日本史テーマ別－外交史・政治史・経済史)

(1)　**尊王攘夷運動**とは，**幕末**の日本で，天皇を尊ぶ思想(**尊王論**)と外国勢力は野蛮だから排除するという思想(**攘夷論**)が結びついて起こされたものである。この運動は，天皇の意向に背いて外国と条約を結んだ幕府を，厳しく批判・攻撃することになった。

(2)　Ⅱの絵は，**日清戦争後**の1895年に**下関条約**が結ばれた講和会議を描いている。　ア　**不平等条約改正**の交渉のため，**岩倉具視**を全権大使とし，**伊藤博文**も加わった**遣欧米使節団**が，アメリカに向けて出発したのは，1871年である。　イ　伊藤博文が**立憲政友会**を創立し，初代総裁に就任したのは，1900年である。　ウ　**国会開設**が，政府の方針として決定され，国民向けに**「国会開設の勅諭」**が出されたのは，1881年である。伊藤博文が**欧州憲法調査**のため，ドイツに渡ったのはその翌年である。　エ　1900年の**義和団**事件の後，伊藤博文は，東アジアにおけるロシアと日本の勢力範囲についてロシアと交渉した。したがって，1895年よりも後に起こったのは，イとエである。

(3)　**第一次世界大戦**には，日本も参戦したが，ヨーロッパが主戦場となったため，被害を受ける

ことがなかった。諸外国が総力戦を行っている中で輸出を伸ばし，交戦国から**軍需品**の注文を受け，経済を大きく成長させた。この好景気は当時**大戦景気**といわれ，**成金**が出現したのはこの時期である。正答はオである。

(4)　日本が**遼東半島**を手に入れたのは，**日露戦争**の講和条約である**ポーツマス条約**によってであり，1905年のことである。資料Ⅰ中のBの時期である。 Dの期間内とは，**石油危機**の起こった1973年から後のことを指している。この時期の日本は，石油危機によって高度経済成長期が終わった後になる。正答はオである。

3 (地理的分野―日本地理－地形・日本の国土・工業・農林水産業・人口・交通)

(1)　①　日本の**標準時子午線は東経135度**であり，兵庫県明石市を通っている。経線Dである。　②　日本の**最東端は南鳥島**(東京都)であり，東経約154度である。日本の**最西端は与那国島**(沖縄県)であり，東経約123度である。両者の経度差は31度となる。　③　地球は**24時間で360度自転**するので，**15度で1時間の時差**となる。経度差31度の両者の時差は，約2時間となり，東にある南鳥島の方が約2時間早く日の出を迎える。

(2)　3つの工業地帯・工業地域のうち最も**製造品出荷額**が多いのは，**中京工業地帯**である。Yが中京工業地帯である。2番目に製造品出荷額が多いのは，**瀬戸内工業地域**である。Zが瀬戸内工業地域である。3地帯・地域の中で最も工業品出荷額が少ないのは，**京浜工業地帯**である。Xが京浜工業地帯である。中京工業地帯は，**国内最大の自動車メーカ--**の本拠地を含んでおり，出荷額のうち機械(**輸送用機械**)が7割を占める。グラフのyである。京浜工業地帯では，**鉄鋼・機械・化学などの重化学工業**が盛んである。グラフのzである。**瀬戸内工業地域**は，臨海部で**機械・金属・化学**などの**重化学工業**が発達している。出荷額のうち3割を化学工業が占めるのが特徴である。グラフのxである。瀬戸内工業地域の正しい組み合わせは，キである。

(3)　**小麦の生産量**が最も多いのは，うどんをよく食べる香川県であり，aが香川県である。**人口密度**が最も高いのは，全国で8位の兵庫県である。bが兵庫県である。eの文章は，**平清盛が大輪田泊(おおわだのとまり)**を整備したことを説明しており，兵庫県を指している。大輪田泊は現在の神戸港である。全国で一番面積が小さく，讃岐うどんの名産地であるところから，fは香川県である。正しい組み合わせは，香川県がイ，兵庫県がオである。

4 (地理的分野―世界地理－気候・人口・人々のくらし・資源・エネルギー)

(1)　①・②　ロンドンとウランバートルでは，ウランバートルの方が気温差が大きい。ウランバートルは**大陸性気候**のため，夏は30℃近くまで気温が上がる日もあるが，真冬はシベリアからの乾燥した**季節風**の影響で，気温が0℃に届かないためである。ンジャメナとマニラではンジャメナの方が気温差が大きい。ンジャメナは，7月・8月・9月の**雨季**は蒸し暑く，**乾季**はさらに一層うだるように暑い。正しい組み合わせは，ウである。　③・④　内陸部は**海水温**の影響を受けにくいため，内陸の都市の方が，**月別平均気温**の最も高い月と最も低い月の気温差が大きくなっている。また，**赤道**に近いと一年中暑くなるため，赤道から離れた高緯度の都市の方が，月別平均気温の最も高い月と最も低い月の気温差が大きくなる。正しい組み合わせは，キである。

(2)　最も人口の多いAは，世界で12位のフィリピンである。最も人口の少ないCは，モンゴルである。最も**GDP**の多いBは，世界で5位のイギリスである。xは「世界に先がけて**産業革命**が起こり，近年**EUから離脱した**」の文脈から，Bのイギリスであることが分かる。yは「**ゲルという**住居で暮らす遊牧民」との一文から，Cのモンゴルであることが分かる。**モンゴル高原**に住む**遊牧民**が伝統的に使用している，動物の毛で作られた**移動式住居**のことを，ゲルという。

(3) **アメリカ**は**世界最大**の**地熱発電国**である。**地熱発電**は，主に**火山活動**による地熱や，地下にある高温の熱水などを用いて行う発電のことをいう。**再生可能エネルギー**の一つとして期待されている。日本では，大分県に国内最大の地熱発電所があり，地熱発電の世界5位である。

5 (公民的分野―経済一般・消費生活)

(1) Ⅰのグラフを見ると，トマトは11月の平均価格が，最も安い8月の平均価格の2倍以上になっている。正しい組み合わせは，カである。

(2) ある国の通貨と別の国の通貨を交換するときの比率を**為替相場**という。**為替レート**でもよい。為替相場の変動で「1ドル100円」から「1ドル110円」のように，外国の通貨に対して円の価値が下がることを**円安**になるという。円安になると，日本からの輸出品の外国での価格が安くなるので，よく売れるようになり，**輸出するのに有利**になる。2021年4月現在，**1ドルは約108円，1ユーロは約130円**である。

(3) ア　Aの期間中，輸入額が減少し続けていることはない。　イ　Bの期間中，輸出額が増加し続けてはいない。　ウ　Bの期間中，輸入額が輸出額を上回っている。ア・イ・ウのどれも誤りであり，エが正しい。

(4) **メディアリテラシー**は，**マスメディア**から発信される情報について，的確に判断・活用できる能力を意味する用語であり，この問題とは関係がない。**モバイル市場**においては，大手携帯電話事業者3グループの**寡占的状況**になっているため，利用者の利益のためには，公正な競争が必要である。正解は，ウである。

6 (公民的分野―基本的人権・国の政治の仕組み)

(1) **日本国憲法**第14条は「すべて国民は，**法の下に平等**であって，人種，信条，性別，社会的身分又は門地により，政治的，経済的又は社会的関係において，差別されない。」と定めている。法の下の平等は，国政選挙における**一票の格差**の裁判などで，問題とされる。

(2) 日本国憲法第73条に「**予算**を作成して**国会**に提出すること」と，**内閣**の職務権限が定められている。予算は，国の収入をどのように使うかの見積もりである。どのように使ったかは，**決算**である。正しい組み合わせは，イである。

(3) A選挙区では20万人の**有権者**で1人の**議員**を選出し，B選挙区では40万人の有権者で1人の議員を選出する。議員1人あたりの有権者数の差が2倍になっており，B選挙区の**一票の価値**はA選挙区の2分の1以下になり，**法の下の平等**に違反するという問題がある。

＜国語解答＞

一　(一) ア　(二) ウ　(三) (例)日本の絵は，紙や絹に顔料や岩絵の具で描く平面的な絵なので，線と面でいかに独自の特色を出すかという二次元の世界での工夫に特徴がある。　(四) イ　(五) エ　(六) 二番目 ウ　四番目 イ

二　(一) ① と　② 散策　(二) ③ イ

三　(一) ウ　(二) エ　(三) ア・オ　(四) イ　(五) エ・カ

四　(一) ウ　(二) エ　(三) ア　(四) エ

＜国語解説＞

一　(論説文―大意・要旨，内容吟味，文脈把握，段落・文章構成，接続語の問題)

(一)　[1]段落で，西洋画は「その通りに描く」ものであり，[2]段落で，東洋画や日本画には「空間を埋め尽くさなければならないという発想を，もともともっていない」とある。

(二)　西洋画の空間を埋め尽くすことが述べられた[1]段落とは**逆**に，[2]段落は象徴的な描き方の東洋画・日本画について述べている。だから〔A〕は逆接の接続詞が入る。〔B〕には，**前の内容に付け足すための接続詞**を入れたいので累加・並立の接続詞「しかも」が入る。

(三)　三つのキーワードをもとにして，日本の絵の特徴をまとめよう。まず，日本の絵は，**「紙や絹に顔料や岩絵の具で描く」**ので，「平面的な絵」となる。**平面的な絵だから「線と面でいかに独自の特色を出していくか」ということがポイント**となり，平面という**「二次元の世界での工夫」を行うという特徴**があるのだ。この三か所を用いて，指定字数で書こう。

(四)「そうはならなかった」の「そう」は，十六世以降に油絵がもっと急速に普及することを指す。そうならなかった理由は，[5]段落の冒頭にあるように，**絵画は材料と技術が先にあって作り出されるものではないから**だ。これをさらに詳しく説明しているのが段落の最終部分で「あくまで材料が……絵の特性が表れている」だ。ここの記述をふまえて選択肢を選ぶ。

(五)　[6]段落に，明治以降に油絵が広く普及した理由として「明治の日本人は……ヨーロッパの思想，精神というものまで積極的に導入しようとした」ということが説明されている。

(六)　まず，出だしは，本文の内容に触発されたことが**調べ学習の動機**となったことを示しているのでオが1番目。オの終わりに「ワルリー画」という絵を紹介しているので，それを受けて2番目は「ワルリー画」の説明をしたウの文章を入れる。そのウの終わりに**材料について**述べてあるので，それを受けて三番目にはどのように材料準備をするかを書いたアが適切だ。そして次に「ワルリー画」の昨今について書いたイが来て，最後にこれからの調べ学習への抱負を含めたエとなる。

二　(漢字の読み書き，ことわざ・慣用句)

(一)　①　しようと思ったことを，希望通りに最終段階までする。　②　散歩。気晴らしのために目的もなくぶらぶらと歩くこと。

(二)「浸る」は，しみじみとした心情を強く抱き，一時期他事を忘れるような状態になることをいう。「余韻」は，あとに残る響きのことだから，この響きの中に浸るという表現が適切だ。

三　(小説―心情・情景，内容吟味，文脈把握，段落・文章構成，接続語の問題，脱文・脱語補充)

(一)　**島では自分と叔父が比べられている，という有人の不安な思い**の有人とは相反して，誠の父は「破顔」したのだ。「破顔」はにっこりと会心の笑みを浮かべることである。

(二)　誠の父は「船持ってる人間が助けるのは当たり前だべ」と**思いやりのある考えを持っている**。また，救命講習の受講を受け，人命救助の表彰状がいくつもあって，生活の様子からも**漁師の心意気**が感じられる。ここから，父は漁師として**しっかりした自負心**を持っていることが読み取れる。にもかかわらず，表彰状がたくさんあってもひけらかしもせず，気負いもない**飾らぬ人柄**が伺える。

(三)　有人の心の中は，[2]段落の最後に「自分しかいない部屋と……うれしかった」と描かれている。ここから，誠の両親のもてなしが，「おせっかいで距離が近すぎて面倒くさい」と**煩わしい**のだが，「歓迎されている事実は消したくなかった」り，「受け入れられていることはうれしかった」と**喜び**を感じている。また誠の家で**「勧められるがまま」にもてなしの品を食べている自分**

に戸惑いも覚えている。これらをふまえて選択肢を選ぶ。

(四)　「だったら」の前に入るのは，何かを考える。前に**「生ウニの味には絶対に勝てない。」という事実**がある。それを受けて**「加工を逆手に取るのはどうか」という提案が生じる**という文脈になる。

(五)　アは「本当は歓迎されていない」という点，イは「自信をもって発言している」という点，ウは誠の人物像の根拠が本文に見当たらない点，オのハル先輩の人物像の内容が，それぞれ不適切である。エのように，涼先輩は有人の発言に**賛同して雰囲気を明るくしてくれる**し，**慎重な意見を前進させる前向きさ**がある。また，オはハル先輩が自分の経験にこだわりがあるとした点などが不適切だ。カのように「おまえじゃなきゃ」のひと言は，**有人にとって自分を変える刺激(起爆剤)**になっていて，それを「小さな花火」と喩えている。さらに「確かな熱」も有人の心に生まれた自信の喩えだといえる。

四　(漢文―主題・表題，内容吟味，文脈把握，古文の口語訳)

【現代語訳】　冬，晋では昨年に続き不作であった。秦に(使いを送り)米を送るよう願い求めさせた。秦伯が，子桑に言ったことには，「これ(米)を与えるべきだろうか」と。子桑がお答えして言うことには，「おおいに恩恵を施して晋がその恩に報いたら，あなたは何も求めることはないでしょう。恩恵を施して(晋が)その恩に報わなかったら，その国の民は必ず(晋の君主を信じられずに彼のもとを)離れるでしょう。そうして弱体した晋を討てば，戦う民衆がいないのだから必ず負けるでしょう。」と。(秦伯が)百里に言うことには，「これ(米)を与えるべきだろうか」と。百里がお答えして言うことには，「天災は国を代わる代わる流行します。災いを救い，隣国を憐れむのは，人の行うべき道です。その道を行えば，幸福がもたらされます。」と。丕鄭の子の，豹が，秦の国にいた。晋を討つことを願い出た。秦伯がおっしゃることには，「晋の君主が悪人であっても，その民衆には少しの罪もない」と。秦はこれによって穀物を晋に援助した。

(一)　「其の民必ず離れん」とあり，**民衆が君主から離れて味方がいなくなる**ことが読み取れる。

(二)　傍線②の前で「諸を与へんか。」と百里に訊ねたのは，秦伯だ。その秦伯に対して，人道的な行いをすれば自国に幸福をもたらすので，援助することを百里は進言した。

(三)　「か」は**反語**。罪があるか，と疑問形だが，口語訳は**「(民に)罪はあるだろうか，いやない」**。

(四)　子桑も百里も，人の道を重んじる行動を進言している。豹だけが晋を討つことを求めた。結末は「粟を晋に輸す」となり，**豹の意見を退け，人道的な意見に従うこと**となった。

MEMO

大切なことはメモしておこうネ！

愛知県公立高等学校

2020年度

★★★★★★★★★★★★★★★★★★★★★★★★

入　試　問　題

2020
年
度

●くわしい解説……79ページ

＜数学＞

時間　45分　　満点　22点

1　次の(1)から(9)までの問いに答えなさい。

(1)　$3-4\times(-2)$ を計算しなさい。

(2)　$\frac{2}{3}(2x-3)-\frac{1}{5}(3x-10)$ を計算しなさい。

(3)　$(\sqrt{10}+\sqrt{5})(\sqrt{6}-\sqrt{3})$ を計算しなさい。

(4)　方程式 $2x^2+5x+3=x^2+6x+6$ を解きなさい。

(5)　$5x(x-2)-(2x+3)(2x-3)$ を因数分解しなさい。

(6)　クラスで調理実習のために材料費を集めることになった。1人300円ずつ集めると材料費が2600円不足し，1人400円ずつ集めると1200円余る。

このクラスの人数は何人か，求めなさい。

(7)　ボールが，ある斜面をころがりはじめてから x 秒後までにころがる距離を y mとすると，x と y の関係は $y=3x^2$ であった。

ボールがころがりはじめて2秒後から4秒後までの平均の速さは毎秒何mか，求めなさい。

(8)　Aの箱には1，2，3，4，5の数が書かれたカードが1枚ずつはいっており，Bの箱には1，3，5，6の数が書かれたカードが1枚ずつはいっている。

A，Bの箱からそれぞれカードを1枚ずつ取り出したとき，書かれている数の積が奇数である確率を求めなさい。

(9)　図で，円P，Qは直線 ℓ にそれぞれ点A，Bで接している。

円P，Qの半径がそれぞれ4㎝，2㎝で，PQ＝5㎝のとき，線分ABの長さは何㎝か，求めなさい。

ただし，答えは根号をつけたままでよい。

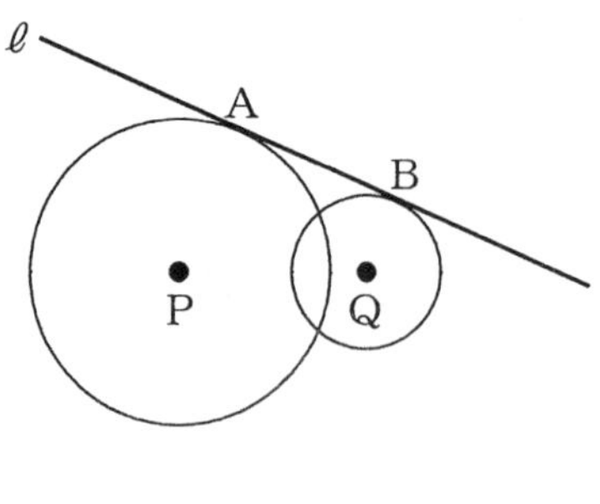

2　次の(1)から(4)までの問いに答えなさい。

(1)　図の○の中には，三角形の各辺の３つの数の和がすべて等しくなるように，それぞれ数がはいっている。

ア，**イ**にあてはまる数を求めなさい。

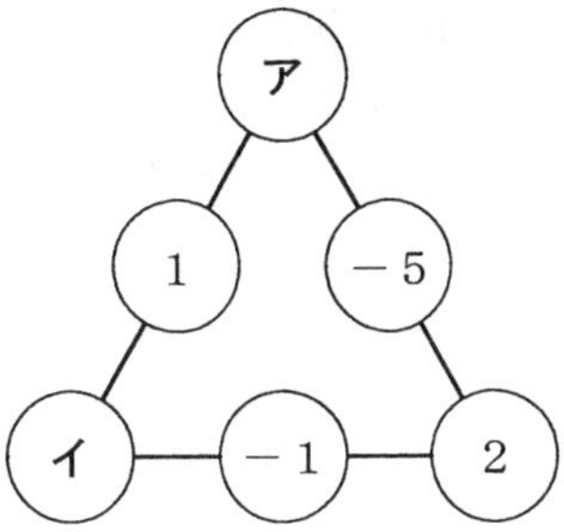

(2)　次の文章は，40人で行ったクイズ大会について述べたものである。

文章中の［ a ］，［ b ］，［ c ］，［ d ］にあてはまる数を書きなさい。

クイズ大会では，問題を３問出題し，第１問，第２問，第３問の配点は，それぞれ１点，２点，２点であり，正解できなければ０点である。表は，クイズ大会で獲得した点数を度数分布表に表したものである。度数分布表から，獲得した点数の平均値は［ a ］点，中央値は［ b ］点である。

また，各問題の配点をあわせて考えることで，第１問を正解した人数と正解した問題数の平均値がわかる。第１問を正解した人数は［ c ］人であり，正解した問題数の平均値は［ d ］問である。

獲得した点数の度数分布表

点数（点）	5	4	3	2	1	0	計
度数（人）	9	9	10	6	5	1	40

(3)　図で，Ｏは原点，Ａ，Ｂは関数 $y=\dfrac{2}{x}$ のグラフ上の点で，x 座標はそれぞれ１，３である。また，Ｃは x 軸上の点で，x 座標は正である。

△ＡＯＢの面積と△ＡＢＣの面積が等しいとき，点Ｃの座標を求めなさい。

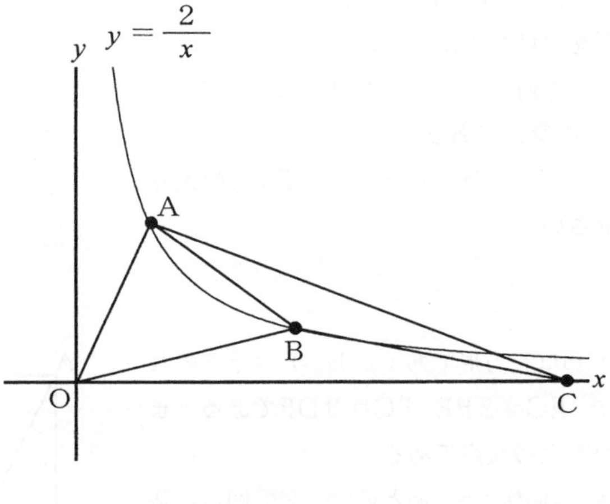

(4)　Ａ地点からＢ地点までの距離が12kmの直線の道がある。Ａ地点とＢ地点の間には，Ｃ地点があり，Ａ地点からＣ地点までの距離は８kmである。

Sさんは，自転車でA地点を出発してC地点に向かって毎時12kmの速さで進み，C地点で5分間の休憩をとったのち，C地点を出発してB地点に向かって毎時12kmの速さで進み，B地点に到着する。

1台のバスがA地点とB地点の間を往復運行しており，バスはA地点からB地点までは毎時48km，B地点からA地点までは毎時36kmの速さで進み，A地点またはB地点に到着すると，5分間停車したのち出発する。

SさんがA地点を，バスがB地点を同時に出発するとき，次の①，②の問いに答えなさい。

①　SさんがA地点を出発してからx分後のA地点からSさんまでの距離を$y$kmとする。SさんがA地点を出発してからB地点に到着するまでのxとyの関係を，グラフに表しなさい。

②　SさんがA地点を出発してからB地点に到着するまでに，Sさんとバスが最後にすれ違うのは，SさんがA地点を出発してから何分後か，答えなさい。

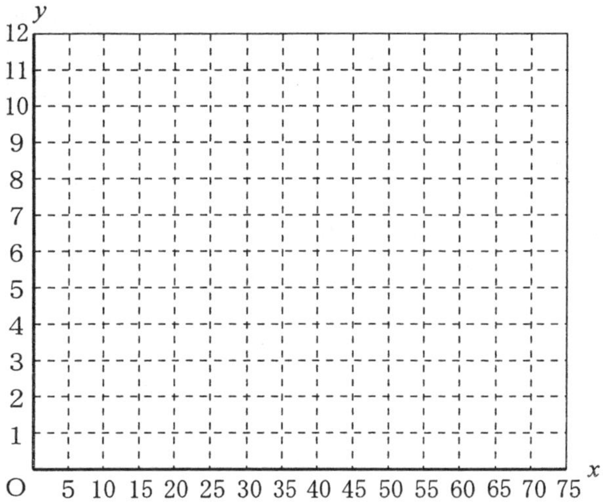

3　次の(1)から(3)までの問いに答えなさい。
ただし，答えは根号をつけたままでよい。

(1)　図で，C，DはABを直径とする半円Oの周上の点で，Eは線分CBとDOとの交点である。

∠COA＝40°，∠DBE＝36°のとき，∠DECの大きさは何度か，求めなさい。

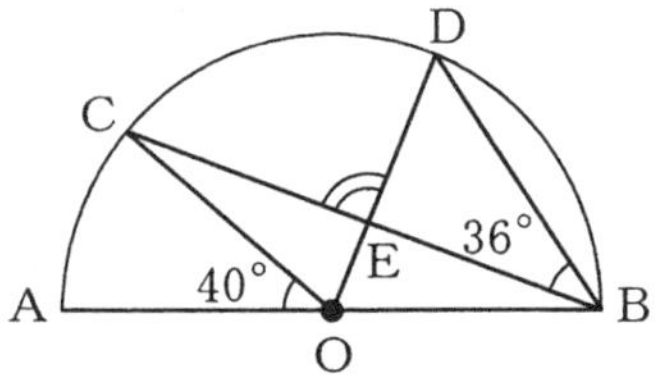

(2)　図で，四角形ABCDは長方形である。E，Fはそれぞれ辺BC，DC上の点で，EC＝2BE，FC＝3DFである。また，Gは線分AEとFBとの交点である。

AB＝4cm，AD＝6cmのとき，あとの①，②の問いに答えなさい。

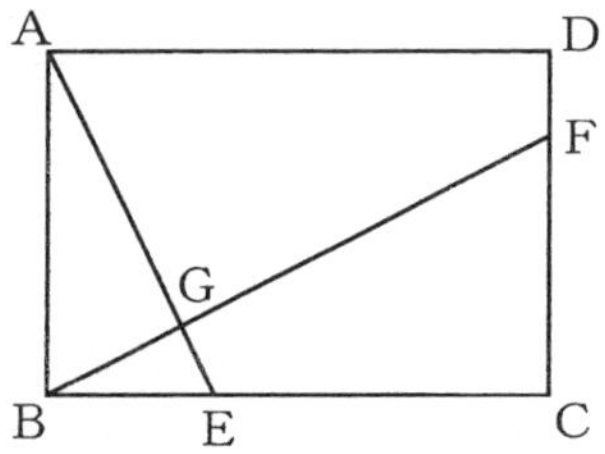

①　線分AGの長さは線分GEの長さの何倍か，求めなさい。

②　３点A，F，Gが周上にある円の面積は，３点E，F，Gが周上にある円の面積の何倍か，求めなさい。

⑶　図で，立体OABCDは，正方形ABCDを底面とする正四角すいである。

OA＝９㎝，AB＝６㎝ のとき，次の①，②の問いに答えなさい。

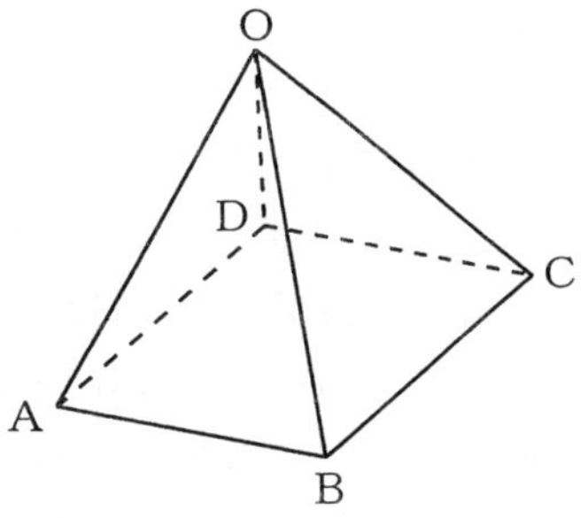

①　正四角すいOABCDの体積は何㎤か，求めなさい。

②　頂点Aと平面OBCとの距離は何㎝か，求めなさい。

＜英語＞

時間　（聞き取り検査）10分程度　（筆記検査）40分　満点　22点

聞き取り検査

指示に従って，聞き取り検査の問題に答えなさい。

「答え方」

問題は第１問と第２問の二つに分かれています。

第１問は，１番から３番までの三つあります。それぞれについて，最初に会話文を読み，続いて，会話についての問いと，問いに対する答え，a，b，c，dを読みます。そのあと，もう一度，その会話文，問い，問いに対する答えを読みます。必要があればメモをとってもよろしい。

問いの答えとして正しいものは解答欄の「正《せい》」の文字を，誤っているものは解答欄の「誤《ご》」の文字を，それぞれ○《まる》でかこみなさい。正しいものは，各問いについて一つしかありません。

第２問は，最初に英語のスピーチを読みます。続いて，スピーチについての問いと，問いに対する答え，a，b，c，dを読みます。問いは問１と問２の二つあります。そのあと，もう一度，スピーチ，問い，問いに対する答えを読みます。必要があればメモをとってもよろしい。

問いの答えとして正しいものは解答欄の「正《せい》」の文字を，誤っているものは解答欄の「誤《ご》」の文字を，それぞれ○《まる》でかこみなさい。正しいものは，各問いについて一つしかありません。

筆記検査

1　次のグラフを見て，あとの問いに答えなさい。

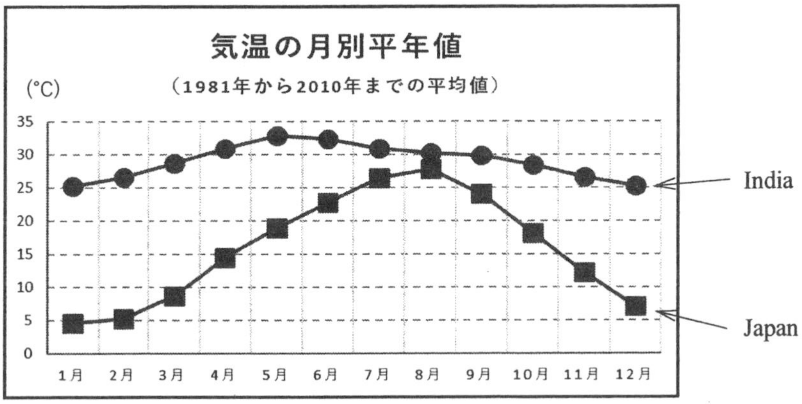

（問い）　このグラフから読み取れることは何か。また，グラフを見て，あなた自身は３月にどちらの国で，どのように過ごそうと思うか。次に示す答え方により，英語で述べなさい。ただし，前半の下線部には hot（暑い），後半の下線部には in ～（～で）を必ず使うこと。なお，語の形を変えて使用してもよい。

＜答え方＞

下線部をそれぞれ5語以上の英語で書く。

In March, India ____________. So, in March, I ____________.

なお，下の語句を参考にしてもよい。

＜語句＞

～よりも　than ～　　水上または水中で行うスポーツ　water sports

2　梨奈（Rina）と留学生のマーク（Mark）が会話をしています。二人の会話が成り立つように，下線部①から③までのそれぞれの（　）内に最も適当な語を入れて，英文を完成させなさい。ただし，（　）内に文字が示されている場合は，その文字で始まる語を解答すること。

Rina: Hi, Mark. How's your host family?

Mark: Hi, Rina. ①They are very (k　　　) (　　　) me. I'm getting along with my host family. My host mother especially helps me very much.

Rina: I see. ②But did you have (　　　) (p　　　) here in Japan?

Mark: Yes, I had some. I forgot to take off my shoes in the house. But now I'm all right!

Rina: That's good. ③You'll (e　　　) the Japanese way of (　　　).

(注) shoes　靴

3　次の文章を読んで，あとの(1)から(5)までの問いに答えなさい。

These days, we can see many tall buildings all over the world. In 2018, the tallest building in the world was over 800 meters tall. Now some countries are (A) plans to have buildings which are over 1,000 meters tall. In Aichi, some tall buildings which are over 200 meters tall stand around the main station. If you go to the top floor of a tall building, which do you choose to go up, stairs, elevators or escalators?

Some people say that stairs were first made in nature when people went up or down a steep hill many years ago. Now there are a lot of stairs around you. You often see ramps by the stairs in front of the entrance of a building. If you are pushing a stroller, you can use the ramp. Today, there are not only stairs but also elevators and escalators in many buildings.

In 1890, the first electric elevator in Japan was put in a 12-floor building in Asakusa, Tokyo, and now you can use elevators everywhere. People go into a machine like a box, then it goes up or down to different levels. Elevators in buildings help people in wheelchairs to move up or down to different floors. Now many of them have floor buttons lower on the wall, so those people can push the buttons more easily when they use elevators to go up or down.

In 1914, people in Japan used an escalator for the first time. It was put outside at first. Then a department store in Tokyo had one in the building in the same year. Escalators are like stairs, but [①]. You just stand on a moving step and hold a handrail, and the escalator takes you upstairs or downstairs. There are various types, such as very long ones, short ones or even spiral ones.

Elevators and escalators are efficient moving ways for many kinds of people, such as people pushing strollers, people in wheelchairs, children, elderly people and so on. Today, there are about 781,000 elevators and about 71,000 escalators in Japan. ②<u>They【increase / the number / useful that / will / are / of them / so】more and more.</u>

Thanks to researchers and mechanical engineers, elevators and escalators have improved a lot. Now you can move up or down more quickly, more silently and more safely by escalators or elevators. What is a future elevator like? Some people are trying to build an elevator which takes you to the moon. Someday you may be able to see the beautiful Earth from an elevator!

(注) elevator エレベーター escalator エスカレーター level （水平面の）高さ
button 押しボタン step （階段などの）段 upstairs 階上へ
spiral らせん（状）の researcher 研究者

(1) （A）にあてはまる最も適当な語を，次の5語の中から選んで，正しい形にかえて書きなさい。

play feel make look search

(2) [①] にあてはまる最も適当な英語を，次のアからエまでの中から一つ選んで，そのかな符号を書きなさい。

ア people have to walk when they take elevators
イ people do not have to walk when they take stairs
ウ people have to walk when they take escalators
エ people do not have to walk when they take escalators

(3) 下線②のついた文が，本文の内容に合うように，【 】内の語句を正しい順序に並べかえなさい。

(4) 本文中では，エレベーターについてどのように述べられているか。最も適当なものを，次のアからエまでの文の中から一つ選んで，そのかな符号を書きなさい。

ア The first elevator in Japan was used by Japanese people in 1914.
イ Elevators are used only by children and elderly people.

ウ　Everyone used elevators to climb the mountain a long time ago.

エ　Elevators can take a person in a wheelchair to different levels.

(5)　次のアからカまでの文の中から，その内容が本文に書かれていることと一致するものを全て選んで，そのかな符号を書きなさい。

ア　In Aichi, there are many tall buildings near every station.

イ　There is often a ramp for people pushing strollers in front of a building entrance.

ウ　In Japan, an electric elevator was born after people began to use escalators.

エ　An escalator takes you to the next floor when you stand on a moving step.

オ　Elevators and escalators are not helpful for people using wheelchairs.

カ　Some researchers and engineers have made elevators and escalators better.

4　留学中のエリー (Ellie) と明 (Akira) が会話をしています。次の会話文を読んで，あとの(1)から(4)までの問いに答えなさい。

Ellie: Hello, Akira. I haven't seen you for a long time.

Akira: Hello, Ellie. I went to America to study English with my friends.

Ellie: 【 a 】 Which state of America did you go to?

Akira: Texas. It's north of Mexico. I felt it was far away from Japan.

Ellie: I'm from New York, so Texas is far away from my state, too, and I've never been to Texas. 【 b 】

Akira: It was so great! It's the second largest state and its population is also the second largest in America. ①The roads are very wide and people there like to use their own (　　　) to travel. However, the people sometimes waste time in a traffic jam. To my great surprise, my town in Texas was not so big, but it had a small airport. My host mother said to me, "Some people in America often use their own airplanes to travel."

Ellie: I see. American people usually travel by car. ②But it's better to travel by airplane than by car, because there is no traffic jam in the (　　　)! By the way, did you have a chance to go to a high school there?

Akira: 【 c 】 Thanks to him, I really enjoyed my school life in America.

Ellie: 【 d 】 Did you see the differences between an American high school and a Japanese one?

Akira: Of course. American students wear no school uniforms and some of them drive cars to go to school. George is 17 years old and he has a driver's license. The school has a very large parking area for students!

Ellie: In America, each state has (A) to get the licenses and even 16-year-old students can drive a car in some states.

Akira: 【 e 】 But I think that American people need to get the licenses to live in a large country.

Ellie: That's right. The longer you stay in America, the more you know about America!

(注) state 州 Texas テキサス州（アメリカ南西部の州） Mexico メキシコ
driver's license 運転免許 parking area 駐車場

(1) 次のアからオまでの英文を，会話文中の【a】から【e】までのそれぞれにあてはめて，会話の文として最も適当なものにするには，【b】と【d】にどれを入れたらよいか，そのかな符号を書きなさい。ただし，いずれも一度しか用いることができません。

ア How was it? Please tell me about it.

イ That's good. In education, America is different from Japan.

ウ Yes, with George. He's one of my host family.

エ Wow, that's my country!

オ Really? I can't believe it.

(2) 下線①，②のついた文が，会話の文として最も適当なものとなるように，それぞれの（ ）にあてはまる語を書きなさい。

(3) （A）にあてはまる最も適当な語を，次のアからエまでの中から選んで，そのかな符号を書きなさい。

ア museums イ rules ウ advice エ stores

(4) 次の英文は，この会話が行われた夜，エリーが母国にいる友人のオリビア（Olivia）に送ったメールです。このメールが会話文の内容に合うように，次の（X），（Y）のそれぞれにあてはまる最も適当な語を書きなさい。

Hi, Olivia.
One of my Japanese friends, Akira, went to a town in Texas to study English.
The town in Texas has many cars and a small airport.
He was (X) to hear that some American people travel by their own airplanes.
In Japan, only a few people have their own airplanes.
I think it's interesting to (Y) about America in Japan!
I want my Japanese friends to visit America more.
Bye,
Ellie

＜理科＞

時間　45分　　満点　22点

1　次の(1)，(2)の問いに答えなさい。

(1)　次のａからｆまでの文は，**図**の顕微鏡の操作について説明したものである。このうち，正しい内容を述べている文の組み合わせとして最も適当なものを，下の**ア**から**ク**までの中から選んで，そのかな符号を書きなさい。

図

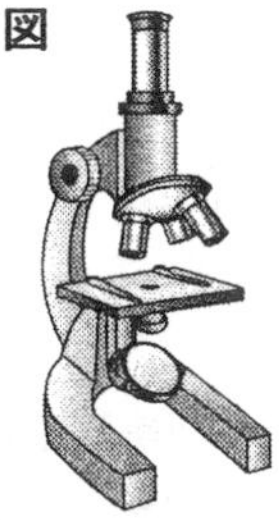

ａ　低倍率から高倍率にすると，視野は広く，明るくなる。

ｂ　低倍率から高倍率にすると，視野は狭く，暗くなる。

ｃ　観察を行うときは，対物レンズをプレパラートに近づけながらピントを合わせる。

ｄ　観察を行うときは，対物レンズをプレパラートから遠ざけながらピントを合わせる。

ｅ　ピントが合ったままの状態でレボルバーを回して対物レンズを高倍率のものにかえたところ，対物レンズとプレパラートの距離が近くなった。

ｆ　ピントが合ったままの状態でレボルバーを回して対物レンズを高倍率のものにかえたところ，対物レンズとプレパラートの距離が遠くなった。

ア　ａ，ｃ，ｅ　　**イ**　ａ，ｃ，ｆ　　**ウ**　ａ，ｄ，ｅ　　**エ**　ａ，ｄ，ｆ
オ　ｂ，ｃ，ｅ　　**カ**　ｂ，ｃ，ｆ　　**キ**　ｂ，ｄ，ｅ　　**ク**　ｂ，ｄ，ｆ

(2)　３つのビーカーＡ，Ｂ，Ｃを用意し，それぞれのビーカーに**表１**に示した体積の，濃度ａの塩酸と濃度ｂの水酸化ナトリウム水溶液を入れて混ぜた後，ＢＴＢ溶液を加えて色の変化を調べたところ，ビーカーＢの水溶液だけが緑色になり，中性であることがわかった。

表１

ビーカー	A	B	C
濃度ａの塩酸の体積〔cm^3〕	80	60	70
濃度ｂの水酸化ナトリウム水溶液の体積〔cm^3〕	50	40	50

また，別の３つのビーカーＤ，Ｅ，Ｆを用意し，それぞれのビーカーに**表２**に示した体積の，濃度ｃの塩酸と**表１**と同じ濃度ｂの水酸化ナトリウム水溶液を入れて混ぜた後，ＢＴＢ溶液を加えて色の変化を調べたところ，ビーカーＥの水溶液だけが緑色になり，中性であることがわかった。

表２

ビーカー	D	E	F
濃度ｃの塩酸の体積〔cm^3〕	60	30	30
濃度ｂの水酸化ナトリウム水溶液の体積〔cm^3〕	50	40	50

その後，ビーカーＡからＦまでの全ての水溶液を別の大きな容器に入れて混ぜ合わせた。この大きな容器の水溶液に，ある液体を加えたら中性になった。このとき，加えた液体とその体積として最も適当なものを，次のページの**ア**から**カ**までの中から選んで，そのかな符号を書き

なさい。

ア　濃度ａの塩酸10cm^3　　イ　濃度ａの塩酸20cm^3
ウ　濃度ａの塩酸60cm^3　　エ　濃度ｂの水酸化ナトリウム水溶液10cm^3
オ　濃度ｂの水酸化ナトリウム水溶液20cm^3　　カ　濃度ｂの水酸化ナトリウム水溶液40cm^3

2　生物と環境とのかかわりについて調べるため，ある林の落ち葉の下の土を採取して持ち帰り，次の〔実験１〕と〔実験２〕を行った。

〔実験１〕 ①　ペトリ皿の中に，デンプン溶液を寒天で固めた培地をつくり，ふたをした。
②　持ち帰った土の一部を①の培地にのせ，ふたをして，25℃に保った。
③　②の７日後，培地の表面を観察した。

〔実験１〕の③では，白い毛のようなものが観察できた。

〔実験２〕 ①　ビーカーに，水と林から持ち帰った土を入れてよくかき回した後，布でこしてろ液をつくった。
②　同じ大きさのペットボトルＡとＢを用意し，ペットボトルＡには①のろ液100cm^{3}とデンプン溶液200cm^{3}を入れた。また，ペットボトルＢには水100cm^{3}とデンプン溶液200cm^{3}を入れた。
③　ペットボトルＡとＢの中の気体に含まれる二酸化炭素の濃度を気体検知管で調べてから，それぞれふたをして密閉し，25℃に保った。
④　③の７日後，ペットボトルＡとＢの中の気体に含まれる二酸化炭素の濃度を気体検知管で調べ，それぞれ③の濃度と比較した。
⑤　４本の試験管ａ，ｂ，ｃ，ｄを用意し，図１のように，ペットボトルＡの液を試験管ａとｂに，ペットボトルＢの液を試験管ｃとｄにそれぞれ３cm^{3}ずつ入れた。

図１

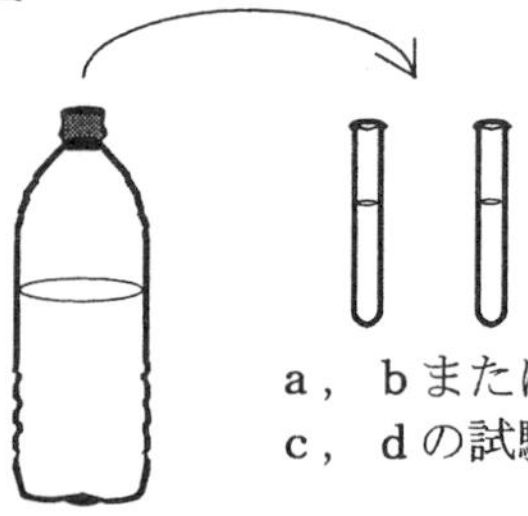

⑥　試験管ａとｃにヨウ素液を加えた。また，試験管ｂとｄにベネジクト液を加えた後に加熱し，それぞれの試験管の液の色を調べた。

表は，〔実験２〕の結果をまとめたものである。

表

ペットボトル	ペットボトル中の二酸化炭素の濃度	試験管	使用した試薬	試験管の液の色の変化
Ａ	③より④のほうが濃度は高かった。	ａ	ヨウ素液	変化しなかった。
		ｂ	ベネジクト液	赤かっ色に変化した。
Ｂ	③と④の濃度は同じであった。	ｃ	ヨウ素液	青紫色に変化した。
		ｄ	ベネジクト液	変化しなかった。

次の(1)から(4)までの問いに答えなさい。

(1)　〔実験１〕の③で見られた白い毛のようなものは，菌糸であった。菌糸でできている生物として適当なものを，次の**ア**から**オ**までの中から２つ選んで，そのかな符号を書きなさい。

ア　スギゴケ　**イ**　シイタケ　**ウ**　ミカヅキモ　**エ**　アオカビ　**オ**　乳酸菌

(2)　次の文章は，〔実験２〕の結果について説明したものである。文章中の（ i ）から（ iii ）までにあてはまる語句の組み合わせとして最も適当なものを，下の**ア**から**ク**までの中から選んで，そのかな符号を書きなさい。

> 試験管（　i　）において液の色の変化が（　ii　）ことから，試験管（　i　）ではデンプンが分解されたことがわかる。また，試験管（　iii　）のベネジクト液の反応から，試験管（　iii　）には糖があることがわかる。

ア　i　a，ii　起こった，　iii　b
イ　i　a，ii　起こった，　iii　d
ウ　i　a，ii　起こらなかった，　iii　b
エ　i　a，ii　起こらなかった，　iii　d
オ　i　c，ii　起こった，　iii　b
カ　i　c，ii　起こった，　iii　d
キ　i　c，ii　起こらなかった，　iii　b
ク　i　c，ii　起こらなかった，　iii　d

(3)　次の文章は，〔実験１〕と〔実験２〕についての太郎さんと花子さんと先生の会話である。会話中の（ i ）から（ iii ）までにあてはまる語句の組み合わせとして最も適当なものを，下の**ア**から**ク**までの中から選んで，そのかな符号を書きなさい。

> 太郎：〔実験１〕と〔実験２〕の結果から，土の中には肉眼では見えない微生物がいて，その微生物がデンプンを分解して，二酸化炭素を発生させていることが考えられます。
>
> 花子：しかし，〔実験１〕と〔実験２〕だけではデンプンの分解や二酸化炭素の発生が，土の中の微生物のはたらきであることはわからないと思います。それを確認するためには，ペットボトル（　i　）の実験の対照実験として，〔実験２〕の①のろ液を沸騰させてから冷ましたものをあらたに用意したペットボトルＣに入れ，〔実験２〕と同じ実験を行う方法があると思います。
>
> 太郎：ペットボトルＡとＢの実験を比較するだけではいけないのですか。
>
> 先生：その比較では，（　ii　）がデンプンを分解しないことはわかりますが，それだけでは，微生物のはたらきによりデンプンが分解されたかどうかはわからないですね。土をこしたろ液を沸騰させることによって，微生物の活動が（　iii　），ペットボトルＢとＣの実験が同じ結果になれば，土の中の微生物のはたらきによってデンプンが分解されたことを確かめることができます。

ア　i　A，ii　水，　iii　活発になり　**イ**　i　A，ii　水，　iii　停止し
ウ　i　A，ii　ろ液，　iii　活発になり　**エ**　i　A，ii　ろ液，　iii　停止し
オ　i　B，ii　水，　iii　活発になり　**カ**　i　B，ii　水，　iii　停止し
キ　i　B，ii　ろ液，　iii　活発になり　**ク**　i　B，ii　ろ液，　iii　停止し

⑷　太郎さんと花子さんは，〔実験１〕と〔実験２〕の後，土の中の微生物が分解者としてはたらき，生態系における炭素の循環と関係していることを学んだ。**図２**は，ある生態系における，大気と生物Ｐ，Ｑ，Ｒ，Ｓとの間の炭素の流れを矢印で表したものである。生物Ｐ，Ｑ，Ｒ，Ｓは，それぞれ光合成を行う植物，草食動物，肉食動物，土の中の微生物のいずれかであり，この肉食動物が光合成を行う植物を食べることはないものとする。

なお，**図２**では矢印が２本省略されている。

この生態系の生物Ｐ，Ｑ，Ｒ，Ｓの中で分解者はどれか。解答用紙の**図２**の生物Ｐから生物Ｓまでの中から１つ選んで，○《まる》で囲みなさい。また，省略されている２本の矢印を解答用紙の**図２**に書きなさい。

図２

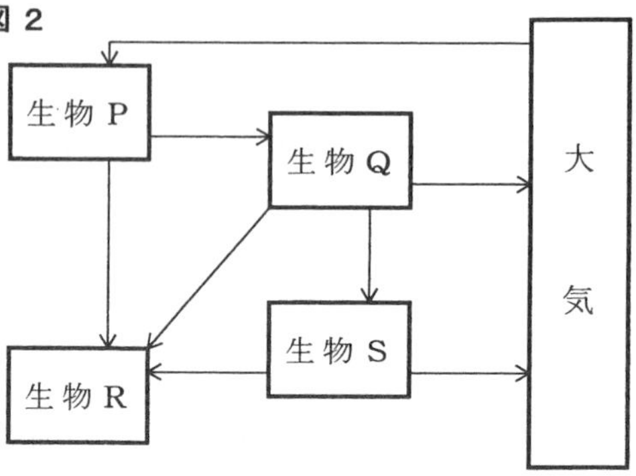

３　酸化銅の反応について調べるため，次の〔実験〕を行った。

〔実験〕　①　黒色の酸化銅2.40ｇに，乾燥した黒色の炭素粉末0.12ｇを加え，よく混ぜてから試験管Ａに全てを入れた。

②　**図１**のような装置をつくり，①の試験管Ａをスタンドに固定した後，ガスバーナーで十分に加熱して気体を発生させ，試験管Ｂの石灰水に通した。

③　気体が発生しなくなってから，ガラス管を試験管Ｂから取り出し，その後，ガスバーナーの火を消してから，空気が試験管Ａに入らないようにピンチコックでゴム管をとめた。

④　その後，試験管Ａを室温になるまで冷やしてから，試験管Ａの中に残った物質の質量を測定した。

⑤　次に，酸化銅の質量は2.40ｇのままにして，炭素粉末の質量を0.15ｇ，0.18ｇ，0.21ｇ，0.24ｇ，0.27ｇ，0.30ｇに変えて，①から④までと同じことを行った。

図１

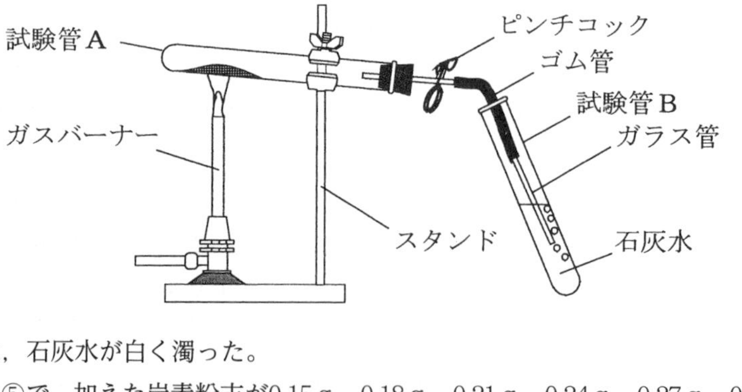

〔実験〕の②では，石灰水が白く濁った。

また，〔実験〕の⑤で，加えた炭素粉末が0.15ｇ，0.18ｇ，0.21ｇ，0.24ｇ，0.27ｇ，0.30ｇのいずれかのとき，酸化銅と炭素がそれぞれ全て反応し，気体と赤色の物質だけが生じた。この赤色の物質を薬さじで強くこすると，金属光沢が見られた。

表は，〔実験〕の結果をまとめたものである。ただし，反応後の試験管Aの中にある気体の質量は無視できるものとする。

表

酸化銅の質量〔g〕	2.40	2.40	2.40	2.40	2.40	2.40	2.40
加えた炭素粉末の質量〔g〕	0.12	0.15	0.18	0.21	0.24	0.27	0.30
反応後の試験管Aの中にある物質の質量〔g〕	2.08	2.00	1.92	1.95	1.98	2.01	2.04

次の(1)から(4)までの問いに答えなさい。

(1)　〔実験〕で起こった化学変化について説明した文として最も適当なものを，次の**ア**から**エ**までの中から選んで，そのかな符号を書きなさい。

ア　酸化銅は酸化され，同時に炭素も酸化された。

イ　酸化銅は還元され，同時に炭素も還元された。

ウ　酸化銅は酸化され，同時に炭素は還元された。

エ　酸化銅は還元され，同時に炭素は酸化された。

(2)　〔実験〕では，黒色の酸化銅と黒色の炭素粉末が反応して，気体と赤色の物質が生じた。このときの化学変化を表す化学反応式を書きなさい。

(3)　酸化銅の質量を2.40 gのままにして，加える炭素粉末の質量を0 gから0.30 gまでの間でさまざまに変えて，〔実験〕と同じことを行ったとき，加えた炭素粉末の質量と発生した気体の質量との関係はどのようになるか。横軸に加えた炭素粉末の質量を，縦軸に発生した気体の質量をとり，その関係を表すグラフを解答欄の**図2**に書きなさい。

図2

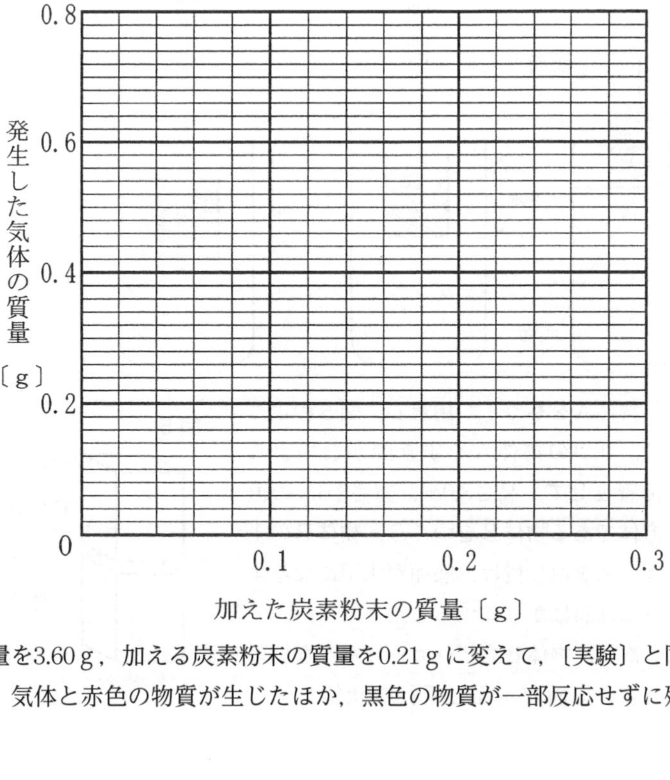

(4)　酸化銅の質量を3.60 g，加える炭素粉末の質量を0.21 gに変えて，〔実験〕と同じことを行った。このとき，気体と赤色の物質が生じたほか，黒色の物質が一部反応せずに残っていた。反

応後の試験管中の赤色の物質と黒色の物質はそれぞれ何ｇか。次の**ア**から**シ**までの中から，それぞれ最も適当なものを選んで，そのかな符号を書きなさい。

ア　0.69ｇ　**イ**　0.80ｇ　**ウ**　0.99ｇ　**エ**　1.20ｇ　**オ**　1.36ｇ　**カ**　1.52ｇ
キ　1.65ｇ　**ク**　1.76ｇ　**ケ**　2.00ｇ　**コ**　2.24ｇ　**サ**　2.40ｇ　**シ**　2.88ｇ

4　物体にはたらく浮力について調べるため，次の〔実験１〕と〔実験２〕を行った。ただし，糸の質量は無視できるものとする。

〔実験１〕　①　高さ4.0㎝，重さ1.0Ｎの直方体である物体Ａの上面に糸を取り付け，底面が水平になるようにばねばかりにつるした。
②　ビーカーを用意し，ビーカーに水を入れた。
③　**図１**のように，ばねばかりにつるした物体Ａを，底面が水平になるように②のビーカーの水面の位置に合わせた。
④　次に，物体Ａをビーカーに触れないように，底面が水面と平行な状態を保って，**図２**のように物体Ａの上面が水面の位置になるまで，ゆっくりと沈めた。このときの，水面から物体Ａの底面までの距離とばねばかりの示す値との関係を調べた。
⑤　さらに，物体Ａを，底面が水面と平行な状態を保って，**図３**のように水面から物体Ａの底面までの距離が5.0㎝となる位置まで沈めた。

図４は，〔実験１〕の④の結果をグラフに表したものである。

図１

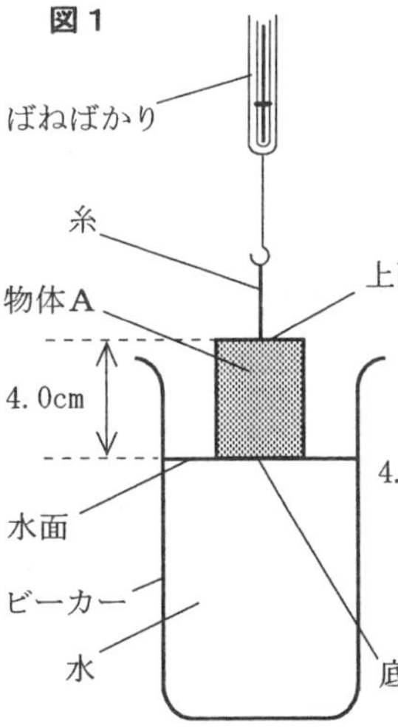

図２

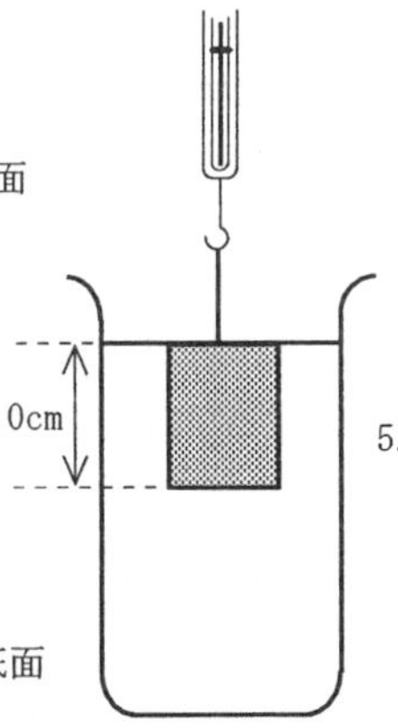

図３

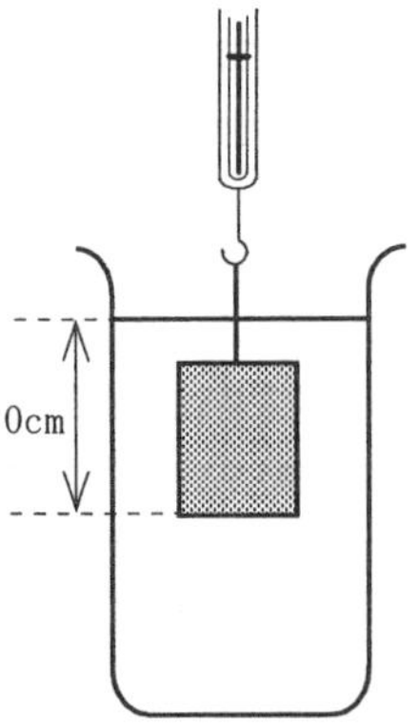

図４

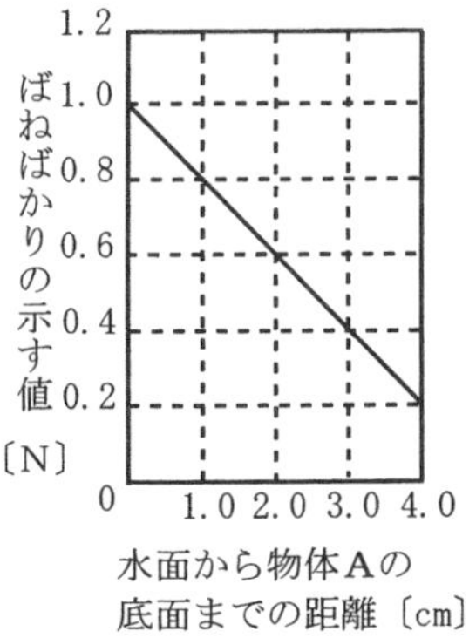

〔実験２〕　①　物体Ａをもう１つ用意し，**図５**のように，２つの物体Ａをすき間がないよう接着させて，高さ8.0㎝，重さ2.0Ｎの直方体である物体Ｂをつくり，物体Ｂの上面に糸を取り付け，底面が水平になるようにばねばかりにつるした。
②　次に，物体Ｂをビーカーに触れないように，底面が水面と平行な状態を保っ

図５

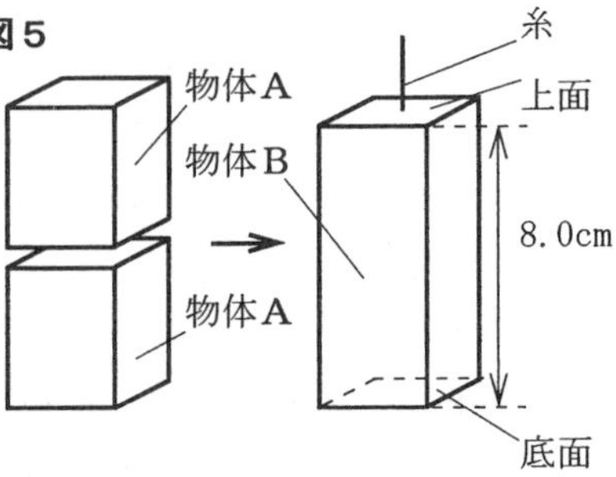

て，水の中に沈めた。

次の⑴から⑷までの問いに答えなさい。

⑴ 〔実験１〕の④で，水面から物体Ａの底面までの距離が1.0㎝になったとき，物体Ａにはたらく浮力の大きさは何Ｎか，小数第１位まで求めなさい。

⑵ 次の文章は，〔実験１〕の④の結果からわかることについて説明したものである。文章中の（Ⅰ）には下の**ア**と**イ**のいずれかから，（Ⅱ）には下の**ウ**から**オ**までの中から，（Ⅲ）には下の**カ**から**ク**までの中から，それぞれ最も適当なものを選んで，そのかな符号を書きなさい。

> 〔実験１〕の④では，水面から物体Ａの底面までの距離が大きくなるほど，ばねばかりの示す値が小さくなった。これは，物体Ａの底面の位置が水面から深くなるほど，底面にはたらく水圧が（　Ⅰ　）なり，それに伴って物体Ａの受ける浮力が（　Ⅰ　）なるためである。**図２**の位置に物体Ａがあるとき，物体Ａにはたらく重力と浮力の大きさを比べると，（　Ⅱ　）ため，その位置で物体Ａが静止した状態で糸を切ると，物体Ａは（　Ⅲ　）。

ア　大きく　　**イ**　小さく　　**ウ**　浮力のほうが大きい
エ　重力のほうが大きい　　**オ**　どちらも同じ大きさである
カ　静止したままである　　**キ**　沈んでいく　　**ク**　浮き上がる

⑶ 次の文章は，〔実験１〕の⑤の結果について説明したものである。文章中の（Ⅰ）には下の**ア**から**ウ**までの中から，（Ⅱ）には下の**エ**から**カ**までの中から，（Ⅲ）には下の**キ**から**コ**までの中から，それぞれ最も適当なものを選んで，そのかな符号を書きなさい。

> 〔実験１〕の⑤で，**図３**の位置に物体Ａがあるとき，ばねばかりの示す値は（　Ⅰ　）Ｎである。また，水面から物体Ａの底面までの距離が4.0㎝より大きくなっていくとき，ばねばかりの示す値が（　Ⅱ　）のは，物体Ａの底面にはたらく水圧と，上面にはたらく水圧の（　Ⅲ　）が（　Ⅱ　）ためである。

ア　0　　**イ**　0.2　　**ウ**　0.4　　**エ**　大きくなっていく　　**オ**　小さくなっていく
カ　変わらない　　**キ**　積　　**ク**　商　　**ケ**　和　　**コ**　差

⑷ 〔実験２〕の②で，物体Ｂを水の中に沈めたところ，ばねばかりの示す値が0.8Ｎとなった。このときの，水面から物体Ｂの底面までの距離は何㎝か，整数で答えなさい。

5　次の文章は，花子さんと太郎さんが天気図について調べたときに話し合った会話である。

> 太郎：春の天気の特徴を表した天気図（**図１**）と冬の天気の特徴を表した天気図（**図２**）を探してきたよ。天気図からはどんな情報がわかるのかな。
> 花子：この２つの天気図には天気を表す記号が書かれていないけれど，その記号が書かれていたら，各地の天気や風向，風力がわかるよ。それから，天気図には，気圧の値の等しい地点を結んだ等圧線が示されているね。**図２**の天気図に見られる西高東低の気圧配置は，冬の特徴だよ。
> 太郎：冬のように，それぞれの季節に特徴的な天気や気圧配置があるのかな。
> 花子：あると思うわ。日本は広い大陸と海洋にはさまれていて，大陸と海洋上には，季節ご

とに気温や湿度の違う気団が発達するから，その影響でそれぞれの季節に特徴的な天気をもたらすそうよ。

太郎：それなら，夏や秋に台風が日本付近に近づくことが多いのはどうしてなのかな。もう少し天気のことを調べてみたいな。

図１

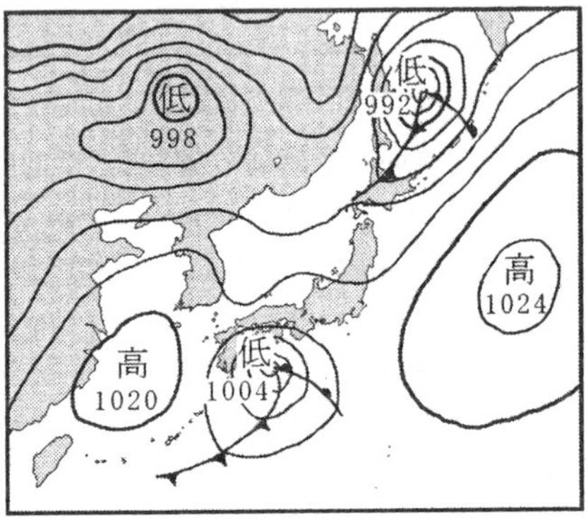

図２

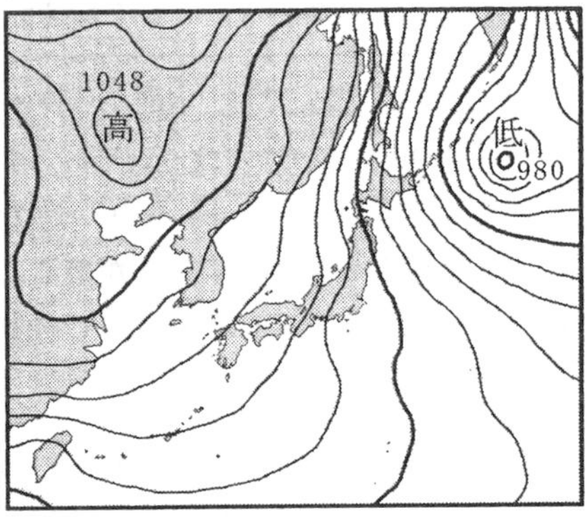

次の⑴から⑷までの問いに答えなさい。

⑴　**図１**は，ある年の３月の天気図である。**図３**は，このときのある地点での風向，風力，天気を表した記号である。この記号が表す風向，風力，天気をそれぞれ書きなさい。

　なお，**図３**の点線は，16方位を表している。

図３

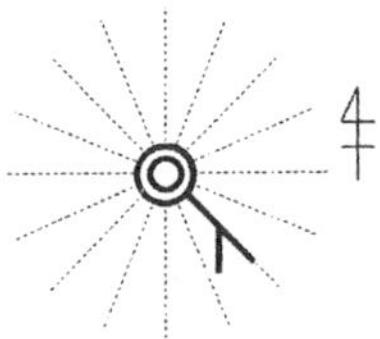

⑵　次の文章は，地上付近での風のふき方について説明したものである。文章中の（Ⅰ）から（Ⅲ）までにあてはまる語句の組み合わせとして最も適当なものを，下の**ア**から**ク**までの中から選んで，そのかな符号を書きなさい。

　地上付近の風は，（　Ⅰ　）へ向かって空気が移動することで生じ，等圧線の間隔が（　Ⅱ　）ほど風は強くふく。また，低気圧の中心部では（　Ⅲ　）気流が起こっている。

ア　Ⅰ　高気圧から低気圧，Ⅱ　広い，Ⅲ　上昇
イ　Ⅰ　高気圧から低気圧，Ⅱ　広い，Ⅲ　下降
ウ　Ⅰ　高気圧から低気圧，Ⅱ　狭い，Ⅲ　上昇
エ　Ⅰ　高気圧から低気圧，Ⅱ　狭い，Ⅲ　下降
オ　Ⅰ　低気圧から高気圧，Ⅱ　広い，Ⅲ　上昇
カ　Ⅰ　低気圧から高気圧，Ⅱ　広い，Ⅲ　下降
キ　Ⅰ　低気圧から高気圧，Ⅱ　狭い，Ⅲ　上昇
ク　Ⅰ　低気圧から高気圧，Ⅱ　狭い，Ⅲ　下降

⑶　**図４**は，ある年に日本に上陸した台風の移動経路を模式的に示したものである。黒点（●）は，台風の中心位置を，９月29日午前９時から９月30日午前９時まで３時間ごとに表したものであり，これらの黒点を通る線はその移動経路を表したものである。**図４**の台風の進路の西側

にある地点Xと，東側にある地点Yの風向の変化について，次の文章中の（　）にあてはまる最も適当な語句を，下の**ア**から**エ**までの中から選んで，そのかな符号を書きなさい。

また，**表**は，**図４**の地点ＡからＤまでのいずれかの地点における３時間ごとの気温，湿度，気圧，天気，風力，風向を記録したものである。この**表**の記録は，地点ＡからＤまでのどの地点のものか，最も適当なものを，下の**オ**から**ク**までの中から選んで，そのかな符号を書きなさい。

> 台風の中心は，地点Xの東側を移動している。地点Xでは，台風の移動に伴い，９月29日午後６時から６時間後までの間に，風向が（　　　）に変化した。地点Yでは台風の中心がその西側を移動している。地点Yでも，風向が大きく変化した。

ア　北よりから西よりへ反時計回り　　**イ**　東よりから南よりへ時計回り
ウ　南よりから東よりへ反時計回り　　**エ**　西よりから北よりへ時計回り
オ　Ａ　　**カ**　Ｂ　　**キ**　Ｃ　　**ク**　Ｄ

図４

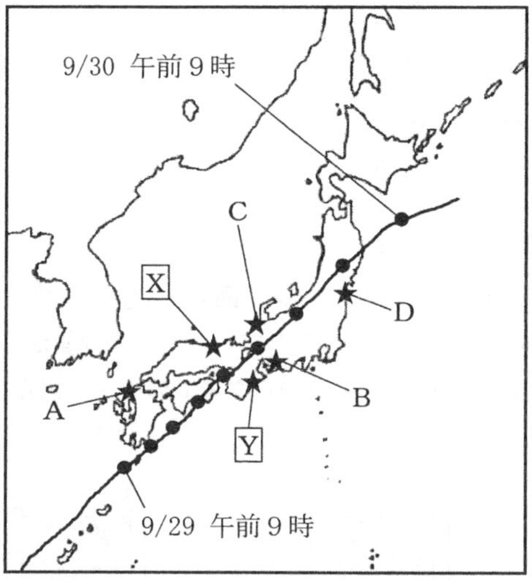

表

日	時刻〔時〕	気温〔℃〕	湿度〔%〕	気圧〔hPa〕	天気	風力	風向
9/29	9	20	86	1007	雨	2	北東
	12	22	82	1004	雨	2	東
	15	25	87	999	雨	4	南東
	18	26	79	992	雨	6	南東
	21	25	90	979	雨	6	南東
	24	24	92	977	雨	4	南
9/30	3	23	75	994	くもり	4	西南西
	6	22	70	998	晴れ	2	西
	9	24	48	1004	晴れ	4	北西

(4)　次の文章は，下線部の台風の進路について説明したものである。文章中の（Ⅰ）から（Ⅲ）までにあてはまる語句の組み合わせとして最も適当なものを，下の**ア**から**ク**までの中から選んで，そのかな符号を書きなさい。

> 秋が近くなると，太平洋の（　Ⅰ　）が（　Ⅱ　）ので，台風は日本付近に近づくように北上する。その後，北上した台風が東向きに進路を変えるのは，（　Ⅲ　）の影響によるものだと考えられる。

ア　Ⅰ　高気圧，Ⅱ　発達する，　Ⅲ　偏西風
イ　Ⅰ　高気圧，Ⅱ　おとろえる，Ⅲ　偏西風
ウ　Ⅰ　低気圧，Ⅱ　発達する，　Ⅲ　偏西風
エ　Ⅰ　低気圧，Ⅱ　おとろえる，Ⅲ　偏西風
オ　Ⅰ　高気圧，Ⅱ　発達する，　Ⅲ　季節風

カ Ⅰ 高気圧，Ⅱ おとろえる，Ⅲ 季節風
キ Ⅰ 低気圧，Ⅱ 発達する， Ⅲ 季節風
ク Ⅰ 低気圧，Ⅱ おとろえる，Ⅲ 季節風

6 次の⑴，⑵の問いに答えなさい。

⑴ 凸レンズによってできる像について調べるため，次の実験を行った。

〔実験〕 ① **図**のように，光源，厚紙を立てる台，凸レンズ，スクリーンを一直線上に並べ，光軸（凸レンズの軸）とスクリーンが垂直になるように机の上に立てた。

② 厚紙を立てる台に，「令」の文字をくりぬいた厚紙を取り付け，その像がスクリーンにはっきりと映る位置までスクリーンを動かした。

なお，厚紙を立てる台の矢印は，厚紙を取り付ける向きを確認するためのものである。

図

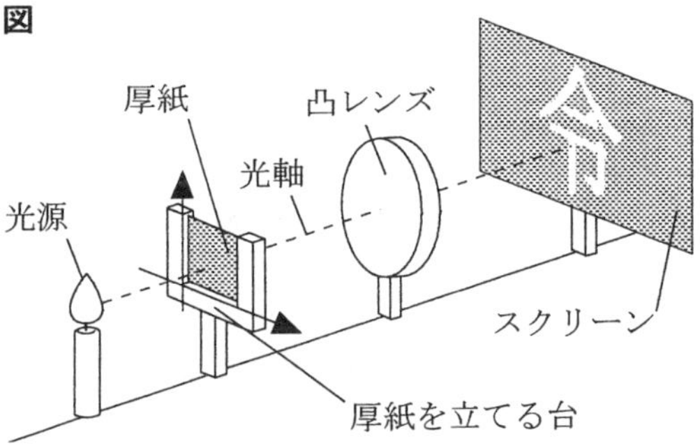

〔実験〕では，光源側からスクリーンを観察したとき，スクリーンに**図**の「令」の文字が見られた。このとき，厚紙は厚紙を立てる台にどのように取り付けられていたか。光源側から見たときの，厚紙を取り付けた向きとして最も適当なものを，次の**ア**から**ク**までの中から選んで，そのかな符号を書きなさい。

ア
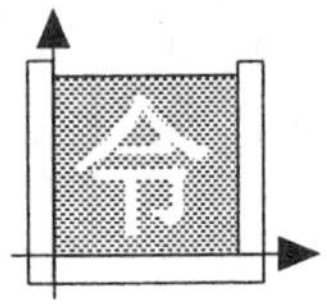

イ
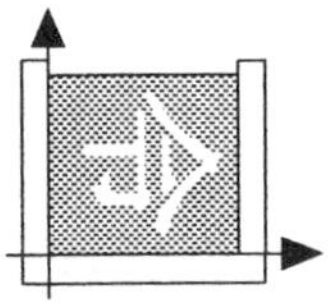

ウ
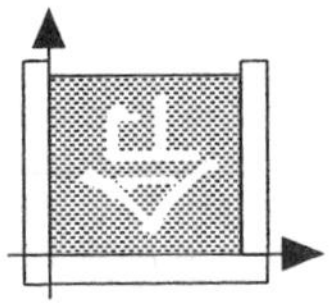

エ
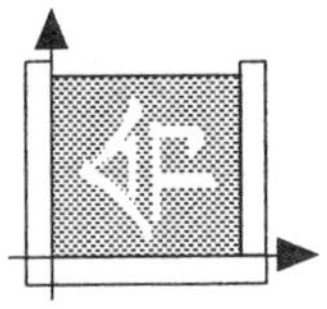

オ
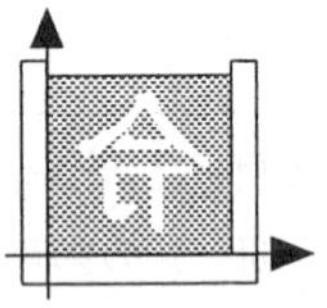

カ
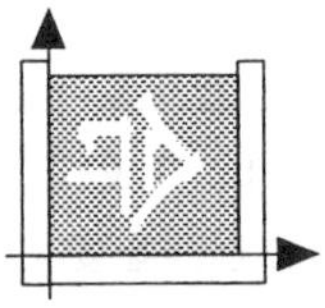

キ
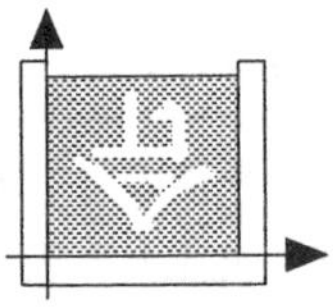

ク
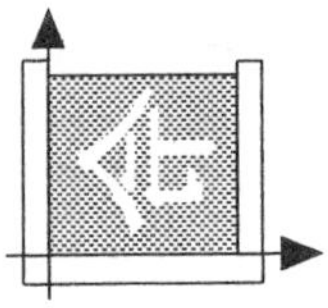

⑵ 日本のある地点で，ある年の冬から夏にかけてオリオン座を観察した。その年の１月１日午後５時には**図**の①のようにオリオン座のベテルギウスが東の地平線付近に見え，同じ日の午後11時には**図**の②のように南中した。

図

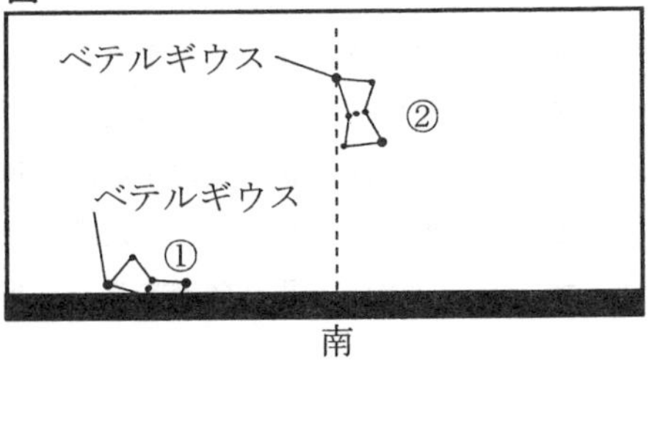

次の文章は，その後，同じ地点でベテルギウスを観察したときのようすについて説明したものである。文章中の（Ⅰ）と（Ⅱ）にあてはまる語句の組み合わせとして最も適当なものを，下の**ア**から**エ**までの中から選んで，そのかな符号を書きなさい。

> 1月1日から1か月後，ベテルギウスが南中したのは（　Ⅰ　）頃である。また，オリオン座は夏にも観察することができ，（　Ⅱ　）頃には，図の①と同じように東の地平線付近に見えた。

ア　Ⅰ　午後9時，Ⅱ　7月1日午後9時　　**イ**　Ⅰ　午後9時，Ⅱ　8月1日午前3時
ウ　Ⅰ　午前1時，Ⅱ　7月1日午後9時　　**エ**　Ⅰ　午前1時，Ⅱ　8月1日午前3時

＜社会＞

時間　45分　　満点　22点

1　次のⅠ，Ⅱ，Ⅲは，それぞれ現在の長野県にあたる地域と関係の深い歴史遺産や遺物の写真と，その説明である。あとの(1)から(3)までの問いに答えなさい。

Ⅰ

（説明）
これは旧中込学校の写真である。この学校は1872年に政府が公布した（　①　）を受けて開設され，現在の長野県にあたる地域でも小学校教育が実施されたことがわかる。旧中込学校が開設された当時，東京には教員を養成する学校が開設されていた。

Ⅱ

（説明）
これは藤原京跡から出土した木簡の写真である。この木簡の記録から，天皇の命令で現在の長野県にあたる地域の産物が都まで運ばれていたことがわかる。この木簡が使われた当時，藤原京では（　②　）がつくられていた。

Ⅲ

（説明）
これは16世紀後半，現在の長野県にあたる地域の一部において使用されていた甲州ますの写真である。甲州ますは京で使われていたますとは異なる容量だった。このますが使用されていた当時，京では足利義昭《あしかがよしあき》が将軍に就任した。

(1)　Ⅰ，Ⅱの説明の中の（①），（②）にあてはまることばの組み合わせとして最も適当なものを，次の**ア**から**エ**までの中から選んで，そのかな符号を書きなさい。

ア　①学制，　　　②大宝律令　　**イ**　①学制，　　　②東大寺
ウ　①教育基本法，②大宝律令　　**エ**　①教育基本法，②東大寺

(2)　16世紀に起こった世界のできごとについて述べた文として最も適当なものを，次の**ア**から**エ**までの中から選んで，そのかな符号を書きなさい。

ア　イギリスでワットが蒸気機関を改良した。
イ　地中海を囲む地域をローマ帝国が統一した。
ウ　マゼランの船隊が世界一周に成功した。
エ　モンゴル帝国の支配領域が最大となった。

(3)　次の文はⅠ，Ⅱ，Ⅲの説明の中で「当時」として示されている時期のいずれかについて述べたものである。文中の［　　］にあてはまる最も適当な文を，Ⅰ，Ⅱ，Ⅲのいずれかの説明の中から，そのまま抜き出して，25字で書きなさい。

> この時期の現在の長野県にあたる地域について，他の二つの時期と比べると，説明の中に「［　　　　］」とあることから，天皇を中心とする中央集権的な政治のしくみが十分にはたらいていなかったと考えられる。

2　次のＡ，Ｂ，Ｃは，岩手県釜石市に関係するできごとの記録を年代の古い順に並べたものであり，Ⅰ，Ⅱ，Ⅲは，釜石市にある釜石製鉄所に関係する資料である。あとの(1)から(3)までの問いに答えなさい。

A	「ここ大石出河岸を起点に海上引縄をもって真北の海岸佛ヶ崎まで測量した」 （「伊能忠敬《いのうただたか》海上引縄測量之碑」から一部を抜粋）
B	「アメリカの軍艦が十数せき来て沖から撃った・・・（中略）・・・艦砲射撃も終わり六日目，八月十五日終戦となった。・・・（中略）・・・釜石は焼野原となった」 （釜石市郷土資料館ホームページから一部を抜粋）
C	「「三陸鉄道」の名前が初めて登場するのは明治29年にさかのぼります。・・・（中略）・・・それから数えること88年後の昭和59年４月１日に，地元の方たちが待ち望んでいた「おらが鉄道」として開業したのでした」　（「東日本大震災と三陸鉄道」から一部を抜粋）

Ⅰ　全国および生産拠点別の鉄の生産量　　（単位　t）

年	全国	中国地方	釜石	（　X　）
1891	15 495	8 112	5 499	0
1896	26 570	9 162	15 417	0
1901	55 180	6 398	15 037	25 338
1906	210 654	6 449	31 833	163 072
1911	394 767	3 512	53 498	312 499

（「現代日本産業発達史 鉄鋼」などをもとに作成）

Ⅱ　略地図

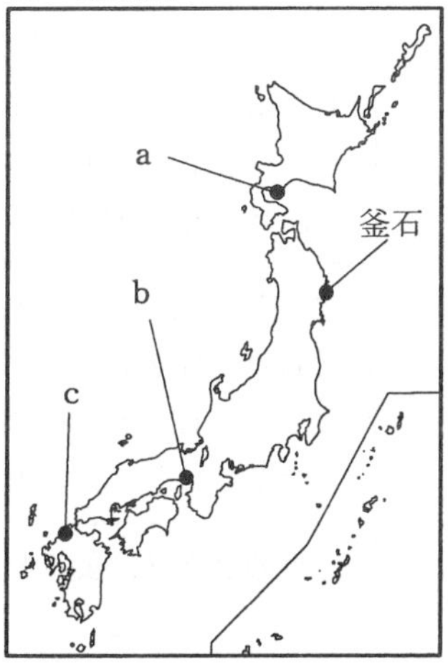

Ⅲ　釜石製鉄所における鉄の生産量とその全国の生産量に占める割合の推移

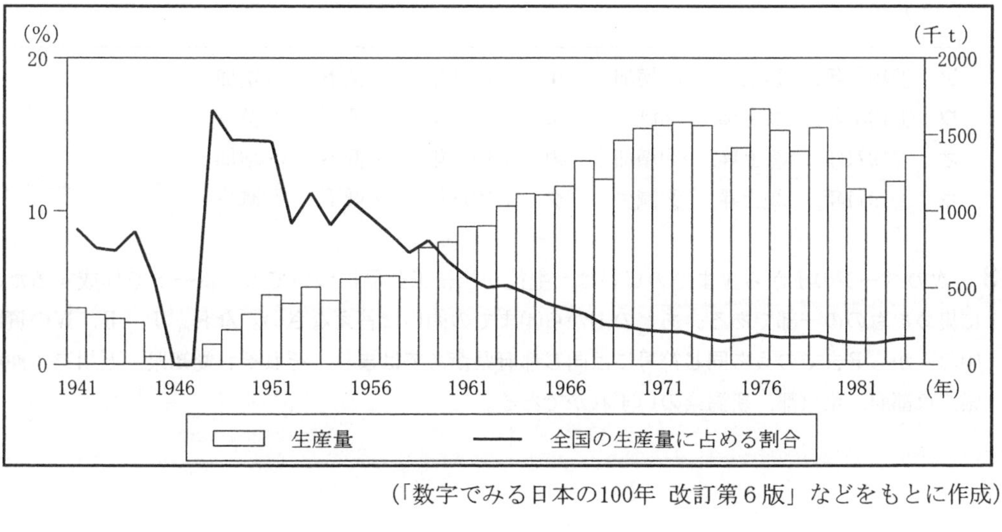

（「数字でみる日本の100年 改訂第６版」などをもとに作成）

⑴　次の**ア**から**オ**までの文は，現在の岩手県にあたる地域に関係するできごとについて述べたものである。このうち，Aの記録のできごとが起こった年代からBの記録のできごとが起こった年代までの間に起こったできごとを三つ選び，それらを年代の古い順に並べたとき，２番目と３番目になるもののかな符号をそれぞれ書きなさい。

ア　盛岡藩が廃止され，盛岡県がおかれた。

イ　岩手県出身の原敬《はらたかし》が内閣総理大臣に就任した。

ウ　松尾芭蕉《まつおばしょう》が中尊寺金色堂を訪れた。

エ　岩手県に陸上自衛隊の駐屯地が開設された。

オ　天保の飢饉が発生し，百姓一揆が起きた。

⑵　次の文章は，Bの記録のできごとについて，Ⅰの表を用いて説明したものである。文章中の（X）にあてはまる最も適当な地名を，漢字２字で書きなさい。また，文章中の（X）の位置として最も適当なものを，Ⅱの略地図中のａ，ｂ，ｃの中から選んで，その符号を書きなさい。

なお，Ⅰの表中と文章中の（X）には，同じ地名があてはまる。

> Ⅰの表のように，20世紀に入ると日本における鉄の生産の大部分が，欧米の技術を導入した釜石製鉄所や，日清戦争後に設立された官営の（　X　）製鉄所で行われるようになった。鉄の生産は戦争を続けるためには不可欠であり，アメリカは製鉄所のある釜石に対して，Bに記録されたような攻撃を実施した。

⑶　次の文章は，アメリカとの戦争が始まった年代からCの記録のできごとが起こった年代までの期間の釜石製鉄所について，Ⅲのグラフを用いて説明したものである。文章中の（①），（②），（③）にあてはまる年代やことばの組み合わせとして最も適当なものを，下の**ア**から**ク**までの中から選んで，そのかな符号を書きなさい。

> Ⅲのグラフによると，Bの記録のできごとで大きな被害を受けた釜石製鉄所であったが，（　①　）には，アメリカとの戦争が始まった年代の生産量を回復した。また，高度経済成長期の前後を比べると，釜石製鉄所の鉄の生産量は増加し，その全国の生産量に占める割合は（　②　）した。これは全国の生産量が，この時期に（　③　）したからと考えられる。

ア　①1951年，　②上昇，　③増加　　**イ**　①1951年，　②低下，　③増加

ウ　①1951年，　②上昇，　③減少　　**エ**　①1951年，　②低下，　③減少

オ　①1971年，　②上昇，　③増加　　**カ**　①1971年，　②低下，　③増加

キ　①1971年，　②上昇，　③減少　　**ク**　①1971年，　②低下，　③減少

3　次のページのⅠからⅣまでの資料は，生徒が伝統工芸品についてのレポートを作成するために集めたものの一部である。あとの⑴から⑷までの問いに答えなさい。なお，Ⅰ，Ⅱ，Ⅳの資料中のAからFまでのうち同じ符号には同じ都府県があてはまり，それぞれ愛知県，石川県，沖縄県，京都府，東京都，新潟県のいずれかである。

Ⅰ　経済産業省から伝統工芸品として10品目以上が指定を受けている都府県の人口密度等

都府県名	品目数	おもな品目名	人口密度（人／km²）	米の収穫量（千ｔ）	外国人延べ宿泊者数（千人泊）
A	17	江戸べっ甲，江戸木版画	6 218.1	0.6	18 060
B	17	（　X　）	564.9	76.4	4 603
C	16	（　Y　）	181.7	678.6	267
D	16	琉球漆器，三線	631.0	2.3	3 860
E	14	有松・鳴海絞，常滑焼	1 451.2	144.3	2 393
F	10	（　Z　）	274.9	136.7	623

（「データでみる県勢 2018年版」などをもとに作成）

Ⅱ　Cの製造業における事業所数と製造品出荷額等の産業別割合

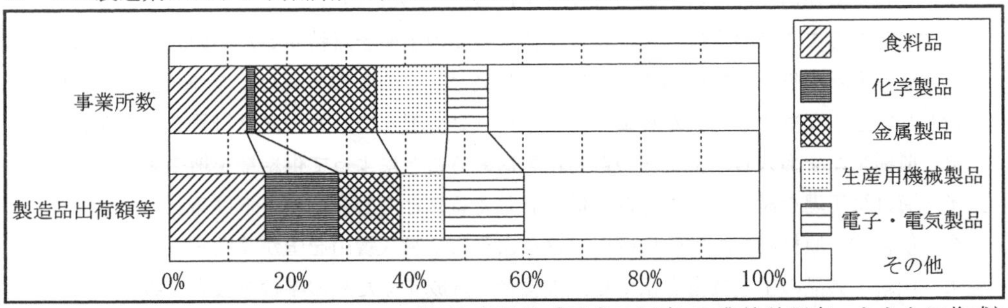

（経済産業省「平成29年度 工業統計調査」をもとに作成）

Ⅲ　伝統工芸品指定の要件（経済産業省資料より）

- 日本人の生活に密着し，日常生活で使用されるもの
- 主要工程が手作業中心（手工業的）であるもの
- 技術・技法が100年以上の歴史をもち，今日まで継続しているもの
- 100年以上の歴史をもつ伝統的な原材料を使用したもの
- 一定の地域で，地域産業として成立しているもの

Ⅳ　全国およびA，B，Fの小売業における販売方法別の年間商品販売額割合

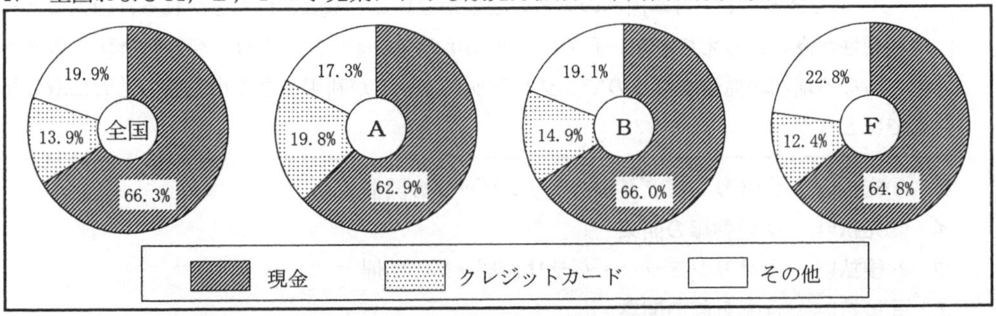

（注）四捨五入の関係で，合計しても100%にならない場合がある。

（「データでみる県勢 2018年版」をもとに作成）

(1)　Ⅰの表中の（X），（Y），（Z）にあてはまる伝統工芸品の品目名として最も適当なものを，次のアからカまでの中からそれぞれ選んで，そのかな符号を書きなさい。

ア　出雲石燈ろう，石見焼　　**イ**　薩摩焼，大島紬　　**ウ**　小千谷縮，燕鎚《つい》起《き》銅《どう》器《き》

エ　九谷焼，輪島塗　　**オ**　西陣織，清水焼　　**カ**　箱根寄木細工，小田原漆器

(2)　次のページの文章は，生徒がCの製造業について，Ⅱのグラフを用いて発表した際のメモの

一部である。文章中の ① ，(②) にあてはまることばの組み合わせとして最も適当なものを，下の**ア**から**エ**までの中から選んで，そのかな符号を書きなさい。

> Cの伝統工芸品の製造は ① として受け継がれ，その中でも金属製品産業は今も地域の経済を支えている。金属製品産業については，Ⅱのグラフから化学製品産業よりも一事業所あたりの製造品出荷額等が（　②　）ことがわかる。

ア　①冬季に農作物を栽培できない農家の副業，　②小さい

イ　①冬季に農作物を栽培できない農家の副業，　②大きい

ウ　①長く都がおかれていたという歴史を背景，　②小さい

エ　①長く都がおかれていたという歴史を背景，　②大きい

(3)　次の**ア**から**エ**までの文は，生徒が「伝統工芸品の生産を維持するための方策」として発表した意見である。Ⅲの資料に示された伝統工芸品としての要件を満たしつつ，生産を維持する方策として適当なものを，**ア**から**エ**までの中から全て選んで，そのかな符号を書きなさい。

ア　機械生産を導入し，全工程の自動化を進めることによって供給量を増やす。

イ　海外に工場を設立し，生産費を低くおさえることで販売価格を下げる。

ウ　伝統的な原材料を継続的に確保できるように，購入費用を国が補助する。

エ　伝統工芸品の生産技術を伝承し，後継者を育成するための学校を設立する。

(4)　次の文章は，生徒がFの商品販売について，Ⅰの表とⅣのグラフを用いて発表した際のメモの一部である。文章中の（③），（④）にあてはまることばの組み合わせとして最も適当なものを，下の**ア**から**エ**までの中から選んで，そのかな符号を書きなさい。

> Ⅳのグラフで，クレジットカードによる年間商品販売額の割合を比べてみると，Ⅰの表中の6都府県の中で外国人延べ宿泊者数が上位のA，Bでは，その割合が全国より高く，Fでは，その割合が全国より低くなっている。クレジットカードの利用は，代金が（　③　）であること，日本円への両替の必要がないことなど，日本を訪れる外国人にとって利便性が高いと考えられる。Fでは，2015年の（　④　）により，今後は外国人観光客のさらなる増加が見込まれるので，クレジットカードが利用できる小売店の拡大に取り組んではどうか。

ア　③先払い，　④オリンピック・パラリンピックの開催

イ　③先払い，　④新幹線の開業

ウ　③後払い，　④オリンピック・パラリンピックの開催

エ　③後払い，　④新幹線の開業

4　次のページのⅠ，Ⅱの表，Ⅲの**略地図**は，生徒がインドネシア，コートジボワール，トルコ，メキシコの4国についてのレポートを作成する際にまとめた資料の一部である。あとの(1)から(3)までの問いに答えなさい。

なお，ⅠおよびⅡの表中のA，B，C，Dには，それぞれ同じ符号には同じ国名があてはまる。また，Ⅱの表中の4か所の（　X　）と2か所の（　Y　）には，それぞれ同じ符号には同じ国名があてはまり，Ⅲの略地図中のaからdまでは，4国のいずれかの首都の位置を示している。

Ⅰ　４国の農業や食文化

国名	農業や食文化などについての説明
Ａ	トウモロコシの栽培がさかんで，食文化にはスペインの影響がみられる。トウモロコシからつくる生地に肉や野菜などをはさんだ料理が有名である。
Ｂ	米の栽培がさかんで，香辛料の産地としても有名である。人口の多数を占めるイスラム教の信者は，その教えにより（　ｘ　）を食べることを禁じられている。
Ｃ	アジアとヨーロッパの陸上交易ルート上に位置し，東西の食文化が融合している。米，羊，ヨーグルトやナッツ類などを食材に用い，黒海沿岸では魚介料理も多い。
Ｄ	チョコレートの原料となるカカオの生産・輸出が世界一である。モノカルチャー経済とよばれる（　ｙ　）に依存する状況から抜け出すことが課題となっている。

Ⅱ　４国の相手先別輸出額の上位５か国それぞれが輸出額全体に占める割合（2015年）

Ａ		Ｂ		Ｃ		Ｄ	
国名	(％)	国名	(％)	国名	(％)	国名	(％)
（　Ｘ　）	81.2	日本	12.0	（　Ｙ　）	9.3	オランダ	12.1
カナダ	2.8	（　Ｘ　）	10.8	イギリス	7.3	（　Ｘ　）	8.1
中国	1.3	中国	10.0	イラク	5.9	ベルギー	6.5
ブラジル	1.0	シンガポール	8.4	イタリア	4.8	フランス	6.4
コロンビア	1.0	インド	7.8	（　Ｘ　）	4.5	（　Ｙ　）	6.1

（「世界国勢図会 2017/2018年版」などをもとに作成）

Ⅲ　４国の首都の位置を示した略地図

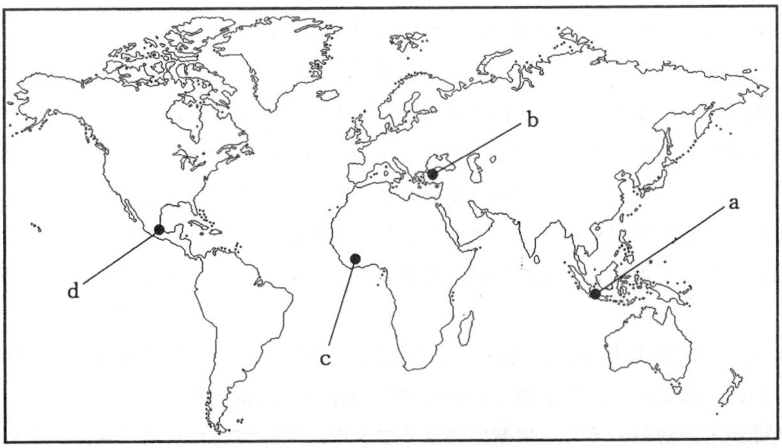

(1)　次の文章は，生徒がⅠの表中のＡ，Ｃについて，Ⅱの表とⅢの略地図を用いて発表した際のメモの一部である。文章中の（①），（②）にあてはまる最も適当な国名を，それぞれカタカナで書きなさい。また，文章中の（③），（④）にあてはまる符号として最も適当なものを，Ⅲの略地図中のａからｄまでの中からそれぞれ選んで書きなさい。

> Ⅱの表中のＸには（　①　）が，Ｙには（　②　）があてはまる。ＡからＸ，ＣからＹにはそれぞれ多くの労働者が移住しており，Ⅱの表からもそれぞれの２国間の経済的な結びつきの強さがうかがえる。Ⅲの略地図ではＡの首都は（　③　）に位置し，Ｃの首都は（　④　）に位置している。

(2)　前のページのⅠの表中の（x），（y）にあてはまることばの組み合わせとして最も適当なものを，次の**ア**から**エ**までの中から選んで，そのかな符号を書きなさい。

ア　x　牛肉，　y　特定の産品の輸出　　**イ**　x　牛肉，　y　国際機関による支援
ウ　x　豚肉，　y　特定の産品の輸出　　**エ**　x　豚肉，　y　国際機関による支援

(3)　次の資料は，アフリカ州に対する農業支援計画について示したものの一部を要約したものであり，下の表は，この計画の成果を示したものである。資料と表から読み取れることを説明した文として最も適当なものを，あとの**ア**から**エ**までの中から選んで，そのかな符号を書きなさい。

（資料）

【支援目標】支援開始時のアフリカ（サハラ砂漠以南）の米の生産量を，2018年までに倍増させる。

（国際協力機構（ＪＩＣＡ）「アフリカ稲作振興のための共同体」より）

（表）アフリカ（サハラ砂漠以南）の米の生産量等

	米の生産量（t）	米の栽培面積（ha）	米の単位面積あたり収穫量（t/ha）
支援開始時	14 246 000	7 340 000	1.94
2016年	32 631 892	z	2.11

（「ＦＡＯ　ＳＴＡＴ」などをもとに作成）

ア　表中のzにあてはまる数値から考えて，米の生産量は，栽培面積の拡大よりも単位面積あたり収穫量の増大によって増加し，支援目標は計画よりも早く達成された。

イ　表中のzにあてはまる数値から考えて，米の生産量は，単位面積あたり収穫量の増大よりも栽培面積の拡大によって増加し，支援目標は計画よりも早く達成された。

ウ　表中のzにあてはまる数値から考えて，米の生産量は，栽培面積の拡大よりも単位面積あたり収穫量の増大によって増加し，支援目標は計画よりも遅れたものの達成された。

エ　表中のzにあてはまる数値から考えて，米の生産量は，単位面積あたり収穫量の増大よりも栽培面積の拡大によって増加し，支援目標は計画よりも遅れたものの達成された。

5　次のページのⅠからⅢまでの資料は，生徒が「日本の労働と雇用」についてのレポートを作成するために集めたものの一部である。あとの(1)から(4)までの問いに答えなさい。

(1)　次の文章は，生徒がⅠの資料のうち，失業率のグラフを用いて作成したレポートの一部である。文章中の（①），（②）にあてはまることばの組み合わせとして最も適当なものを，下の**ア**から**エ**までの中から選んで，そのかな符号を書きなさい。

失業率について，2008年から2009年にかけての変化をみると，日本およびOECD加盟国平均ともに（　①　）している。このことから，2008年から2009年にかけては（　②　）であったと考えることができる。

ア　①上昇，　②世界的に好況　　**イ**　①上昇，　②世界的に不況
ウ　①低下，　②世界的に好況　　**エ**　①低下，　②世界的に不況

Ⅰ　失業率と年間労働時間の推移

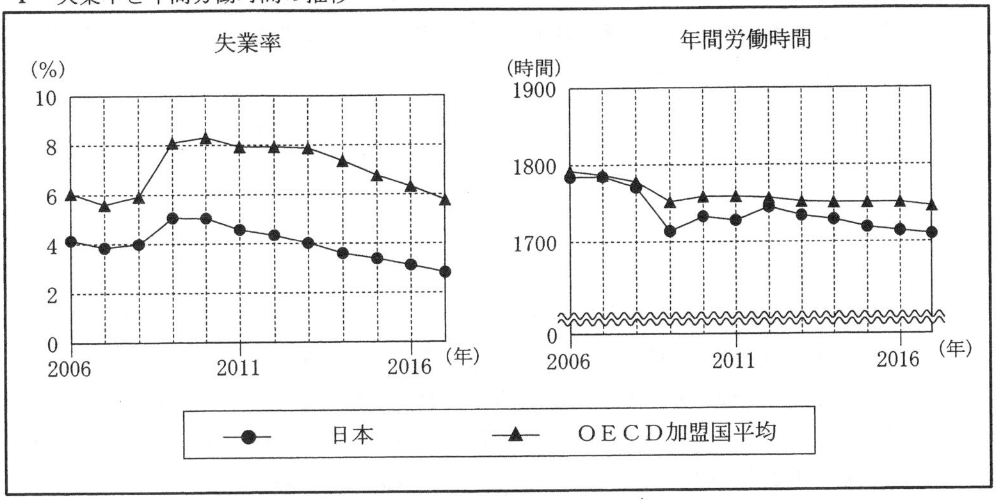

(注)「ＯＥＣＤ（経済協力開発機構）」は日本を含む先進国を中心に構成される国際機関で，加盟各国の政策の分析等を行っている。

（ＯＥＣＤホームページをもとに作成）

Ⅱ　若者（16～29歳）の初職の就職から離職までの継続期間

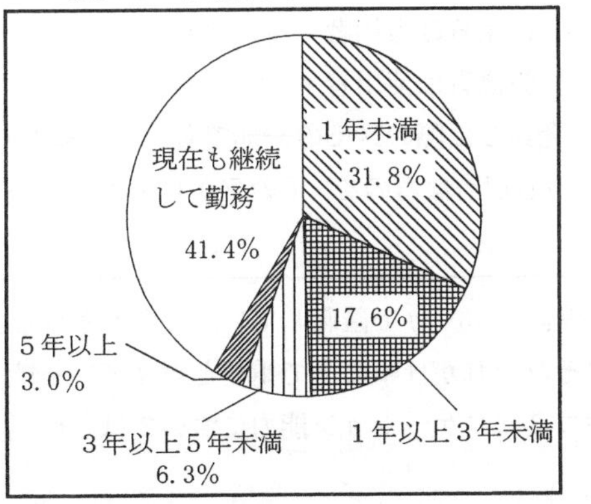

(注)「初職」とは学校等を卒業または中途退学した後の最初の就職先を示している。
四捨五入の関係で，合計しても100%にならない。

(「平成30年版 子供・若者白書」をもとに作成)

Ⅲ　使用者（企業）と労働者（正社員）が重要だと考える能力に関して生じている意識の差

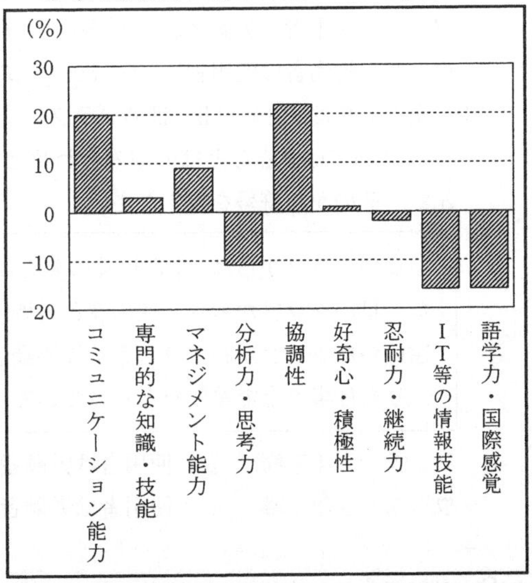

(注) それぞれの項目について，使用者が「正社員に向上を求める能力」として回答した割合から労働者が「重要と考える能力」として回答した割合を差し引いた数値を示している。

(「平成30年版 労働経済白書」をもとに作成)

(2) 次の文章は，生徒がⅠの資料のうち，年間労働時間のグラフを用いて作成したレポートの一部である。文章中の □ にあてはまることばとして最も適当なものを，下の**ア**から**エ**までの中から選んで，そのかな符号を書きなさい。

> 年間労働時間は，景気の動向など，さまざまな要因で増減すると考えられる。近年，日本の年間労働時間がOECD加盟国平均よりも減っている要因の一つとしては，ワーク・ライフ・バランスの実現に向けて，企業が □ などの取組を進めていることもあげられる。

ア 育児や介護にともなう休業の取得促進　**イ** オンブズパーソン制度の導入
ウ 育児・介護休業法の制定　**エ** インフォームド・コンセントの実施

(3) 次の文章は，生徒がⅠの資料に関連して，労働者の権利について発表した際のメモの一部である。文章中の（③），（④）にあてはまることばと数字の組み合わせとして最も適当なものを，下の**ア**から**エ**までの中から選んで，そのかな符号を書きなさい。

> 賃金や労働時間などの労働条件は労働者と使用者が対等の立場で取り決めることが労働基準法に定められている。しかし，現実には（ ③ ）に対して弱い立場にあるので，この法律では使用者が労働者を解雇する場合に予告が必要であることや，使用者は労働者に1週間について（ ④ ）時間を超えて労働させてはならないことなども定められている。

ア ③ 使用者は労働者，④ 80　**イ** ③ 使用者は労働者，④ 40
ウ ③ 労働者は使用者，④ 80　**エ** ③ 労働者は使用者，④ 40

(4) 次の文章は，生徒がⅡ，Ⅲのグラフについて発表した際のメモの一部である。文章中の(⑤)，(⑥)にあてはまることばの組み合わせとして最も適当なものを，下の**ア**から**エ**までの中から選んで，そのかな符号を書きなさい。

> Ⅱのグラフからは，半数近くの若者が初職を（ ⑤ ）で離職していることがわかる。また，Ⅲのグラフからは，使用者と労働者のそれぞれが仕事の上で重要と考えている能力に違いがあることがわかり，とくに協調性やコミュニケーション能力については，（ ⑥ ）よりも仕事の上で重要だと考えている。

ア ⑤ 1年未満，⑥ 使用者は労働者　**イ** ⑤ 1年未満，⑥ 労働者は使用者
ウ ⑤ 3年未満，⑥ 使用者は労働者　**エ** ⑤ 3年未満，⑥ 労働者は使用者

6 次のⅠ，Ⅱの文章は，参議院におかれていた憲法調査会が日本国憲法について総合的に調査を行った結果をまとめた報告書の一部を抜粋したものである。あとの(1)から(3)までの問いに答えなさい。

Ⅰ 国民主権と民主主義制度の在り方

> 日本国憲法は，…（中略）…代表民主制を基本とした。直接民主制的制度としては，憲法改正の承認の是非を問う国民投票と，（　　）裁判官の国民審査制とが設けられており，国政レベルでは，憲法解釈として，この二つの場合に限定されると言われている。

現代国家では，決定すべき事項が複雑多岐にわたり，また有権者の数も非常に多いため，直接民主制を採用することは技術的にも著しく困難であると言われてきた。しかし，近時はインターネットが普及するなど，①ＩＴ技術が著しく進歩し…（中略）…その導入を図ることを積極的に考えるべきとの意見がある。

(注)　○代表民主制＝間接民主制のこと。

Ⅱ　財政

憲法の財政に関する規定は手続的なものが中心で…（中略）…規律条項は置かれていない。現在の②財政危機状況にかんがみ，…（中略）…諸外国の例にならい規律条項を検討してはどうかなどの意見が出された。

(1)　Ⅰの文章中の（　）にあてはまる最も適当なことばを，漢字５字で書きなさい。

(2)　次の文章は，①ＩＴ技術の進歩が民主主義制度におよぼす影響について説明したものである。文章中の（Ｘ），（Ｙ）にあてはまることばの組み合わせとして最も適当なものを，下の**ア**から**エ**までの中から選んで，そのかな符号を書きなさい。

どのような政治制度にも一長一短がある。公正と効率の観点から考えた場合，（　Ｘ　）の短所は，多くの人びとが議論に参加するため，その意見の集約に時間がかかり（　Ｙ　）の面で課題があるという点にある。しかし，Ⅰの文章はＩＴ技術の活用により，この短所を補うことができる可能性について説明している。

ア　Ｘ　直接民主制，　Ｙ　公正　　**イ**　Ｘ　直接民主制，　Ｙ　効率
ウ　Ｘ　代表民主制，　Ｙ　公正　　**エ**　Ｘ　代表民主制，　Ｙ　効率

(3)　②財政危機状況について確認するための資料として最も適当なものを，次の**ア**から**エ**までの中から選んで，そのかな符号を書きなさい。

ア　毎年の国内総生産を総人口で割った額の推移を示したグラフ
イ　毎年の歳入に占める間接税と直接税の割合の推移を示したグラフ
ウ　毎年の国内総生産に対する輸出額と輸入額の割合の推移を示したグラフ
エ　毎年の歳入に占める国債発行額の割合と国債残高の推移を示したグラフ

り。何ぞ往《ゆ》くことを為さんや、《どうして（西伯のところへ）行く必要があろうか》②祇《まこと》に辱《はぢ》を取らんのみ。」と。遂《つひ》に還《かへ》り《そのまま引き返し》倶《とも》に ③ 去る。諸侯之《これ》を聞きて曰はく、「西伯は蓋《けだ》し受命の君なり。《思うに天から使命を受けた君主である》」と。

（『史記《しき》』による）

（注）○ 西伯《せいはく》＝中国の周王朝の基礎をつくった人物。西方の諸侯の長。
○ 虞《ぐ》・芮《ぜい》＝ともに、中国古代の国名。
○ 畔《あぜ》＝田んぼの中の小道。

㈠ ①皆慙《は》ぢ とあるが、虞と芮の人がそのような気持ちになった理由として最も適当なものを、次の**ア**から**エ**までの中から選んで、そのかな符号を書きなさい。

ア 周の民が君主に頼ることなく自ら訴訟問題を解決したから。
イ 周の民は誰もが相手を重んじ優先する態度を身につけていたから。
ウ 周の民は自分たちの生活に不満をもつことなく暮らしていたから。
エ 周の民が他国から来た自分たちを温かく迎えてくれたから。

㈡ ②祇《まこと》に辱《はぢ》を取らんのみ の現代語訳として最も適当なものを、次の**ア**から**エ**までの中から選んで、そのかな符号を書きなさい。

ア 絶対に恥だけはかきたくない
イ まだ恥をかく覚悟ができない
ウ きっと恥をかかされるはずだ
エ ただ恥をかくだけであろう

㈢ ③ にあてはまる最も適当なことばを、次の**ア**から**エ**までの中から選んで、そのかな符号を書きなさい。

ア 譲りて　**イ** 見て　**ウ** 争ひて　**エ** 取りて

㈣ 次の**ア**から**エ**までの中から、その内容がこの文章に書かれていることと一致するものを一つ選んで、そのかな符号を書きなさい。

ア 人々が互いに尊重する心をもっていれば、国が大きな困難に直面したとしても、一つにまとまって乗り越えることができる。
イ 国と国の争いを収めるためには、第三国が仲介に入り、それぞれの国が譲り合えるよう調整を図ることが必要である。
ウ 国を治める者がふだんから正しく行動することによって、人々は影響を受け、国全体が自然と治まっていくものである。
エ いつの時代のどこの国においても、年長者を敬うことは、人々が暮らしていく上で大切にしなければならないことである。

(四) ④権威主義 の内容を説明している部分を、第六段落の文章中から二十五字程度で抜き出して、始めの五字を書きなさい。

(五) この文章中の段落の関係を説明したものとして最も適当なものを、次の**ア**から**エ**までの中から選んで、そのかな符号を書きなさい。

ア 第二段落では、第一段落で述べた科学の発展の歴史について具体例を挙げながら整理することにより、問題を提起している。

イ 第三段落では、第二段落で挙げた具体例をもとに科学的知見の不確かさを説明し、科学の在り方に対して疑問を投げかけている。

ウ 第四段落では、第三段落で述べた科学の長所が悪用される可能性を指摘し、科学者が今後解決すべき課題を導き出している。

エ 第五段落では、第四段落で述べた科学の性質についての分析を踏まえ、我々が科学的知見にどう向き合うべきかを考察している。

(六) 次の**ア**から**オ**は、この文章を読んだ生徒五人が、意見を述べ合ったものである。その内容が本文に書かれた筆者の考えに近いものを二つ選んで、そのかな符号を書きなさい。

ア（Aさん） ノーベル賞を受賞した業績でも、何十年もたってから誤りが見つかることがあります。また、科学者が栄誉を求めるあまり不完全なままで仮説を発表することも考えられるので、科学の知見に対しては疑いの目をもって接していく必要があると思います。

イ（Bさん） 科学の仮説は、修正が繰り返されることによって正しい仮説へと高められます。現実を例外なく説明できる正しい科学的知見をつくり上げることが科学者の使命であり、そのプロセスに多少の誤りがあっても、私たちは科学者を信頼する必要があると思います。

ウ（Cさん） 科学的知見は百パーセントの正しさが保証されるものではないので、その確からしさを判断することが必要です。それはとても困難なことですが、私たちは信頼できる情報を集め、先入観なく物事を見て、自らの理性で考えようと努めることが大切であると思います。

エ（Dさん） 新たに発見された科学的知見が正しいかどうかを専門家ではない人間が判断することは、現実的には難しいと思います。ですから、『ネイチャー』に論文が載るようなすぐれた研究者の判断に任せる姿勢が大切であると思います。

オ（Eさん） 私たちは教科書や専門書に書かれていることは正しいと信じてしまいがちですが、科学の仮説は長い時間の中で批判に耐え、適応度を上げていくものです。このように、科学の知見は不動の真理でないことを理解した上で、科学に接していく必要があると思います。

四

次の漢文（書き下し文）を読んで、あとの(一)から(四)までの問いに答えなさい。（本文の ----- の左側は現代語訳です。）

西伯《せいはく》陰《ひそか》に（人知れず）善を行ふ。諸侯（周辺の国の君主が）皆来たつて平《たひ》らぎを決す（公平な解決をつけてもらった）。是《ここ》に於《お》いて虞《ぐ》・芮《ぜい》の人、獄有りて決すること能《あた》はず（訴訟が起きて裁決がつかなかった）。乃《すなは》ち周《しう》に如《ゆ》く（そこで周へ行った）。界《さかひ》（国境）に入るに、耕す者皆畔《あぜ》を譲り、民の俗は皆長に譲る（人々の風習は年長者を尊重するものであった）。虞・芮の人、未《いま》だ西伯を見ざるに、①皆慙《は》ぢ相謂《い》ひて曰《い》はく（恥じて互いに言うことには）、「吾《わ》が争ふ所は、周人の恥づる所な

（注）○ 1～7は段落符号である。
○ バリエーション＝ここでは、変種。
○ 漸進的な＝段階を追って少しずつ進んでいくさま。
○ ラット＝ここでは、実験用のネズミのこと。
○ 『ネイチャー』＝イギリスの総合学術雑誌。
○ 可塑性＝自在に変化することのできる性質。
○ 強靱《きょうじん》＝しなやかで強いさま。　○ プロセス＝過程。
○ 峻別《しゅんべつ》＝きびしく区別すること。

(一) ①にあてはまる最も適当なことばとそのことばの意味を、それぞれ次の**ア**から**エ**までの中から選んで、そのかな符号を書きなさい。

〔ことば〕**ア** らちが明かない　**イ** 枚挙にいとまがない
ウ 取るに足りない　**エ** みじんもない

〔意　味〕**ア** 数えたらきりがない　**イ** 少しもない
ウ 全くないわけがない　**エ** 仕方がない

(二) ②まるで生態系における生物の適者生存のようである　とあるが、これは科学のどのような点をたとえたものか。その説明として最も適当なものを、次の**ア**から**エ**までの中から選んで、そのかな符号を書きなさい。

ア 多くの研究者から支持を集めることができれば、現実への適応度が低い仮説であっても定説として認められていく点
イ すぐれた仮説と不完全な仮説が入り交じっている中から、修正の必要がない適応度の高い仮説だけが選ばれて生き残っていく点
ウ 現実を説明しきれていない適応度の低い仮説でも、完全に誤りであることが証明されなければそのまま受け入れられていく点
エ さまざまな仮説の中で適応度の高い仮説が生き残り、さらに適応度を高める修正が繰り返されて発展していく点

(三) ③科学の進化し成長するというすばらしい性質　とあるが、科学がこのような性質をもつ理由を、科学的知見の特徴を踏まえて要約し、八十字以上九十字以下で書きなさい。ただし、「不完全」、「努力」、「確度」という三つのことばを全て使って、「科学的知見は、……」という書き出しで書くこと。三つのことばはどのような順序で使ってもよろしい。

（注意）・句読点も一字に数えて、一字分のマスを使うこと。
・文は、一文でも、二文以上でもよい。
・左の枠を、下書きに使ってもよい。ただし、解答は必ず解答用紙に書くこと。

科学的知見は、

90　80

③科学の進化し成長するというすばらしい性質は、その中の何物も不動の真理ではない、ということに論理的に帰結してしまうのだ。たとえば夜空の星や何百年に一回しかやってこない彗星《すいせい》の動きまで正確に予測できたニュートン力学さえも、アインシュタインの一般相対性理論の登場により、一部修正を余儀なくされている。法則中の法則とも言える物理法則でさえ修正されるのである。科学の知見が常に不完全ということは、ある意味、科学という体系が持つ構造的な宿命であり、絶え間ない修正により、少しずつより強靭《きょうじん》で真実の法則に近い仮説ができ上がってくるが、それでもそれらは決して百パーセントの正しさを保証しない。より正確に言えば、もし百パーセント正しいところまで修正されていたとしても、それを完全な百パーセント、つまり科学として「それで終わり」と判定するようなプロセスが体系の中に用意されていない。どんなに正しく見えることでも、それをさらに修正するための努力は、科学の世界では決して否定されない。だから科学的知見には、「正しい」or「正しくない」という二つのものがあるのではなく、その仮説がどれくらい確からしいのかという確度の問題が存在するだけなのである。

5　では、我々はそのような原理的に不完全な科学的知見をどう捉えて、どのように使っていけば良いのだろうか？　一体、何が信じるに足るもので、何を頼りに行動すれば良いのだろう？　優等生的な回答をするなら、より正確な判断のために、対象となる科学的知見の確からしさに対して、正しい認識を持つべきだ。ということになるのだろう。科学的な知見という大雑把なくくりの中には、それが基礎科学なのか、応用科学なのか、成熟した分野のものか、まだ成長過程にあるような分野なのか、あるいはどんな手法で調べられたものなのかなどによって、確度が大きく異なったものが混在している。ほぼ例外なく現実を説明できる非常に確度の高い法則のようなものから、その事象を説明する多くの仮説のうちの一つに過ぎないような確度の低いものまで、幅広く存在している。それらの確からしさを正確に把握して峻別《しゅんべつ》していけば、少なくともより良い判断ができるはずである。（中略）

6　しかし、一つの問題に対して専門家の間でも意見が分かれることは非常に多く、そのような問題を非専門家が完全に理解し、それらを統合して専門家たちを上回る判断をすることは、現実的には相当に困難なことである。こういった科学的知見の確度の判定という現実的な困難さに忍び寄ってくるのが、いわゆる権威主義である。たとえばノーベル賞を取ったから、『ネイチャー』に載った業績だから、有名大学の教授が言っていることだから、といった権威の高さと情報の確度を同一視して判断するというやり方だ。この手法の利点は、なんと言っても分かりやすいことで、現在の社会で科学的な根拠の確からしさを判断する方法として採用されているのは、この権威主義に基づいたものが主であると言わざるを得ないだろう。（中略）

7　科学が生きたものであるためには、その中の何物も不動の真実ではなく、それが修正され変わり得る可塑性を持たなければならない。④権威主義はそれをむしばんでしまう。そして、何より権威主義と、自らの理性でこの世界の姿を解き明かそうとする科学は、その精神性において実はまったく正反対のものである。科学を支える理性主義の根底にあるのは、物事を先入観なくあるがままに見て、自らの理性でその意味や仕組みを考えることである。それは何かに頼って安易に「正解」を得ることとは、根本的に真逆の行為だ。「科学的に生きる」ことにとっては、「信頼に足る情報を集め、真摯に考える」、そのことが唯一大切なことではないかと思う。

（中屋敷《なかやしき》均《ひとし》『科学と非科学　その正体を探る』による）

エ　常識とされていることの誤りを示す事例を複数紹介し、自分の目や耳で確認することには限界があることを明らかにした上で、合理的に思考することの重要性を指摘している。

二　次の㈠、㈡の問いに答えなさい。

㈠　次の①、②の文中の傍線部について、漢字はその読みをひらがなで書き、カタカナは漢字で書きなさい。

①　最後の一文に筆者の思いが凝縮されている。

②　京都には世界各国から観光客がオトズれる。

㈡　次の文中の〔③〕にあてはまる最も適当なことばを、あとのアからエまでの中から選んで、そのかな符号を書きなさい。

妹は、海外に出張している父の帰国を〔　③　〕の思いで待っている。

ア　東奔西走　　イ　日進月歩　　ウ　一日千秋　　エ　千載一遇

三　次の文章を読んで、あとの㈠から㈥までの問いに答えなさい。

1　科学と生命は、実はとても似ている。それはどちらも、その存在を現在の姿からさらに発展・展開させていく性質を内包しているという点においてである。その特徴的な性質を生み出す要点は二つあり、一つは過去の蓄積をきちんと記録する仕組みを持っていること、そしてもう一つはそこから変化したバリエーションを生み出す能力が内在していることである。この二つの特徴が漸進的な改変を繰り返すことを可能にし、それを長い時間続けることで、生命も科学も大きく発展してきた。

2　だから、と言って良いのかよく分からないが、科学の歴史をひもとけば、たくさんの間違いが発見され、そして消えていった。科学における最高の栄誉とされるノーベル賞を受賞した業績でも、後に間違いであることが判明した例もある。たとえば一九二六年にデンマークのヨハネス・フィビゲルは、世界で初めてがんを人工的に引き起こすことに成功したという業績で、ノーベル生理学・医学賞を受賞した。しかし、彼の死後、寄生虫を感染させることによって人工的に誘導したとされたラットのがんは、実際には良性の腫瘍であったことや、腫瘍の誘導そのものも寄生虫が原因ではなく、餌のビタミンA欠乏が主因であったことなどが次々と明らかになった。ノーベル賞を受賞した業績でも、こんなことが起こるのだから、多くの普通の発見であれば、誤りであった事例など、実は［　①　］。誤り、つまり現実に合わない、現実を説明していない仮説が提出されることは、科学において日常茶飯事であり、二〇一三年の『ネイチャー』には、医学生物学論文の七〇パーセント以上で結果を再現できなかったという衝撃的なレポートも出ている。

3　しかし、そういった玉石混交の科学的知見と称されるものの中でも、現実をよく説明する適応度の高い仮説は長い時間の中で批判に耐え、その有用性や再現性ゆえに、後世に残っていくことになる。そして、その仮説の適応度をさらに上げる修正仮説が提出されるサイクルが繰り返される。それは②まるで生態系における生物の適者生存のようである。ある意味、科学は「生きて」おり、生物のように変化を生み出し、より適応していたものが生き残り、どんどん成長・進化していく。それが最大の長所である。現在の姿が、いかにすばらしくとも、そこからまったく変化しないものに発展はない。可塑性こそが科学の生命線である。

4　しかし、このことは「科学が教えるところは、全て修正される可能性がある」ということを論理的必然性をもって導くことになる。

のかな符号を書きなさい。

ア　子供が大人より優れた観察ができるのは、子供だから未知のものに強くひかれるのではなく、大人がさまざまな経験を積む中で好奇心を失ってしまったからだと考えているため。

イ　子供が大人より見過ごされがちな事実を発見できるのは、子供だから優れた観察力があるのではなく、大人が必要なものしか注意深く見ようとしなくなっているからだと考えているため。

ウ　子供が大人より貴重なものを見つけ出せるのは、子供だから物事の真の姿を探し求めようとするのではなく、大人が合理性を優先するあまり探究心を失ってしまったからだと考えているため。

エ　子供が大人より多くのことに気づくのは、子供だから物事を丁寧に見ることができるのではなく、大人が真剣に物を見ない怠慢さを身につけてしまっているからだと考えているため。

(三)　②芸術家の眼　の説明として最も適当なものを、次の**ア**から**エ**までの中から選んで、そのかな符号を書きなさい。

ア　物を見るときに、見る必要があるかどうかに関係なく、細部まで見落とすことがないように観察しようとする姿勢

イ　物を見るときに、ただ単に細部まで注意深く見るのではなく、目新しいものを見逃さないようにしようとする姿勢

ウ　物を見るときに、目に見える部分だけで満足することなく、隠れて見えない部分まで見つけ出そうとする姿勢

エ　物を見るときに、必要であるかどうかという判断にとらわれることなく、自由に対象を見ようとする姿勢

(四)　次の**ア**から**オ**までの中から、その内容がこの文章に書かれていることに近いものを二つ選んで、そのかな符号を書きなさい。

ア　外出先で見たものをノートに書いて持ち帰ることがあるが、その際の記録には足りないものがあることが多い。丁寧に観察したとしても、気づかずに見過ごしていることがある。

イ　研究を行う際には粘り強く実験を行い、確実な根拠を得ることが大切である。一度失敗したとしても、何度も実験を繰り返して大きな発見に至った経験は貴重である。

ウ　観察で気づいたことがきっかけとなって大きな発見に至ることがある。不思議に思ったことを大切にして一生懸命観察したり実験したりする中で、貴重なものを見つけるのである。

エ　自分ではよく見ているつもりでも、見落としがあるなど不完全なことが多い。物を注意深く見る力は、目の前にあるさまざまなものを日常的に記録する習慣を通して養われる。

オ　大人になると、これまでの経験に照らして物事を理解したつもりになってしまうことがある。自然と向き合う時間を確保し、子供の頃の感受性を取り戻すことが必要である。

(五)　この文章の内容がどのように展開しているかを説明したものとして最も適当なものを、次の**ア**から**エ**までの中から選んで、そのかな符号を書きなさい。

ア　日頃の自然観察の経験と旅先で見た子供たちの自然観察の記録を比較して、そこから得られる教訓を示し、子供の頃の好奇心を維持していくことの必要性を説いている。

イ　筆者の経験から見ることに関する問題を提示し、合理的な判断の限界にも目を向けた上で、何かにとらわれることなく物を見ることは日常に充実感をもたらすと指摘している。

ウ　自然の中での経験が人間の世界観に与える影響に着目し、筆者自身の慌ただしい日常生活と対比しながら、自然をじっくりと観察したり体験したりすることの大切さを説いている。

4 今「必要」ということを申しましたが、私たちの行為すべては、単に眼で物を見たり、耳で聞いたりするそういうことだけに限らず、すべての行為は必要といういわば鞭《むち》で叩《たた》かれてそれをしているようなところが多分にあります。空の雲の動きなどをよく見ますのは、大体気象観測の仕事をしている人に限られています。普通一般の人たちが雲の様子を気にかけて見る時といえば、気象台から台風が近づいているという警告を受けているとか、その翌日が遠足であるとか、雨に降られては困る仕事がある時とか、そんな場合に限られていまして、空を見る必要がなければわざわざそれを注意深く見ることがありません。そんな具合に、全く理由もないのに、あるいは何かの必要に迫られることもなしに、私たちが何かをすることは、考えてみますと実際に少ないのです。ベルグソンはある時の講演の中で、この必要ということを取り上げまして、普通の人間はみな必要によって何かをしている。そしてこの必要は物を見る時にはそれをよく見るように仕向けるのではなしに、かえってそれが一種のヴェールになって、物をよく見ることをできなくしてしまうということを言っています。そしてその必要から解き放されている人、何の拘束も受けずに物を見ることのできる人が芸術家だというわけです。たとえば、摘み草に行く時に、摘み取る草だけを一心にさがしていますと、その草原にどんな珍しい花が咲いていましても、かえってぼんやりそこを歩いている時よりも気がつかないだろうと思うのです。

5 私たちが何もみな芸術家になった方がいいということではありません。けれども、これは私が前々から望んでいることなのですが、ある場合には私たちも②芸術家の眼をもって物を見ることがあってもよいと思うのです。あってもよいというより、同じ眼を持ちながら、見れば何でもよく見える眼を持ちながら、必要なものと不必要なものとをあっさりと見分けをつけて、見ても仕方のないもの、見たところで一文《いちもん》にもならないものは見ずに済ますことがあたかも賢明であるように思い込んでしまうことは、実は非常に愚かなことなのではないかと思います。一体見ても仕方がないという判断は、それほど的確なものなのでしょうか。第一、そういうふうに、生活の中から、自分で不必要なものと決め込んで、どんどん切り捨て、必要なものだけでいいという態度、それはいかにも味気ないように思われます。その人は、自分の生活をそれによって合理化しているつもりかもしれませんが、おそらく、あくせくと一日一日をすごし、そのことをどこかで嘆いたりこぼしたりしているに違いありません

6 必要という鎖を自分から解いて窓の外を見れば、建て込んだ屋根の向こうの空にも、通り過ぎる狭い路地の間にも見るべきものはたくさんあると思います。そこに何かを見つけ出して、それがせかせかと追われている毎日の仕事の苦労をさっぱりと忘れさせるに足るものであることが必ずあると思います。

（串田《くしだ》孫一《まごいち》『緑の色鉛筆』所収「見ることについて」による）

（注） ○ 1～6は段落符号である。
○ 往々にして＝たびたび。
○ ベルグソン＝フランスの哲学者。
○ ヴェール＝物を覆って隠すもの。

(一) A、B にあてはまる最も適当なことばを、次の**ア**から**カ**までの中からそれぞれ選んで、そのかな符号を書きなさい。

ア むしろ　**イ** しかも　**ウ** そして　**エ** たとえ
オ ところが　**カ** なぜなら

(二) ①それは違うと思います とあるが、このように筆者が述べる理由として最も適当なものを、次の**ア**から**エ**までの中から選んで、そ

＜国語＞

時間　四五分　満点　二二点

一　次の文章を読んで、あとの㈠から㈤までの問いに答えなさい。

1　私は野原を歩いたり、山を歩いたりしています時に、名前を知らない植物などによく出会います。名前を知らないものの方が多いのですが、そういう時に、取って来ることができる場合には、なるべくその植物の特徴のはっきりしたものを摘むなり、あるいは根から掘って大切に持ち帰りまして、植物図鑑だの、その他の私が持っている書物をたよりに調べてみます。

2　〔　A　〕持ち帰ることのできない場合が往々にしてあるわけです。たとえばそれが大きな木であるとか、掘ることを禁じられている高山植物であるとか、あるいは町を歩いている時に見つけたよその家の庭に生えているものであるとか、〔　B　〕それを持ち帰ることのできないことの方が多いかもしれません。その時は仕方がありませんから、自分の眼《め》で、それをよく見て、覚えて帰るより方法はありません。あまり不思議なものならば、その特徴をノートに書いてくることがあります。ところがそうして特徴をノートに書いてきましても、いざ植物図鑑だの他の書物で調べ出しますと、すぐそれと分かることは実に少ないのでして、大概の時は、何か見落としています。花の花弁だの雌しべ雄しべの数などは大体覚えていられますけれども、どこか一部分に細かい毛があるかないか、それが今年伸びたところか去年のものか、というようなことになりますと、私の観察は実に不完全であって、どっちだったか分からなくなってしまいます。（中略）

3　私はしばらく前に、ある地方を旅行しました時に、その地方の小学校の生徒たちが、平素観察をしたものの記録が、展覧されているのを見ました。主として理科の勉強に属するものでしたが、そこには本当に驚くようなものがたくさんありました。その中の一例をお話ししてみますと、これは確か小学校の二年の女の子の観察記録だったと思いますが、蟻地獄《ありじごく》と俗にいわれている、あの軒下や縁の下のような乾いた土のところに見られる漏斗形《ろうとがた》の小さい穴、ウスバカゲロウの幼虫がその中にいて、蟻などがすべり落ちてくるとそれを食べて育っている、あの蟻地獄を見ています時に、ふと気がつくと、その中のあるものは穴が浅く、またあるものはそれが深いのです。これをその小学生は不思議に思いまして、一生懸命観察をしました。そしてただ観察するだけではなしに、そこの土を取ってきまして、自分の机の平らな板の上にそれをさらさらとこぼして、蟻地獄とは逆に小さな山を造ってみました。すると、蟻地獄の穴の浅いところの土は盛り上がり方が平たくて、穴の深いところの土は高く盛り上がりました。そこで更にその土をよく見ますと、それは土の粒の粗い細かいによることが分かったというのです。これは何でもないことですが、やはり大きな発見だと思います。こうした子供たちの観察の結果が展覧されているのを見ますと、同じ人間の眼をもって一つの物を見ながら、その注意の向け方で、物はいろいろに見えるばかりでなく、うっかりしているために、私たちはどのくらい貴いものを見損なっているか、また目の前には常に発見されるべきものがたくさんあることを、改めて思わずにはいられないのです。幼い者の眼だからそういうものに気がつくのだという方がいるかもしれませんが、①それは違うと思います。大人はむしろたくさんのものを見慣れてしまっていますし、それよりも、必要であるものしか本気で見ないような、一種の怠け癖のようなものができてしまっているのです。

＜数学＞

時間　45分　　満点　22点

1　次の(1)から(9)までの問いに答えなさい。

(1)　$4-6\div(-2)$ を計算しなさい。

(2)　$(2x+1)(3x-1)-(2x-1)(3x+1)$ を計算しなさい。

(3)　$(\sqrt{5}-1)^2+\sqrt{20}$ を計算しなさい。

(4)　方程式 $(x+1)(x-1)=3(x+1)$ を解きなさい。

(5)　500円出して，a 円の鉛筆５本と b 円の消しゴム１個を買うと，おつりがあった。
この数量の関係を不等式で表しなさい。

(6)　２種類の体験学習Ａ，Ｂがあり，生徒は必ずＡ，Ｂのいずれか一方に参加する。
Ａ，Ｂそれぞれを希望する生徒の人数の比は $1:2$ であった。その後，14人の生徒がＢからＡへ希望を変更したため，Ａ，Ｂそれぞれを希望する生徒の人数の比は $5:7$ となった。
体験学習に参加する生徒の人数は何人か，求めなさい。

(7)　関数 $y=x^2$ について正しく述べたものを，次の**ア**から**エ**までの中からすべて選んで，そのかな符号を書きなさい。

ア　x の値が増加すると，y の値も増加する。
イ　グラフが y 軸を対称の軸として線対称である。
ウ　x の変域が $-1\leqq x\leqq 2$ のとき，y の変域は $1\leqq y\leqq 4$ である。
エ　x がどんな値をとっても，$y\geqq 0$ である。

(8)　男子生徒６人のハンドボール投げの記録は，右のようであった。
６人のハンドボール投げの記録の中央値は何mか，求めなさい。

(単位：m)

23,　26,　25,　26,　20,　18

(9)　図で，Ａ，Ｂ，Ｃは円Ｏの周上の点である。
∠ABO＝31°，∠BOC＝154° のとき，∠ACOの大きさは何度か，求めなさい。

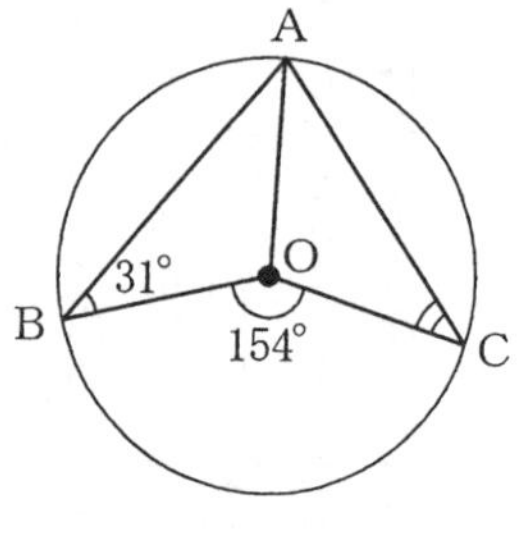

2　次の(1)から(4)までの問いに答えなさい。

(1)　図のように，１から６までの数が書かれたカードが１枚ずつある。

１つのさいころを２回続けて投げる。１回目は，出た目の数の約数が書かれたカードをすべて取り除く。２回目は，出た目の数の約数が書かれたカードが残っていれば，そのカードをさらに取り除く。

このとき，カードが１枚だけ残る確率を求めなさい。

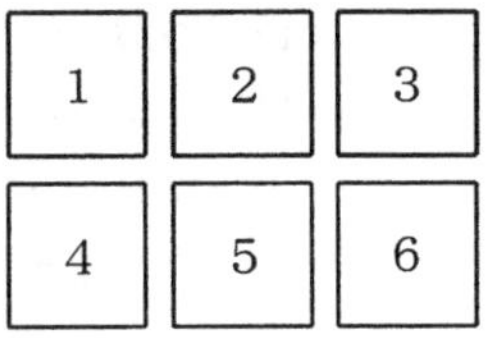

(2)　次の文章は，自然数の計算について述べたものである。

文章中の［ a ］，［ b ］にあてはまる数を書きなさい。

> 与えられた自然数を次の規則にしたがって計算する。
>
> 奇数ならば，３倍して１を加え，偶数ならば，2で割る。
> 結果が１となれば，計算を終わり，結果が１とならなければ，上の計算を続ける。
>
> 例えば，与えられた自然数が３のときは，下のように７回の計算で１となる。
>
> ①　②　③　④　⑤　⑥　⑦
> 3 → 10 → 5 → 16 → 8 → 4 → 2 → 1
>
> このとき，７回の計算で１となる自然数は，３を含めて４個あり，小さい順に並べると，3，［ a ］，［ b ］，128である。

(3)　図で，Oは原点，A，Bはともに直線$y=2x$上の点，Cは直線$y=-\frac{1}{3}x$上の点であり，点A，B，Cのx座標はそれぞれ１，４，－３である。

このとき，点Aを通り，△OBCの面積を二等分する直線と直線BCとの交点の座標を求めなさい。

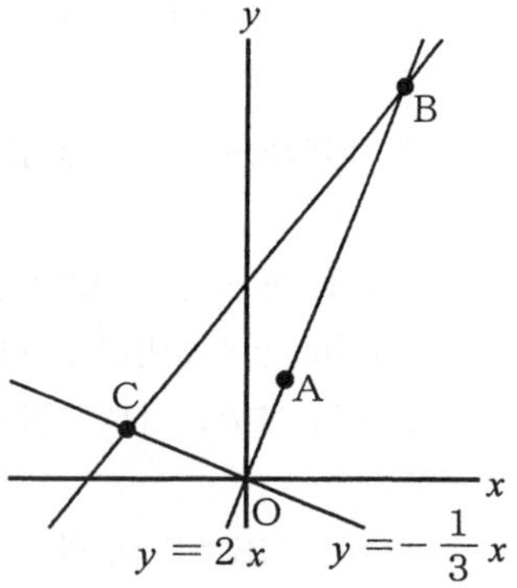

(4)　円柱の容器A，B，Cがあり，３つの容器の底面積は等しく，高さは80cmである。また，ポンプP，Qがあり，それぞれ容器AからCへ，容器BからCへ水を移すためのものである。ポンプPによって容器Aにはいっている水の高さは１分間あたり２cmずつ，ポンプQによって容器Bにはいっている水の高さは１分間あたり１cmずつ低くなり，ポンプP，Qは，それぞれ容器A，Bにはいっている水がなくなったら止まる。

容器A，Bに水を入れ，容器Cは空の状態で，ポンプP，Qを同時に動かしはじめる。

このとき，次の①，②の問いに答えなさい。

なお，容器A，Bに入れる水の量は，①，②の問いでそれぞれ異なる。

① ポンプP，Qを動かす前の容器Aの水の高さが40cmであり，ポンプP，Qの両方が止まった後の容器Cの水の高さが75cmであったとき，先に止まったポンプの何分後にもう一方のポンプは止まったか，答えなさい。

② ポンプP，Qを同時に動かしはじめてから x 分後の容器Cの水の高さを y cmとする。ポンプP，Qを動かしはじめてから，25分後，50分後の容器Cの水の高さがそれぞれ45cm，65cmであったとき，$0 \leqq x \leqq 50$ における x と y の関係を，グラフに表しなさい。

3　次の(1)から(3)までの問いに答えなさい。
ただし，円周率は π とする。また，答えは根号をつけたままでよい。

(1) 図で，四角形ABCDは平行四辺形である。Eは辺BC上の点，Fは線分AEと∠ADCの二等分線との交点で，AE⊥DFである。
∠FEB＝56°のとき，∠BAFの大きさは何度か，求めなさい。

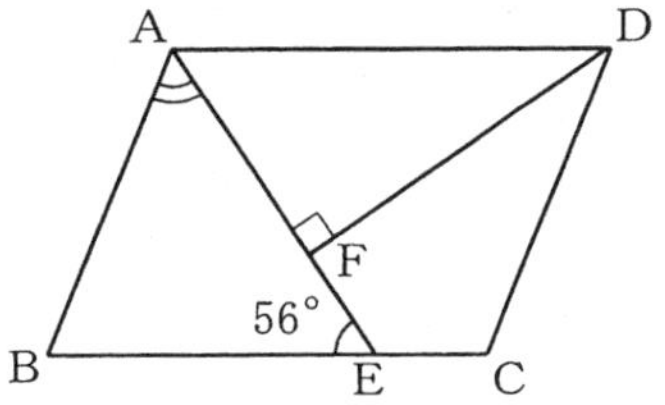

(2) 図で，四角形ABCDは，AD∥BCの台形である。Eは辺ABの中点，Fは辺DC上の点で，四角形AEFDと四角形EBCFの周の長さが等しい。
AD＝2cm，BC＝6cm，DC＝5cm，台形ABCDの高さが4cmのとき，次の①，②の問いに答えなさい。

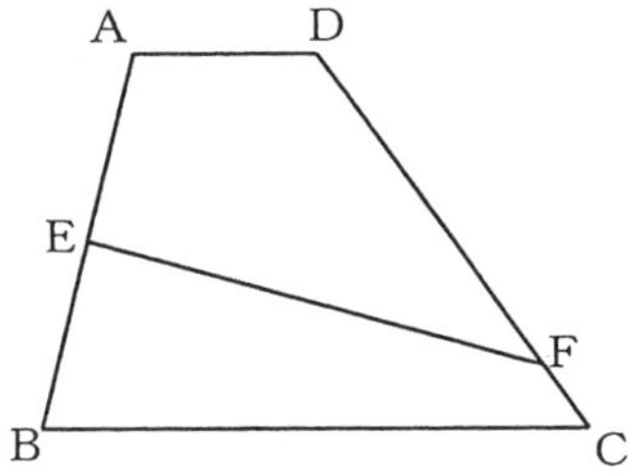

① 線分DFの長さは何cmか，求めなさい。

② 四角形EBCFの面積は何cm²か，求めなさい。

(3) 図は，ある立体の展開図である。弧AB，DCはともに点Oを中心とする円周の一部で，直線DA，CBは点Oを通っている。また，円P，Qはそれぞれ弧AB，DCに接している。
DA＝CB＝3cm，弧AB，DCの長さがそれぞれ 6π cm，4π cmのとき，次の①，②の問いに答えなさい。

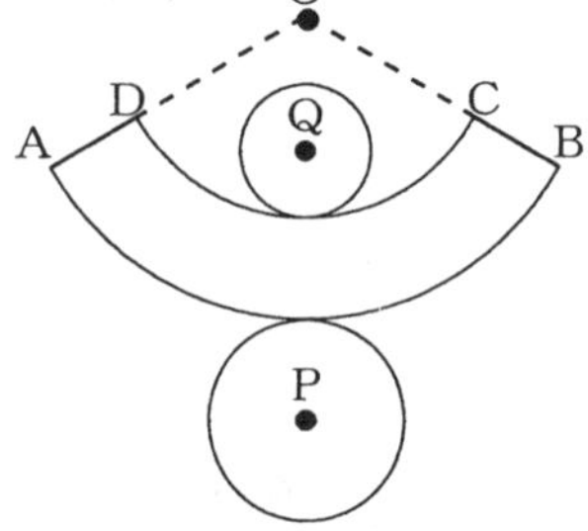

① 円Pの面積と円Qの面積の和は何cm²か，求めなさい。

② 展開図を組み立ててできる立体の体積は何cm³か，求めなさい。

＜英語＞

時間　(聞き取り検査) 10分程度　(筆記検査) 40分　満点　22点

聞き取り検査

指示に従って，聞き取り検査の問題に答えなさい。

「答え方」

問題は第１問と第２問の二つに分かれています。

第１問は，１番から３番までの三つあります。それぞれについて，最初に会話文を読み，続いて，会話についての問いと，問いに対する答え，a，b，c，dを読みます。そのあと，もう一度，その会話文，問い，問いに対する答えを読みます。必要があればメモをとってもよろしい。

問いの答えとして正しいものは解答欄の「正《せい》」の文字を，誤っているものは解答欄の「誤《ご》」の文字を，それぞれ○《まる》でかこみなさい。正しいものは，各問いについて一つしかありません。

第２問は，最初に英語のスピーチを読みます。続いて，スピーチについての問いと，問いに対する答え，a，b，c，dを読みます。問いは問１と問２の二つあります。そのあと，もう一度，スピーチ，問い，問いに対する答えを読みます。必要があればメモをとってもよろしい。

問いの答えとして正しいものは解答欄の「正《せい》」の文字を，誤っているものは解答欄の「誤《ご》」の文字を，それぞれ○《まる》でかこみなさい。正しいものは，各問いについて一つしかありません。

筆記検査

1　次のグラフを見て，あとの問いに答えなさい。

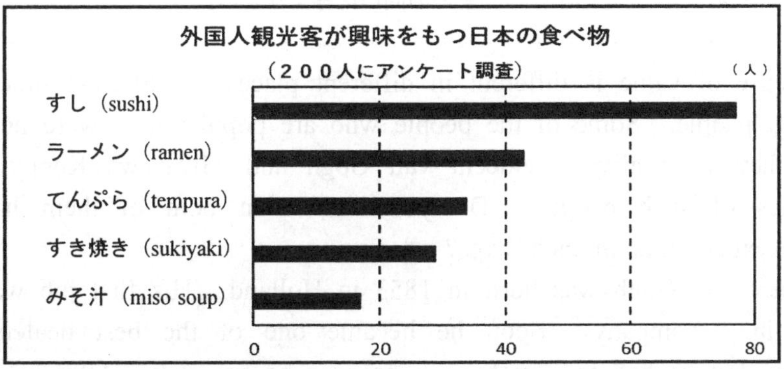

(問い) あなたは日本を訪れた外国人の友人と食事に行くとしたら，何を食べたいですか。グラフを参考にし，次に示す答え方により，英語で述べなさい。ただし，前半の下線部には with ～ (～といっしょに)，後半の下線部には many (多くの) を必ず使うこと。

<答え方>

下線部をそれぞれ5語以上の英語で書く。

I ＿＿＿＿＿＿＿＿, because ＿＿＿＿＿＿＿＿.

なお，下の語句を参考にしてもよい。

＜語句＞

レストラン　restaurant　　外国人観光客　foreign tourist

とてもおいしい　delicious

2　由美（Yumi）と留学生のアレックス（Alex）が会話をしています。二人の会話が成り立つように，下線部①から③までのそれぞれの（　）内に最も適当な語を入れて，英文を完成させなさい。ただし，（　）内に文字が示されている場合は，その文字で始まる語を解答すること。

Yumi:　Hi, Alex.　How was your trip to Osaka?

Alex:　Hi, Yumi.　I enjoyed it very much.　This is the picture of Osaka Castle.　① It (　　　) (b　　　) a long time ago.

Yumi:　Wow, that's beautiful.　Alex, did you find something new in Osaka?

Alex:　At shops, I heard "Ookini" from clerks many times.　When I bought a gift at a shop, a clerk said to me "Ookini."　② I don't (　　　) (w　　　) "Ookini" means.

Yumi:　It means "Thank you."　That is one example of dialects in that area.

Alex:　③ Yumi, may I (　　　) you a (f　　　)?　I want to learn more about dialects in some areas of Japan.

Yumi:　Sure, I'm happy to help you.

(注)　clerk　店員　　dialect　方言　　area　地域

3　次の文章を読んで，あとの(1)から(5)までの問いに答えなさい。

A sense of value is different in different places, in different times and to different people.　Some of the people who are popular now were not famous when they were alive.　Vincent van Gogh and Miyazawa Kenji are good examples of such people.　Do you know that both of them had many terrible experiences in their lives?

Vincent van Gogh was born in 1853 in Holland.　His first job was an art dealer in a company.　Soon he became one of the best dealers in the company but he had to stop his job because he got sick.　After he got well, he tried some other jobs.　Then he decided to become a painter when he was 27.　In France he met a lot of painters and he was (　A　) by them.　So his painting style changed and his works got brighter, but his disease got worse again.　He kept painting in the hospital.　① His works【him / really famous / after / the world / he / made / around】died.　In fact, he left more than 2,100 works of art, but only a few works were sold in his life.

Now his works are loved by a great number of people in the world.

Miyazawa Kenji was born in Iwate in 1896. When he was a student, he met many kinds of people, read many kinds of books and was interested in science, agriculture, art and so on. Then he became a teacher and taught agriculture and some other subjects in a school. He also wrote poems, stories and *tanka*. His first book was published while he was working as a teacher. When he was 30, he [②]. He became a farmer and lived with poor farmers. They learned good ways to grow rice from Kenji. He wanted them to be happy and to enjoy their lives. Two years later, he suffered from disease but he kept writing. Though he wrote about 800 poems, 100 stories and so on, he published only two books in his life. Now we can find more than 200 works of his. Many people in the world love his works.

Vincent van Gogh and Miyazawa Kenji had many things in common. Both of them met many people, experienced several jobs and got sick. Perhaps, thanks to the people they met through their experiences, a lot of great works were created. Perhaps, their works became wonderful because they experienced hardship. Many people impressed with their works may understand their messages which the works show. They had one more thing in common. They never stopped their efforts to create their works. They kept creating something special for themselves even in their bad condition.

If you are trying to do something, you should keep making efforts. There is always someone around you who understands such efforts. The more efforts you make, the better results you will get in the future.

(注)　value　価値　　alive　生きている　　Holland　オランダ　　art dealer　美術商
agriculture　農業　　*tanka*　短歌　　publish　出版する　　in common　共通に

(1)　(A)にあてはまる最も適当な語を，次の5語の中から選んで，正しい形にかえて書きなさい。

stop　　grow　　influence　　produce　　worry

(2)　下線①のついた文が，本文の内容に合うように，【　】内の語句を正しい順序に並べ替えなさい。

(3)　[②] にあてはまる最も適当な英語を，次のアからエまでの中から一つ選んで，そのかな符号を書きなさい。

ア　went back home and published hundreds of books
イ　got sick and decided to live alone
ウ　stopped his job and started a new life
エ　entered university to study science

(4)　本文中では，ゴッホと宮沢賢治の共通点についてどのように述べられているか。最も適当なものを，次のページのアからエまでの文の中から一つ選んで，そのかな符号を書きなさい。

ア Both of them sold many works when they were alive.
イ Both of them became teachers to make good works.
ウ Both of them met many people to become good painters.
エ Both of them kept creating works even when they were sick.

(5) 次のアからカまでの文の中から，その内容が本文に書かれていることと一致するものを全て選んで，そのかな符号を書きなさい。

ア A sense of value is the same at any time all over the world.
イ Vincent van Gogh decided to become a painter after he did some other jobs.
ウ Vincent van Gogh never changed his painting ways so he got sick again.
エ Miyazawa Kenji became a farmer to teach poems, stories and *tanka*.
オ Miyazawa Kenji published many books and they were sold well in his life.
カ If you keep making efforts, you will get better results in the future.

4 綾（Aya）と留学生のトム（Tom）が会話をしています。次の会話文を読んで，あとの(1)から(4)までの問いに答えなさい。

Aya: Tom, can I talk with you now?
Tom: No problem. What happened?
Aya: Well, the TV news I watched last night surprised me very much. It was about some foreign people here who were afraid of living in Japan (A) of earthquakes. Tom, what do you think about it?
Tom: I think that many foreign people haven't experienced big earthquakes in their own countries. ①They should know how to protect themselves in ( ) of an earthquake.
Aya: I see. Tom, do you worry about earthquakes here?
Tom: 【 a 】 I've experienced evacuation drills at school and in our town. I can only understand the Japanese language a little, so I don't know what to do when we have earthquakes in Japan.
Aya: 【 b 】 ②I think many foreign people have the same impressions of Japan ( ) you. What should we do about that?
Tom: 【 c 】 If they don't understand Japanese well, they can't get all of the information that they need. So we need more pictures to show instructions in an emergency.
Aya: 【 d 】
Tom: Exactly. They are things like "universal designs" we learned in our art class.
Aya: I think so, too. They'll be helpful to people who can't read Japanese well.

Tom: Aya, why don't you walk around the town with me?
Aya: OK, but why?
Tom: Because I want to find something they need for their safety.
Aya: Sounds good! We should understand that they can't read important signs written in Japanese. Let's go walking around the town to find them!
Tom:【 e 】 It'll be sunny and warm here tomorrow.
Aya: OK. Let's meet in front of our school at 10 a.m.
Tom: OK. Thank you very much, Aya. See you then.

注　impression　印象　　instruction　指示，説明　　safety　安全

(1)　次のアからオまでの英文を，会話文中の【a】から【e】までのそれぞれにあてはめて，会話の文として最も適当なものにするには，【b】と【d】にどれを入れたらよいか，そのかな符号を書きなさい。ただし，いずれも一度しか用いることができません。

ア　You mean signs everyone can understand easily are necessary, right?
イ　Yes, I do. Actually, I worry about them.
ウ　How about tomorrow morning?
エ　I think their biggest problem is language.
オ　I understand you.

(2)　(A) にあてはまる最も適当な語を，次のアからエまでの中から選んで，そのかな符号を書きなさい。

ア　when　　イ　because　　ウ　instead　　エ　most

(3)　下線①，②のついた文が，会話の文として最も適当なものとなるように，それぞれの（　）にあてはまる語を書きなさい。

(4)　次の英文は，この会話が行われた日の夜，トム (Tom) がクラスの友人たちに送ったメールです。このメールが会話文の内容に合うように，次の (X)，(Y) のそれぞれにあてはまる最も適当な語を書きなさい。

Hi, my friends.
Tomorrow, I will walk around the town with Aya.
She wants to help some foreign people who (　X　) around here.
Some of them worry about earthquakes in Japan.
They don't know what to do in an emergency.
They also can't understand the Japanese language well.
Aya and I think more pictures for safety are (　Y　) in this town.
They'll help people who can't read Japanese well.

See you,
Tom

＜理科＞

時間　45分　　満点　22点

1　次の(1)，(2)の問いに答えなさい。

(1)　仕事と物体の速さとの関係について調べるため，次の〔実験〕を行った。

ただし，〔実験〕では，物体にはたらく摩擦力や空気の抵抗は無視でき，物体は水平面から離れることなく運動するものとする。

〔実験〕　①　図のように，点Aに質量0.50kg の物体Pを置き，水平方向に一定の大きさ4.0Nの力で押して，その力の向きに点Aから点Bまで0.090m動かした。

図

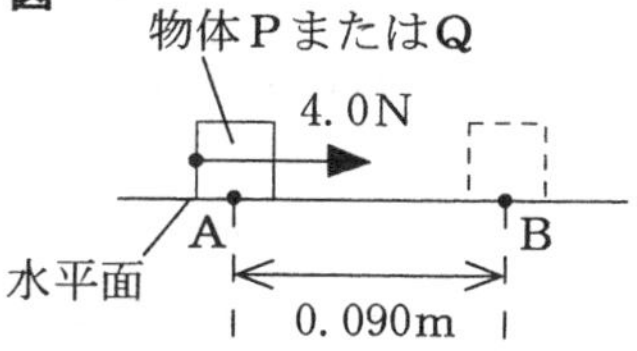

②　点Bで力を加えるのをやめたところ，物体Pは水平面上を等速直線運動した。このときの物体Pの速さを測定した。

③　次に，質量2.0kg の物体Qにかえて，①，②と同じことを行った。

〔実験〕で，物体に仕事をすると，その分だけ物体の運動エネルギーが変化する。4.0Nの力が質量0.50kg の物体Pにした仕事をW_1，点Bにおける物体Pの速さをV_1とする。また，4.0Nの力が質量2.0kg の物体Qにした仕事をW_2，点Bにおける物体Qの速さをV_2とするとき，W_1とW_2の値と，V_1とV_2の値の大小関係を表している組み合わせとして最も適当なものを，次の**ア**から**カ**までの中から選んで，そのかな符号を書きなさい。

ア　$W_1=0.18$ J，$W_2=0.72$ J，$V_1<V_2$

イ　$W_1=0.36$ J，$W_2=0.36$ J，$V_1<V_2$

ウ　$W_1=0.18$ J，$W_2=0.72$ J，$V_1=V_2$

エ　$W_1=0.36$ J，$W_2=0.36$ J，$V_1=V_2$

オ　$W_1=0.18$ J，$W_2=0.72$ J，$V_1>V_2$

カ　$W_1=0.36$ J，$W_2=0.36$ J，$V_1>V_2$

(2)　混合物の分離について調べるため，次の〔実験〕を行った。

〔実験〕　①　水11cm^3とエタノール13cm^3の混合液と，沸騰石を試験管Xに入れ，図のような装置を用いて弱火でゆっくり加熱した。

図

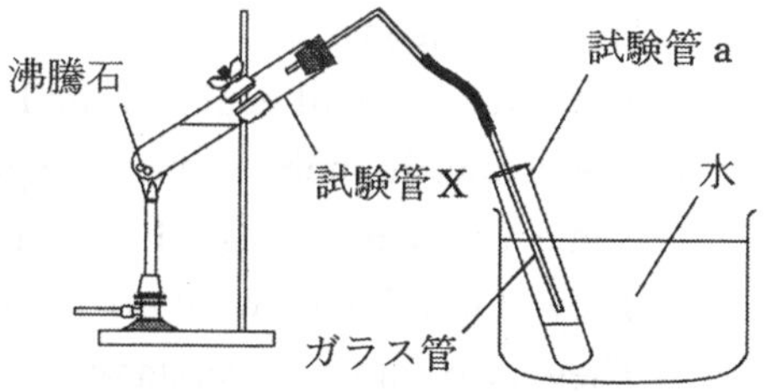

②　ガラス管から出てくる物質を試験管aに集め，液体が4cm^3集まるたびに，新しい試験管と交換し，順に試験管b，c，d，eとした。

③　試験管a，b，c，d，eに集めたそれぞれの液体に密度0.90g/cm^3のポリプロピレンの小片を入れたときの浮き沈みと，脱脂綿にそれぞれの液体をしみこませて火をつけたときのようすを調べた。

表は，〔実験〕の③の結果をまとめたものである。

表

試験管	a	b	c	d	e
ポリプロピレンの小片の浮き沈み	沈んだ	沈んだ	沈んだ	浮いた	浮いた
火をつけたときのようす	燃えた	燃えた	燃えた	燃えるが すぐ消えた	燃えなかった

この実験について説明した文として正しいものを，次の**ア**から**オ**までの中から2つ選んで，そのかな符号を書きなさい。

ア　この〔実験〕では，物質の密度のちがいを利用して，混合液から純物質を取り出している。

イ　試験管aの液体の質量は，試験管dの液体の質量よりも小さい。

ウ　試験管bの液体の質量は，4.0gよりも大きい。

エ　脱脂綿に試験管cからeまでの液体をしみこませて火をつけたときのようすを比較すると，試験管cの液体は水であるといえる。

オ　試験管aからeまでの液体のうち，水を最も多く含んでいるのは，試験管eの液体である。

2　動物には，外界のさまざまな刺激を受けとる感覚器官や，刺激に応じてからだを動かす運動器官がある。次の文章は，太郎さんと花子さんが運動器官について調べるため，ニワトリの翼の先端に近い部分である手羽先の解剖《かいぼう》を行ったときの先生との会話である。

先生：前回の授業では・運動器官について勉強しました。**図1**は，①ヒトの腕の骨格と筋肉を模式的に表したものです。今日の授業では，ニワトリの手羽先を解剖して，動物の骨格と筋肉のしくみを学びます。まず，手羽先の皮を解剖ばさみで取り除き，ピンセットで筋肉をつまんでみてください。

花子：②手羽先の筋肉をピンセットで直接引くと，先端部が動きます（**図2**）。

先生：そうですね。次に筋肉を取り除いて，手羽先を骨格のみにしてください。

太郎：できました（**図3**）。先端部にある2つのとがった部分は何ですか。

先生：はい。これらはヒトの親指にあたる骨と人差し指にあたる骨です。さらに，中指にあたる骨も痕跡《こんせき》として観察できます。

花子：**図3**のとう骨と尺骨《しゃっこつ》は，調理された手羽先を食べたときに見たことがあります。

先生：**図1**を見るとヒトの腕にも同じ骨があることがわかりますね。このように③共通の祖先から進化した生物は，共通する構造を残しながら環境に適応して，少しずつかたちを変えています。

太郎：④ヒトとニワトリで，他にも似ているところがあるのかな。調べてみようと思います。

（**図1**～**図3**は次のページにあります。）

次の(1)から(4)までの問いに答えなさい。

(1)　下線部①と②について，次の文章は，ヒトとニワトリの筋肉のはたらきを説明したものである。次のページの文章中の（Ⅰ）から（Ⅳ）までにあてはまる語の組み合わせとして最も適当なものを，あとの**ア**から**ク**までの中から選んで，そのかな符号を書きなさい。

図1

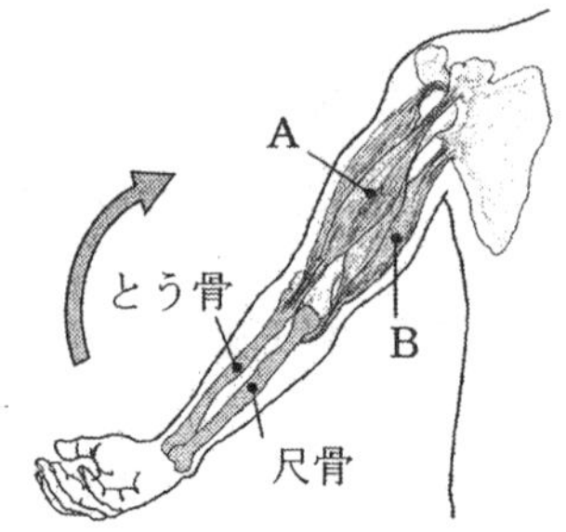

図2

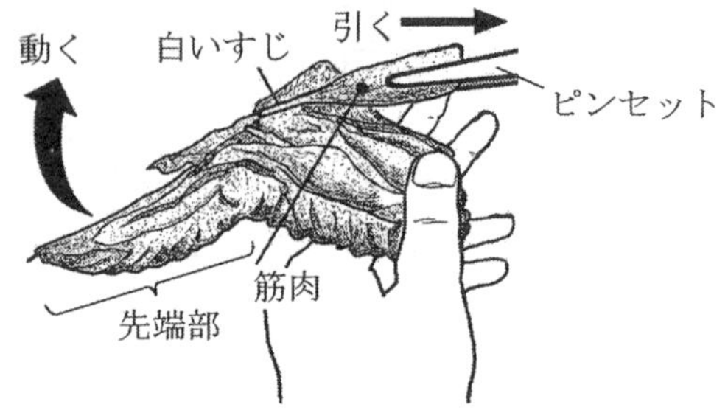

図3

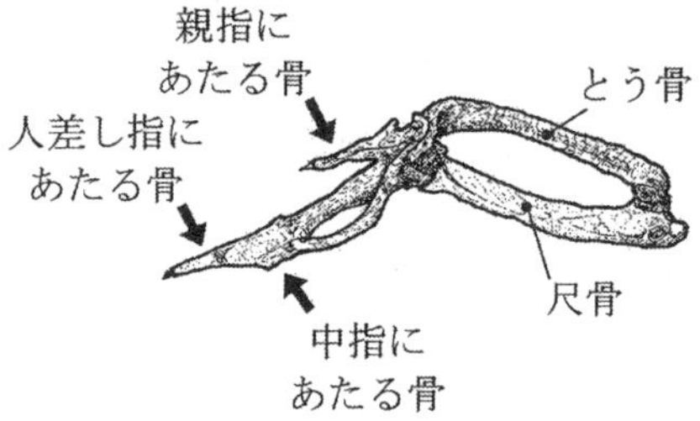

> ヒトは，筋肉で骨格を動かすことによってからだを動かしている。筋肉は（　Ⅰ　）で骨とつながっており，図1で矢印の向きに腕を曲げるとき，Aの筋肉は（　Ⅱ　），Bの筋肉は（　Ⅲ　）。図2で花子さんが手羽先の筋肉を引き，先端部を動かしたことは，その筋肉が（　Ⅳ　）ことで，からだが動くことを確認した実験である。

ア　Ⅰ　けん，Ⅱ　縮み，Ⅲ　ゆるむ，Ⅳ　ゆるむ
イ　Ⅰ　運動神経，Ⅱ　縮み，Ⅲ　ゆるむ，Ⅳ　ゆるむ
ウ　Ⅰ　けん，Ⅱ　縮み，Ⅲ　ゆるむ，Ⅳ　縮む
エ　Ⅰ　運動神経，Ⅱ　縮み，Ⅲ　ゆるむ，Ⅳ　縮む
オ　Ⅰ　けん，Ⅱ　ゆるみ，Ⅲ　縮む，Ⅳ　ゆるむ
カ　Ⅰ　運動神経，Ⅱ　ゆるみ，Ⅲ　縮む，Ⅳ　ゆるむ
キ　Ⅰ　けん，Ⅱ　ゆるみ，Ⅲ　縮む，Ⅳ　縮む
ク　Ⅰ　運動神経，Ⅱ　ゆるみ，Ⅲ　縮む，Ⅳ　縮む

(2)　ヒトやニワトリなどの動物には，外界からの刺激を受けとると，それに反応するしくみが備わっている。刺激は電気的な信号として神経に伝わる。次の**図4**は，刺激を受けとってから感覚が生じ，反応が起こるまでの信号が伝わる経路を模式的に示したものである。脳とせきずいがあてはまるものとして最も適当なものを，**図4**の**ア**から**エ**までの中からそれぞれ選んで，そのかな符号を書きなさい。ただし，**ア**から**エ**までは，それぞれ感覚器官，筋肉，脳，せきずいのいずれかであり，矢印は信号が伝わる向きを表している。

図4

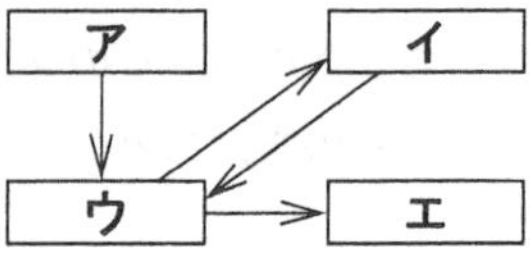

⑶　下線部③について，ヒトの腕とニワトリの翼のように，現在の見かけのかたちやはたらきは異なっていても，基本的なつくりが同じで，もとは同じものであったと考えられる器官を何というか。漢字４字で書きなさい。

⑷　下線部④について，太郎さんは，ヒトやニワトリなどいくつかの動物のからだのつくりや生活の特徴を調べた。次の**表**は太郎さんが調べた結果をまとめたものであり，ⅠからⅣまでの特徴について，その特徴をもつ場合は○，もたない場合は×，子と親で特徴が異なる場合は△を記入してある。なお，**ア**から**カ**までは，ヒト，ニワトリ，カメ，カエル，メダカ，イカのいずれかである。**表**の**ア**から**カ**までの中から，ヒトとニワトリにあてはまるものとして最も適当なものをそれぞれ選んで，そのかな符号を書きなさい。

表

動物／特徴	**ア**	**イ**	**ウ**	**エ**	**オ**	**カ**
Ⅰ　胎生である	×	×	○	×	×	×
Ⅱ　恒温動物である	×	×	○	×	○	×
Ⅲ　背骨がある	○	○	○	×	○	○
Ⅳ　肺で呼吸する	×	○	○	×	○	△

3　水溶液の電気分解と発生した気体の性質について調べるため，次の〔実験１〕から〔実験３〕までを行った。

〔実験１〕　①　**図１**のように，陽極と陰極に炭素棒を使用して，H形のガラス管を用いて電気分解装置を組み立てた。

②　H形のガラス管の中にうすい水酸化ナトリウム水溶液を入れた。

③　炭素棒Aが陽極（＋《プラス》極）に，炭素棒Bが陰極（−《マイナス》極）になるようにして電流を流し，炭素棒付近から発生する気体をそれぞれ集めた。

図１

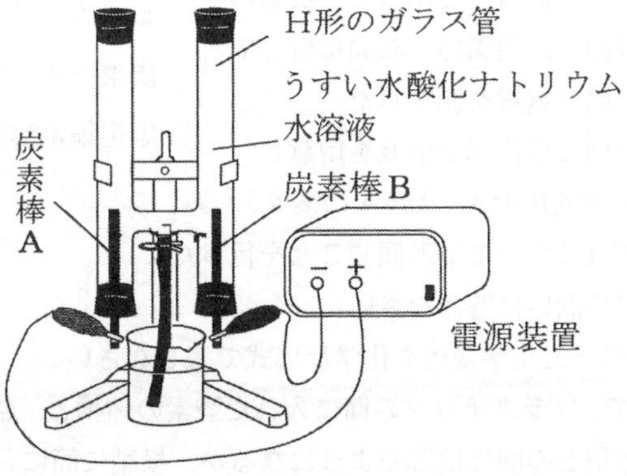

〔実験１〕の③で発生した気体の性質を確かめたところ，気体は酸素と水素であった。

〔実験２〕　①　次のページの**図２**のような装置を準備し，2.0cm³の酸素と4.0cm³の水素をプラスチックの筒に入れた。

② 点火装置を用いて筒の中の気体に点火し，プラスチックの筒が冷えてから，プラスチックの筒の中に残った気体の体積を測定した。

③ ①の水素の体積は4.0cm^3のままにして，酸素の体積を 0 cm^3，1.0cm^3，3.0cm^3，4.0cm^3，5.0cm^3，6.0cm^3に変え，それぞれについて②と同じことを行った。

④ 次に，プラスチックの筒に入れる気体の体積が，酸素と水素を合わせて6.0cm^3になるように，酸素と水素の体積をさまざまに変えて，②と同じことを行った。

図2

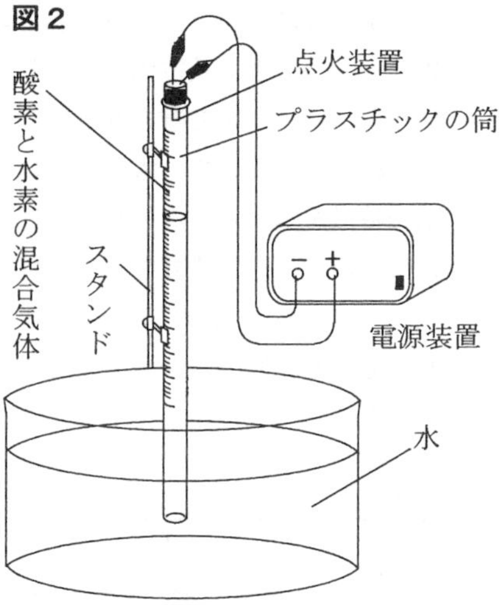

表は，〔実験２〕の①から③までの結果をまとめたものである。

表

酸素の体積〔cm^3〕	0	1.0	2.0	3.0	4.0	5.0	6.0
水素の体積〔cm^3〕	4.0	4.0	4.0	4.0	4.0	4.0	4.0
残った気体の体積〔cm^3〕	4.0	2.0	0	1.0	2.0	3.0	4.0

〔実験３〕 ① **図３**のように，塩化銅水溶液の入ったビーカーに，発泡ポリスチレンの板に取り付けた炭素棒Aと炭素棒Bを入れ，炭素棒Aが陽極（＋極）に，炭素棒Bが陰極（－極）になるようにして，0.25Aの電流を流した。

② 10分ごとに電源を切って，炭素棒を取り出し，炭素棒の表面に付いていた金属の質量を測定した。

③ ①と同じ塩化銅水溶液を用意し，電流の値を0.50A，0.75Aに変え，それぞれについて②と同じことを行った。

図3

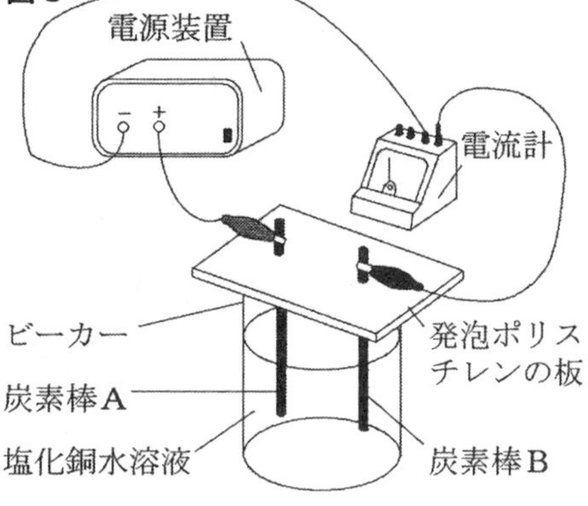

次の(1)から(4)までの問いに答えなさい。

(1) 〔実験１〕で起こった化学変化を化学反応式で表しなさい。

(2) 〔実験２〕の④で，プラスチックの筒に入れた酸素の体積と，点火後にプラスチックの筒の中に残った気体の体積との関係はどのようになるか。横軸に筒に入れた酸素の体積を，縦軸に筒の中に残った気体の体積をとり，その関係を表す（次のページの）グラフを解答欄の**図４**に書きなさい。

図4

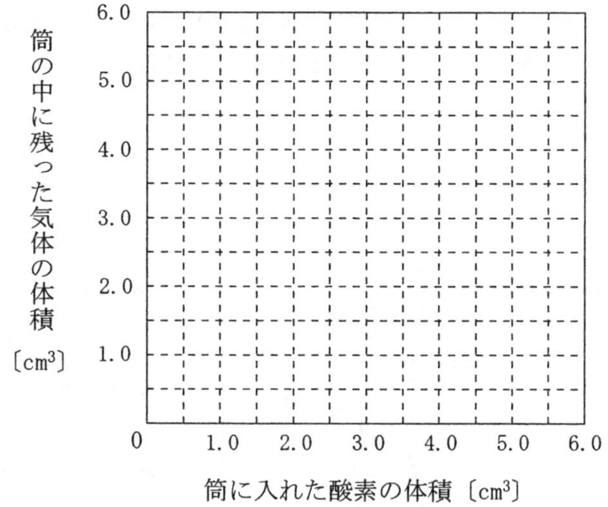

(3)〔実験3〕の①では，一方の炭素棒付近から気体が発生した。炭素棒A，Bのどちらから気体が発生したか，AまたはBで答えなさい。また，発生した気体は何か，化学式で書きなさい。

(4) **図5**は，〔実験3〕のうち，0.25Aと0.75Aの電流を流した2つの実験について，電流を流した時間と炭素棒の表面に付いていた金属の質量との関係をグラフに表したものである。0.25A，0.50A，0.75Aの電流をそれぞれ同じ時間流したときに，炭素棒の表面に付いていた金属の質量を合計すると1.5gであった。このとき，それぞれの電流を流した時間は何分か。最も適当なものを，下の**ア**から**コ**までの中から選んで，そのかな符号を書きなさい。

ア　30分　　**イ**　40分
ウ　50分　　**エ**　60分
オ　70分　　**カ**　80分
キ　90分　　**ク**　100分
ケ　110分　　**コ**　120分

図5

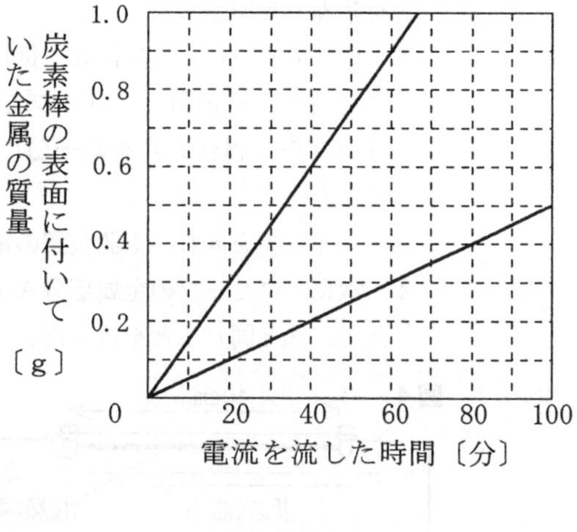

4　電熱線の長さと抵抗の大きさとの関係を調べるため，次の〔実験1〕と〔実験2〕を行った。

〔実験1〕　①　**図1**のように，抵抗器a，電源装置，スイッチ，電流計，クリップを導線で接続し，クリップの金属部分Aを端子Qに接続した回路をつくった。

なお，抵抗器aの電熱線は，一定の太さの金属線でできたらせん状の電熱線を一直線にのばし，その両端を端子P，Qに固定したものである。また，この電熱線の抵抗は40Ωであり，端子Pから端子Qまでの長さは40cmである。

② スイッチを入れ，電源装置の電圧を10Vにして，電流計が示す値を測定した。

③ 次に，図2のように，端子Pから10cmの位置にクリップの金属部分Aを接続して②と同じことを行った。

④ さらに，クリップの金属部分Aを抵抗器aの電熱線に接続する位置をさまざまに変えて，②と同じことを行った。

図1

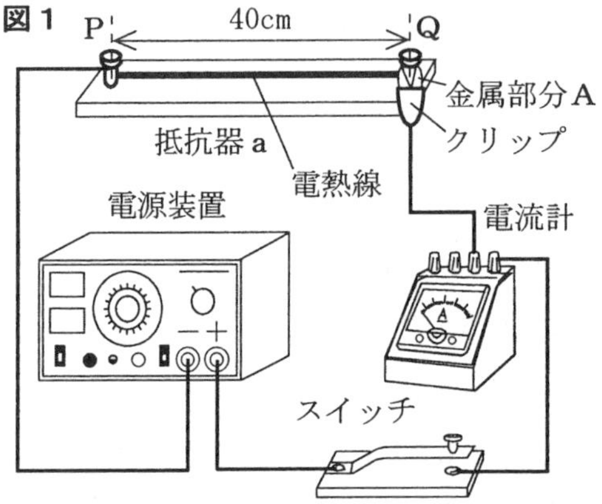

図2

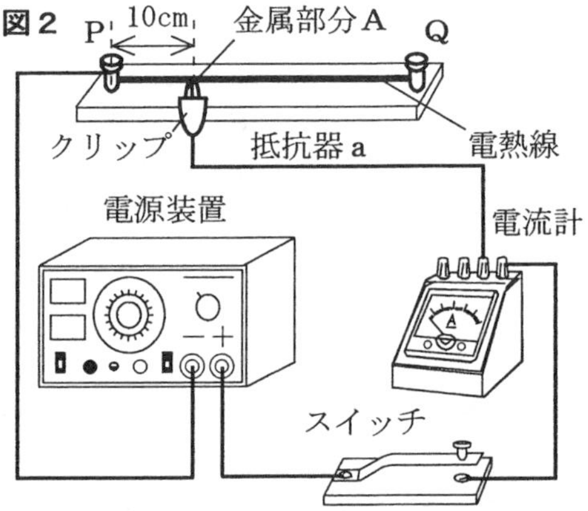

〔実験1〕の③では，電流計の示す値が②の4倍であった。図3は，〔実験1〕の結果をもとに端子Pからクリップの金属部分Aまでの距離と電流計が示す値との関係をグラフに表したものであり，縦軸の目盛りに数値は示していない。

図3

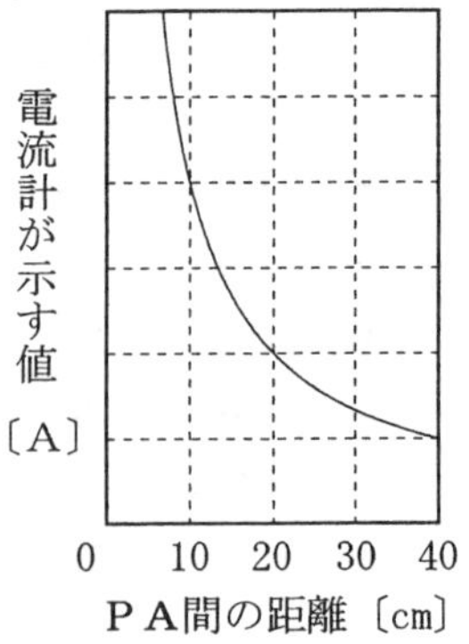

〔実験2〕 ① 電熱線の長さと抵抗の大きさが抵抗器aと等しい抵抗器bを用意した。

② 図4のように，抵抗器a，抵抗器b，電源装置，スイッチ，電流計，クリップを導線で接続し，クリップの金属部分Aを端子Qに接続した回路をつくった。

③ スイッチを入れ，電源装置の電圧を10Vにして，電流計が示す値を測定した。

④ 次に，クリップの金属部分Aを抵抗器aの電熱線に接続する位置をさまざまに変えて，③と同じことを行った。

図4

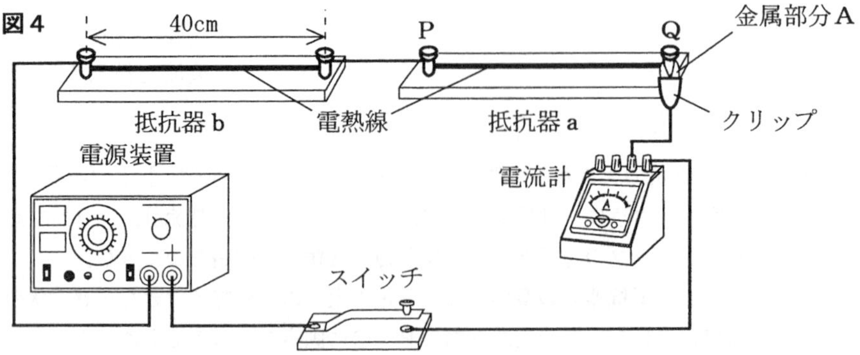

次の(1)から(4)までの問いに答えなさい。

(1)〔実験１〕の②で，電流計が示す値は何Aか，小数第２位まで求めなさい。

(2) 次の文章は,〔実験１〕の結果からわかることについて説明したものである。文章中の（Ⅰ）から（Ⅲ）までにあてはまる数値と語句の組み合わせとして最も適当なものを，下の**ア**から**ク**までの中から選んで，そのかな符号を書きなさい。

> 〔実験１〕で，PA間の距離が10cm，20cm，40cmのとき，端子Pとクリップの金属部分Aとの間の抵抗の大きさは順に，（　Ⅰ　），（　Ⅱ　），40Ωとなる。この結果から，PA間の抵抗の大きさは，PA間の距離に（　Ⅲ　）することがわかる。

ア　Ⅰ　160Ω，　Ⅱ　80Ω，　Ⅲ　比例　　**イ**　Ⅰ　160Ω，　Ⅱ　80Ω，　Ⅲ　反比例
ウ　Ⅰ　80Ω，　Ⅱ　60Ω，　Ⅲ　比例　　**エ**　Ⅰ　80Ω，　Ⅱ　60Ω，　Ⅲ　反比例
オ　Ⅰ　20Ω，　Ⅱ　30Ω，　Ⅲ　比例　　**カ**　Ⅰ　20Ω，　Ⅱ　30Ω，　Ⅲ　反比例
キ　Ⅰ　10Ω，　Ⅱ　20Ω，　Ⅲ　比例　　**ク**　Ⅰ　10Ω，　Ⅱ　20Ω，　Ⅲ　反比例

(3) 次の文章は,〔実験２〕について説明したものである。文章中の（Ⅰ）から（Ⅲ）までにあてはまる数値と語句の組み合わせとして最も適当なものを，下の**ア**から**ク**までの中から選んで，そのかな符号を書きなさい。

> 〔実験２〕の③で，図４の回路全体の抵抗の大きさは（　Ⅰ　）である。
> また，〔実験２〕の④で，PA間の距離を小さくしていくとき，抵抗器aのPA間にかかる電圧は（　Ⅱ　）なり，抵抗器bで消費される電力は（　Ⅲ　）なる。

ア　Ⅰ　80Ω，　Ⅱ　大きく，　Ⅲ　大きく　　**イ**　Ⅰ　80Ω，　Ⅱ　大きく，　Ⅲ　小さく
ウ　Ⅰ　80Ω，　Ⅱ　小さく，　Ⅲ　大きく　　**エ**　Ⅰ　80Ω，　Ⅱ　小さく，　Ⅲ　小さく
オ　Ⅰ　20Ω，　Ⅱ　大きく，　Ⅲ　大きく　　**カ**　Ⅰ　20Ω，　Ⅱ　大きく，　Ⅲ　小さく
キ　Ⅰ　20Ω，　Ⅱ　小さく，　Ⅲ　大きく　　**ク**　Ⅰ　20Ω，　Ⅱ　小さく，　Ⅲ　小さく

(4)〔実験１〕の図２の回路で，抵抗器aの端子Qに固定していた電熱線の端を取り外し，**図５**のように電熱線を曲げ，円周の長さが40cmの１つの円になるようにして端子Pに固定した。さらに，クリップの金属部分Aを，端子Pから円形に曲げた電熱線に沿って10cmの位置に接続してスイッチを入れ，電源装置の電圧を12Vにしたとき，電流計が示す値は何Aか，小数第１位まで求めなさい。

図５

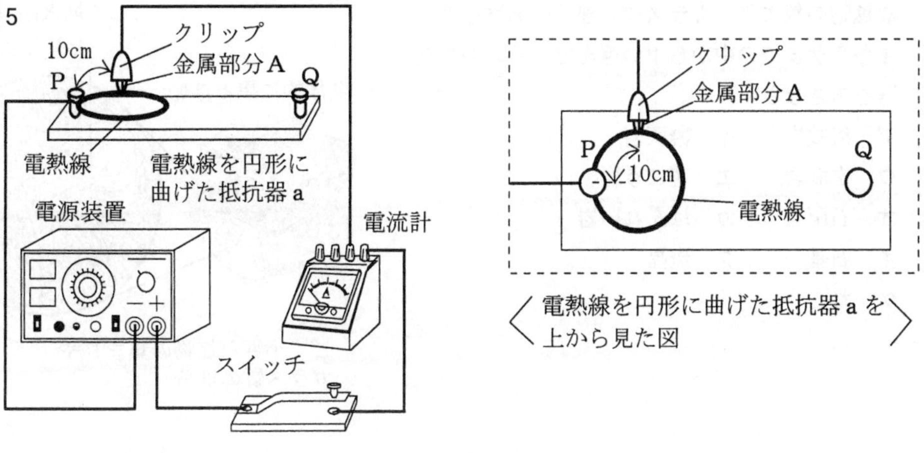

〈電熱線を円形に曲げた抵抗器aを上から見た図〉

5 次の文章は，火山活動と大地の運動についての太郎さんと先生との会話である。

太郎：家族でハワイに行ったときに，授業で学んだキラウエア火山の周辺が国立公園になっていて，溶岩が流れているようすを間近で見ることができました。

先生：①キラウエア火山はねばりけが弱いマグマを噴出しているので，溶岩が流れるようすが観察できたのでしょう。

太郎：先生は，ハワイ島が火山活動によってつくられたとおっしゃっていましたね。

先生：そうです。**図1**を見てください。ハワイ島付近には，地球内部からマグマが上昇してくるホットスポットとよばれる場所があり，その付近の島や海山は，火山活動によって形成されていると一般的には考えられています。また，ホットスポットは，長い年月にわたり同じ場所で火山活動をしていると考えられています。

太郎：**図2**のように，ハワイ島から島々がつらなっているのはなぜですか。

先生：**図1**のように，②太平洋プレートが動いていて，そのプレート上にホットスポットの断続的な火山活動で島や海山がつくられているためだと考えられています。この③プレートの動きは，地震の発生にも関係しています。

図1

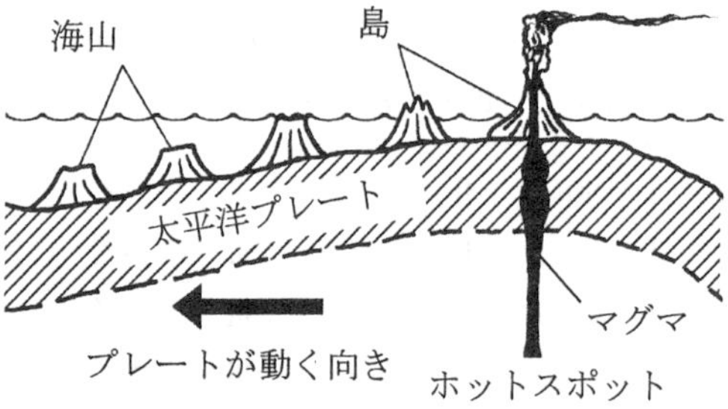

図2

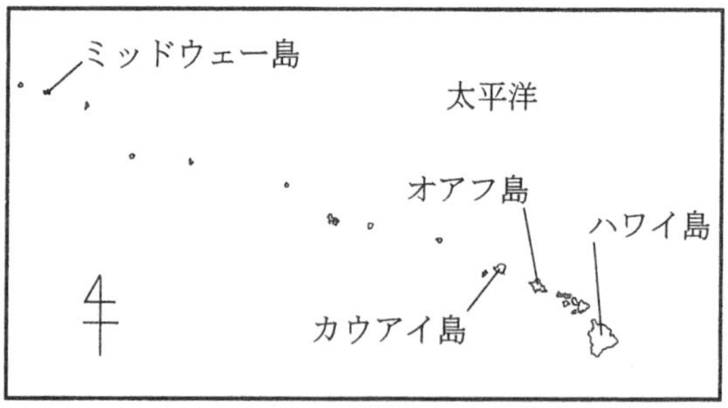

次の(1)から(4)までの問いに答えなさい。

(1) 下線部①について，**図3**はキラウエア火山の岩石の模式図とその一部の拡大図である。この岩石の名称を次の**ア**から**カ**までの中から1つ選んで，そのかな符号を書きなさい。また，拡大図に見られる大きな結晶の周りにあるごく小さな鉱物の集まりやガラス質の部分の名称を次の**キ**から**ケ**までの中から1つ選んで，そのかな符号を書きなさい。

ア 流紋岩　**イ** 凝灰岩
ウ 玄武岩　**エ** 花こう岩
オ 石灰岩　**カ** はんれい岩
キ 石基　**ク** 斑晶
ケ れき

図3

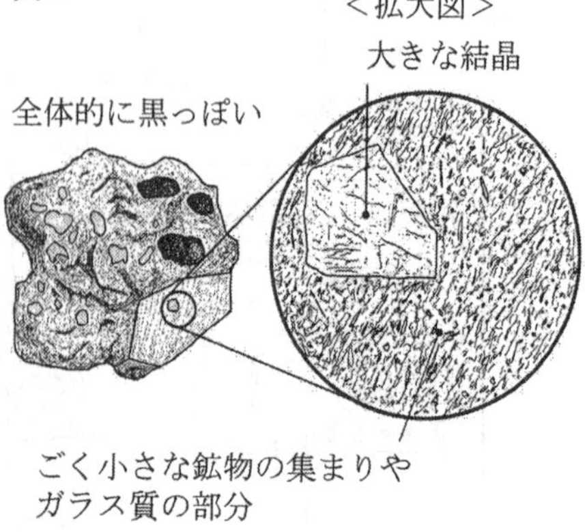

⑵　下線部②について，太郎さんはハワイ島からミッドウェー島まで島々がつらなっていることから，点在する島のハワイ島からの距離と，その島が形成された年代を調べることでプレートの移動の速さと向きを推定できると考えた。

表は，太郎さんが集めたデータをまとめたものである。**表**と**図2**からわかることを説明した文として最も適当なものを，次の**ア**から**エ**までの中から選んで，そのかな符号を書きなさい。

表

島の名称	ハワイ島からの距離	形成年代
オアフ島	320km	370万年前
カウアイ島	490km	530万年前
ミッドウェー島	2400km	2800万年前

ア　プレートは年間約９㎝の速さで西北西の向きに移動している。
イ　プレートは年間約９㎝の速さで東南東の向きに移動している。
ウ　プレートは年間約90㎝の速さで西北西の向きに移動している。
エ　プレートは年間約90㎝の速さで東南東の向きに移動している。

⑶　下線部③について，**図4**は日本付近のプレートを示したものである。プレートの移動やプレートどうしの境界で起こる地震について説明した次のaからfまでの文の中から正しい内容を述べている文の組み合わせとして最も適当なものを，下の**ア**から**ク**までの中から選んで，そのかな符号を書きなさい。

図4

a　東に移動する北アメリカプレートと西に移動する太平洋プレートが押し合って，プレートの境界が隆起している。
b　西に移動する北アメリカプレートと東に移動する太平洋プレートが引き合って，プレートの境界が沈降している。
c　ユーラシアプレートの下にフィリピン海プレートが沈みこんで生じたひずみが限界になると，もとにもどるようにはね返るため，地震が起こる。
d　フィリピン海プレートの下にユーラシアプレートが沈みこんで生じたひずみが限界になると，もとにもどるようにはね返るため，地震が起こる。
e　プレートの境界で起こる地震の震源は，大陸側から太平洋側にいくにしたがって深くなる。
f　プレートの境界で起こる地震の震源は，大陸側から太平洋側にいくにしたがって浅くなる。

ア　a，e　**イ**　a，f　**ウ**　b，e　**エ**　b，f
オ　c，e　**カ**　c，f　**キ**　d，e　**ク**　d，f

⑷　ある日の朝，日本のある地点Xで震度４の地震Aを観測した。このとき，地点Xでの初期微動継続時間は８秒であった。同じ日の夜，地点Xで震度２の地震Bを観測した。このとき，地点Xでの初期微動継続時間は４秒であった。次のページの文章は，地点Xで観測した２つの地震について説明したものである。文章中の（Ⅰ）と（Ⅱ）にあてはまる語の組み合わせとして最も適当なものを，あとの**ア**から**エ**までの中から選んで，そのかな符号を書きなさい。ただ

し，２つの地震のＰ波とＳ波の速さはそれぞれ同じであり，地点Ｘにおける震度は地震の規模と震源からの距離により決まるものとする。

地点Ｘから震源までの距離は，地震Ａの方が地震Ｂよりも（　Ⅰ　）。また，地震の規模を表すマグニチュードは，地震Ａの方が地震Ｂよりも（　Ⅱ　）。

ア　Ⅰ　近い，Ⅱ　小さい　　**イ**　Ⅰ　近い，Ⅱ　大きい
ウ　Ⅰ　遠い，Ⅱ　小さい　　**エ**　Ⅰ　遠い，Ⅱ　大きい

6

次の⑴，⑵の問いに答えなさい。

⑴　**図**は，校庭で見られたツユクサ，トウモロコシ，アブラナ，エンドウの模式図である。太郎さんはこの４種類の植物をなかま分けしようと考えた。**図**の植物を２種類ずつの２つのなかまに分けることができる特徴として適当なものを，下の**ア**から**オ**までの中から2つ選んで，そのかな符号を書きなさい。

図

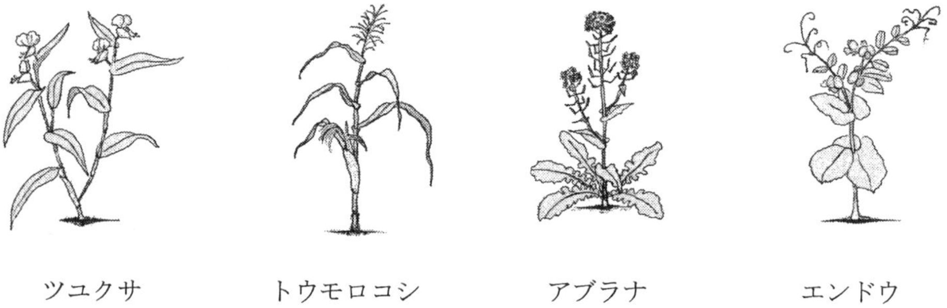

ア　種子で増えるか，胞子で増えるか
イ　葉脈は網状脈か，平行脈か
ウ　維管束があるか，ないか
エ　根はひげ根か，主根と側根の区別があるか
オ　胚珠が子房に包まれているか，胚珠がむき出しか

⑵　**図１**は，ある日に，日本のある地点から天体望遠鏡で観察した金星の像を，上下左右を入れかえて肉眼で見える形に直して，模式的に表したものである。また，**図２**は，地球と金星の公転軌道と，太陽，金星，地球の位置関係を模式的に表したものである。

図１のような金星の像が観察できるのは，**図２**において，金星がａ，ｂ，ｃ，ｄのどの位置にあるときか。また，金星はどの方角に見られるか。その組み合わせとして最も適当なものを，下の**ア**から**シ**までの中から選んで，そのかな符号を書きなさい。

（図１・図２は次のページにあります。）

ア　ａ，東　**イ**　ａ，西　**ウ**　ａ，南
エ　ｂ，東　**オ**　ｂ，西　**カ**　ｂ，南
キ　ｃ，東　**ク**　ｃ，西　**ケ**　ｃ，南
コ　ｄ，東　**サ**　ｄ，西　**シ**　ｄ，南

図1

図2

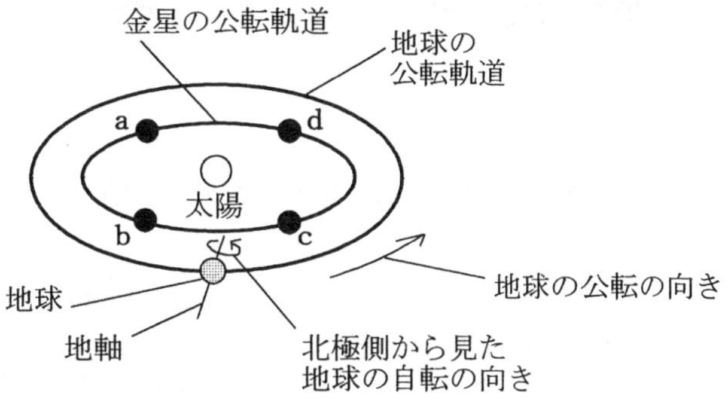

＜社会＞

時間　45分　　満点　22点

1　次のⅠ，Ⅱは，法隆寺についての資料である。あとの(1)から(3)までの問いに答えなさい。

Ⅰ　配置図と現存するおもな建造物についての説明

A　大講堂

摂関政治の時期に建造

B　五重塔

「日本書紀」が完成した時期までには建造

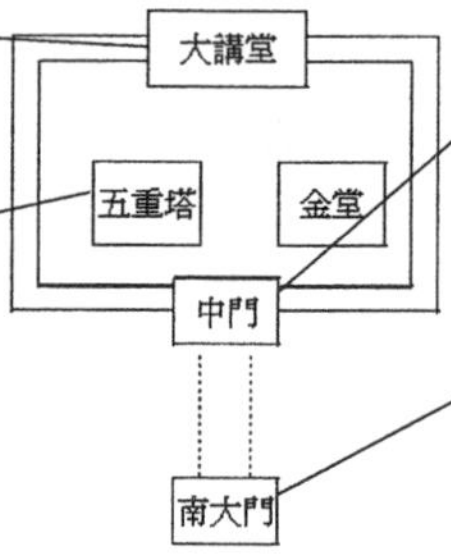

C　中門

豊臣秀吉《とよとみひでよし》の子である，豊臣秀頼《ひでより》が修理

D　南大門

琉球王国が成立した時期に建造

Ⅱ　説明資料

法隆寺は7世紀の木造建造物の姿を現在に伝える寺院である。こうした寺院は仏教発祥の地の（　①　）にもない。しかも，法隆寺は現在も信仰を集める生きた寺院として存在していることに意義があり，1993年12月には（　②　）に登録された。

（小学館編「法隆寺」から一部を要約）

(1)　ⅠのA，B，Dの現存する建造物の中で，建造の年代が2番目に古いものが建てられた年代とほぼ同じ時期に起こった世界のできごとについて述べた文として最も適当なものを，次の**ア**から**エ**までの中から選んで，そのかな符号を書きなさい。

ア　イエスがキリスト教をおこした。

イ　隋が中国を統一した。

ウ　オランダがスペインから独立した。

エ　宋（北宋）が中国を統一した。

(2)　ⅠのCの説明にある修理が行われた年代以前に起こった日本のできごとについて述べた文を，次の**ア**から**エ**までの中から一つ選んで，そのかな符号を書きなさい。

ア　公事方御定書が定められ，江戸の町で増加した裁判の基準とされた。

イ　島原・天草一揆が起こり，その後，ポルトガル船の来航が禁止された。

ウ　安土城が築かれ，支配者の権威を示すために壮大な5層の天守が建設された。

エ　水戸藩主が学者を集めて，日本の歴史書である「大日本史」の編集を始めた。

(3)　Ⅱの文章中の（①），（②）にあてはまることばの組み合わせとして最も適当なものを，次の**ア**から**エ**までの中から選んで，そのかな符号を書きなさい。

ア　①　インド，　②　国宝　　**イ**　①　インド，　②　世界文化遺産

ウ　①　中国，　②　国宝　　**エ**　①　中国，　②　世界文化遺産

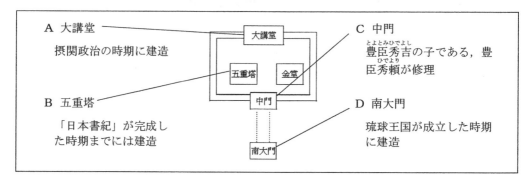

2　次の年表は，新渡戸稲造《にとべいなぞう》についてまとめたものの一部である。あとの(1)から(4)までの問いに答えなさい。

年	年齢	新渡戸稲造や日本に関するできごと
1862	0歳	現在の盛岡市に生まれる。
1894	32歳	札幌で貧しい人のために夜間学校を開く。この年，日清戦争が起こる。
A	38歳	アメリカで「Bushido－the soul of Japan（武士道）」を出版する。
B	56歳	東京女子大学初代学長となる。
1920	58歳	国際連盟が設立され，初代事務局次長をつとめる。
1933	71歳	カナダで亡くなる。この年，日本が国際連盟から脱退する。
1962	－	盛岡市に新渡戸稲造文学碑が建てられる。この年，冷戦による国際緊張が高まる。
1984	－	新渡戸稲造の肖像が5000円紙幣に印刷（2004年まで）される。

(1)　次の文章は，年表中のAの年代のころの日本の外交について述べたものである。文章中の（①），（②）にあてはまることばの組み合わせとして最も適当なものを，下のアからエまでの中から選んで，そのかな符号を書きなさい。

> Aの年代までには欧米諸国との条約改正交渉の結果，（　①　）が認められた。また，Aの年代のあとには東アジア地域における（　②　）に対抗するために，イギリスと同盟関係を結んだ。

ア　①　関税自主権の完全な回復，　②　アメリカの中国進出
イ　①　関税自主権の完全な回復，　②　ロシアの南下
ウ　①　治外法（領事裁判）権の撤廃，　②　アメリカの中国進出
エ　①　治外法（領事裁判）権の撤廃，　②　ロシアの南下

(2)　次の表は，1920年から1970年までの日本の就業者全体に占める女性の割合を５年ごとにまとめたものであり，下の文章は，この表について述べたものである。文章中の［　　］にあてはまることばを「長期化」，「労働力」の二つの語を，この順番で用いて，15字以上18字以下で書きなさい。

年	1920	1925	1930	1935	1940	1945	1950	1955	1960	1965	1970
就業者全体に占める女性の割合(%)	37.6	36.7	35.7	36.2	39.2	49.8	38.6	39.1	39.1	39.0	39.2

（「近代日本経済史要覧」などをもとに作成）

> 年表中のBの年代のできごとから，新渡戸稲造が女性の高等教育の発展にもつとめたことがわかる。上の表で，就業者全体に占める女性の割合についてみると，1935年から1945年にかけて，中国やアメリカとの［　　　　］ため上昇した時期があるものの，その後低下し，1970年までは40%を下回る状況となっている。

(3) 次のグラフは，年表中にある新渡戸稲造の肖像が5000円紙幣に印刷されていた期間の日本の輸出額と輸入額の推移を示したものであり，下の文章は，このグラフについて述べたものである。文章中の（③），（④）にあてはまることばの組み合わせとして最も適当なものを，あとの**ア**から**エ**までの中から選んで，そのかな符号を書きなさい。

なお，グラフ中のａ，ｂは輸出額，輸入額のいずれかである。

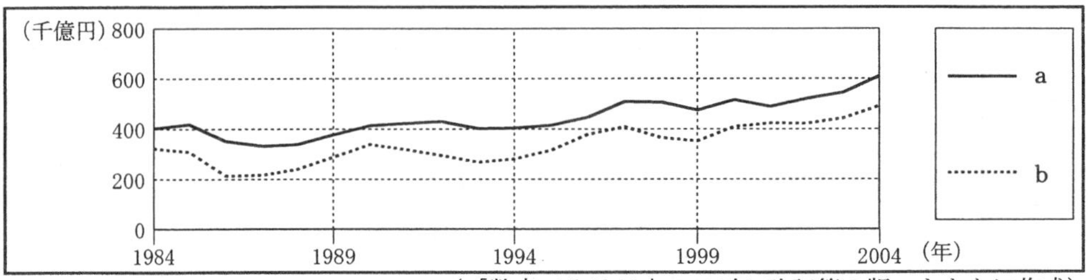

（「数字でみる日本の100年 改訂第６版」をもとに作成）

グラフ中のａは（　③　）を示している。この期間中の海外情勢としては（　④　）に象徴されるような冷戦の終結があった。

ア　③　輸出額，④　ベルリンの壁崩壊　　**イ**　③　輸出額，④　イラク戦争

ウ　③　輸入額，④　ベルリンの壁崩壊　　**エ**　③　輸入額，④　イラク戦争

(4) 次のグラフは，五つの時期の日本の輸入先の州別割合（それぞれの時期の５か年平均）を示したものである。年表を参考にして，グラフ中のＸ，Ｙ，Ｚが示す州の組み合わせとして最も適当なものを，下の**ア**から**カ**までの中から選んで，そのかな符号を書きなさい。

なお，グラフ中のＸ，Ｙ，Ｚは，アジア州，北アメリカ州，ヨーロッパ州のいずれかである。

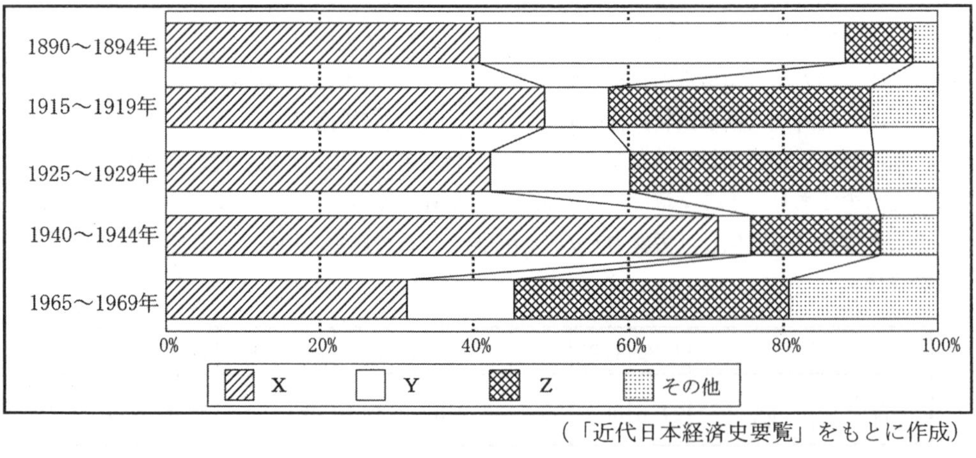

（「近代日本経済史要覧」をもとに作成）

ア　Ｘ　アジア州，　　Ｙ　北アメリカ州，　Ｚ　ヨーロッパ州

イ　Ｘ　アジア州，　　Ｙ　ヨーロッパ州，　Ｚ　北アメリカ州

ウ　Ｘ　北アメリカ州，Ｙ　アジア州，　　　Ｚ　ヨーロッパ州

エ　Ｘ　北アメリカ州，Ｙ　ヨーロッパ州，　Ｚ　アジア州

オ　Ｘ　ヨーロッパ州，Ｙ　アジア州，　　　Ｚ　北アメリカ州

カ　Ｘ　ヨーロッパ州，Ｙ　北アメリカ州，　Ｚ　アジア州

3　次の文章は，生徒と先生が奈良県吉野町へ地域調査に出かける前に話し合った際の会話の一部であり，Ⅰ，Ⅱの地形図は，吉野町のほぼ同じ地域について示したもので，それぞれ令和元年と平成７年に発行されたものである。あとの⑴から⑶までの問いに答えなさい。

なお，文章中の３か所の（②）には同じことばがあてはまる。

生徒：地域調査の前に地形図などで確認しておくとよいことはありますか。

先生：では，吉野町の現在の地形図（Ⅰの地形図）中の金峯山寺と古い地形図（Ⅱの地形図）中の蔵王堂のあたりを見比べてみましょう。古い地形図には記されている，ある公共的な施設を示す地図記号が現在の地形図からはなくなっていますが，わかりますか。

生徒：あっ。現在の地形図には「(　①　)」の地図記号がありません。

先生：そうです。これは（　②　）化や少子高齢化の影響と考えられます。吉野町は法律で定められた基準で「(　②　) 地域」とされています。他に何か気づきますか。

生徒：吉野町には針葉樹林が多い気がします。

先生：そうですね。吉野町には尾鷲，天竜とともに③日本三大人工林に数えられる豊かな森林がありますが，木材の出荷額は最盛期に比べれば落ち込んでいます。

生徒：(　②　) 化と関係あるのでしょうか。

先生：それは地形図からはわかりません。吉野町は桜が有名で，④桜の開花時期には大勢の観光客が訪れるのですが，これについても地形図ではわかりませんね。地域調査では地形図などの資料からは読み取れない吉野町の現状を確認してきてください。

Ⅰ　令和元年発行の地形図

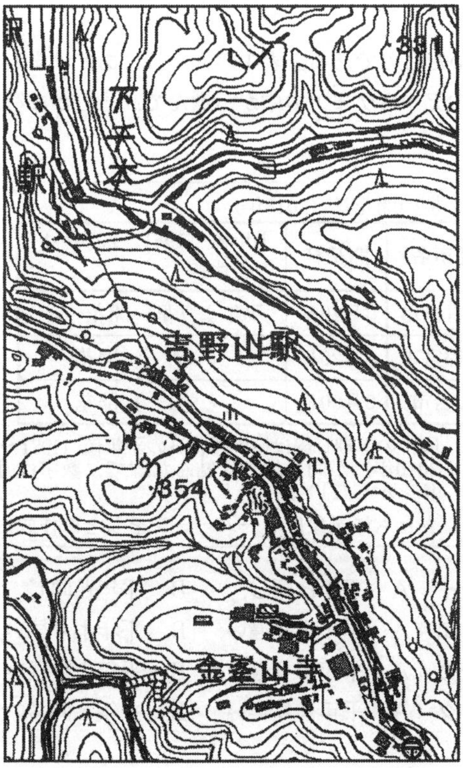

Ⅱ　平成７年発行の地形図

(1) 文章中の（①）にあてはまる最も適当な地図記号を，Ⅱの地形図から抜き出して書きなさい。また，（②）にあてはまる最も適当なことばを，漢字２字で書きなさい。

(2) 次の表は，③日本三大人工林が位置する３県の木材・木製品事業所数等（2016年）をまとめたものである。この表と３県の産業や社会のようすについて述べた文として最も適当なものを，下の**ア**から**カ**までの中から選んで，そのかな符号を書きなさい。

なお，表中のX，Y，Zは静岡県，奈良県，三重県のいずれかである。

県名	木材・木製品事業所数	パルプ，紙，紙加工品出荷額等（億円）	漁業生産量（t）	宿泊旅行者数（千人）	国宝・重要文化財に指定されている建造物件数
X	573	617	19	2 244	264
Y	554	8 192	188 778	15 289	33
Z	374	887	197 217	7 261	25

（「データでみる県勢 2019年版」などをもとに作成）

ア 静岡県はパルプの生産がさかんで，３県の中で木材・木製品事業所数が最も多い。

イ 静岡県は遠洋漁業がさかんで，３県の中で漁業生産量が最も多い。

ウ 奈良県は国宝・重要文化財に指定されている建造物が多く，３県の中で宿泊旅行者数が最も多い。

エ 奈良県は和紙の生産がさかんで，３県の中でパルプ，紙，紙加工品出荷額等の額が最も多い。

オ 三重県は養殖漁業がさかんで，３県の中で漁業生産量が最も多い。

カ 三重県はパルプの生産がさかんで，３県の中でパルプ，紙，紙加工品出荷額等の額が最も多い。

(3) 次の図と表は，④桜の開花時期についてまとめたものである。表中のA，Bにあてはまることばの組み合わせとして最も適当なものを，下の**ア**から**ケ**までの中から選んで，そのかな符号を書きなさい。

図 桜の開花日（平年値）の等期日線図

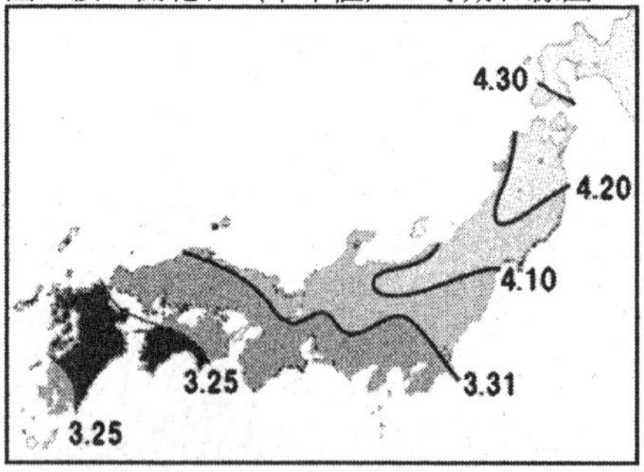

表 桜の開花日（2018年）

都市名	開花日	平年値（1981～2010年）との比較
名古屋市	3月19日	平年より早い開花
宇都宮市	3月26日	（ A ）開花
仙台市	3月30日	（ B ）開花

（注）図中の等期日線は桜の開花日の平年値（1981～2010年）が同じ地点を結んだ線で，数字は月日を示している。

（図，表ともに気象庁ホームページをもとに作成）

ア A 平年と同じ， B 平年より早い
イ A 平年と同じ， B 平年と同じ
ウ A 平年と同じ， B 平年より遅い
エ A 平年より遅い， B 平年より早い
オ A 平年より遅い， B 平年と同じ
カ A 平年より遅い， B 平年より遅い
キ A 平年より早い， B 平年より早い
ク A 平年より早い， B 平年と同じ
ケ A 平年より早い， B 平年より遅い

4 次の文章は，生徒と先生がⅠの略地図とⅡの資料をもとに南極について話し合った際の会話の一部である。あとの(1)から(3)までの問いに答えなさい。

生徒：南極大陸にはパスポートなしで上陸できるというのは本当ですか。
先生：本当です。Ⅰの略地図に示された南緯60度以南の地域については，国際条約により各国の領有権主張が凍結されており，どこの国にも属しません。日本はⅡの資料からわかるように南極に観測基地を設置していますが，領有権は主張していません。
生徒：南極は特別な地域なのですね。一度行ってみたいです。
先生：南極とは別に，ヨーロッパでも多くのEU加盟国のあいだで，パスポートなしで国境を通過できます。

Ⅰ　南極の略地図

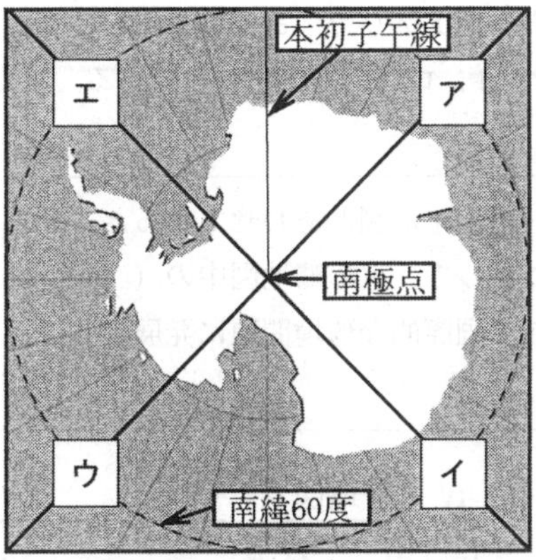

（注）略地図中の南極点を起点とする**ア**，**イ**，**ウ**，**エ**の直線は経線を示している。

Ⅱ　南極観測船「しらせ」航行日程

11月中旬	東京港を出港
11月下旬	オーストラリアに到着
12月下旬	昭和基地に到着
2月中旬	昭和基地を出発

（国立極地研究所ホームページをもとに作成）

日本の南極観測の拠点である昭和基地まで物資を輸送する南極観測船「しらせ」の航行日程は，基地への物資輸送がスムーズに行えるように，出発時期が設定されている。

(1) 次の文は，南極と世界の諸地域の位置関係について，Ⅰの略地図を用いて説明したものである。文中の（①），（②）にあてはまる経線として最も適当なものを，Ⅰの略地図中の**ア**から**エ**までの中からそれぞれ選んで，そのかな符号を書きなさい。

Ⅰの略地図中の**ア**から**エ**までの経線上を，それぞれ南極点から北極点まで移動したとすると，日本とイギリス（ロンドン）の時差が9時間であることから考えて，移動の途中に日本を通過することとなるのは（　①　）の経線であり，ブラジルを通過することとなるのは（　②　）の経線である。

(2) 次のページの**ア**から**オ**までのグラフは，北極点，東京，シンガポール，シドニー，南極点のいずれかの昼間の時間（太陽が出ている時間）の1年間の推移を示している。Ⅱの資料を参考にして，これらのグラフのうち，南極点の昼間の時間（太陽が出ている時間）の1年間の推移を示すものとして最も適当なものを，**ア**から**オ**までの中から選んで，そのかな符号を書きなさい。

ア

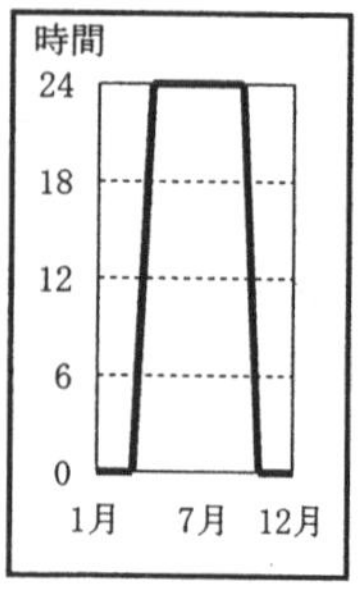

イ

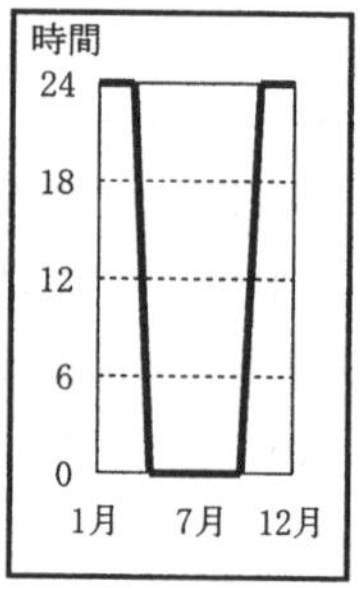

ウ

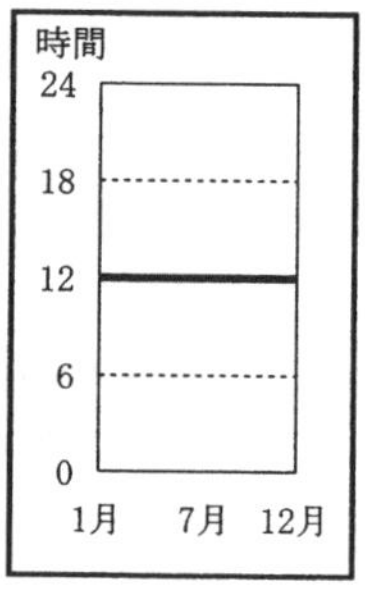

エ

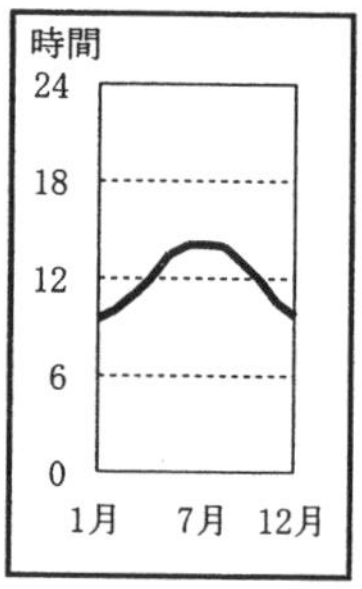

オ

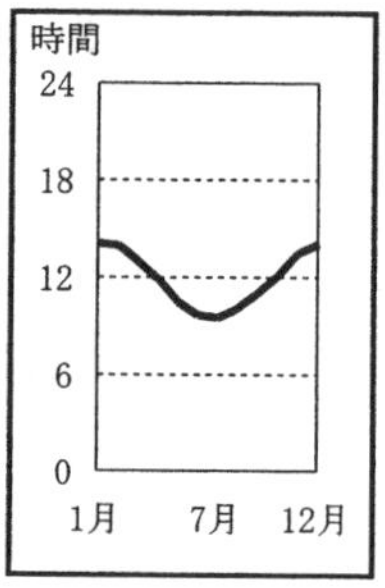

(3)　次の文章は，生徒が，ヨーロッパについて，下のⅢの表とⅣの略地図を用いて発表を行った際のメモの一部である。文章中の（③），（④）にあてはまる符号の組み合わせとして最も適当なものを，あとの**ア**から**ク**までの中から選んで，そのかな符号を書きなさい。

なお，Ⅲの表中のＡからＤまではアジア，北アメリカ，南アメリカ，ヨーロッパのいずれかであり，ａからｅまではアメリカ，カナダ，中国，ブラジル，ロシアのいずれかである。また，Ⅳの略地図中のＸ，Ｙはそれぞれ河川を示している。

> Ⅲの表中の（　③　）はヨーロッパを示している。Ⅳの略地図とあわせてみると，せまい地域に多くの国が密集していることがわかる。したがって，Ⅳの略地図中の（　④　）のような河川で水質汚染（汚濁）が発生すると，流域で国際的な環境問題に発展することもある。

Ⅲ　各州および国土面積上位５国の面積，人口

州名（国数）・国名	面積（千km²）	人口（千人）
Ａ（ｄを含む47か国）	31 033	4 545 133
アフリカ（54か国）	29 648	1 287 921
Ｂ（ａを含む45か国）	22 135	742 648
Ｃ（ｂ，ｃを含む23か国）	21 330	587 615
Ｄ（ｅを含む12か国）	17 461	428 241
オセアニア（16か国）	8 486	41 261
ａ	17 098	143 965
ｂ	9 985	36 954
ｃ	9 834	326 767
ｄ	9 600	1 415 046
ｅ	8 516	210 868

（「2019データブックオブ・ザ・ワールド」をもとに作成）

Ⅳ　略地図

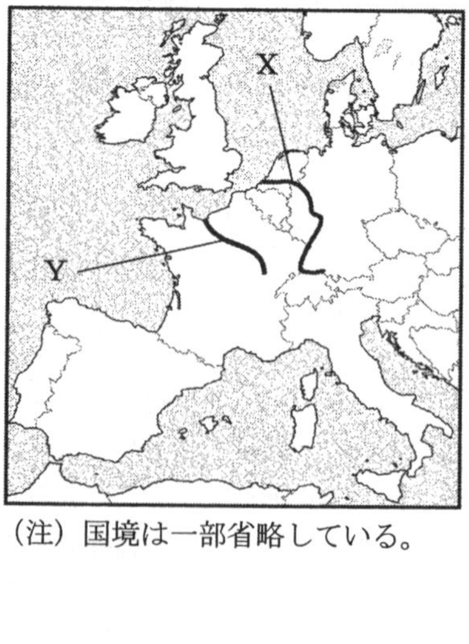

（注）国境は一部省略している。

ア　③：Ａ，　④：Ｘ　　**イ**　③：Ａ，　④：Ｙ
ウ　③：Ｂ，　④：Ｘ　　**エ**　③：Ｂ，　④：Ｙ
オ　③：Ｃ，　④：Ｘ　　**カ**　③：Ｃ，　④：Ｙ
キ　③：Ｄ，　④：Ｘ　　**ク**　③：Ｄ，　④：Ｙ

5　次のⅠ，Ⅱ，Ⅲの資料は，生徒が家計や消費行動についてのレポートを作成するために集めたものの一部である。あとの(1)から(4)までの問いに答えなさい。

なお，ⅠのAおよびBの表中のａ，ｂ，ｃは「10歳代後半」，「40歳代」，「60歳代」のいずれかであり，同じ符号には，それぞれ同じことばがあてはまる。また，Ⅱの資料中のWからZまではそれぞれ「消費スタイル」を示している。

Ⅰ　世代別のお金のかけ方

A　「現在お金をかけているもの」上位３項目（%）

順位	a		b		c	
1	食べること	69.8	食べること	69.1	食べること	68.1
2	子供の教育	47.7	ファッション	50.2	医療	36.1
3	住まい	28.4	スポーツ観戦・映画・コンサート鑑賞等	34.6	旅行	31.8

B　「今後節約したいもの」上位３項目（%）

順位	a		b		c	
1	通信（電話，インターネット等）	45.3	食べること	34.2	ファッション	42.0
2	ファッション	39.9	通信（電話，インターネット等）	32.2	車	39.4
3	車	38.0	車	29.6	家電・ＡＶ機器	33.9

（注）選択肢から複数の回答が選択できる形式での調査のため，合計しても100%にならない。

（消費者庁「平成29年版 消費者白書」をもとに作成）

Ⅱ　「消費スタイル」別の構成割合とその推移

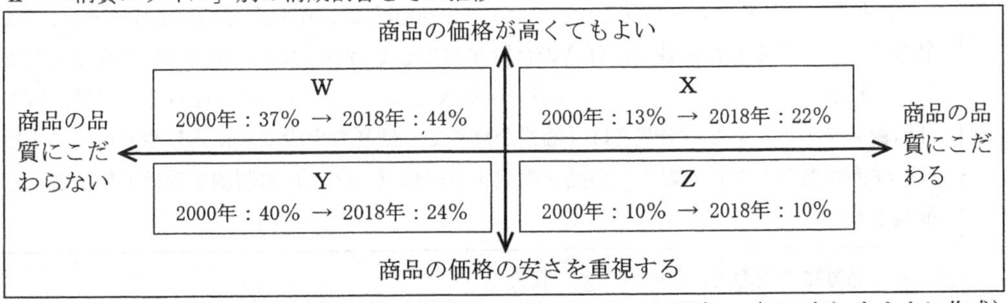

（野村総合研究所「生活者１万人アンケート調査」（2018年）をもとに作成）

Ⅲ　倫理的消費に関する資料

児童労働をさせることで賃金コストを抑えたり，不法投棄など環境への負荷を減らすためのコストを負担しなかったりすることにより低価格を実現したという情報を得ていたならば，消費者はそれでもその商品やサービスを選択するだろうか。これらの，物のライフサイクルを通じて社会や環境に与える負担や影響といった社会的費用を意識しないまま価格の安さのみを追い求める消費行動を続ければ，倫理的消費に誠実に取り組む事業者が逆に市場から淘汰《とうた》されることにもつながりかねない。

（注）○倫理的消費＝人や社会・環境に配慮した消費行動のこと。
○淘汰《とうた》される＝不用・不適のものとして排除されること。

（消費者庁「「倫理的消費」調査研究会取りまとめ」から抜粋）

(1)　Ⅰの資料から読み取れることについて述べた文として最も適当なものを，次のアからエまでの中から選んで，そのかな符号を書きなさい。

ア　それぞれの世代の「食べること」に現在お金をかけていると回答した人の割合を比較すると，年齢が高い世代ほど，その割合が高くなっていることがわかる。

イ　それぞれの世代の「車」にかけるお金を今後節約したいと回答した人の割合を比較すると，年齢が高い世代ほど，その割合が高くなっていることがわかる。

ウ　それぞれの世代の「旅行」に現在お金をかけていると回答した人の割合を比較すると，年齢が低い世代ほどその割合が高くなっていることがわかる。

エ　それぞれの世代の「通信（電話，インターネット等)」にかけるお金を今後節約したいと回答した人の割合を比較すると，年齢が低い世代ほどその割合が高くなっていることがわかる。

(2)　次の文章は，生徒がⅠの資料について発表した際のメモの一部である。文章中の（　）にあてはまる最も適当なことばを，漢字４字で書きなさい。

> Bの表の各項目が実際に節約されると，家計の中で貯蓄が増える場合もあると考えられる。貯蓄が銀行に預金されると，預金は，銀行によって資金を必要とする企業などに貸し付けられる。企業が銀行や保険会社などをなかだちとして資金調達することを（　　　）というが，これに対して企業は株式を発行するなどして直接資金を集めることもできる。

(3)　次の文章は，生徒がⅡの資料について発表した際のメモの一部である。文章中の（①），(②）にあてはまることばの組み合わせとして最も適当なものを，下のアからエまでの中から選んで，そのかな符号を書きなさい。

> 「生活者１万人アンケート調査」について，2000年と2018年の調査結果を比べると，「商品の（　①　)」とした消費者の割合の合計が減少している。また，2018年にはWからZまでの「消費スタイル」のうち，Wの割合が最大となっている。同調査の分析では，Wの「消費スタイル」をもつ消費者は「価格が高くても便利な手段で手に入りやすいものを買う」傾向があるとされており，商品を選択する際に（　②　）の制約を受けていることが推測される。

ア　①　品質にこだわる，　②　収入
イ　①　品質にこだわる，　②　時間
ウ　①　価格の安さを重視する，　②　収入
エ　①　価格の安さを重視する，　②　時間

(4)　次の文章は，生徒がⅢの資料について発表した際のメモの一部である。文章中の（③），(④）にあてはまる符号とことばの組み合わせとして最も適当なものを，次のページのアからエまでの中から選んで，そのかな符号を書きなさい。

> Ⅲの資料では，Ⅱの資料中の（　③　）にあたる「消費スタイル」が社会や環境に与える影響について述べられている。消費者が倫理的消費を実践しようとするには，事業者による（　④　）が必要である。

ア　③：X，④　情報公開　　**イ**　③：X，④　個人情報の保護
ウ　③：Y，④　情報公開　　**エ**　③：Y，④　個人情報の保護

6　次の表は，日本，アメリカ，イギリスの政治体制についてまとめたものである。あとの(1)から(3)までの問いに答えなさい。

	日本	アメリカ	イギリス
行政など	議会から選出された首相が内閣を組織する。天皇は憲法で「日本国の象徴」とされ，その地位は「（　A　）の存する日本国民の総意に基く」とされている。天皇に政治的権限はない。	国民の直接選挙により選出された大統領が最高責任者として，大きな権限をもつが，議会に法案を提出する権限はない。	議会から選出された首相が内閣を組織する。儀礼的な権限をもつ君主が存在する。
立法	衆議院と参議院の二院制。衆議院が優越。	上院と下院の二院制。両院は対等。	上院と下院の二院制。下院が優越。

(1)　表中の（A）にあてはまる最も適当なことばを，漢字２字で書きなさい。

(2)　次の文章は，表中の３国の行政と立法の関係について説明したものである。文章中の（①），（②）にあてはまることばの組み合わせとして最も適当なものを，下の**ア**から**エ**までの中から選んで，そのかな符号を書きなさい。

> 日本では表中の説明に加えて，憲法の規定により，内閣総理大臣は内閣を構成する国務大臣の（　①　）を国会議員から選ぶこととされている。一方，アメリカでは大統領に議会を解散する権限がないなど，日本やイギリスと比べて行政と立法それぞれの（　②　）といえる。

ア　①　過半数，　②　独立性が強い　　**イ**　①　過半数，　②　独立性が弱い
ウ　①　３分の２以上，　②　独立性が強い　　**エ**　①　３分の２以上，　②　独立性が弱い

(3)　次の文は，日本の政党政治について説明したものである。文中の（③），（④）にあてはまることばの組み合わせとして最も適当なものを，下の**ア**から**エ**までの中から選んで，そのかな符号を書きなさい。

> 日本では1955年から1993年までの長期にわたって（　③　）内閣を組織していたが，21世紀に入り，アメリカやイギリスのように（　④　）の性格が強まった時期があり，2009年には政権交代が起こった。

ア　③　同じ政党が単独で，　④　多党制
イ　③　複数の政党が連立して，　④　多党制
ウ　③　同じ政党が単独で，　④　二大政党制
エ　③　複数の政党が連立して，　④　二大政党制

ウ　自分の説が正しければすぐに世に認められると考えているから。

エ　門人が自分の学説に異を唱えたことを残念に思っているから。

(三)　③汝《なむぢ》只《ただ》みづから修めよ　の現代語訳として最も適当なものを、次のアからエまでの中から選んで、そのかな符号を書きなさい。

ア　あなたはひたすら自分自身の修養に努めなさい

イ　あなたはすぐにでも自分の考えを改めなさい

ウ　あなたはとにかく自力で争いを解決しなさい

エ　あなたはじっと彼が誤りに気づくのを待ちなさい

(四)　この文章に描かれている仁斎先生の人物像として最も適当なものを、次のアからエまでの中から選んで、そのかな符号を書きなさい。

ア　誤りを指摘されても、自分の学説を守ることに全力を注ぐ人物

イ　他者からの批判に動じず、学問的な正しさを追究する人物

ウ　意見の相違があれば、対話を重ねて相手を知ろうとする人物

エ　素直に忠告を受け入れ、自分の短所を改めることのできる人物

(四) ④生物の営みの本源と深く結びついた知覚 であると言えるのは、匂いがどのような特性をもっているからか。その内容を説明した次の文の □ にあてはまる最も適当なことばを、第六段落の文章中から抜き出して、八字で書きなさい。

匂いは、故郷への帰属意識を呼びおこす □ をかき立てるなど、暗黙裏のレベルで人間に刺激を与える特性をもっている知覚である。

(五) この文章の論の進め方の特徴として最も適当なものを、次の**ア**から**オ**までの中から選んで、そのかな符号を書きなさい。

ア はじめに結論を示した後、結論と対立する考え方の問題点を根拠とともに示すことで自分の主張の妥当性を強調している。

イ 一般的に認められている考え方に対して疑問を投げかけた後、複数の具体例を根拠として独自の意見を述べている。

ウ 日常生活で感動した体験から話を始め、徐々に抽象的な事柄へと話題を広げることで自分の主張を一般化しようとしている。

エ 身の周りの現象や日常的な事柄の考察から自分の主張を導き、その後に根拠となる具体例を幅広く示すことで説得力を高めている。

オ 根拠となる事例を分かりやすい表現で次々と提示し、それらの共通点を抽出することで自分の意見の正しさを明らかにしている。

四 次の古文を読んで、あとの(一)から(四)までの問いに答えなさい。

(本文の……の左側は現代語訳です。)

仁斎《じんさい》先生存在の時（生きていらっしゃる時）、大高清助《おおだかせいすけ》といふ人、『適従録』を著して大いに先生を誹議《ひき》す（先生の学説を非難した）。①門人かの書を持ち来たりて示し、且つ（すぐに）これが弁駁《べんばく》（反論）を作らん事を**ア**勧む。先生微笑してことばなし。かの門人怒りつぶやきていふ、「もし先生弁ぜずんば（反論をしないのならば）吾其《われそ》の任に**イ**あたらん。」と。先生しづかに言ひていはく、「彼是ならば吾非を改めて彼が是に**ウ**したがふべし。もし吾是に彼非ならば吾が是は即天下の公共なり。②固《もと》より弁を（もともと反論する）またず（までもない）。久しうして彼も又みづからその非を**エ**しらん（知れ渡ることとなる）。③汝只《なむぢただ》（あなた）みづから修めよ。他を**オ**かへりみる事なかれ。」とぞ。先生の度量、大旨《おほむね》此《こ》のたぐひなりと、ある人かたりき。

(『仮名世説《かなせせつ》』による)

(注) ○ 仁斎《じんさい》＝伊藤仁斎。江戸時代前期の学者。
○ 大高清助《おおだかせいすけ》＝江戸時代前期の学者。

(一) 波線部**ア**から**オ**までの中から、①門人 が主語であるものを全て選んで、そのかな符号を書きなさい。

(二) ②固《もと》より弁をまたず とあるが、仁斎先生がこのように述べた理由として最も適当なものを、次の**ア**から**エ**までの中から選んで、そのかな符号を書きなさい。

ア 反論することで相手の自尊心に傷がつくことを恐れているから。

イ 相手に対する反論は公的な場で行うべきであると思っているから。

つかしさの感情と結びついた帰属意識などを深く呼びおこす知覚資源として、匂いもまた人類社会の歴史の中で大きな役割を果たしてきたと考えられる。

（松木《まつぎ》武彦《たけひこ》『美の考古学—古代人は何に魅せられてきたか』による）

（注）○ 1～6は段落符号である。
○ スペクトル＝光をプリズム（分光器）で分解したときにできる色の帯。
○ バリエーション＝変化。
○ 希少＝きわめて少なく珍しいこと。
○ いらか＝かわらぶきの屋根。
○ 企図する＝ねらいをもって計画する。
○ いやおうなく＝承知、不承知に関係なく。

(一) ①、②にあてはまる最も適当なことばを、次の**ア**から**カ**までの中からそれぞれ選んで、そのかな符号を書きなさい。

ア または　**イ** このように　**ウ** さすがに
エ あるいは　**オ** ただし　**カ** ついに

(二) ③知覚資源の多彩化と多量化の歩み　とあるが、人類の歴史において知覚資源はどのように役立てられてきたか。その説明として最も適当なものを、次の**ア**から**エ**までの中から選んで、そのかな符号を書きなさい。

ア 知覚資源は新たな価値の源となり、人々の社会的な地位を向上させることで、国家の政治的・経済的発展に役立てられてきた。
イ 知覚資源は人間の美的感情の源となり、社会で広く利用され制度化されていく中で、儀礼や宗教の発展と継承に役立てられてきた。
ウ 知覚資源はさまざまな美の源となり、生み出された美の多くが価値あるものと認識され、社会の組織化に役立てられてきた。
エ 知覚資源は美の革新の源となり、社会の中に高揚感や一体感をもたらすなど、人々の心を豊かにすることに役立てられてきた。

(三) 筆者は第五段落で、音という知覚資源の特性について述べている。それを要約して、七十字以上八十字以下で書きなさい。ただし、「区分け」、「強制性」、「高揚感」という三つのことばを全て使って、「色に比べて音は、……」という書き出しで書くこと。三つのことばはどのような順序で使ってもよろしい。

（注意）・句読点も一字に数えて、一字分のマスを使うこと。
・文は、一文でも、二文以上でもよい。

※ 左の枠は、(三)の下書きに使ってもよろしい。ただし、解答は必ず解答用紙に書くこと。

色に比べて音は、

70　80

ンは、現代にむかって時代が進むにつれて多彩になってきた。これらのバラエティの一つ一つを「知覚できるもの」という意味で「知覚資源」と呼ぶと、人類の歴史は、③知覚資源の多彩化と多量化の歩みだということも可能だ。知覚を通じて心を動かす力を広い意味での美とするとらえ方からすれば、知覚資源は美の源泉とも呼びかえられる。人類史は、このような美の源泉を生み出し、革新する歩みだったともいえる。重要なのは、これらの知覚資源がかもし出す美の多くが、経済的価値や人間関係を演出し、社会を複雑に組織化していくのに役立てられたことである。たとえば金《きん》は、その独特の色彩、質感、輝きが、希少さともあいまって、歴史のかなり早い段階から地球上の各地で価値あるものと認識され、それを持ったり見せたりすることが、社会的な立場や権威のありかをしめすのに役立てられてきた。

4　金のように希少な物質ならまだしも、ある色彩を用いることが社会的に限定され、制約を受ける場合さえあった。中国・北京《ペキン》の紫禁城《しきんじょう》のいらかを彩《いろど》る濃い黄色は、皇帝の権威の象徴だといわれる。また、自分以外がピンク色で装《よそお》うことを禁じたという十八世紀のロシア女帝エリザヴェートの逸話なども、どこまでが真実かは別にしても、権力による色彩の利用の端的な例として思い浮かぶ。エリザヴェート女帝の逸話ほど極端でなくとも、特定の色で特定の地位や階層をあらわす制度は、歴史上たびたび登場している。日本古代朝廷の「冠位十二階」で、紫を最高位とするランクづけの色表示がおこなわれたことは、その典型例だ。現代でも、たとえば大相撲の行司の位階が、装束の房の色であらわされている例をはじめ、伝統文化の慣習などの中にその名残を見つけることはたやすい。いっぽう、このような区分けとはちょうど反対に、色はまた、それを共有することによって人びとを一つにまとめる心理的手段としても、しばしば利用されてきた。黄色の頭巾を結束の目印にしたといわれる中国古代後漢末の内乱・黄巾の乱は、事実だとすればそのような例になるだろう。現代でも、サッカーの国際試合で日本チームが身にまとう「サムライ・ブルー」は、スタンドのサポーターのみならず、画面を通じて声援を送る人びとにも共有され、誇示されて、一体となった高揚感を演出する手段となっている。

5　色に比べると、音や匂いや味は、一つ一つに色のような分類名称をつけて特定することが難しく、なおかつ、その場かぎりで消え去っていく知覚であるために、企図して社会的に利用される機会は多くない。社会的な区分けにこれらの知覚資源を用いたり、制度化したりすることは難しかっただろう。ただし、音についていえば、その音波を運ぶ空気でつながっている人びとには、色以上にいやおうなく一様にそれを共有させることができる。視覚は、姿勢や視線によってある程度は取捨選択できるが、聴覚はそれが難しい分、強制性が高いといえるのである。そのことを生かし、一体的な高揚感をかもし出す有効な手段として、儀礼や宗教の場で、音はさかんに利用されてきた。寺院や教会の鐘、読経《どきょう》や聖歌の合唱の声などが、その場の雰囲気をどれほどに盛り上げるかを思い浮かべてみれば、音という知覚資源を利用する効果のほどが容易にうかがわれる。

6　そういう意味では、匂いもまた同様の特性をもっている。しかも匂いは、ヒトがパートナーを選ぶときにも潜在的な役割を演じているという説があるほど、言葉にされることのない暗黙裏のレベルで、私たち人間も含めた④生物の営みの本源と深く結びついた知覚だ。生まれ育った場所に久しぶりに帰ったときのなつかしさの感情が、匂いによって強烈に刺激される体験などは、匂いという知覚のもつこのような性質をよく物語っている。身分や階層の区分けには不向きだが、なと思うからです。

また、筆者自身が「決して順風満帆ではなかった」と述べているこれまでの人生の中で、どうして生きる意味や価値を見つけることができたのかも分かりませんでした。〔 イ 〕

しかし、文章を読み進めるうちにだんだん分かってきました。〔 ウ 〕そして、人間の成長にとっては、環境がとても大切な要素であるということに気づきました。〔 エ 〕

私たちのからだと脳は、私たちを懸命に生き続けさせようと働いています。私たちはたいていそのことに気づかないまま、「生きている意味は何か?」などといった疑問を抱きます。

〔 オ 〕

私は、これから生きていく中で、スマートフォンやインターネットだけでは得られない経験を大切にして、「私の生きる意味」について考え続けていきたいと思います。

X こうした哲学的な問いは、実は、生きているからこそ生まれるものであり、筆者は、人間以外の動物たちの行動や生活を詳細に観察したことから、そのことに思い至りました。

Y それは、子どもの頃に住んでいた土地の豊かな自然や学校の先生とのすばらしい出会いが、筆者にあったからです。

二 次の㈠、㈡の問いに答えなさい。

㈠ 次の①、②の文中の傍線部について、漢字はその読みをひらがなで書き、カタカナは漢字で書きなさい。

① 自分の至らないところを省みて、明日から努力することを誓う。

② 現状をダハするためには、想像力を働かせることが大切である。

㈡ 次の文中の〔③〕にあてはまる最も適当なことばを、漢字一字で書きなさい。

被災地でボランティアを募っていることを知り、〔 ③ 〕は急げと応募した。

三 次の文章を読んで、あとの㈠から㈤までの問いに答えなさい。

1 私たちをとりかこむ世界は、実にカラフルだ。俗に七色とか虹色とかいう、光のスペクトルに沿って赤から緑をへて紫へと並ぶ色彩のバリエーションは、ほとんどすべて、身のまわりのありきたりの人工物に見つけることができる。

2 バリエーションは、色彩だけではない。私たちは、視覚によって色彩以外の質感や輝きを、さらには聴覚による音、嗅覚による匂い、味覚による味など、さまざまな知覚でバリエーションを享受している。音楽でいえば民族音楽からハードロックまで、生活音でいえばテレビの音から飛行機の爆音まで、各種の音の洪水の中で翻弄されるがごとくだし、一年三百六十五日、毎日ちがった味の晩御飯のメニューを楽しむことだってさほど困難ではない。［ ① ］、私たちがこのようにバラエティに富んだ各種の知覚を享受するようになったのは、さほど古いことではないと思われる。たとえば、私がいまこの文字をつづっているパソコンの画面の形や色や質感を、百年前の人が体験できていたとは思えない。このパソコンのキーをまちがえたときに鳴る電子音も、百年前の人には無縁だっただろう。キッチンからただよってくるコーヒーの匂いや洗面所の石けんの香りも、ありふれたものになったのはどれくらい前のことだろうか。歯みがき粉の味も、相当に新しい時代のものにちがいない。

3 ［ ② ］、色や形、質感や輝き、音、匂い、味などのバリエーショることの価値は十分にあると思っているから。

(二) ②それはそれは印象的な出来事であった　とあるが、どのような点が強く印象に残ったのか。その説明として最も適当なものを、次の**ア**から**エ**までの中から選んで、そのかな符号を書きなさい。

ア　大野先生が珍しい生物の名前までよく知っており、校長先生の知らないことまで即座に答えたところから、生物学の奥深さを感じた点

イ　大野先生は生物の名前だけでなく、図鑑に載っていない具体的な生態についても知っており、野外で実物を観察することの大切さに気づかされた点

ウ　大野先生は専門とする貝類についてよく知っているだけでなく、あらゆる自然物に対して関心をもち、知識も豊富であることに驚かされた点

エ　大野先生がいつも採集瓶を持ち歩き、生物を採取しては観察している姿を目にして、先生の自然に対する探究心にはとてもかなわないと思った点

(三) [A] と [B] には同じことばが入る。その最も適当なことばを、同じ段落からそのまま抜き出して、九字で書きなさい。

(四) ③氷山の一角に過ぎない　とはどういうことか。その説明として最も適当なものを、次の**ア**から**エ**までの中から選んで、そのかな符号を書きなさい。

ア　人間の脳は、意識下の部分でからだを生き続けさせることを第一の業務にしているということ

イ　人間の脳は、生きるために必要な問いが意識に上るように意識下から働きかけているということ

ウ　人間の意識は、生き続けるためのからだと脳の働き全体のほんのわずかな部分であるということ

エ　人間の意識は、からだを生き続けさせようと意識下で働いている脳に支配されているということ

(五) 次の**ア**から**オ**までの中から、その内容がこの文章に書かれていることと一致するものを二つ選んで、そのかな符号を書きなさい。

ア　自然界には理不尽なことが存在する一方で、自然のもつ美しさには、日常のいやなことを忘れさせてくれる力がある。

イ　生物学とは、客観的で詳細な観察によって、生物が生きているという自然現象を論理的に理解しようとする試みである。

ウ　筆者が生物学者を目指したのは、子どもたちが自然を美しいと感じる経験が減っており、人間の将来に危機感をもったからである。

エ　文字情報や二次元の視覚情報ではなく、身近にある自然などの本当の現実に触れた経験こそ、人生の原点となる。

オ　都市部では、子どもが触れることのできる自然がほぼなくなっているため、郊外に残る自然を守っていく必要がある。

(六) 次の文章は、ある生徒が本文を読んで書いた感想である。文章中の〔**ア**〕から〔**オ**〕までのいずれか二箇所に、あとの**X**、**Y**を補って文章を完成させたい。その最も適切な箇所をそれぞれ選んで、そのかな符号を書きなさい。

筆者は、友人や学生の「人生に意味や価値があるのかどうかわからない、生きていく意味がわからない」という意見に対して、「私には、この感覚がわからない」と述べています。私は、この筆者の考えが最初は理解できませんでした。〔**ア**〕なぜなら、人が生きていく上で迷ったり悩んだりするのは当然だ

はできない。上の順位の個体からはいじめられるし、好きなときに好きなことをする自由がない。しかし、彼らは決してあきらめず、自分にできる範囲において、少しでも得になること、心地よいことをしようとする。ときには、大きなけんかも辞さない。つまり、もう生きることを「投げている」ように見える個体は一匹もいないのだ。それは、観察している私が、生きることはすばらしいという価値観を持っているから、すべての生き物が［ A ］ように見えるだけなのだろうか？そうではないと思う。それは、客観的な行動の観察に基づくからだ。この行動観察記録を見れば、どんな人生の価値観を持っている人でも、動物たちが［ B ］ことは否《いな》めないと思う。

5 私たちのからだと脳の意識下の部分は、何がなんでもからだを生き続けさせようとして働いている。その働き自体は意識に上らないので自分ではわからないが、呼吸すること、体温を維持すること、痛みを回避すること、栄養とエネルギーを取り込むこと、などなどは、私たちのからだと脳が、それこそ一生懸命になって取り組んでいる、第一の業務である。意識とは、そのてっぺんで、そういう作業全体を認識している部分だが、それは③氷山の一角に過ぎない。ところが、人間の自意識は、その氷山の一角だけの部分であるにもかかわらず、「生きるとは何か？」「生きている意味は何か？」といった「哲学的」疑問を生じさせる。この自意識は、からだと脳が自分を懸命に生き続けさせているからこそ、こんな疑問を（ぜいたくにも）問いかけるゆとりがあるのだという事実を知らない。

6 こんなことのすべてを私がわかるようになったのは、人間以外の動物の生き方を詳細に観察したからである。そして、そのような観察をしたいと思ったそもそもの始まりは、自然界が美しいと子ども心に感じたからであった。それには、まだ三歳だった私が実際に見て触れてすばらしいと感じる自然があったから始まったのだ。今、身近な自然はどんどんなくなっている。それでも、見ようと思えばまだ自然はあるのだが、スマートフォンやインターネットに夢中になる時間が増えて、子どもたちが身近な自然に触れる時間が減っている。ネットで見たことは「現実」ではない。ネットが提供する情報は、文字情報か、二次元的な視覚の情報だけである。現実は三次元であり、匂いも、温度も、動きもある。本当の現実を見るとどれほど多次元的に感動するか、それが、人生の原点なのだと思うのである。

（長谷川眞理子《はせがわまりこ》『世界は美しくて不思議に満ちている——「共感」から考えるヒトの進化』による）

（注）○1～6は段落符号である。
○院生＝大学院の学生。
○テトラポッド＝海岸などに積み上げて波の浸食を防ぐコンクリートブロック。
○森羅万象＝宇宙に存在する全てのもの。
○博物学者＝動物・植物・鉱物などの自然物について研究を行う学者。

(一) ①私には、この感覚がわからないとあるが、筆者がこのように感じる理由として最も適当なものを、次の**ア**から**エ**までの中から選んで、そのかな符号を書きなさい。

ア 幼少期に自然の中で遊ぶ経験があれば、人生の楽しさや意味はおのずと理解されるはずであると思っているから。

イ 人生経験の多少にかかわらず、大学生にもなれば生きることの意味は理解できるようになると考えているから。

ウ 自然現象を科学的に探究していくだけでは、生きることの意味や価値は見えてこないと考えているから。

エ 美しくて不思議に満ちている自然を探究できるだけでも、生き

＜国語＞

時間　四五分　満点　二二点

一　次の文章を読んで、あとの㈠から㈥までの問いに答えなさい。

[1] 知りあいや友人、学生、院生の中から、人生に意味や価値があるのかどうかわからない、生きていく意味がわからない、という意見（感じ）を聞くことがある。そうですか、人生は楽しくないですか？と聞くと、それはそれなりに楽しいし、一生懸命生きてはいるのだけれど、本質的に価値や意味があるとは思えない、ということなのだ。そこで困ったことには、①私には、この感覚がわからない。だから、「そうですよね」と共感して次の話をすることができないのだ。実は、私は、人生は楽しいし、世界は美しくて不思議に満ちているので、それを探究するために、ずっと生きていたいと思っているのだ。もちろん、毎日の仕事では、いやなことも悪いこともたくさんある。これまでの人生は決して順風満帆ではなかった。でも、本質的に人生は生きる価値があるし、楽しいと感じている。だから、先のような相談者には、本心で対応に困ってしまうのである。

[2] では、なぜ私が世界は美しくて不思議に満ちていると感じているかといえば、それは、自然が美しくて不思議に満ちているからである。人間世界には、理不尽なことも美しくないことも山ほどあるが、自然は本当に美しい。そして、私がまだ実際にこの目で見て体験したことのない自然が、世界にはまだまだたくさんある。それらを見たいし、探究したい。私にとってはそれだけで、生きる意味は十分にある。生きていなければ、見られないし、探究できないからだ。

[3] こんなふうに自然は美しいと感動したのは、まだほんの子どものころだった。三歳か四歳ぐらいのとき、和歌山県の紀伊田辺《きいたなべ》に住んでいたときだ。テトラポッドなど一つもなかった田辺湾の海に生息する貝やイソギンチャク、小さな魚たち。その美しさが私をとらえた。以後、そこから始まって、貝殻や草花や昆虫を集めて図鑑で調べることが無二の喜びとなった。東京に戻ってからも、この興味は尽きることがなかった。小学校の二年から三年にかけての担任の先生（大野《おおの》先生）が、生物学を専攻した方だったことは、おおいに幸いした。彼女は貝類が専門で、ツメタガイという大きな巻き貝は、他の貝類の殻を溶かして中を食べてしまう捕食者だということを教えてくれた。高尾《たかお》山《さん》に遠足に行ったときには、そのときの校長先生が、ことのほか大きなミミズを捕まえ、「こんな大きなミミズは見たことがない」とおっしゃると、大野先生は、「ああ、これは普通のミミズではありません。オオミミズです」と言って採集瓶の中に入れた。二年生の児童にとって、②それはそれは印象的な出来事であった。つまり、大野先生は、昨今たくさん存在するただの生物学者ではなくて、森羅万象の大筋の全体を知っている、本物の博物学者だったのだ。

[4] 自然科学とは、さまざまな自然現象を論理的に理解しようとする試みである。それやこれやで、私は、ごく小さいころから自然に興味が湧き、結局は生物学の研究をする学者になった。その間、ニホンザル、チンパンジー、ダマジカ、ソイシープ、クジャク、タニシなどを野生の状態で観察し、そして、これらの動物が食べる植物なども研究のために観察してきた。そうした揚げ句に得た結論は、生物はみな、一生懸命生きている、ということだ。何か意味や価値があるから生きているのではない、生きているからこそ、意味や価値が生まれてくるのだ、ということである。社会生活をする動物には、たいてい、社会的な順位がある。順位が高ければ好きなことができるが、低いとそう

MEMO

大切なことはメモしておこうネ！

A

2020年度

解　答　と　解　説

《2020年度の配点は解答用紙集に掲載してあります。》

<数学解答>

1　(1)　11　　(2)　$\frac{11}{15}x$　　(3)　$\sqrt{15}$

(4)　$x=\frac{1\pm\sqrt{13}}{2}$　　(5)　$(x-1)(x-9)$

(6)　38人　　(7)　毎秒18m

(8)　$\frac{9}{20}$　　(9)　$\sqrt{21}$cm

2　(1)　ア(0)，イ(−4)

(2)　a(3.2)，b(3)，c(24)，d(1.9)

(3)　(8，0)　　(4)　①　右図

②　50分後

3　(1)　92度　　(2)　①　4倍　　②　$\frac{37}{25}$倍

(3)　①　$36\sqrt{7}\,\mathrm{cm}^3$　　②　$\frac{3\sqrt{14}}{2}$cm

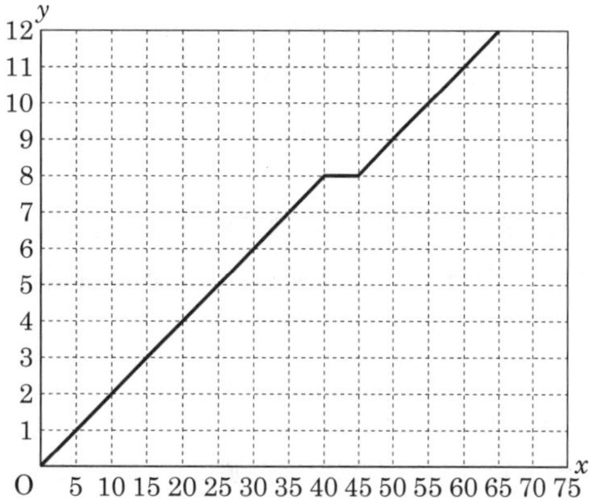

<数学解説>

1　(数・式の計算，平方根，二次方程式，因数分解，方程式の応用，関数$y=ax^2$，確率，線分の長さ)

(1)　**四則をふくむ式の計算の順序は，乗法・除法→加法・減法**　となる。$3-4\times(-2)=3-(-8)=3+(+8)=3+8=11$

(2)　$\frac{2}{3}(2x-3)-\frac{1}{5}(3x-10)=\frac{2(2x-3)}{3}-\frac{(3x-10)}{5}=\frac{10(2x-3)-3(3x-10)}{15}=\frac{20x-30-9x+30}{15}=\frac{20x-9x-30+30}{15}=\frac{11}{15}x$

(3)　**分配法則**を使って，$(\sqrt{10}+\sqrt{5})(\sqrt{6}-\sqrt{3})=\sqrt{10}\times(\sqrt{6}-\sqrt{3})+\sqrt{5}\times(\sqrt{6}-\sqrt{3})=\sqrt{10}\times\sqrt{6}-\sqrt{10}\times\sqrt{3}+\sqrt{5}\times\sqrt{6}-\sqrt{5}\times\sqrt{3}=\sqrt{60}-\sqrt{30}+\sqrt{30}-\sqrt{15}=2\sqrt{15}-\sqrt{15}=\sqrt{15}$

(4)　$2x^2+5x+3=x^2+6x+6$　整理して　$x^2-x-3=0$　**2次方程式$ax^2+bx+c=0$の解は，$x=\frac{-b\pm\sqrt{b^2-4ac}}{2a}$**で求められる。問題の2次方程式は，$a=1$，$b=-1$，$c=-3$の場合だから，$x=\frac{-(-1)\pm\sqrt{(-1)^2-4\times1\times(-3)}}{2\times1}=\frac{1\pm\sqrt{1+12}}{2}=\frac{1\pm\sqrt{13}}{2}$

(5)　**乗法公式$(a+b)(a-b)=a^2-b^2$**より，$5x(x-2)-(2x+3)(2x-3)=(5x\times x-5x\times2)-\{(2x)^2-3^2\}=(5x^2-10x)-(4x^2-9)=5x^2-10x-4x^2+9=x^2-10x+9$　たして−10，かけて+9になる2つの数は，$(-1)+(-9)=-10$，$(-1)\times(-9)=+9$より，−1と−9だから　$x^2-10x+9=\{x+(-1)\}\{x+(-9)\}=(x-1)(x-9)$

(6)　このクラスの人数をx人とする。クラスで調理実習のために必要な材料費の関係から　$300x+2600=400x-1200$　整理して，$-100x=-3800$　$x=38$　以上より，このクラスの人数は38人である。

(7)　ボールが，ある斜面をころがりはじめてから2秒後までにころがる距離は$y=3\times2^2=12$m，4秒後までにころがる距離は$y=3\times4^2=48$m　よって，(ボールがころがりはじめて2秒後から4秒

後までの平均の速さ)＝(ころがった距離)÷(ころがった時間)＝(48m－12m)÷（4秒－2秒)＝毎秒18m

(8)　Aの箱からカードを1枚取り出すときの，全ての取り出し方は，1，2，3，4，5の5通り。そのそれぞれの取り出し方に対して，Bの箱からカードを1枚取り出すときの取り出し方が，1，3，5，6の4通りずつあるから，A，Bの箱からそれぞれカードを1枚ずつ取り出すときの，全ての取り出し方は，5×4＝20通り。このうち，取り出したカードに書かれている数の積が奇数であるのは，(A，B)＝(1，1)，(1，3)，(1，5)，(3，1)，(3，3)，(3，5)，(5，1)，(5，3)，(5，5)の9通りだから，求める確率は $\frac{9}{20}$

(9)　**接線と接点を通る半径は垂直に交わる**ので，∠PAB＝∠QBA＝90°　点Qから線分APへ垂線QHを引くと，四角形AHQBは長方形だから，PH＝AP－AH＝ AP－BQ＝4－2＝2cm　△PQHで**三平方の定理**を用いると，AB＝QH＝$\sqrt{PQ^2-PH^2}=\sqrt{5^2-2^2}=\sqrt{21}$cm

2　(方程式の応用，資料の散らばり・代表値，図形と関数・グラフ，関数とグラフ，グラフの作成)

(1)　ア＝x，イ＝yとする。三角形の各辺の3つの数の和がすべて等しいから，連立方程式 $\begin{cases} x+1+y=y+(-1)+2 \\ y+(-1)+2=x+(-5)+2 \end{cases}$ が成り立つ。整理して $\begin{cases} x=0\cdots① \\ x-y=4\cdots② \end{cases}$ ①を②に代入して，$0-y=4$　$y=-4$　以上より，ア＝0，イ＝－4

(2)　獲得した点数の**平均値**は，(5点×9人＋4点×9人＋3点×10人＋2点×6人＋1点×5人＋0点×1人)÷40人＝3.2点(a)　**中央値**は資料の値を大きさの順に並べたときの中央の値。**度数**の合計は40人で偶数だから，獲得した点数の高い方から20番目と21番目の人が獲得した点数の平均値が中央値。4点以上には9＋9＝18人いて，3点以上には18＋10＝28人いるから，獲得した点数の高い方から20番目と21番目の人が獲得した点数の平均値，即ち，中央値は$\frac{3+3}{2}$＝3点(b)　各問題の配点をあわせて考えると，獲得した点数が1点の人は第1問を正解した人，2点の人は第2問か，第3問を正解した人，3点の人は第1問と第2問か，第1問と第3問を正解した人，4点の人は第2問と第3問を正解した人，5点の人は第1問と第2問と第3問を正解した人だから，第1問を正解した人数は，獲得した点数が1点と3点と5点の人数の合計で，5＋10＋9＝24人(c)　また，正解した問題数の平均値は，(3問×9人＋2問×9人＋2問×10人＋1問×6人＋1問×5人＋0問×1人)÷40人＝1.9問(d)である。

(3)　点A，Bは$y=\frac{2}{x}$上にあるから，そのy座標はそれぞれ　$y=\frac{2}{1}=2$，$y=\frac{2}{3}$　よって，A(1，2)，B$\left(3, \frac{2}{3}\right)$　直線ABの傾き＝$\frac{\frac{2}{3}-2}{3-1}=-\frac{2}{3}$　だから，直線ABの式を　$y=-\frac{2}{3}x+b$　とおくと，点Aを通るから，$2=-\frac{2}{3}\times1+b$　$b=\frac{8}{3}$　直線ABの式は　$y=-\frac{2}{3}x+\frac{8}{3}\cdots①$　直線ABとx軸との交点をDとすると，点Dのx座標は，①に$y=0$を代入して，$0=-\frac{2}{3}x+\frac{8}{3}$　$x=4$　D(4，0)　点O，Cから直線ABへそれぞれ垂線OP，CQを引く。△AOBと△ABCにおいて，底辺をABで共通と考えると，△AOB＝△ABCより，OP＝CQ　OP//CQだから，**平行線と線分の比についての定理**より，OD：CD＝OP：CQ＝1：1　これより，点Dは線分OCの中点だから，点Cのx座標をcとすると，$4-0=c-4$　$c=8$　C(8，0)

(4)　①　SさんがA地点を出発してから，C地点に到着するまでのxとyの関係は，$y$km＝毎時12km×$\frac{x}{60}$時間　より，$y=\frac{1}{5}x\cdots$(i)　これより，C地点に到着したときのxの値は，(i)に$y=8$を代入して，$8=\frac{1}{5}x$　$x=40$　SさんはC地点で5分間の休憩をとったから，C地点を出発したときのx

の値は，$x=40+5=45$　C地点を出発してから，B地点に到着するまでのxとyの関係は，$y$km＝8km＋毎時12km×$\frac{x-45}{60}$時間　より，$y=\frac{1}{5}x-1$…(ii)　これより，B地点に到着したときのxの値は，(ii)に$y=12$を代入して，$12=\frac{1}{5}x-1$　$x=65$　以上より，SさんがA地点を出発してからB地点に到着するまでのxとyの関係を表すグラフは，点(0，0)，(40，8)，(45，8)，(65，12)を直線で結んだグラフとなる。

② バスはA地点からB地点まで，12km÷毎時48km＝$\frac{1}{4}$時間＝15分かかり，B地点からA地点までは，12km÷毎時36km＝$\frac{1}{3}$時間＝20分かかる。また，バスは，A地点またはB地点に到着すると，5分間停車したのち出発することを考慮すると，バスのxとyの関係を表すグラフは，右図の点線のグラフとなる。これより，Sさんとバスが最後にすれ違うのは，右図の点Pの位置であり，グラフより，SさんがA地点を出発してから50分後である。

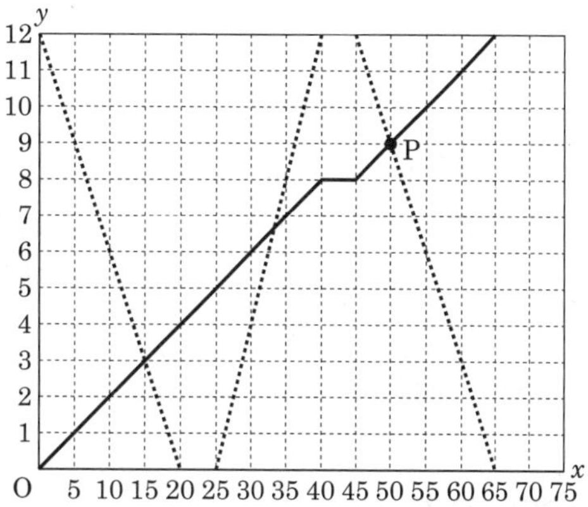

3 (角度，線分の長さの比，面積比，体積，点と平面との距離)

(1) $\overset{\frown}{AC}$に対する**中心角と円周角の関係**から，$\angle EBO=\angle CBA=\frac{1}{2}\angle COA=\frac{1}{2}\times 40^\circ=20^\circ$　△OBDはOB＝ODの二等辺三角形だから，$\angle EDB=\angle ODB=\angle OBD=\angle EBO+\angle DBE=20^\circ+36^\circ=56^\circ$　△BDEの**内角と外角の関係**から，$\angle DEC=\angle EDB+\angle DBE=56^\circ+36^\circ=92^\circ$

(2) ① 直線ADと直線BFの交点をHとする。平行線と線分の比についての定理より，BC：DH＝FC：DF＝3DF：DF＝3：1　$DH=\frac{1}{3}BC=\frac{1}{3}\times 6=2$cm　EC＝2BEより，BE：EC＝BE：2BE＝1：2だから，$BE=\frac{1}{1+2}BC=\frac{1}{3}\times 6=2$cm　平行線と線分の比についての定理より，AG：GE＝AH：BE＝(AD＋DH)：BE＝(6＋2)：2＝4：1　AG＝4GE　より，線分AGの長さは線分GEの長さの4倍である。

② △ABEで三平方の定理を用いると，$AE=\sqrt{AB^2+BE^2}=\sqrt{4^2+2^2}=2\sqrt{5}$ cm　AG：GE＝4：1より，$AG=\frac{4}{4+1}AE=\frac{4}{5}\times 2\sqrt{5}=\frac{8\sqrt{5}}{5}$cm　△ABHで三平方の定理を用いると，$BH=\sqrt{AB^2+AH^2}=\sqrt{4^2+8^2}=4\sqrt{5}$ cm　平行線と線分の比についての定理より，HG：GB＝AH：BE＝4：1だから，$GB=\frac{1}{4+1}BH=\frac{1}{5}\times 4\sqrt{5}=\frac{4\sqrt{5}}{5}$cm　△ABGで，$AB^2=4^2=16$，$AG^2+GB^2=\left(\frac{8\sqrt{5}}{5}\right)^2+\left(\frac{4\sqrt{5}}{5}\right)^2=16$より，$AB^2=AG^2+GB^2$という関係が成り立つから，**三平方の定理の逆**より，△ABGは$\angle AGB=90^\circ$の直角三角形である。よって，$\angle AGF=\angle EGF=90^\circ$であるから，3点A，F，Gと3点E，F，Gはそれぞれ線分AF，EFを直径とする円周上にある。FC：DF＝3：1より，$DF=\frac{1}{3+1}CD=\frac{1}{4}\times 4=1$cm　△ADFで三平方の定理を用いると，$AF^2=AD^2+DF^2=6^2+1^2=37$　△ECFで三平方の定理を用いると，$EF^2=EC^2+FC^2=(BC-BE)^2+(CD-DF)^2=(6-2)^2+(4-1)^2=25$　3点A，F，Gが周上にある円と，3点E，F，Gが周上にある円は相似であり，**相似比はAF：EF**　**相似な図形では，面積比は相似比の2乗に等しい**から，3点A，F，Gが周上にある円の面積は，3点E，F，Gが周上にある円の面積の，$\frac{AF^2}{EF^2}=\frac{37}{25}$倍である。

(3)　①　底面の正方形ABCDの対角線の交点をPとすると，線分OPは正四角すいOABCDの高さとなる。△ABCは**直角二等辺三角形で，3辺の比は1：1：$\sqrt{2}$** だから，AC＝AB×$\sqrt{2}$＝$6\sqrt{2}$ cm　△OAPで三平方の定理を用いると，OP＝$\sqrt{\mathrm{OA}^2-\mathrm{AP}^2}=\sqrt{\mathrm{OA}^2-\left(\frac{\mathrm{AC}}{2}\right)^2}=\sqrt{9^2-\left(\frac{6\sqrt{2}}{2}\right)^2}$＝$3\sqrt{7}$ cm　以上より，正四角すいOABCDの体積は　$\frac{1}{3}\times\mathrm{AB}^2\times\mathrm{OP}=\frac{1}{3}\times6^2\times3\sqrt{7}=36\sqrt{7}$ cm^3

②　三角すいOABCの体積は，正四角すいOABCDの体積の半分で　$\frac{36\sqrt{7}}{2}=18\sqrt{7}$ cm^3　である。頂点Oから辺BCへ垂線OQを引くと，**二等辺三角形の頂角からの垂線は底辺を2等分する**から，BQ＝$\frac{1}{2}$BC＝$\frac{1}{2}\times6$＝3cm　△OBQで三平方の定理を用いると，OQ＝$\sqrt{\mathrm{OB}^2-\mathrm{BQ}^2}=\sqrt{9^2-3^2}=6\sqrt{2}$ cm　よって，△OBC＝$\frac{1}{2}\times\mathrm{BC}\times\mathrm{OQ}=\frac{1}{2}\times6\times6\sqrt{2}=18\sqrt{2}$ cm^2　頂点Aと平面OBCとの距離をhcmとすると，これは，三角すいOABCの底面を△OBCとしたときの高さに相当する。三角すいOABCの体積の関係から，$\frac{1}{3}\times\triangle\mathrm{OBC}\times h=18\sqrt{7}$　$h=\frac{18\sqrt{7}\times3}{\triangle\mathrm{OBC}}=\frac{18\sqrt{7}\times3}{18\sqrt{2}}=\frac{3\sqrt{14}}{2}$　以上より，頂点Aと平面OBCとの距離は$\frac{3\sqrt{14}}{2}$cmである。

<英語解答>

聞き取り検査

第1問　1番　a (誤)　b (誤)　c (正)　d (誤)　2番　a (正)　b (誤)　c (誤)　d (誤)
　　　3番　a (誤)　b (誤)　c (誤)　d 正

第2問　問1　a (誤)　b (誤)　c (正)　d (誤)　問2　a (正)　b (誤)　c (誤)　d (誤)

筆記検査

1　(例1)(In March, India)is much hotter than Japan(.)　(So, in March, I)want to enjoy water sports in India(.)　(例2)(In March, India)is too hot for me(.)　(So, in March, I)will enjoy skiing in Japan(.)

2　①　kind to　②　any problems　③　enjoy　life

3　(1)　making　(2)　エ　(3)　are so useful that the number of them will increase　(4)　エ　(5)　イ，エ，カ

4　(1)　b　ア　d　イ　(2)　①　cars　②　sky　(3)　イ
(4)　X　surprised　Y　talk

<英語解説>

聞き取り検査(リスニング)

放送台本の和訳は，85ページに掲載。

筆記検査

1　(条件英作文)

条件をよく読み使うべき語を忘れずに使うこと。解答例1は「3月はインドは日本よりもずっと暑いです。だから3月に私はインドでウォータースポーツを楽しみたいです」，解答例2は「3月はインドは私には暑すぎます。だから3月に私は日本でスキーを楽しみます」の意味。グラフの説明には比較級がよく使われる。**<形容詞・副詞の比較級＋ than ～>「～よりも(形容詞・副詞)だ」**

2 (会話文問題：語句補充，形容詞，名詞，助動詞)

① 留学生の日本での生活についての会話。下線部に続く発話で「ホストファミリーと上手くやっている。特にホストマザーはとても助けてくれる」とあるので，下線部がホストファミリーに対する肯定的な文になると考える。「彼らは私にとても親切だ」**be kind to** ～「～に親切，優しい」

② 2つ目のマークの発話は「うん，いくつかあった。家で靴を脱ぎ忘れた。でも今は大丈夫」なので，以前は問題があったことがわかる。「でもここ日本で何か問題はあった？」any problems の any は疑問文で「何か」の意味となる。

③ 2人はマークの日本での生活について話している。「日本の生活様式を楽しめる」未来を表す助動詞 will の後ろには動詞の原形が続く。

3 (長文読解問題・説明文：語句補充，語形変化，語句並べ換え，内容真偽)

(全訳)

最近，世界中にたくさんの高層ビルが見られます。2018年に一番高いビルは800メートル以上の高さでした。今，1000メートル以上の高さのビルを作る計画をA(立てて)いる国々があります。愛知では200メートルを超える高さの高層ビルが主要駅の周りにあります。高層ビルの最上階に行くなら，上まで行くのに階段，エレベーター，エスカレーターのどれを選びますか。

何年も前に人が急な坂を上がったり下がったりするときに本来最初に作られたものは階段だと言う人がいます。今はたくさんの階段が周りにあります。ビルの入り口の前には階段のそばのスロープをよく見かけます。もしベビーカーを押していたらそのスロープを使えます。今は多くのビルに階段だけではなくエレベーターやエスカレーターがあります。

1890年に日本で最初の電気エレベーターが東京の浅草の12階建てのビルに設置され，今はいたるところでエレベーターを使うことができます。箱のような機械に入り，違う高さに上がったり下がったりします。ビルのエレベーターは車いすの人たちが違う階に上へ下へと移動するのを助けてくれます。今は多くが壁の低い位置にフロアボタンがあるので，このような人たちが上や下に行くためにエレベーターを使うときにより簡単にボタンを押すことができます。

1914年に日本の人たちは初めてエスカレーターを使いました。最初は外に設置されました。そして同じ年に東京のデパートが建物内に1つ取り付けました。エスカレーターは階段のようですが，①エスカレーターに乗るときは歩く必要がありません。ただ動く段に立って，手すりにつかまり，エスカレーターが上や下へあなたを連れて行きます。様々な種類があり，例えばとても長いものや短いもの，らせん状のものすらあります。

エレベーターとエスカレーターは，ベビーカーを押している人，車いすの人，子どもたち，お年寄りなどのような多くの人たちにとって効率的な移動方法です。今，日本には781,000のエレベーター，71,000のエスカレーターがあります。②とても役に立つのでその数はもっともっと増えていくでしょう。

研究者や機械工学者たちのおかげで，エレベーターとエスカレーターはとても進歩してきました。今はエスカレーターやエレベーターで，より速く，より静かに，より安全に上や下に移動できます。未来のエレベーターはどのようなものでしょうか。月へと連れて行くエレベーターを作ろうとしている人もいます。いつかエレベーターから美しい地球を見ることができるかもしれません！

(1) make a plan で「計画を立てる」 ここでは plans と複数形になっている。be 動詞に一般動詞が続くときは動詞の形を変化させて意味を加える。**<be 動詞＋動詞の ing 形>**は「～している(ところ)」という進行形の意味，**<be 動詞＋動詞の過去分詞形>**は「～される，られる」という受け身の意味を表すのでどちらがふさわしいか考える。主語の some countriesが「計画を立てている」と考えると文脈に合うのでingの形を入れる。

(2)　エスカレーターは階段に似ているが違うところは何かを考える。

(3)　(They)are so useful that the number of them will increase(more and more.) **<so +形容詞+ that ～>で「とても(形容詞)なので…だ」**と表現できるので形容詞useful「役に立つ」に that を続ける。that 以降は主語と動詞のある文が続く。 the number of ～ は「～の数」them はエレベーターとエスカレーターを指している。助動詞 will の後ろは動詞の原形，increase は「増える」の意味の動詞。

(4)　ア 「日本で最初のエレベーターは1914年に日本人に使われた」(×)　第3段落第1文，第4段落第1文参照。エスカレーターのこと。　イ 「エレベーターは子どもたちとお年寄りによってのみ使われている」(×)　第5段落第1文参照。　ウ 「ずいぶん前は山を登るためにみんなエレベーターを使った」(×)　そのような記述はない。　エ 「エレベーターは車いすの人たちを違う階に連れて行くことができる」(○)　第3段落第3文参照。

(5)　ア 「愛知には全ての駅のそばにたくさんの高層ビルがある」(×)　第1段落第4文参照。
イ 「ビルの入り口の前にはベビーカーを押している人のためのスロープがよくある」(○)　第2段落第3，4文参照。　ウ 「日本では人々がエスカレーターを使い始めたあとに電気エレベーターが誕生した」(×)　第3段落第1文，第4段落第1文参照。　エ 「エスカレーターは動く段に立つと次の階に連れて行ってくれる」(○)　第4段落第5文。　オ 「エレベーターとエスカレーターは車いすを使う人たちにとって役に立たない」(×)　第3段落3，4文，第5段落第1文参照。
カ 「研究者や技術者たちがエレベーターとエスカレーターをよりよいものにしてきている」(○)　最終段落第1文参照。

4 (会話文問題：文挿入，語句補充)

(全訳)

エリー：こんにちは，明。しばらく会わなかったわね。

明　　：こんにちは，エリー。英語を勉強しに友達とアメリカに行ったんです。

エリー：a【本当？　私の国ですよ！】アメリカのどの州に行ったんですか？

明　　：テキサス。メキシコの北です。日本からとても遠いと感じました。

エリー：私はニューヨーク出身なので，テキサスは遠く，行ったことがありません。b【どうでしたか？　そのことについて教えてください。】

明　　：とても素晴らしかったです！　アメリカで2番目に大きい州で人口も2番目に多い州でもあります。①道路がとても広くてそこの人たちは旅行するのに自分の車を使うのが好きです。でも時々渋滞で時間を無駄にします。とても驚いたことにテキサスの私の町はあまり大きくなかったのですが，小さい空港がありました。ホストマザーが『アメリカでは旅行するのに自分の飛行機をよく使う人もいるのよ』と私に言いました。

エリー：なるほどね。アメリカ人は普段車で旅行するのよ。②でも空には渋滞がないから車よりも飛行機で旅行する方がいいですね！　ところでそこの高校に行く機会はありましたか？

明　　：c【はい，ジョージと。彼はホストファミリーの1人です。】彼のおかげでアメリカでの学校生活を本当に満喫しました。

エリー：d【それはいいですね。教育においてアメリカは日本と違いますね。】アメリカの高校と日本の高校の違いがわかりましたか？

明　　：もちろんです。アメリカの生徒たちは制服を着ていないし，学校へ車で行く生徒もいます。ジョージは17歳で運転免許を持っています。学校には生徒のためのとても大きな駐車場があるんです！

エリー：アメリカではそれぞれの州に免許を取るための$_{\text{A}}$(ルール)があって，いくつかの州では16歳の生徒でさえも車を運転できます。

明　　：e【本当ですか？　信じられません。】でも大きな国に住むためにはアメリカ人は免許を取る必要があると思います。

エリー：その通りですね。アメリカに長くいればいるほど，アメリカについてもっと知れますね！

(1)　【b】 直後の明がテキサスについて説明をしているので，そのことについて聞いていると考える。　【d】 直後に difference「違い」のことを述べているので **be different from「～と違う，異なる」**の表現のあるイがふさわしい。

(2)　①　直後に渋滞について述べられており，4つ目のエリーの発話でも車がよく使われていると言っている。ここでは人々が自分の車を使ってるという意味で，1台ではないことから cars と複数形にする。　②　車と飛行機の通る場所の違いを考える。

(3)　museum「博物館」　rule「規則，ルール」　advice「助言，アドバイス」　store「店」

(4)　(X) 「彼は自分の飛行機で旅行に行くアメリカ人がいることを聞いて驚いた」3つ目の明の発話5，6文参照。<be surprised to ＋動詞の原形>「～して驚く」 (Y) 「日本でアメリカについて話すことは面白いと思う」**<it is ～ to ＋動詞の原形…>「…することは～だ」** talk about ～「～について話す」

2020年度英語　聞き取り検査

〔放送台本〕

第1問は，1番から3番までの三つあります。それぞれについて，最初に会話文を読み，続いて，会話についての問いと，問いに対する答え，a，b，c，dを読みます。そのあと，もう一度，その会話文，問い，問いに対する答えを読みます。必要があればメモをとってもよろしい。

問いの答えとして正しいものは解答欄の「正《せい》」の文字を，誤っているものは解答欄の「誤《ご》」の文字を，それぞれ○《まる》でかこみなさい。正しいものは，各問いについて一つしかありません。それでは，読みます。

(第1問)

1番　Mike:　My name is Mike.　Nice to meet you.
　　Elena:　Hi, Mike.　I'm Elena.　Nice to meet you, too.　Where are you from?
　　Mike:　I'm from Canada.　And you?
Question:　What will Elena say next?
　　a　I play the piano every day.
　　b　I like Japan very much.
　　c　I'm from Italy.
　　d　I'm a junior high school student.
2番　Woman:　Show me your passport, please.
　　Man:　Sure.　Here you are.

Woman: Where are you going to stay?
Man: At ABC Hotel in Kyoto.
Woman: OK. Have a nice trip.
Question: Where are they?
a They are at an airport.
b They are at a school.
c They are at ABC Hotel.
d They are at a library.

3番 Ken: That was a nice restaurant! Lunch was delicious. I'm so full.
Jessie: Me, too. Oh, we should go home now. How can we go back to our town?
Ken: Well, I'll call home and ask my mother… Oh, no!
Jessie: Ken, what's the matter?
Ken: Oh, Jessie, I left my cell phone at the restaurant!
Question: What will they do next?
a They will have lunch at the restaurant.
b They will cook lunch together.
c They will buy a new cell phone for Jessie.
d They will go back to the restaurant.

〔英文の訳〕

1番 マイク：私の名前はマイクです。お会いできてうれしいです。
エレナ：こんにちは，マイク。私はエレンです。私もお会いできて嬉しいです。どこ出身なんですか？
マイク：カナダ出身です。あなたは？
質問：次にエレナが言うのは何ですか。
a 私は毎日ピアノを弾きます。— 誤
b 私は日本が大好きです。— 誤
c イタリア出身です。— 正
d 私は中学生です。— 誤

2番 女性：パスポ—トを見せてください。
男性：はい。どうぞ。
女性：どこに宿泊するつもりですか？
男性：京都の ABC ホテルです。
女性：はい。よい旅を。
質問：彼らはどこにいますか。
a 彼らは空港にいます。— 正
b 彼らは学校にいます。— 誤
c 彼らは ABC ホテルにいます。— 誤
d 彼らは図書館にいます。— 誤

3番 ケン ：いいレストランだった！ ランチは美味しかった。とってもお腹いっぱいだ。

ジェシー：私もよ。ああ，もう家に帰らないと。どうやって町に戻ろうかしら？
ケン　　：そうだなあ，家に電話してお母さんに…。あ，だめだ！
ジェシー：ケン，どうしたの？
ケン　　：ああ，ジェシー，レストランに携帯置いてきちゃった！

質問：次に彼らがするのは何ですか。

a　レストランでランチを食べる。—　誤
b　一緒にランチを料理する。—誤
c　ジェシーに新しい携帯を買う。—　誤
d　レストランにもどる。—　正

〔放送台本〕

第2問は，最初に英語のスピーチを読みます。続いて，スピーチについての問いと，問いに対する答え，a, b, c, dを読みます。問いは問1と問2の二つあります。そのあと，もう一度，スピーチ，問い，問いに対する答えを読みます。必要があればメモをとってもよろしい。

問いの答えとして正しいものは解答欄の「正《せい》」の文字を，誤っているものは解答欄の「誤《ご》」の文字を，それぞれ○《まる》でかこみなさい。正しいものは，各問いについて一つしかありません。それでは，読みます。

（第2問）

Hello, everyone. I'm Hiroto. I'm going to talk about my future. I wish to become a nurse, because I want to help sick people. When I was a little child, I was very weak, so I often went to the hospital. The nurses around me always encouraged me very much. Thanks to them, I can do a lot of things now. So I want to work for patients. This is my dream. Thank you for listening.

問1　When did Hiroto often go to the hospital?

a　He went there when he was busy.
b　He went there when he was lonely.
c　He went there when he was a little child.
d　He went there when he was a junior high school student.

問2　What does Hiroto want to do in the future?

a　He wants to work for sick people.
b　He wants to become a doctor.
c　He wants to encourage his mother.
d　He wants to talk about his dream.

〔英文の訳〕

みなさん，こんにちは。私はヒロトです。私の将来について話をします。私は看護師になりたいと思っています。病気の人たちを助けたいからです。私は小さいとき，とても病弱だったのでよく病院に行きました。私の周りの看護師はいつも私をとても励ましてくれました。彼らのおかげで，今はたくさんのことができます。それなので患者さんのために仕事がしたいと思います。これが私の夢です。聞いてくれてありがとうございました。

問1　ヒロトが頻繁に病院へ行っていたのはいつですか。

a　忙しいときにそこへ行った。―　誤

b　さみしいときにそこへ行った。―　誤

c　小さいときにそこへ行った。―　正

d　中学生の時にそこへ行った。―　誤

問2　将来ヒロトは何をしたいですか。

a　病気の人たちのために働きたい。―　正

b　医者になりたい。―誤

c　彼の母を励ましたい。―　誤

d　夢について話しをしたい。―誤

＜理科解答＞

1　(1)　キ　　(2)　オ

2　(1)　(イ)，(エ)　　(2)　ウ　　(3)　イ　　(4)　図1

3　(1)　エ　　(2)　$2CuO + C \rightarrow 2Cu + CO_2$

(3)　図2　　(4)　(赤色の物質)　コ　　(黒色の物質)　イ

4　(1)　0.2 N　　(2)　Ⅰ　(ア)　　Ⅱ　(エ)　　Ⅲ　(キ)

(3)　Ⅰ　(イ)　　Ⅱ　(カ)　　Ⅲ　(コ)

(4)　6cm

5　(1)　風向(南東)，風力(1)，天気(くもり)

(2)　ウ　　(3)　(風向の変化)　ア　　(地点)　カ

(4)　イ

6　(1)　ウ　　(2)　イ

図1

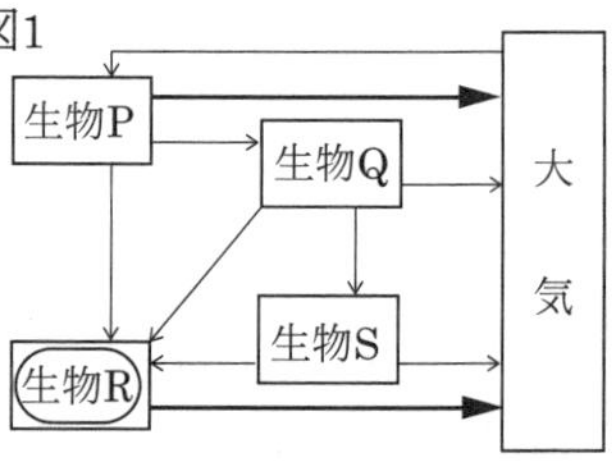

図2

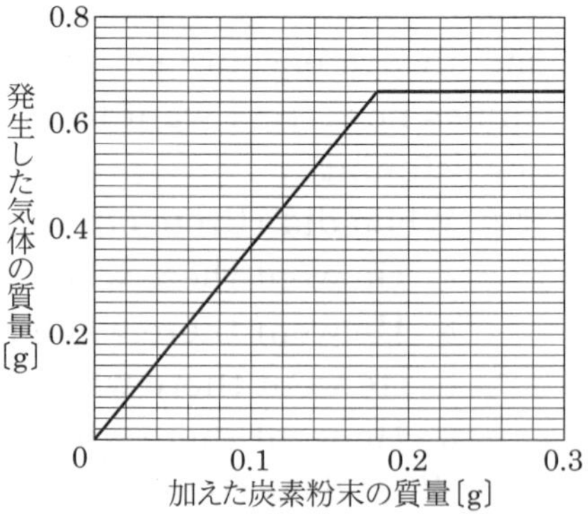

＜理科解説＞

1　(小問集合－生物と細胞：顕微鏡操作，酸・アルカリとイオン，中和と塩，化学変化と物質の質量)

(1)　顕微鏡のピントを合わせる操作では，真横から見ながら，調節ねじを回し，プレパラートと対物レンズをできるだけ近づけ，**対物レンズをプレパラートから遠ざけながら**ピントを合わせる。対物レンズの倍率が高くなると，レンズとプレパラートの距離が近くなり，視野は狭く，暗くなる。

(2)　表1で，**ビーカーAとBとCの水溶液を混ぜた場合は**，濃度aの塩酸の体積：濃度bの水酸化ナトリウム水溶液の体積＝210cm³：140cm³＝3：2，であり，中性であるビーカーBの濃度aの塩酸の体積：濃度bの水酸化ナトリウム水溶液の体積＝60cm³：40cm³＝3：2，と**体積の比が等し**

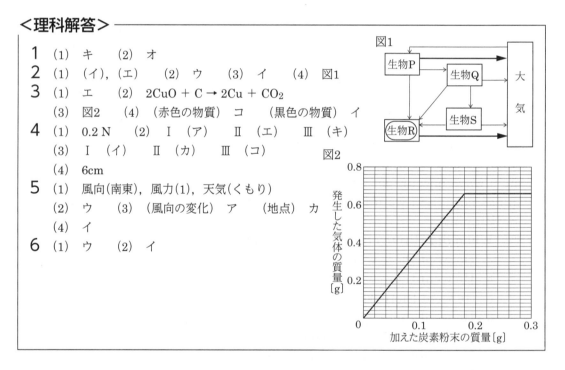

いので中性である。表2では，ビーカーDとEとFを混ぜた場合は，濃度cの塩酸の体積：濃度bの水酸化ナトリウム水溶液の体積＝120cm^3：140cm^3，である。また，中性であるビーカーEの濃度cの塩酸の体積：濃度bの水酸化ナトリウム水溶液の体積＝30cm^3：40cm^3＝120cm^3：160cm^3，であるため，**ビーカーDとEとFの水様液を混ぜた場合は，酸性の水溶液である。よって，濃度cの塩酸120cm^{3}に対して，濃度bの水酸化ナトリウム水溶液を20cm^{3}加えて160cm^{3}にすると中性になる。**以上からビーカーAからFまでの全ての水溶液を別の大きな容器に混ぜ合わせた場合，濃度bの水酸化ナトリウム水溶液20cm^{3}を加えると中性になる。

2 **(自然界のつり合い：土の中の微生物のはたらき・食物連鎖・生態系における炭素の循環)**

(1)　シイタケやアオカビが**菌類**で，体は多細胞の糸のような菌糸でできている。菌類は胞子でふえるものが多い。**葉緑体がなく光合成ができない**ので，ほかの生物から栄養分をとり入れて生活している。

(2)　林から持ち帰った土に水を加えたろ液100cm^{3}とデンプン溶液200cm^{3}が入っている試験管aを密閉して7日間25℃に保った結果，ヨウ素液を加えても色の変化が起こらなかったことから，試験管aではデンプンが分解されたことがわかる。また，試験管aと同じ条件の試験管bに**ベネジクト液を加えた後に加熱したところ赤かっ色に変化したことから，試験管bには糖がある**ことがわかる。以上からデンプンが糖に分解されたことがわかる。

(3)　デンプンの分解や二酸化炭素の発生が，土の中の微生物のはたらきであることを確認するためには，対照実験をする必要がある。ペットボトルAとペットボトルBの実験の比較から，水がデンプンを分解しないことはわかる。さらに，土の中の微生物のはたらきによってデンプンが分解されたことを確かめるには，**ペットボトルAの実験の対照実験として，土をこしたろ液を沸騰させることによって，微生物の活動を停止させたペットボトルCを用意し，**AやBと同じ条件で実験2を行う。ペットボトルBとCの実験結果が同じになれば，土の中の微生物のはたらきによってデンプンが分解されたことが確かめられる。

(4)　生物Pは生産者である植物で大気中の二酸化炭素を吸収し，光合成によってデンプンなどの有機物をつくる。生物Qは消費者である草食動物であり，生物Sも消費者である肉食動物である。P，Q，Sから矢印がきている**生物Rが分解者で，生物の遺骸やふん・尿(排出物)は，分解者である動物や菌類，細菌類などの呼吸によって，その有機物が水や二酸化炭素などの無機物に分解される。**生態系における炭素の循環を表す矢印で，省略されている2本の矢印は，生物Rから大気に向かう矢印と，生物Pから大気に向かう矢印で，どちらも**呼吸によって生じる二酸化炭素**を表す。

3 **(化学変化と物質の質量：質量保存の法則・化学変化と物質の質量の比，化学変化：酸化と還元・化学反応式，気体の発生とその性質)**

(1)　酸化銅と炭素の混合物の加熱では，全てが反応すると，気体と赤色の物質だけが生じた。気体は，〔実験〕の②で石灰水が白く濁ったことから二酸化炭素であり，赤色の物質は，薬さじで強くこすると金属光沢が見られたことから金属の銅である。よって，**酸化銅は還元**され，同時に**炭素は酸化**された。

(2)　酸化銅の炭素による還元の化学反応式は，$2CuO + C \rightarrow 2Cu + CO_2$，である。

(3)　**質量保存の法則**により化学反応の前と後で物質全体の質量はかわらないことから，発生した二酸化炭素の質量を計算する。酸化銅の質量〔g〕＋加えた炭素粉末の質量〔g〕－反応後の試験管Aの中にある物質の質量〔g〕＝発生した二酸化炭素の質量〔g〕，である。加えた炭素粉末の質量が0.12gの場合は，2.40〔g〕＋0.12〔g〕－2.08〔g〕＝0.44〔g〕である。同様に計算して，図2に(加えた炭素粉末の質量X〔g〕，発生した気体Yの質量〔g〕)の各点，(0.12，0.44)(0.15，0.55)(0.18，0.66)(0.21，0.66)(0.24，0.66)(0.27，0.66)(0.30，0.66)を書き入れる。**(0.18，0.66)までは，原点を通り各点・の近くを通る直線を引く。ここまでは比例のグラフである。(0.18，0.66)から(0.30，0.66)までは，各点・を通り発生する気体Yの質量が変化しない直線のグラフを書く。**

(4)　(3)図2のグラフから，酸化銅2.40gと反応できる炭素の質量は0.18gが限度であり，そのとき発生した二酸化炭素の質量は0.66gである。したがって，**炭素粉末0.21gに反応する酸化銅の質量をZgとすると，酸化銅：炭素＝2.40〔g〕：0.18〔g〕＝Z〔g〕：0.21〔g〕**，である。炭素粉末0.21gに反応する酸化銅の質量Z〔g〕＝2.80〔g〕，であるため，反応せずに残る黒色の酸化銅の質量〔g〕＝3.60〔g〕－2.80〔g〕＝0.80〔g〕，である。また，**2.80gの酸化銅が炭素に還元されて赤色の金属の銅になったとき発生する二酸化炭素の質量をWgとすると2.80〔g〕：2.40〔g〕＝W〔g〕：0.66〔g〕**，であり，W〔g〕＝0.77〔g〕，である。**質量保存の法則**より，赤色の銅の質量〔g〕＝反応した酸化銅の質量〔g〕＋加えた炭素粉末の質量〔g〕－発生した二酸化炭素の質量〔g〕，であり，赤色の銅の質量〔g〕＝2.80〔g〕＋0.21〔g〕－0.77〔g〕＝2.24〔g〕，である。

4　(力のつり合いと合成・分解：水圧と浮力)

(1)　水面から物体Aの底面までの距離が1.0cmになったとき，図4から，ばねばかりの示す値0.8〔N〕＝物体Aにはたらく重力1.0〔N〕－物体Aにはたらく浮力x〔N〕，であるから，x〔N〕＝1.0〔N〕－0.8〔N〕＝0.2〔N〕，である。

(2)　物体Aの底面の位置が水面から深くなるほど，底面にはたらく水圧は大きくなる。上面と下面にはたらく水圧は下面のほうが大きいため，水圧によって生じる力も下面のほうが大きくなる。この**上面と下面にはたらく力の差によって生じる上向きの力が浮力である。**水面から物体Aの底面までの距離が大きくなるほど，ばねばかりの示す値が小さくなったのは，物体Aの受ける浮力が大きくなるためである。**図2の位置に物体Aがあるときは，**図4から浮力〔N〕は0.8Nであるため，物体Aにはたらく重力が1.0Nなので，**重力の方が浮力より大きい。**よって，図2の位置で物体Aが静止した状態で糸を切ると，物体Aは沈んでいく。

(3)　物体Aの底面にはたらく水圧と，上面にはたらく水圧の差によって生じる上向きの力が浮力であり，**浮力の大きさは深さに関係しない。**よって，物体Aの底面にはたらく水圧と，上面にはたらく水圧の差は変わらないため，物体Aにはたらく浮力は一定であり，水面から物体Aの底面までの距離が4.0cmより大きくなっていくとき，ばねばかりの示す値が変わらない。以上から〔実験1〕で，図3の位置に物体Aがあるとき，ばねはかりの示す値は0.2Nである。

(4)　ばねばかりの示す値0.8〔N〕＝物体Bにはたらく重力2.0〔N〕－物体Bにはたらく浮力y〔N〕，であるから，y〔N〕＝2.0〔N〕－0.8〔N〕＝1.2〔N〕，である。**物体Bは物体Aを縦に重ねた直方体なので，図4と問(1)より，物体Bにはたらく浮力と水面から物体Bの底面までの距離も比例するこ**とがわかるため，物体Bにはたらく浮力1.2〔N〕：水面から物体Bの底面までの距離z〔cm〕＝0.2〔N〕：1.0〔cm〕，である。よって，z〔cm〕＝6.0〔cm〕である。

5　(日本の気象：台風，天気の変化：高気圧と低気圧，気象要素の観測：天気図記号)

(1)　風向は風のふいてくる方位で表すので，図3の記号が表す風向は南東，風力は1，天気はくもり，である。

(2)　地上付近の風は，高気圧から低気圧へ向かって空気が移動することで生じ，等圧線の間隔が狭いほど風は強くふく。また，低気圧の中心部では上昇気流が起こっている。

(3) 台風は熱帯低気圧が発達したものであり，強い風がまわりから中心に向かって反時計回りに吹き込んでいる。そのため，**台風の進行方向に向かって進路の西側の地点X**では台風が近づいている9月29日午後6時には**北よりの風**であり，台風が通過直後の6時間後の9月29日24時には**西よりの風へと風向が反時計回りに変化**した。表の記録データを得た地点は，**風向が東よりから南よりへと時計回りに変化しているので台風の進路の東側**であり，**気圧が最も低くなった**9月29日24時に**台風の中心に最も近距離だったのは地点B**である。よって，表の記録は地点Bのものである。台風の中心がその西側を移動した地点Bでは，台風が近づいてくる9月29日21時には南東の風であり，台風が通過直後の9月30日午前3時には，西南西の風となり，風向は時計回りに変化している。

(4) 秋が近くなると，太平洋の高気圧である小笠原気団がおとろえるので，台風は日本付近に近づくように北上する。その後，北上した台風が東向きに進路を変えるのは，**偏西風の影響**によるものだと考えられている。

6 (小問集合－光と音：凸レンズによってできる像、天体の動きと地球の自転・公転：星の年周運動・星の日周運動)

(1) 「令」の文字をくりぬいた厚紙が凸レンズの焦点の外側にあるとき，凸レンズで屈折した光は1点に集まり，**上下·左右がともに逆向きの「令」の文字の実像**がスクリーンに映る。「令」の文字の実像がスクリーンに映っているので，スクリーンに映った「令」の文字が上下·左右がともに逆向きになるように，「令」の文字をくりぬいた厚紙を取り付けた向きは「ウ」の向きである。

(2) **地球の公転による星の年周運動により，オリオン座のペテルギウスは1か月後の同じ時刻に約30°西に移動する。地球の自転による星の日周運動により，ペテルギウスは1時間に約15°西に移動する。**よって，1月1日から1か月後，ペテルギウスが南中したのは，午後11時から2時間前の午後9時である。また，1月1日から7か月後，オリオン座は約210°天球上を移動する。地球の自転による星の日周運動により，オリオン座は1時間に約15°西に移動する。よって，1月1日から7か月後の8月1日に，図の①と同じように東の地平線付近にオリオン座が見えるのは，1時間×(210°÷15°)＝14時間より，午後5時より14時間前の午前3時である。

<社会解答>

1 (1) ア　(2) ウ　(3) 甲州ますは京で使われていたますとは異なる容量だった
2 (1) 2番目 ア　3番目 イ　(2)地名 八幡　符号 c　(3)イ
3 (1) X オ　Y ウ　Z エ　(2) ア　(3) ウ，エ　(4) エ
4 (1) 国名 ① アメリカ　② ドイツ　符号 ③ d　④ b　(2) ウ　(3) イ
5 (1) イ　(2) ア　(3) エ　(4) ウ
6 (1) 最高裁判所　(2) イ　(3) エ

<社会解説>

1 (歴史的分野―日本史時代別－古墳時代から平安時代・明治時代から現代，―日本史テーマ別－教育史・技術史・政治史，―世界史－政治史)

(1) 1872年に施行されたのが**学制**である。ここでは「不学の人」を無くすことを目的としていたが，実際の**義務教育**は，14年後の1886年から行われた。文字を書き記した木の札が，**木簡**である。日本では，飛鳥時代から奈良時代初期を全盛に，紙と並んで使用され，平安時代まで使用された例もある。**大宝律令**の制定された8世紀初期には，木簡は最も盛んに使用されていた。平城京などの宮跡をはじめ，全国各地で発見されており，内容は役所間の連絡文書や記録，税として納められる**調**につけた荷札など種々のものがある。木簡は，古代史・文化史上の貴重な史料である。正解の組み合わせは，アである。

(2) ア イギリスのエンジニアであるジェームズ・ワットは，1769年に新方式の**蒸気機関**を開発した。 イ 紀元前30年ごろには**ローマ帝国**が，地中海を囲むヨーロッパ南部および中央部，西アジアの地中海沿岸部，アフリカの地中海沿岸部の一帯まで，支配を広げた。エの**モンゴル帝国**の支配領域は，13世紀には最大となり，その勢力は**ユーラシア大陸**全体に及んでいた。華北はもちろんのこと，東ヨーロッパやトルコ・シリア・アフガニスタン・チベット・ミャンマー・朝鮮半島に至るまで，地上の陸地の4分の1を占めていたと考えられている。ア・イ・エのどれも別の時代の説明であり，ウが正しい。**マゼラン**の船隊は，**南アメリカ**南部の海峡を経て，**太平洋**，**インド洋**を経由し，**アフリカ**南端を回って，1522年に**世界一周**を実現した。なお，マゼラン自身はこの航海中にフィリピンで死去している。

(3) **足利義昭**が**織田信長**の支援を受けて将軍に就任したのは，1568年のことである。この時代には**室町幕府**は無力化し，全国を支配する勢力もまだない**群雄割拠**の時代だった。したがって，度量衡もまだ統一されておらず，甲州ますは，京で使われていたますとは異なる容量だったのである。

2 **(歴史的分野―日本史時代別－安土桃山時代から江戸時代・明治時代から現代，―日本史テーマ別－政治史・社会史・文化史・経済史)**

(1) Aの資料は，19世紀初期のできごとである。Bの資料は，1945年の**第二次世界大戦**末期のできごとである。一方，アの，**廃藩置県**によって盛岡藩が廃止され盛岡県が置かれたのは，1871年である。イの，**原敬**が**内閣総理大臣**に就任し，**本格的政党内閣**の誕生といわれたのは，1918年である。ウの，**松尾芭蕉**が**中尊寺金色堂**を訪れたのは，江戸時代の前期の**元禄文化**の時代である。中尊寺金色堂が建立されたのは，平安時代であり，**奥州藤原氏**の財力によるものであった。エの，**陸上自衛隊**岩手駐屯地が開設されたのは，1957年のことである。オの，**天保の飢饉**が発生し，**百姓一揆**が頻発したのは，1830年代のことである。したがって，Aの時期と，Bの時期の間に入るのは，ア・イ・オとなる。ア・イ・オを年代の古い順に並べるとオ→ア→イとなり，よって2番目はア，3番目はイである。

(2) 地名 **日清戦争**後には，特に**鉄鋼**の需要が増え，軍備増強および産業資材用鉄鋼の生産増大をはかるためにつくられたのが，**八幡製鉄所**である。日清戦争の**賠償金**の一部が建設費に用いられ，1901年に操業を開始した。 符号 八幡製鉄所が北九州につくられたのは，周辺の炭鉱の**石炭**を利用し，また，輸入の**鉄鉱石**を船で運び込むのに都合がよかったためである。八幡の位置は，符号のcである。

(3) Cの資料には，明治29年(1896年)から，昭和59年(1984年)のことが記されている。**第二次世界大戦**で大きな被害を受けた**釜石製鉄所**は，資料Ⅲのグラフにみられるように，アメリカとの戦争の始まった1941年の生産量を1951年には回復した。また，**高度経済成長期**の前後で，釜石製鉄所の生産量は増加したが，全国の生産量に占める割合は著しく低下した。これは，資料Ⅰに見られるように，この時期に全国の生産量が大幅に増加したためである。

3 (地理的分野―日本地理－農林水産業・工業・人口・気候・交通，公民的分野―消費生活)

(1) 都道府県Aは，江戸べっ甲・江戸木版画を産することから，東京都であることがわかる。Bは，東京についで外国人宿泊者数が多いことから，京都府であるとわかる。Cは，米の収穫量が最多であることから，新潟県であることがわかる。Dは，琉球漆器・三線が特産品であることから，沖縄県であることがわかる。Eは，東京都についで人口密度が高いことから愛知県であるとわかる。愛知県は，東京，大阪，神奈川，埼玉につぎ，全国で5番目に人口密度が高い。Fは，残る石川県である。　X　京都府の特産品は，西陣織や清水焼である。　Y　新潟県の特産品は，小千谷縮(おじやちぢみ)や燕鎚起銅器(つばめついきどうき)である。燕鎚起銅器とは，1枚の銅板を鎚で打ち延ばしたり，絞ったりして形を作る台所用品などである。なお，燕は新潟県の地名である。　Z　石川県の特産品は，九谷焼や輪島塗である。輪島は，石川県の能登半島先端部の地名である。

(2) 新潟県など，日本海側では，冬には大陸にある**シベリア**気団から吹く，冷たい北西の**季節風**の影響で**降雪量**が大変多い。そのため，冬季に農作物を栽培できない農家の**副業**として，伝統的工芸品が受け継がれてきた。また，グラフⅡでみると，**製造品出荷額**で比較すれば，金属製品は化学製品よりも少ない。

(3) アは，全行程の自動化を進めるというのは，**伝統的工芸品**の生産に見合っていない。イは，大企業が行っていることである。ア・イのどちらも誤りであり，ウ・エが正しい。国の援助を得ることと，後継者を育成することは，どちらも伝統的工芸品にとっての課題である。

(4) **クレジットカード**は，商品を購入するときには現金が不要だが，後でカード会社から代金を請求されるものであり，いわば代金が後払いになるものである。2015年3月には，**北陸新幹線**の長野・金沢間が開業した。金沢は，石川県の県庁所在地である。

4 (地理的分野―世界地理－人々のくらし・都市・貿易・産業)

(1) Aの国は，かつてスペインの**植民地**だったために，食文化でも大きな影響を受けているメキシコであり，Bの国は，米の生産量が中国・インドについで世界3位のインドネシアであり，その首都の位置は，略地図上のaのジャカルタである。Cの国は，東西の食文化が融合するトルコである。Dの国は，カカオ豆の生産量が世界1位のコートジボワールであり，その首都の位置は，略地図上のcのヤムスクロである。　(国名)　①　Aの国メキシコの最大の貿易輸出先は，同じ**NAFTA(北米貿易協定)**に属するアメリカである。　②　Cの国トルコの最大の貿易輸出国はドイツである。なお，最大の貿易輸入国は中国，第2位がドイツである。　(符号)　③　メキシコの首都の位置は略地図上のdであり，メキシコシティーである。　④　トルコの首都の位置は略地図上のbであり，イスタンブールである。

(2) インドネシアは，**イスラム教徒**が人口の大半を占め，イスラム教徒は**コーラン**の教えを守って，豚肉を食べない。コートジボワールのカカオ豆など，特定の農産物などの輸出品に頼るアフリカ州の国では，天候や価格の影響を受けるため，農産物や鉱産資源から安定した収入を得ることができず，不安定な経済状態となりがちである。こうした経済の状態を**モノカルチャー経済**という。

(3) 表から，支援開始時には14,246,000トンだった米の生産量が2016年には32,631,892トンに倍増以上の伸びが読みとれることから，まず，ウとエは誤りである。米の栽培面積は，生産量を単位面積あたり収穫量で割ることにより算出できるから，32,631,892t÷2.11＝15,465,351haとなり，栽培面積が支援開始時から2016年にかけて，2倍以上に増えていることがわかる。正解は，イである。

5 (公民的分野―経済一般・国民生活，その他)

(1)　資料Ⅰを見ると，2008年から2009年にかけての**失業率**の変化は，日本および**OECD(経済協力開発機構)**加盟国の平均がともに上昇している。2008年9月に，アメリカ合衆国の投資銀行である，リーマン・ブラザーズが破綻したことに端を発して，**リーマン・ショック**といわれる**世界金融危機**が発生した。日本でも大幅に景気が後退したためである。

(2)　「**ワーク・ライフ・バランス**」とは，「仕事と生活の調和」のことをいう。充実感をもって働きながら，家庭生活や地域生活も充実させられること，またはそのための取り組みを言う。そのためには，企業は**育児**や**介護**にともなう**休業**取得促進を進める必要がある。

(3)　使用者に対して弱い立場にある，労働者のための統一的な保護法として，1947年に制定されたのが**労働基準法**である。労働条件の基準を定め，**1日8時間労働制**や，**1週40時間労働制**などを内容としている。

(4)　資料Ⅱによれば，1年未満で離職しているものが31.8%，1年以上3年未満で離職しているものが17.6%で，合計49.4%が3年未満で離職していることがわかる。資料Ⅲからは，協調性やコミュニケーション能力については，使用者が求める率が，労働者が考える率を20%以上も上回っていることがわかる。

6 (公民的分野―国の政治の仕組み・財政)

(1)　**最高裁判所裁判官**の適・不適を国民が審査することを**国民審査**という。各裁判官任命後の最初の**衆議院議員総選挙**の際に行われ，さらに10年経過したのちの衆議院議員総選挙の際に同様な審査を行う。**直接民主制**の一つである。

(2)　**直接民主制**の短所は，多くの人びとが議論に参加するために，その意見の集約に時間がかかることである。時間・費用・労力の面で無駄を省く考え方が「**効率**」である。手続き・機会や結果において公平を期す考え方が「**公正**」である。IT技術の活用により，直接民主制の効率化を図ることができる。

(3)　国家が**証券発行**という方式で行う借入金のことを**国債**という。発行時に償還期限と利率が定められており，基本的には，購入者はこれに応じた利息を受け取ることができる。償還期限を迎えると，国は，元金である国債の発行時の金額を支払わなければならない。いわば，国債は**国の借金**であり，財政の**危機状況**について確認するための資料としては，エが最も適当である。

＜国語解答＞

一　(一)　A　オ　　B　ア　　(二)　イ　　(三)　エ　　(四)　ア・ウ　　(五)　イ

二　(一)　①　ぎょうしゅく　　②　訪　　(二)　③　ウ

三　(一)　ことば　イ　　意味　ア　　(二)　エ　　(三)　(例)科学的知見は，常に不完全で，どれくらい確からしいのかという確度だけが問題であるため，どんなに正しく見える仮説でも，それをさらに修正する努力が絶え間なく続けられているから。

(四)　権威の高さ　　(五)　エ　　(六)　ウ・オ

四　(一)　イ　　(二)　エ　　(三)　ア　　(四)　ウ

＜国語解説＞

一 **(随筆―大意・要旨，内容吟味，文脈把握，段落・文章構成，接続語の問題，脱文・脱語補充)**

(一)　(Ａ)の前には名前の知らない植物に出会った場合，取って来ることができる場合は持ち帰る，ということが書かれているが(Ａ)の後は「持ち帰ることができない場合が往々にしてある」と**逆の内容が続く**ので，(Ａ)には逆接の接続詞が入る。また，(Ｂ)を冒頭に置く一文は[1]段落の内容を受けている。したがって，**取って帰ることができることよりも持ち帰ることのできない方が多いとする文脈にする**ために，「むしろ」を補えばよい。

(二)　傍線①の直後「大人はむしろ……一種の怠け癖のようなものができてしまっている」という部分に理由が述べられている。これをふまえて選択肢を選ぶ。

(三)　傍線②の後を読むと，筆者は**必要・不必要の観点で見るものを決めるのは味気なく非常に愚かだ**としている。だから，**必要かどうかの観点で物事を見ない「芸術家の眼」**をもつことを提唱しているのだ。その「芸術家」については，[4]段落で「その必要から解き放されている人，何の拘束も受けずに物を見ることのできる人」としている。「解き放されている」「拘束を受けず」という表現から，**芸術家は対象を自由に見る人**だということが読み取れる。これらをふまえて選択肢を選ぶ。

(四)　アの内容は[1]・[2]段落に述べられている。ウの内容は，蟻地獄の幼虫を観察した女の子の例と似ていて，一生懸命な観察が「大きな発見」につながるということで，本文の内容と一致する。

(五)　本文は，序論で**筆者の山歩き**における植物の観察を話題に挙げている。ここで**「見る」ということに関する問題提起**がなされ，本論へと進んでいく。そして[6]段落の結論部では芸術家の眼で物事を見ると，見るべきものはたくさんあって，それらは「日常の仕事の苦労をさっぱりと忘れさせるに足る」ものだとしている。つまり，芸術家のような拘束を受けない物の見方は，**なんということはない生活の日常に充実感を与える**という結論になっている。

二 **(漢字の読み書き，熟語)**

(一)　①　広がって存在していたものが密着して小さく固まること。　②　「訪れる」を読む時に「ズ」を「ヅ」にしない。

(二)　待っているのだから**「一日千秋」という，待ち遠しく思うたとえ**の四字熟語が適切だ。他の選択肢の四字熟語はいずれも ア 「東奔西走」はあちこち忙しく駆け回ること，イ 「日進月歩」は休みなく目に見えて進歩すること，エ 「千載一遇」は千年に一度ほどに恵まれたよい機会のこと。

三 **(論説文―大意・要旨，内容吟味・文脈把握，段落・文章構成，接続語の問題，ことわざ・慣用句)**

(一)　ここは，**誤りであった事例などは挙げるときりがない，という文脈にする**のが適切だ。したがって，「数えたらきりがない」という意味の「枚挙にいとまがない」を選ぶ。

(二)　同段落の「適応度の高い仮説は長い時間の中で批判に耐え，その有用性や再現性ゆえに，後世に残っていく」という説明をふまえると，傍線部の「適者生存」の原理がわかる。

(三)　まず科学的知見の特徴として**「常に不完全」**ということと**「その仮説がどれくらい確からしいのかという確度の問題が存在する」**ということをおさえる。そして**不完全ゆえに「絶え間ない修正」が行なわれるから，可塑性**，すなわち傍線部のいう「科学の進化し成長するというすばらしい性質」を持つのである。これらを指定字数でまとめればよい。

(四)　「権威主義」という語は[6]段落目に出ている。ここに「権威の高さと情報の角度を同一視して判断するというやり方」とあることを見つければ，抜き出せよう。

(五)　アは[1]段落が「科学の発展の歴史」を述べているとしている点が不適切。イは「科学の不確かさ」や「疑問を投げかけている」とする点が不適切。ウは「悪用される可能性を指摘」とする点が不適切。エのように，本文は[4]**段落で科学の不完全さという性質を分析**しているし，それをふまえ[5]**段落では「どのように使っていけば良いのだろうか」という問いを立てて考察**している。

(六)　Cさんの発言は[7]段落目の内容と一致する。また，Eさんの発言は[5]段落の内容をふまえている。この段落には，**科学の不完全さという科学的知見をふまえて，どのように科学を使っていくか**について述べられている。

四　**(漢文―主題・表題，文脈把握，脱文・脱語補充，古文の口語訳)**

【現代語訳】　西伯は人知れず善を行う。周辺の国の君主がやって来ては公平な解決をつけてもらっていた。あるとき，虞と芮の人との間で，訴訟が起きて裁判の決着がつかなかった。そこで周に行った。国境に入ると，耕作するものはみんな小道を譲り合い，人々の風習は年長者を尊重するものであった。虞と芮の人は，まだ西伯に会っていなかったが，恥じて互いに言うことには，「わたしたちが争っているのは，周の人々が恥ずかしいと思って(しないようにして)いることだ。どうして西伯のところへ行く必要があるだろうか，いや，ない。行ったら恥をかくだけだ。」と。そのまま引き返し，ともに譲り合って去って行った。諸侯がこれを聞いて言うことには「西伯は思うに天から使命を受けた君主である」と。

(一)　虞と芮の人は，周の国で**「耕す者……に譲る」様子**を見て恥じたので，これが恥じた理由だ。

(二)　「む」は**推量の助動詞**であること，また「のみ」という**限定の助詞**があることをおさえる。

(三)　周の国の人々の様子を見ることで，**大切なことが「譲り合い」だと気づいた**点をふまえる。

(四)　周の国では，長である西伯が普段から善を行い，そして民衆も譲り合いの精神で善い行いをするようになっている。ここからわかることは，**上に立つものの尊い行いが国全体に影響をあたえ，統治されていくということ**だ。

B

2020年度

解 答 と 解 説

《2020年度の配点は解答用紙集に掲載してあります。》

<数学解答>

1 (1) 7　(2) $2x$　(3) 6　(4) $x=-1$, 4
(5) $5a+b<500$　(6) 168人　(7) イ, エ
(8) 24m　(9) 46度

2 (1) $\frac{1}{9}$　(2) a(20), b(21)　(3) $\left(-\frac{2}{3}, \frac{10}{3}\right)$
(4) ① 15分後　② 右図

3 (1) 56度　(2) ① $\frac{9}{2}$cm　② $\frac{34}{5}$cm^2
(3) ① 13π cm^2　② $\frac{38\sqrt{2}}{3}\pi$ cm^3

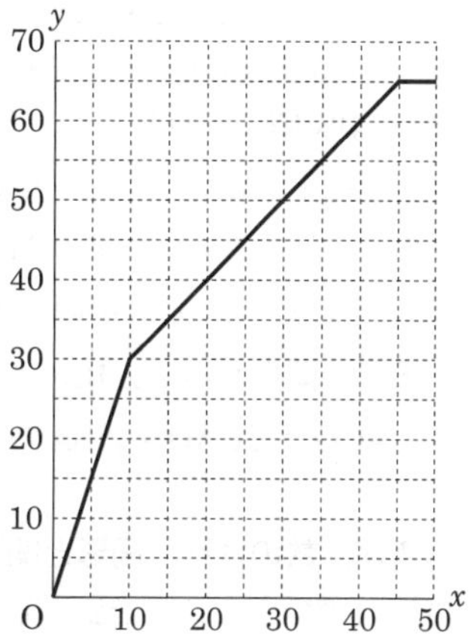

<数学解説>

1 (数・式の計算, 式の展開, 平方根, 二次方程式, 不等式, 方程式の応用, 関数$y=ax^2$, 資料の散らばり・代表値, 角度)

(1) 四則をふくむ式の計算の順序は, 乗法・除法→加法・減法　となる。$4-6\div(-2)=4-(-3)=4+3=7$

(2) 分配法則を使って, $(2x+1)(3x-1)=2x\times(3x-1)+1\times(3x-1)=6x^2-2x+3x-1=6x^2+x-1$, $(2x-1)(3x+1)=2x\times(3x+1)-1\times(3x+1)=6x^2+2x-3x-1=6x^2-x-1$　だから, $(2x+1)(3x-1)-(2x-1)(3x+1)=(6x^2+x-1)-(6x^2-x-1)=6x^2+x-1-6x^2+x+1=2x$

(3) 乗法公式$(a-b)^2=a^2-2ab+b^2$より, $(\sqrt{5}-1)^2=(\sqrt{5})^2-2\times\sqrt{5}\times1+1^2=5-2\sqrt{5}+1=6-2\sqrt{5}$　また, $\sqrt{20}=\sqrt{2^2\times5}=2\sqrt{5}$　だから, $(\sqrt{5}-1)^2+\sqrt{20}=(6-2\sqrt{5})+2\sqrt{5}=6-2\sqrt{5}+2\sqrt{5}=6$

(4) 方程式 $(x+1)(x-1)=3(x+1)$ の右辺を左辺に移項して $(x+1)(x-1)-3(x+1)=0$　$x+1=M$とおくと, $M(x-1)-3M=0$　$M\{(x-1)-3\}=0$　$M(x-4)=0$　Mを$x+1$にもどして, $(x+1)(x-4)=0$　よって, $x=-1$, 4

(5) a円の鉛筆5本とb円の消しゴム1個を買ったときの代金の合計は, a円×5本+b円×1個=$(5a+b)$円　500円を出しておつりがあったということは, 代金の合計が500円よりも少ないということだから, この数量の関係を不等式で表すと $5a+b<500$　となる。

(6) 最初に, A, Bそれぞれを希望した生徒の人数をx人, y人とすると, 人数の比が 1：2 であったから, $x:y=1:2$　$y=2x$…①　また, その後, 14人の生徒がBからAへ希望を変更したため, A, Bそれぞれを希望する生徒の人数の比は5：7となったから, $(x+14):(y-14)=5:7$　$5(y-14)=7(x+14)$　整理して　$7x-5y=-168$…②　①を②に代入して　$7x-5\times2x=-168$　$-3x=-168$　$x=56$　これを①に代入して　$y=2\times56=112$　以上より, 体験学習に参加する生徒

の人数は $x+y=56+112=168$人である。

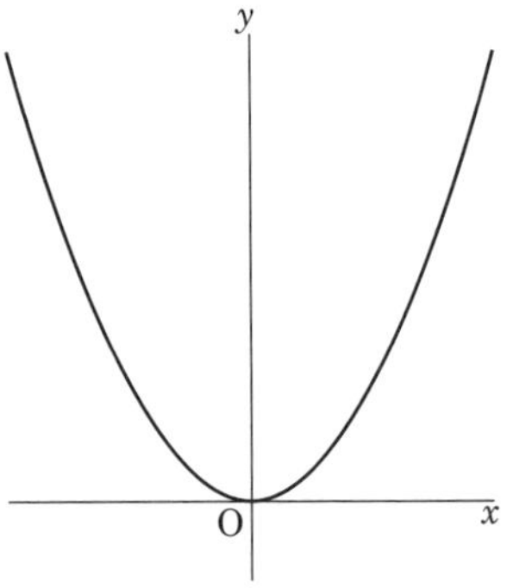

(7)　関数$y=x^2$のグラフは右図のような**放物線**である。原点を通り，y軸について対称な曲線であり，xの値が増加するとき，$x<0$の範囲では，yの値は減少し，$x>0$の範囲では，yの値は増加する。また，$x=0$のとき，yは**最小値**0をとる。$-1 \leqq x \leqq 2$のとき，xの**変域**に0が含まれているから，yの最小値は0。$x=-1$のとき，$y=(-1)^2=1$　$x=2$のとき，$y=2^2=4$　よって，yの**最大値**は4　yの変域は，$0 \leqq y \leqq 4$である。以上より，関数 $y=x^2$について正しく述べたものはイとエである。

(8)　**中央値**は資料の値を大きさの順に並べたときの中央の値。6人の記録を大きい順に並べると，26，26，25，23，20，18。生徒の人数は6人で偶数だから，記録の大きい方から3番目と4番目の生徒の記録の**平均値**$\frac{25+23}{2}=24$mが中央値。

(9)　△OABはOA＝OBの二等辺三角形だから，∠BAO＝∠ABO＝31°　$\overset{\frown}{BC}$に対する**中心角と円周角の関係**から，$\angle BAC=\frac{\angle BOC}{2}=\frac{154^\circ}{2}=77^\circ$　△OACはOA＝OCの二等辺三角形だから，∠ACO＝∠CAO＝∠BAC－∠BAO＝77°－31°＝46°

2 **(確率，数の性質，図形と関数・グラフ，関数とグラフ，グラフの作成)**

(1)　1つのさいころを2回続けて投げるとき，全ての目の出方は　6×6＝36通り。このうち，カードが1枚だけ残るのは，1の約数は1，2の約数は1と2，3の約数は1と3，4の約数は1と2と4，5の約数は1と5，6の約数は1と2と3と6だから，(1回目，2回目)＝(4，6)，(5，6)，(6，4)，(6，5)の4通り。求める確率は　$\frac{4}{36}=\frac{1}{9}$

(2)　問題の計算の規則より，nを自然数とするとき，与えられた自然数が奇数$2n-1$ならば，3倍して1を加えるから，$3(2n-1)+1=2(3n-1)$より，結果は偶数となる。また，与えられた自然数が偶数$2n$ならば，2で割るから，$\frac{2n}{2}=n$より，結果は偶数か奇数となる。このことを考慮しながら，7回目の計算結果の1から逆算していく。逆算の仕方は，逆算する自然数が奇数ならば2倍する。

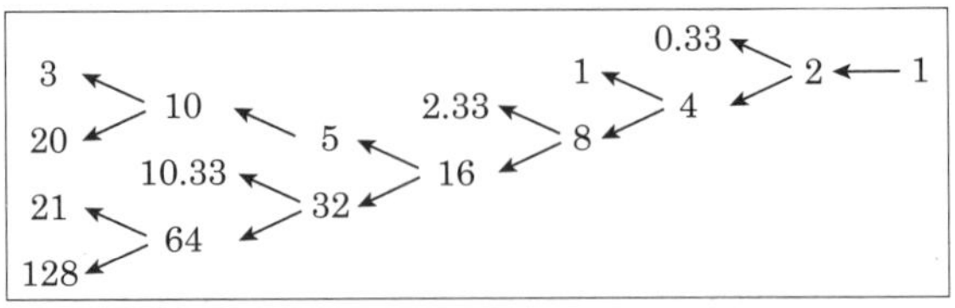

偶数ならば2倍する計算と，1を引いて3で割る計算の2つの計算を行う。そして，逆算した結果が1か自然数以外なら，その数に関する逆算は終了する。結果は上図の通りであり，7回の計算で1となる自然数は，3，20(a)，21(b)，128の4個ある。

(3)　点A，Bは$y=2x$上にあるから，そのy座標はそれぞれ　$y=2\times1=2$，$y=2\times4=8$　よって，A(1，2)，B(4，8)　また，点Cは$y=-\frac{1}{3}x$上にあるから，そのy座標は　$y=-\frac{1}{3}\times(-3)=1$　よって，C(－3，1)　直線BCの傾き$=\frac{8-1}{4-(-3)}=1$より，直線BCの式を $y=x+b$ とおくと，点Cを通るから，$1=-3+b$　$b=4$　直線BCの式は　$y=x+4$…①　線分BCの中点をDとすると，**中点公式「2点(x_1, y_1)，(x_2, y_2)の中点の座標は$\left(\frac{x_1+x_2}{2}, \frac{y_1+y_2}{2}\right)$で求められる」**より，$D\left(\frac{4+(-3)}{2}, \frac{8+1}{2}\right)=D\left(\frac{1}{2}, \frac{9}{2}\right)$　線分BC上にAD//OEとなる点Eをとる。△OBDと△OBCで，**高さが等しい三角形の面積比は，底辺の長さの比に等しい**から，$BD=\frac{1}{2}BC$より，$\triangle OBD=\frac{1}{2}\triangle OBC$…②　また，**平行線と面積の関係**を考慮すると，△ABE＝△ABD＋△ADE＝△ABD＋

△ADO＝△OBD…③　②，③より，△ABE＝$\frac{1}{2}$△OBC　よって，直線AEは，点Aを通り，△OBCの面積を二等分する直線である。直線ADの傾き＝$\dfrac{2-\frac{9}{2}}{1-\frac{1}{2}}=-5$で，AD//OEより，直線OEの式は$y=-5x$…④　直線BCと直線OEの交点Eの座標は，①と④の連立方程式の解。①を④に代入して，$x+4=-5x$　$x=-\frac{2}{3}$　これを④に代入して，$y=-5\times\left(-\frac{2}{3}\right)=\frac{10}{3}$　以上より，点Aを通り，△OBCの面積を二等分する直線と直線BCとの交点の座標は$\left(-\frac{2}{3},\ \frac{10}{3}\right)$である。

(4)　①　ポンプP，Qを動かす前の容器Aの水の高さが40cmであり，ポンプP，Qの両方が止まった後の容器Cの水の高さが75cmであったから，ポンプP，Qを動かす前の容器Bの水の高さは75－40＝35cmであった。ポンプP，Qを同時に動かし始めてから，容器Aにはいっている水がなくなるのに，40cm÷毎分2cm＝20分かかり，容器Bにはいっている水がなくなるのに，35cm÷毎分1cm＝35分かかるから，先に止まったポンプPの35－20＝15分後に，もう一方のポンプQが止まった。

②　ポンプP，Qを同時に動かし始めるから，容器Cの水の高さは，最初，1分間あたり2cm＋1cm＝3cmずつ上昇する。仮に，25分後も，ポンプP，Qが動いているとすると，容器Cの水の高さは，毎分3cm×25分＝75cmとなり，問題の条件に合わない。25分後はポンプP，Qのどちらか一方が動いている。仮に，$s(0<s<25)$分後にポンプQが止まり，ポンプPだけが動くとすると，25分後の容器Cの水の高さの関係から，$3s+2(25-s)=45$　$s=-5$　これは問題に適さない。仮に，s分後にポンプPが止まり，ポンプQだけが動くとすると，$3s+(25-s)=45$　$s=10$　これは問題に適する。よって，ポンプP，Qを動かし始めてから10分後に，ポンプPが止まり，ポンプQだけが動いたことがわかる。そして，10分後の容器Cの水の高さは，毎分3cm×10分＝30cmである。$t(25<t\leqq 50)$分後に，容器Cの水の高さが65cmになるとすると，$45+(t-25)=65$　$t=45$　これは問題に適している。以上より，$0\leqq x\leqq 50$におけるxとyの関係を表すグラフは，点(0，0)，(10，30)，(45，65)，(50，65)を直線で結んだグラフとなる。

3 (角度，線分の長さ，面積，体積)

(1)　**平行線の錯角は等しい**から，∠FAD＝∠FEB＝56°　△ADFの内角の和は180°だから，∠ADF＝180°－∠AFD－∠FAD＝180°－90°－56°＝34°　**平行四辺形の向かい合う角は等しい**から，∠ABE＝∠ADC＝2∠ADF＝2×34°＝68°　△ABEの内角の和は180°だから，∠BAF＝180°－∠ABE－∠FEB＝180°－68°－56°＝56°

(2)　①　四角形AEFDと四角形EBCFで，周の長さが等しく，AE＝EBで，線分EFを共有していることを考慮すると，AD＋DF＝BC＋FCであり，これよりDF－FC＝BC－AD＝6－2＝4cm　以上より，DF＝$\frac{DC+4}{2}=\frac{5+4}{2}=\frac{9}{2}$cm

②　直線ABと直線DCの交点をOとする。台形ABCDの面積は，(上底＋下底)×高さ÷2＝(2＋6)×4÷2＝16cm^2　AD//BCより△OAD∽△OBCで**相似比**は　OA：OB＝OD：OC＝AD：BC＝2：6＝1：3…(i)　**相似な図形では，面積比は相似比の2乗に等しい**から，△OAD：△OBC＝$1^2:3^2$＝1：9　これより，△OBCと台形ABCDの**面積比**は，△OBC：台形ABCD＝△OBC：(△OBC－△OAD)＝9：(9－1)＝9：8　△OBC＝$\frac{9}{8}$台形ABCD＝$\frac{9}{8}$×16＝18cm^2　(i)より，OA：AB＝1：(3－1)＝1：2　これと，AE：EB＝1：1より，OA：AE：EB＝1：1：1　同様に，OD：DC＝1：2より，OD＝$\frac{DC}{2}=\frac{5}{2}$cm　高さが等しい三角形の面積比は，底辺の長さの比に

等しいから，$\triangle\mathrm{OEC}=\triangle\mathrm{OBC}\times\dfrac{\mathrm{OE}}{\mathrm{OB}}=18\times\dfrac{2}{3}=12\mathrm{cm}^2$　$\triangle\mathrm{OEF}=\triangle\mathrm{OEC}\times\dfrac{\mathrm{OF}}{\mathrm{OC}}=12\times\dfrac{\frac{5}{2}+\frac{9}{2}}{\frac{5}{2}+5}=\dfrac{56}{5}\mathrm{cm}^2$　以上より，四角形EBCFの面積は，$\triangle\mathrm{OBC}-\triangle\mathrm{OEF}=18-\dfrac{56}{5}=\dfrac{34}{5}\mathrm{cm}^2$

(3)　①　円Pと円Qの半径をそれぞれ$p$cm，$q$cmとすると，円Pと円Qの円周の長さはそれぞれ，$\overset{\frown}{\mathrm{AB}}$と$\overset{\frown}{\mathrm{DC}}$の長さに等しいから，$2\pi p=6\pi$，$2\pi q=4\pi$より，$p=3$，$q=2$　よって，円Pの面積と円Qの面積の和は，$\pi p^2+\pi q^2=\pi\times3^2+\pi\times2^2=13\pi\mathrm{cm}^2$

②　おうぎ形ODC∽おうぎ形OABであり，$\mathrm{OD}:\mathrm{OA}=\overset{\frown}{\mathrm{DC}}:\overset{\frown}{\mathrm{AB}}=4\pi:6\pi=2:3$より，$2\mathrm{OA}=3\mathrm{OD}$　$2(\mathrm{OD}+\mathrm{DA})=3\mathrm{OD}$　$2(\mathrm{OD}+3)=3\mathrm{OD}$　$\mathrm{OD}=6\mathrm{cm}$　問題の立体の展開図を組み立ててできる立体は，底面の半径が3cm，母線の長さが6+3=9cmの円錐(円錐Ⅰ)から，底面の半径が2cm，母線の長さが6cmの円錐(円錐Ⅱ)を除いたものである。円錐Ⅰの高さを$h$cmとすると，**三平方の定理**を用いて，$h=\sqrt{(\text{母線の長さ})^2-(\text{底面の半径})^2}=\sqrt{9^2-3^2}=6\sqrt{2}$
同様に，円錐Ⅱの高さをh'cmとすると，$h'=\sqrt{6^2-2^2}=4\sqrt{2}$　以上より，求める立体の体積は，(円錐Ⅰの体積)－(円錐Ⅱの体積)$=\dfrac{1}{3}\times\pi p^2\times h-\dfrac{1}{3}\times\pi q^2\times h'=\dfrac{1}{3}\times\pi\times3^2\times6\sqrt{2}-\dfrac{1}{3}\times\pi\times2^2\times4\sqrt{2}=\dfrac{38\sqrt{2}}{3}\pi\mathrm{cm}^3$

＜英語解答＞

聞き取り検査

第1問　1番　a 誤　b 誤　c 誤　d 正　2番　a 誤　b 正　c 誤　d 誤
　　　　3番　a 正　b 誤　c 誤　d 誤
第2問　問1　a 誤　b 誤　c 正　d 誤　問2　a 誤　b 誤　c 誤　d 正

筆記検査

1　(例1) (I) want to eat sushi with my foreign friend at a restaurant (,)
(because) many foreign tourists are interested in it (.)
(例2) (I) will have delicious ramen with my friend from a foreign country (,)
(because) there are many ramen shops near my house (.)
2　①　was built　②　understand what　③　ask　favor
3　(1)　influenced　(2)　made him really famous around the world after he
(3)　ウ　(4)　エ　(5)　イ，カ
4　(1)　b　オ　d　ア　(2)　イ　(3)　①　case　②　as
(4)　X　live　Y　necessary

＜英語解説＞

聞き取り検査　(リスニング)

放送台本の和訳は，103ページに掲載。

筆記検査

1　(条件英作文)

条件をよく読み使うべき語を忘れずに使うこと。解答例1は「多くの外国人旅行者が興味を持っているので，外国人の友達とレストランで寿司を食べたい」，解答例2は「私の家のそばにはたくさんのラーメン屋があるので外国から来た友達と美味しいラーメンを食べる」の意味。A because Bで「BなのでA」の意味。なぜそれを食べたいのかを述べること。

2 (会話文問題：語句補充，受け身，間接疑問文，助動詞)

① 大阪旅行についての会話。直前に大阪城の写真を見せている。It が指すものは大阪城。<be＋動詞の過去分詞形>で「～される」という受け身の表現。ここでは過去の話なので was,「建てる」の build の過去分詞形は built となる。「ずいぶん前に建てられた」

② 直後に「それは『ありがとう』の意味だ」と説明しているので「『おおきに』の意味をしらない」と言っていると考える。I don' t know. に疑問詞で始まる文 what does Ookini mean? が組み込まれている間接疑問文。疑問詞より後ろの語順は＜主語＋動詞＞になる。主語が三人称単数なので means と －s を付けるのを忘れないこと。

③ **May I ask you a favor?** で「お願いを聞いてもらえますか」の意味。

3 (長文読解問題・説明文：語句補充，語形変化，語句並べ換え，内容真偽)

(全訳)

価値観は異なる場所，時間，人々によって違います。今人気の人たちの中には生きていた時は有名ではなかった人たちもいます。ヴィンセント・ファン・ゴッホと宮沢賢治はそのような人たちのいい例です。2人とも人生で多くのひどい経験をしたことを知っていますか？

ヴィンセント・ファン・ゴッホは1853年にオランダで生まれました。彼の最初の仕事はある会社の美術商でした。すぐに彼はその会社で一番の商人になりましたが，病気になったので仕事をやめなくてはなりませんでした。治ったあと，他の仕事をいつくかやってみました。そして27歳のときに画家になることを決心しました。フランスでたくさんの画家に会い，彼らにA(影響され)ました。そうして彼の描くスタイルは変わり，作品はより明るくなりましたが，また病気が悪化しました。彼は病院で絵を描き続けました。①彼が亡くなったあとに，彼の作品は彼を世界中でとても有名にしました。実際彼は2100よりも多くの芸術作品を残していましたが，彼の人生ではほんの数作品しか売れませんでした。今彼の作品は世界でとても多くの人たちに愛されています。

宮沢賢治は1896年に岩手で生まれました。彼は学生のころ多くのタイプの人たちと会い，多くの種類の本を読み，化学や農業，芸術などに興味がありました。そして彼は教師になり農業と他の教科を学校で教えました。彼はまた詩や物語，短歌も作りました。彼の最初の本は教師として働いている時に出版されました。彼が30歳のとき，彼は②仕事を辞めて新しい生活を始めました。彼は農民になり，貧しい農民たちと生活をしました。彼らは賢治から米を育てる良い方法を学びました。彼は彼らに幸せになって欲しく，人生を楽しんでもらいたいと思っていました。2年後彼は病気で苦しみましたが，書き続けました。大体800の詩，100の物語などを書きましたが，生涯で出版したのは2冊だけです。今は200よりも多くの彼の作品を見ることができます。世界の多くの人たちが彼の作品を愛しています。

ヴィンセント・ファン・ゴッホと宮沢賢治は多くの共通点があります。2人とも多くの人たちに出会い，いくつか仕事を経験し，病気になりました。おそらく，彼らの経験を通して会った人たちのおかげでたくさんの素晴らしい作品が造られました。おそらく，彼らは苦難を経験したので彼らの作品は素晴らしものになりました。彼らの作品に感銘を受けた多くの人たちはその作品が表すメッセージがわかるのかもしれません。彼らにはもう1つ共通のものがあります。彼らは作品を造る努力を決してやめませんでした。彼らは悪い状況にあってさえも自分自身のために特別な何かを作り続けていました。

もし何かをしようと努力しているならば努力をし続けるべきです。その努力をわかってくれる人がいつもあなたの周りにいます。努力をすればするほど，将来よりよい結果を手に入れられるでしょう。

(1)　**<be 動詞 ＋動詞の過去分詞形＋ by…>**で「…によって～される，された」という受け身の意味になる。 by の後ろの them「彼らに」が指すのは a lot of painters「たくさんの画家たち」であり，直後の文には作品が変化したとあるので，influence「～に影響を及ぼす」の過去分詞形 influenced で「影響を及ぼされた」とする。

(2)　(His works) made him really famous around the world after he (died.)
<make ＋人＋形容詞>は「(人)を～にする」の意味。形容詞は famous「有名な」で，それを強める really「本当に」を前に付けて made him really famous とする。 around the world は「世界中で」。接続詞 after「～したあとに」の後ろには主語と動詞のある文が続くので he died となる。

(3)　直前の文では先生をしており直後の文では農民になっているので，生活が変わったことを表すウがふさわしい。

(4)　ア 「2人とも生きているときに多くの作品を売った」(×)　第1段落第2，3文，第2段落9，10文，第3段落最後の3文参照。　イ 「2人ともいい作品を作るために教師になった」(×)　第2段落第2～5文参照。ゴッホは教師になったとは述べられていない。　ウ 「2人ともいい画家になるために多くの人に会った」(×)　第3段落第3～7文参照。賢治は画家にはなっていない。
エ 「2人とも病気になってさえも作品を造り続けた」(○)　第2段落第8文，第3段落第10文参照。

(5)　ア 「価値観は世界中でいつでも同じだ」(×)　第1段落第1文参照。　イ 「ヴィンセント・ファン・ゴッホはいくつか仕事をしたあとに画家になることに決めた」(○)　第2段落第4，5文参照。　ウ 「ヴィンセント・ファン・ゴッホは描くスタイルを決して変えなかったのでまた病気になった」(×)　第2段落第6，7文参照。　エ 「宮沢賢治は詩や物語，短歌を教えるために農民になった」(×)　第3段落第4，5文参照。　オ 「宮沢賢治は多くの本を出版し，生涯でよく売れた」(×)　第3文最後から3文目参照。　カ 「努力をし続ければ，将来よりよい結果を手に入れられる」(○)　最終段落最終文参照。

4 (会話文問題：文挿入，語句補充)

(全訳)

綾　：トム，今話せる？

トム：問題ないよ。どうしたの？

綾　：えっと，昨夜見たテレビのニュースでとても驚いたの。地震$_{\mathrm{A}}$(が理由で)日本に住むのが怖いというここにいる外国人についてのものでした。トム，このことをどう思う？

トム：多くの外国人は自分の国で大きな地震を経験していないんだと思う。①地震が起きた場合の自分の守り方を知っておくべきだと思うよ。

綾　：なるほどね。トム，ここでの地震のことを心配してる？

トム：a【うん，してる。実は地震のことを心配しているよ。】学校と町で避難訓練を経験してる。僕は少ししか日本語を理解できないから，日本で地震があったら何をすべきかわからないよ。

綾　：b【わかるわ。】②多くの外国人があなたと同じ日本の印象を持っていると思う。そのことについて私たちは何をすべきかしら。

トム：c【一番大きな問題は言葉だと思う。】もし日本語があまりわからなかったら，全ての必要な情報を得られない。だから緊急時の指示を表す絵がもっと必要だよ。

綾　：d【みんなが簡単に理解できるサインが必要っていうことね？】

トム：その通り。美術の授業で学んだ「ユニバーサルデザイン」みたいなものだね。

綾　：私もそう思う。日本語があまり読めない人たちにとって役に立つわね。

トム：綾，僕と一緒に街を歩いてみない？

綾　：いいけど，なんで？

トム：安全のために必要なものを見つけたいからだよ。

綾　：いいわね！　日本語で書かれている重要なサインを彼らが読めないことを理解するべきだよね。それを探しに町を歩きにいきましょう！

トム：e【明日の朝はどう？】ここは明日は天気で暖かいよ。

綾　：いいわよ。10時に学校の前で会いましょう。

トム：オーケー。ありがとう，綾。じゃあね。

(1)　【b】 直前のトムの発話内容に理解を表す発言が空欄直後にある。 【d】 直前のトムの発話を言い換えて確認している。

(2)　**because of ～**「～の理由で」

(3)　①　in case of ～「～の場合は」　②　the same ～ as …「…と同じ～」

(4)　(X) 「彼女はここら辺に住んでいる外国人を助けたい」people を先行詞とする関係代名詞 who に続く動詞を入れる。直後の文には「彼らの中には日本での地震を心配している人たちがいる」とあるので，日本に住んでいる外国人を表していることがわかる。 (X) 「綾と私はこの町には安全のための絵がもっと必要だと思っている」4，7つ目のトムの発話参照。necessary「必要な」

2020年度英語　聞き取り検査

〔放送台本〕

第1問は，1番から3番までの三つあります。それぞれについて，最初に会話文を読み，続いて，会話についての問いと，問いに対する答え，a，b，c，dを読みます。そのあと，もう一度，その会話文，問い，問いに対する答えを読みます。必要があればメモをとってもよろしい。

問いの答えとして正しいものは解答欄の「正《せい》」の文字を，誤っているものは解答欄の「誤《ご》」の文字を，それぞれ○《まる》でかこみなさい。正しいものは，各問いについて一つしかありません。それでは，読みます。

（第1問）

1番　Ellen:　Ken, how's the pizza?
Ken:　It's delicious. You are a good cook. Thank you for inviting me to lunch, Ellen.
Ellen:　You're welcome, Ken.
Ken:　I like your pizza very much. How many pizzas have you baked

today?

Ellen: Just two, but I can make more. Would you like some more?

Question: What will Ken say next?

a　Of course. You can take it.

b　I'm sorry. I can't cook well.

c　Help yourself, Ellen.

d　Yes, please. I want more.

2番　Woman: I want this blue pen. How much is it?

Man: Now we're having a sale. It's 1,500 yen this week.

Woman: I'll take it. It's a birthday present for my father.

Question: Where are they?

a　They are at a birthday party.

b　They are at a stationery shop.

c　They are in the library.

d　They are in the nurse's office.

3番　Mom: John, have you finished your homework?

John: Yes, Mom. I'm very hungry.

Mom: OK. Dinner is ready. Please tell Dad to come to the dining room.

John: Sure. I'm coming with Dad.

Question: What is John's mother going to do?

a　She is going to eat dinner with her husband and John.

b　She is going to go to the dining room with John.

c　She is going to cook dinner in the dining room.

d　She is going to do John's homework with her husband.

〔英文の訳〕

1番　エレン：ケン，ピザはどう？

ケン　：おいしいよ。料理が上手だね。ランチに招待してくれてありがとう，エレン。

エレン：どういたしまして，ケン。

ケン　：きみのピザをとても気に入ったよ。今日は何枚焼いたの？

エレン：2枚だけよ，でももっと作れるわよ。もっと欲しい？

質問　：次にケンは何を言いますか。

a　もちろん。きみが取っていいよ。―　誤

b　ごめんね。上手に料理ができない。―　誤

c　ご自由にどうぞ，エレン。―　誤

d　うん，お願いします。もっと欲しい。―　正

2番　女性：この青いペンが欲しいわ。いくらですか？

男性：今セールをしているんです。今週は1500円です。

女性：これをいただくわ。父への誕生日プレゼントなんです。

質問：彼らはどこにいますか。

a　誕生日会にいます。—　誤

b　文房具屋にいます。—　正

c　図書館にいます。—　誤

d　看護師の事務所にいます。—　誤

3番　母　　：ジョン，宿題終わったの？

ジョン：うん，お母さん。すごくお腹が空いたよ。

母　　：オーケー。夕飯の準備ができたわよ。お父さんにダイニングに来るように言って。

ジョン：うん。お父さんと行くね。

質問：ジョンのお母さんは何をするつもりですか。

a　夫とジョンと夕飯を食べる。—　正

b　ジョンとダイニングに行く。—誤

c　ダイニングで夕飯を作る。—　誤

d　夫とジョンの宿題をする。—　誤

〔放送台本〕

第2問は，最初に英語のスピーチを読みます。続いて，スピーチについての問いと，問いに対する答え，a，b，c，dを読みます。問いは問1と問2の二つあります。そのあと，もう一度，スピーチ，問い，問いに対する答えを読みます。必要があればメモをとってもよろしい。

問いの答えとして正しいものは解答欄の「正《せい》」の文字を，誤っているものは解答欄の「誤《ご》」の文字を，それぞれ○《まる》でかこみなさい。正しいものは，各問いについて一つしかありません。それでは，読みます。

（第2問）

Hello. I'm Rika, the student council president. Welcome to our school's global festival. This festival is one of the biggest global events in our school. In the festival, a lot of people from many countries come together here to our school, and enjoy the time with our students. Today, we have many shows that help you to experience a lot of cultures from all over the world. Let's enjoy the festival together! Thank you.

問1　What is Rika talking about?

a　She is talking about all the biggest global events in her school.

b　She is talking about a student who will come from abroad.

c　She is talking about the global festival of her school.

d　She is talking about the shows that she saw in foreign countries.

問2　What can the people do at Rika's school today?

a　They can be the members of the student council.

b　They can go to many countries with her school's students.

c　They can help the students of her school.

d　They can experience a lot of cultures.

〔英文の訳〕

こんにちは。私は生徒会長のリカです。学校のグローバルフェスティバルへようこそ。このフェスティバルはこの学校の最も大きなグローバルイベントの1つです。このフェスティバルでは多くの国からたくさんの人たちがこの学校に集まり，この学校の生徒たちと一緒に楽しいときを過ごします。今日，世界中のたくさんの文化を経験する助けとなるたくさんの展示があります。一緒にフェスティバルを楽しみましょう！　ありがとうございます。

問1　リカは何について話していますか。

a　学校の大きなグローバルイベント全てについて話している。―　誤

b　海外から来る生徒について話している。―　誤

c　学校のグローバルフェスティバルについて話している。―　正

d　彼女が外国で見た展示について話しています。―　誤

問2　今日リカの学校でできることは何ですか。

a　生徒会のメンバーになれる。―　誤

b　彼女の学校の生徒たちと一緒にたくさんの国に行ける。―　誤

c　彼女の学校の生徒たちを助けられる。―　誤

d　たくさんの文化を経験できる。―　正

<理科解答>

1　(1)　カ　　(2)　(イ)，(オ)

2　(1)　ウ　　(2)　脳(イ)，せきずい(ウ)

(3)　相同器官　　(4)　ヒト(ウ)，ニワトリ(オ)

3　(1)　$2H_2O \rightarrow 2H_2 + O_2$　　(2)　右図

(3)　炭素棒　A　　気体の化学式　Cl_2　　(4)　ウ

4　(1)　0.25 A　　(2)　キ　　(3)　ウ　　(4)　1.6A

5　(1)　岩石　ウ　　鉱物の集まりの部分　キ

(2)　ア　　(3)　カ　　(4)　エ

6　(1)　(イ)，(エ)　　(2)　オ

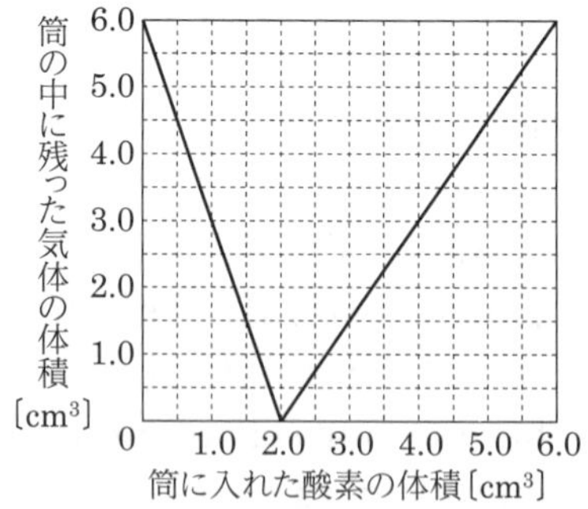

<理科解説>

1　(小問集合－仕事とエネルギー: 運動エネルギー，力と物体の運動：等速直線運動・物体の速さ，状態変化：蒸留，身のまわりの物質とその性質：密度)

(1)　仕事〔W〕＝力の大きさ〔N〕×力の向きに動いた距離〔m〕である。よって，W_1〔W〕＝4.0〔N〕×0.090〔m〕＝0.36〔J〕であり，W_2〔W〕＝4.0〔N〕×0.090〔m〕＝0.36〔J〕である。W_1とW_2は等しいので，物体PとQは同じ大きさの運動エネルギーを受けて等速直線運動をする。**運動エネルギーの大きさは，物体の速さが大きいほど大きく，物体の質量が大きいほど大きい。**よって，物体Qの質量の方が物体Pの質量より大きいので，物体Qの速さV_2の方が物体Pの速さV_1より小さくなる。

(2)　図は，沸点が100℃の水と**沸点が78℃のエタノール**の混合液から沸点のちがいを利用してエタノールをとり出す実験装置である。水の密度は4℃のとき1.00g/cm^{3}であり，**エタノールの密度は20℃のとき0.79g/cm^3**である。〔実験〕の③の結果の表から，試験管に集めた液体の密度を比較すると，試験管aの液体＜0.90g/cm^{3}のポリプロピレン＜試験管dの液体，である。密度〔g/cm^3〕＝

質量〔g〕÷体積〔cm^3〕であり，試験管aの液体の体積と試験管dの液体の体積は等しいので，質量は，試験管aの液体＜試験管dの液体，である。また，沸点が最も高く，火をつけたとき燃えなかったのはeのみだったので，試験管eの液体は水を最も多く含んでいる。

2 (動物の体のつくりとはたらき：骨格と筋肉・刺激と反応，動物の特徴と分類)

(1)　筋肉は，けんで骨とつながっており，図1で矢印の向きに腕を曲げるとき，Aの筋肉は縮み，Bの筋肉はゆるむ。図2で**花子さんが手羽先の筋肉を引き，先端部を動かしたことは，その筋肉が縮むことで，からだが動くことを確認した実験である。**

(2)　アの感覚器官で刺激を受けとり，信号は感覚神経を通り，ウのせきずいを経て，イの脳に伝えられる。脳は感じた刺激に対して判断し，命令をだす。命令の信号はせきずいを通して運動神経に伝わり，エの運動器官である手の筋肉に伝わる。

(3)　ヒトの腕とニワトリの翼など，脊椎動物の前あしなどに見られる，見かけの形やはたらきは異なっていても，基本的なつくりが同じで，起源は同じものであったと考えられる器官を相同器官という。

(4)　哺乳類であるヒトと，鳥類であるニワトリは，恒温動物である。そして，哺乳類は胎生であり，鳥類は卵生である。よって，ヒトはウであり，ニワトリはオである。

3 (化学変化と物質の質量，物質の成り立ち，化学変化，水溶液とイオン：電解質の電気分解)

(1)　〔実験1〕は，水の電気分解である。よって，化学反応式は，$2H_2O \rightarrow 2H_2 + O_2$，である。

(2)　〔実験2〕は水の合成である。①から③までの結果の表から，**水素の体積：酸素の体積＝2：1，のときは過不足なく反応**したことがわかる。よって，酸素が0cm^3のときは水素が6cm^3筒の中に残り，酸素が1.0cm^3のときは水素が3.0m^3筒の中に残り，酸素が2.0cm^3のときは筒の中に残る気体は0cm^3である。酸素が3.0cm^3のときは水素が3.0cm^3であり水素と化合できる酸素は1.5cm^3のため，筒の中には酸素が1.5cm^3残る。このように，酸素が2.0cm^3より多くなると筒の中には酸素が残る。筒に入れた酸素の体積〔cm^3〕をxとし，筒の中に残った気体の体積〔cm^3〕をyとし，図4のグラフ上に，(x，y)の各点(0，6.0)(1.0，3.0)(2.0，0)(3.0，1.5)(4.0，3.0)(5.0，4.5)(6.0，6.0)をとる。**酸素の体積が2.0cm^3までは水素が残り**，y＝6－3xのグラフとなり，**酸素が2.0cm^3より多くなると筒の中には酸素が残り**，y＝1.5x－3のグラフとなる。どちらもxの値の変化にともなって変化する比例のグラフである。

(3)　〔実験3〕は塩化銅の電気分解である。塩化銅の水溶液中での電離を化学式とイオン式で表すと，$CuCl_2 \rightarrow Cu^{2+} + 2Cl^-$，であり，塩化物イオンは陰イオンなので，陽極である炭素棒Aから塩素の気体となって発生する。塩素の化学式はCl_2である。

(4)　図5のグラフから，**炭素棒の表面に付いていた金属の質量は，電流を流した時間に比例し，電流の大きさに比例する。**よって，40分間電流を流したときは，炭素棒の表面に付いていた金属の質量は0.25Aの場合は0.2gであり，0.5Aの場合は0.4gであり，0.75Aの場合は0.6Aであり，それらの合計は，0.2〔g〕＋0.4〔g〕＋0.6〔g〕＝1.2〔g〕である。合計が1.5gになるのはx分後とすると，1.2〔g〕：1.5〔g〕＝40〔分〕：x〔分〕であり，x分＝50分である。

4 (電流：回路の電圧と電流と抵抗・電力)

(1)　電流計が示す値〔A〕＝$\frac{10[V]}{40[\Omega]}$＝0.25〔A〕である。

(2)　図3より，電流の大きさがPA間の距離に反比例することから，PA間の距離は抵抗部分の長さであり，PA間の抵抗の大きさRPA〔Ω〕は，PA間の距離に比例する。よって，PA間の距離が

10cmのときの抵抗の大きさをxΩとすると，10〔cm〕：x〔Ω〕＝40〔cm〕：40〔Ω〕より，x〔Ω〕＝10〔Ω〕である。同様に，PA間の距離が20cmのときの抵抗の大きさは20Ωである。

(3)　〔実験2〕は直列回路であるから，回路全体の抵抗〔Ω〕＝40〔Ω〕＋40〔Ω〕＝80〔Ω〕，である。次にPA間の距離を小さくしていくとき，抵抗器aのPA間にかかる電圧をもとめる。**抵抗器aと抵抗器bには同じ大きさの電流I_{ab}が流れる。**抵抗器aのPA間にかかる電圧V_{PA}〔V〕＝I_{ab}〔A〕×R_{PA}〔Ω〕である。クリップの金属部分Aを端子Qに接続したときの抵抗器aにかかる電圧Va〔V〕＝Iab〔A〕×40〔Ω〕である。**PA間の距離を小さくしていくと，**R_{PA}〔Ω〕＜40〔Ω〕であるから，V_{PA}〔V〕＜V_a〔V〕となり，**抵抗器aのPA間にかかる電圧V_{PA}〔V〕はV_a〔V〕より小さくなる。**次に抵抗器bで消費される電力をもとめる。I_{ab}〔A〕＝$\frac{10[\text{V}]}{40[\Omega]+R_{PA}[\Omega]}$であり，$\frac{10[\text{V}]}{40[\Omega]+40[\Omega]}$＝0.125〔A〕である。$R_{PA}$〔Ω〕＜40〔Ω〕であるため，**$I_{ab}$〔A〕＞0.125〔A〕**である。PA間の距離を小さくしていくときの**抵抗器bで消費される電力〔W〕＝I_{ab}〔A〕×I_{ab}〔A〕×40〔Ω〕＞0.125〔A〕×0.125〔A〕×40〔Ω〕**であり，**消費電力は大きくなる。**

(4)　図5の電熱線を円形に曲げた抵抗器は，10cmの長さの電熱線の10Ωの抵抗器と30cmの長さの電熱線の30Ωの抵抗器の**並列回路**である。この並列回路の合成抵抗をR_C〔Ω〕とすると，$\frac{1}{R_C[\Omega]}=\frac{1}{10[\Omega]}+\frac{1}{30[\Omega]}=\frac{4}{30[\Omega]}$であるから，$R_C$〔Ω〕＝7.5〔Ω〕である。よって，電流計が示す値〔A〕＝$\frac{12[\text{V}]}{7.5[\Omega]}$＝1.6〔A〕である。

5　(地震と地球内部のはたらき，火山活動と火成岩：火山岩)

(1)　図3のキラウエア火山の岩石は，火成岩であり，拡大図から**斑状組織**であることがわかり，火山岩である。全体的に**黒っぽい**ため，岩石の名称は**玄武岩**である。拡大図に見られる大きな結晶の周りにあるごく小さな鉱物の集まりやガラス質の部分の名称は，石基である。

(2)　太平洋プレート上にあるハワイ島付近のホットスポットから同じ方向に島々がつらなっている。そのなかのミッドウェー島が1年間に移動した速さを求めると，2400km÷2800万年≒8.6cm/y，である。同様にして，カウアイ島は490km÷530万年≒9.2cm/y，オアフ島は320km÷370万年≒8.6cm/yである。よって，太平洋プレートは年間約9cmの速さで西北西の向きに移動していると推定できる。

(3)　**ユーラシアプレートの下にフィリピン海プレートが沈みこんで**生じたひずみが限界になると，もとにもどるようにはね返るため，地震が起こる。プレートの境界で起こる地震の震源は，大陸側から太平洋側にいくにしたがって浅くなる。

(4)　地震が起こると，震源ではP波とS波が同時に発生するが，P波の方がS波より速いため先にP波が到着し，おくれてS波が到着する。震源からの距離が大きいほど，P波とS波の到着時刻の差が大きくなる。そのため，**初期微動継続時間は，震源からの距離に比例して長くなる。**よって，地点Xから震源地までの距離は，地震Aの方が地震Bよりも遠い。震度は地震によるゆれの大きさであり、震央からの距離が等しい地点であっても，土地のつくりやようすによって，震度がことなることもある。**マグニチュードは地震の規模**の大小である。地震Aと地震Bはどちらも観測地点が同じであるため，震度が大きい地震Aの方が地震Bよりもマグニチュードは大きい。

6　(小問集合－植物の特徴と分類，太陽系と恒星：金星の動きと見え方)

(1)　図の植物は全て種子植物であり，被子植物である。単子葉類か双子葉類かで2種類ずつの2つのなかまに分けることができる。ツユクサとトウモロコシは**単子葉類**であり，葉脈が平行脈で，根はひげ根である。アブラナとエンドウは**双子葉類**であり，葉脈が網静脈で，根は主根と側根である。

(2)　図1の**三日月のような金星の像**は，金星がbの位置にあるときに，右側の一部が太陽に照らされて反射してかがやいて見える。図2の地球の北極側から見て反時計回りに，地球は西から東へ自転しているので，bの位置の金星は，地球が**日の入り後**の地点から，**西の方角**に見える。

＜社会解答＞

1　(1)　エ　　(2)　ウ　　(3)　イ
2　(1)　エ　　(2)　戦争が長期化し，男性労働力が不足した　　(3)　ア　　(4)　イ
3　(1)　①　(地図記号)　文　　②　過疎　　(2)　オ　　(3)　キ
4　(1)　①　(イ)　　②　(エ)　　(2)　イ　　(3)　ウ
5　(1)　イ　　(2)　間接金融　　(3)　エ　　(4)　ウ
6　(1)　主権　　(2)　ア　　(3)　ウ

＜社会解説＞

1　(歴史的分野―日本史時代別－古墳時代から平安時代・安土桃山時代から江戸時代・明治時代から現代，―日本史テーマ別－政治史・文化史・外交史，―世界史－政治史)

(1)　**摂関政治**の時期とは，10世紀から11世紀である。**日本書紀**が完成したのは，8世紀前期である。**琉球王国**が成立したのは，15世紀である。**豊臣秀頼**は17世紀の人物である。したがって，2番目に古いのは，大講堂の建造された10世紀から11世紀である。世界史の動きに目を向けてみる。　ア　**イエス**が**キリスト教**をおこしたのは，1世紀である。　イ　**隋**が中国を統一したのは，6世紀である。　ウ　オランダがスペインから独立したのは，17世紀である。　エ　**宋**が中国を統一したのは10世紀である。したがって，最も適当なのはエである。

(2)　Cの説明にある修理とは，17世紀に行われた修理である。しかも豊臣秀頼は，1615年の**大阪夏の陣**で死去しているので，問題の求めるのは，1615年以前のできごとである。アの，**公事方御定書**(くじかたおさだめがき)は裁判の基準となる基本法典である。公事方御定書が，**8代将軍徳川吉宗**によって制定されたのは1742年である。イの，**島原・天草一揆**が**キリシタン**農民によってひきおこされたのは，1637年であり，**ポルトガル船**の**来航禁止**がなされたのは，1639年である。ウの，**安土城**が**織田信長**によって築かれたのは1579年である。エの，**水戸藩主**である**徳川光圀**が，**「大日本史」**の編集を始めたのは，1657年である。したがって，正解はウである。

(3)　**ゴーダマ・シッタルダ**によって，**仏教**が始められたのは，インドである。**法隆寺**はすでに国宝に認定されていたが，1993年に**ユネスコ**によって，**世界文化遺産**に登録された。正しい組み合わせは，イである。

2　(歴史的分野―日本史時代別－明治時代から現代，―日本史テーマ別－外交史・社会史，―世界史－政治史，地理的分野―日本地理－貿易)

(1)　Aの年は，**新渡戸稲造**の年齢から1900年とわかる。1900年までに実現していた**条約改正**の内容は，**外務大臣陸奥宗光**による**領事裁判権の撤廃**である。また，この時期には，**ロシア**が中国東北部の**満州**および**朝鮮**への南下の動きを見せ始めていたために，日本とイギリスはこれに対抗するために，1902年**日英同盟**を結んだ。日本の**第一次世界大戦**への参戦は，日英同盟を理由とし

て行われた。日英同盟は，1922年に日本・アメリカ・イギリス・フランスの間で結ばれた**四か国条約**で終結した。

(2)　1931年の**満州事変**以後，日本軍による満州侵略が始まり，1937年の**盧溝橋事件**を契機に**日中戦争**が本格化した。さらに，1941年にアメリカ・イギリスと開戦したことによって，戦争が長期化し，男性労働力が不足したためであることを，文の前後に合うようにまとめるとよい。

(3)　この時期の日本は，常に輸出額が輸入額を上回っている。Aは輸出である。1989年の**マルタ会談**によって，**アメリカ・ソ連**を中心とした**資本主義陣営**と**社会主義陣営**の**冷戦**が終結し，1989年に**ベルリンの壁**が崩壊して，1990年に**東西ドイツが統一**された。

(4)　1890年から1894年の日本の貿易相手の中心はイギリスであり，Yがヨーロッパ州である。1940年から1944年は第二次世界大戦とほぼ重なるため，アジア州との貿易がほとんどである。Xはアジア州である。1965年から1969年の日本の貿易相手の中心は，アメリカであり，Zは北アメリカ州である。

3　(地理的分野—日本地理－工業・農林水産業・地形図の見方・気候)

(1)　①　なくなっているのは，小中学校の地図記号である「**文**」である。　②　この地域では，**少子高齢化**が進み，「**過疎**」が進行して，小中学校がなくなったものと考えられる。

(2)　ア　静岡県は，製紙業はさかんであるが，木材・木製品事業所数が最も多くはない。　イ　静岡県は，遠洋漁業はさかんだが，漁業生産量は最も多くはない。　ウ　奈良県は国宝等に指定されている建造物が多いが，宿泊旅行者数は最も多くはない。　エ　奈良県は，パルプ・紙・紙加工品出荷額等の額が最も多くはない。　カ　三重県は，パルプ・紙・紙加工品出荷額等の額が最も多くはない。ア・イ・ウ・エ・カのどれも誤りであり，オが正しい。三重県は，漁業生産量は，全国第4位である。三重県の**養殖漁業**では，マダイ・ブリ・マグロをはじめとする魚類，そして真珠・カキに代表される貝類など多岐にわたっている。

(3)　宇都宮市は，3.31ラインと4.10ラインの間にあり，2018年の開花日は3月26日であるから，平年よりも早い。仙台市は，4.10ラインと4.20ラインの間にあり，2018年の開花日は3月30日であるから，平年よりも早い。したがって，正しい組み合わせは，キである。

4　(地理的分野—世界地理－地形・人口・気候)

(1)　①　地球は24時間で360度自転するので，**経度差15度で1時間の時差**となる。日本とロンドンの時差は9時間なので，経度差は135度となる。この略地図では，経線は15度ごとにひかれているから，日本を通過することになるのは，イの経線となる。　②　日本とブラジルは，地球のちょうど裏側になるので，イから180度ずれた，エの経線となる。

(2)　6月から8月は，太陽が**北回帰線**に最も近くなるので，南極では太陽が出ている昼間の時間が最も短くなる。南極を表すグラフは，イである。逆に12月や1月は，一日中太陽の沈まない**白夜**となる。

(3)　世界の人口第1位は中国であり，dは中国である。人口第3位はアメリカであり，cはアメリカである。人口第5位はブラジルであり，eはブラジルである。人口第9位はロシアであり，aはロシアである。人口第38位がカナダであり，bがカナダである。したがって，ロシアを含むBがヨーロッパである。X・Yの河川のうち，複数の国を貫流しているのはXであり，**水質汚濁**のような問題が起こると，国際的な環境問題になる。なお，Xの川は，ライン川である。

5　(公民的分野—消費生活)

(1) aが40代，bが10代，cが60代である。ア 40代が食べることに最もお金をかけている。ウ 旅行に最もお金をかけているのは，60代である。エ 通信にかけるお金を節約したいと最も考えているのは40代である。ア・ウ・エのどれも誤りであり，イが正しい。

(2) 企業が，**株式**を発行して資金を調達するのは，**直接金融**である。銀行などの金融機関や保険会社などをなかだちとして，資金を調達するのが，**間接金融**である。

(3) 商品の価格にこだわるとした消費者の割合は，2000年から2018年で，50％から34％に減少している。また，Wの「消費スタイル」を持つ消費者は，「便利な手段で手に入りやすいものを買う」傾向があることが読み取れ，商品を購入する際に，時間の制約を受けていることが推測される。

(4) 資料Ⅲでは，社会や環境に与える負担や影響を意識しないまま，価格の安さのみを追い求めることの，非倫理性が指摘されている。つまり，Yのような，価格が安ければ品質にはこだわらない消費行動を問題視しているのである。そうした消費行動でなく，消費者が**倫理的消費**を実践しようとするには，事業者が**情報公開**に力を入れることが必要である。

6 (公民的分野—国の政治の仕組み・三権分立)

(1) **大日本帝国憲法**では，「大日本帝国ハ万世一系ノ天皇之ヲ統治ス」「天皇ハ国ノ**元首**ニシテ統治権ヲ総攬シ(以下略)」と明記されていたが，**日本国憲法**では「天皇は，日本国の**象徴**であり日本国民統合の象徴であって，この地位は，**主権**の存する日本国民の総意に基く。」と規定されている。

(2) 日本国憲法第68条で，「**内閣総理大臣**は，**国務大臣**を任命する。但し，その**過半数**は，**国会議員**の中から選ばれなければならない。」と規定されている。また，日本の**内閣**が，**国会**への法案提出権を持ち，衆議院の**解散権**を持っているのに対し，**アメリカ合衆国の大統領**は，議会に対して法律案を提出する権限がないが，**大統領令**によって行政権を直接行使することができる。つまり，アメリカは行政と立法それぞれの独立性が強いといえる。

(3) 日本では，1955年以来，**自由民主党**が単独で政権を担う時期が長く続いた。ところが1996年に民主党が創立され，しだいに議席を増して**二大政党化**が進み，2009年には自由民主党に選挙で勝利し**政権交代**した。その後自由民主党は再び第一党となり，公明党と連立政権を組み，現在に至っている。

＜国語解答＞

一 (一) エ　(二) ウ　(三) 一生懸命生きている　(四) ウ　(五) イ・エ
(六) X オ　Y ウ

二 (一) ① かえり　② 打破　(二) ③ 善

三 (一) ① オ　② イ　(二) ウ　(三) (例)色に比べて音は，社会的な区分けに用いることは難しいが，その場にいる人々に一様に共有させる強制性が高く，一体的な高揚感をかもし出す有効な手段として利用できる。　(四) なつかしさの感情
(五) エ

四 (一) ア・イ・オ　(二) ウ　(三) ア　(四) イ

＜国語解説＞

一 (随筆―大意・要旨，内容吟味，文脈把握，段落・文章構成，脱文・脱語補充)

(一)　傍線①「私には，この感覚がわからない」のは，私にとって「人生は楽しいし，世界は美しくて不思議に満ちているので，それを探求するために，ずっと生きていたいと思っている」からだ。そして[2]段落に私が世界は美しくて不思議に満ちていると感じる理由が述べられている。「それは……生きる意味は十分にある。」という部分をふまえて選択肢を選ぶ。

(二)　大野先生が，本当は貝類の専門なのに，オオミミズのことも知っていたことが驚きで印象的だったのだ。これを筆者は「**森羅万象の大筋の全体を知っている，本物の博物学者**だった」としている。**森羅万象とは，この世のもの一切，すべて**を意味する。これをふまえて選択肢を選ぶ。

(三)　空欄には動物のあり方・生き様が入る。筆者が研究者として動物を観察・研究して得た結論は，「生物はみな，一生懸命生きている」ということだった。ここから補える。

(四)　「氷山の一角」とは，根深く広い現象のうち，知られるにいたった一部分のことだ。意識はどんなことの一部分かをおさえればよい。それは**「私たちのからだと脳の意識下の部分」が「何がなんでもからだを生き続けさせようとして働いている」という大きな営みが存在していて，意識はその一部分だ**ということになる。

(五)　イは[4]段落の「自然科学とは，さまざまな自然現象を論理的に理解しようとする試みである。」という記述から適切である。また，エは[6]段落の「現実は三次元であり……それが，人生の原点なのだと思う」という記述から適切である。

(六)　Xの冒頭には「こうした哲学的な問いは」とあり，これが指示する内容をおさえてその後に入れればよい。すると，〔オ〕の前に「『生きている意味は何か？』などといった疑問」とあるのを見つけられよう。**Yの内容は，筆者が美しく不思議に満ちた自然を探求することに生きる意味・価値を見出すことになった理由**である。この部分を理由として補うのに適切な場所は，生きる意味や価値を見つけることができたのかが分かってきたと述べた〔ウ〕の前である。**この後にYの理由を加えることで分かったことが説明できる**からである。

二 (漢字の読み書き，ことわざ・慣用句)

(一)　①「省」は，訓読みの際の送り仮名に注意したい。「かえり・ミル」である。また、書き取りの際には「目」を「日」と書かないようにする。　②　妨げとなっている障害をすっかり取り除くこと。「破」の「皮」の部分は，二画目に注意したい。止めずに，斜め下にしっかりはらう。

(二)　「善は急げ」は，よいことはためらわずにすぐに行えという意味。

三 (論説文―大意・要旨，内容吟味，文脈把握，段落・文章構成，接続語の問題，脱文・脱語補充)

(一)　[①]の前では，さまざまな知覚バリエーションを当然のごとく享受している我々の生活を提示しているが，空欄以降では，そうした生活は古くからあるものではないのだという意外な事実を補足して述べている。**補足説明するために適切な接続詞を選ぶと「ただし」**が補える。[②]には，これ以前の段落ではさまざまなバリエーションの事例が挙げられていたことをふまえ，**それらを総括する意味合いの接続詞**を補うのがよい。

(二)　傍線③の後にある記述をふまえると，適切な選択肢が選べる。同段落に「知覚資源は美の源泉」であり，その多くが「経済的価値や人間関係を演出し，社会を複雑に組織化していくのに役立てられた」とある。

(三)　要約のポイントは「音という知覚資源の特性」である。書き出しの指定にある色との比較については，特定が難しいので企図して社会的利用の機会は多くないとあるので，**色に比べて社会**

的な区分けに用いることは難しいということを含めよう。そして音独自の特性として述べられていることをキーワードを手がかりにまとめると，**その場の人に一様に共有させることができるので強制性が高い点と一体的な高揚感をかもし出す有効な手段である点**が挙げられる。この三点をおさえて指定字数でまとめればよい。

(四)　[6]段落の最後の一文に，匂いという知覚が「なつかしさの感情と結びついた帰属意識などを深く呼び起こす知覚資源」だと記されている。**「呼び起こす」と「かきたてる」が似た意味であるから抜き出すべき語句は「なつかしさの感情」だ**と導けよう。

(五)　筆者の主張は[3]段落にあるように，**知覚資源が社会を複雑に組織化するのに役立ったということ**だ。この論の根拠を示すために，色・音・匂いといった事例を挙げた。これらの知覚資源による階層化や雰囲気作り・帰属意識の喚起が，**いずれも知覚資源による組織化に役立つことを証明**しているので，自論の正しさを明確に出来たのである。

四　(古文―主題・表題，内容吟味，文脈把握)

【現代語訳】

仁斎先生が生きていらっしゃる時，大高清助という人が，『適従録』を著作し，ひどく先生の学説を非難した。仁斎先生の門人がその書物を持ってきて示し，すぐにこれに反論する書を作ることを先生に勧めた。先生は微笑んで何も言わなかった。その門人は怒りのあまり呟いていうことに，「もし先生が反論をしないのならば，私がその役目をいたします。」と。先生が静かにおっしゃることに，「彼が正しいならば私がその誤りを改めて彼の正論に従うべきだろう。もし私が正しくて彼が誤っているならば，私の正論はすぐに世の中に知れ渡ることになる。もともと反論するまでもない。しばらくすれば，彼もまた自分の誤りを知ることになるだろう。あなたはひたすら自分自身の修養に努めなさい。他人のことをあれこれ言うことはない。」と。先生の度量は，だいたいこれほどまでの広さ大きさであった，とある人が語った。

(一)　それぞれの主語は，アが門人，イが門人，ウが吾(仁斎先生)，エが彼(大高清助)，オが門人である。

(二)　傍線②の前で「もし吾……吾が是は即天下の公共なり。」とあり，これが理由である。

(三)　傍線③にある「修め」の意味をおさえることが大切だ。現代語でも**「修める」とは，自分を高めるための努力をすること**である。

(四)　仁斎先生は，自分を非難する意見に対して反論の書を書こうしないことから，**他者の批判に動じることのない姿勢**がうかがえる。しかし，自分の意見に絶対的な自信を持っているわけではなく，**もし誤りがあれば正すこともいとわない謙虚な考え**も持っている。**正否に対して公平な姿勢で，あくまでも純粋な学問の正しさを追い求めている人物**である。

MEMO

大切なことはメモしておこうネ！

解答用紙集

○月×日 △曜日 天気(合格日和)

◆ご利用のみなさまへ

＊解答用紙の公表を行っていない学校につきましては、弊社の責任において、解答用紙を制作いたしました。

＊編集上の理由により一部縮小掲載した解答用紙がございます。

＊編集上の理由により一部実物と異なる形式の解答用紙がございます。

人間の最も偉大な力とは、その一番の弱点を克服したところから生まれてくるものである。――カール・ヒルティ――

東京学参株式会社

※ 127％に拡大していただくと，解答欄は実物大になります。

令和６年学力検査　解答用紙　第２時限

氏名	

受検番号				
⓪	⓪	⓪	⓪	⓪
①	①	①	①	①
②	②	②	②	②
③	③	③	③	③
④	④	④	④	④
⑤	⑤	⑤	⑤	⑤
⑥	⑥	⑥	⑥	⑥
⑦	⑦	⑦	⑦	⑦
⑧	⑧	⑧	⑧	⑧
⑨	⑨	⑨	⑨	⑨

数　学

【解答上の注意】

1　ＨＢ以上の濃さの黒鉛筆(シャープペンシルも可)を使用すること。

2　マーク欄は、下の例を参考にして塗りつぶすこと。

3　訂正する場合は、消しゴムできれいに消し、消しくずを残さないこと。

4　解答用紙は、汚したり、折り曲げたりしないこと。

良い例
●

悪い例					
小さい	上だけ	線	丸囲み	バツ	うすい

1	(1)	㋐ ㋑ ㋒ ㋓
	(2)	㋐ ㋑ ㋒ ㋓
	(3)	㋐ ㋑ ㋒ ㋓
	(4)	㋐ ㋑ ㋒ ㋓
	(5)	㋐ ㋑ ㋒ ㋓
	(6)	㋐ ㋑ ㋒ ㋓
	(7)	㋐ ㋑ ㋒ ㋓
	(8)	㋐ ㋑ ㋒ ㋓ ㋔ ㋕
		㋐ ㋑ ㋒ ㋓ ㋔ ㋕
	(9)	㋐ ㋑ ㋒ ㋓
	(10)	㋐ ㋑ ㋒ ㋓

2	(1)		㋐ ㋑ ㋒ ㋓ ㋔ ㋕ ㋖ ㋗ ㋘ ㋙
	(2)		㋐ ㋑ ㋒ ㋓ ㋔
	(3)	①	㋐ ㋑ ㋒ ㋓ ㋔ ㋕
		②	㋐ ㋑ ㋒ ㋓ ㋔ ㋕

3	(1)		ア	⓪	①	②	③	④	⑤	⑥	⑦	⑧	⑨
			イ	⓪	①	②	③	④	⑤	⑥	⑦	⑧	⑨
	(2)	①	ア	⓪	①	②	③	④	⑤	⑥	⑦	⑧	⑨
		②	イ	⓪	①	②	③	④	⑤	⑥	⑦	⑧	⑨
			ウ	⓪	①	②	③	④	⑤	⑥	⑦	⑧	⑨
	(3)	①	ア	⓪	①	②	③	④	⑤	⑥	⑦	⑧	⑨
			イ	⓪	①	②	③	④	⑤	⑥	⑦	⑧	⑨
			ウ	⓪	①	②	③	④	⑤	⑥	⑦	⑧	⑨
		②	エ	⓪	①	②	③	④	⑤	⑥	⑦	⑧	⑨
			オ	⓪	①	②	③	④	⑤	⑥	⑦	⑧	⑨

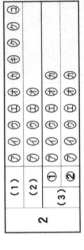

※ 132％に拡大していただくと，解答欄は実物大になります。

令和６年学力検査　解答用紙　第５時限

外国語（英語）聞き取り検査

氏　名	

受検番号				
0	0	0	0	0
1	1	1	1	1
2	2	2	2	2
3	3	3	3	3
4	4	4	4	4
5	5	5	5	5
6	6	6	6	6
7	7	7	7	7
8	8	8	8	8
9	9	9	9	9

【解答上の注意】

1　ＨＢ以上の濃さの黒鉛筆（シャープペンシルも可）を使用すること。
2　マーク欄は、下の例を参考にして塗りつぶすこと。
3　訂正する場合は、消しゴムできれいに消し、消しくずを残さないこと。
4　解答用紙は、汚したり、折り曲げたりしないこと。

良い例
●

悪い例					
小さい	上だけ	線	丸囲み	バツ	うすい

第１問

1番	a	正	誤
	b	正	誤
	c	正	誤
	d	正	誤
2番	a	正	誤
	b	正	誤
	c	正	誤
	d	正	誤
3番	a	正	誤
	b	正	誤
	c	正	誤
	d	正	誤

第２問

問１	a	正	誤
	b	正	誤
	c	正	誤
	d	正	誤
問２	a	正	誤
	b	正	誤
	c	正	誤
	d	正	誤

※ 135％に拡大していただくと，解答欄は実物大になります。

令和６年学力検査　解答用紙　　**第５時限**

外国語（英語）筆記検査

氏名	

受検番号				
⓪	⓪	⓪	⓪	⓪
①	①	①	①	①
②	②	②	②	②
③	③	③	③	③
④	④	④	④	④
⑤	⑤	⑤	⑤	⑤
⑥	⑥	⑥	⑥	⑥
⑦	⑦	⑦	⑦	⑦
⑧	⑧	⑧	⑧	⑧
⑨	⑨	⑨	⑨	⑨

【解答上の注意】

1　ＨＢ以上の濃さの黒鉛筆（シャープペンシルも可）を使用すること。
2　マーク欄は、下の例を参考にして塗りつぶすこと。
3　訂正する場合は、消しゴムできれいに消し、消しくずを残さないこと。
4　解答用紙は、汚したり、折り曲げたりしないこと。

良い例
●

悪い例					
⊙小さい	◓上だけ	⦶線	○丸囲み	⊗バツ	●うすい

1	（1）	㋐ ㋑ ㋒ ㋓
	（2）	㋐ ㋑ ㋒ ㋓
	（3）	㋐ ㋑ ㋒ ㋓

2	（1）		㋐ ㋑ ㋒ ㋓
	（2）	1番目	㋐ ㋑ ㋒ ㋓ ㋔ ㋕ ㋖
		3番目	㋐ ㋑ ㋒ ㋓ ㋔ ㋕ ㋖
		5番目	㋐ ㋑ ㋒ ㋓ ㋔ ㋕ ㋖

3	（1）		㋐ ㋑ ㋒ ㋓
	（2）		㋐ ㋑ ㋒
	（3）		㋐ ㋑ ㋒ ㋓
	（4）		㋐ ㋑ ㋒ ㋓
	（5）	①	㋐ ㋑ ㋒ ㋓
		②	㋐ ㋑ ㋒ ㋓

4	（1）	①	㋐ ㋑ ㋒ ㋓
		②	㋐ ㋑ ㋒ ㋓
	（2）		㋐ ㋑ ㋒ ㋓
	（3）		㋐ ㋑ ㋒ ㋓
	（4）		㋐ ㋑ ㋒ ㋓ ㋔ ㋕
			㋐ ㋑ ㋒ ㋓ ㋔ ㋕

※ 130％に拡大していただくと，解答欄は実物大になります。

令和６年学力検査　解答用紙　第４時限

氏　名	

受検番号				
⓪	⓪	⓪	⓪	⓪
①	①	①	①	①
②	②	②	②	②
③	③	③	③	③
④	④	④	④	④
⑤	⑤	⑤	⑤	⑤
⑥	⑥	⑥	⑥	⑥
⑦	⑦	⑦	⑦	⑦
⑧	⑧	⑧	⑧	⑧
⑨	⑨	⑨	⑨	⑨

理　科

【解答上の注意】

1　ＨＢ以上の濃さの黒鉛筆（シャープペンシルも可）を使用すること。
2　マーク欄は、下の例を参考にして塗りつぶすこと。
3　訂正する場合は、消しゴムできれいに消し、消しくずを残さないこと。
4　解答用紙は、汚したり、折り曲げたりしないこと。

良い例
●

悪い例					
⊙小さい	◓上だけ	⦶線	○丸囲み	⊗バツ	●うすい

1		
	（1）	㋐ ㋑ ㋒ ㋓
	（2）	㋐ ㋑ ㋒ ㋓ ㋔ ㋕

2			
	（1）		㋐ ㋑ ㋒ ㋓ ㋔ ㋕
	（2）		㋐ ㋑ ㋒ ㋓
	（3）		㋐ ㋑ ㋒ ㋓ ㋔ ㋕
	（4）	Ⅰ	ⓐ ⓑ ⓒ ⓓ ⓔ
		Ⅱ	㋐ ㋑ ㋒

3		
	（1）	㋐ ㋑ ㋒ ㋓
	（2）	㋐ ㋑ ㋒ ㋓ ㋔ ㋕ ㋖ ㋗ ㋘
	（3）	㋐ ㋑ ㋒ ㋓ ㋔ ㋕
	（4）	㋐ ㋑ ㋒ ㋓ ㋔ ㋕ ㋖ ㋗

4			
	（1）		㋐ ㋑ ㋒ ㋓
	（2）	Ⅰ	㋐ ㋑ ㋒ ㋓ ㋔ ㋕ ㋖
		Ⅱ	㋐ ㋑ ㋒ ㋓ ㋔ ㋕ ㋖
		Ⅲ	㋐ ㋑ ㋒ ㋓ ㋔ ㋕ ㋖
	（3）		㋐ ㋑ ㋒ ㋓ ㋔ ㋕ ㋖ ㋗ ㋘ ㋙
	（4）		㋐ ㋑ ㋒ ㋓ ㋔ ㋕ ㋖ ㋗

5		
	（1）	㋐ ㋑ ㋒ ㋓ ㋔ ㋕
	（2）	㋐ ㋑ ㋒ ㋓
	（3）	㋐ ㋑ ㋒ ㋓ ㋔ ㋕
	（4）	㋐ ㋑ ㋒ ㋓ ㋔ ㋕ ㋖ ㋗

6			
	（1）	ある日	㋐ ㋑ ㋒ ㋓ ㋔
		3日後	Ⓐ Ⓑ Ⓒ
	（2）		㋐ ㋑ ㋒ ㋓

愛知県公立高校　　2024年度

※ 132%に拡大していただくと，解答欄は実物大になります。

令和６年学力検査　解答用紙　　第３時限

社　　会

氏　名	

受検番号				
⓪	⓪	⓪	⓪	⓪
①	①	①	①	①
②	②	②	②	②
③	③	③	③	③
④	④	④	④	④
⑤	⑤	⑤	⑤	⑤
⑥	⑥	⑥	⑥	⑥
⑦	⑦	⑦	⑦	⑦
⑧	⑧	⑧	⑧	⑧
⑨	⑨	⑨	⑨	⑨

【解答上の注意】

1　ＨＢ以上の濃さの黒鉛筆(シャープペンシルも可)を使用すること。
2　マーク欄は、下の例を参考にして塗りつぶすこと。
3　訂正する場合は、消しゴムできれいに消し、消しくずを残さないこと。
4　解答用紙は、汚したり、折り曲げたりしないこと。

良い例
●

悪い例					
⊙小さい	上だけ	線	丸囲み	バツ	うすい

1			
	(1)	できごと	㋐ ㋑ ㋒ ㋓
		場所	Ⓐ Ⓑ Ⓒ Ⓓ
	(2)		㋐ ㋑ ㋒ ㋓ ㋔ ㋕ ㋖ ㋗
	(3)		㋐ ㋑ ㋒ ㋓

2			
	(1)	A	㋐ ㋑ ㋒ ㋓
		B	ⓐ ⓑ ⓒ ⓓ
	(2)		㋐ ㋑ ㋒ ㋓ ㋔ ㋕
	(3)		㋐ ㋑ ㋒ ㋓
	(4)		㋐ ㋑ ㋒ ㋓

3			
	(1)		㋐ ㋑ ㋒ ㋓
	(2)		㋐ ㋑ ㋒ ㋓
	(3)	①	㋐ ㋑ ㋒
		②	ⓐ ⓑ ⓒ
	(4)	津波	㋐ ㋑ ㋒
		火山災害	㋐ ㋑ ㋒

4			
	(1)		㋐ ㋑ ㋒ ㋓ ㋔ ㋕ ㋖ ㋗
	(2)	a	㋐ ㋑ ㋒
		c	㋐ ㋑ ㋒
	(3)		㋐ ㋑ ㋒ ㋓ ㋔

5			
	(1)	①	㋐ ㋑ ㋒ ㋓ ㋔ ㋕
		②	㋐ ㋑ ㋒ ㋓ ㋔ ㋕
	(2)		㋐ ㋑ ㋒ ㋓
	(3)		㋐ ㋑ ㋒ ㋓
	(4)		㋐ ㋑ ㋒ ㋓

6		
	(1)	㋐ ㋑ ㋒ ㋓ ㋔ ㋕ ㋖ ㋗
	(2)	㋐ ㋑ ㋒ ㋓
	(3)	㋐ ㋑ ㋒ ㋓

愛知県公立高校　　2024年度

※ 143％に拡大していただくと，解答欄は実物大になります。

令和６年学力検査　解答用紙　　第１時限

国　　語

氏　名	

受検番号				
⓪	⓪	⓪	⓪	⓪
①	①	①	①	①
②	②	②	②	②
③	③	③	③	③
④	④	④	④	④
⑤	⑤	⑤	⑤	⑤
⑥	⑥	⑥	⑥	⑥
⑦	⑦	⑦	⑦	⑦
⑧	⑧	⑧	⑧	⑧
⑨	⑨	⑨	⑨	⑨

【解答上の注意】

1　ＨＢ以上の濃さの黒鉛筆(シャープペンシルも可)を使用すること。

2　マーク欄は、下の例を参考にして塗りつぶすこと。

3　訂正する場合は、消しゴムできれいに消し、消しくずを残さないこと。

4　解答用紙は、汚したり、折り曲げたりしないこと。

良い例
●

悪い例					
⊙小さい	◓上だけ	⦶線	○丸囲み	⊗バツ	◉うすい

一	(一)		㋐ ㋑ ㋒ ㋓
	(二)		㋐ ㋑ ㋒ ㋓
	(三)		㋐ ㋑ ㋒ ㋓
	(四)		㋐ ㋑ ㋒ ㋓
	(五)	二番目	㋐ ㋑ ㋒ ㋓ ㋔ ㋕
		四番目	㋐ ㋑ ㋒ ㋓ ㋔ ㋕
		六番目	㋐ ㋑ ㋒ ㋓ ㋔ ㋕
	(六)		㋐ ㋑ ㋒ ㋓ ㋔ ㋕
			㋐ ㋑ ㋒ ㋓ ㋔ ㋕

二	(一)	①	㋐ ㋑ ㋒ ㋓
		②	㋐ ㋑ ㋒ ㋓
	(二)		㋐ ㋑ ㋒ ㋓
	(三)		㋐ ㋑ ㋒ ㋓

三	(一)	㋐ ㋑ ㋒ ㋓ ㋔
		㋐ ㋑ ㋒ ㋓ ㋔
		㋐ ㋑ ㋒ ㋓ ㋔
	(二)	㋐ ㋑ ㋒ ㋓
	(三)	㋐ ㋑ ㋒ ㋓
	(四)	㋐ ㋑ ㋒ ㋓ ㋔
		㋐ ㋑ ㋒ ㋓ ㋔
	(五)	㋐ ㋑ ㋒ ㋓ ㋔
		㋐ ㋑ ㋒ ㋓ ㋔

四	(一)	㋐ ㋑ ㋒ ㋓
	(二)	㋐ ㋑ ㋒ ㋓
	(三)	㋐ ㋑ ㋒ ㋓
	(四)	㋐ ㋑ ㋒ ㋓

2024年度入試配点表（愛知県）

数学	1	2	3	計
	各1点×10 ((8)完答)	(3)①　1点 他　各2点×3	各1点×5	22点

英語	聞き取り検査	1	2	3	4	計
	各1点×5	各1点×3	(1)　1点 (2)　2点(完答)	各1点×5 ((5)完答)	各1点×6	22点

理科	1	2	3	4	5	6	計
	各1点×2	各1点×4 ((4)完答)	(4)　2点 他　各1点×3	(4)　2点 他　各1点×3 ((2)完答)	各1点×4	各1点×2 ((1)完答)	22点

社会	1	2	3	4	5	6	計
	各1点×3 ((1)完答)	各1点×4 ((1)完答)	(4)　2点 他　各1点×3 ((3)・(4)各完答)	各1点×3 ((2)完答)	各1点×4 ((1)完答)	各1点×3	22点

国語	一	二	三	四	計
	(五)四番目・六番目 2点(完答) 他　各1点×7	各1点×3((一)完答)	各1点×6 ((一)・(四)各完答)	各1点×4	22点

※ 125％に拡大していただくと，解答欄は実物大になります。

令和５年学力検査　解答用紙　第２時限　数　学

氏　名	

受　検　番　号				
⓪	⓪	⓪	⓪	⓪
①	①	①	①	①
②	②	②	②	②
③	③	③	③	③
④	④	④	④	④
⑤	⑤	⑤	⑤	⑤
⑥	⑥	⑥	⑥	⑥
⑦	⑦	⑦	⑦	⑦
⑧	⑧	⑧	⑧	⑧
⑨	⑨	⑨	⑨	⑨

【解答上の注意】

1　ＨＢ以上の濃さの黒鉛筆(シャープペンシルも可)を使用すること。
2　マーク欄は、下の例を参考にして塗りつぶすこと。
3　訂正する場合は、消しゴムできれいに消し、消しくずを残さないこと。
4　解答用紙は、汚したり、折り曲げたりしないこと。

良い例
●

悪い例					
小さい	上だけ	線	丸囲み	バツ	うすい

1	(1)	㋐ ㋑ ㋒ ㋓
	(2)	㋐ ㋑ ㋒ ㋓
	(3)	㋐ ㋑ ㋒ ㋓
	(4)	㋐ ㋑ ㋒ ㋓
	(5)	㋐ ㋑ ㋒ ㋓
	(6)	㋐ ㋑ ㋒ ㋓
	(7)	㋐ ㋑ ㋒ ㋓
	(8)	㋐ ㋑ ㋒ ㋓
	(9)	㋐ ㋑ ㋒ ㋓
	(10)	㋐ ㋑ ㋒ ㋓

2	(1)		㋐ ㋑ ㋒ ㋓ ㋔
	(2)	Ⅰ	㋐ ㋑ ㋒ ㋓ ㋔ ㋕ ㋖ ㋗ ㋘ ㋙
		Ⅱ	㋐ ㋑ ㋒ ㋓ ㋔ ㋕ ㋖ ㋗ ㋘ ㋙
	(3)	①	㋐ ㋑ ㋒ ㋓ ㋔
		②	㋐ ㋑ ㋒ ㋓ ㋔

3	(1)		ア	⓪ ① ② ③ ④ ⑤ ⑥ ⑦ ⑧ ⑨
			イ	⓪ ① ② ③ ④ ⑤ ⑥ ⑦ ⑧ ⑨
	(2)	①	ア	⓪ ① ② ③ ④ ⑤ ⑥ ⑦ ⑧ ⑨
			イ	⓪ ① ② ③ ④ ⑤ ⑥ ⑦ ⑧ ⑨
		②	ウ	⓪ ① ② ③ ④ ⑤ ⑥ ⑦ ⑧ ⑨
	(3)	①	ア	⓪ ① ② ③ ④ ⑤ ⑥ ⑦ ⑧ ⑨
			イ	⓪ ① ② ③ ④ ⑤ ⑥ ⑦ ⑧ ⑨
		②	ウ	⓪ ① ② ③ ④ ⑤ ⑥ ⑦ ⑧ ⑨
			エ	⓪ ① ② ③ ④ ⑤ ⑥ ⑦ ⑧ ⑨

※ 139%に拡大していただくと，解答欄は実物大になります。

令和５年学力検査　解答用紙　第５時限　外国語(英語)

氏　名	

受検番号				
⓪	⓪	⓪	⓪	⓪
①	①	①	①	①
②	②	②	②	②
③	③	③	③	③
④	④	④	④	④
⑤	⑤	⑤	⑤	⑤
⑥	⑥	⑥	⑥	⑥
⑦	⑦	⑦	⑦	⑦
⑧	⑧	⑧	⑧	⑧
⑨	⑨	⑨	⑨	⑨

筆記検査

【解答上の注意】

1　ＨＢ以上の濃さの黒鉛筆(シャープペンシルも可)を使用すること。
2　マーク欄は、下の例を参考にして塗りつぶすこと。
3　訂正する場合は、消しゴムできれいに消し、消しくずを残さないこと。
4　解答用紙は、汚したり、折り曲げたりしないこと。

良い例
●

悪い例					
小さい	上だけ	線	丸囲み	バツ	うすい

1	(1)		㋐ ㋑ ㋒ ㋓
	(2)		㋐ ㋑ ㋒ ㋓
	(3)		㋐ ㋑ ㋒ ㋓

2	(1)		㋐ ㋑ ㋒ ㋓
	(2)	1番目	㋐ ㋑ ㋒ ㋓ ㋔ ㋕ ㋖
		3番目	㋐ ㋑ ㋒ ㋓ ㋔ ㋕ ㋖
		5番目	㋐ ㋑ ㋒ ㋓ ㋔ ㋕ ㋖

3	(1)		㋐ ㋑ ㋒ ㋓
	(2)		㋐ ㋑ ㋒
	(3)		㋐ ㋑ ㋒ ㋓
	(4)		㋐ ㋑ ㋒ ㋓
	(5)	①	㋐ ㋑ ㋒ ㋓
		②	㋐ ㋑ ㋒ ㋓

4	(1)	①	㋐ ㋑ ㋒ ㋓
		②	㋐ ㋑ ㋒ ㋓
		③	㋐ ㋑ ㋒ ㋓
	(2)		㋐ ㋑ ㋒ ㋓
	(3)		㋐ ㋑ ㋒ ㋓
	(4)		㋐ ㋑ ㋒ ㋓ ㋔ ㋕

※ 139％に拡大していただくと，解答欄は実物大になります。

令和５年学力検査　解答用紙　第５時限　外国語（英語）

氏　名	

受	検	番	号	
⓪	⓪	⓪	⓪	⓪
①	①	①	①	①
②	②	②	②	②
③	③	③	③	③
④	④	④	④	④
⑤	⑤	⑤	⑤	⑤
⑥	⑥	⑥	⑥	⑥
⑦	⑦	⑦	⑦	⑦
⑧	⑧	⑧	⑧	⑧
⑨	⑨	⑨	⑨	⑨

聞き取り検査

【解答上の注意】

1　ＨＢ以上の濃さの黒鉛筆（シャープペンシルも可）を使用すること。

2　マーク欄は、下の例を参考にして塗りつぶすこと。

3　訂正する場合は、消しゴムできれいに消し、消しくずを残さないこと。

4　解答用紙は、汚したり、折り曲げたりしないこと。

良い例
●

悪い例					
小さい	上だけ	線	丸囲み	バツ	うすい

第１問

１番	a	正	誤
	b	正	誤
	c	正	誤
	d	正	誤
２番	a	正	誤
	b	正	誤
	c	正	誤
	d	正	誤
３番	a	正	誤
	b	正	誤
	c	正	誤
	d	正	誤

第２問

問１	a	正	誤
	b	正	誤
	c	正	誤
	d	正	誤
問２	a	正	誤
	b	正	誤
	c	正	誤
	d	正	誤

※ 125%に拡大していただくと，解答欄は実物大になります。

令和５年学力検査　解答用紙　第４時限　理　　科

氏　名	

受検番号				
⓪	⓪	⓪	⓪	⓪
①	①	①	①	①
②	②	②	②	②
③	③	③	③	③
④	④	④	④	④
⑤	⑤	⑤	⑤	⑤
⑥	⑥	⑥	⑥	⑥
⑦	⑦	⑦	⑦	⑦
⑧	⑧	⑧	⑧	⑧
⑨	⑨	⑨	⑨	⑨

【解答上の注意】

1　ＨＢ以上の濃さの黒鉛筆(シャープペンシルも可)を使用すること。

2　マーク欄は、下の例を参考にして塗りつぶすこと。

3　訂正する場合は、消しゴムできれいに消し、消しくずを残さないこと。

4　解答用紙は、汚したり、折り曲げたりしないこと。

良い例
●

悪い例					
⊙小さい	上だけ	線	0丸囲み	⊗バツ	うすい

1	(1)		㋐ ㋑ ㋒ ㋓ ㋔ ㋕ ㋖ ㋗
	(2)		㋐ ㋑ ㋒ ㋓

2	(1)		㋐ ㋑ ㋒ ㋓
	(2)		㋐ ㋑ ㋒ ㋓ ㋔ ㋕
	(3)	Ⅰ	㋐ ㋑ ㋒ ㋓ ㋔ ㋕
		Ⅱ	㋐ ㋑ ㋒ ㋓ ㋔ ㋕
	(4)		㋐ ㋑ ㋒ ㋓ ㋔ ㋕ ㋖ ㋗

3	(1)		㋐ ㋑ ㋒ ㋓
	(2)		㋐ ㋑ ㋒ ㋓ ㋔ ㋕
	(3)		㋐ ㋑ ㋒ ㋓ ㋔ ㋕
	(4)	説明文	㋐ ㋑ ㋒ ㋓
		グラフ	ⓐ ⓑ ⓒ ⓓ

4	(1)	㋐ ㋑ ㋒ ㋓ ㋔ ㋕ ㋖ ㋗ ㋘ ㋙
	(2)	㋐ ㋑ ㋒ ㋓ ㋔ ㋕ ㋖ ㋗ ㋘ ㋙
	(3)	㋐ ㋑ ㋒ ㋓ ㋔ ㋕
	(4)	㋐ ㋑ ㋒ ㋓ ㋔ ㋕

5	(1)		㋐ ㋑ ㋒ ㋓
	(2)		㋐ ㋑ ㋒ ㋓
	(3)		㋐ ㋑ ㋒ ㋓ ㋔ ㋕ ㋖ ㋗ ㋘
	(4)	Ⅰ	㋐ ㋑ ㋒
		Ⅱ	㋐ ㋑ ㋒ ㋓
		Ⅲ	㋐ ㋑ ㋒

6	(1)	Ⅰ	㋐ ㋑ ㋒ ㋓ ㋔ ㋕
		Ⅱ	㋐ ㋑ ㋒ ㋓ ㋔ ㋕
	(2)		㋐ ㋑ ㋒ ㋓ ㋔ ㋕ ㋖ ㋗ ㋘ ㋙

※ 139％に拡大していただくと，解答欄は実物大になります。

令和５年学力検査　解答用紙　第３時限　社　　会

氏　名	

受　検　番　号				
⓪	⓪	⓪	⓪	⓪
①	①	①	①	①
②	②	②	②	②
③	③	③	③	③
④	④	④	④	④
⑤	⑤	⑤	⑤	⑤
⑥	⑥	⑥	⑥	⑥
⑦	⑦	⑦	⑦	⑦
⑧	⑧	⑧	⑧	⑧
⑨	⑨	⑨	⑨	⑨

【解答上の注意】

1　ＨＢ以上の濃さの黒鉛筆(シャープペンシルも可)を使用すること。
2　マーク欄は、下の例を参考にして塗りつぶすこと。
3　訂正する場合は、消しゴムできれいに消し、消しくずを残さないこと。
4　解答用紙は、汚したり、折り曲げたりしないこと。

良い例
●

悪い例					
⊙小さい	上だけ	線	丸囲み	⊗バツ	うすい

1	(1)	①	㋐ ㋑ ㋒ ㋓ ㋔ ㋕ ㋖
		②	㋐ ㋑ ㋒ ㋓ ㋔ ㋕ ㋖
	(2)		㋐ ㋑ ㋒ ㋓
	(3)		㋐ ㋑ ㋒ ㋓

2	(1)	①	㋐ ㋑ ㋒ ㋓ ㋔ ㋕
		②	㋐ ㋑ ㋒ ㋓ ㋔ ㋕
	(2)	③	㋐ ㋑ ㋒ ㋓ ㋔ ㋕ ㋖ ㋗ ㋘
		④	㋐ ㋑ ㋒ ㋓ ㋔ ㋕ ㋖ ㋗ ㋘
		⑤	㋐ ㋑ ㋒ ㋓ ㋔ ㋕ ㋖ ㋗ ㋘
	(3)		㋐ ㋑ ㋒ ㋓ ㋔ ㋕
	(4)		㋐ ㋑ ㋒ ㋓

3	(1)	①	㋐ ㋑ ㋒ ㋓
		②	㋐ ㋑ ㋒ ㋓
	(2)	Z③	㋐ ㋑ ㋒ ㋓
		④	Ⓐ Ⓑ Ⓒ Ⓓ
	(3)	⑤	Ⓐ Ⓑ Ⓒ Ⓓ
		⑥⑦	㋐ ㋑ ㋒ ㋓ ㋔ ㋕

4	(1)	㋐ ㋑ ㋒ ㋓ ㋔ ㋕
	(2)	㋐ ㋑ ㋒ ㋓
	(3)	㋐ ㋑ ㋒ ㋓
	(4)	㋐ ㋑ ㋒ ㋓

5	(1)	①	㋐ ㋑ ㋒ ㋓ ㋔ ㋕ ㋖ ㋗
		②	㋐ ㋑ ㋒ ㋓ ㋔ ㋕ ㋖ ㋗
	(2)		㋐ ㋑ ㋒ ㋓ ㋔
	(3)	③	㋐ ㋑ ㋒ ㋓ ㋔ ㋕ ㋖
		④	㋐ ㋑ ㋒ ㋓ ㋔ ㋕ ㋖
		⑤	㋐ ㋑ ㋒ ㋓ ㋔ ㋕ ㋖
	(4)	⑥	㋐ ㋑ ㋒ ㋓ ㋔ ㋕ ㋖
		⑦	㋐ ㋑ ㋒ ㋓ ㋔ ㋕ ㋖
	(5)		㋐ ㋑ ㋒ ㋓
	(6)		㋐ ㋑ ㋒ ㋓

※ 125%に拡大していただくと，解答欄は実物大になります。

令和５年学力検査　解答用紙　第１時限　国　　語

氏　名	

受	検	番	号	
⓪	⓪	⓪	⓪	⓪
①	①	①	①	①
②	②	②	②	②
③	③	③	③	③
④	④	④	④	④
⑤	⑤	⑤	⑤	⑤
⑥	⑥	⑥	⑥	⑥
⑦	⑦	⑦	⑦	⑦
⑧	⑧	⑧	⑧	⑧
⑨	⑨	⑨	⑨	⑨

【解答上の注意】

1　ＨＢ以上の濃さの黒鉛筆（シャープペンシルも可）を使用すること。
2　マーク欄は、下の例を参考にして塗りつぶすこと。
3　訂正する場合は、消しゴムできれいに消し、消しくずを残さないこと。
4　解答用紙は、汚したり、折り曲げたりしないこと。

良い例
●

悪い例					
小さい	上だけ	線	丸囲み	バツ	うすい

一	(一)	㋐ ㋑ ㋒ ㋓
	(二)	㋐ ㋑ ㋒ ㋓
	(三)	㋐ ㋑ ㋒ ㋓ ㋔
	(四)	㋐ ㋑ ㋒ ㋓
	(五)	㋐ ㋑ ㋒ ㋓ ㋔

二	(一)	①	㋐ ㋑ ㋒ ㋓
		②	㋐ ㋑ ㋒ ㋓
	(二)		㋐ ㋑ ㋒ ㋓
	(三)		㋐ ㋑ ㋒ ㋓

三	(一)	A	㋐ ㋑ ㋒ ㋓ ㋔ ㋕
		B	㋐ ㋑ ㋒ ㋓ ㋔ ㋕
	(二)		㋐ ㋑ ㋒ ㋓
	(三)		㋐ ㋑ ㋒ ㋓
	(四)		㋐ ㋑ ㋒ ㋓
	(五)		㋐ ㋑ ㋒ ㋓ ㋔
	(六)		㋐ ㋑ ㋒ ㋓ ㋔

四	(一)	㋐ ㋑ ㋒ ㋓
	(二)	㋐ ㋑ ㋒ ㋓ ㋔ ㋕
	(三)	㋐ ㋑ ㋒ ㋓
	(四)	㋐ ㋑ ㋒ ㋓

2023年度入試配点表（愛知県）

数学	1	2	3	計
	各1点×10 ((10)完答)	(3)②　2点 他　各1点×5	各1点×5	22点

英語	聞き取り検査	1	2	3	4	計
	各1点×5(各完答)	各1点×3	各1点×2((2)完答)	各1点×5((5)完答)	各1点×7	22点

理科	1	2	3	4	5	6	計
	各1点×2	各1点×4 ((3)完答)	(4)　2点(完答) 他　各1点×3	(4)　2点(完答) 他　各1点×3	各1点×4 ((4)完答)	各1点×2 ((1)完答)	22点

社会	1	2	3	4	5	計
	各1点×3 ((1)完答)	各1点×5 ((1),(2)③･④各完答)	各1点×3 ((1)～(3)各完答)	各1点×4	(3)　2点 他　各1点×5 ((1)～(4)各完答)	22点

国語	一	二	三	四	計
	(三),(五)　各2点×2 他　各1点×3	各1点×3((一)完答)	各1点×8((一)完答)	各1点×4((二)完答)	22点

※ 120%に拡大していただくと，解答欄は実物大になります。

令和４年学力検査　解答用紙　全日制課程Ａ

第２時限　数　　学

1	(1)		(2)		※1
	(3)		(4)		
	(5)	$x =$	(6)		
	(7)	$a =$	(8)	$y =$	1点×10
	(9)	倍	(10)	cm	

2	(1)	(　　，　　)，(　　，　　)		※2
	(2)	Ⅰ (　　)	Ⅱ (　　)	
	(3)	① 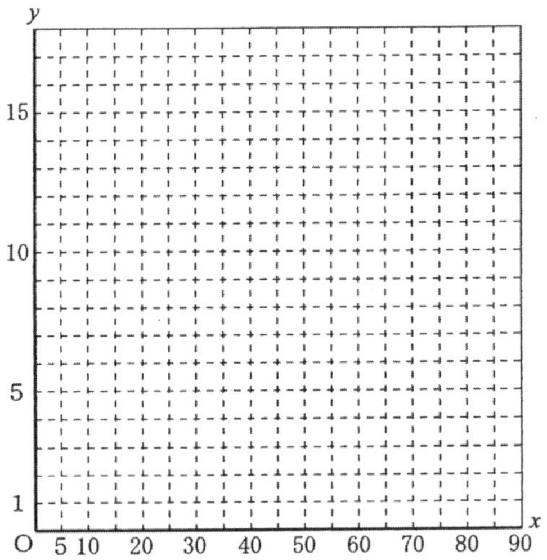		1点×1 **2点×3**
		② 分後		

3	(1)	度		※3
	(2)	① cm^2	② cm	1点×5
	(3)	① cm	② cm	

受検番号	第　　番	得　点	※

（注）※印欄には何も書かないこと。

※ 115%に拡大していただくと，解答欄は実物大になります。

令和４年学力検査　解答用紙　全日制課程Ａ

第５時限　外国語（英語）聞き取り検査

第１問

１番	a	正　　誤	b	正　　誤	c	正　　誤	d	正　　誤
２番	a	正　　誤	b	正　　誤	c	正　　誤	d	正　　誤
３番	a	正　　誤	b	正　　誤	c	正　　誤	d	正　　誤

第２問

問１	a	正　　誤	b	正　　誤	c	正　　誤	d	正　　誤
問２	a	正　　誤	b	正　　誤	c	正　　誤	d	正　　誤

受検番号	第　　　　　番	得　点	※

（注）※印欄には何も書かないこと。

※ 125%に拡大していただくと，解答欄は実物大になります。

令和４年学力検査　解答用紙　全日制課程Ａ

第５時限　外国語（英語）筆記検査

1	Excuse me,【① 】?		※1　1点×2
	Yes,【② 】.		

2	①	Kento, you (　) (　) nervous.	※2　1点×3
	②	I (　) math for English (　) night.	
	③	Thank you (　) your (　).	

3	(1)		※3　1点×4　**2点×1**
	(2)		
	(3)	So there【 】the sea.	
	(4)		
	(5)	(　), (　)	

4	(1)	**b** (　), **d** (　)		※4　1点×6
	(2)	①	②	
	(3)			
	(4)	**X**	**Y**	

受検番号	第　　番	得　点	※

(注) ※印欄には何も書かないこと。

※ 127%に拡大していただくと，解答欄は実物大になります。

令和４年学力検査　解答用紙　全日制課程Ａ

第４時限　理　　科

1	(1)	①（　　），②（　　）	(2)		※1　1点×2
2	(1)		(2)		※2　1点×4
	(3)		(4)		
3	(1)		(2)		※3　1点×3　**2点×1**
	(3)				
	(4)	図4 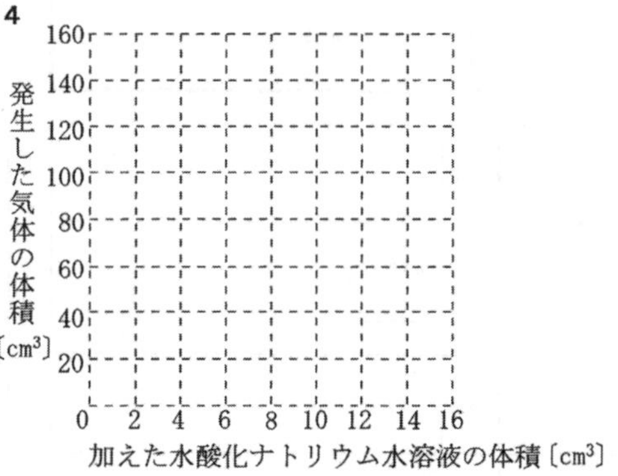			
4	(1)	Ω	(2)		※4　1点×4
	(3)		(4)		
5	(1)		(4)	図3 	※5　1点×3　**2点×1**
	(2)				
	(3)				
6	(1)	cm^3	(2)		※6　1点×2

受検番号	第　　　　番	得　点	※

（注）※印欄には何も書かないこと。

※ 125%に拡大していただくと，解答欄は実物大になります。

令和４年学力検査　解答用紙　全日制課程Ａ

第３時限　社　　会

1	(1)		(2)		※１ 1点×3
	(3)				

2	(1)		(2)	２番目（　　），３番目（　　）	※２ 1点×3 2点×1
	(3)	位置（　　　），ようす（　　　）			
	(4)			かな符号（　　）	

3	(1)		(2)		※３ 1点×2 2点×1
	(3)	資料①（　　　），資料②（　　　）			

4	(1)		(2)		※４ 1点×3
	(3)				

5	(1)		(2)		※５ 1点×4
	(3)	名称（　　　　　　），内容（　　　）			
	(4)				

6	(1)		(2)		※６ 1点×3
	(3)				

受検番号	第　　　　　番	得　点	※

（注）※印欄には何も書かないこと。

愛知県公立高校（A）

2022年度

※122%に拡大していただくと、解答欄は実物大になります。

令和四年学力検査 解答用紙 全日制課程A

第一時限 国 語

一

(一)	
(二)	
(三)	
(四)	私たちの精神は、（60　70）
(五)	
(六)	

※一 1点×4 2点×2

二

(一)	①	っている
	②	
(二)	③	

※二 1点×3

三

(一)	
(二)	
(三)	
(四)	
(五)	（　　）（　　）

※三 1点×3 2点×2

四

(一)	
(二)	
(三)	
(四)	

※四 1点×4

受検番号	第　　番	得点	※

(注) ※印欄には何も書かないこと。

※ 120%に拡大していただくと，解答欄は実物大になります。

令和４年学力検査　解答用紙　全日制課程Ｂ

第２時限　数　学

1	(1)		(2)		※1
	(3)		(4)		
	(5)	$x=$	(6)		
	(7)		(8)	枚	1点×10
	(9)	$y=$	(10)		

2	(1)			※2
	(2)	$x=$		
	(3)	①	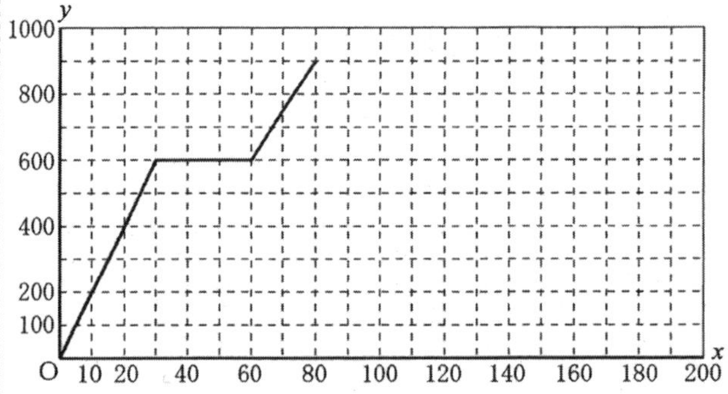	1点×1 2点×3
		②	秒間	

3	(1)	度				※3
	(2)	①	cm	②	cm^3	1点×5
	(3)	①	倍	②	cm	

受検番号	第　　　　番	得　点	※

（注）※印欄には何も書かないこと。

※ 115%に拡大していただくと，解答欄は実物大になります。

令和４年学力検査　解答用紙　全日制課程Ｂ

第５時限　外国語（英語）聞き取り検査

第１問

１番	a	正	誤	b	正	誤	c	正	誤	d	正	誤
２番	a	正	誤	b	正	誤	c	正	誤	d	正	誤
３番	a	正	誤	b	正	誤	c	正	誤	d	正	誤

第２問

問１	a	正	誤	b	正	誤	c	正	誤	d	正	誤
問２	a	正	誤	b	正	誤	c	正	誤	d	正	誤

受検番号	第　　　　番	得　点	※

(注) ※印欄には何も書かないこと。

※ 123%に拡大していただくと，解答欄は実物大になります。

令和４年学力検査　解答用紙　全日制課程Ｂ

第５時限　外国語（英語）筆記検査

1	I 【① 】.	※１ 1点×2
	Because 【② 】.	

2	①	It's not (　　　) to travel (　　　) train.	※２ 1点×3
	②	They often (　　　) me (　　　) Japanese.	
	③	We don't (　　　) to (　　　) clothes every morning!	

3	(1)		※３ 1点×4 2点×1
	(2)		
	(3)	They say that this problem can be solved 【 】.	
	(4)		
	(5)	(　　　), (　　　)	

4	(1)	b (　　　), d (　　　)		※４ 1点×6
	(2)	①	②	
	(3)			
	(4)	X	Y	

受検番号	第　　　番	得　点	※

(注) ※印欄には何も書かないこと。

※ 123%に拡大していただくと，解答欄は実物大になります。

令和４年学力検査　解答用紙　全日制課程Ｂ

第４時限　理　　科

1	(1)	午前　　時　　分　　秒	(2)	Ⅰ（　　），Ⅱ（　　）	※1　1点×2

2	(1)	部分 ｜ 名称	(2)	①の理由 ｜ ③の理由	※2　1点×4
	(3)		(4)		

3	(1)		(2)		※3　1点×3　**2点×1**
	(3)		(4)		

4	(1)	cm	(2)	J	※4
	(3)	図6 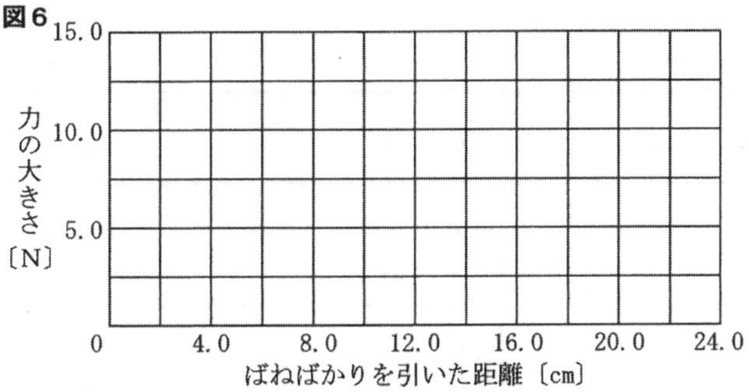			1点×3　**2点×1**
	(4)				

5	(1)		(2)		※5　1点×4
	(3)		(4)	冬至の日 ｜ 夏至の日	

6	(1)		(2)	秒	※6　1点×2

受検番号	第　　　　番	得　点	※

（注）※印欄には何も書かないこと。

※ 127%に拡大していただくと，解答欄は実物大になります。

令和４年学力検査　解答用紙　全日制課程Ｂ

第３時限　社　　会

1	(1)		(2)		※１ 1点×3
	(3)				

2	(1)		(2)		※２ 1点×3 2点×1
	(3)				
	(4)				

3	(1)		(2)	b（　　），c（　　）	※３ 1点×3
	(3)				

4	(1)	①（　　　　）山脈　，　②（　　　）			※４ 1点×2 2点×1
	(2)		(3)	位置（　　），グラフ（　　）	

5	(1)		(2)		※５ 1点×4
	(3)	（企業の）	(4)		

6	(1)		(2)		※６ 1点×3
	(3)				

受検番号	第　　　　　　番	得　点	※

（注）※印欄には何も書かないこと。

2022年度

※125%に拡大していただくと，解答欄は実物大になります。

令和四年学力検査　解答用紙　全日制課程B

第一時限　国　語

一

(一)

(二)

(三)

(四)

(五)　二番目（　　　）　四番目（　　　）

※一　1点×3　2点×2

二

(一)　①　　げて　②

(二)　③

※二　1点×3

三

(一)

(二)

(三)　A（　　　）B（　　　）

(四)　「水のレンガ」は、

70　80

(五)

(六)

※三　1点×4　2点×2

四

(一)

(二)

(三)

(四)

※四　1点×4

受検番号	第　　　番	得点	※

（注）※印欄には何も書かないこと。

2022年度入試配点表 (愛知県A)

数学	1	2	3	計
	各1点×10	(3)① 1点 他 各2点×3((1)・(2)各完答)	各1点×5	22点

英語	聞き取り検査	1	2	3	4	計
	第1問 各1点×3(完答) 第2問 各1点×2(完答)	各1点×2	各1点×3	(5) 2点 他 各1点×4	各1点×6	22点

※聞き取り検査は推定

理科	1	2	3	4	5	6	計
	各1点×2 ((1)完答)	各1点×4	(4) 2点 他 各1点×3	各1点×4 ((3)完答)	(4) 2点 他 各1点×3	各1点×2	22点

社会	1	2	3	4	5	6	計
	各1点×3	(4) 2点 他 各1点×3	(1) 2点 他 各1点×2	各1点×3	各1点×4	各1点×3	22点

国語	一	二	三	四	計
	(四),(六) 各2点×2 他 各1点×4	各1点×3	(四),(五) 各2点×2 他 各1点×3	各1点×4	22点

2022年度入試配点表 (愛知県B)

数学	1	2	3	計
	各1点×10	(3)② 1点 他 各2点×3((1)完答)	各1点×5	22点

英語	聞き取り検査	1	2	3	4	計
	第1問 各1点×3(完答) 第2問 各1点×2(完答)	各1点×2	各1点×3	(5) 2点 他 各1点×4	各1点×6	22点

※聞き取り検査は推定

理科	1	2	3	4	5	6	計
	各1点×2 ((2)完答)	各1点×4 ((1)・(2)各完答)	(4) 2点 他 各1点×3	(3) 2点 他 各1点×3	各1点×4 ((4)完答)	各1点×2	22点

社会	1	2	3	4	5	6	計
	各1点×3	(3) 2点 他 各1点×3	各1点×3	(1) 2点 他 各1点×2	各1点×4	各1点×3	22点

国語	一	二	三	四	計
	(四),(五) 各2点×2 他 各1点×3	各1点×3	(四),(六) 各2点×2 他 各1点×4	各1点×4	22点

※ 123%に拡大していただくと，解答欄は実物大になります。

令和３年学力検査　解答用紙　全日制課程Ａ

第２時限　数　学

1	(1)		(2)		※１
	(3)		(4)		
	(5)		(6)		
	(7)		(8)	個	1点×10
	(9)	(　　,　　)	(10)	cm	

2	(1)	$y=$	※２
	(2)	A(　　　), a(　　) ¦ b(　　), c(　　)	
	(3)	① 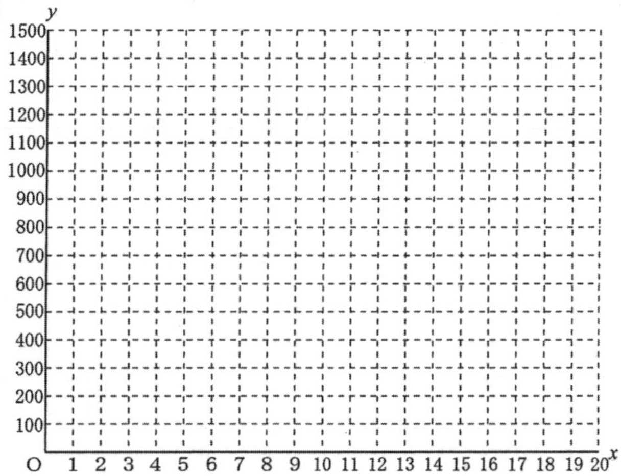	1点×1 2点×3
		②　　回	

3	(1)	度			※３
	(2)	①　cm	②　cm^2		1点×5
	(3)	①　倍	②　倍		

受検番号	第　　番	得　点	※

(注) ※印欄には何も書かないこと。

※ 116%に拡大していただくと，解答欄は実物大になります。

令和３年学力検査　解答用紙　全日制課程A

第５時限　外国語（英語）聞き取り検査

第１問

１番	a	正　誤	b	正　誤	c	正　誤	d	正　誤
２番	a	正　誤	b	正　誤	c	正　誤	d	正　誤
３番	a	正　誤	b	正　誤	c	正　誤	d	正　誤

第２問

問１	a	正　誤	b	正　誤	c	正　誤	d	正　誤
問２	a	正　誤	b	正　誤	c	正　誤	d	正　誤

受検番号	第　　　　番	得　点	※

(注) ※印欄には何も書かないこと。

※ 128％に拡大していただくと，解答欄は実物大になります。

令和３年学力検査　解答用紙　全日制課程Ａ

第５時限　外国語（英語）筆記検査

1	So you 【① 】.	※1 2点×1
	You should go outside, when you 【② 】.	

2	①	I ( ) around Kyoto ( ) my host family.	※2 1点×3
	②	Kyoto is ( ) ( ) famous restaurants.	
	③	I liked it because it ( ) ( ).	

3	(1)		※3 1点×4 2点×1
	(2)		
	(3)	This small technology can 【 】.	
	(4)		
	(5)		

4	(1)	b ( ), d ( )		※4 1点×6
	(2)	①	②	
	(3)			
	(4)	X	Y	

受検番号	第　　番	得　点	※

（注）※印欄には何も書かないこと。

※ 114%に拡大していただくと，解答欄は実物大になります。

令和３年学力検査　解答用紙　全日制課程Ａ

第４時限　理　　科

1	(1)		(2)	J	※1　1点×2

2	(1)		(2)		※2　1点×4
	(3)		(4)	Ⅰ（　　　），Ⅱ（　　　）	

3	(1)		(2)		※3　1点×3　**2点×1**
	(3)	図２			
	(4)	g			

図２

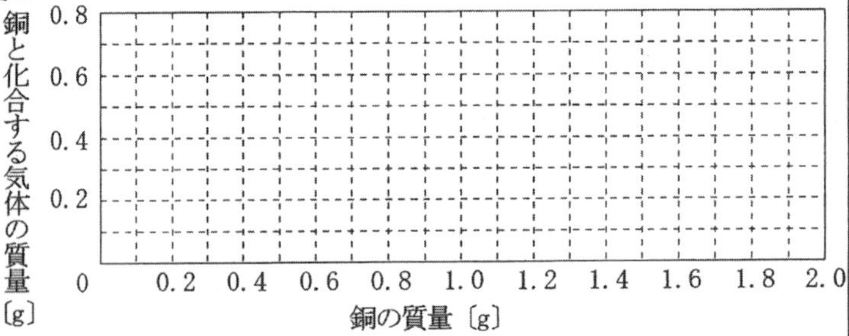

4	(1)		(2)		※4　1点×4
	(3)		(4)		

5	(1)	図３	(2)		※5　1点×3　**2点×1**
			(3)		
			(4)		

図３

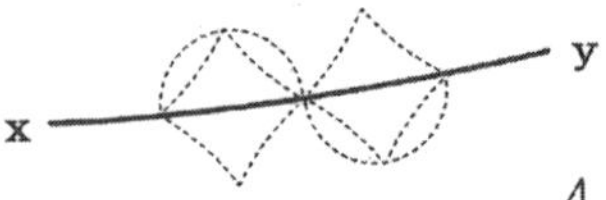

6	(1)		(2)		※6　1点×2

受検番号	第　　　　　　番	得　点	※

（注）※印欄には何も書かないこと。

※ 130%に拡大していただくと，解答欄は実物大になります。

令和３年学力検査　解答用紙　全日制課程Ａ

第３時限　社　　会

1	(1)		(2)	
	(3)			

※１　1点×3

2	(1)		(2)	Ｃ（　　　），Ｅ（　　　）
	(3)		(4)	

※２　1点×4

3	(1)	
	(2)	米の収穫量（　　　　），肉用牛の飼育頭数（　　　　）
	(3)	
	(4)	

※３　2点×1　1点×3

4	(1)	①符号（　　　　），②ことば（　　　　）		
	(2)		(3)	

※４　1点×3

5	(1)	
	(2)	①かな符号（　　　），②ことば（　　　　）
	(3)	

※５　2点×1　1点×2

6	(1)		(2)	
	(3)			

※６　1点×3

受検番号	第　　　　番	得　点	※

（注）※印欄には何も書かないこと。

愛知公立高校（A）

2021年度

※128%に拡大していただくと，解答欄は実物大になります。

令和三年学力検査　解答用紙　全日制課程A

第一時限　国　語

一

(一)

(二)　A（　　　）　B（　　　）

(三)

(四)　登山の自由とは、　（60・70）

(五)

(六)

※一　1点×4　2点×2

二

(一)　①　②　いて

(二)　③

※二　1点×3

三

(一)

(二)

(三)

(四)

(五)

※三　1点×3　2点×2

四

(一)

(二)

(三)

(四)

※四　1点×4

受検番号	第　　　番	得点	※

（注）※印欄には何も書かないこと。

※ 122%に拡大していただくと，解答欄は実物大になります。

令和３年学力検査　解答用紙　全日制課程Ｂ

第２時限　　数　　学

1					※1
	(1)		(2)		
	(3)		(4)		
	(5)	$x=$	(6)	$a=$	
	(7)		(8)		1点×10
	(9)	$a=$	(10)	cm	

2				※2
	(1)		倍	
	(2)	Ⅰ(　　)，Ⅱ(　　)，Ⅲ(　　)	Ⅳ(　　　　)	
	(3)	①	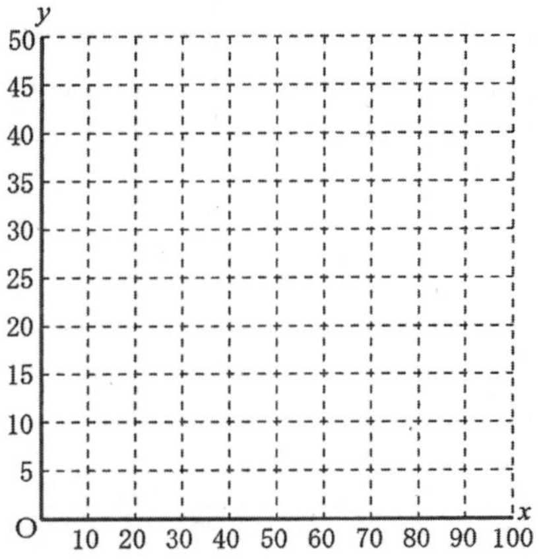	1点×1 **2点×3**
		②	分以上	

3							※3
	(1)		度				1点×5
	(2)	①	cm	②		cm^2	
	(3)	①	cm	②		倍	

受検番号	第　　　番	得　点	※

(注) ※印欄には何も書かないこと。

※ 120%に拡大していただくと，解答欄は実物大になります。

令和３年学力検査　解答用紙　全日制課程Ｂ

第５時限　外国語（英語）聞き取り検査

第１問

１番	a	正　誤	b	正　誤	c	正　誤	d	正　誤
２番	a	正　誤	b	正　誤	c	正　誤	d	正　誤
３番	a	正　誤	b	正　誤	c	正　誤	d	正　誤

第２問

問１	a	正　誤	b	正　誤	c	正　誤	d	正　誤
問２	a	正　誤	b	正　誤	c	正　誤	d	正　誤

受検番号	第　　　　番	得　点	※

(注) ※印欄には何も書かないこと。

※ 127%に拡大していただくと，解答欄は実物大になります。

令和３年学力検査　解答用紙　全日制課程Ｂ

第５時限　外国語（英語）筆記検査

1	It tells 【① 】, because you 【② 】.	※1 2点×1

2	①	But (　　) did you (　　) there?	※2 1点×3
	②	I really (　　) (　　) them.	
	③	You (　　) (　　) them in summer again!	

3	(1)		※3 1点×4 2点×1
	(2)		
	(3)	He 【 】.	
	(4)		
	(5)		

4	(1)	b (　　), d (　　)	※4 1点×6
	(2)	① 　　②	
	(3)		
	(4)	X 　　Y	

受検番号	第　　　番	得　点	※

(注) ※印欄には何も書かないこと。

※ 118%に拡大していただくと，解答欄は実物大になります。

令和３年学力検査　解答用紙　全日制課程Ｂ

第４時限　理　　科

1	(1)		(2)		※1　1点×2
2	(1)		(2)		※2　1点×4
	(3)		(4)	(　　　), (　　　)	
3	(1)		(2)		※3
	(3)				1点×3 **2点×1**
	(4)	水 溶 液 を			
4	(1)	W	(2)	図３	※4
	(3)	J			1点×3 **2点×1**
	(4)				
5	(1)		(2)		※5　1点×4
	(3)	秒	(4)	Ⅰ (　　　), Ⅱ (　　　)	
6	(1)		(2)		※6　1点×2

図３

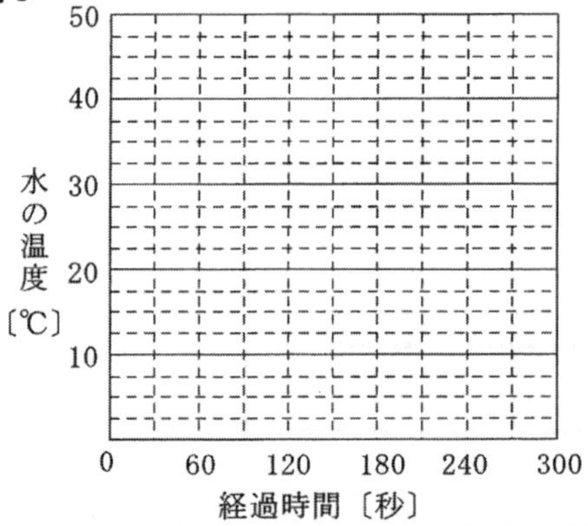

受検番号	第　　　　　　番	得　点	※

（注）※印欄には何も書かないこと。

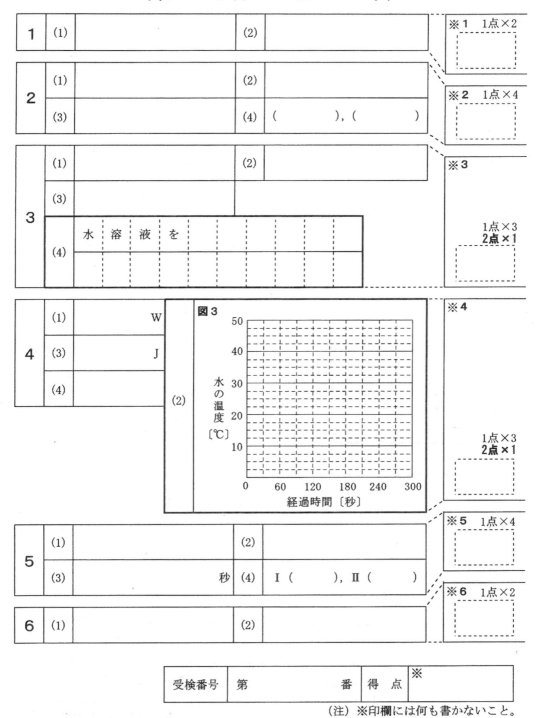

※ 130%に拡大していただくと，解答欄は実物大になります。

令和３年学力検査　解答用紙　全日制課程Ｂ

第３時限　社　　会

1	(1)		(2)		※１ 1点×3
	(3)				

2	(1)				※２ 2点×1 1点×3
	(2)		(3)		
	(4)				

3	(1)	①符号（　　　），　②・③かな符号（　　　）	※３ 2点×1 1点×2
	(2)		
	(3)	香川県（　　　），　兵庫県（　　　）	

4	(1)	①・②（　　　），　③・④（　　　）	※４ 1点×3
	(2)	x（　　　），　y（　　　）	
	(3)	（発電）	

5	(1)		(2)	（相場）	※５ 1点×4
	(3)		(4)		

6	(1)		(2)		※６ 1点×3
	(3)				

受検番号	第　　　　番	得　点	※

（注）※印欄には何も書かないこと。

2021年度

※127%に拡大していただくと、解答欄は実物大になります。

令和三年学力検査　解答用紙　全日制課程B

第一時限　国　語

一

(一)

(二)

(三)　日本の絵は、（60〜70字）

(四)

(五)

(六)　二番目（　　）　四番目（　　）

※一　1点×4　2点×2

二

(一)　①　げた　②

(二)　③

※二　1点×3

三

(一)

(二)

(三)　（　　）（　　）

(四)

(五)　（　　）（　　）

※三　1点×3　2点×2

四

(一)

(二)

(三)

(四)

※四　1点×4

受検番号	第　　　番	得点	※

(注)　※印欄には何も書かないこと。

2021年度入試配点表 (愛知県A)

数学	1	2	3	計
	各1点×10 ((6)完答)	(3)① 1点 他 各2点×3((2)完答)	各1点×5	22点

英語	聞き取り検査	1	2	3	4	計
	第1問 各1点×3(完答) 第2問 各1点×2(完答)	2点	各1点×3	(5) 2点 他 各1点×4	各1点×6	22点

※聞き取り検査は推定

理科	1	2	3	4	5	6	計
	各1点×2	各1点×4	(4) 2点 他 各1点×3	各1点×4	(2) 2点 他 各1点×3	各1点×2	22点

社会	1	2	3	4	5	6	計
	各1点×3	各1点×4	(3) 2点 他 各1点×3	各1点×3	(2) 2点 他 各1点×2	各1点×3	22点

国語	一	二	三	四	計
	(四),(六) 各2点×2 他 各1点×4	各1点×3	(三),(五) 各2点×2 他 各1点×3	各1点×4	22点

2021年度入試配点表 (愛知県B)

数学	1	2	3	計
	各1点×10((7)完答)	(3)① 1点 他 各2点×3((2)完答)	各1点×5	22点

英語	聞き取り検査	1	2	3	4	計
	第1問 各1点×3(完答) 第2問 各1点×2(完答)	2点	各1点×3	(5) 2点 他 各1点×4	各1点×6	22点

※聞き取り検査は推定

理科	1	2	3	4	5	6	計
	各1点×2	各1点×4 ((4)完答)	(4) 2点 他 各1点×3	(2) 2点 他 各1点×3	各1点×4 ((4)完答)	各1点×2	22点

社会	1	2	3	4	5	6	計
	各1点×3	(1) 2点 他 各1点×3	(3) 2点 他 各1点×2	各1点×3	各1点×4	各1点×3	22点

国語	一	二	三	四	計
	(三),(六) 各2点×2 他 各1点×4	各1点×3	(三),(五) 各2点×2 他 各1点×3	各1点×4	22点

※この解答用紙は125％に拡大していただきますと，実物大になります。

令和２年学力検査　解答用紙　全日制課程A

第２時限　数　　学

1	(1)		(2)		※1
	(3)		(4)	$x =$	
	(5)		(6)	人	
	(7)	毎秒　m	(8)		1点×9
	(9)	cm			

2	(1)	ア（　），イ（　）		※2
	(2)	a（　），b（　）	c（　），d（　）	
	(3)	（　，　）		
	(4)	①	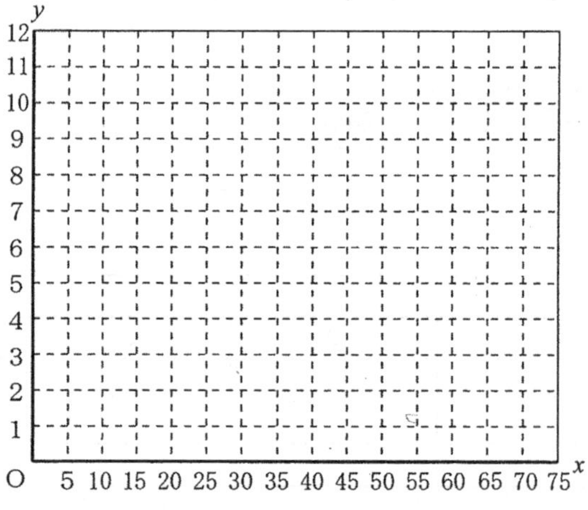	1点×2 2点×3
		②	分後	

3	(1)	度			※3
	(2)	①　倍	②　倍		1点×5
	(3)	①　cm^3	②　cm		

受検番号	第　　番	得　点	※

（注）※印欄には何も書かないこと。

※この解答用紙は125％に拡大していただきますと，実物大になります。

令和２年学力検査　解答用紙　全日制課程A

第５時限　外国語（英語）聞き取り検査

第１問

１番	a	正	誤	b	正	誤	c	正	誤	d	正	誤
２番	a	正	誤	b	正	誤	c	正	誤	d	正	誤
３番	a	正	誤	b	正	誤	c	正	誤	d	正	誤

第２問

問１	a	正	誤	b	正	誤	c	正	誤	d	正	誤
問２	a	正	誤	b	正	誤	c	正	誤	d	正	誤

受検番号	第　　　　番	得　点	※

（注）※印欄には何も書かないこと。

※この解答用紙は125％に拡大していただきますと，実物大になります。

令和２年学力検査　解答用紙　全日制課程A

第５時限　外国語（英語）筆記検査

1	In March, India【　　　　】.	※1
	So, in March, I【　　　　】.	2点×1

2	①	They are very (　　　)(　　　) me.	※2
	②	But did you have (　　　)(　　　) here in Japan?	1点×3
	③	You'll (　　　) the Japanese way of (　　　).	

3	(1)		※3
	(2)		
	(3)	They【　　　　】more and more.	
	(4)		1点×4 2点×1
	(5)		

4	(1)	b (　　　), d (　　　)			※4
	(2)	①		②	
	(3)				1点×6
	(4)	X		Y	

受検番号	第　　　　番	得　点	※

（注）※印欄には何も書かないこと。

※この解答用紙は125％に拡大していただきますと，実物大になります。

令和２年学力検査　解答用紙　全日制課程Ａ

第４時限　理　　科

1	(1)		(2)		※1　1点×2

2	(1)	(　　　　)，(　　　　)	※2　1点×3　**2点×1**
	(2)		
	(3)		
	(4)	図2	

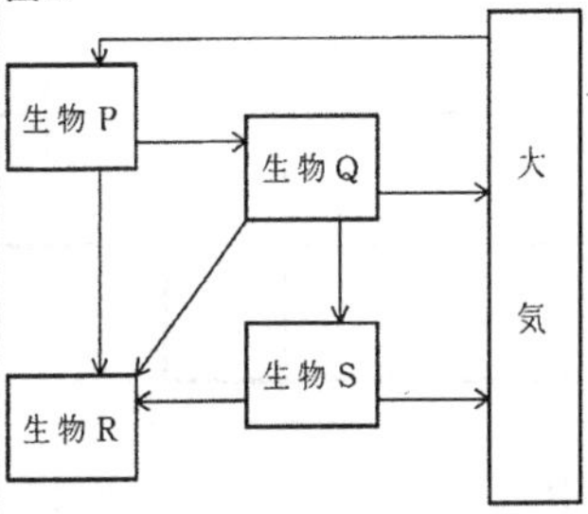

3	(1)		(2)	→
	(3)	図2	(4)	赤色の物質 / 黒色の物質

※3　1点×3　**2点×1**

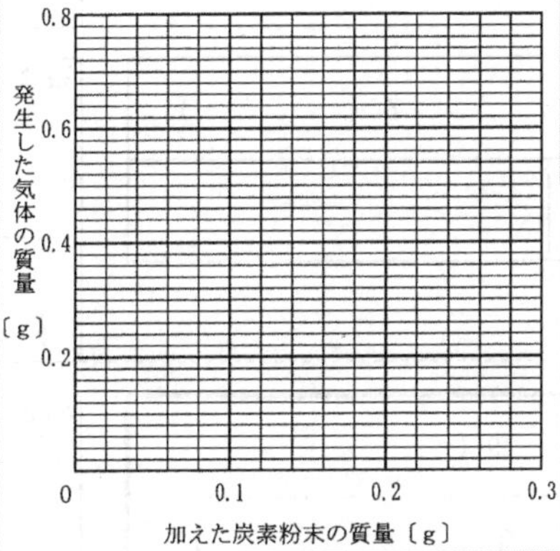

4	(1)	N	(2)	Ⅰ（　），Ⅱ（　），Ⅲ（　）	※4　1点×4
	(3)	Ⅰ（　），Ⅱ（　），Ⅲ（　）	(4)	cm	

5	(1)	風向（　　　　），　風力（　　　　），　天気（　　　　　）			※5　1点×4
	(2)		(3)	風向の変化 ┆ 地点	
	(4)				

6	(1)		(2)		※6　1点×2

受検番号	第　　　　　番	得　点	※

（注）※印欄には何も書かないこと。

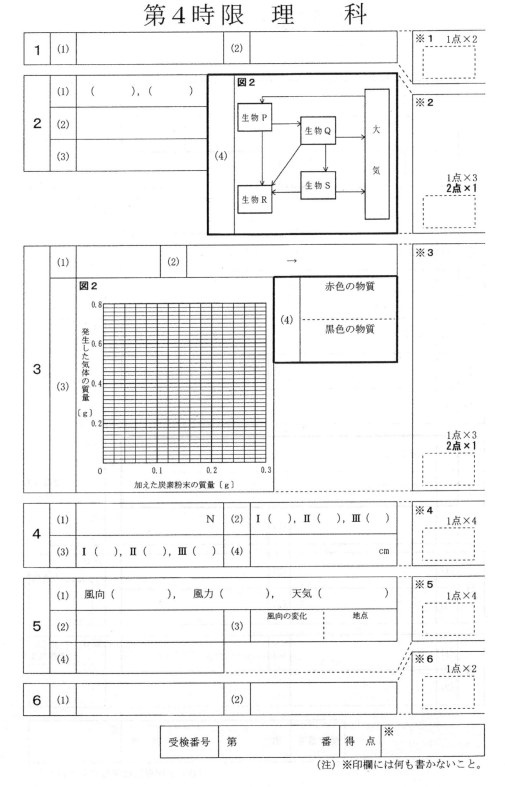

※この解答用紙は128％に拡大していただきますと，実物大になります。

令和２年学力検査　解答用紙　全日制課程Ａ

第３時限　社　　会

1	(1)		(2)		※１ 1点×2 2点×1
	(3)				
2	(1)	２番目（　　　）　３番目（　　　）			※２ 1点×3
	(2)	地名（　　　）　符号（　　　）			
	(3)				
3	(1)	Ｘ（　　　）　Ｙ（　　　）　Ｚ（　　　）			※３ 1点×4
	(2)		(3)		
	(4)				
4	(1)	国名　①（　　　）　②（　　　） 符号　③（　　　）　④（　　　）			※４ 2点×1 1点×2
	(2)		(3)		
5	(1)		(2)		※５ 1点×4
	(3)		(4)		
6	(1)		(2)		※６ 1点×3
	(3)				

受検番号	第　　　　番	得　点	※

（注）※印欄には何も書かないこと。

愛知県公立高校（A）　２０２０年度

※この解答用紙は１２８％に拡大していただきますと、実物大になります。

令和二年学力検査　解答用紙　全日制課程A

第一時限　国語

一

(一) A（　　）B（　　）

(二)

(三)

(四)（　　）（　　）

(五)

※一　1点×3　2点×2

二

(一) ①　　②　　れる

(二) ③

※二　1点×3

三

(一) ことば（　　）意味（　　）

(二)

(三) 科学的知見は、

80

90

(四)

(五)

(六)（　　）（　　）

※三　1点×4　2点×2

四

(一)

(二)

(三)

(四)

※四　1点×4

受検番号	第　　番	得点	※

（注）※印欄には何も書かないこと。

※この解答用紙は125％に拡大していただきますと，実物大になります。

令和２年学力検査　解答用紙　全日制課程B

第２時限　数　　学

1	(1)		(2)		※1
	(3)		(4)	$x=$	
	(5)		(6)	人	
	(7)		(8)	m	1点×9
	(9)	度			

2	(1)			※2
	(2)	a（　　），b（　　）		
	(3)	（　　，　　）		
	(4)	①	分後	
		②	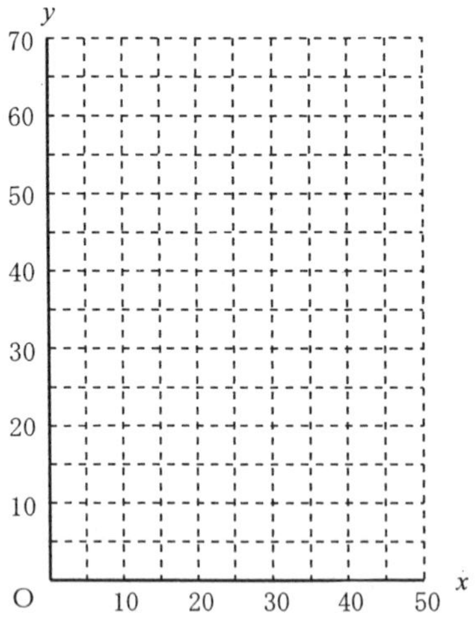	1点×2 **2点×3**

3	(1)		度			※3
	(2)	①	cm	②	cm^2	1点×5
	(3)	①	cm^2	②	cm^3	

受検番号	第　　　　番	得　点	※

（注）※印欄には何も書かないこと。

※この解答用紙は125％に拡大していただきますと，実物大になります。

令和２年学力検査　解答用紙　全日制課程Ｂ

第５時限　外国語（英語）聞き取り検査

第１問

１番	a	正　誤	b	正　誤	c	正　誤	d	正　誤
２番	a	正　誤	b	正　誤	c	正　誤	d	正　誤
３番	a	正　誤	b	正　誤	c	正　誤	d	正　誤

第２問

問１	a	正　誤	b	正　誤	c	正　誤	d	正　誤
問２	a	正　誤	b	正　誤	c	正　誤	d	正　誤

受検番号	第　　　　番	得　点	※

（注）※印欄には何も書かないこと。

※この解答用紙は125％に拡大していただきますと，実物大になります。

令和２年学力検査　解答用紙　全日制課程B

第５時限　外国語（英語）筆記検査

1	I【 】, because【 】.		※1 2点×1

2	①	It (　　) (　　) a long time ago.	※2 1点×3
	②	I don’t (　　) (　　) “Ookini” means.	
	③	Yumi, may I (　　) you a (　　)?	

3	(1)		※3 1点×4 2点×1
	(2)	His works【 】died.	
	(3)		
	(4)		
	(5)		

4	(1)	b (　　), d (　　)		※4 1点×6
	(2)			
	(3)	①	②	
	(4)	X	Y	

受検番号	第　　　番	得　点	※

（注）※印欄には何も書かないこと。

※この解答用紙は123％に拡大していただきますと，実物大になります。

令和２年学力検査　解答用紙　全日制課程B

第4時限　理　　科

1	(1)		(2)	（　　　），（　　　）	※1 1点×2

2	(1)		(2)	脳（　　），せきずい（　　）	※2 1点×4
	(3)				
	(4)	ヒト（　　　），ニワトリ（　　　）			

3	(1)	→	(3)	炭素棒 / 気体の化学式	※3 1点×3 2点×1
	(2)	図4 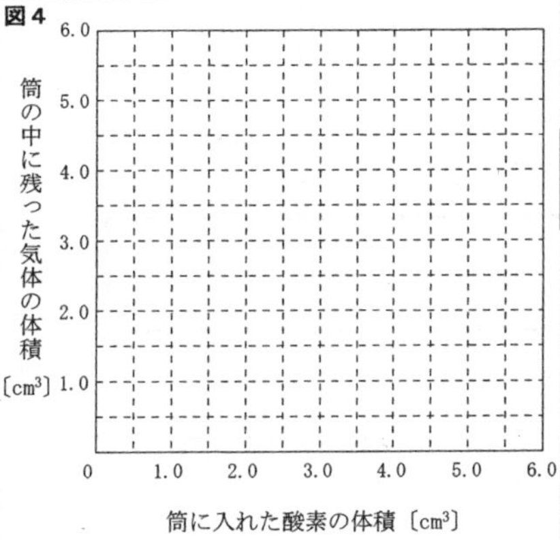	(4)		

4	(1)	A	(2)		※4 1点×3 2点×1
	(3)		(4)	A	

5	(1)	岩石 / 鉱物の集まりの部分	(2)		※5 1点×4
	(3)		(4)		

6	(1)	（　　　），（　　　）	(2)		※6 1点×2

受検番号	第　　　　番	得　点	※

（注）※印欄には何も書かないこと。

※この解答用紙は118％に拡大していただきますと，実物大になります。

令和２年学力検査　解答用紙　全日制課程Ｂ

第３時限　社　　会

1	(1)		(2)		※1　1点×3
	(3)				

2	(1)				※2　1点×3　**2点×1**
	(2)				
	(3)		(4)		

3	(1)	①（地図記号）	②	※3　1点×2　**2点×1**
	(2)		(3)	

4	(1)	①（　　　）②（　　　）	(2)		※4　1点×3
	(3)				

5	(1)		(2)		※5　1点×4
	(3)		(4)		

6	(1)		(2)		※6　1点×3
	(3)				

受検番号	第　　　　　番	得　点	※

（注）※印欄には何も書かないこと。

※この解答用紙は１２８％に拡大していただきますと、実物大になります。

令和二年学力検査　解答用紙　全日制課程B

第一時限　国　語

一

(一)　(二)

(三)

(四)　(五)（　　）（　　）

(六)　X（　　）Y（　　）

※一　1点×4　2点×2

二

(一)　①　　みて　②

(二)　③

※二　1点×3

三

(一)　①（　　）②（　　）　(二)

(三)　色に比べて音は、（70字・80字）

(四)

(五)

※三　1点×3　2点×2

四

(一)　(二)

(三)　(四)

※四　1点×4

受検番号	第　　　番	得点	※

（注）※印欄には何も書かないこと。

2020年度入試配点表 (愛知県A)

数学	1	2	3	計
	各1点×9	(1),(4)① 各1点×2((1)完答) 他 各2点×3((2)完答)	各1点×5	22点

英語	聞き取り検査	1	2	3	4	計
	第1問 各1点×3(完答) 第2問 各1点×2(完答)	2点	各1点×3	(5) 2点 他 各1点×4	各1点×6	22点

※聞き取り検査は推定

理科	1	2	3	4	5	6	計
	各1点×2	(4) 2点 他 各1点×3	(4) 2点 他 各1点×3	各1点×4	各1点×4	各1点×2	22点

社会	1	2	3	4	5	6	計
	(3) 2点 他 各1点×2	各1点×3	各1点×4	(1) 2点 他 各1点×2	各1点×4	各1点×3	22点

国語	一	二	三	四	計
	(四),(五) 各2点×2 他 各1点×3	各1点×3	(三),(六) 各2点×2 他 各1点×4	各1点×4	22点

2020年度入試配点表 (愛知県B)

数学	1	2	3	計
	各1点×9((7)完答)	(4) 各1点×2 他 各2点×3((2)完答)	各1点×5	22点

英語	聞き取り検査	1	2	3	4	計
	第1問 各1点×3(完答) 第2問 各1点×2(完答)	2点	各1点×3	(5) 2点 他 各1点×4	各1点×6	22点

※聞き取り検査は推定

理科	1	2	3	4	5	6	計
	各1点×2	各1点×4	(4) 2点 他 各1点×3	(4) 2点 他 各1点×3	各1点×4	各1点×2	22点

社会	1	2	3	4	5	6	計
	各1点×3	(2) 2点 他 各1点×3	(1) 2点 他 各1点×2	各1点×3	各1点×4	各1点×3	22点

国語	一	二	三	四	計
	(五),(六) 各2点×2 他 各1点×4	各1点×3	(三),(五) 各2点×2 他 各1点×3	各1点×4	22点

東京学参の

高校別入試過去問題シリーズ

＊出版校は一部変更することがあります。一覧にない学校はお問い合わせください。

東京ラインナップ

あ 愛国高校(A59)
青山学院高等部(A16)★
桜美林高校(A37)
お茶の水女子大附属高校(A04)
か 開成高校(A05)★
共立女子第二高校(A40)★
慶應義塾女子高校(A13)
啓明学園高校(A68)★
国学院高校(A30)
国学院大久我山高校(A31)
国際基督教大高校(A06)
小平錦城高校(A61)★
駒澤大高校(A32)
さ 芝浦工業大附属高校(A35)
修徳高校(A52)
城北高校(A21)
専修大附属高校(A28)
創価高校(A66)★
た 拓殖大第一高校(A53)
立川女子高校(A41)
玉川学園高等部(A56)
中央大高校(A19)
中央大杉並高校(A18)★
中央大附属高校(A17)
筑波大附属高校(A01)
筑波大附属駒場高校(A02)
帝京大高校(A60)
東海大菅生高校(A42)
東京学芸大附属高校(A03)
東京農業大第一高校(A39)
桐朋高校(A15)
都立青山高校(A73)★
都立国立高校(A76)★
都立国際高校(A80)★
都立国分寺高校(A78)★
都立新宿高校(A77)★
都立墨田川高校(A81)★
都立立川高校(A75)★
都立戸山高校(A72)★
都立西高校(A71)★
都立八王子東高校(A74)★
都立日比谷高校(A70)★
な 日本大櫻丘高校(A25)
日本大第一高校(A50)
日本大第三高校(A48)
日本大第二高校(A27)
日本大鶴ヶ丘高校(A26)
日本大豊山高校(A23)
は 八王子学園八王子高校(A64)
法政大高校(A29)
ま 明治学院高校(A38)
明治学院東村山高校(A49)
明治大付属中野高校(A33)
明治大付属八王子高校(A67)
明治大付属明治高校(A34)★
明法高校(A63)
わ 早稲田実業学校高等部(A09)
早稲田大高等学院(A07)

神奈川ラインナップ

あ 麻布大附属高校(B04)
アレセイア湘南高校(B24)
か 慶應義塾高校(A11)
神奈川県公立高校特色検査(B00)
さ 相洋高校(B18)
た 立花学園高校(B23)
桐蔭学園高校(B01)
東海大付属相模高校(B03)★
桐光学園高校(B11)
な 日本大高校(B06)
日本大藤沢高校(B07)
は 平塚学園高校(B22)
藤沢翔陵高校(B08)
法政大国際高校(B17)
法政大第二高校(B02)★
や 山手学院高校(B09)
横須賀学院高校(B20)
横浜商科大高校(B05)
横浜市立横浜サイエンスフロンティア高校(B70)
横浜翠陵高校(B14)
横浜清風高校(B10)
横浜創英高校(B21)
横浜隼人高校(B16)
横浜富士見丘学園高校(B25)

千葉ラインナップ

あ 愛国学園大附属四街道高校(C26)
我孫子二階堂高校(C17)
市川高校(C01)★
か 敬愛学園高校(C15)
さ 芝浦工業大柏高校(C09)
渋谷教育学園幕張高校(C16)★
翔凜高校(C34)
昭和学院秀英高校(C23)
専修大松戸高校(C02)
た 千葉英和高校(C18)
千葉敬愛高校(C05)
千葉経済大附属高校(C27)
千葉日本大第一高校(C06)★
千葉明徳高校(C20)
千葉黎明高校(C24)
東海大付属浦安高校(C03)
東京学館高校(C14)
東京学館浦安高校(C31)
な 日本体育大柏高校(C30)
日本大習志野高校(C07)
は 日出学園高校(C08)
や 八千代松陰高校(C12)
ら 流通経済大付属柏高校(C19)★

埼玉ラインナップ

あ 浦和学院高校(D21)
大妻嵐山高校(D04)★
か 開智高校(D08)
開智未来高校(D13)★
春日部共栄高校(D07)
川越東高校(D12)
慶應義塾志木高校(A12)
さ 埼玉栄高校(D09)
栄東高校(D14)
狭山ヶ丘高校(D24)
昌平高校(D23)
西武学園文理高校(D10)
西武台高校(D06)
た 東京農業大第三高校(D18)
は 武南高校(D05)
本庄東高校(D20)
や 山村国際高校(D19)
ら 立教新座高校(A14)
わ 早稲田大本庄高等学院(A10)

北関東・甲信越ラインナップ

あ 愛国学園大附属龍ヶ崎高校(E07)
宇都宮短大附属高校(E24)
か 鹿島学園高校(E08)
霞ヶ浦高校(E03)
共愛学園高校(E31)
甲陵高校(E43)
国立高等専門学校(A00)
さ 作新学院高校
(トップ英進・英進部)(E21)
(情報科学・総合進学部)(E22)
常総学院高校(E04)
た 中越高校(R03)＊
土浦日本大高校(E01)
東洋大附属牛久高校(E02)
な 新潟青陵高校(R02)
新潟明訓高校(R04)
日本文理高校(R01)
は 白鷗大足利高校(E25)
ま 前橋育英高校(E32)
や 山梨学院高校(E41)

中京圏ラインナップ

あ 愛知高校(F02)
愛知啓成高校(F09)
愛知工業大名電高校(F06)
愛知みずほ大瑞穂高校(F25)
暁高校(3年制)(F50)
鶯谷高校(F60)
栄徳高校(F29)
桜花学園高校(F14)
岡崎城西高校(F34)
か 岐阜聖徳学園高校(F62)
岐阜東高校(F61)
享栄高校(F18)
さ 桜丘高校(F36)
至学館高校(F19)
椙山女学園高校(F10)
鈴鹿高校(F53)
星城高校(F27)★
誠信高校(F33)
清林館高校(F16)★
た 大成高校(F28)
大同大大同高校(F30)
高田高校(F51)
滝高校(F03)★
中京高校(F63)
中京大附属中京高校(F11)★
中部大春日丘高校(F26)★
中部大第一高校(F32)
津田学園高校(F54)
東海高校(F04)★
東海学園高校(F20)
東邦高校(F12)
同朋高校(F22)
豊田大谷高校(F35)
な 名古屋高校(F13)
名古屋大谷高校(F23)
名古屋経済大市邨高校(F08)
名古屋経済大高蔵高校(F05)
名古屋女子大高校(F24)
名古屋たちばな高校(F21)
日本福祉大付属高校(F17)
人間環境大附属岡崎高校(F37)
は 光ヶ丘女子高校(F38)
誉高校(F31)
ま 三重高校(F52)
名城大附属高校(F15)

宮城ラインナップ

さ 尚絅学院高校(G02)
聖ウルスラ学院英智高校(G01)★
聖和学園高校(G05)
仙台育英学園高校(G04)
仙台城南高校(G06)
仙台白百合学園高校(G12)
た 東北学院高校(G03)★
東北学院榴ヶ岡高校(G08)
東北高校(G11)
東北生活文化大高校(G10)
常盤木学園高校(G07)
は 古川学園高校(G13)
ま 宮城学院高校(G09)★

北海道ラインナップ

さ 札幌光星高校(H06)
札幌静修高校(H09)
札幌第一高校(H01)
札幌北斗高校(H04)
札幌龍谷学園高校(H08)
は 北海高校(H03)
北海学園札幌高校(H07)
北海道科学大高校(H05)
ら 立命館慶祥高校(H02)

★はリスニング音声データのダウンロード付き。

都道府県別 公立高校入試過去問 シリーズ

- 全国47都道府県別に出版
- 最近数年間の検査問題収録
- リスニングテスト音声対応

公立高校入試対策 問題集シリーズ

- 目標得点別・公立入試の数学(基礎編)
- 実戦問題演習・公立入試の数学(実力錬成編)
- 実戦問題演習・公立入試の英語(基礎編・実力錬成編)
- 形式別演習・公立入試の国語
- 実戦問題演習・公立入試の理科
- 実戦問題演習・公立入試の社会

高校入試特訓問題集 シリーズ

- 英語長文難関攻略33選(改訂版)
- 英語長文テーマ別難関攻略30選
- 英文法難関攻略20選
- 英語難関徹底攻略33選
- 古文完全攻略63選(改訂版)
- 国語融合問題完全攻略30選
- 国語長文難関徹底攻略30選
- 国語知識問題完全攻略13選
- 数学の図形と関数・グラフの融合問題完全攻略272選
- 数学難関徹底攻略700選
- 数学の難問80選
- 数学 思考力─規則性とデータの分析と活用─

2404A

〈ダウンロードコンテンツについて〉

本問題集のダウンロードコンテンツ、弊社ホームページで配信しております。現在ご利用いただけるのは「2025年度受験用」に対応したもので、**2025年3月末日**までダウンロード可能です。弊社ホームページにアクセスの上、ご利用ください。

※配信期間が終了いたしますと、ご利用いただけませんのでご了承ください。

愛知県公立高校　2025年度

ISBN978-4-8141-3273-7

[発行所] 東京学参株式会社
〒153-0043　東京都目黒区東山2-6-4

書籍の内容についてのお問い合わせは右のQRコードから　⇒

※書籍の内容についてのお電話でのお問い合わせ、本書の内容を超えたご質問には対応できませんのでご了承ください。

2024年5月13日　初版